Haack

Weltatlas mit Medien | Sekundarstufe I

Nordrhein-Westfalen

Ernst Klett Verlag
Stuttgart · Leipzig · Dortmund

Navigation durch den Atlas

Klappe vorn	Erklärung Symbole und Einheiten
182	Arbeitshilfen
186	Namenregister *für die Suche nach geographischen Namen*
206	Sachregister *für die Suche nach Sachbegriffen*
214	Medien zum Atlas 🟠
Klappe hinten	Generallegende

Atlaseinführung

VIII	**Vom Luftbild zur Karte | Generalisierung**	
VIII.1	Vom Luftbild zur Karte	🟠
VIII.2	Kartenmaßstab und Generalisierung	🟠
IX	**Gradnetz | Namenregister**	
IX.1	Himmelsrichtungen und Gradnetz	🟠
IX.2	Namenregister	🟠
X	**Orientierungshilfen | Kartentypen**	
X.1	Orientierungshilfen	🟠
X.2	Kartentypen	
XI.1	**Physische Karte**	🟠
XII	**Legende | Karteninterpretation**	
XII.1	Legende	
XII.2	Karteninterpretation	🟠
XIII	**Kartenauswertung | Kartenmaßstab**	
XIII.1	Methoden zur Kartenauswertung	🟠
XIII.2	Kartenmaßstab und Entfernungen	🟠
XIV	**Diagrammtypen | Bearbeitungshilfen**	
XIV.1	Diagrammtypen	🟠
XIV.2	Arbeitshilfen und differenzierte Karten	🟠
XV	**Digitale Zusatzmaterialien**	
XV.1	Kartenoverlays für den virtuellen Globus	🟠
XV.2	Karten in Ebenen	🟠
XV.3	Digitaler Atlasführerschein	🟠
XVI	**Karten selbst zeichnen**	

Nordrhein-Westfalen

1	**Auftakt**	○		🟠
2.1	**Physische Karte**	○		🟠
3.1	**Politische Karte**	◒		🟠
4.1	**Nordteil – Physische Karte**	●		🟠
6.1	**Südteil – Physische Karte**	●		
8	**Naturraum | Klima**			
8.1	Naturraum und Landschaft	◒		
8.2	Jahresniederschläge	◒		
9.3	Jahrestemperaturen	◒		
9.4	Entwicklung der Jahrestemperaturen	◒		🟠
10.1	**Landwirtschaft**	◒		🟠
11.1	**Wirtschaft und Energie**	◒	NE	🟠
12	**Wirtschaftsräume | Stadträume**			
12.1	Binnenhafen Duisburg	●		
12.2	Tagebau Hambach	◒		
12.3	Innere Stadt von Düsseldorf	◒		🟠
13	**Strukturwandel**			
13.1	Stadtumbau in Oberhausen	●		
13.2	Stadtökologischer Umbau im Ruhrgebiet	●	NE	
14.1	**Verkehr**	◒		
15.1	**Tourismus**	◒	NE	

Deutschland

16	**Auftakt**	○	🟠
18.1	**Physische Karte**	◒	🟠
19.1	**Politische Karte**	○	🟠
20.1	**Nordteil – Physische Karte**	◒	🟠
22.1	**Südteil – Physische Karte**	◒	
24.1	**Geologie**	●	🟠
25	**Landschaften und ihre Entwicklung**		
25.1	Erdbeben und Vulkanismus	◒	🟠
25.2	Eiszeitliche Landschaftsentwicklung	◒	
25.3	Oberflächenformen in Norddeutschland	◒	🟠
26	**Naturräume**		
26.1	Naturräumliche Gliederung	◒	🟠
27.2	Naturräume im Foto	○	

Schwierigkeit: ○ einfach ◒ mittel ● schwierig
BNE: NE Themen zur Nachhaltigkeit
Medien zum Atlas: ● passende digitale Zusatzmaterialien → S. 214

Nr.	Titel	Schwierigkeit	BNE	Medien
28	**Küstenlandschaften**			
28.1	Küstenformen an Nord- und Ostsee	◒		
28.2	Landverluste in Nordfriesland	○		●
28.3	Küstenschutz in Nordfriesland	●	NE	
28.4	Wattenmeer der Nordsee	●	NE	●
29	**Flusslandschaften**			
29.1	Entstehung des Oberrheingrabens	◒		
29.2	Rheinaue bei Karlsruhe	◒		●
29.3	Landschaftswandel am Oberrhein	●	NE	●
30	**Klima | Wettergefahren**			
30.1	Jahresniederschläge	○		
30.2	Jahrestemperaturen	○		
30.3	Klimadiagramme	◒		●
31.4	Wettergefahren	◒		
31.5	Naturkatastrophen im Foto	○		
31.6	Flutkatastrophe im Ahrtal	◒		●
31.7	Naturkatastrophen in Deutschland	◒		●
32	**Klimawandel**			
32.1	Folgen des Klimawandels	◒		
32.2	Änderung der Niederschläge	○		
32.3	Temperaturanomalie	◒		●
33.4	Meeresspiegelanstieg an Nord- und Ostsee	○		
33.5	Dürre	◒		●
33.6	Temperaturanstieg	◒		●
34	**Landwirtschaft**			
34.1	Landwirtschaftsübersicht	◒		●
35.2	Viehhaltung im Foto	○		
35.3	Schwerpunkte der Viehhaltung	○		
35.4	Böden	○		
35.5	Gunst- und Ungunsträume	◒		●
36.1	Gemüseanbau auf der Insel Reichenau	◒		●
36.2	Ökologische Landwirtschaft	◒	NE	
36.3	Ökolandbau in Holstein	◒	NE	●
37	**Wirtschaft und Energie**			
37.1	Wirtschaft	◒		●
38.1	Konventionelle Energie	◒		●
39.2	Erneuerbare Energie	◒	NE	●
40.1	Ruhrgebiet 1965 – 2024	●		●
40.2	Automobilwerk in Baunatal	◒		
40.3	Junge Unternehmen	●		
41.4	Windparks in Nord- und Ostsee	◒	NE	
41.5	Bergbausanierung bei Leipzig	●	NE	●
41.6	Stromerzeugung – gesamt	◒		
41.7	Stromerzeugung – erneuerbar	◒	NE	
42.1	**Raumstruktur**	●		●
43	**Ländliche Siedlungen**			
43.1	Dörfer im Luftbild	○		
43.2	Alte Dorfformen	○		
43.3	Dorfentwicklung im ländlichen Raum	●	NE	
43.4	Dorfentwicklung in Stadtnähe	◒		●
44	**Stadttypen und Stadtstrukturen**			
44.1	Städte im Luftbild	○		
44.2	Alter der Städte	◒		
44.3	Stadtgrundrisse	◒		●
45.4	Stadtgründung zur Römerzeit	◒		
45.5	Stadtgründung im Mittelalter	◒		
45.6	Stadtgründung in der Neuzeit	◒		●
45.7	Stadtgründung während der Industrialisierung	◒		●
46	**Berlin und Umland**			
46.1	Umlandverflechtung im Großraum Berlin	●		
46.2	Innere Stadt von Berlin	◒		●
47	**Nachhaltige Stadt**			
47.1	Stadtteil Vauban in Freiburg	●	NE	●
47.2	Nachhaltige Verkehrsplanung für Flensburg	●	NE	
47.3	Auenwald in Leipzig	●	NE	
48	**Bevölkerung**			
48.1	Bevölkerungsdichte	◒		
48.2	Bevölkerungsstrukturdiagramme	○		
48.3	Demografische Entwicklung	●		●
49.4	Bevölkerungsentwicklung	◒		
49.5	Bevölkerungsstruktur und Migration	●		●
49.6	Altersstruktur	◒		●
49.7	Einkommen	◒	NE	
50	**Verkehr**			
50.1	Verkehrswege	◒		●
51.2	Seehafen Hamburg	●		●
51.3	Flughafen Frankfurt am Main	●		●
52.1	**Tourismus**	◒		●
53.1	**Natur- und Landschaftsschutz**	◒	NE	

Europa

Nr.	Titel	Schwierigkeit	BNE	Medien
54	**Auftakt**	○		●
56.1	**Physische Karte**	◒		●
58.1	**Politische Karte**	○		●
60.1	**Nordteil – Physische Karte**	◒		
62	**Südteil – Physische Karte | Gletscher | Karst**			
62.1	Südteil – Physische Karte	◒		
62.2	Gletscherschwund in den Schweizer Alpen	◒		●
63.3	Karstformen	○		
63.4	Karstlandschaft in Slowenien	◒		●
64.1	**Zentraleuropa – Physische Karte**	◒		
66.1	**Alpenländer – Physische Karte**	◒		

68 Tektonik und Vulkanismus
68.1 Tektonik
68.2 Tektonik der Alpen
69.3 Entstehung der Alpen
69.4 Geothermie auf Island NE
69.5 Vulkantypen
69.6 Vulkanismus am Ätna
69.7 Landnutzung am Ätna

70 Landschaften
70.1 Landschaften zur letzten Kaltzeit
70.2 Landschaften in der Warmzeit
71.3 Landschaften

72 Klimazonen
72.1 Gliederung in Klimazonen
72.2 Klimadiagramme
73.3 Typische Vegetation im Foto
73.4 Höhenstufen in den Alpen
73.5 Landwirtschaft in den Klimazonen

74 Klima
74.1 Niederschläge im Januar
74.2 Niederschläge im Juli
75.3 Temperaturen im Januar
75.4 Temperaturen im Juli

76 Klimawandel
76.1 Folgen des Klimawandels
76.2 Zunahme extremer Hitze

77 Wetter
77.1 Zyklone im Satellitenbild
77.2 Zyklone
77.3 Vb-Wetterlage
77.4 Omega-Wetterlage
77.5 Hitzewelle in Südeuropa

78 Landwirtschaft
78.1 Landwirtschaftsübersicht
79.2 Viehhaltung
79.3 Böden
80.1 Fischwirtschaft im Nordostatlantik
80.2 Gewächshauskulturen in Südholland
80.3 Ökologische Landwirtschaft NE

81 Wirtschaft und Energie
81.1 Wirtschaft
82.1 Wirtschaftskraft und Wohlstand
82.2 Stromproduktion
82.3 Stromverbrauch
83.4 Stromversorgung NE

84 Bevölkerung
84.1 Bevölkerungsdichte und Ballungsräume
84.2 Ballungsräume London und Paris
85.3 Bevölkerungsentwicklung
85.4 Migration
85.5 Sprachen

86 Verkehr
86.1 Verkehrsverbindungen
87.2 Seehafen Rotterdam
87.3 Fehmarnbeltquerung NE
87.4 Verkehr und Tourismus in den Alpen

88 Tourismus
88.1 Tourismusübersicht
89.2 Tourismus in den Alpen
89.3 Benidorm im Foto
89.4 Tourismus am Mittelmeer
90.1 Stadttourismus in Paris
90.2 Nachhaltiger Naturtourismus NE
90.3 Nationalparke in Mitteleuropa NE

91 Europäische Union
91.1 Entwicklung der Europäischen Union
91.2 Währungsunion und Schengener Abkommen

Asien

92 Physische Karte | Tektonische Gefahren
92.1 Physische Karte
93.2 Tektonische Gefahren in Japan
93.3 Schutzmaßnahmen vor Tsunamis im Foto
93.4 Schutzmaßnahmen vor Vulkanausbrüchen NE

94 Politische Karte | Klimatische Gefahren
94.1 Politische Karte
95.2 Hochwasser in Ostchina NE
95.3 Hochwasser in Bangladesch

96.1 Nordasien – Physische Karte

98.1 Süd- und Ostasien – Physische Karte

100 Westasien und Himalaya
100.1 Westasien – Physische Karte
100.2 Mount Everest im Himalaya

101 Bevölkerung | Stadträume
101.1 Bevölkerungsentwicklung in China und Indien
101.2 Verstädterung in China und Indien
101.3 Global City Singapur

102 Landschaften | Umwelt
102.1 Landschaften
103.2 Aralsee in Zentralasien
103.3 Große Grüne Mauer in Nordchina NE
103.4 Regenwald auf Borneo NE

104 Landwirtschaft
104.1 Landwirtschaftsübersicht
105.2 Landwirtschaft in China
105.3 Landwirtschaft in Indien

		Schwierigkeit	BNE	Medien
106	**Wirtschaft**			
106.1	Wirtschaftsübersicht	◒		●
107.2	Wirtschaftszentrum Shenzhen in China	●		
107.3	Wirtschaftszentrum Bengaluru in Indien	●		

Afrika

		Schwierigkeit	BNE	Medien
108.1	**Physische Karte**	◒		●
109.1	**Politische Karte**	○		●
110.1	**Nordteil – Physische Karte**	◒		
112	**Südteil – Physische Karte | Kilimandscharo | Grabenbruch**			
112.1	Südteil – Physische Karte	◒		
113.2	Höhenstufen am Kilimandscharo	●	NE	●
113.3	Ostafrikanischer Grabenbruch	●		
114.1	**Landschaften**	◒		
115	**Trockenraum**			
115.1	Oasentypen	○		
115.2	Oase Ouargla	◒		●
115.3	Wasserführung des Nils	●		
115.4	Großraum Kairo	●		●
116.1	**Landwirtschaft**	◒		●
117.1	**Wirtschaft**	◒		

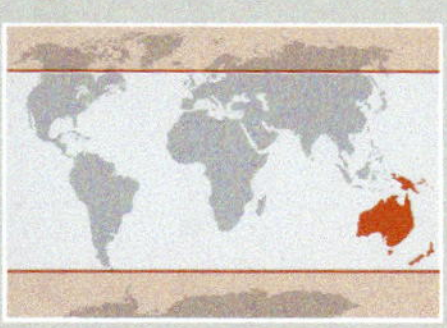

Australien und Ozeanien, Polargebiete

		Schwierigkeit	BNE	Medien
118.1	**Australien und Ozeanien – Physische Karte**	◒		●
120	**Landschaften | Naturgefahren**			
120.1	Landschaften	◒		
120.2	Naturgefahren	◒		
120.3	Meeresspiegelanstieg im südlichen Pazifik	●		●
121	**Landwirtschaft | Wirtschaft**			
121.1	Landwirtschaft	◒		
121.2	Wirtschaft	◒		
122	**Polargebiete**			
122.1	Arktis – Physische Karte	◒		
122.2	Antarktis – Physische Karte	◒		●
123	**Interessengebiete**			
123.1	Gebietsansprüche und Rohstoffe in der Arktis	◒		
123.2	Gebietsansprüche und Rohstoffe in der Antarktis	◒		●

Nordamerika

		Schwierigkeit	BNE	Medien
124.1	**Physische Karte**	◒		●
125.1	**Politische Karte**	○		●
126.1	**Kanada und Alaska – Physische Karte**	◒		
128	**Vereinigte Staaten und Mittelamerika – Physische Karte | Nationalparks**			
128.1	Vereinigte Staaten und Mittelamerika – Physische Karte	◒		
129.2	Grand Canyon am Colorado River	●		●
129.3	Yellowstone-Nationalpark im Westen der USA	●	NE	
130.1	**Landschaften**	◒		
131	**Naturgefahren**			
131.1	Naturgefahren in Nordamerika	●		
131.2	San-Andreas-Verwerfung im Südwesten der USA	●		
131.3	Supervulkan Yellowstone im Westen der USA	●		●
132	**Landwirtschaft**			
132.1	Landwirtschaftsübersicht	◒		
132.2	Landwirtschaft im Kalifornischen Längstal	◒		
132.3	Rindfleischproduktion in den USA	◒		●
133	**Wirtschaft**			
133.1	Wirtschaftsübersicht	◒		
133.2	Technologieregion Silicon Valley	●		
133.3	Abbau von Ölsanden in Kanada	●		
134	**Raumerschließung | Bevölkerung**			
134.1	Raumerschließung der USA	◒		
134.2	Bevölkerungsverteilung in den USA	◒		
134.3	Bevölkerungsentwicklung in den USA	◒		
135	**Stadträume**			
135.1	Stadträume in den USA	●		
135.2	Schrumpfende Stadt Detroit	●	NE	●
135.3	Großraum Atlanta	●		
135.4	Manhattan	◒		●

Süd- und Mittelamerika

		Schwierigkeit	BNE	Medien
136.1	**Physische Karte**	◒		●
137.1	**Politische Karte**	○		●
138.1	**Südamerika (Nordteil) – Physische Karte**	◒		
140.1	**Südamerika (Südteil) – Physische Karte**	◒		
141.1	**Landschaften**	◒		
142.1	**Landwirtschaft**	◒		
143.1	**Wirtschaft**	◒		

144 Regenwald
144.1 Wirtschaft und Naturschutz am Amazonas
144.2 Waldrodungen bei Marabá in Brasilien
144.3 Nachhaltige Waldnutzung am unteren Amazonas

145 Bevölkerung | Stadträume
145.1 Regionale Ungleichheiten in Brasilien
145.2 Stadtentwicklung von São Paulo
145.3 Stadt- und Sozialstruktur in Rio de Janeiro
145.4 Favela im Foto
145.5 Nova Ipanema

Welt

Einband vorn Physische Karte
Einband hinten Politische Karte

146 Auftakt

148 Weltall und Planet Erde
148.1 Sonnensystem
148.2 Jahreszeiten
148.3 Tageslängen
149.4 Zeitzonen und Tageszeiten
149.5 Kontinente und Ozeane

150 Geotektonik
150.1 Schalenbau der Erde
150.2 Bewegungen an Plattengrenzen
150.3 Bewegungen in der Erdkruste
150.4 Plattentektonik
151.5 Tektonischer Aufbau der Erdkruste
151.6 Kontinentaldrift
151.7 Pazifischer Feuergürtel

152 Vegetationszonen
152.1 Landschaften
152.2 Potenzielle natürliche Vegetation
153.3 Anteile der Vegetationsformen
153.4 Höhenstufen der Gebirge
153.5 Ausgewählte Vegetationszonen im Foto

154 Klimazonen
154.1 Klimazonen nach Troll/Paffen
154.2 Klimazonen nach Neef
155.3 Klimadiagramme
155.4 Wärmezonen

156 Klima
156.1 Niederschläge im Januar
156.2 Niederschläge im Juli
156.3 Jahresniederschläge
157.4 Temperaturen im Januar
157.5 Temperaturen im Juli
157.6 Jahrestemperaturen

158 Luftdruck | Atmosphäre
158.1 Luftdruck und Winde
158.2 Hoch- und Tiefdruckgebiet
158.3 Atmosphäre
158.4 Untere Atmosphäre

159 Klimawandel
159.1 Auswirkungen des Klimawandels
159.2 Ursachen des Klimawandels

160 Naturgefahren
160.1 Vulkanismus und Erdbeben
160.2 Klimatische Gefahren
161.3 Naturgefahren im Foto
161.4 Erdbebensichere Bauweise von Hochhäusern
161.5 Entstehung eines Tornados
161.6 Entstehung eines tropischen Wirbelsturms
161.7 Weltrisikoindex

162 Weltmeere
162.1 Hauptmeeresströmungen
162.2 Fischerei und Meeresschutz
163.3 Rohstoffe in den Meeren
163.4 Belastung der Meere

164 Landwirtschaft
164.1 Böden in den Ökozonen
164.2 Landwirtschaftlich nutzbare Räume
165.3 Landwirtschaftliche Rohstoffe
165.4 Internationaler Landhandel

166 Ernährung
166.1 Nahrungsbedarf
166.2 Welthunger-Index

167 Wasser
167.1 Wasserknappheit und Wasserverbrauch
167.2 Wasserversorgung

168 Wirtschaft und Energie
168.1 Wirtschaftskraft
168.2 Wirtschaftsbündnisse
169.3 Welthandel
169.4 Fairer Handel
170.1 Förderung von Rohstoffen
170.2 Energiehandel

171 Umweltbelastung
171.1 Belastung der Landfläche
171.2 Ökologischer Fußabdruck

172 Verkehr
172.1 Flugverkehr
172.2 Seeverkehr
173.3 Ferntourismus
173.4 Datenverkehr

174 Bevölkerung
174.1 Bevölkerungsdichte und Ballungsräume
174.2 Bevölkerungsentwicklung
175.3 Demografische Faktoren
175.4 Entwicklung der Weltbevölkerung
175.5 Bevölkerungsstrukturdiagramme

176 Stadträume
176.1 Verstädterung ◒
176.2 Global Cities ◒

177 Politische Bündnisse | Religionen
177.1 Politische Bündnisse ◒ NE
177.2 Religionen ◒

178 Entwicklungsstand | Migration
178.1 Gesundheit ◒
178.2 Bildung ◒
178.3 Gleichstellung der Geschlechter ◒ NE 🟠
179.4 Entwicklungsstand ◒
179.5 Migration ● 🟠

Anhang

180 Statistik – Staaten und abhängige Gebiete
182 Arbeitshilfen
186 Namenregister
206 Sachregister
210 Quellenverzeichnis
214 Medien zum Atlas 🟠

1 02 Vom Luftbild zur Karte

Die Karte als Abbildung der Wirklichkeit erkennen

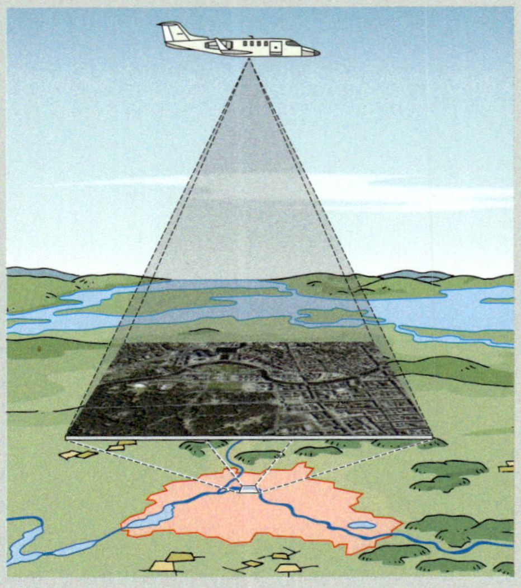

Das **Luftbild** wird aus einem Flugzeug senkrecht nach unten fotografiert. Es dient oft als Grundlage für die Erstellung von Karten.
Das Senkrechtluftbild zeigt genau, wo z. B. Straßen, Plätze oder Gebäude sind und wie sie von oben aussehen. Die einzelnen Bildelemente werden nicht durch Text erläutert.

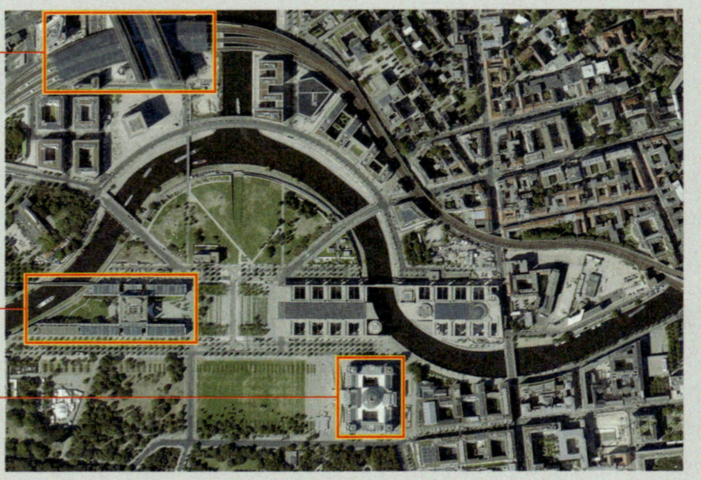

auffällige Gebäude im Luftbild (Vergleich Karte: siehe unten)

Aus diesem **Senkrechtluftbild** zeichnet der Kartograph am Computer eine Karte.
Dabei werden wichtige Straßen, Plätze und Gebäude vereinfacht, farblich gekennzeichnet und beschriftet.
Was die vereinfachten Signaturen bedeuten, ist in der **Kartenlegende** erklärt.

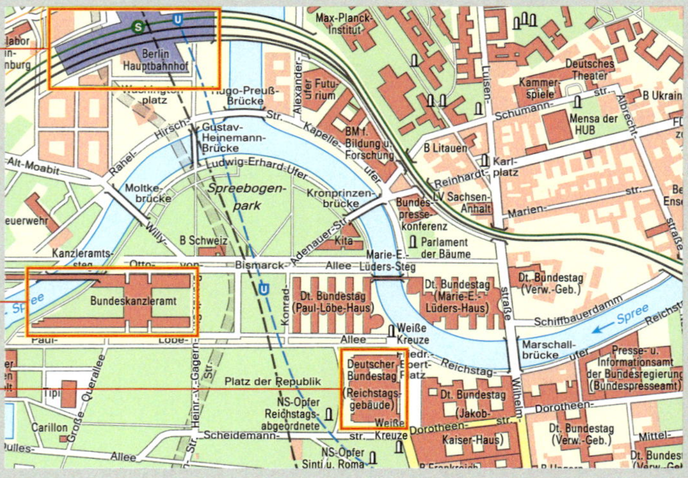

auffällige Gebäude in der Karte (Vergleich Luftbild: siehe oben)

2 03 Kartenmaßstab und Generalisierung

Größenverhältnisse einschätzen

Die Größe des dargestellten Raums und die Dichte an Details sind abhängig vom Maßstab einer Karte. Müssen in einer Karte Details weggelassen oder vereinfacht werden, nennt man das **Generalisierung.** Zum Vergleich der Karte mit der Realität siehst du rechts jeweils ein Luft- bzw. Satellitenbild desselben Ausschnitts.

kleiner abgebildeter Raum

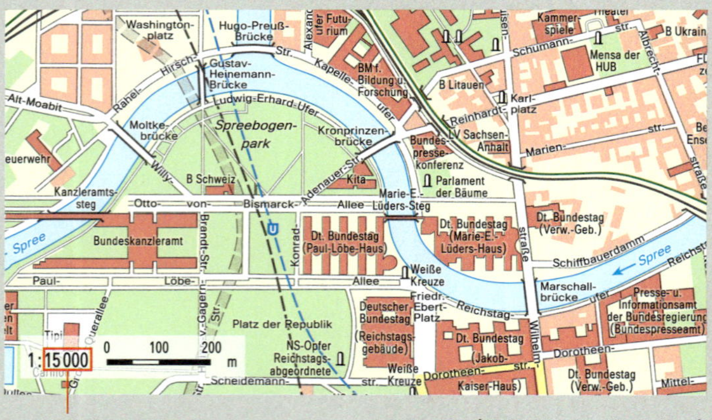

großer Maßstab mit kleiner Maßstabszahl

viele Details (Gebäude, Straßennamen)

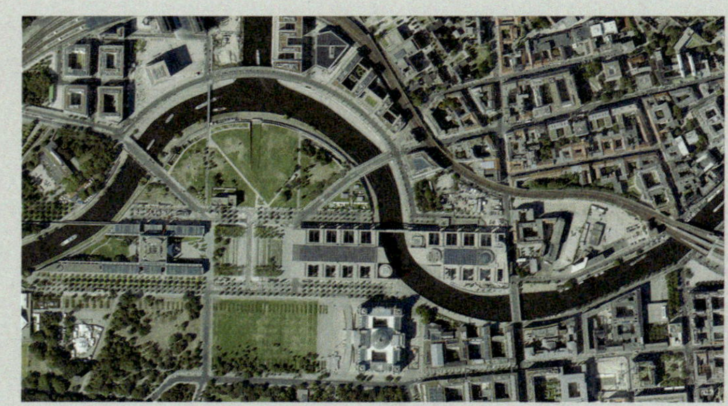

viele Details (Gebäude, Bäume, Straßen)

großer abgebildeter Raum

kleiner Maßstab mit großer Maßstabszahl

wenige Details (wichtige Straßen, große Städte)

wenige Details (Grünflächen, Wälder, Felder)

1 Himmelsrichtungen und Gradnetz

Mithilfe von Koordinaten Orte finden

Das Gradnetz der Erde ist ein gedachtes, über die Erdkugel gezogenes, Liniennetz. Jeder Punkt auf der Erde lässt sich mithilfe des Gradnetzes eindeutig bestimmen. Es besteht aus **Breitenkreisen** und **Längenhalbkreisen.**

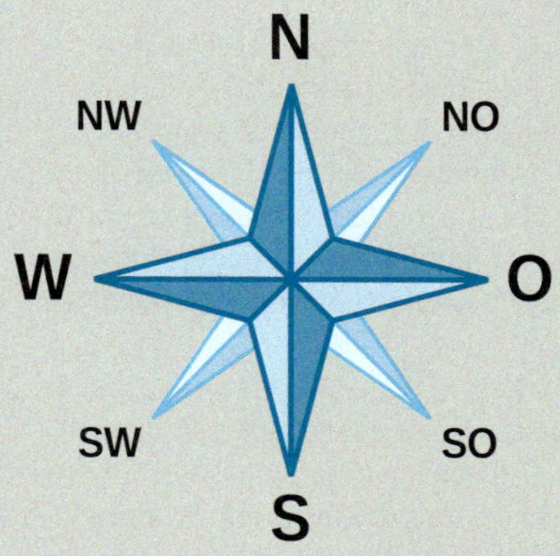

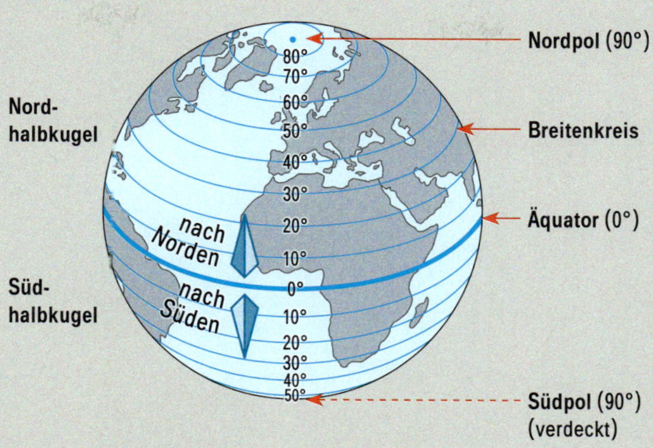

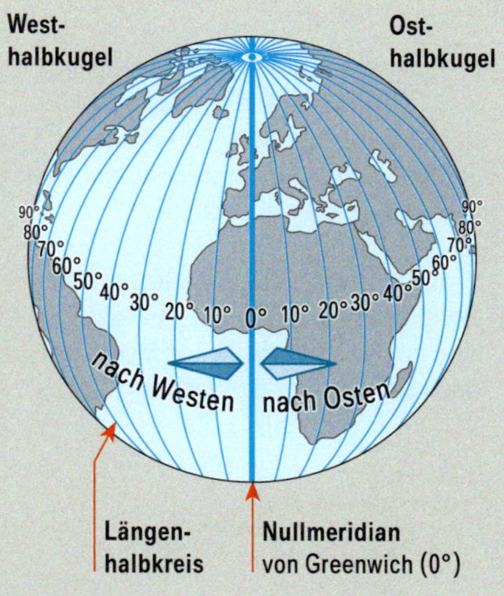

Himmelsrichtungen

Die Himmelsrichtungen dienen der Orientierung auf einer Karte oder in der Natur.
Bei den meisten Karten zeigt der obere Kartenrand nach Norden, das heißt: Karten sind genordet.

Breitenkreise

Breitenkreise ziehen sich um die Erdkugel herum und verlaufen parallel vom **Äquator** bis zum **Nordpol** (0° bis 90° nördliche Breite) und vom **Äquator** bis zum **Südpol** (0° bis 90° südliche Breite).
Breitenkreise werden zu den Polen hin kleiner.

Längenhalbkreise

Längenhalbkreise sind alle gleich lang und verlaufen vom Nordpol zum Südpol. Sie werden auch als **Meridiane** bezeichnet. Jeweils zwei Meridiane ergänzen sich zu einem **Längenkreis,** der durch den Nordpol und den Südpol verläuft. Ausgehend vom **Nullmeridian** zählt man nach Westen 180 Längengrade (0° bis 180° westliche Länge) und 180 Längengrade nach Osten (0° bis 180° östliche Länge).

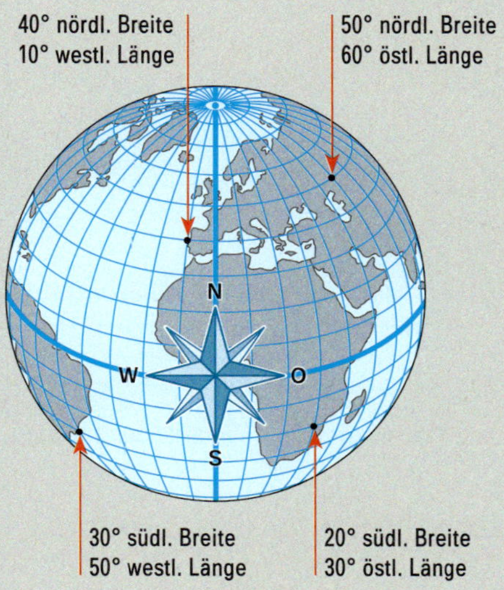

In vielen Karten ist das Gradnetz mit blauen Linien abgebildet. Die geographischen Koordinaten lassen sich durch die Gradnetzangaben am Kartenrand bilden.

Die Koordinate eines Ortes, der zwischen Gradnetzlinien liegt, muss ungefähr ermittelt werden: Khartum: 16° nördl. Breite, 33° östl. Länge

2 Suche mit dem Namenregister

Geographische Namen im Atlas suchen und finden

Mithilfe des Namenregisters im Atlasanhang lassen sich z. B. **Orte, Flüsse, Inseln, Gebirge** und **Landschaften** einfach finden.

gesuchter Name: **Kimberleyplateau**

K

K2 98.1 D3
Kaaden 22.1 I2
Kabalo 112.1 C2
Kabinda 112.1 C2

Kimberley; Stadt in Kanada 126.1 H5
Kimberleyplateau 118.1 G5
Kimmirut 126.1 M3
Kinabalu 98.1 H6
Kindia 110.1 B5
Kindu 112.1 C2
Kinginsel 118.1 I7-I8

Ausschnitt Namenregister

Kimberleyplateau 118.1 G5

Name – Seite mit Kartennummer – Gradnetzfeld

Die Karte mit der Nummer 1 auf Seite 118 enthält den gesuchten Namen. Dieser ist im Gradnetzfeld G5 enthalten. Das Gradnetzfeld **G5** setzt sich aus dem Indexbuchstaben am oberen oder unteren Kartenrand und der Indexzahl am linken oder rechten Kartenrand zusammen. Die Indexangaben stehen immer zwischen zwei Gradnetzlinien.

Zu dem gesuchten Gradnetzfeld kommst du, wenn du einen Finger auf den Indexbuchstaben und einen auf die Indexzahl legst und beide parallel zu den Gradnetzlinien über die Karte zusammenführst.

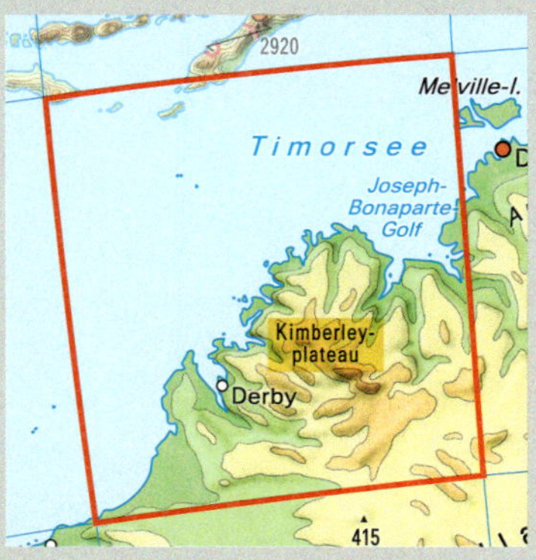

Suche nun den richtigen Namen innerhalb des ermittelten Gradnetzfeldes. Die Buchstaben- und Zahlenkombination besagt lediglich, in welchem Gradnetzfeld der gesuchte Name enthalten ist. Um die genaue Position des gesuchten Namens zu finden, musst du das Gradnetzfeld durchsuchen.

EINFÜHRUNG
DEUTSCHLAND
EUROPA
ASIEN
AFRIKA
AUSTRALIEN und POLE
AMERIKA
WELT
ANHANG

1 Orientierungshilfen in Karten

03 Karten einfacher lesen

Zwei Elemente der Kartengestaltung in diesem Atlas helfen dir, sowohl thematische als auch räumliche Zusammenhänge klarer zu erkennen.

Nachhaltigkeit

Im Rahmen der Bildung für nachhaltige Entwicklung (BNE) werden in einigen Atlaskarten spezielle Nachhaltigkeitsaspekte ausgewiesen. So wird sofort deutlich, welche konkreten Karteninhalte sich auf nachhaltige Themen beziehen.

In diesem Kartenbeispiel weist die farbliche Unterlegung auf Aspekte des Küstenschutzes hin. Dieser wird mit Blick auf steigende Meeresspiegel und Hochwasserereignisse immer wichtiger.

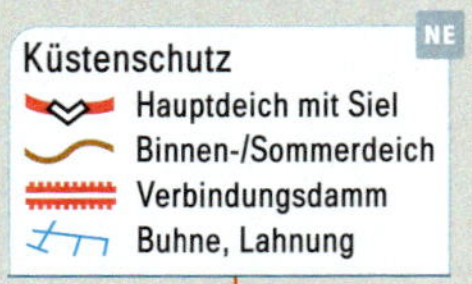

Im Inhaltsverzeichnis und in den Kartenlegenden erkennst du Nachhaltigkeitsinhalte an dem blauen NE-Symbol. Das steht für „Nachhaltige Entwicklung".

28	**Küstenlandschaften**	
28.1	Küstenformen an Nord- und Ostsee	
28.2	Landverluste in Nordfriesland	
28.3	Küstenschutz in Nordfriesland	NE

Ausschnitt aus dem Inhaltsverzeichnis

Orientierung

Für eine schnelle Einordnung des dargestellten Raums enthält jede Atlaskarte eine Orientierungskarte. Sie zeigt immer die Lage des Kartenausschnitts im nächstgrößeren Raum. In diesem Beispiel ist Nordfriesland auf der Deutschlandkarte verortet. Der nächstgrößere Raum kann – je nach Kartenausschnitt – aber auch ein Kontinent oder die Welt sein.

Die Orientierungskarte zeigt zunächst, dass sich der Kartenausschnitt in Deutschland befindet (dunkelgraue Fläche). Die genaue Verortung (rotes Quadrat) zeigt dann, dass der dargestellte Raum im äußersten Norden Deutschlands am Meer (hellgraue Fläche) liegt.

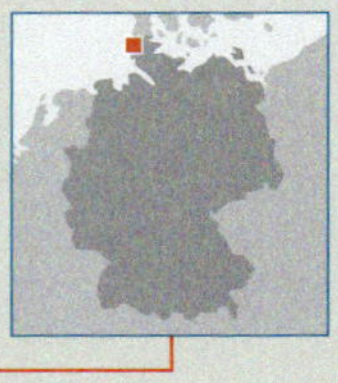

Mit den Orientierungskarten kannst du üben, Staaten und Kontinente schnell am Umriss zu erkennen.

2 Kartentypen

Verschiedene Karten kennenlernen

Im Atlas gibt es verschiedene **Kartentypen.** Der häufigste Kartentyp ist die **physische Karte.** Alle weiteren Atlaskarten werden unter dem Begriff der **thematischen Karten** zusammengefasst. In thematischen Karten werden verschiedene spezielle Themen dargestellt.

Physische Karte

In physischen Karten bilden farblich gekennzeichnete Höhenschichten die Oberfläche der Erde ab. Dabei zeigt die Farbe Grün an, dass es sich um niedrige Bereiche handelt. Die Farbe Braun wird für Gebirge verwendet. Je dunkler das Braun ist, desto höher liegt das Gelände. Städte, Grenzen und Flüsse helfen bei der Orientierung.

Thematische Karte: Politische Karte

Politische Karten zeigen meist Strukturen der öffentlichen Verwaltung. Das können Bundesländer in einem Staat oder auch Staaten eines Kontinents sein. Hauptsächlich werden in den Karten Grenzen und Hauptstädte dargestellt. Um Länder oder Staaten besser unterscheiden zu können, erhalten sie jeweils eine eigene Flächenfarbe. Flüsse helfen bei der Orientierung.

Thematische Karte: Wirtschaftskarte

Aus Wirtschaftskarten könnt ihr die Verteilung wichtiger Wirtschaftsstandorte herauslesen. Dabei werden die Wirtschaftsbereiche in Dienstleistung und Industrie unterteilt. Zusätzlich dazu werden Bergbaustandorte dargestellt. Grenzen und Flüsse helfen bei der Orientierung.

1 02 Physische Karte Signaturen und Höhenschichten verstehen

Physische Karte

Dieser Kartentyp bildet die **Geländeoberfläche** der Erde ab. Die eingezeichneten Städte, Straßen, Grenzen und Gewässer helfen dir bei der Orientierung. Erklärungen für die Signaturen – so nennt man die Symbole in der Karte – findest du in der **Generallegende** auf der hinteren Klappe deines Atlas.

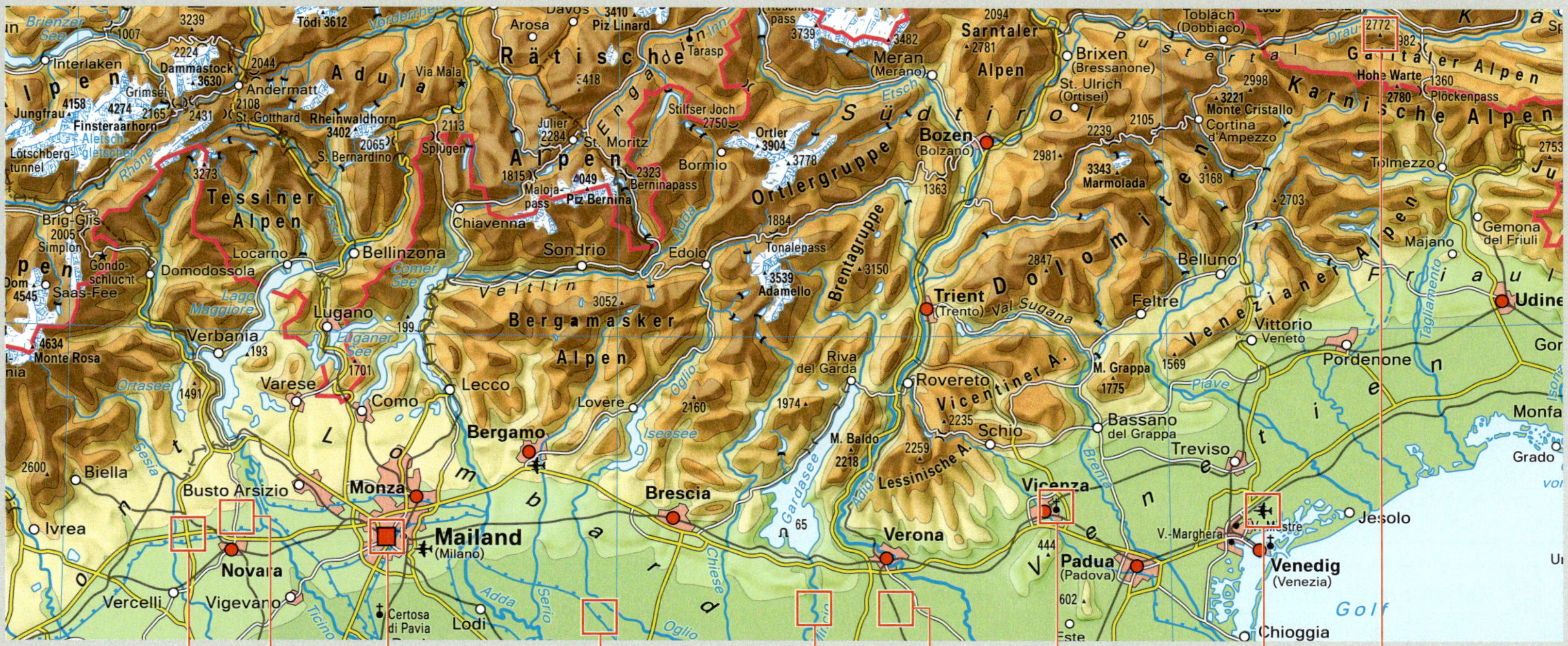

Autobahn

Stadt

Fluss

Kirche

Berggipfel

Straße

Kanal

Bahnstrecke

Flughafen

Höhenschichten

Als Höhenschichten werden die farbigen Flächen zwischen Höhenlinien bezeichnet. Die Höhenlage definiert sich im Gelände durch eine Flächenfarbe von grün (niedrig) bis zu braun (hoch).

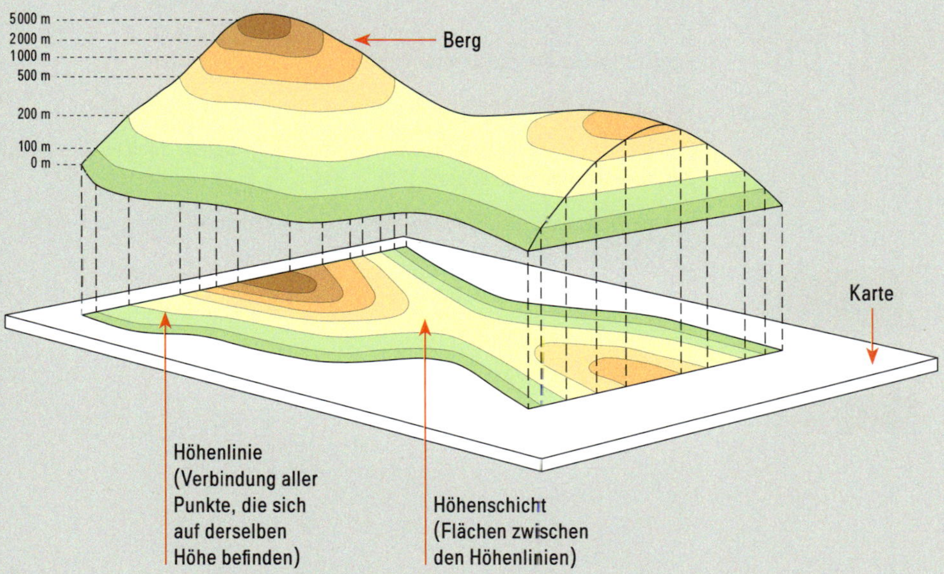

Blockbild mit Höhenlinien und Höhenschichten

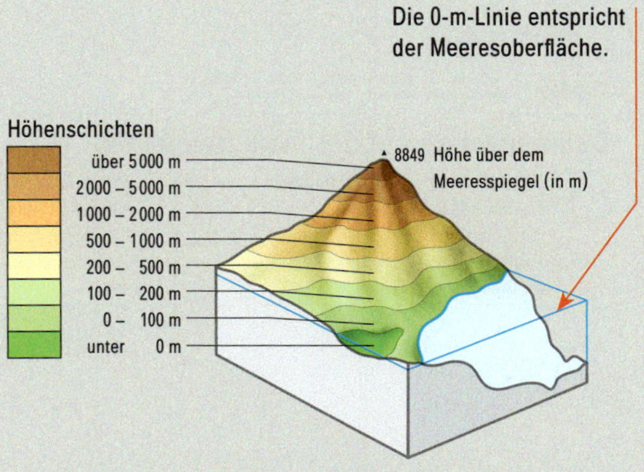

Blockbild aus der Generallegende

1 Legende Karteninhalte verstehen

Zu jeder Karte findest du eine **Legende.** Sie enthält zunächst den **Kartentitel,** der das Kartenthema kurz zusammenfasst. Danach erklärt die Legende die in der Karte verwendeten Farben und Signaturen.

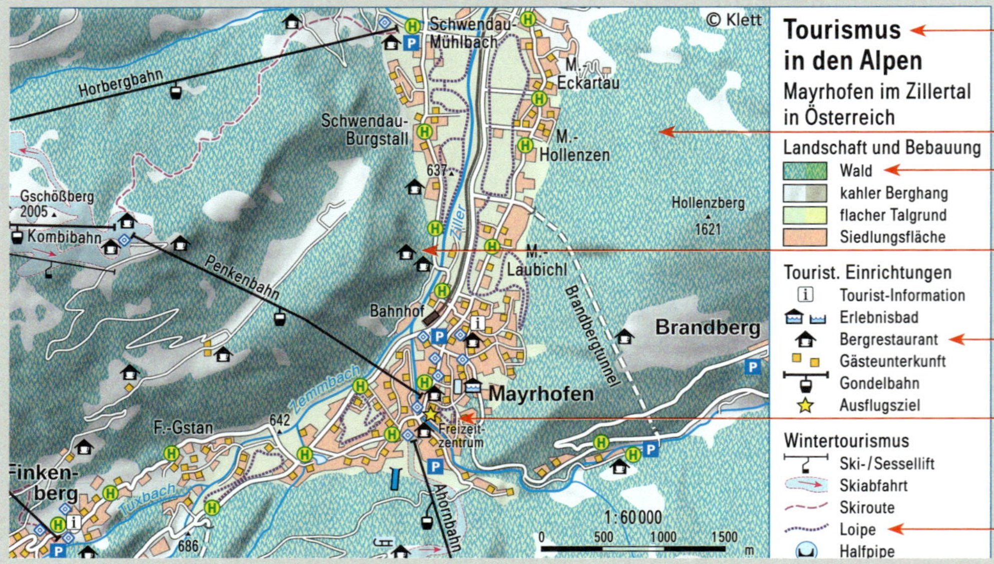

Kartentitel

Flächensignaturen stellen größere räumliche Objekte wie Siedlungen oder Wälder als geschlossene Flächen dar.

Einzelsignaturen stellen ortsgebundene Objekte wie Bäder oder Restaurants durch eine punktgenaue, meist bildhafte Signatur dar.

Liniensignaturen werden genutzt, um z. B. Flüsse, Straßen, Loipen aber auch Bewegungen in einer Karte darzustellen.

2 Karteninterpretation Eine Karte Schritt für Schritt verstehen

Die Kartenanalyse wird einfacher, wenn du nicht versuchst, den gesamten Inhalt auf einmal zu erfassen. Geh besser Schritt für Schritt vor.

1. Schritt: Sammle die Basisinformationen zur Karte

- Schau dir den Kartentitel an und nenne das Kartenthema: Gemüseanbau auf der Insel Reichenau (1)
- Erkenne den abgebildeten Raum der Karte: Insel Reichenau im Bodensee im Süden Deutschlands (2)
- Nenne den Kartenmaßstab und dessen Bedeutung für die Darstellung der Karteninhalte: 1 : 30 000 bedeutet, dass der Raum in relativ großem Detailgrad dargestellt wird. (3)
- Fasse mithilfe von Karte und Legende die topographischen Grundinformationen der Karte kurz zusammen: Es werden Höhenpunkte, Verkehrswege und Siedlungen dargestellt. (4)

2. Schritt: Beschreibe die Karteninhalte in größerem Detail

- Lies die Kartenlegende und kläre unbekannte Begriffe: z. B. Pumpwerk = Anlage, um Wasser aus einem tiefer gelegenen Bereich in einen höher gelegenen Bereich zu pumpen (5)
- Betrachte und beschreibe mithilfe der Legende die Verteilung der Flächen: z. B. Wein wird vor allem südöstlich von Mittelzell angebaut (6)
- Erläutere mithilfe der Legende die Bedeutung von Signaturen: ▬ = Großmarkt zum zentralen Verkauf des Gemüses (7)

3. Schritt: Deute die Zusammenhänge

- Die Lage der Insel scheint sich gut für den Gemüseanbau zu eignen.
- Das Pumpwerk und das Rohrleitungsnetz stellen sicher, dass es überall auf der Insel ausreichend Wasser gibt.
- Auf der Insel wird viel Gemüse auch in Gewächshausern angebaut, weil ...

1 03 Methoden zur Kartenauswertung Strategien zur Erschließung von Karteninhalten nutzen

Es gibt verschiedene Methoden, um gezielt einzelne Informationen aus einer Karte herauszulesen. Sie helfen bei der Kartenanalyse, wenn nur eine ganz bestimmte Fragestellung beantwortet werden soll.

Lupenmethode

Bei der Lupenmethode konzentrierst du dich auf die Analyse einer einzelnen Signatur in einer Karte. Suche dafür zuerst in der Legende nach der Signatur, die deine Frage beantworten kann. Zeichne die Signatur in deine Unterlagen ab und beschreibe genau, was sie darstellt. Im zweiten Schritt betrachtest du gezielt nur diese Signatur in der gesamten Karte und wertest die Verteilung aus.

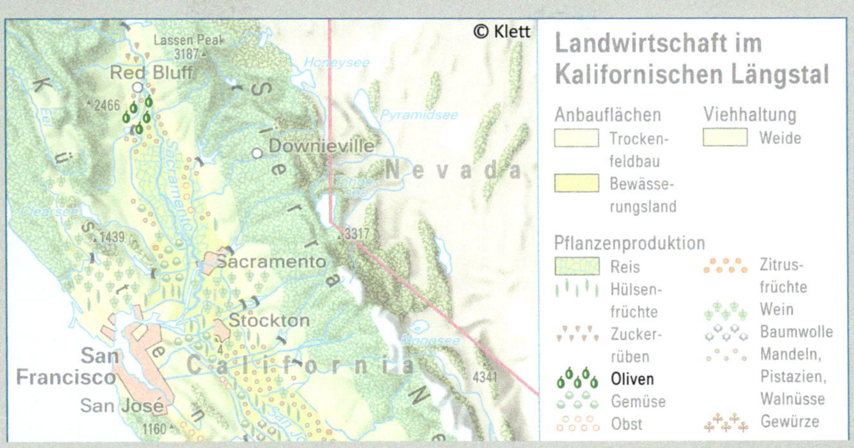

Oliven
Diese Signatur stellt die Frucht des Olivenbaumes dar. Sie steht stellvertretend für den Anbau von Olivenbäumen.

Schichtenmethode

Bei der Schichtenmethode betrachtest du nur einzelne Themenfelder oder Themenblöcke in der Legende. Indem du dich auf eine Themenschicht konzentrierst, kannst du diese in der Karte genauer analysieren.

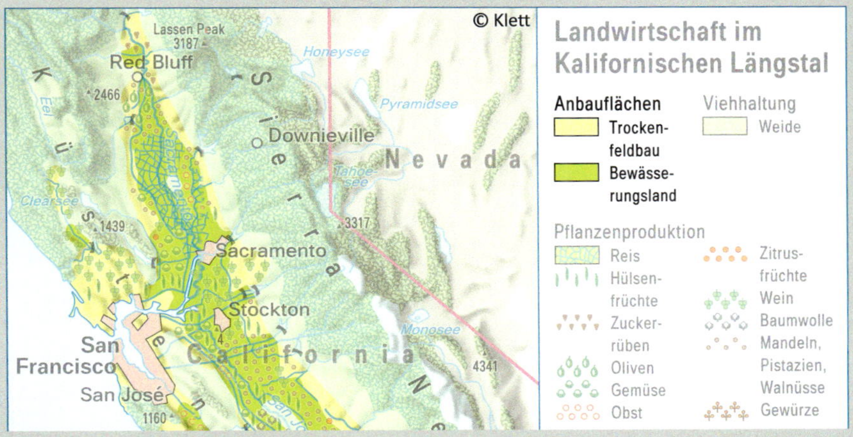

Bei der Auswertung der Karte konzentrierst du dich auf den Legendenblock „Anbauflächen". Durch diese zielgerichtete Betrachtung kannst du zum Beispiel erste Erkenntnisse zum Typ der Bewirtschaftung einer bestimmten Region gewinnen.

Fenstermethode

Bei der Fenstermethode wird auf die Karte eine Schablone mit einem Sichtfenster gelegt. Durch das Abdecken der umliegenden Karteninhalte konzentrierst du dich bei der Auswertung nur auf einen klar definierten Raum.

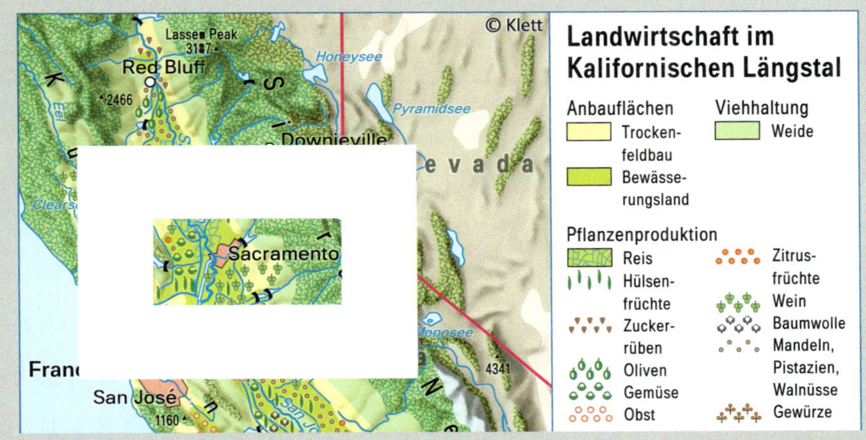

Durch die Abdeckung der Karte um die Stadt Sacramento wird die Aufmerksamkeit auf diesen Raum gelenkt. Dadurch kannst du ohne Ablenkung den Raum um die Stadt gezielter analysieren.

2 02 Kartenmaßstab und Entfernungen Entfernungen messen

Entfernung mit dem Kartenmaßstab berechnen

Eine Karte ist eine verkleinerte Abbildung der Wirklichkeit.
Der Kartenmaßstab zeigt an, wie stark eine Karte verkleinert ist.
Der Maßstab besteht aus zwei Zahlen.

1 : 1 500 000

Kartenstrecke — Strecke in der Wirklichkeit (Naturstrecke)

1 cm ≙ 1 500 000 cm
≙ 15 000 m
≙ 15 km

Um cm in km umzurechnen, müsst ihr bei der Naturstrecke 5 Nullen streichen. Demnach entspricht eine 1 cm lange Strecke in der Beispielkarte einer 15 km langen Strecke in der Wirklichkeit.

Viele Karten besitzen neben dem Kartenmaßstab noch eine **Maßstabsleiste**, auf der die Länge der Strecke in der Wirklichkeit abgelesen werden kann.

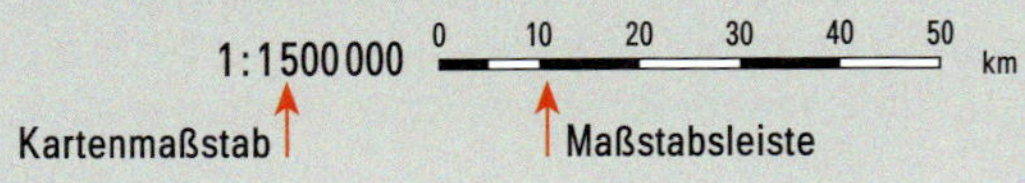

Entfernung zwischen Wiesbaden und Frankfurt mithilfe der Maßstabsleiste bestimmen (Luftlinie)

1. Schritt: Lineal anlegen und ablesen (2 cm)

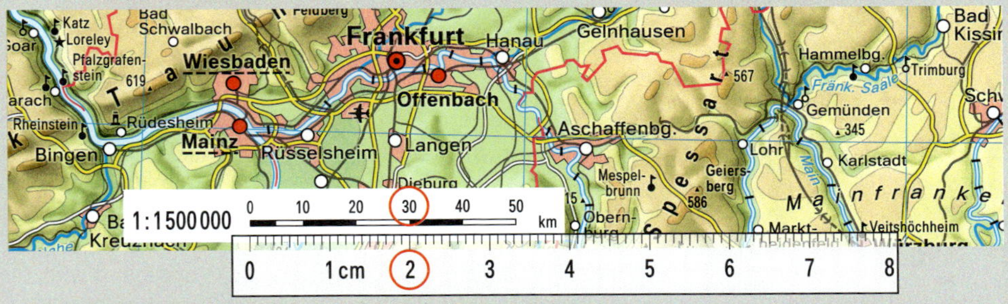

2. Schritt: Lineal an Maßstabsleiste anlegen und Entfernung ablesen (d. h., 2 cm entsprechen 30 km)

EINFÜHRUNG DEUTSCHLAND EUROPA ASIEN AFRIKA AUSTRALIEN und POLE AMERIKA WELT ANHANG

1 03 Diagrammtypen in Karten Werte aus einem Diagramm ablesen

In thematischen Karten werden manchmal Diagramme genutzt, um statistische Daten abzubilden. Die am häufigsten genutzten Diagrammtypen sind das **Kreisdiagramm** und das **Säulendiagramm.** Die folgenden Tipps helfen dir, diese Diagramme richtig zu lesen.

Kreisdiagramm

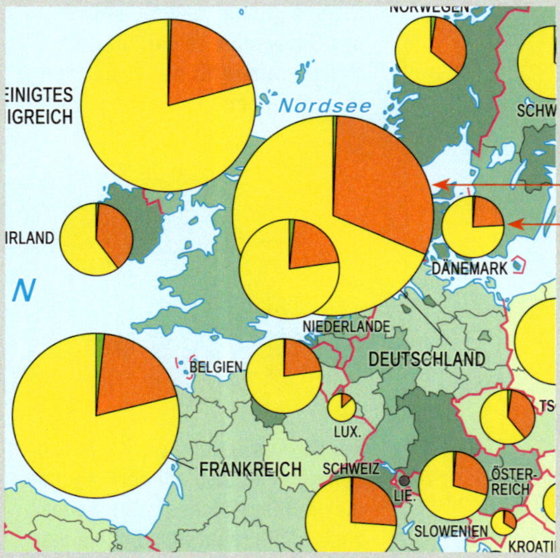

Je größer ein Kreisdiagramm in einer Karte ist, desto größer ist der zugrundeliegende Wert in der Statistik.

Ein Kreisdiagramm wird auch als **Tortendiagramm** bezeichnet, weil die Kreissektoren an Tortenstücke erinnern. Diese Stücke stellen jeweils den Anteil eines Werts an der Gesamtmenge bildlich dar.

Ein Viertel ist beispielsweise 25 % vom Ganzen. Dies entspricht einem ¼-Kreis.

¼-Kreis ≙ 25 % ½-Kreis ≙ 50 %

¾-Kreis ≙ 75 % Voller Kreis ≙ 100 %

Säulendiagramm

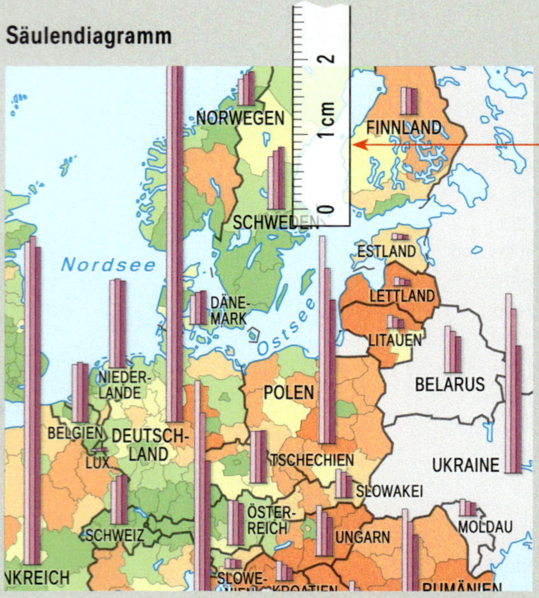

Je höher eine Säule ist, desto größer ist der zugrundeliegende Wert in der Statistik.
Die Werte lassen sich mithilfe eines Lineals abmessen und eines in der Legende dargestellten Wertemaßstabs berechnen.

In einem Säulendiagramm werden Werte nebeneinander und oft als zeitliche Entwicklung dargestellt. Somit sind sie leicht vergleichbar.

In der Legende wird ein Wertemaßstab angegeben. Dieser ermöglicht die Umrechnung von der Höhe der Säule zum tatsächlichen Wert.

Beispiel eines Wertemaßstabs.

2 03 Arbeitshilfen und differenzierte Karten Hilfen zur Erarbeitung einer Karte nutzen

Arbeitshilfen

Für ausgewählte Karten sind im Atlasanhang Arbeitshilfen zu finden. Diese helfen durch gezielte Hinweise und Fragestellungen bei der Kartenarbeit.

Ausschnitt aus einer Karte

Der Schlüssel neben der Kartennummer zeigt, dass für diese Karte eine Arbeitshilfe vorhanden ist. Die Zahl unter dem Schlüssel gibt die Nummer der Arbeitshilfe an.

02 In dem Erklärvideo **V** hinter dem QR-Code auf der Seite findest du hilfreiche Hintergrundinformationen zum Thema. Schau dir das Video an und notiere wichtige Fachbegriffe. Kannst du sie nach dem Anschauen des Videos in eigenen Worten erklären?

Arbeitshilfe im Anhang

Differenzierte Karten

Die differenzierten Karten im digitalen Zusatzmaterial enthalten die Atlaskarte in zwei oder drei Schwierigkeitsstufen.

einfach

vereinfachte Karteninhalte

mittel

Inhaltsdichte mit mittlerem Anspruch

schwierig

hohe Inhaltsdichte mit vielen Informationsebenen

I29
68.1 Diff. Karte

Oben auf den Atlasseiten stehen die Verweise auf die digitalen Medien zum Atlas. Differenzierte Karten sind mit dem Fingersymbol für interaktive Inhalte, der Kartennummer und dem Kürzel Diff. Karte ausgezeichnet. Durch die Kartennummer erkennst du, zu welcher Atlaskarte die differenzierte Karte angeboten wird. Durch Scannen des QR-Codes rechts neben den Verweisen gelangst du zu einer Übersicht aller Zusatzmedien zu der jeweiligen Atlasseite, von der aus die differenzierte Karte aufgerufen werden kann.

1 03 Kartenoverlays für den virtuellen Globus
Karten mit einem virtuellen Globus verknüpfen

Für Karten mit einem starken Höhenprofil und für Detailräume mit großem Maßstab bietet der Atlas als digitales Zusatzmaterial **Kartenoverlays** für den **virtuellen Globus.**

W32
69.6 Overlay

Oben auf den Atlasseiten stehen die Verweise für die digitalen Medien zum Atlas. Kartenoverlays sind mit der Weltkugel und der Kartennummer ausgezeichnet, zu der das Overlay gehört. Durch Scannen des QR-Codes rechts neben den Verweisen gelangst du zu einer Übersicht aller Zusatzmaterialien zu der jeweiligen Atlasseite, von der aus das Kartenoverlay aufgerufen werden kann.

Wie du das Overlay öffnen kannst, hängt von deiner technischen Ausstattung ab. Eine genaue Anleitung findest du im Downloadfenster des Overlays und in der Checkliste D6 Overlays hinter dem QR-Code auf dieser Seite.

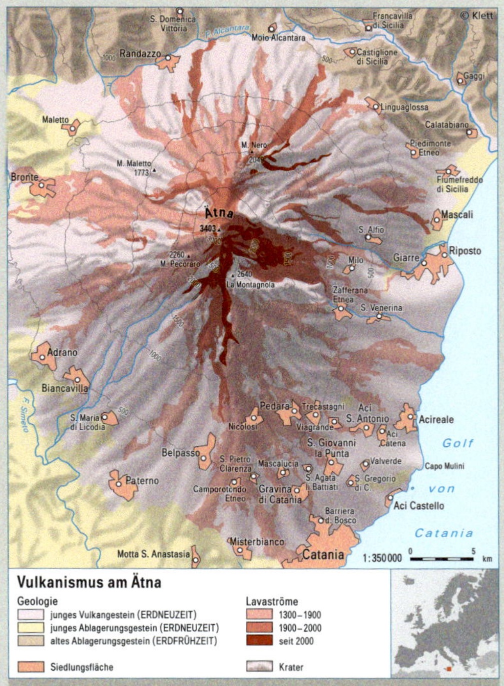

Karte in 2D-Ansicht im Atlas

Karte in 3D-Ansicht mit eingeschaltetem Gelände

2 03 Karten in Ebenen
Eine Karte individuell anpassen

Zu manchen Karten gibt es als digitales Zusatzmaterial eine **„Karte in Ebenen"**. Damit lassen sich Karteninhalte mit einem Klick ein- oder ausblenden. So kannst du die Karten an deine individuellen Bedürfnisse anpassen. Informationen, die du gerade nicht brauchst, kannst du einfach ausschalten.

I24
49.6 Karte in Ebenen

Oben auf den Atlasseiten stehen die Verweise für die digitalen Medien zum Atlas. Karten in Ebenen sind mit dem Fingersymbol, der Kartennummer und der Beschreibung Karte in Ebenen ausgewiesen. Durch Scannen des QR-Codes rechts neben den Verweisen gelangst du zu einer Übersicht aller Zusatzmaterialien zu der jeweiligen Atlasseite, von der aus die Karte in Ebenen aufgerufen werden kann.

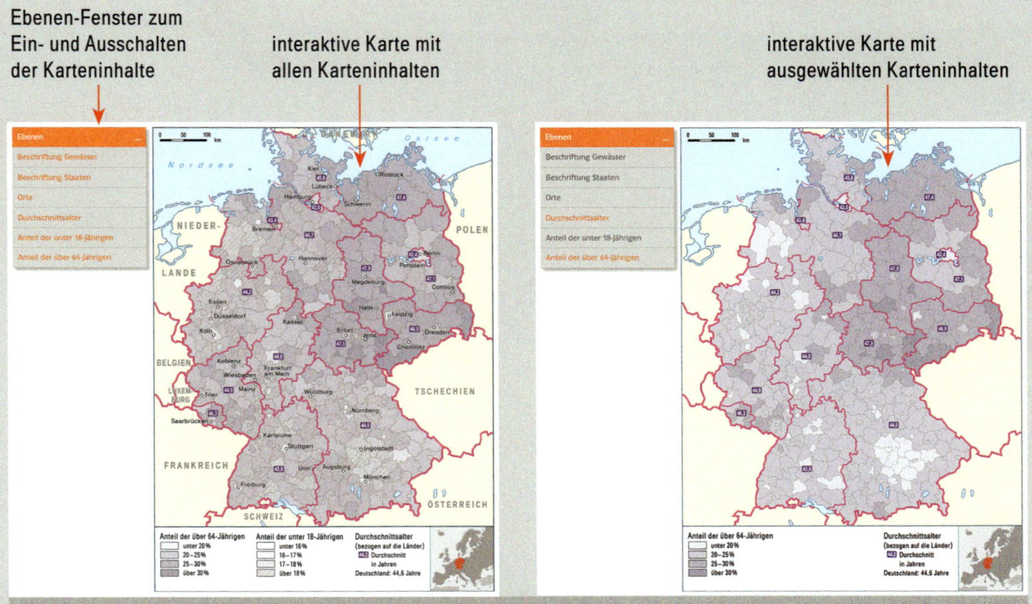

Karte in Ebenen Altersstruktur in Deutschland

3 Interaktiver Atlasführerschein
Interaktive Übungen für die Atlasarbeit

Du willst Atlas-Expertin oder Atlas-Experte werden? Dann ist der interaktive Atlasführerschein genau das Richtige für dich!
Begib dich mit Selin, Ben und Alex auf eine virtuelle Weltreise durch den Atlas.
Mit vielen spannenden interaktiven Aufgaben lernst du, dich im Atlas gut und sicher zu orientieren.

I0
Atlasführerschein

Hinter dem QR-Code auf dieser Atlasseite findest du den interaktiven Atlasführerschein.
Scanne ihn ab und begib dich auf die Reise!

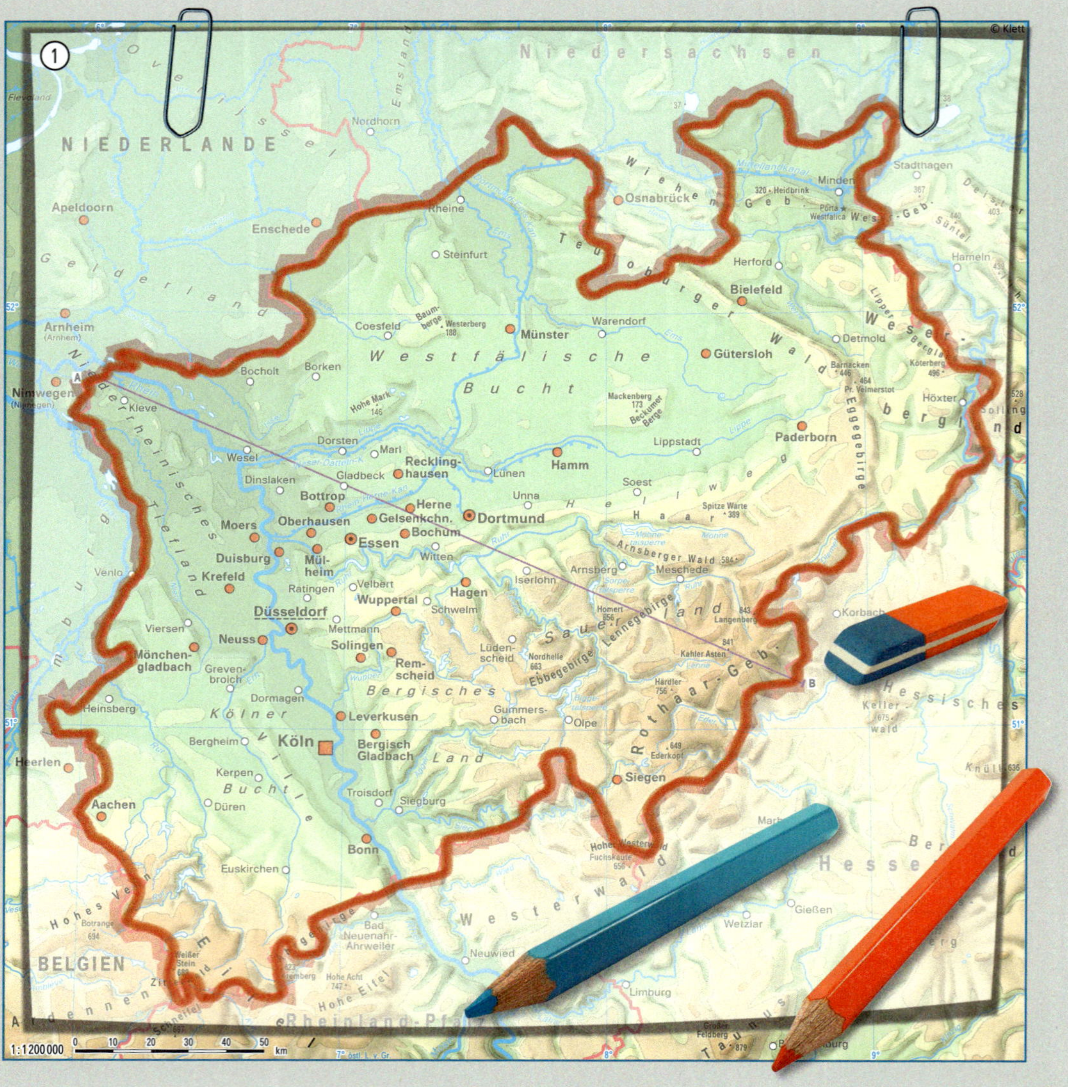

Schritt ①
Lege Transparentpapier auf die physische Karte deines Bundeslandes Nordrhein-Westfalen. Zeichne mit rot die Landesgrenze nach.

Schritt ②
Entscheide, was du abbilden willst (Flüsse, Seen, Städte, Gebirge, weitere Objekte) und erstelle eine Liste wie im Beispiel. Beginne mit den jeweils größten Objekten. Später kannst du ergänzen.

② ***Zeichenerklärung***

	Landesgrenze		*Städte*
		1	*Köln*
	Flüsse	*2*	*Düsseldorf*
1	*Rhein*	*3*	*...*
2	*Lippe*	*4*	*...*
3	*...*	*...*	*...*
4	*...*		
...	*...*		*Sehenswürdigkeiten*
	Gebirge	*1*	*Zeche Zollverein*
A	*Rothaargebirge*	*2*	*Kölner Dom*
B	*Eifel*	*3*	*...*
C	*...*	*4*	*...*
D	*...*	*...*	*...*
...	*...*		

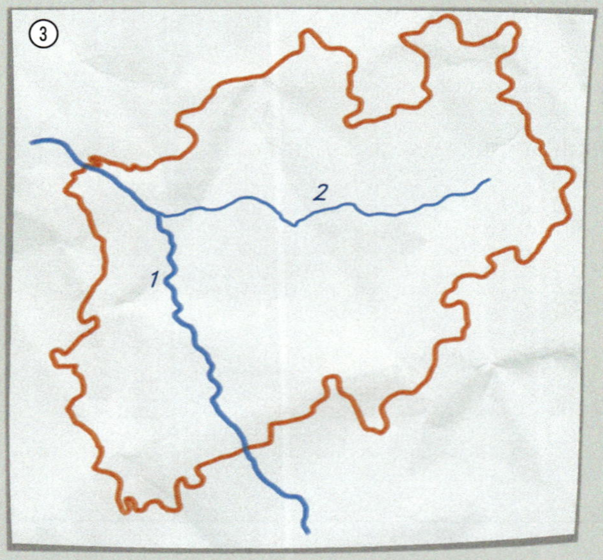

Schritt ③
Zeichne mit blau die Flüsse nach. Beachte die unterschiedliche Breite der Flüsse. Beschrifte sie mit den jeweiligen farbigen Ziffern aus der Liste.

Schritt ④
Zeichne die Umrisse der Gebirge großzügig nach. Orientiere dich an der Schrift und den Brauntönen in der Karte.
Male die Fläche braun aus und beschrifte sie ebenfalls.

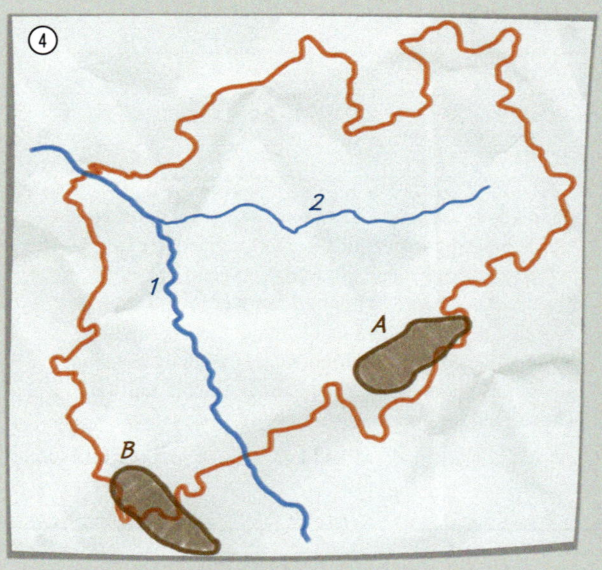

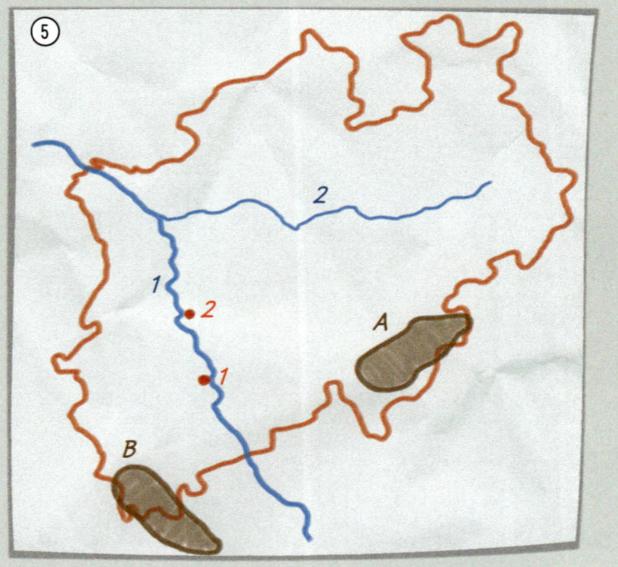

Schritt ⑤
Markiere mit einem roten Stift die Städte und beschrifte sie.

Schritt ⑥
Du möchtest weitere Inhalte in deine Karte übernehmen? Zum Beispiel Industriezentren, Sehenswürdigkeiten, landwirtschaftliche Anbaugebiete? Verwende dazu weitere Atlaskarten im Regionalteil, die genauso groß sind. Achte auf den Maßstab unten in der Karte. Lege dein Transparentpapier wieder darüber und passe es an der Landesgrenze ein.

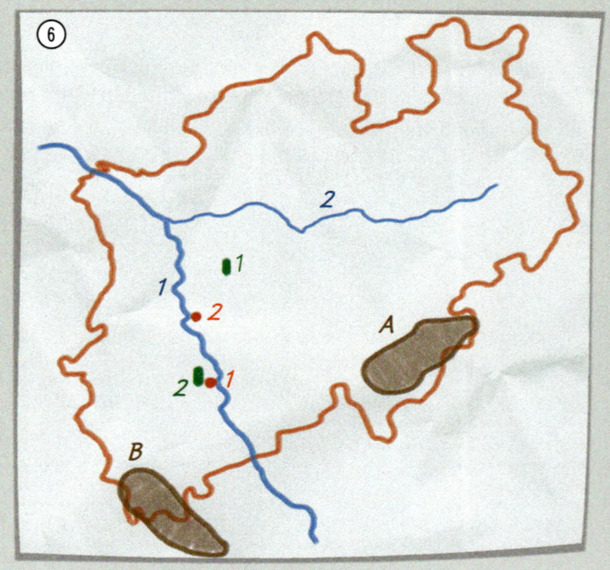

Nordrhein-Westfalen

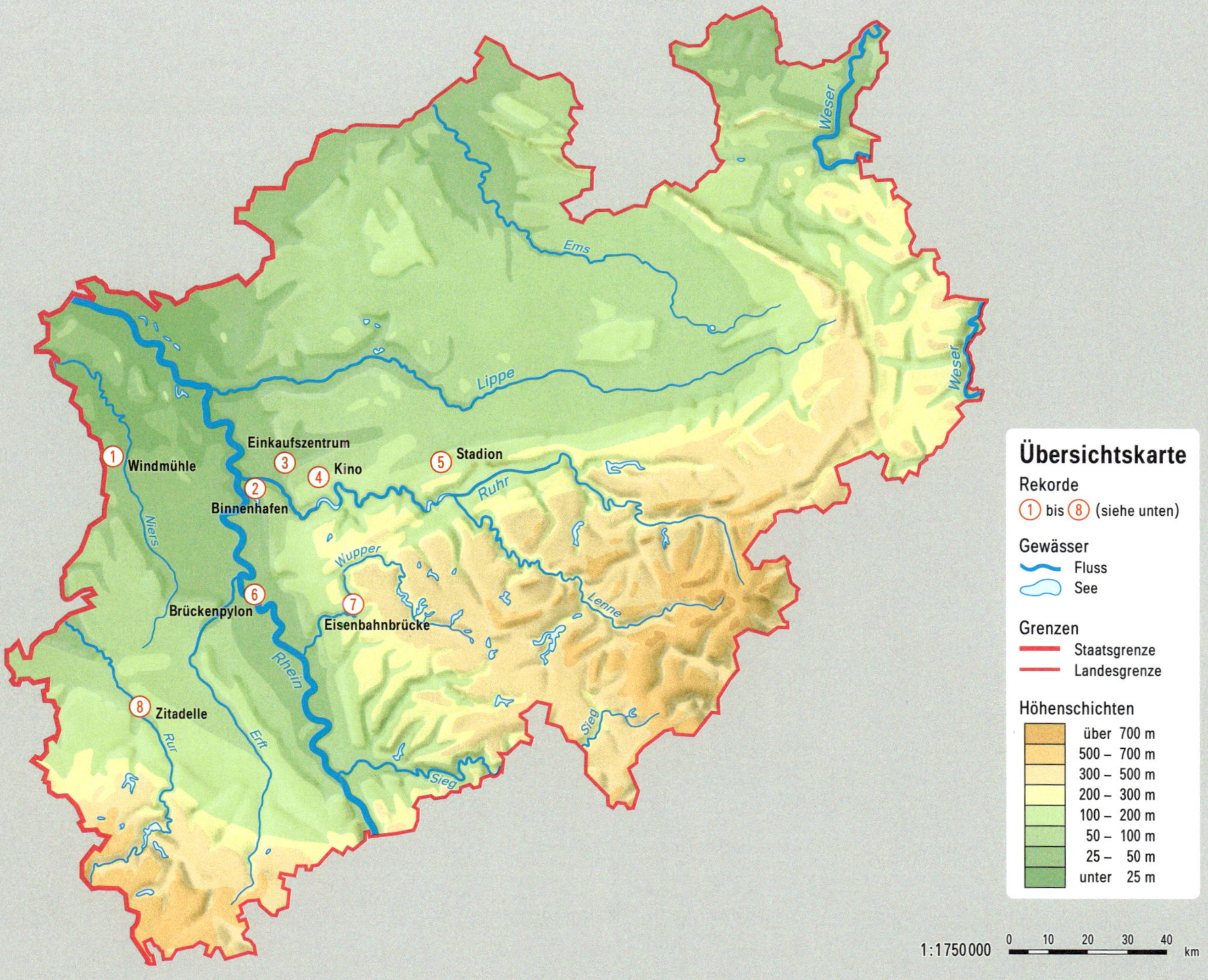

① Steprather Mühle

Objekt: Windmühle
Lage: Geldern (OT Walbeck)
älteste, noch voll funktionsfähige Windmühle (seit 1450)

» Rekord in Deutschland «

② Duisburger Hafen

Objekt: Binnenhafen
Lage: Duisburg
größter Binnenhafen (10 km² Gesamtfläche)

» Rekord in der Welt «

③ Centro Oberhausen

Objekt: Einkaufszentrum
Lage: Oberhausen
größtes Einkaufszentrum (125 000 m² Verkaufsfläche)

» Rekord in Europa «

④ Multiplex-Kino

Objekt: Kino
Lage: Essen
größtes Kino (5 300 Plätze | 16 Kinosäle)

» Rekord in Deutschland «

⑤ BVB-Stadion

Objekt: Fußballstadion
Lage: Dortmund
größtes Fußballstadion (81 365 Plätze)

» Rekord in Deutschland «

⑥ Fleher Brücke

Objekt: Brückenpylon
Lage: Düsseldorf (OT Flehe)
höchster Brückenpylon (146,5 m Höhe)

» Rekord in Deutschland «

⑦ Müngstener Brücke

Objekt: Eisenbahnbrücke
Lage: Solingen (OT Schaberg)
höchste Eisenbahnbrücke (107 m Höhe)

» Rekord in Deutschland «

⑧ Zitadelle Jülich

Objekt: Zitadelle
Lage: Jülich
älteste Zitadelle (um 1545 erbaut)

» Rekord in Deutschland «

EINFÜHRUNG
DEUTSCHLAND
EUROPA
ASIEN
AFRIKA
AUSTRALIEN und POLE
AMERIKA
WELT
ANHANG

Modell einer Profilzeichnung

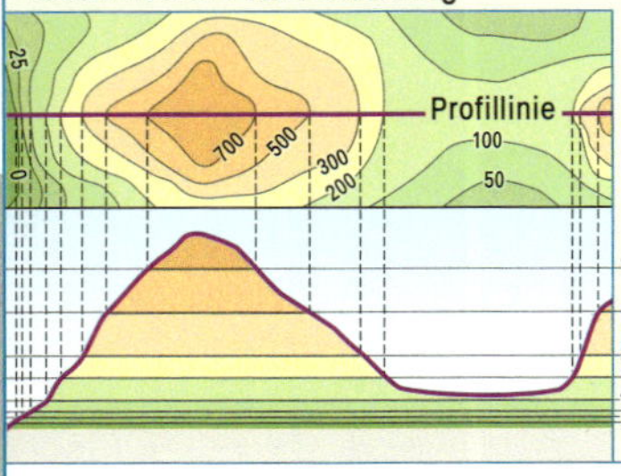

Höhenprofil von der niederländischen Grenze (A) zum Rothaargebirge (B), gleicher Längenmaßstab wie in der Karte, Überhöhung 20-fach

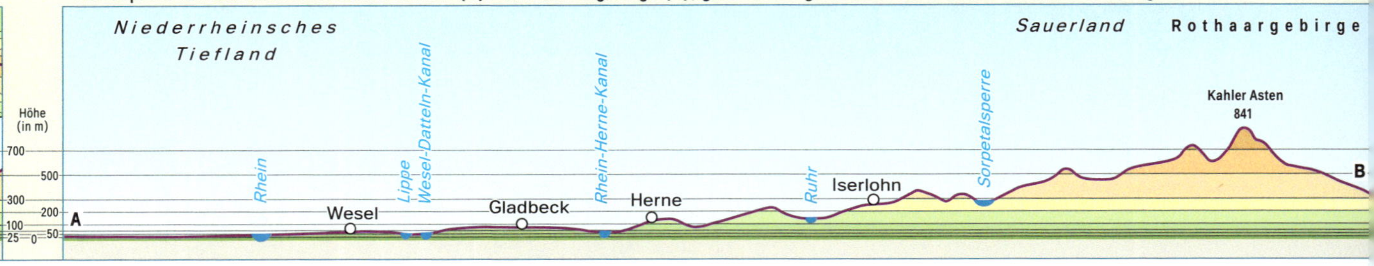

1

Physische Karte

Höhenschichten
- über 700 m
- 500 – 700 m
- 300 – 500 m
- 200 – 300 m
- 100 – 200 m
- 50 – 100 m
- 25 – 50 m
- 0 – 25 m
- unter 0 m

. 843 Höhe über dem Meeresspiegel (in m)

A —— B Verlauf des Höhenprofils

Orte
- über 1 000 000 Einwohner
- 500 000 – 1 000 000 Einwohner
- 100 000 – 500 000 Einwohner
- 20 000 – 100 000 Einwohner (in Auswahl)

Gewässer
- Fluss
- Kanal
- See, Stausee

Grenzen
- Grenze von Nordrhein-Westfalen
- Staatsgrenze
- Landesgrenze

Düsseldorf Landeshauptstadt

Landtag

Plenum

Staatskanzlei

1 05

Verwaltungsgliederung

Land Nordrhein-Westfalen
- Grenze von Nordrhein-Westfalen
- Staatsgrenze
- Landesgrenze

DÜSSELDORF Landeshauptstadt, Sitz der Landesregierung und des Landtags

Regierungsbezirke und SITZ der Bezirksregierung
- Regierungsbezirksgrenze

Düsseldorf	DÜSSELDORF
Köln	KÖLN
Münster	MÜNSTER
Detmold	DETMOLD
Arnsberg	ARNSBERG

Stadt- und Landkreise
- Kreisgrenze
- Stadtkreis (kreisfreie Stadt)
- Lippe Name eines Landkreises
- Sitz der Kreisverwaltung
- HX Kraftfahrzeug-Kennzeichen (ohne wiedereingeführte Kennzeichen)

Grenzen außerhalb Nordrhein-Westfalens
- Staatsgrenze
- Landesgrenze

1

Höhenschichten
über 700 m
500 – 700 m
300 – 500 m
200 – 300 m
100 – 200 m
50 – 100 m
25 – 50 m
0 – 25 m
unter 0 m

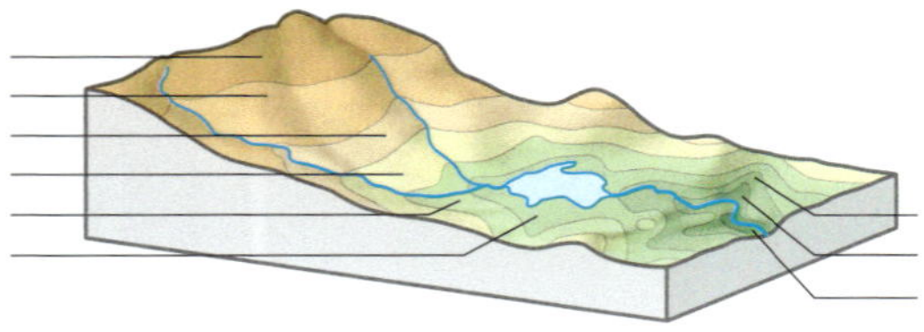

.843 Höhe über dem Meeresspiegel (in m)

Orte
über 1 000 000 Einwohner
500 000 – 1 000 000 Einwohner
100 000 – 500 000 Einwohner
20 000 – 100 000 Einwohner
unter 20 000 Einwohner
Ortsteil
dicht bebaute Siedlungsfläche

Sehenswürdigkeiten
Burg, Schloss
Burgruine, Schlossruine
Kirche, Kloster
Höhle
Denkmal
sonstige Sehenswürdigkeit

Gewässer und Verkehr
Fluss
Staustufe, Schleuse
Be- und Entwässerungskanal
Sumpf, Moor
See mit Tiefenangabe (in m)
Stausee; Talsperre, Staudamm

schiffbarer Fluss (über 600 t Tragfähigkeit)	Bahn, Hauptstrecke
schiffbarer Kanal (über 600 t Tragfähigkeit)	Bahn, Nebenstrecke
Internationaler Flughafen	Autobahn; Autobahn im Bau
Regionalflughafen	Hauptverkehrsstraße
	Tunnel

Grenzen und Verwaltung

- Grenze von Nordrhein-Westfalen
- Staatsgrenze
- Landesgrenze
- Regierungsbezirksgrenze
- Grenze der Stadt- und Landkreise
- Nationalparkgrenze

- **Düsseldorf** Landeshauptstadt und kreisfreie Stadt
- Neuss Kreisstadt oder kreisfreie Stadt
- Unna Name eines Landkreises oder einer kreisfreien Stadt

EINFÜHRUNG
DEUTSCHLAND
EUROPA
ASIEN
AFRIKA
AUSTRALIEN und POLE
AMERIKA
WELT
ANHANG

1

Aachener Dom

Höhenschichten

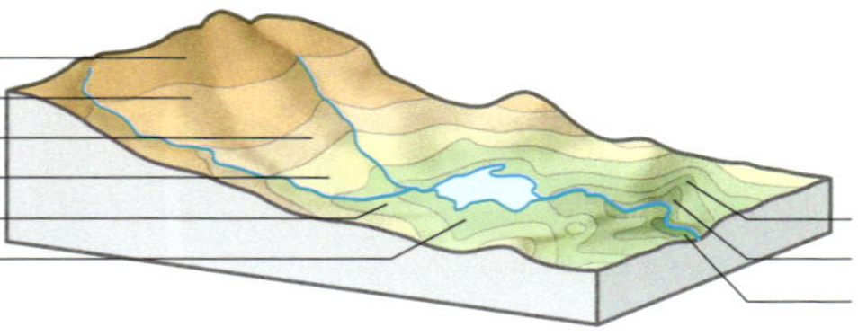

- über 700 m
- 500 – 700 m
- 300 – 500 m
- 200 – 300 m
- 100 – 200 m
- 50 – 100 m
- 25 – 50 m
- 0 – 25 m
- unter 0 m

• 843 Höhe über dem Meeresspiegel (in m)

Orte

- über 1 000 000 Einwohner
- 500 000 – 1 000 000 Einwohner
- 100 000 – 500 000 Einwohner
- 20 000 – 100 000 Einwohner
- unter 20 000 Einwohner
- Ortsteil
- dicht bebaute Siedlungsfläche

Sehenswürdigkeiten

- Burg, Schloss
- Burgruine, Schlossruine
- Kirche, Kloster
- Höhle
- Denkmal
- sonstige Sehenswürdigkeit

Gewässer und Verkehr

- Fluss
- Staustufe, Schleuse
- Be- und Entwässerungsk
- Sumpf, Moor
- See mit Tiefenangabe (in
- Stausee, Talsperre, Stau

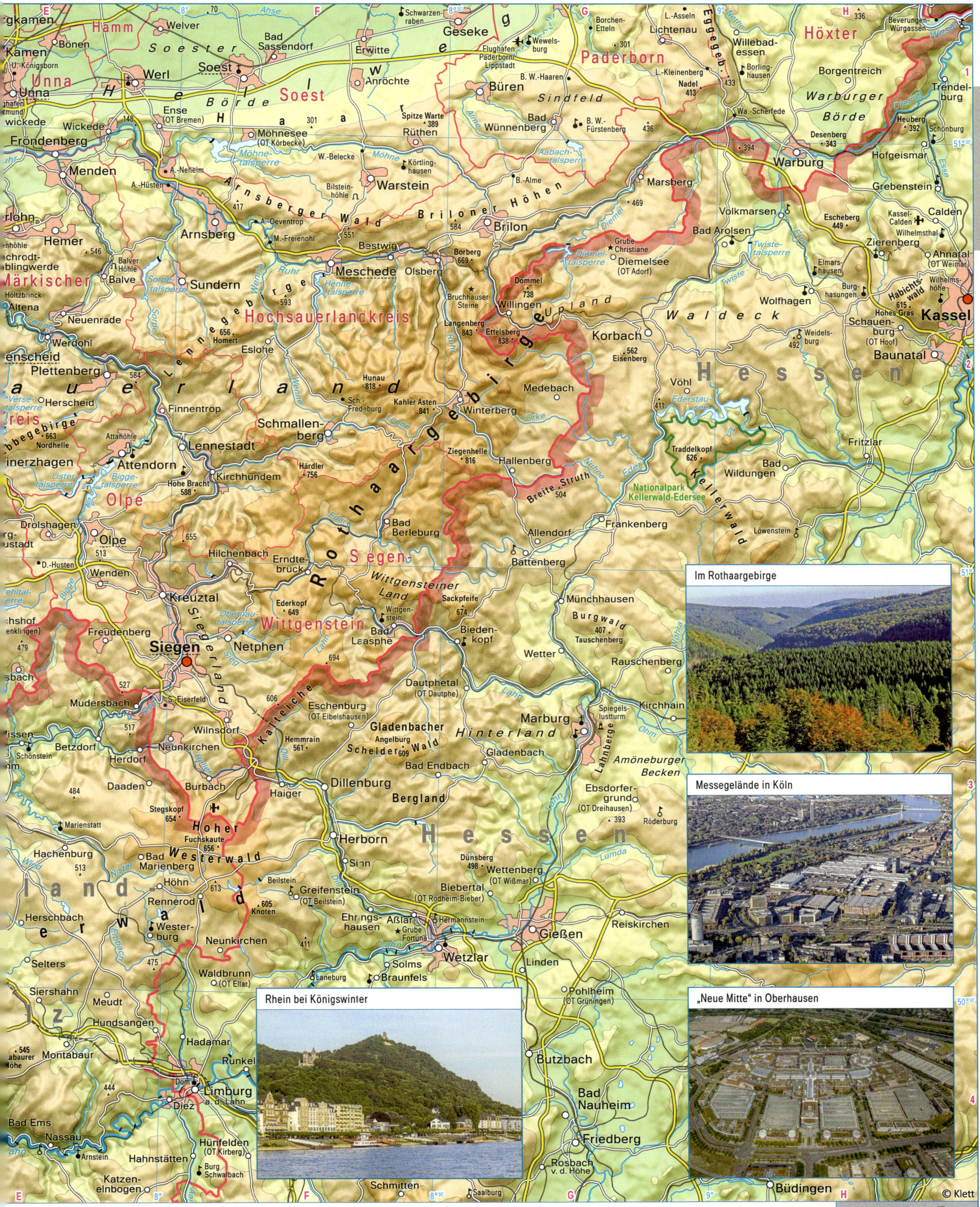

Im Rothaargebirge

Messegelände in Köln

Rhein bei Königswinter

„Neue Mitte" in Oberhausen

- schiffbarer Fluss (über 600 t Tragfähigkeit)
- schiffbarer Kanal (über 600 t Tragfähigkeit)
- Internationaler Flughafen
- Regionalflughafen
- Bahn, Hauptstrecke
- Bahn, Nebenstrecke
- Autobahn, Autobahn im Bau
- Hauptverkehrsstraße
- Tunnel

Grenzen und Verwaltung

- Grenze von Nordrhein-Westfalen
- Staatsgrenze
- Landesgrenze
- Regierungsbezirksgrenze
- Grenze der Stadt- und Landkreise
- Nationalparkgrenze

- Düsseldorf – Landeshauptstadt und kreisfreie Stadt
- Neuss – Kreisstadt oder kreisfreie Stadt
- Unna – Name eines Landkreises oder einer kreisfreien Stadt

EINFÜHRUNG
DEUTSCHLAND
EUROPA
ASIEN
AFRIKA
AUSTRALIEN und POLE
AMERIKA
WELT
ANHANG

1

Naturraum und Landschaft

Norddeutsches Tiefland
- Marsch
- weite Talniederungen
- flachwellige Geest, Schotterplatten

Mittelgebirgsland
- Becken und Senken
- Berg- und Hügelland, Stufenland
- Höhen des Berglandes

Grenze zwischen den Großlandschaften Norddeutsches Tiefland und Mittelgebirgsland

Geländeformen
- Steilrand, Bruchstufe, Schichtstufe
- Schichtrippe
- Durchbruchstal

.843 Höhe über dem Meeresspiegel (in m)

2

02

Jahresniederschläge

Langjährige Mittelwerte

Klimareferenzperiode 1991 – 2020

- unter 600 mm
- 600 – 700 mm
- 700 – 800 mm
- 800 – 1000 mm
- 1000 – 1200 mm
- 1200 – 1400 mm
- über 1400 mm

Werl 777 Klimastation mit Jahresniederschlag (in mm)

.843 Höhe über dem Meeresspiegel (in m)

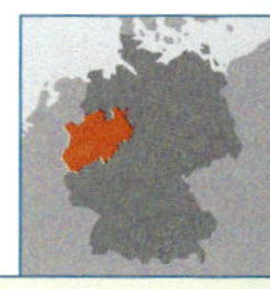

Niederschlagsdiagramme Klimareferenzperiode 1991 – 2020

- Monatsniederschlag
- Niederschlagskurve

Ahaus Klimastation (Messstation)

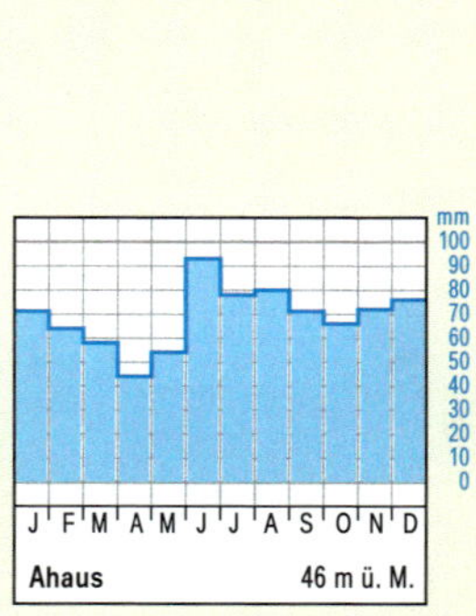

827 Jahresniederschlag (in mm)

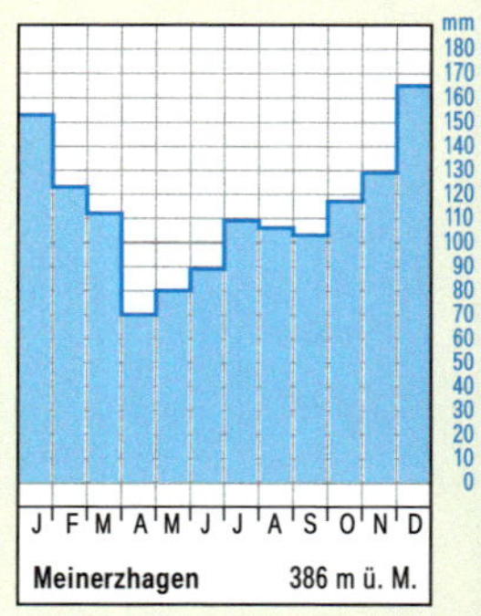

1355 Jahresniederschlag (in mm)

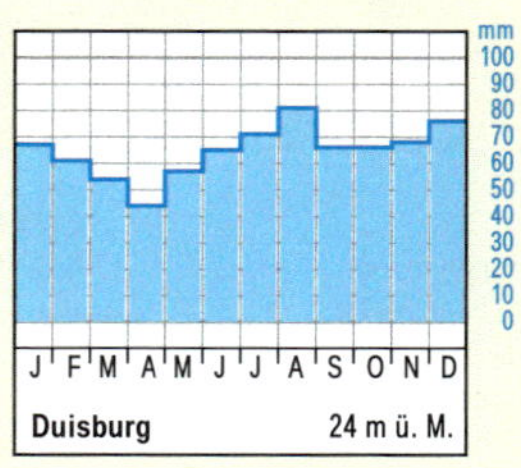

776 Jahresniederschlag (in mm)

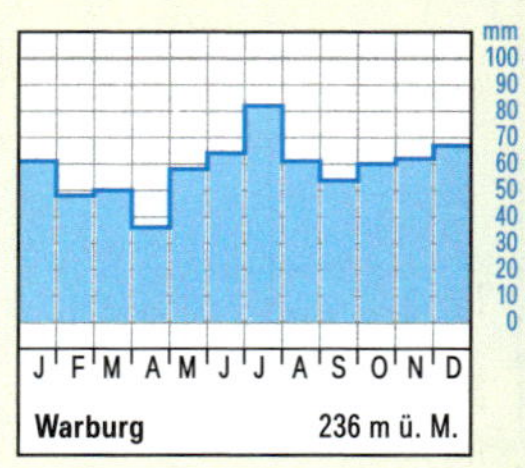

703 Jahresniederschlag (in mm)

3 02 1:2 000 000 0 10 20 30 km © Klett

Jahrestemperaturen

Langjährige Mittelwerte

Klimareferenzperiode 1991–2020

- unter 7 °C
- 7 – 8 °C
- 8 – 9 °C
- 9 – 10 °C
- 10 – 11 °C
- über 11 °C

● Werl 10,5 Klimastation mit Jahrestemperatur (in °C)

▴843 Höhe über dem Meeresspiegel (in m)

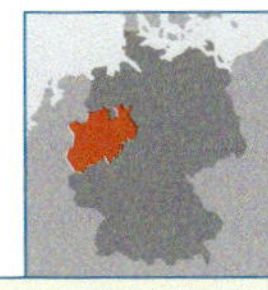

Temperaturdiagramme Klimareferenzperiode 1991–2020

Temperaturkurve

Jahrestemperatur

Ahaus Klimastation (Messstation)

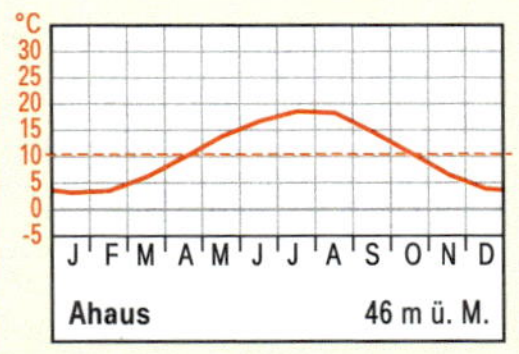

10,3 Jahrestemperatur (in °C)

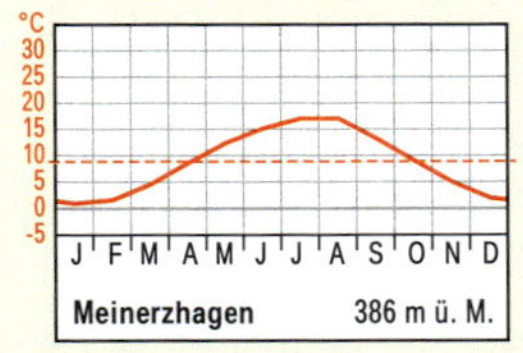

8,7 Jahrestemperatur (in °C)

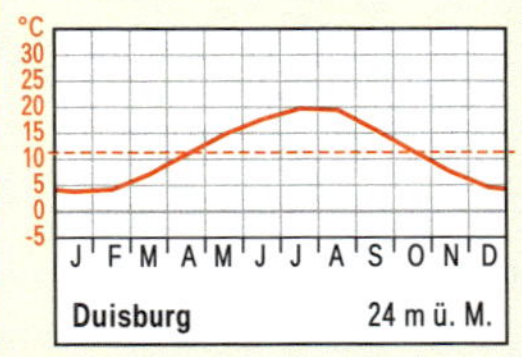

11,2 Jahrestemperatur (in °C)

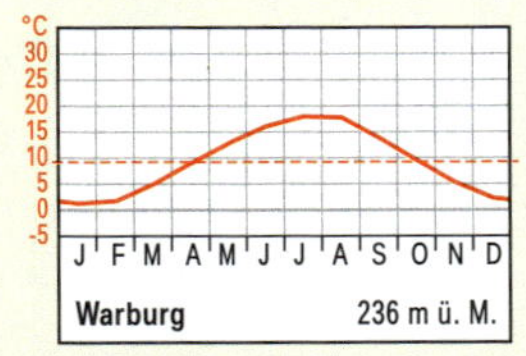

9,2 Jahrestemperatur (in °C)

4 1:2 500 000 0 25 50 km © Klett

1961–1990

1:2 500 000 0 25 50 km © Klett

Prognose 2011–2040

Entwicklung der Jahrestemperaturen

Langjährige Mittelwerte

7 8 9 10 11 °C

● Werl 10,1 Klimastation mit Jahrestemperatur (in °C)

▴843 Höhe über dem Meeresspiegel (in m)

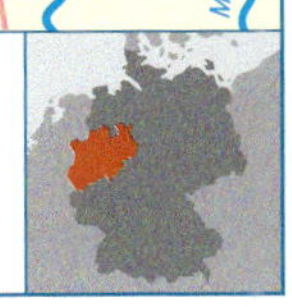

EINFÜHRUNG
DEUTSCHLAND
EUROPA
ASIEN
AFRIKA
AUSTRALIEN und POLE
AMERIKA
WELT
ANHANG

Zuckerrübenernte in der Jülicher Börde

Schweinemastbetrieb im Münsterland

Milchkuhhaltung im Sauerland

1 14

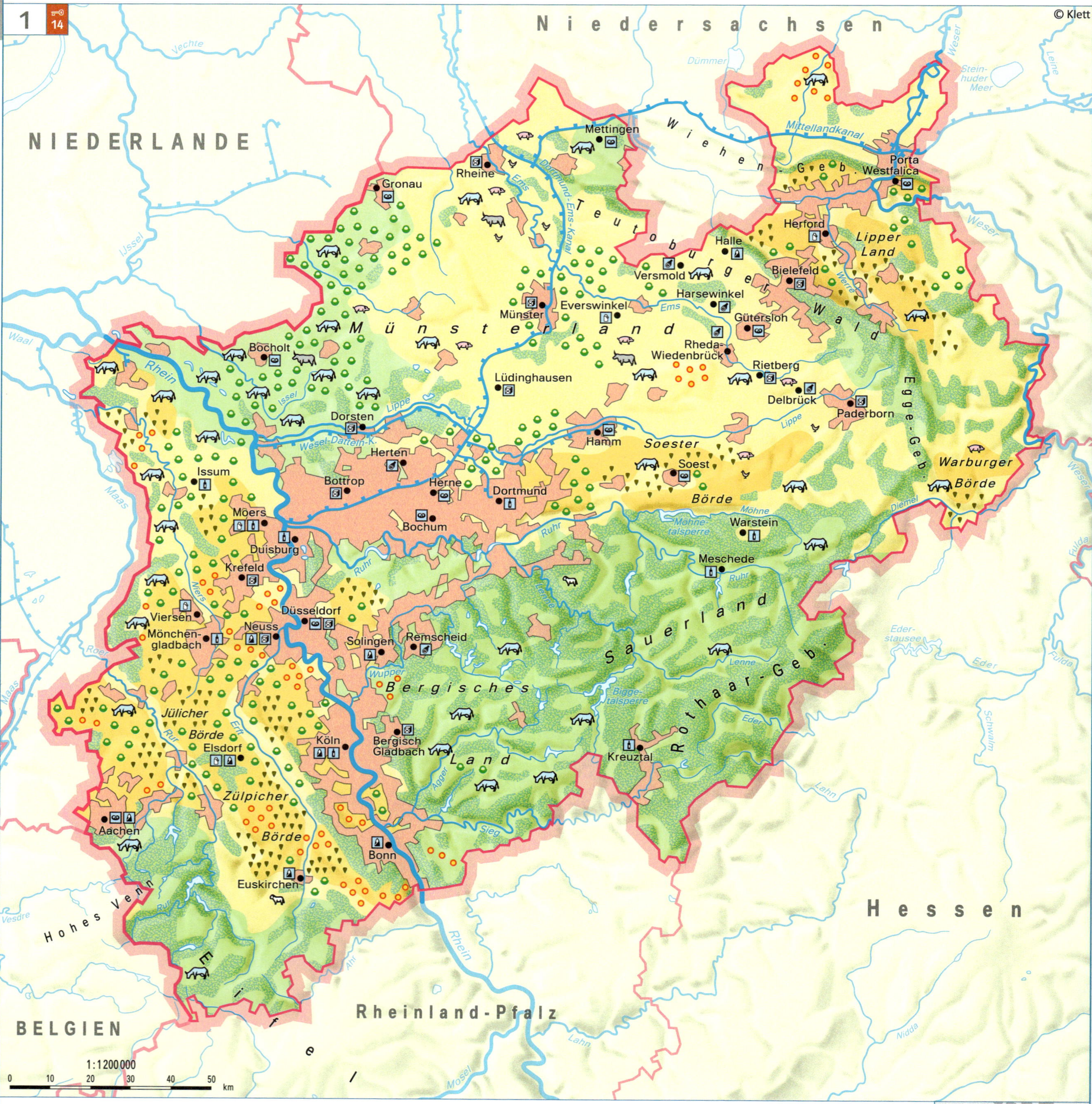

Landwirtschaft

Anbaugebiete
- Felder auf guten Böden (Weizen, Mais, Sonnenblumen)
- überwiegend Zuckerrüben
- Felder (Getreide, Raps, Kartoffeln)
- Wiesen (Grünfutter, Milchwirtschaft)

Sonderkulturen
- Gemüse (z.T. unter Folien oder in Gewächshäusern)
- Obst (Äpfel, Birnen, Steinobst u.a.)

Holzgewinnung
- Wald (forstwirtschaftlich genutzt)

Viehhaltung
- Mastrinder
- Milchkühe
- Schweine
- Schafe
- Hühner

Herstellung von Lebensmitteln
- Fleisch, Wurst
- Milch, Käse
- Back- und Teigwaren
- Süßwaren
- Getränke
- sonstige Lebensmittel

Orte
- dicht bebaute Siedlungsfläche

Stahlerzeugung in Duisburg

Chemiepark in Marl

Aufnahmestudio mit Außenkulissen in Köln

1 02

Wirtschaft und Energie

Dienstleistungen

Handel, Transport, Tourismus und Information
- Handel, Verkehr, Logistik
- Erdölpipeline
- Erdgaspipeline
- Medien, Verlage, Informationstechnologie

hohe Industrie- und Siedlungsdichte

Die Größe der Signatur entspricht der Bedeutung des Standorts.

Finanz- und Wirtschaftsdienstleistungen
- Banken, Versicherungen
- Beratung, Service, Werbung
- Messen, Kongresse

Verwaltung, Bildung und Gesundheit
- Verwaltung, Behörden
- Universitäten, Hochschulen
- Krankenhäuser, Heime

Industrie

Bergbau und konventionelle Energieversorgung
- Steinsalz, Saline
- Braunkohle
- Wärmekraftwerk
- Pumpspeicherkraftwerk

Erneuerbare Energieversorgung NE
- Windpark
- Solarpark

Produktionsgruppen
- Verhüttung, Gießerei, Walzwerk
- Maschinen- und Metallbau
- Fahrzeug-, Schiff- und Flugzeugbau (einschl. Zulieferer)
- Elektrotechnik, Elektronik, Optik
- Textilien, Bekleidung
- Chemie, Gummi, Raffinerie
- Holz, Papier, Druck
- Bau, Glas, Keramik
- Ver- und Entsorgung
- Lebensmittel

W3
12.3 Overlay

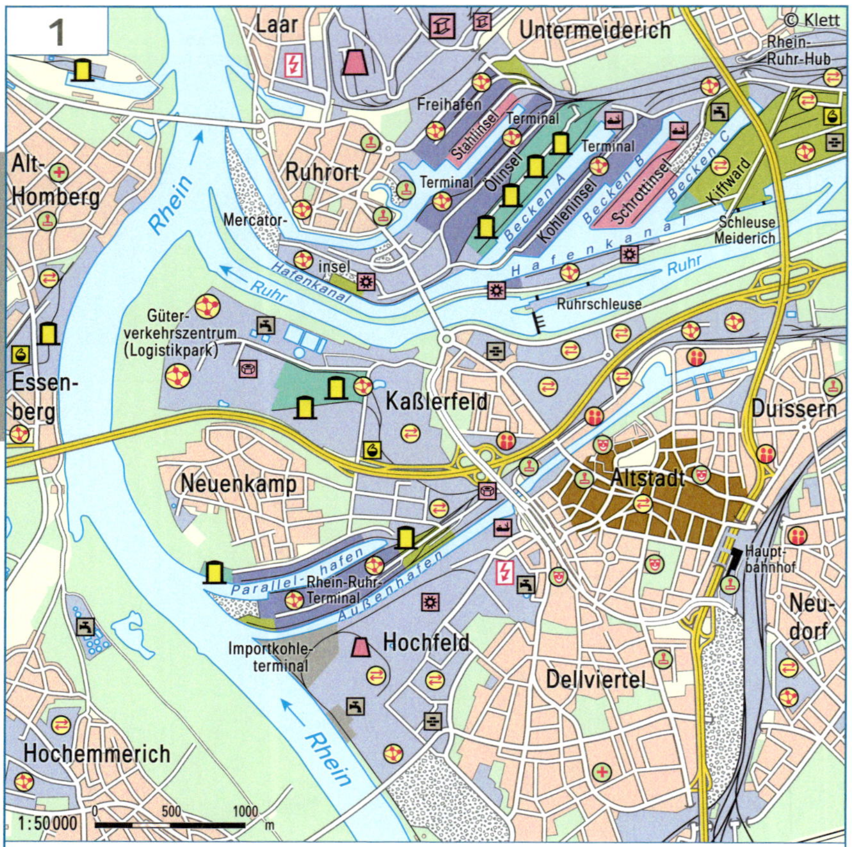

Binnenhafen Duisburg

Hafenanlagen
- Container, Stückgut
- Erdöl, Flüssiggut
- Kohle
- Stahl und Schrott
- sonstiges Massengut

Dienstleistungen und Industrie
- Handel
- Verkehr, Logistik
- Beratung, Service, Werbung
- Verwaltung, Behörden
- Krankenhäuser, Heime
- Kultur, Erholung
- Wärmekraftwerk
- Eisenverhüttung, Stahlerzeugung
- Gießerei, Walzwerk
- Maschinenbau
- Metallbau, Werkzeuge
- Schiffbau
- Chemie, Pharmazie
- Tanklager
- Baugewerbe
- Ver- und Entsorgung

Sonstige Flächennutzung
- Gewerbe- u. Industriefläche
- Geschäftszentrum
- vorwiegend Wohnbebauung
- Park, Grünfläche
- Brachfläche

Die Größe der Signatur entspricht der Bedeutung des Standorts.

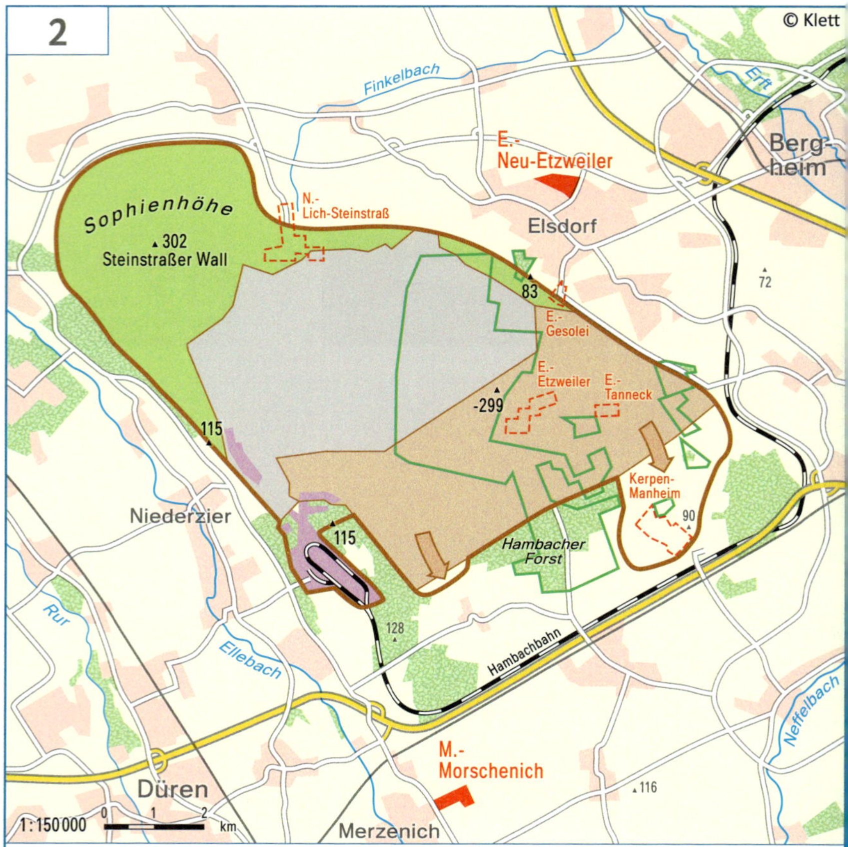

Tagebau Hambach

Braunkohlenabbau
- Abbaugrenze
- Abbaufläche
- Abraumverkippung
- Richtung des Abbaus
- Betriebsgelände
- Kohlenbahn

Umsiedlung von Orten
- ehemaliger Ort
- neues Wohngebiet für Umsiedler (neuer Ortsteil)

Naturschutz und Rekultivierung
- forstwirtschaftlich rekultivierte Fläche (Mischwald)
- vom Tagebau betroffenes Natur- oder Landschaftsschutzgebiet

Siedlung und Landschaft
- Siedlungsfläche
- Wald
- 290 Höhenangabe (in m)

Verkehr
- Bahnstrecke
- Autobahn
- Straße

Innere Stadt von Düsseldorf

Öffentliche Gebäude
- Ministerium, Landesverwaltung
- Stadtverwaltung, Schule, Krankenhaus
- Kultur- und Freizeiteinrichtung
- Hochschule, Forschungsinstitut
- Bahnhof
- Kirche, Kloster

Geschäfte und Firmen
- Handel, Gastronomie, Finanzdienstleistungen
- Fußgängerzone

Wohngebiet und Grünflächen
- Wohnhäuser
- Park, Garten
- Denkmal

Verkehr
- Bahnstrecke
- S-Bahn mit Bahnhof
- Stadtbahn (oberirdisch)
- Stadtbahn (unterirdisch)
- Stadtbahn-Haltestelle
- Parkplatz
- Parkhaus, Tiefgarage

1

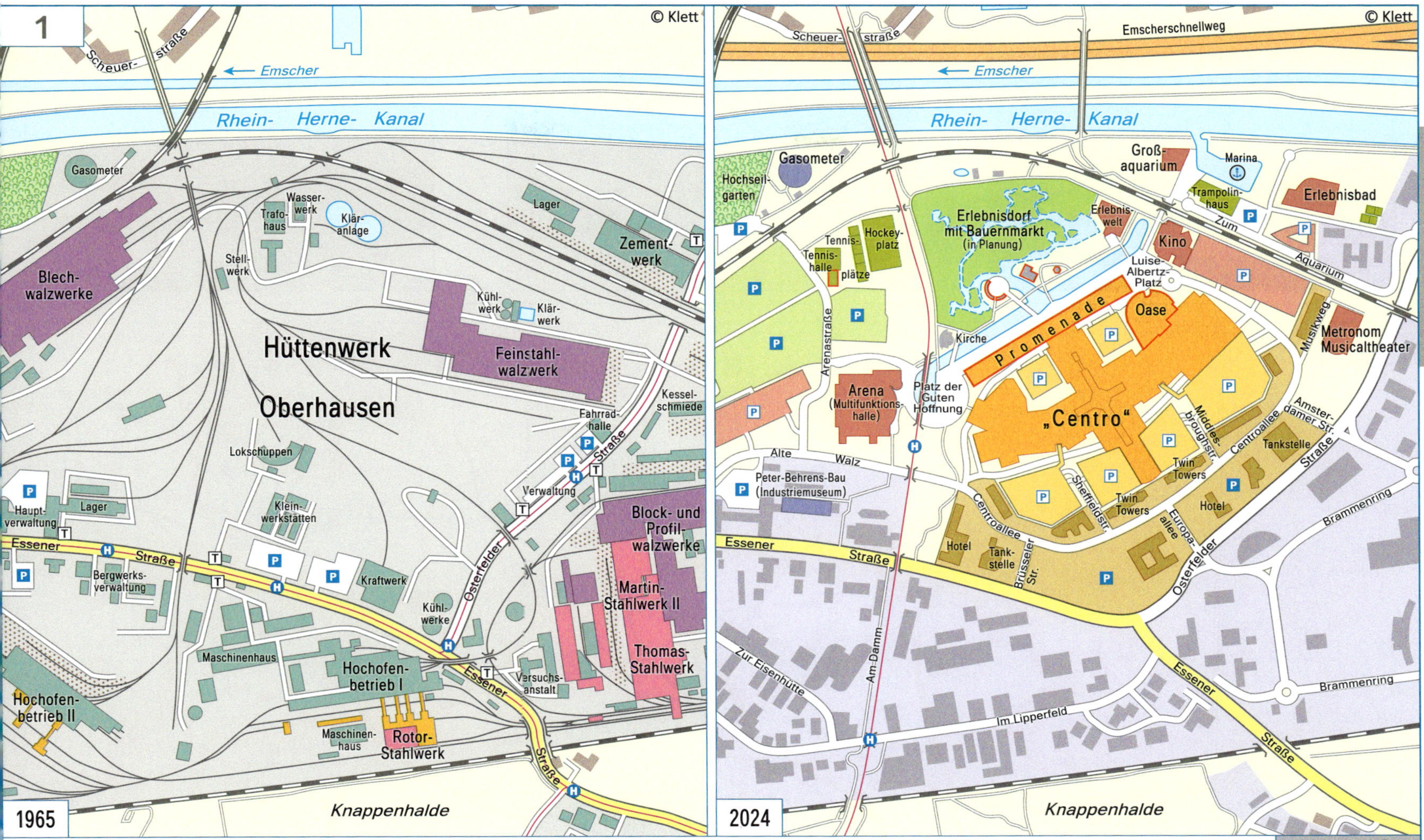

Stadtumbau in Oberhausen

1:12000

0 50 100 200 m

Hüttenwerk 1965
- Hochofenwerk
- Stahlwerk
- Walz-, Presswerk
- sonstiges Betriebsgebäude
- Lagerplatz
- Werksgelände
- Werksbahn
- T Werkstor

Verkehr
- Autobahn
- Bundesstraße
- wichtige Straße
- Straßenbahn mit Haltestelle
- Bahnstrecke
- P Parkplatz
- P Parkhaus, Tiefgarage

Sonstige Flächen
- Wohnbebauung
- Wald
- unbebaute Fläche, z.T. begrünt

Freizeit- und Einkaufspark „Neue Mitte" 2024
- Einkaufszentrum
- Freizeitpark
- Restaurantbereich
- Unterhaltung
- Museum, Ausstellung
- Sporteinrichtung
- Businesspark
- Industrie und Gewerbe

2

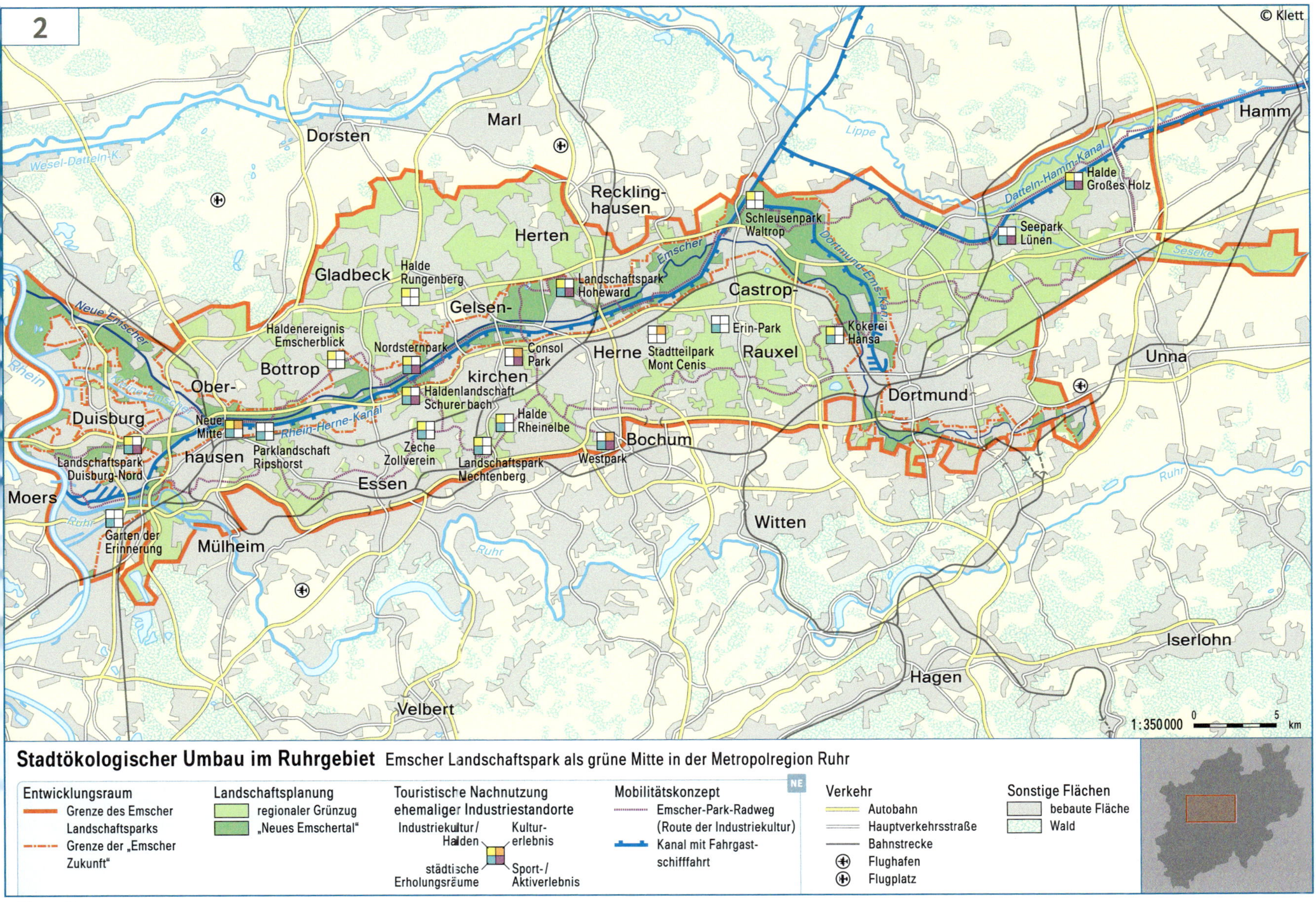

Stadtökologischer Umbau im Ruhrgebiet

Emscher Landschaftspark als grüne Mitte in der Metropolregion Ruhr

Entwicklungsraum
- Grenze des Emscher Landschaftsparks
- Grenze der „Emscher Zukunft"

Landschaftsplanung
- regionaler Grünzug
- „Neues Emschertal"

Touristische Nachnutzung ehemaliger Industriestandorte
- Industriekultur/Halden
- Kulturerlebnis
- städtische Erholungsräume
- Sport-/Aktiverlebnis

Mobilitätskonzept NE
- Emscher-Park-Radweg (Route der Industriekultur)
- Kanal mit Fahrgastschifffahrt

Verkehr
- Autobahn
- Hauptverkehrsstraße
- Bahnstrecke
- Flughafen
- Flugplatz

Sonstige Flächen
- bebaute Fläche
- Wald

Köln Hauptbahnhof

Flughafen Düsseldorf International

Hafen Duisburg-Ruhrort

1

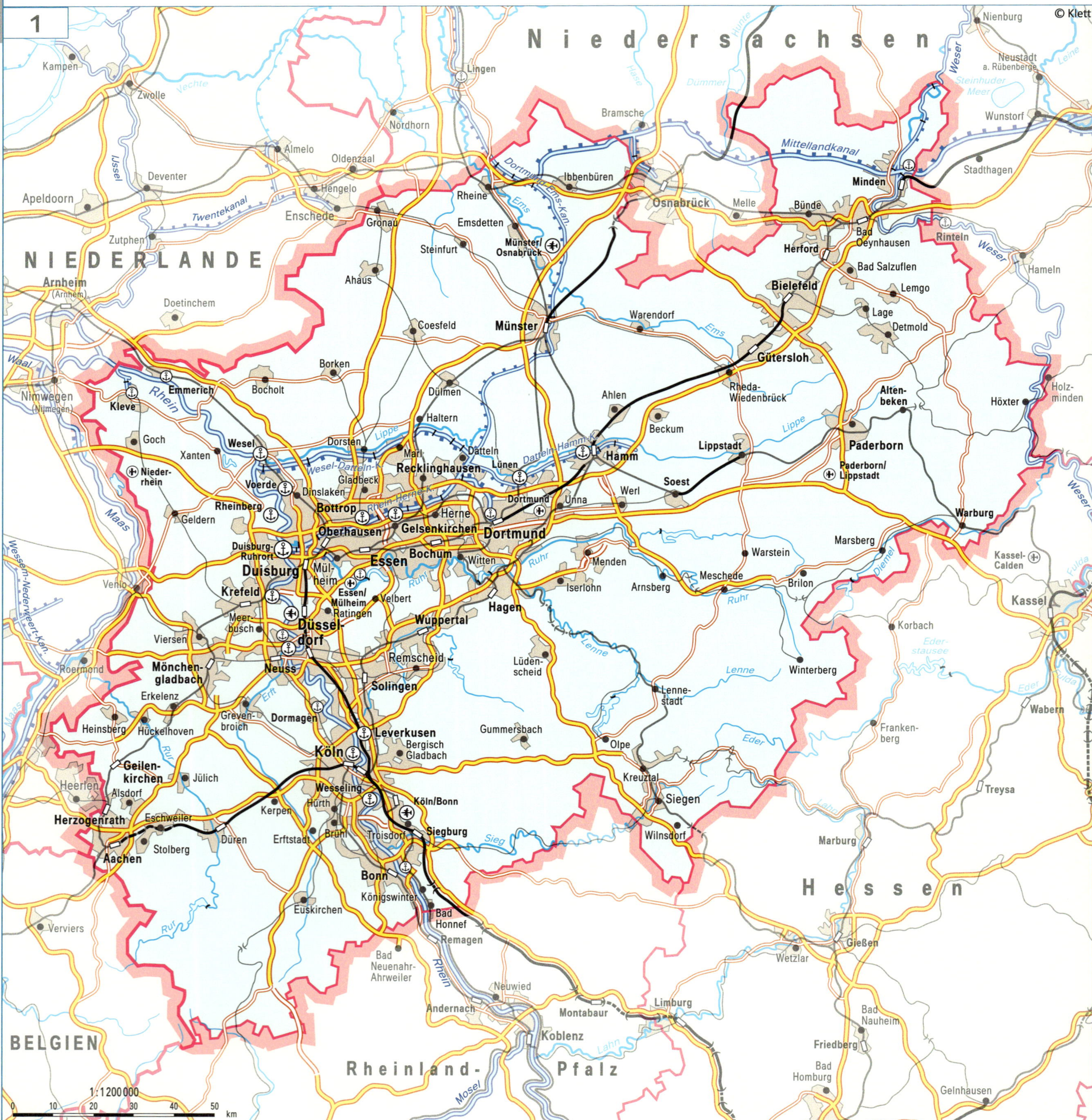

Verkehr

Straßenverkehr
- Autobahn
- Autobahn im Bau oder in Planung
- wichtige Bundesstraße

Bahnverkehr
- ICE-Schnellstrecke ab 200 km/h
- ICE-Schnellstrecke ab 200 km/h im Bau oder in Planung
- ICE-Bahnhof
- Hauptstrecke
- Nebenstrecke
- Tunnel

Flugverkehr
- Internationaler Flughafen
- Regionalflughafen

Orte
- dicht bebaute Siedlungsfläche

Schiffsverkehr
- Fluss für Frachtschiffe
- Kanal für Frachtschiffe
- Fluss oder Kanal für Boote und kleine Schiffe
- Schleuse

Binnenhäfen (Jahresumschlag)
- 45 Mio. t
- 2–6 Mio. t
- 1–2 Mio. t

EINFÜHRUNG
DEUTSCHLAND
EUROPA
ASIEN
AFRIKA
AUSTRALIEN und POLE
AMERIKA
WELT
ANHANG

Rheinischer Karneval

Freilichtmuseum Xanten

Segelsport auf der Biggetalsperre

1

Tourismus

Landschaften
- Wald
- Wiese, Feld

Naturschutz
- Nationalpark
- Naturpark

Urlaubsgebiete
- *Dümmer* Naturpark
- *Münster-land* Ferienlandschaft
- wintersport-begünstigte Höhenlage

Kur- und Erholungsorte
- Heilbad
- sonstiger Kur- oder Erholungsort

Städtetourismus
- Kultur- und Geschäftstourismus

Übernachtungen pro Jahr
- über 1 000 000
- 500 000 – 1 000 000
- unter 500 000
- hohe Siedlungsdichte

Sehenswürdigkeiten und Aktivitäten
- Welterbe der UNESCO
- Burg, Schloss, Burgruine
- Kirche, Kloster, Wallfahrtsstätte
- sehenswertes Stadtbild
- Tierpark, Zoo
- Revierpark
- Fußballstadion
- Freizeitpark, Volksfest
- Messe, Festspiele
- Freilichtmuseum
- Hochburg des rheinischen Karnevals
- Schauhöhle, Tropfsteinhöhle
- sonstige Sehenswürdigkeit

Deutschland

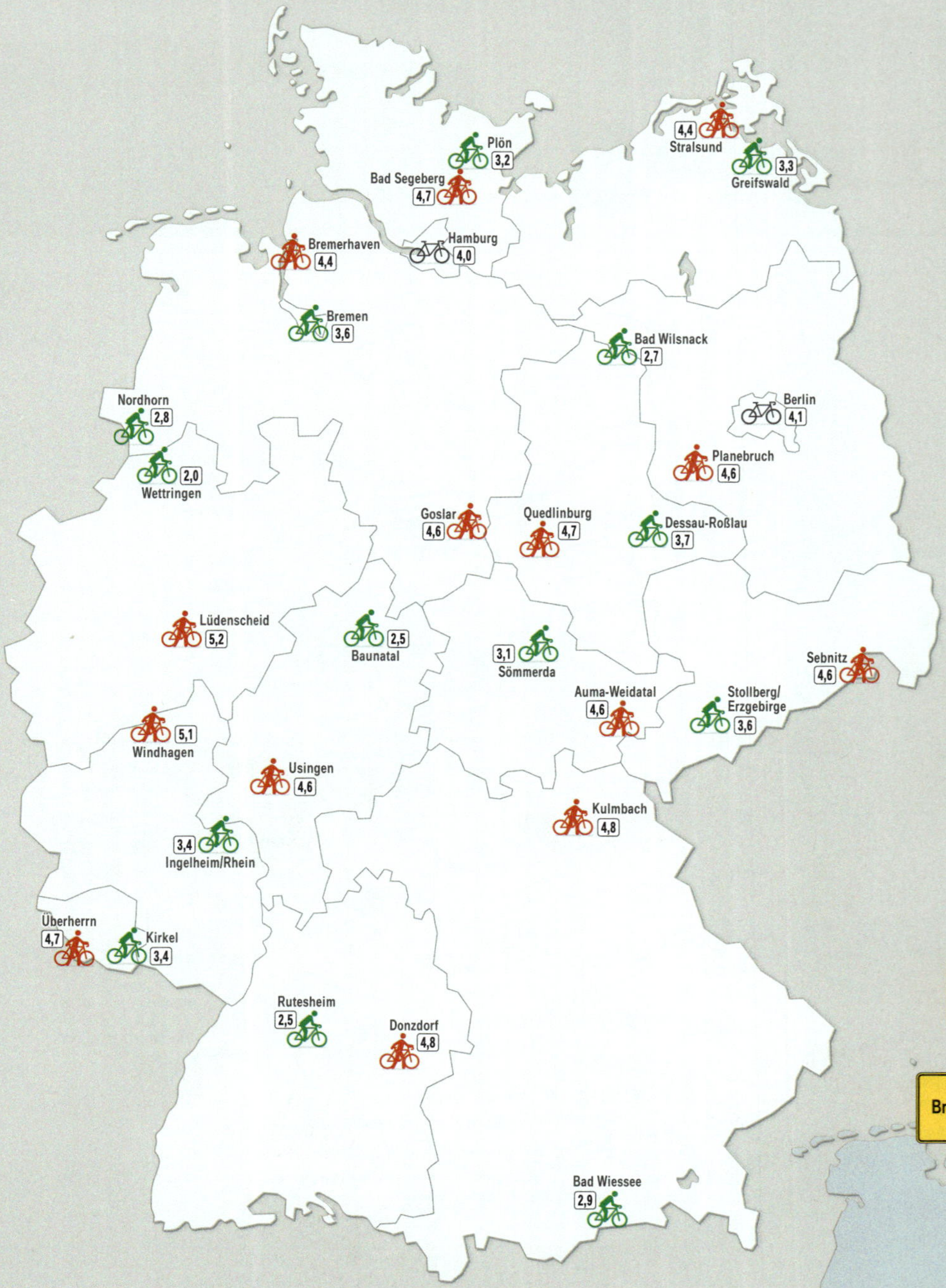

Fahrradfreundlichkeit

Benotung der Gemeinden (nach Ländern)

- am fahrradfreundlichsten
- am fahrradunfreundlichsten
- Einzelwert (ohne Rangfolge)
- 4,1 Schulnote

Bewertungskriterien:
- Verkehrsklima
- Stellenwert
- Sicherheit
- Komfort
- Infrastruktur

Gemeindenamen

Kuriose Ortsnamen (in den Ländern)

- Hellschen-Heringsand-Unterschaar: langer Name (Ortstafel)
- Ohne: kurzer Name (Ortshinweistafel)

Fast Food

Anzahl Fast-Food-Restaurants

- über 5000
- 2000–5000
- 1000–2000
- unter 1000

Fast-Food-Dichte
(Restaurants je 1000 Einwohner)

- über 0,50
- 0,45– 0,50
- 0,40– 0,45
- 0,35– 0,40

Hunde

Anzahl Hunde

- 100000 Hunde

Hunde-Dichte
(Hunde je 1000 Einwohner)

- über 130
- 120–130
- 110–120
- 100–110
- unter 100

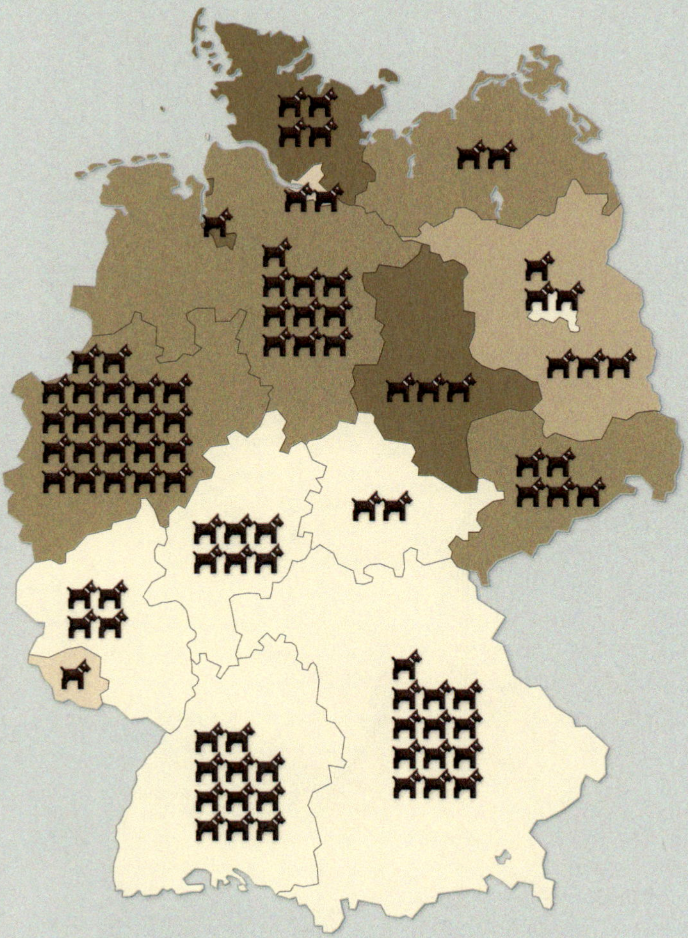

Funklöcher

Anteil der Funklöcher
im lokalen Gebiet

- 50–100%
- 20– 50%
- 1– 20%
- 0– 1%

I7 18.1 Karte in Ebenen
D25 Checkliste

EINFÜHRUNG
DEUTSCHLAND
EUROPA
ASIEN
AFRIKA
AUSTRALIEN und POLE
AMERIKA
WELT
ANHANG

1

→ s. ausklappbare Generallegende

1

Länder (Bundesländer)

Staatsgrenze
Grenze der Länder (Bundesländer)
■ Hauptstadt von Deutschland
● Landeshauptstadt (Hauptstadt eines Bundeslandes)

Höhenschichten
über 1000 m
700 – 1000 m
500 – 700 m
300 – 500 m
200 – 300 m
100 – 200 m
50 – 100 m
25 – 50 m
0 – 25 m
unter 0 m
Tiefenschichten
0 – 10 m
10 – 20 m
20 – 50 m
unter 50 m
1
02
1:1500000
0 10 20 30 km
7° östliche Länge von Greenwich
Nordsee
Deutsche Bucht
Helgoländer Bucht
Helgoland (zu Schlesw.-Holstein)
Nordfriesische Inseln
Ostfriesische Inseln
Westfriesische Inseln
Sylt
Föhr
Amrum
Halligen
Pellworm
Nordstrand
DÄNEMARK
Sønderburg
Flensburg
Schleswig
Husum
Eckernförde
Kiel
Rendsburg
Neumünster
Itzehoe
Cuxhaven
Bremerhaven
Hamburg
Lübeck
Emden
Aurich
Wilhelmshaven
Oldenburg
Bremen
Delmenhorst
Lüneburg
Lüneburger Heide
Celle
Hannover
Braunschweig
Hildesheim
Salzgitter
Göttingen
Kassel
Osnabrück
Bielefeld
Münster
Paderborn
Hamm
Dortmund
Essen
Bochum
Duisburg
Düsseldorf
Wuppertal
Köln
Aachen
Siegen
Groningen
Leeuwarden
Assen
Zwolle
Apeldoorn
Arnheim
Nimwegen
NIEDER-LANDE
Friesland
Drenthe
Overijssel
Gelderland
Niedersachsen
Westfälische Bucht
Nordrhein-Westfalen
Sauerland
Rothaargebirge
Teutoburger Wald
Wiehengebirge
Harz
Solling
Hessen
Schleswig-Holstein
Dithmarschen
Elbe
Weser
Ems
Rhein

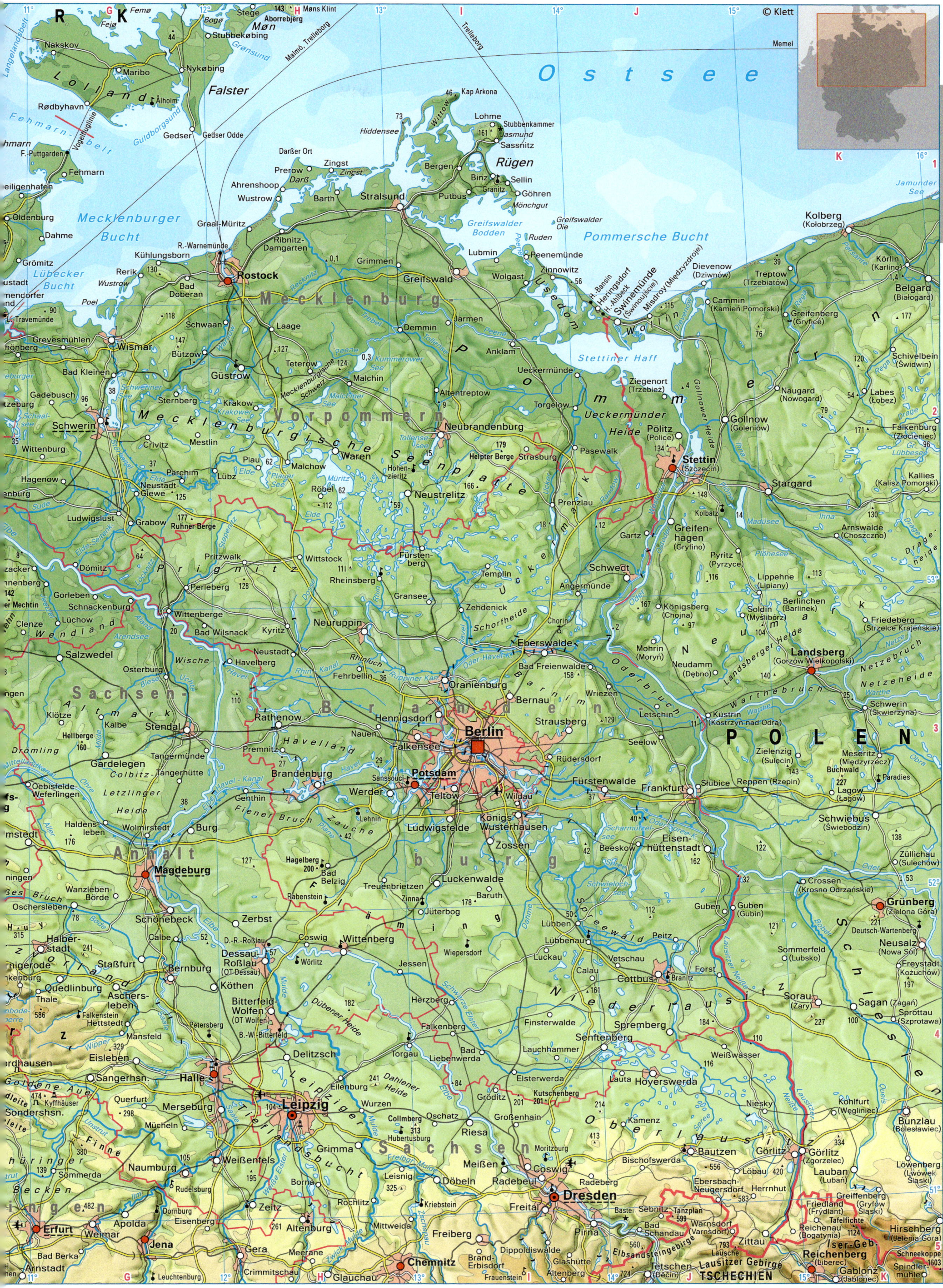

→ s. ausklappbare Generallegende

EINFÜHRUNG
DEUTSCHLAND
EUROPA
ASIEN
AFRIKA
AUSTRALIEN und POLE
AMERIKA
WELT
ANHANG

→ s. ausklappbare Generallegende

EINFÜHRUNG
DEUTSCHLAND
EUROPA
ASIEN
AFRIKA
AUSTRALIEN und POLE
AMERIKA
WELT
ANHANG

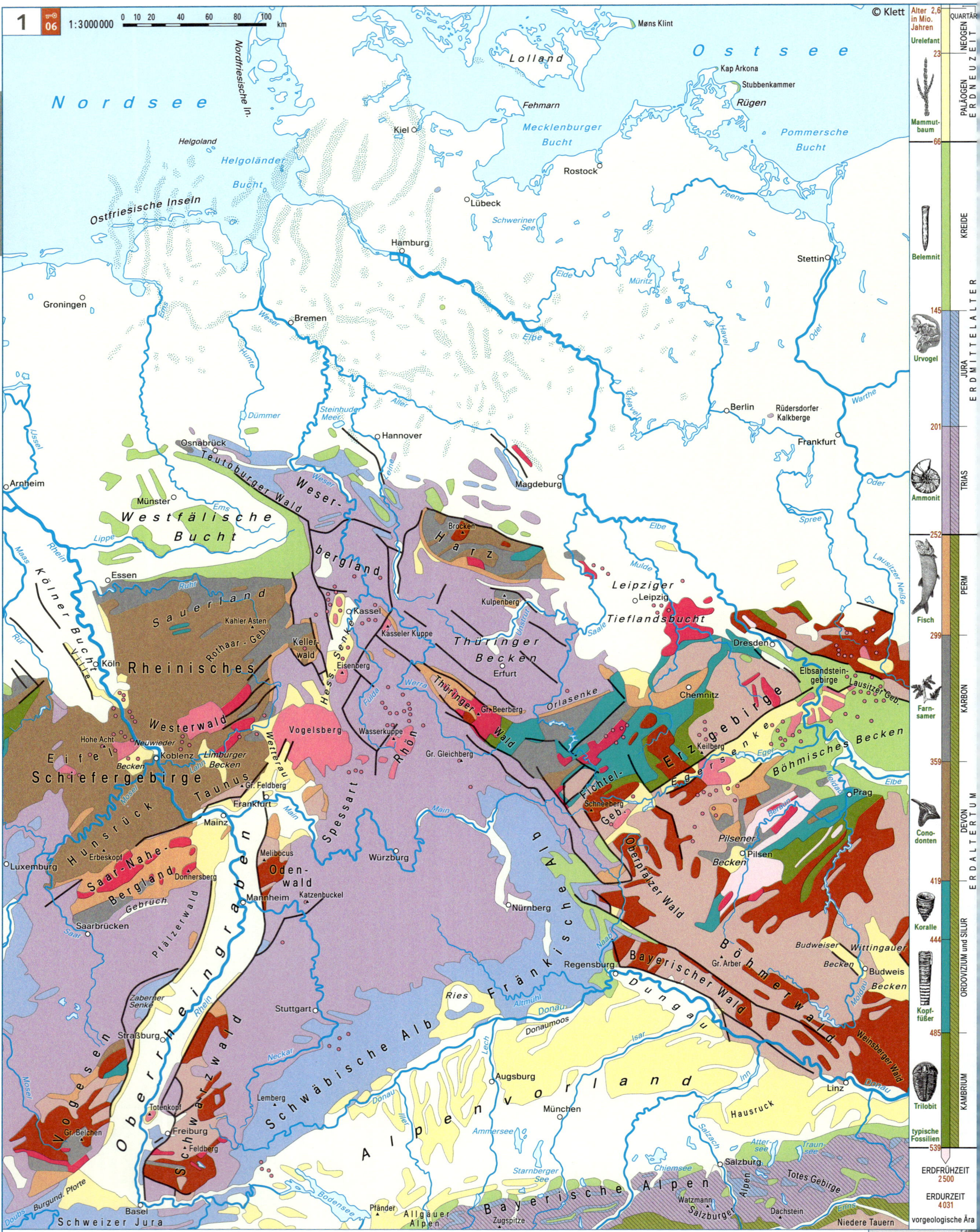

Geologie

Ablagerungsgesteine (Sedimente)

ERDNEUZEIT
- QUARTÄR
- NEOGEN, PALÄOGEN

ERDMITTELALTER
- KREIDE
- JURA
- JURA (Alpen)
- TRIAS
- TRIAS (Alpen)

ERDALTERTUM
- PERM
- KARBON
- DEVON
- SILUR und ORDOVIZIUM
- KAMBRIUM
- ERDALTERTUM (Alpen)

ERDFRÜHZEIT / ERDURZEIT
- ungegliedert

Erstarrungsgesteine (Magmatite)

vorwiegend ERDNEUZEIT
- junges Vulkangestein,
- Härtlingskuppen (z.B. Basalt)

vorwiegend ERDALTERTUM
- älteres Vulkangestein (z.B. Porphyr)
- Tiefengestein (z.B. Granit)

Umwandlungsgesteine (Metamorphite)

vorwiegend ERDALTERTUM / ERDFRÜHZEIT
- kristalline Gesteine (z.B. Gneis)

- Verwerfung, Bruchstufe
- Salzlagerstätte

EINFÜHRUNG
DEUTSCHLAND
EUROPA
ASIEN
AFRIKA
AUSTRALIEN und POLE
AMERIKA
WELT
ANHANG

1

Erdbeben und Vulkanismus

Erdbebenrisiko	Erdbeben	Zeugen früheren Vulkanismus (vor 34 Mio. – 11 000 Jahren)
erhöht	deutlich spürbares Beben seit 800	vulkanisches Gebiet
gering	nennenswerte Schäden seit 1870	einzelner Vulkan
sehr gering		Maar (vulkanische Mulde)
kein		

2

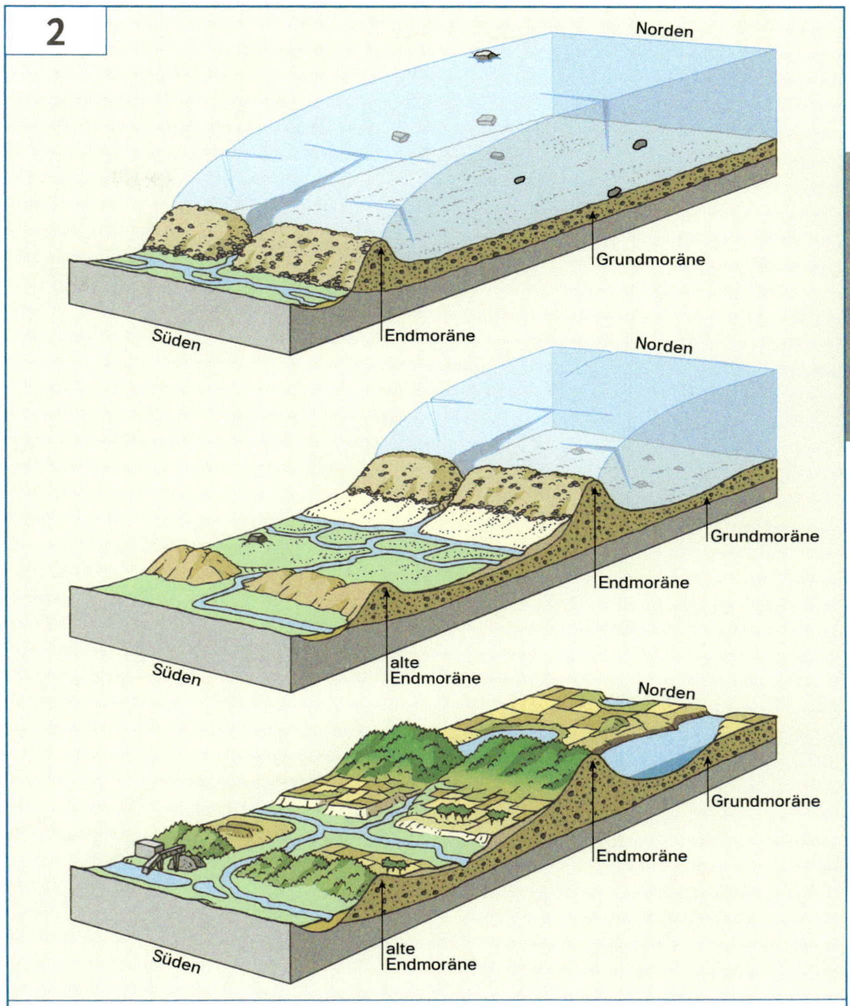

Eiszeitliche Landschaftsentwicklung

- Inlandeis
- Findling
- Fluss
- See
- Urstromtal
- Sander
- Moräne
- älterer Untergrund (mindestens 1,8 Mio. Jahre alt)

3

Oberflächenformen in Norddeutschland

Auswirkungen der Saale- und Weichselkaltzeit

Küstenlandschaften
- Watt
- Küstendünen
- Marsch

Eiszeitlich beeinflusste Landschaften
- Talauen und Niederterrassen
- Urstromtal
- Altmoränenland der Saalekaltzeit mit Endmoränen
- Jungmoränenland der Weichselkaltzeit mit Endmoränen
- Sander
- Flugsand, Dünen
- Löss
- Börde

Sonstige Landschaften
- Beckenlandschaft
- Berg- und Hügelländer
- Rumpfschollengebirge
- vulkanische Decken

I10 26.1 Diff. Karte
D31 AB Naturräume

1 07 1:3000000

Naturräumliche Gliederung

Norddeutsches Tiefland
- Watt, Sand
- Marsch
- weite Talniederungen
- flachwellige Geest, Schotterplatten
- hügeliges Jungmoränenland

Mittelgebirgsland
- Becken und Senken
- Berg- und Hügelland, Stufenland
- Höhen des Berglandes

Alpenvorland
- flache Schotterplatten
- sanftes Hügelland
- hügeliges Jungmoränenland

Alpen
- große Alpentäler
- Hochgebirgsketten, Hochgebirgsplateaus

Grenze zwischen den naturräumlichen Großlandschaften Norddeutsches Tiefland, Mittelgebirgsland, Alpenvorland, Alpen

2 Naturräume im Foto

1 Tiefland: Watt

2 Tiefland: Marsch

3 Tiefland: flachwellige Geest, Schotterplatten

4 Tiefland: hügeliges Jungmoränenland

5 Mittelgebirge: Becken und Senken

6 Mittelgebirge: Berg- und Hügelland, Stufenland

7 Mittelgebirge: Höhen des Berglandes

8 Alpenvorland: flache Schotterplatten

9 Alpenvorland: sanftes Hügelland

10 Alpenvorland: hügeliges Jungmoränenland

11 Alpen: große Täler

12 Alpen: Hochgebirgsketten, -plateaus

EINFÜHRUNG
DEUTSCHLAND
EUROPA
ASIEN
AFRIKA
AUSTRALIEN und POLE
AMERIKA
WELT
ANHANG

Küstenformen an Nord- und Ostsee

Steilküsten
- Schärenküste
- Kliffküste

Meeresbodenküsten
- Wattenküste
- Meeressediment-Hebungsküste

Flachküsten
- Moränenküste
- Förden- und Buchtenküste
- Boddenküste
- Ausgleichsküste

Strand
- Sandstrand
- Sandstrand mit Steilufer

Landverluste in Nordfriesland

- ● Rungholt – historischer Ort
- ○ Husum – heutiger Ort
- heutige Staatsgrenze

1:3 000 000
0 10 20 30 km

Küstenschutz in Nordfriesland

Wattenküste
- Watt
- Sandbank
- Küstendüne
- Steilufer

Landschaften
- Salzwiese mit Warften
- Marsch mit Entwässerungskanälen
- Geest

Küstenschutz
- Hauptdeich mit Siel
- Binnen-/Sommerdeich
- Verbindungsdamm
- Buhne, Lahnung

Wattenmeer der Nordsee

Tourismus
Übernachtungen pro Jahr
- über 1 Mio.
- unter 1 Mio.

Wirtschaft
- Fischereihafen
- Erdölförderung
- Erdgasförderung

- Watt
- Sandbank

Nationalparke im Wattenmeer
- Nationalparkgrenze
- Schutzzone 1 (Ruhezone, besonders geschützter Bereich)
- Schutzzone 2 (eingeschränkte Nutzung möglich)
- Walschutzgebiet

1

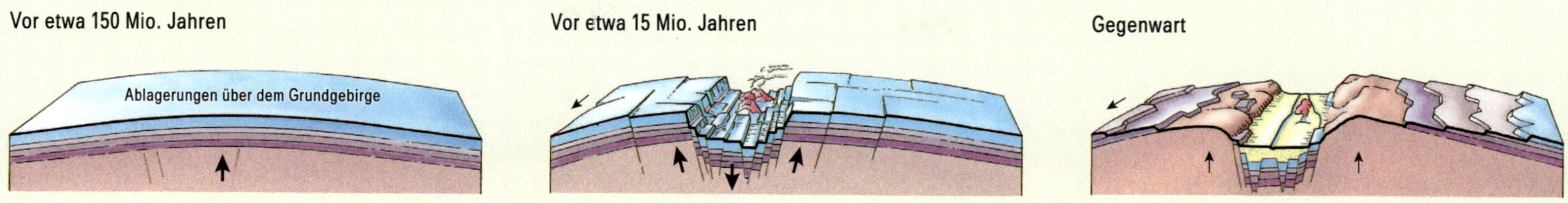

Entstehung des Oberrheingrabens

- junges Sedimentgestein (ungegliedert)
- JURA (ungegliedert)
- TRIAS: Keuper, Muschelkalk, Buntsandstein
- junge Vulkangesteine (z. B. Basalt)
- kristalline Gesteine (z. B. Gneis)

2

Rheinaue bei Karlsruhe

1 : 250 000 (0 1 2 5 km)

Landschaft
- Viehweide mit Auen-Buschwald
- Faschinengebüsch* und Viehweide
- Kultur-Auenwald
- Ackerland
- Sandbank
- Hochgestade

*Faschine = Reisig- oder Strauchbündel

Gewässer
- Rhein
- Fluss
- See
- Damm
- Naturschutzgebiet

Verkehr
- Bahnstrecke
- Autobahn
- Bundesstraße
- Straße
- Weg

Bebauung
- Wohnbebauung
- Industrie- und Gewerbegebiet

3

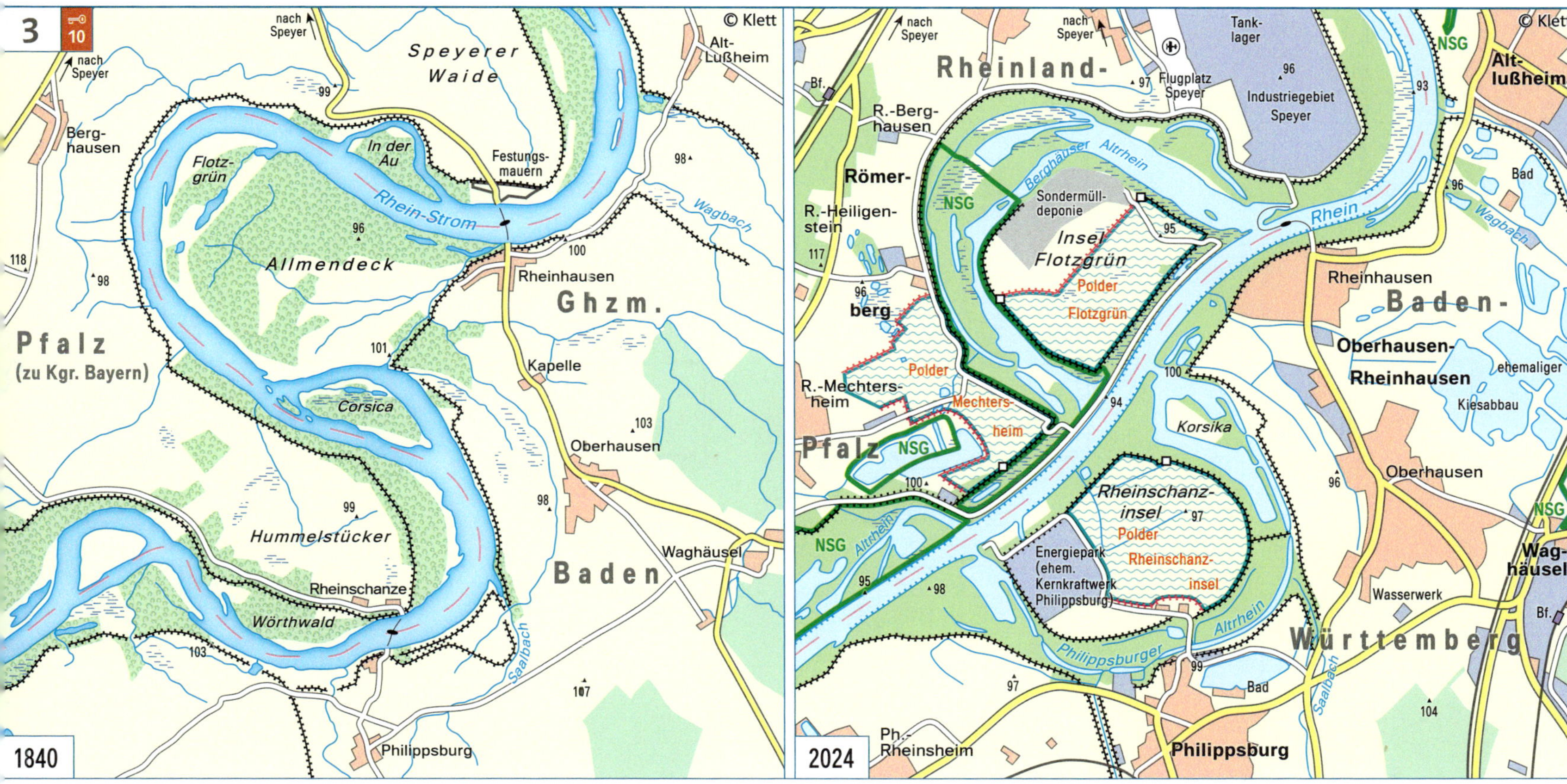

Landschaftswandel am Oberrhein

Landschaft
- Viehweide mit Auen-Buschwald
- Kultur-Auenwald
- sonstiger Wald
- landwirtschaftliche Nutzung

Gewässer
- Flussmäander des Rheins mit natürlicher Uferböschung 1840
- begradigter Flusslauf des Rheins mit Uferbefestigung 2024
- Feuchtgebiet, Sumpf
- See, Teich
- Fluss, Bach

Hochwasserschutz 2024 NE
- neuer Trenndeich
- Polder (Überflutungsfläche)
- Wehr zum Fluten und Leeren eines Polders
- Deich

Bebauung
- Wohnbebauung
- Industrie- und Gewerbegebiet

Grenzen
- Landesgrenze
- NSG Naturschutzgebiet

Gelände
- 97 Höhenangabe (in m)

Verkehr
- Bahnstrecke
- Hauptstraße
- Straße
- Fähre

Ghzm. Großherzogtum
Kgr. Königreich

1 : 70 000 (0 500 1000 1500 m)

V19 Wetterstation

1

Jahresniederschläge
Langjährige Mittelwerte
Klimareferenzperiode 1991–2020

500 600 700 800 1000 1500 2000 mm

Berlin • 586 Klimastation mit Jahresniederschlag (in mm)

2

Jahrestemperaturen
Langjährige Mittelwerte
Klimareferenzperiode 1991–2020

5 6 7 8 9 10 11 °C

Berlin • 10,2 Klimastation mit Jahrestemperatur (in °C)

3

Atlantisches Klima

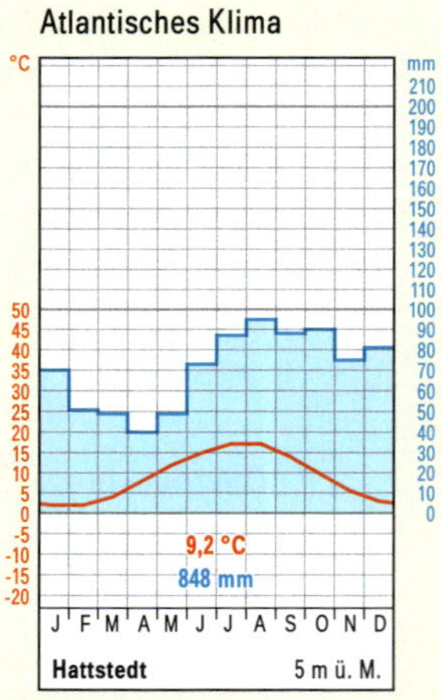

Klima im Tiefland

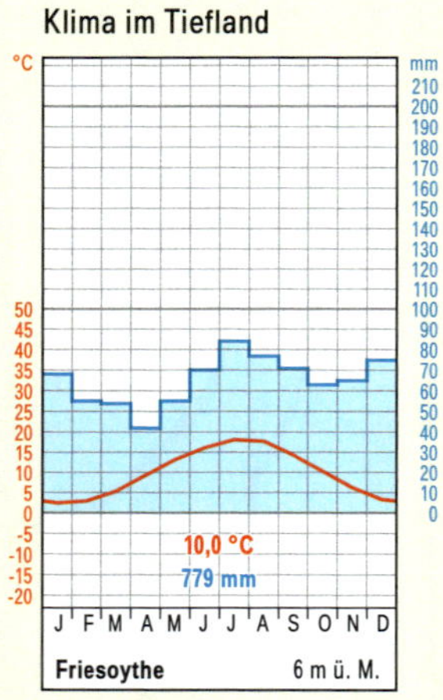

Klima im Luv

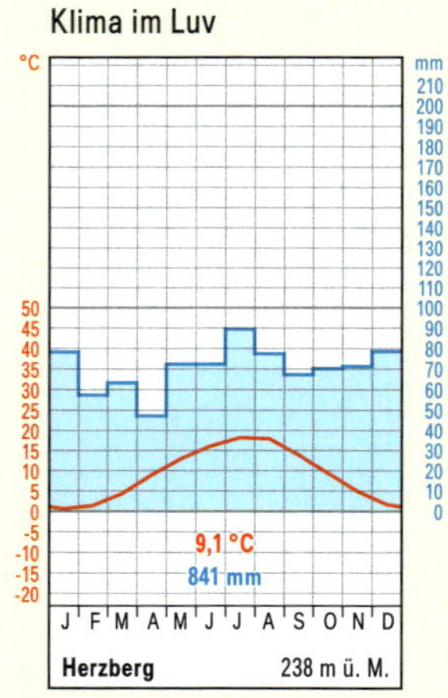

Klima im Lee

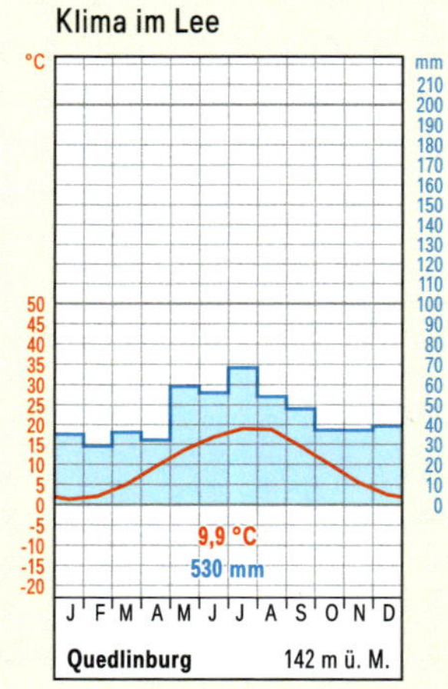

Klima in Beckenlandschaft

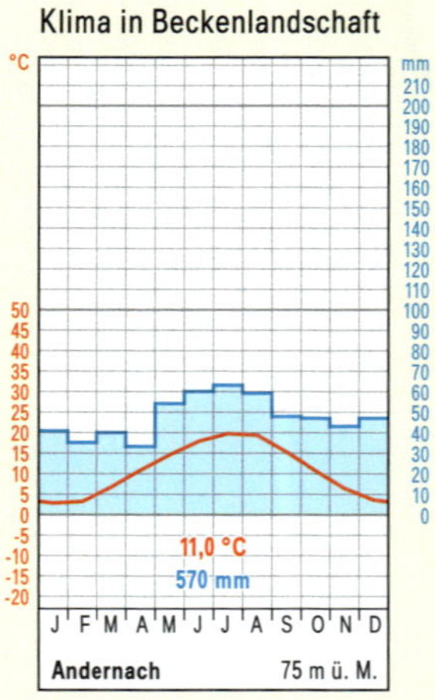

Übergangsklima

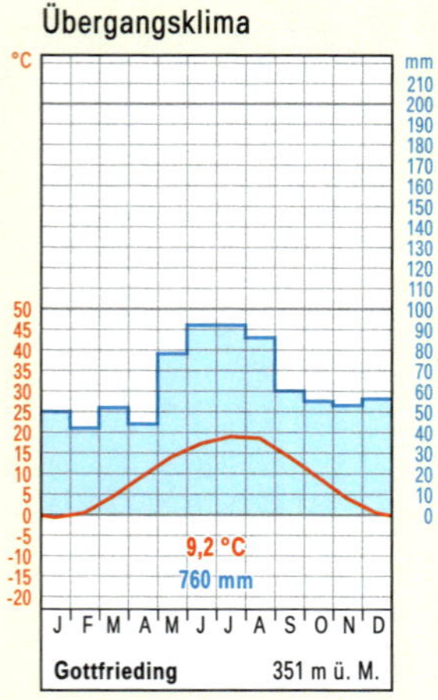

Klima im Hochgebirge

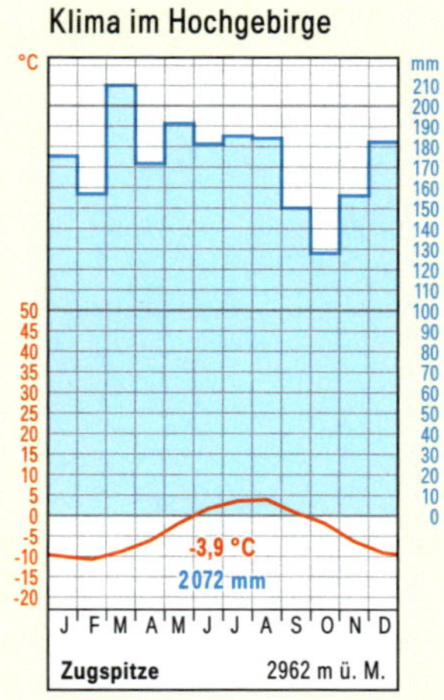

Klima im Gebirgsstau

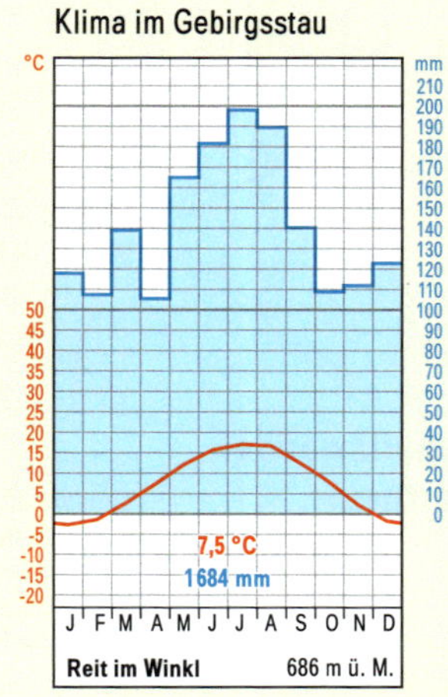

Klimadiagramme Repräsentative Stationen Klimareferenzperiode 1991–2020

mittlere Monatstemperatur
mittlerer Monatsniederschlag
9,1 °C Jahrestemperatur im langjährigen Mittel
841 mm Jahresniederschlagssumme im langjährigen Mittel
Herzberg Name der Klimastation
238 m ü. M. Höhe der Klimastation über dem Meeresspiegel

1 ○ 2 ○ 3 ◒

4 12

Wettergefahren

Gefährdete Gebiete	Katastrophen	
Sturm	Tornado	2015 Jahr des Ereignisses
Sturmflut	Sturmflut	
Hochwasser	Hochwasser	

5 Naturkatastrophen im Foto

Tornadoschäden in Bützow am 06.05.2015

Starkregen in Kassel am 22.06.2023

Waldbruch im Rothaargeb. durch Orkan Kyrill vom 18.01.2007

Hochwasser in Bad Neuenahr-Ahrweiler am 15.07.2021

6 21

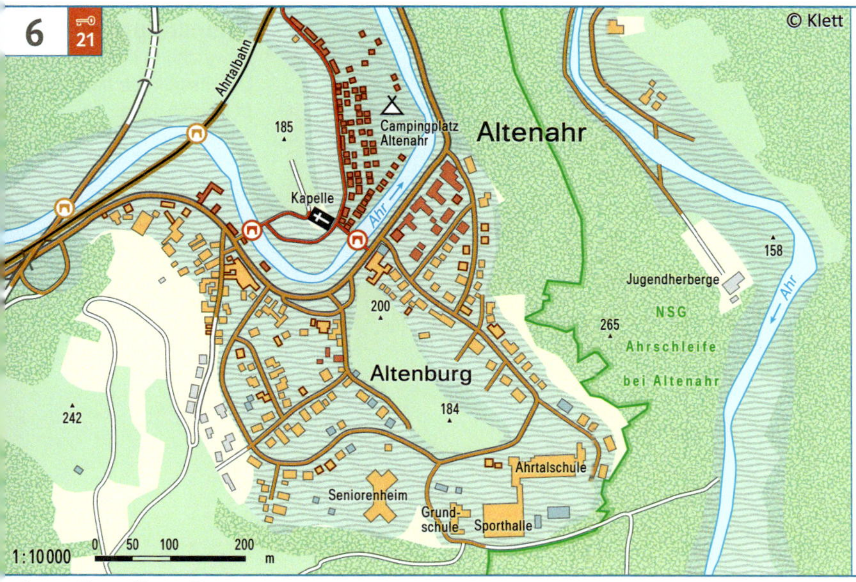

Flutkatastrophe im Ahrtal

Überflutung vom 14./15.07.2021
- überflutete Fläche

Flutschäden an Gebäuden
- hoch
- mittel
- gering
- später abgerissen
- ab 2022 neu gebaut

Flutschäden an der Infrastruktur
- beschädigte Straße
- zerstörte Straße
- beschädigte Bahnstrecke
- beschädigte Brücke
- zerstörte Brücke

- Naturschutzgebiet
- Wald
- Grünland

7 Naturkatastrophen in Deutschland

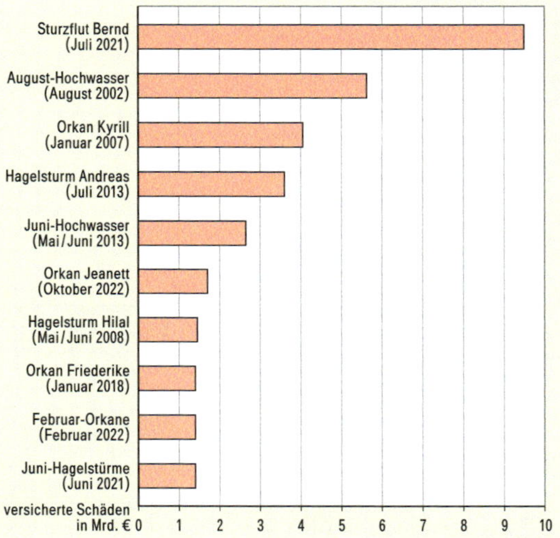

V20 Wirkung Klimawandel

1 02

Folgen des Klimawandels Auswirkungen in naher Zukunft

- starke Zunahme heißer Tage und Tropennächte
- höhere Sommer- und Wintertemperaturen; Zunahme heißer Tage und Tropennächte
- Anstieg der Schäden durch Extremereignisse
- Zunahme Winterniederschläge, Schneefall seltener; höhere Sommer- und Wintertemperaturen
- höhere Sommertemperaturen; Zunahme heißer Tage
- Zunahme Starkregen und Winterniederschläge; Abnahme Sommerniederschläge; überdurchschnittlich starke Erwärmung

2

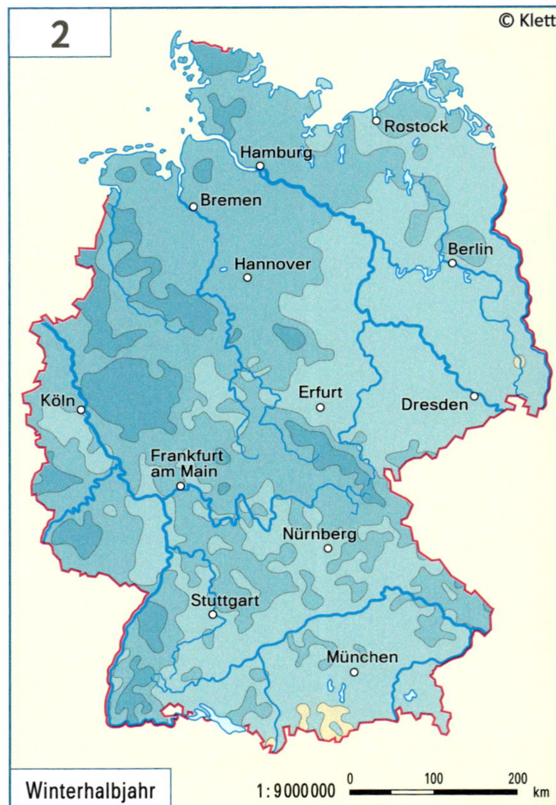

Änderung der Niederschläge
Modellrechnung 1990 – 2040
Bezug auf Klimareferenzperiode 1961 – 1990

Abnahme -80 -40 0 40 80 mm Zunahme

3 13

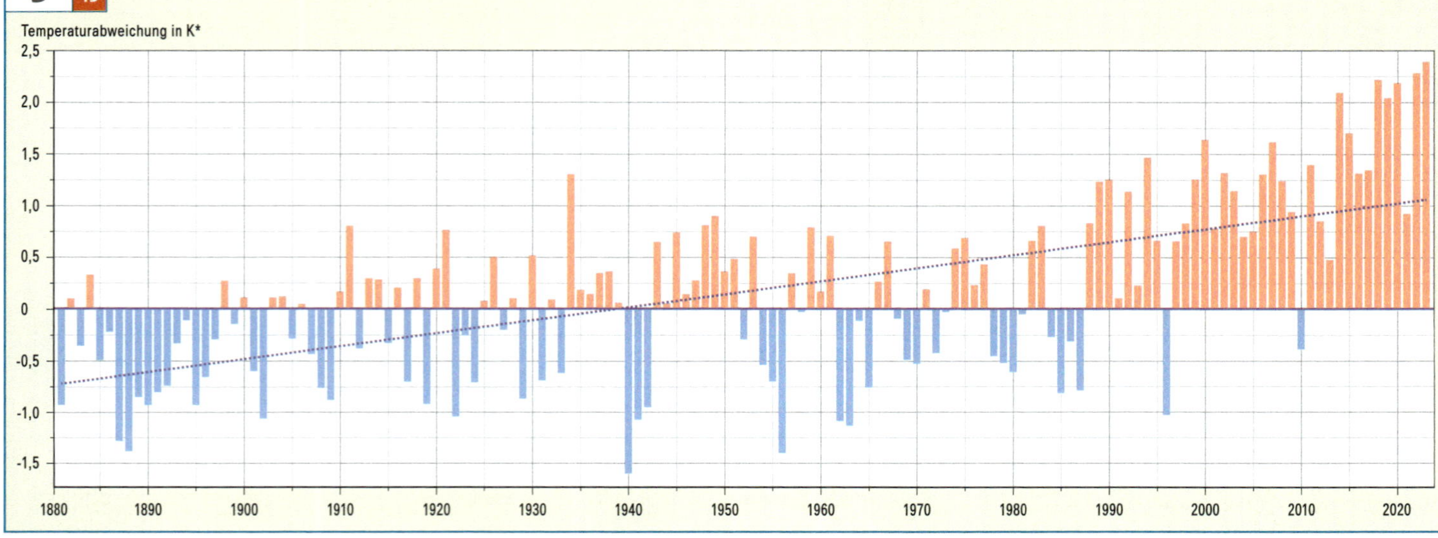

Temperaturanomalie
Abweichung der Durchschnittstemperatur in Deutschland

- langjähriger Mittelwert (1961 – 1990): 8,2 °C
- positive Anomalie
- negative Anomalie
- linearer Trend (1881 – 2023): +1,8 K*

*K = Kelvin

EINFÜHRUNG
DEUTSCHLAND
EUROPA
ASIEN
AFRIKA
AUSTRALIEN und POLE
AMERIKA
WELT
ANHANG

4

Meeresspiegelanstieg an Nord- und Ostsee

Anstieg um 0,5 m bei einem Temperaturanstieg um 1,8 °C

Anstieg bis ins Jahr 2100
- betroffene Gebiete bei bereits vorhandenem Küstenschutz
- mögliche Überschwemmung bei brechenden Deichen

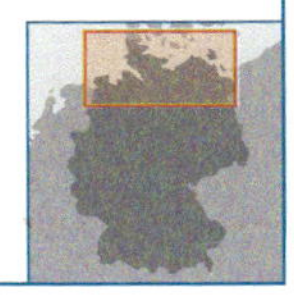

5 10

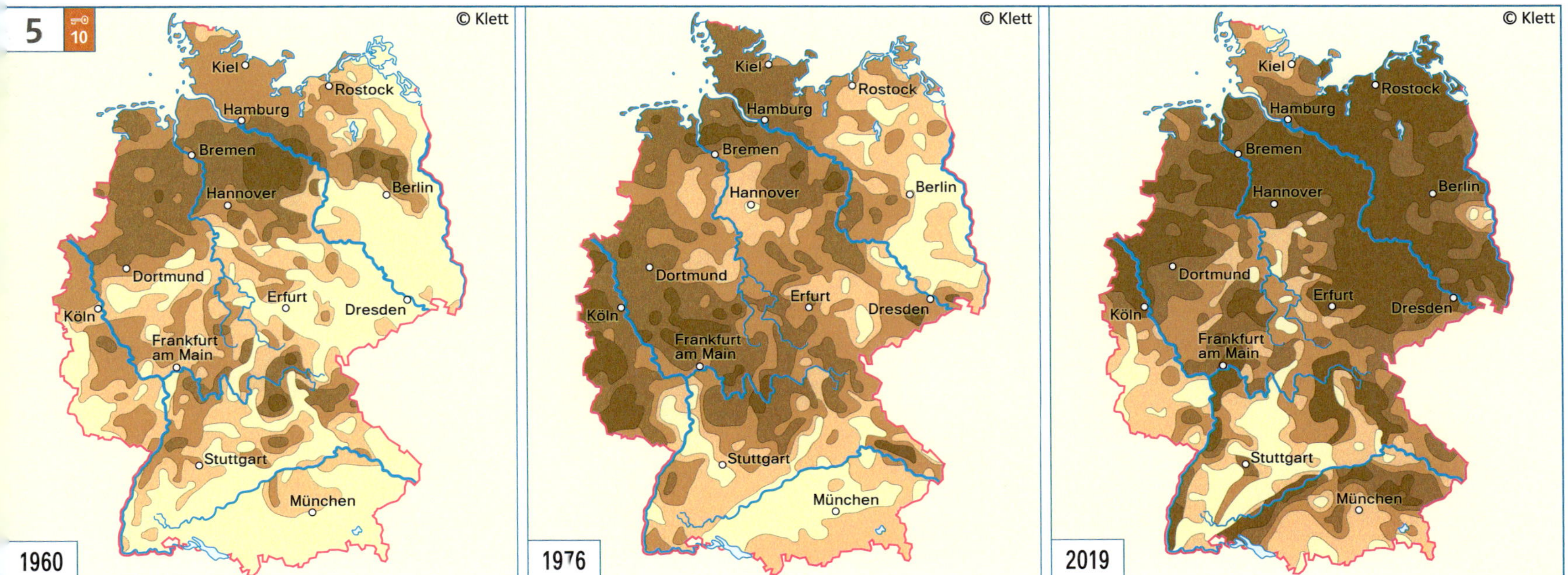

Dürre

Intensität in der Wachstumsperiode in außergewöhnlichen Dürrejahren

Dürreintensität in 1,8 m Tiefe
- außergewöhnliche Dürre
- extreme Dürre
- schwere Dürre
- moderate Dürre
- ungewöhnlich trocken

1:10500000 — 0 50 100 200 km

6 10

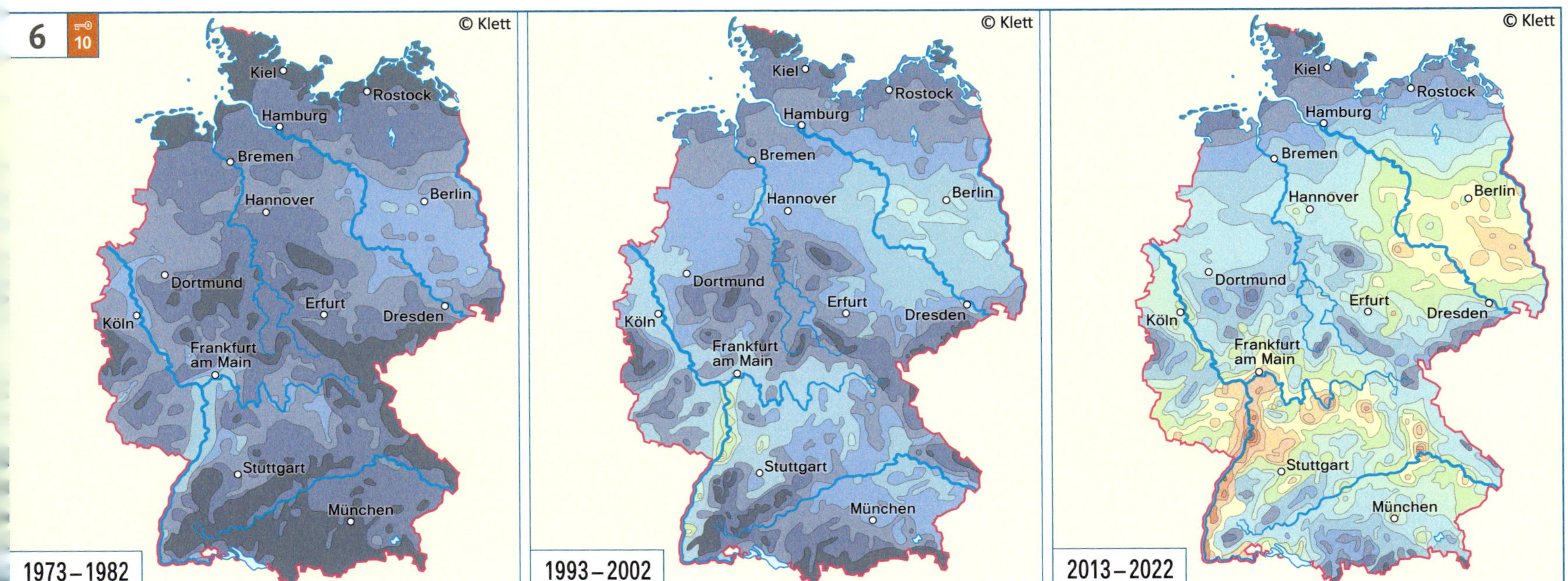

Temperaturanstieg

Heiße Tage* im zehnjährigen Mittel

Anzahl heißer Tage
0 2 4 6 8 10 12 14 16 18 20 22 24 26 28

*heißer Tag = Tag, an dem die höchste Temperatur bei 30 °C oder höher liegt.

1:10500000 — 0 50 100 200 km

EINFÜHRUNG
DEUTSCHLAND
EUROPA
ASIEN
AFRIKA
AUSTRALIEN und POLE
AMERIKA
WELT
ANHANG

Landwirtschaft

Anbaugebiete
- vorwiegend Getreide (Weizen, Gerste, Roggen, Hafer, Mais)
- vorwiegend Hackfrüchte (Zuckerrüben, Kartoffeln)
- vorwiegend Futterpflanzen (Klee, Luzerne, Grünmais, Futterrüben)
- Wiesen (Dauergrünland)

Sonderkulturen
- Gemüse
- Obst
- Hopfen
- Wein

Nachwachsende Rohstoffe
- Wald, forstwirtschaftlich genutzt
- Raps

Löss

2 Viehhaltung im Foto

Bodenhaltung von Hühnern

Zuchtstall von Schweinen

Laufstallhaltung von Kühen

3 Schwerpunkte der Viehhaltung

1:13 000 000 0 50 100 200 km

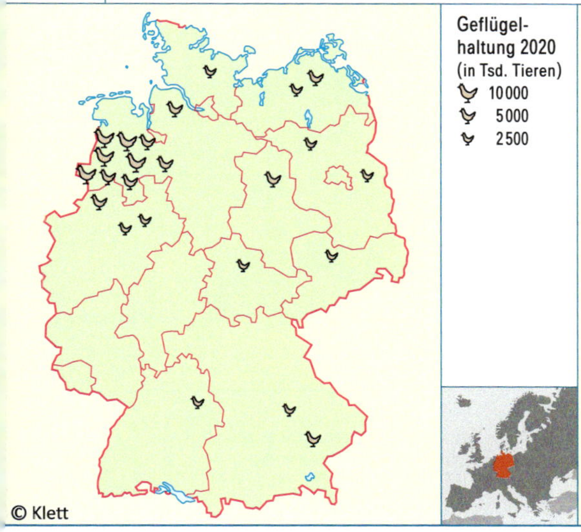

© Klett

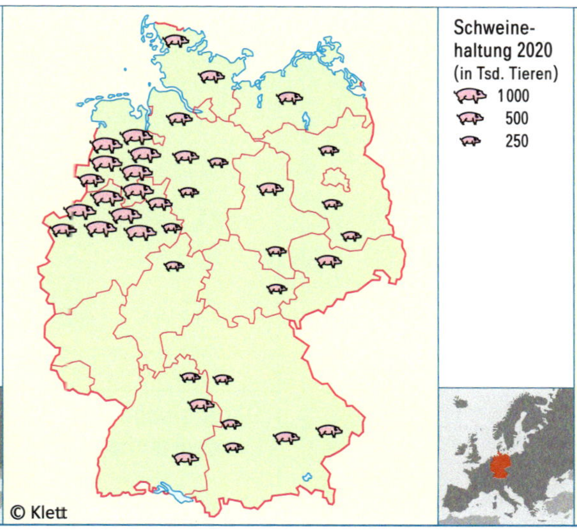

© Klett

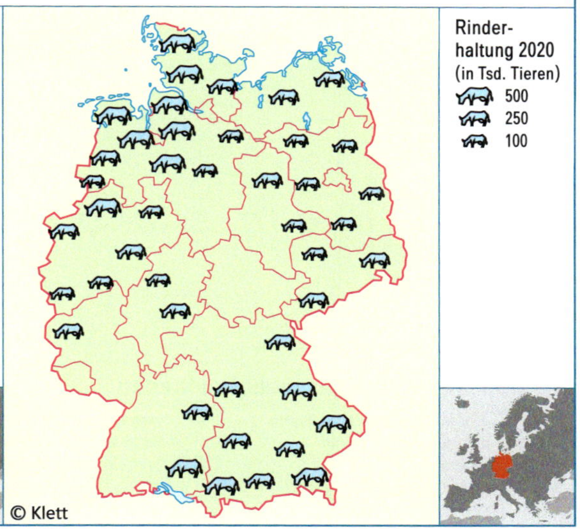

© Klett

4

1:6 500 000 0 50 100 km

© Klett

Böden
Eignung für die Landwirtschaft

Bodengüte
- guter Boden
- mittlerer Boden
- schlechter Boden
- keine Angabe (Wald)

5 15

1:6 500 000 0 50 100 km

© Klett

Gunst- und Ungunsträume Eignung für die Landwirtschaft

Jahresklimatische Zustände
- Wärmegunst (über 6 Monate wärmer als 10 °C)
- Wärmeungunst (unter 5 Monate wärmer als 10 °C)
- Trockenheit (unter 500 mm Niederschlag)

Gelände
- Berggebiet (ungünstige Höhenlage mit verkürzter Vegetationszeit)

EINFÜHRUNG
DEUTSCHLAND
EUROPA
ASIEN
AFRIKA
AUSTRALIEN und POLE
AMERIKA
WELT
ANHANG

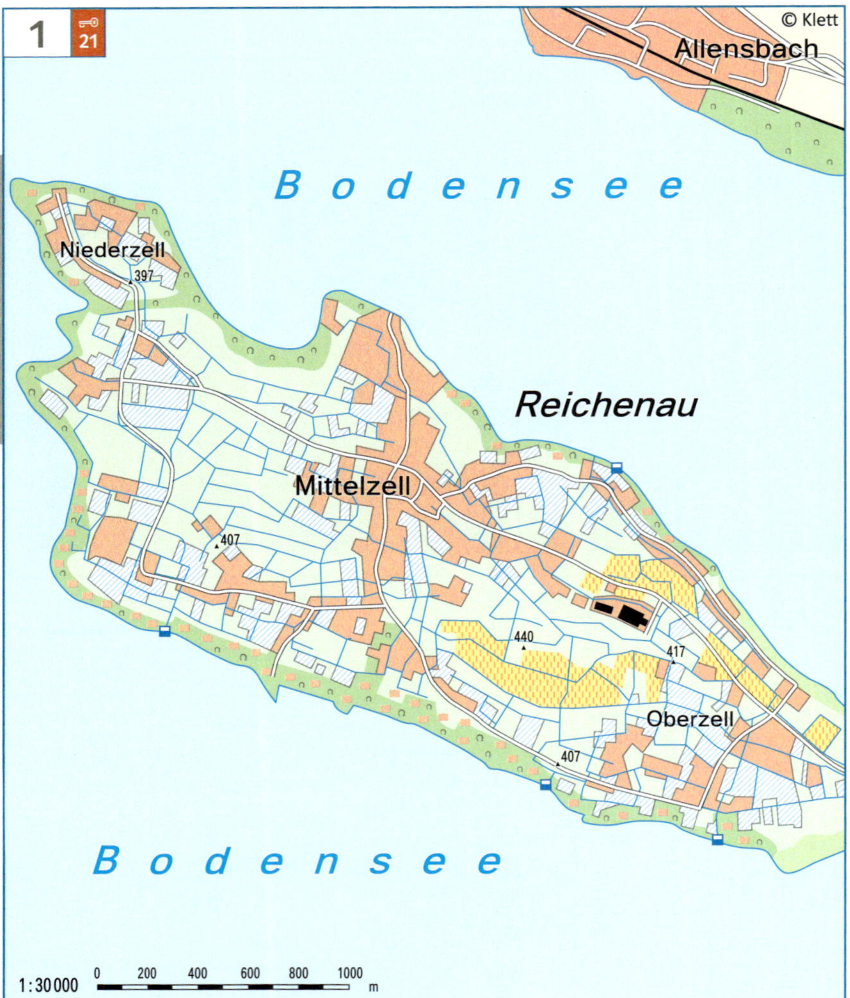

Gemüseanbau auf der Insel Reichenau

- Gemüseanbau in Gewächshäusern
- Gemüseanbau im Freiland
- Weinanbau
- Pumpwerk und Rohrleitungsnetz für Beregnungsanlagen
- zentraler Großmarkt
- Siedlung mit Hausgärten
- Uferzone mit Bäumen und einzeln stehenden Häusern
- Wiese

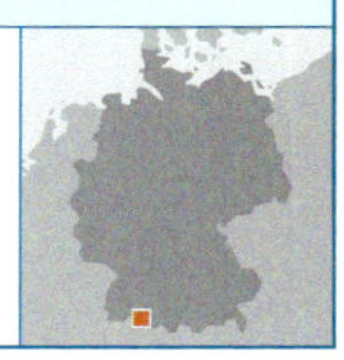

Ökologische Landwirtschaft

Anteil der ökologisch bewirtschafteten Landfläche an der landwirtschaftlichen Nutzfläche (in %)

NE

- über 20
- 15 – 20
- 10 – 15
- 5 – 10
- 3 – 5
- unter 3

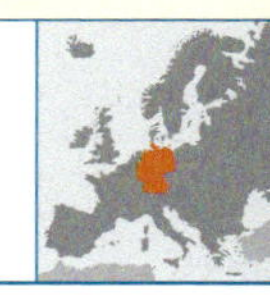

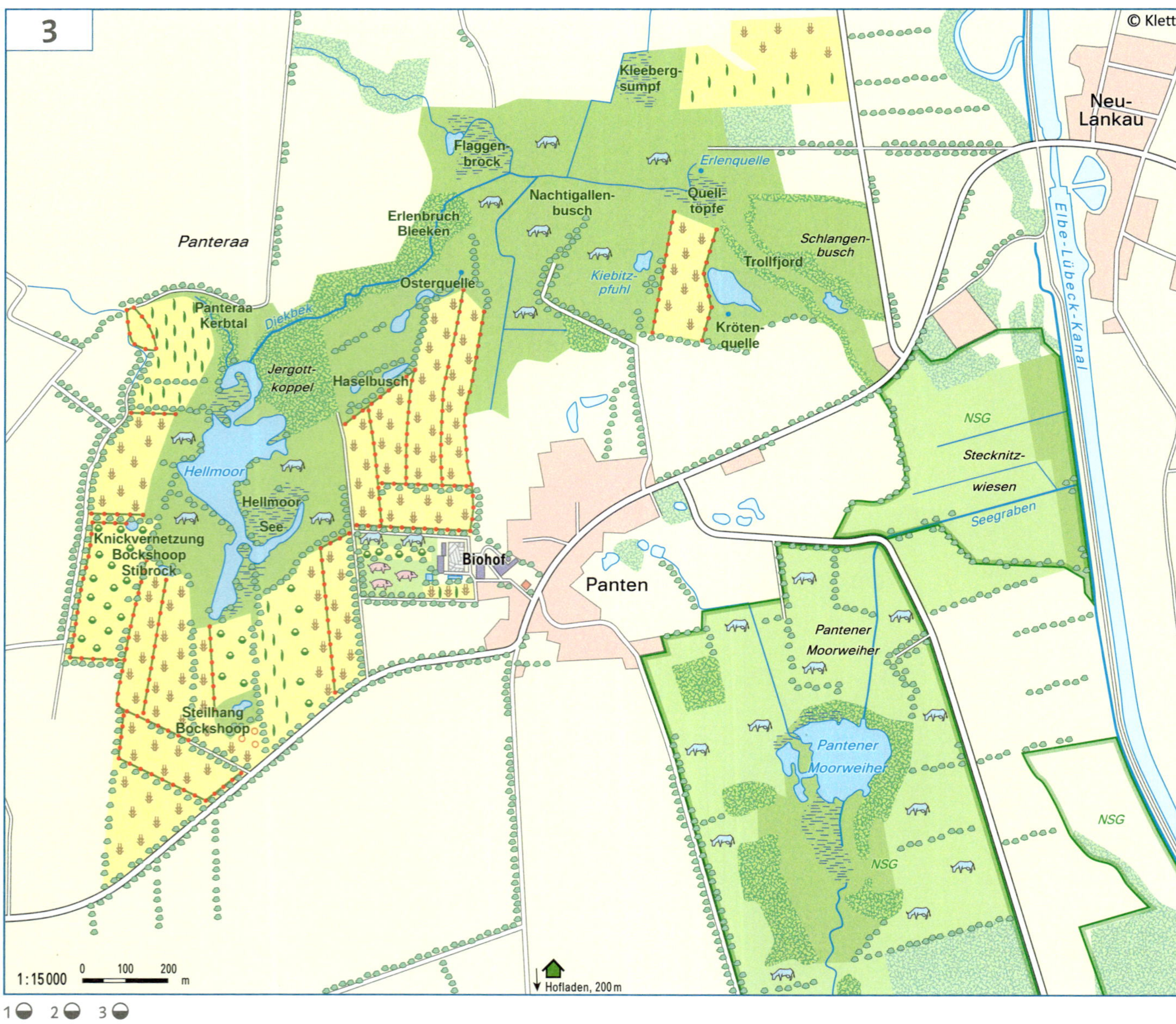

Ökolandbau in Holstein

Merkmale eines Biohofs

Hofgelände
- Wohngebäude
- Wirtschaftsgebäude
- Gewächshaus

Ökologische Landwirtschaft NE
- Getreideanbau für Saatgut, Schrot und Mehl
- Gemüse- und Ölsaatanbau
- Obstwiese mit alten Sorten
- Futterpflanzen
- Knick (Windschutz, Feuerholzgewinnung)
- Weideplätze für Weiderinder
- Freiauslauf für Mastschweine
- Weiden und Wiesen

Vertrieb
- großer Hofladen mit hofeigenen und zugekauften Bioprodukten und Lieferservice

Erhaltung der Artenvielfalt
- Teich
- Sumpf
- Beweidung gegen Verbuschung
- Wald, Gehölz
- Blühstreifen
- Biotop
- Osterquelle – Kleinbiotop
- NSG – Naturschutzgebiet

Gebiete außerhalb der bewirtschafteten Fläche
- Wald
- Ackerland
- Bebauung

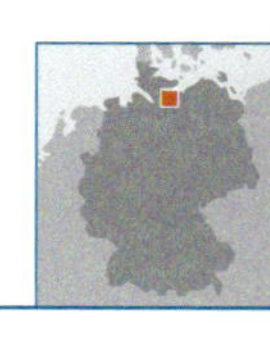

1 16 1:3000000 0 10 20 40 60 80 100 km

Wirtschaft

Dienstleistungen
- Handel, Transport, Tourismus und Information
- Finanz- und Wirtschaftsdienstleistungen
- Verwaltung, Bildung und Gesundheit

Die Größe der Signatur entspricht der Bedeutung des Standorts.

Industrie: Produktionsgruppen
- Verhüttung, Gießerei, Walzwerk
- Maschinen- und Metallbau
- Fahrzeug-, Schiff- und Flugzeugbau (einschl. Zulieferer)
- Elektrotechnik, Elektronik, Optik
- Textilien, Bekleidung
- Chemie, Gummi, Raffinerie
- Holz, Papier, Druck
- Bau, Glas, Keramik
- Ver- und Entsorgung
- Lebensmittel

Bergbau
- Salze (Kali-, Steinsalz)
- sonstige Minerale (z.B. Graphit, Kaolin)

- Wirtschaftszentrum
- hohe Industrie- und Siedlungsdichte

Konventionelle Energie

Förderung von Energierohstoffen	Wasserkraftwerke	Wärmekraftwerke	Größe	Leistung (in MW)
Braunkohle	Pumpspeicherkraftwerk	Steinkohle		über 1000
Erdöl		Braunkohle		500 – 1000
Erdgas		Öl		100 – 500
Braunkohlenlagerstätte		Gas		
		Mischfeuerung (Steinkohle, Öl, Gas)		

- Erdölpipeline
- Erdgaspipeline
- Erdgaspipeline nicht in Betrieb
- Flüssiggasterminal
- Hochspannungsleitung
- Hochspannungsleitung im Bau/in Planung
- Gleichstromleitung („Stromautobahn")
- Gleichstromleitung im Bau/in Planung
- Windpark-Gebiete in Nord- und Ostsee

2 18

Erneuerbare Energie

Windenergie
Windstärke in 100 m Höhe im Jahresmittel

an Land	auf See
über 8,5 m/s	über 10 m/s
7,5 – 8,5 m/s	8,5 – 10 m/s
6,5 – 7,5 m/s	

Solarenergie
Einstrahlung in einem Jahr
- 1140 – 1260 kWh/m²
- 1080 – 1140 kWh/m²

Grenzen
- Staatsgrenze
- Grenze der Wirtschaftszone im Meer
- Landesgrenze
- Kreisgrenze

Energieanlagen in Stadt- und Landkreisen (gesamte installierte Leistung ab 100 MW)

Windkraftanlagen	Solaranlagen auf Dächern und Freiflächen (Fotovoltaik)	Laufwasserkraftwerke	Bioenergieanlagen	Erdwärmekraftwerke
über 1000 MW				
500 – 1000 MW	über 500 MW			
250 – 500 MW	250 – 500 MW			
100 – 250 MW	100 – 250 MW	100 – 260 MW	100 – 180 MW	4 – 20 MW

NE

I20 40.1 Zeitschnitt

Ruhrgebiet 1965 – 2024

Dienstleistungen

Handel, Transport und Information
- Handel
- Verkehr, Logistik
- Erdölpipeline
- Erdgaspipeline
- Medien, Verlage

Finanz- und Wirtschaftsdienstleistungen
- Banken, Versicherungen
- Beratung, Service, Werbung, Konzernzentralen
- Messen, Kongresse

Verwaltung, Bildung und Gesundheit
- Verwaltung, Behörden
- Universitäten, Hochschulen
- Krankenhäuser, Heime
- Kultur, Erholung
- Revierpark

Industrie

Bergbau
- Steinkohlen-Tiefbauzeche

Produktionszweige
- Eisenverhüttung, Stahlerzeugung
- Buntmetallverhüttung
- Leichtmetallverhüttung
- Gießerei, Walzwerk
- Maschinenbau
- Metallbau, Werkzeuge
- Kraftfahrzeugbau
- Schienenfahrzeugbau
- Elektrotechnik
- Elektronik, Optik, Feinmechanik
- Textilien, Bekleidung
- Chemie, Pharmazie
- Erdölraffinerie
- Kokerei, Brikettfabrik
- Gummi, Kunststoffe
- Papier, Druckereien
- Glas, Keramik
- Baugewerbe
- Ver- und Entsorgung
- Lebensmittel

Energieversorgung
- Wasserkraftwerk
- Wärmekraftwerk

Die Größe der Signatur entspricht der Bedeutung des Standorts.

Verkehr
- Fluss
- Stausee mit Staudamm
- schiffbarer Fluss
- Schifffahrtskanal
- Schifffahrtskanal mit Schleuse
- Autobahn
- Autobahn im Bau
- Autobahntunnel
- Hauptverkehrsstraße
- Straßentunnel
- Bahn, Hauptstrecke
- Bahn, Nebenstrecke
- Bahntunnel

Flächennutzung
- Wohnbebauung
- Industrie und Gewerbe
- Wald

1 : 400 000 — 0 5 10 km

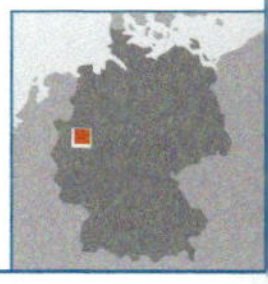

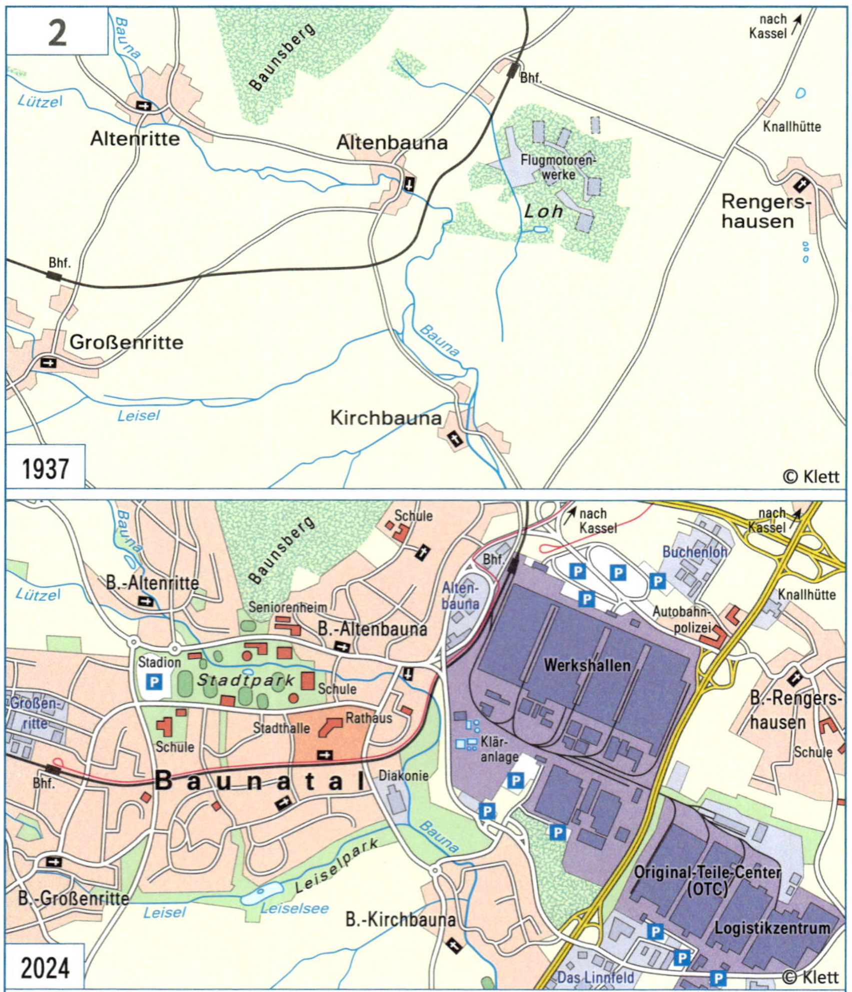

Automobilwerk in Baunatal

Verkehr
- Autobahn; Straße
- Straßenbahn
- Bahnstrecke

Automobilwerk
- Betriebsgelände mit Gebäuden
- Industriebahn

Sonstiges Gewerbegebiet
- bestehend
- im Bau/in Planung

Flächennutzung
- City
- Wohngebiet
- Grünanlage
- Wald
- Feld, Wiese
- öffentliches Gebäude
- Kirche
- Parkplatz
- Sportstätte

1 : 45 000 — 0 500 m

Junge Unternehmen

Anzahl je 100 000 Einw.
- über 2,5
- 1,5 – 2,5
- unter 1,5

Gründungen*: 489, 300, 150, 50, 20
- davon Anteil in den wichtigsten Städten (Hotspots)
- Köln Hotspot

*von April 2022 bis März 2023

Erfolgreichste Unternehmen mit mehr als 10 Geldgebern

Anzahl: über 4; 3 – 4; 1 – 2

- Apparate und Digitaltechnologie
- Biotechnologie
- Finanzwirtschaft, elektron. Handel
- Immobilien
- Lebensmittel
- Schulung, Beratung, Vermittlung
- Software
- Versorgung, Entsorgung

4 Windparks in Nord- und Ostsee

Deutsches Seegebiet

5 Bergbausanierung bei Leipzig

Vom Braunkohlentagebau zur Freizeitlandschaft

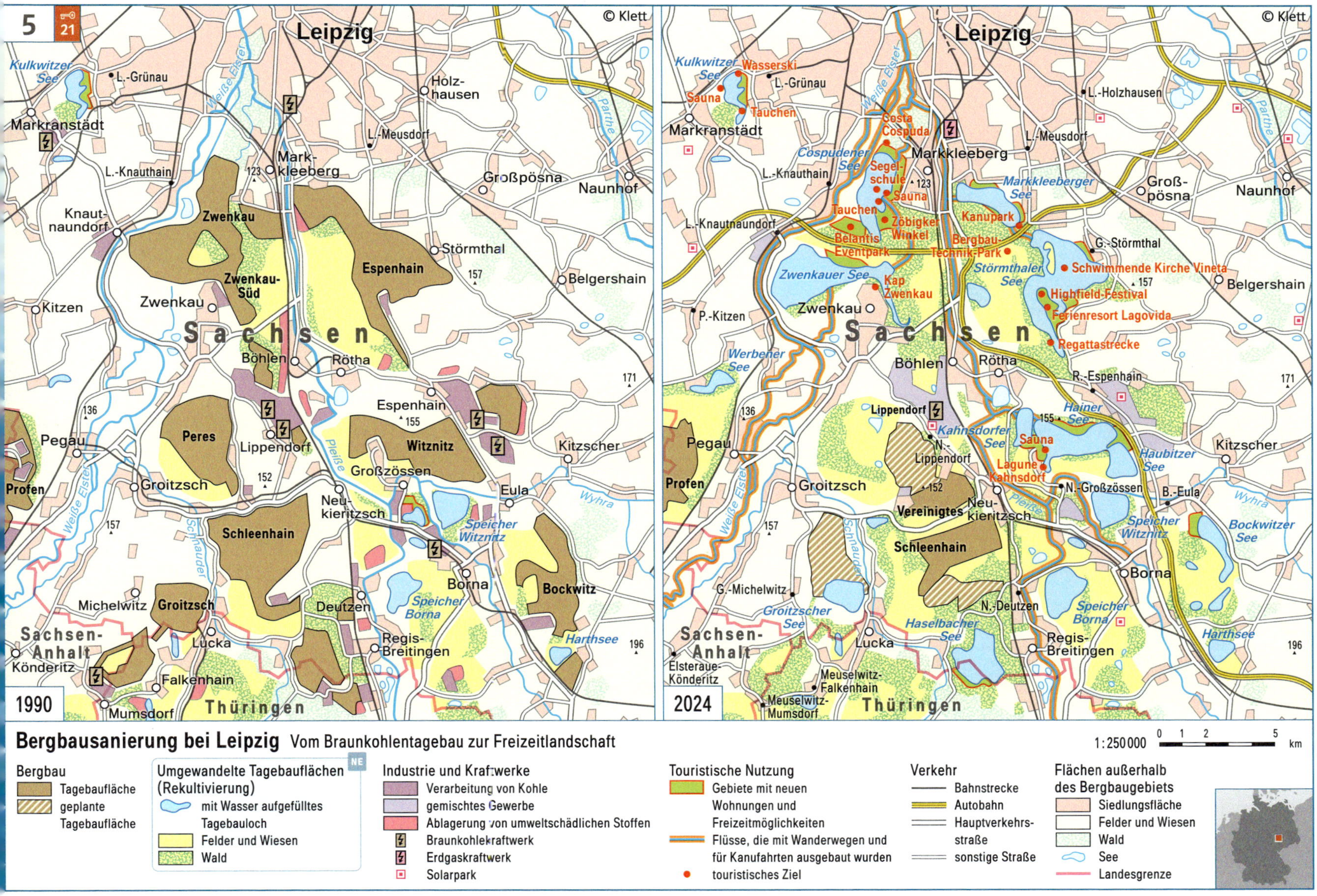

6 Stromerzeugung in Deutschland – gesamt

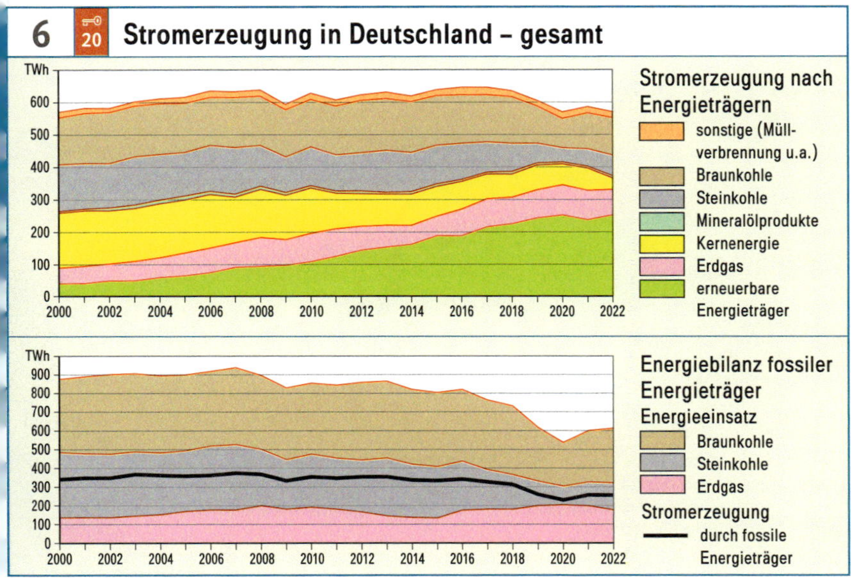

7 Stromerzeugung in Deutschland – erneuerbar

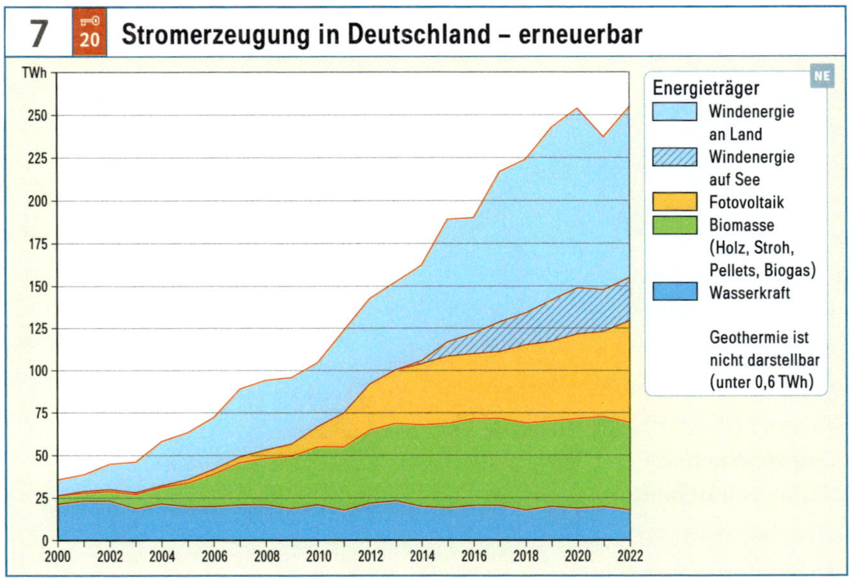

Städtische und ländliche Gebiete

- Großstadt mit vielen Industrie- und Büroarbeitsplätzen
- Stadtumland mit vielen Siedlungen und Industriegebieten
- ländliche Wohngebiete mit Pendlern in die Städte und das Stadtumland
- ländliche Gebiete mit kleinen Gewerbegebieten und wenigen Pendlern in die Städte
- ländliche Gebiete mit viel Landwirtschaft und kleineren zentralen Städten

- Staatsgrenze
- Landesgrenze
- Autobahn, Fernverkehrsstraße
- Bahn (Hauptstrecke)

- Oberzentrum mit besonderer Ausstattung für Verwaltung, Kultur und Gesundheit zur Versorgung des gesamten Umlands

1 Dörfer im Luftbild

Ursprüngliches Ortsbild

Erweitertes Ortsbild

2

Alte Dorfformen Modellhafte Darstellung

Gebäude
- Haus, Bauernhof
- Kirche

Bodennutzung
- Flurgrenze
- Haus-, Obstgarten
- Wiese, Weide
- Feld, Ackerland
- Wald

Straßen und Wege
- Hauptstraße
- Nebenstraße, Feldweg
- Platz (z.T. Marktplatz)

Gewässer
- Bach
- Teich

3

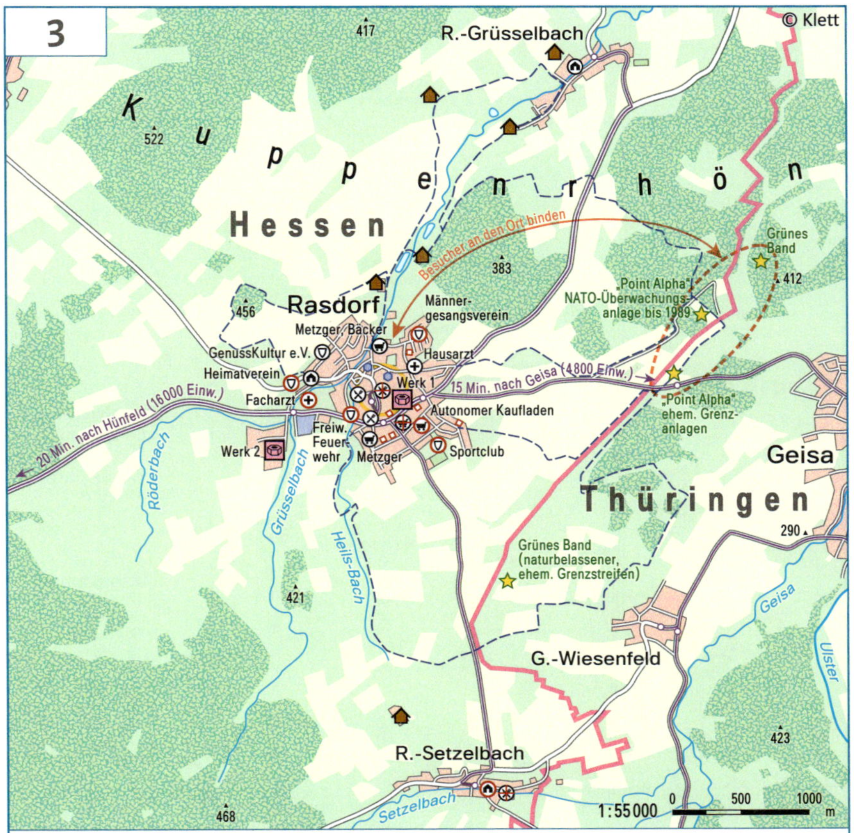

Dorfentwicklung im ländlichen Raum Gemeinde Rasdorf in Hessen

Flächennutzung und Straßen
- Siedlungsfläche
- Ackerland
- Wiese
- Sportplatz
- Wald
- Bundesstraße
- Hauptstraße
- Nebenstraße
- Wanderweg
- Landesgrenze

Wirtschaft und Verkehr
- Metallbaubetrieb
- Bauernhof
- touristische Attraktion
- Linienbus mit Haltestelle (Montag bis Freitag stündlich)

Versorgung und Freizeit
- Arztpraxis
- Gasthaus, Pension
- Einzelhandel
- Verein (teilweise Mitgliederschwund)
- Gemeinschaftshaus, Treffpunkt
- aufgegebene Einrichtung

Maßnahmen und Projekte zur Stärkung der Gemeinde
- Kleingewerbegebiet
- Sanierung des alten Dorfkerns
- Neubauten für Singlehaushalte
- Reaktivierung oder Aufbau von Angeboten
- Tourismuskonzept
- Seniorenheim, Pflegedienst

4

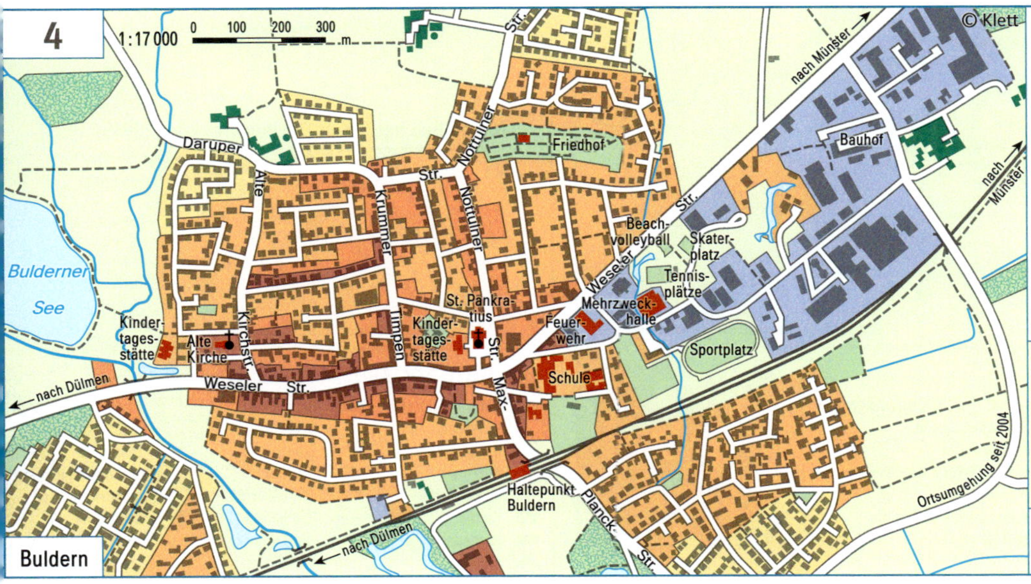

Dorfentwicklung in Stadtnähe
Buldern in Nordrhein-Westfalen (1900–2024)

Entwicklung des Dorfes
- um 1900
- 1900–1945
- 1946–1990
- 1991–2024
- Industrie- und Gewerbegebiet ab 1970

Gebäudenutzung 2024
- Wohn- und Wirtschaftsgebäude
- öffentliches Gebäude
- Bauernhof
- Kirche

Verkehr
- Bahnstrecke
- Hauptstraße
- Nebenstraße
- sonstige Straße
- Feldweg, Fußweg

Bodennutzung
- öffentliche Grünfläche, Sportplatz, Spielplatz
- Wald
- Wiese, Ackerland, Nutzgarten

Gewässer
- Bach
- Teich

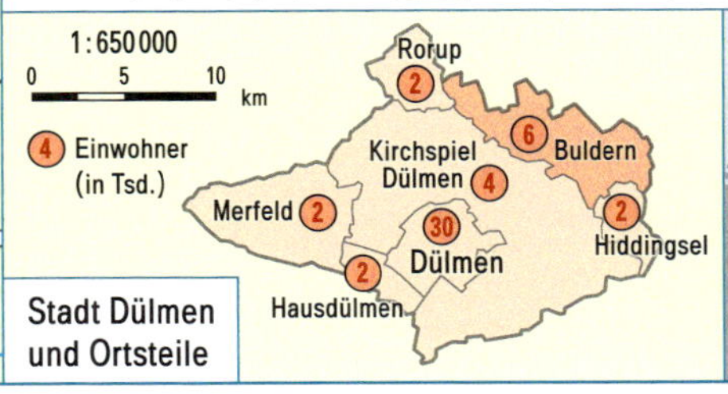

Stadt Dülmen und Ortsteile

V22 Strukturwandel

1 Städte im Luftbild

Trier

Karlsruhe

Dillingen

2

Alter der Städte

Zeiträume, in denen Städte gegründet wurden oder das Stadtrecht bekamen

- Römerzeit 50 v. Chr. – ca. 200 n. Chr.
- frühes Mittelalter ca. 500 bis ca. 1150
- Mittelalter (Hauptgründungsphase) 1150 – 1450
- Absolutismus, Neuzeit 1450 – 1800
- Industrialisierung 1800 – 1925
- Industriegründungen, verstädterte Gemeinden seit 1925

Einflüsse auf die Stadtgründungen

- römisches Gebiet um 100 n. Chr.
- mittelalterliche Handelswege um 1400
- industrialisierte Gebiete um 1910

3

Römerzeit (von 50 v. Chr. – ca. 200 n. Chr.)

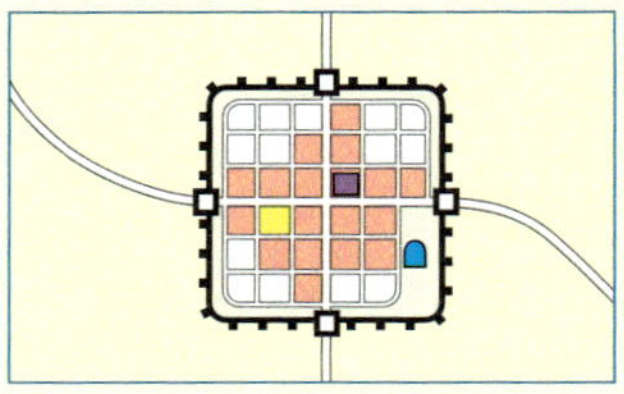

Orientierung auf das Forum

Mittelalter (Hauptgründungsphase 1150 – 1450)

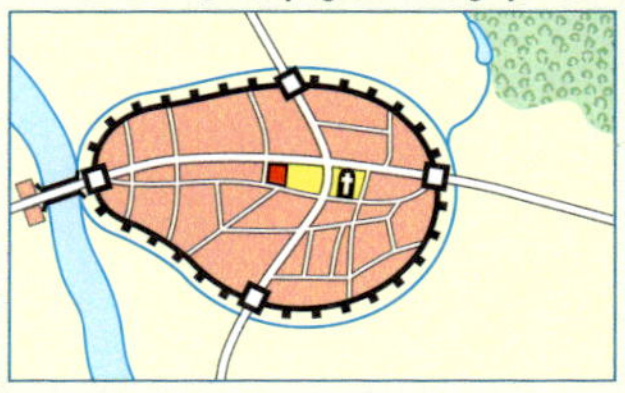

Orientierung auf Kirche, Marktplatz und Rathaus

Neuzeit (Absolutismus 1450 – 1800)

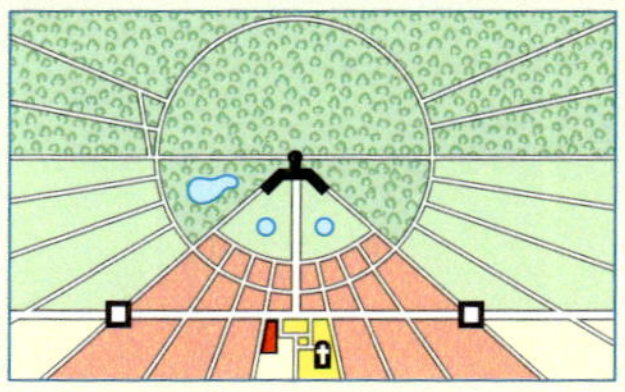

Orientierung auf das Schloss, dem Wohnsitz des Herrschers

Industrialisierung (gewachsene Stadt 1800 – 1925)

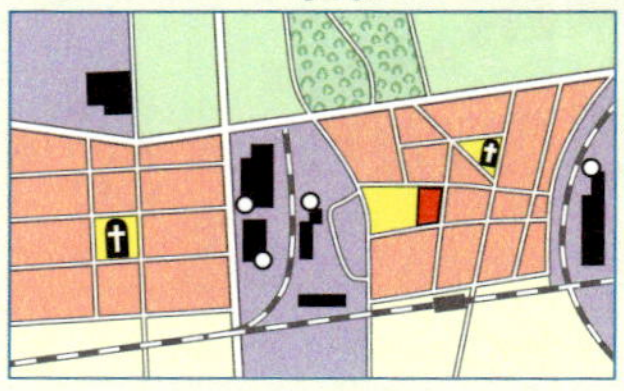

Zusammenwachsen von Orten und Industriegebieten

Industrialisierung (geplante Stadt 1850 – 1970)

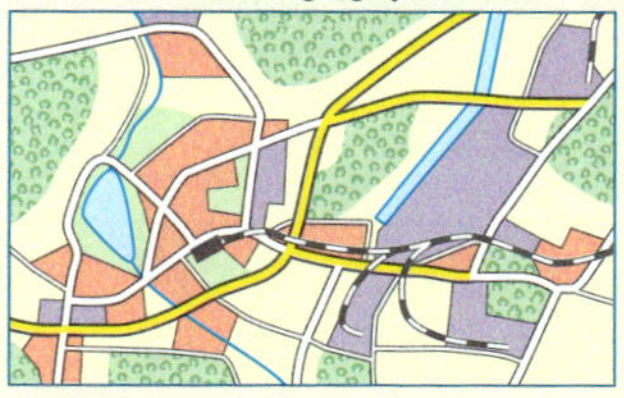

getrennte Wohn-, Erholungs- und Industriegebiete mit guten Verkehrswegen

Neuaufbau nach dem Zweiten Weltkrieg (1945 – 1955)

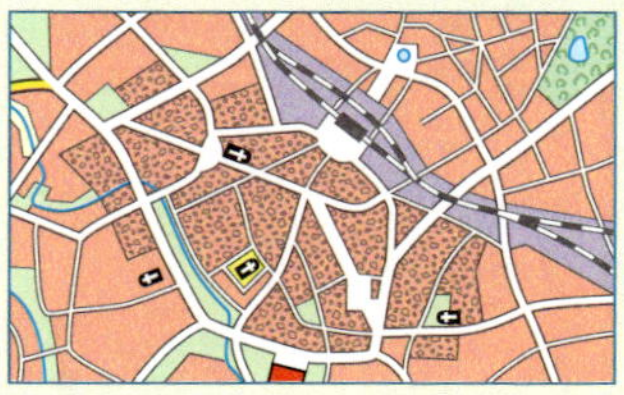

breitere Straßen für den Autoverkehr

Stadtgrundrisse Modellhafte Darstellung

- Forum (zentraler Versammlungsplatz)
- Therme (Badehaus)
- Kirche
- Rathaus
- Schloss
- Fabrik mit Schornstein
- Stadtmauer
- Stadttor
- Flussübergang
- Bahnstrecke mit Bahnhof
- Markt, Marktplatz
- geschlossene Bebauung
- zerstörte Bebauung
- Industriegelände
- Wald; Park
- Teich
- Springbrunnen

EINFÜHRUNG DEUTSCHLAND EUROPA ASIEN AFRIKA AUSTRALIEN und POLE AMERIKA WELT ANHANG

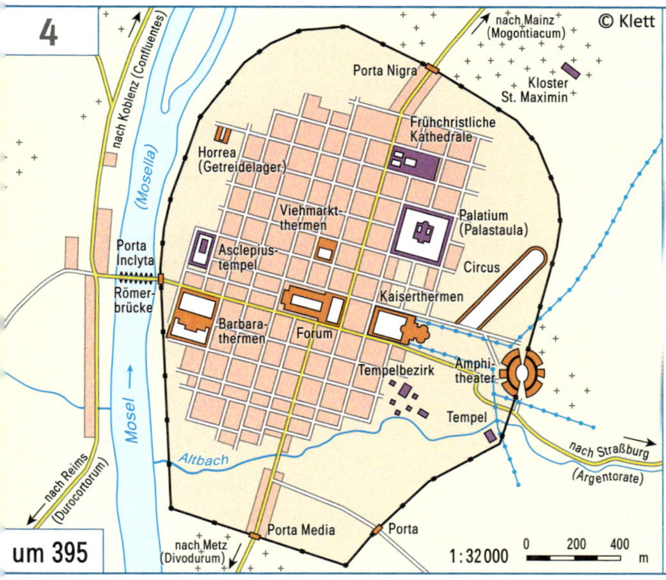

Stadtgründung zur Römerzeit
Trier

um 395 – Römerstadt Augusta Treverorum
- Stadtmauer
- Wasserleitung
- bedeutendes weltliches Bauwerk
- geistlich-religiöses Bauwerk
- Wohnbebauung
- Gräberfeld
- vorrömisches Fernwegenetz

2024 – regionales Dienstleistungszentrum
- Ruine
- mittelalterliche Stadt um 1500
- Stadt- und Kreisverwaltung
- öffentliche Einrichtung
- Kirche, Kloster
- Wohnbebauung, Geschäfte
- Fußgängerzone
- Industrie und Gewerbe
- Wald
- Park, Grünfläche
- Hauptverkehrsstraße
- Bahnstrecke mit Bahnhof

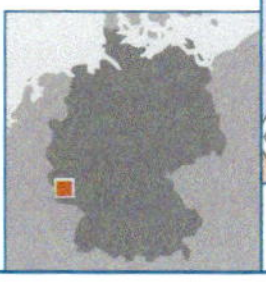

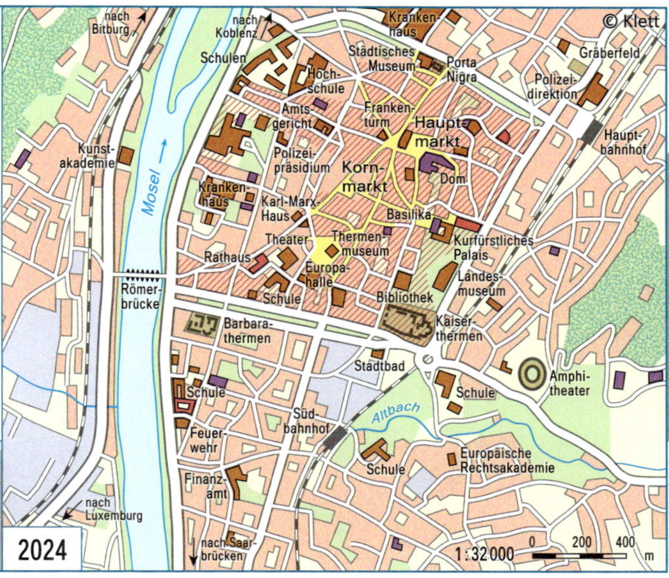

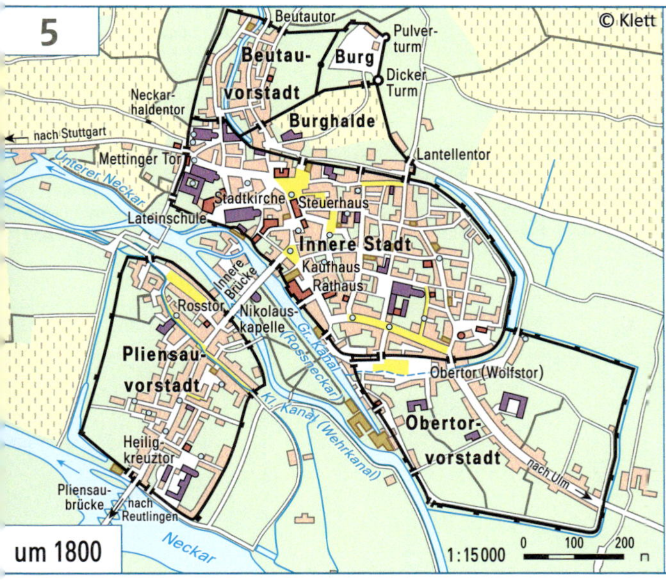

Stadtgründung im Mittelalter
Esslingen

um 1800 – gut erhaltene mittelalterliche Stadt
- Stadtmauer mit Tor
- Kirche, Klosteranlage
- Stadtverwaltung, öffentliches Gebäude
- Kaufhaus, Kornhaus, Zunfthaus
- Marktstätte, Handwerkergasse
- sonstiges Gebäude
- Brunnen
- Hausgarten, Obstwiese
- Weinberg

2024 – große Kreisstadt
- Wohnbebauung
- Gewerbe
- Geschäfte
- Stadtverwaltung
- öffentliche Einrichtung
- Kirche
- Fußgängerzone
- Parkplatz, Parkhaus
- Park, Grünfläche
- Weinberg
- Bahnstrecke
- Hauptverkehrsstraße
- Nebenstraße
- Weg

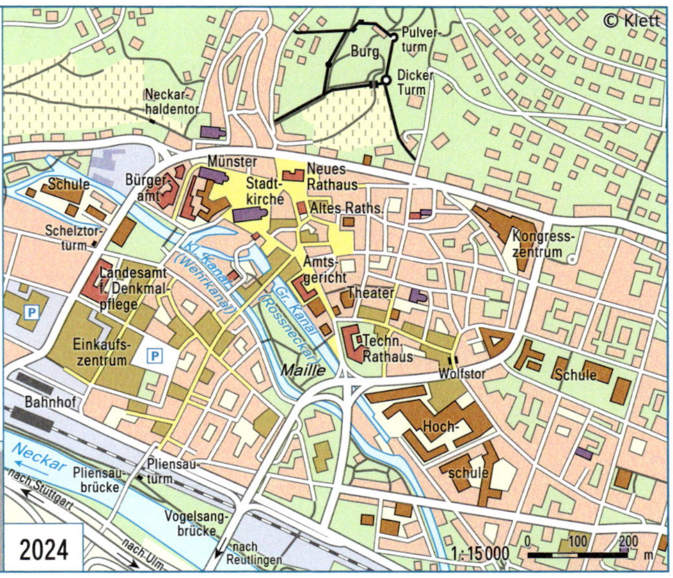

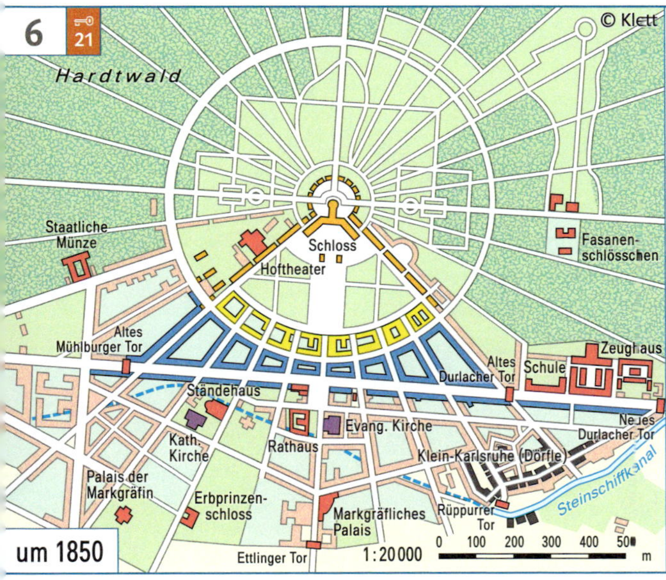

Stadtgründung in der Neuzeit
Karlsruhe

um 1850 – Residenzstadt
- Residenzschloss und Nebengebäude
- Häuser des Hofstaates, des Adels und der Ratsherren
- Bürgerhäuser
- Häuser der Arbeiter, Bauern, Hofdiener und Soldaten
- öffentliches Gebäude
- Kirche
- sonstiges Gebäude
- Hausgarten

2024 – Universitäts- und Verwaltungsstadt
- Wohnbebauung
- Gewerbe
- Geschäfte
- Verwaltung, Gericht
- öffentliche Einrichtung
- Kirche
- Fußgängerzone
- Parkplatz, Parkhaus
- Wald
- Park, Grünfläche
- Hauptverkehrsstraße
- Nebenstraße
- Weg

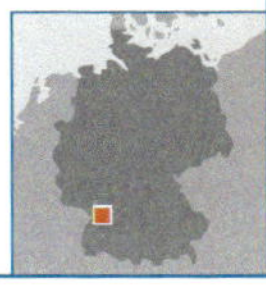

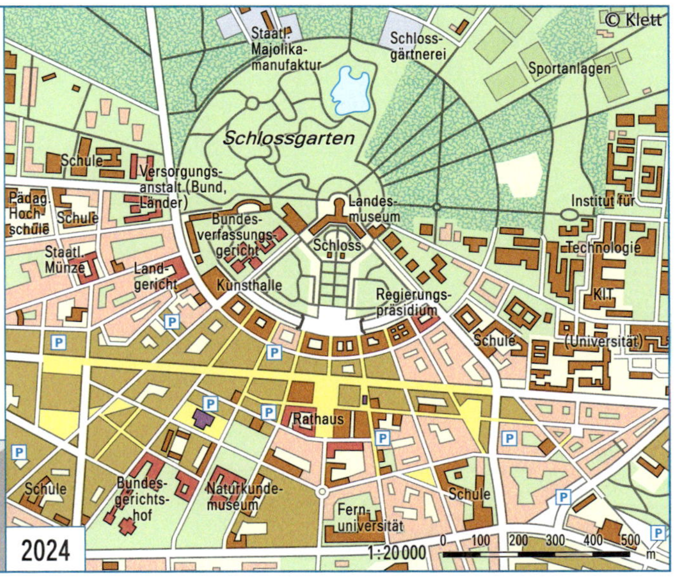

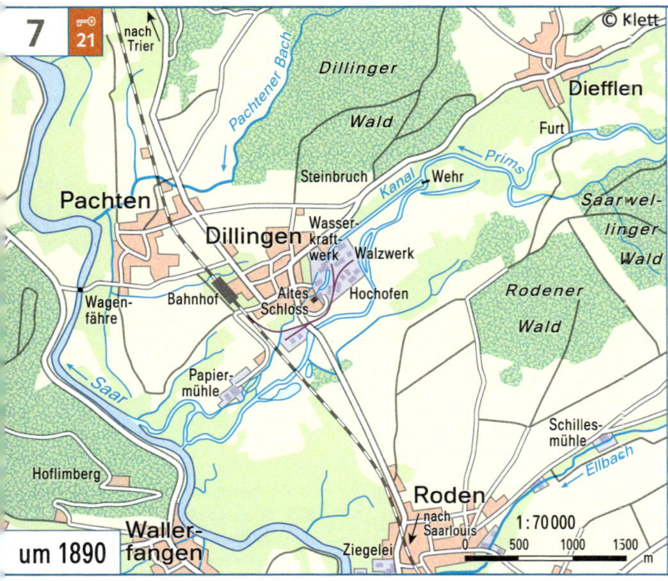

Stadtgründung im Zeitalter der Industrialisierung
Dillingen

1890 – Dorflandschaft
- Wohnbebauung
- Industriebetrieb

2024 – Industriestadt
- Wohnbebauung
- Industriegebiet
- Gewerbegebiet
- Schlackenhalde

Verkehr
- Autobahn
- Hauptverkehrsstraße
- Weg
- Bahnstrecke mit Bahnhof
- Werksbahn

Landschaft
- Wald
- Park, Grünfläche
- Ackerland, Brachfläche

Ausbau der Saar
- für Schiffe bis 400 t
- für Schiffe bis 1 350 t

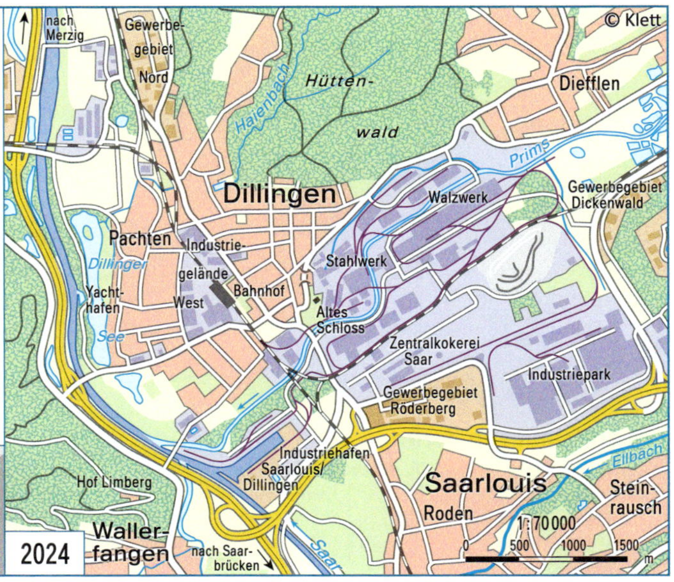

W14
46.2 Overlay

1

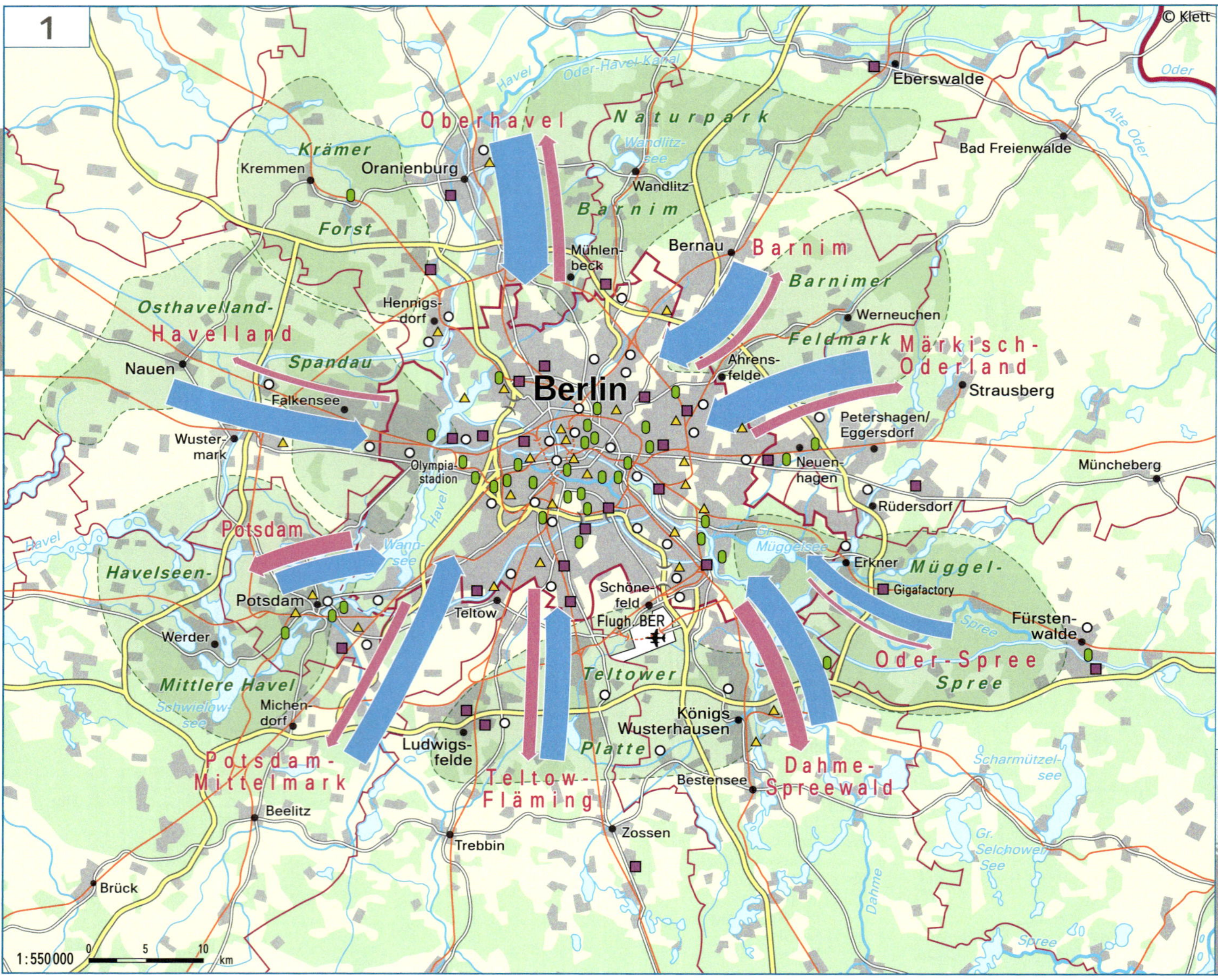

Umlandverflechtung im Großraum Berlin

Land und Landkreise
- Grenze des Landes Berlin
- Grenze eines Landkreises in Brandenburg
- Barnim Landkreis

Flächennutzung
- bebaute Fläche
- Wald
- Acker, Wiese

Arbeitsplätze
- Handel, Dienstleistungen
- Industrie
- Universität, Forschungsinstitut

Verkehr
- S-Bahn, Regionalbahn
- Autobahn
- Bundesstraße

Freizeit und Erholung
- große Halle oder Fläche für Events (z.B. Konzerte, Fußballspiele, Ausstellungen)
- Naherholungsgebiet
- See (z.T. Badesee)

Pendler zum Arbeitsplatz
- vom Umland nach Berlin
- von Berlin in das Umland

1 mm Pfeilbreite entspricht 5000 Pendlern pro Tag

2

Innere Stadt von Berlin

Funktion als Hauptstadt von Deutschland
- Regierung, Ministerien, Organisationen
- Botschaft

Flächennutzung
- Hauptgeschäftsviertel
- Wohnbebauung, z.T. mit Gewerbe
- Industrie, Verkehr und Gewerbe
- Park, Grünanlage, Friedhof

Infrastruktur einer Großstadt
- Kultur (z.B. Theater, Museum)
- Bildung (z.B. Universität, Schule)
- wichtiges öffentliches Gebäude
- Denkmal
- Kirche
- Synagoge
- Moschee

Verkehr
- Fernbahnstrecke, z.T. im Tunnel
- Fernbahnhof mit ICE-Anschluss
- S-Bahn mit Bahnhof
- U-Bahn mit Bahnhof
- Straßenbahn
- Bundesstraße
- Hauptstraße
- Nebenstraße

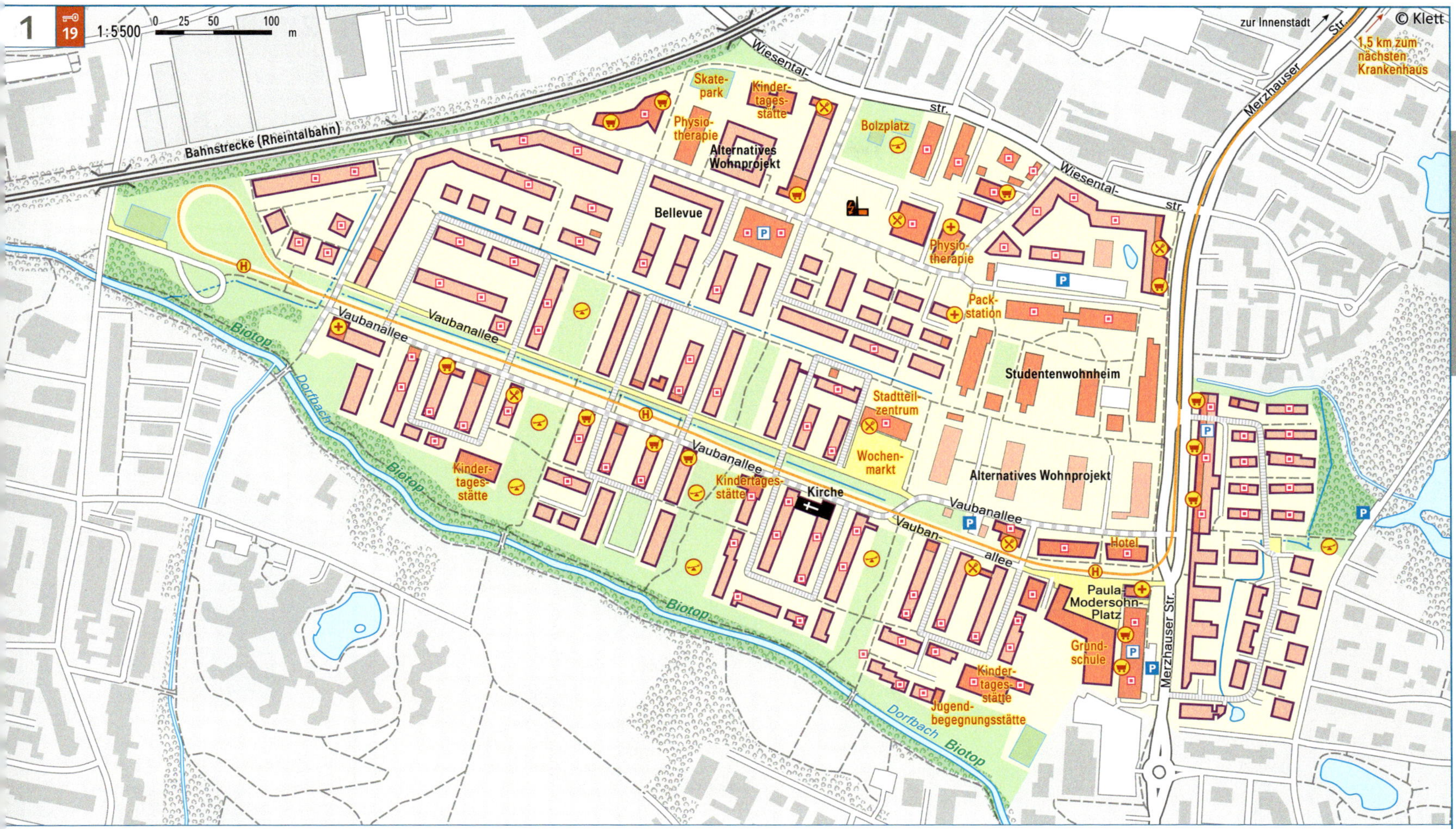

Stadtteil Vauban in Freiburg Nachhaltigkeit und Nahversorgung

Flächen und Gebäude
- Wohngebäude
- öffentliches Gebäude oder Geschäftsgebäude
- Wäldchen
- Grünfläche
- Sportanlage
- Biotop Naturgebiet

Betreuung und Versorgung (Daseinsgrundfunktionen)
- Straßenbahn mit Haltestelle
- Spielplatz
- Gaststätte
- Geschäft
- Arzt
- Hotel sonstige Einrichtung

Nachhaltige Energienutzung
- Solaranlagen (Dach)
- Blockheizkraftwerk
- Haus in energiesparender Bauweise
- sonstiges Haus

Nachhaltige Verkehrserschließung
- Hauptstraße
- Nebenstraße
- Weg
- Fußgängerzone
- max. 30 km/h
- verkehrsberuhigt (Schrittgeschwindigkeit, Parkverbot)
- Parkplatz
- Parkhaus

- graue Stadtgebiete liegen außerhalb des Stadtteils Vauban

Nachhaltige Verkehrsplanung für Flensburg

Maßnahmen zur Entlastung der inneren Stadt

Hohe Verkehrsbelastung (in Kraftfahrzeuge/Tag)
- über 30 000
- 20 000–30 000
- 10 000–20 000
- Hürup 1868 tägliche Einpendler aus Umlandgemeinden 2022

Entlastungsmaßnahmen
- verkehrsberuhigte Zone (40 km/h, mehr Überwege)
- Park-and-Ride-Platz
- Bikesharing-Station
- Carsharing-Station
- Citybuslinie mit Haltestelle
- Radwegeausbau oder -neubau

Verkehr
- Autobahn
- Bundesstraße
- Hauptstraße
- Bahnstrecke

Stadtflächen
- City
- Gewerbegebiet
- Wohngebiet

Grenze
- Stadtgrenze von Flensburg

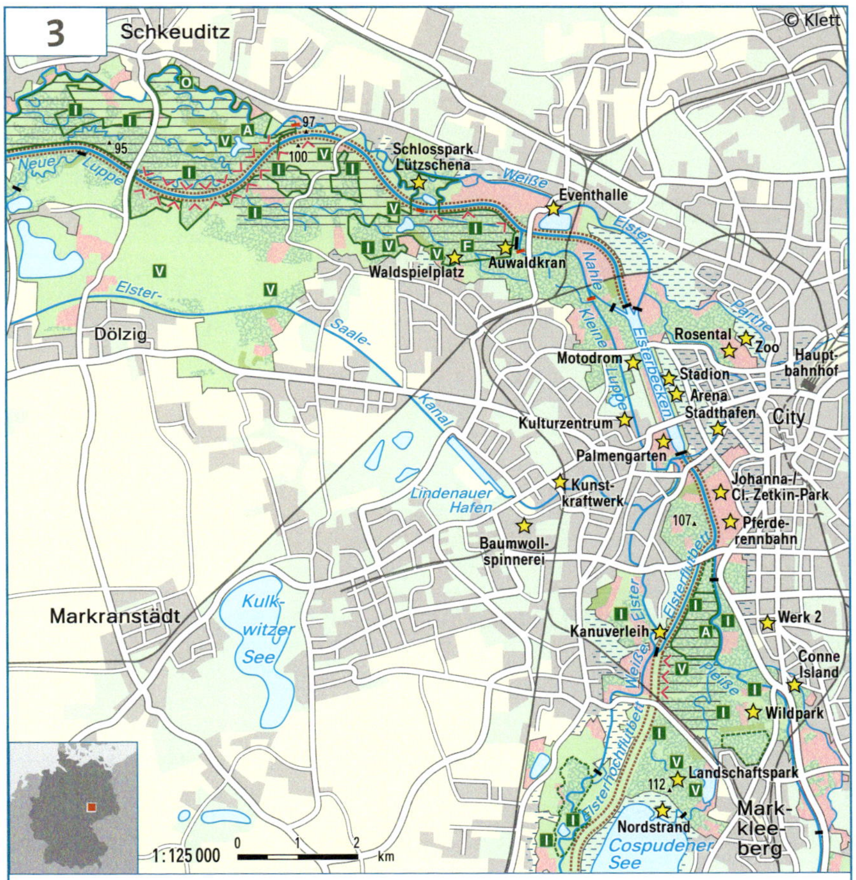

Auenwald in Leipzig Ökologisch wertvoller Erholungsraum

Flächennutzung im Auengebiet
- Fließgewässer; See, Teich
- Deich; Stauwehr, Fluttor
- Wald
- Buschland, Naturwiese
- Acker, Weide
- Park, Sportplatz, Bebauung
- Freizeiteinrichtung, Attraktion
- Überschwemmungsgefährdung (ursprüngliches Auengebiet)

Naturschutz
- Naturschutzgebiet
- V Brutvögel
- I seltene Insekten
- F Fledermäuse
- A Amphibien
- O Fischotter

Biotoperhaltung (Planung)
- Naturschutzgebiet
- Intensivierung von Überflutungen
- Neubau Stauwehr, Fluttor
- Deichrückbau und Aufstau

- Bahnstrecken, Straßen, Bebauung und Grünland außerhalb des Auengebiets
- . 102 Höhenangabe (in m)

D 43 Diagramme lesen

1

Bevölkerungsdichte

- über 500 Einwohner/km²
- 200 – 500 Einwohner/km²
- 100 – 200 Einwohner/km²
- 50 – 100 Einwohner/km²
- 10 – 50 Einwohner/km²
- unter 10 Einwohner/km²

Durchschnittswert in Deutschland: 235 Einwohner/km²

Augsburg 0,6 – Verdichtungsraum über 0,5 Mio. Einwohner

2

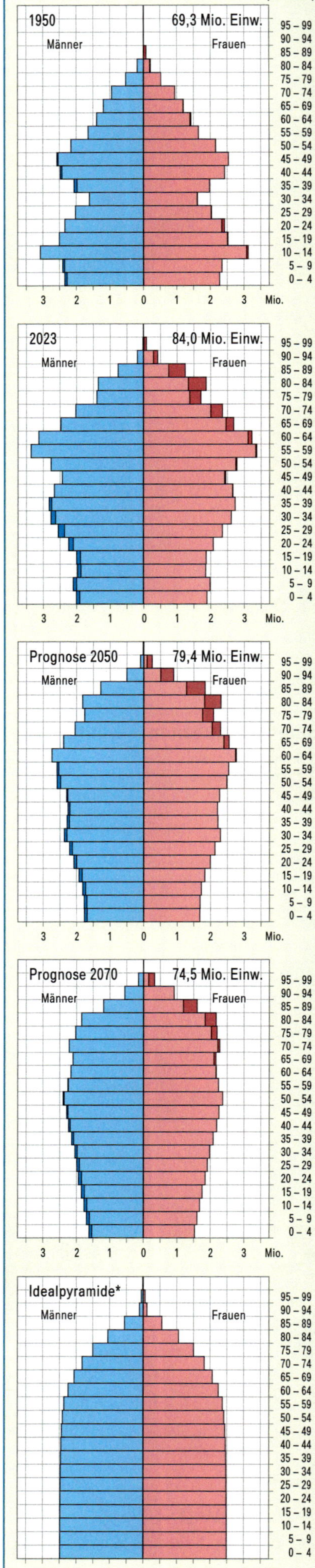

Bevölkerungsstrukturdiagramme

Altersaufbau in Deutschland

- Männer
- Männerüberschuss
- Frauen
- Frauenüberschuss

* Bei dieser Pyramidenform könnte die Bevölkerungszahl nur durch Geburten erhalten werden.

3 Demografische Entwicklung Wandel in Deutschland

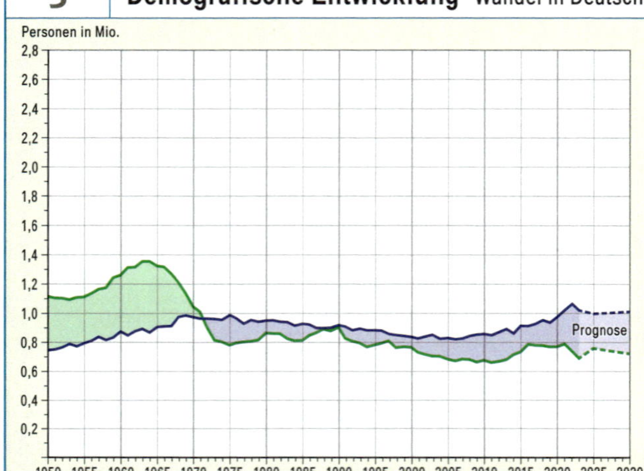

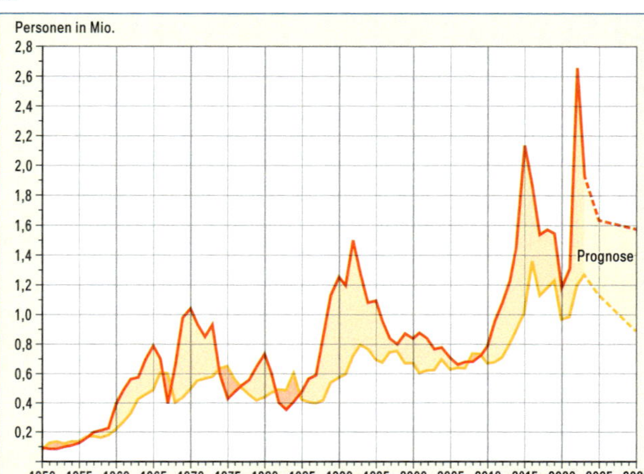

Natürliche Bevölkerungsentwicklung
- Geborene
- Gestorbene
- Geburtenüberschuss
- Sterbeüberschuss

Wanderungssaldo
- Zugezogene
- Fortgezogene
- Wanderungsgewinn
- Wanderungsverlust

Bevölkerungsentwicklung

Veränderungen 1995–2022

in den Kreisen							
in den Städten (in Auswahl)	über +20%	+10 bis +20%	+5 bis +10%	-5 bis +5%	-10 bis -5%	-20 bis -10%	unter -20%

Städte (Einwohner)
- über 1000000
- 500000–1000000
- 100000–500000
- unter 100000

Bevölkerungsstruktur und Migration

Ausländische Bevölkerung (Anteil an der Gesamtbevölkerung)
- unter 6%
- 6–12%
- 12–18%
- über 18%

Durchschnitt in Deutschland: 15,2%

Bevölkerung mit Migrationshintergrund (in den Ländern, in %)
- 34,3 Bevölkerungsanteil

Deutschland: 29,7%

Wanderungen (seit 2000)
- Binnenwanderung
- Zuwanderung
- Abwanderung
- über 50000 Personen/Jahr
- 20000–50000 Personen/Jahr
- unter 20000 Personen/Jahr

Altersstruktur

Anteil der über 64-Jährigen
- unter 20%
- 20–25%
- 25–30%
- über 30%

Anteil der unter 18-Jährigen
- unter 16%
- 16–17%
- 17–18%
- über 18%

Durchschnittsalter (bezogen auf die Länder)
- 44,2 Durchschnitt in Jahren

Deutschland: 44,6 Jahre

Einkommen

Löhne und Gehälter (Durchschnitt = 100%)
- über 110%
- 100–110%
- 90–100%
- unter 90%

besonders starker Lohnanstieg seit 2000 (NE)

Gender-Pay-Gap* in den Ländern (in %)
- 17 unbereinigt (strukturelle Unterschiede)
- 5 bereinigt (gleiche Qualifikation und Tätigkeit)

* Gibt den Verdienstunterschied zwischen Frauen und Männern an (in Prozent des durchschnittlichen Brutto-Stundenlohns von Männern).

I25
50.1 Diff. Karte

1 1:3 000 000

Verkehrswege

Kassel Verdichtungs-raum

Straßenverkehr

Autobahnen mit
- sehr starkem Verkehr (über 75 000 Fahrzeuge/Tag)
- starkem Verkehr (über 45 000 Fahrzeuge/Tag)
- normalem Verkehr
- wichtige Bundesstraße

Bahnverkehr
- Hochgeschwindigkeitsstrecke (ICE: über 200 km/h)
- sonstige Hauptstrecke (ICE, IC)
- bedeutende Nebenstrecke
- Strecken mit mehr als 140 Zügen/Tag

Flugverkehr

Flughafen mit
- über 50 000 Passagieren/Tag
- 1000–50 000 Passagieren/Tag
- wichtiger Frachtflughafen

Schiffsverkehr

Schifffahrtsstraßen
- Fluss
- Kanal
- Fährverbindung

Seehafen mit einer Verladung von
- über 100 000 t/Tag
- 4000–100 000 t/Tag

Binnenhafen mit einer Verladung von
- über 100 000 t/Tag
- 4000–100 000 t/Tag

2 21

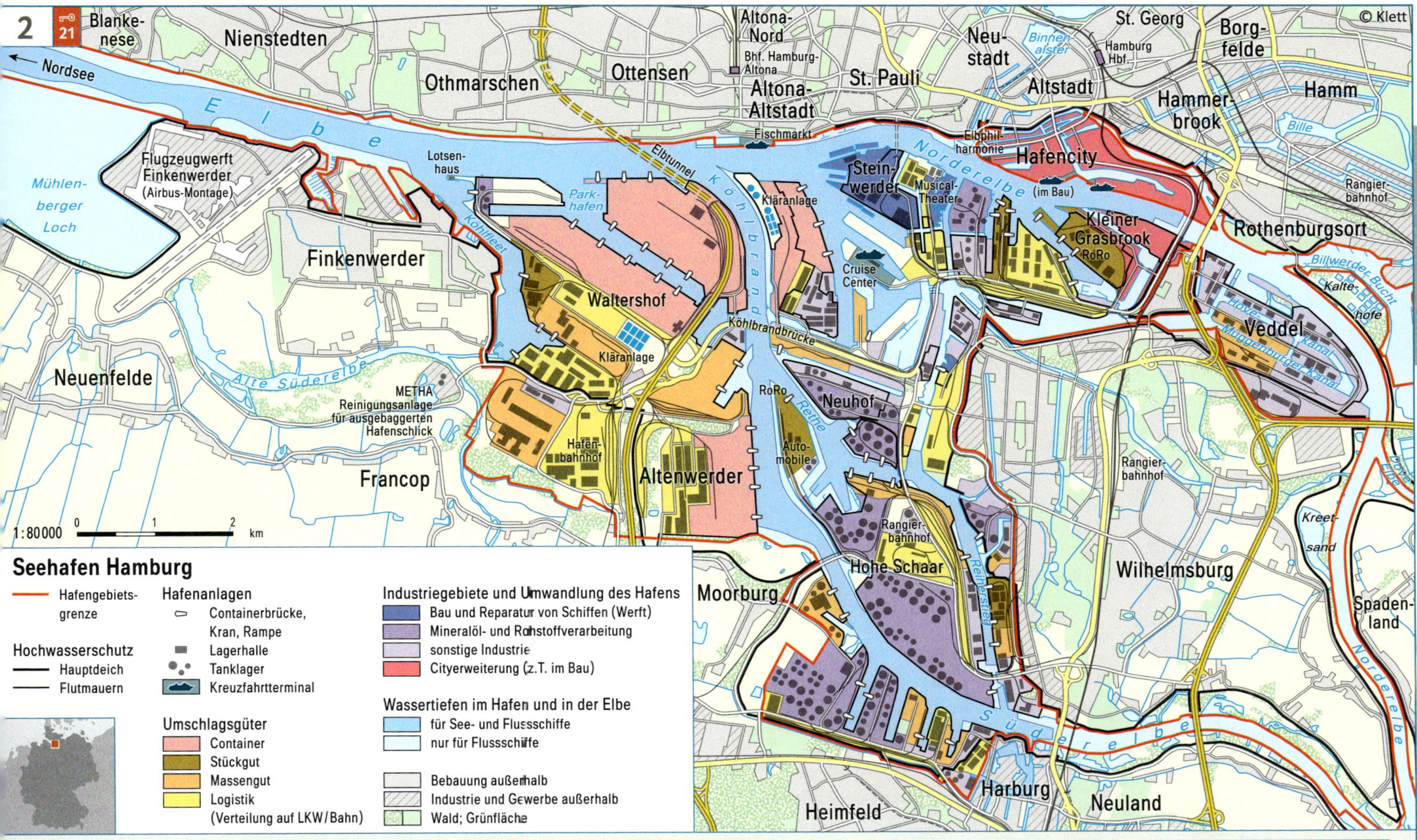

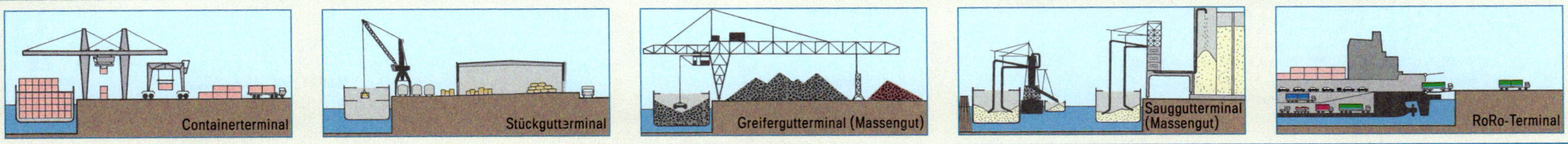

3 21

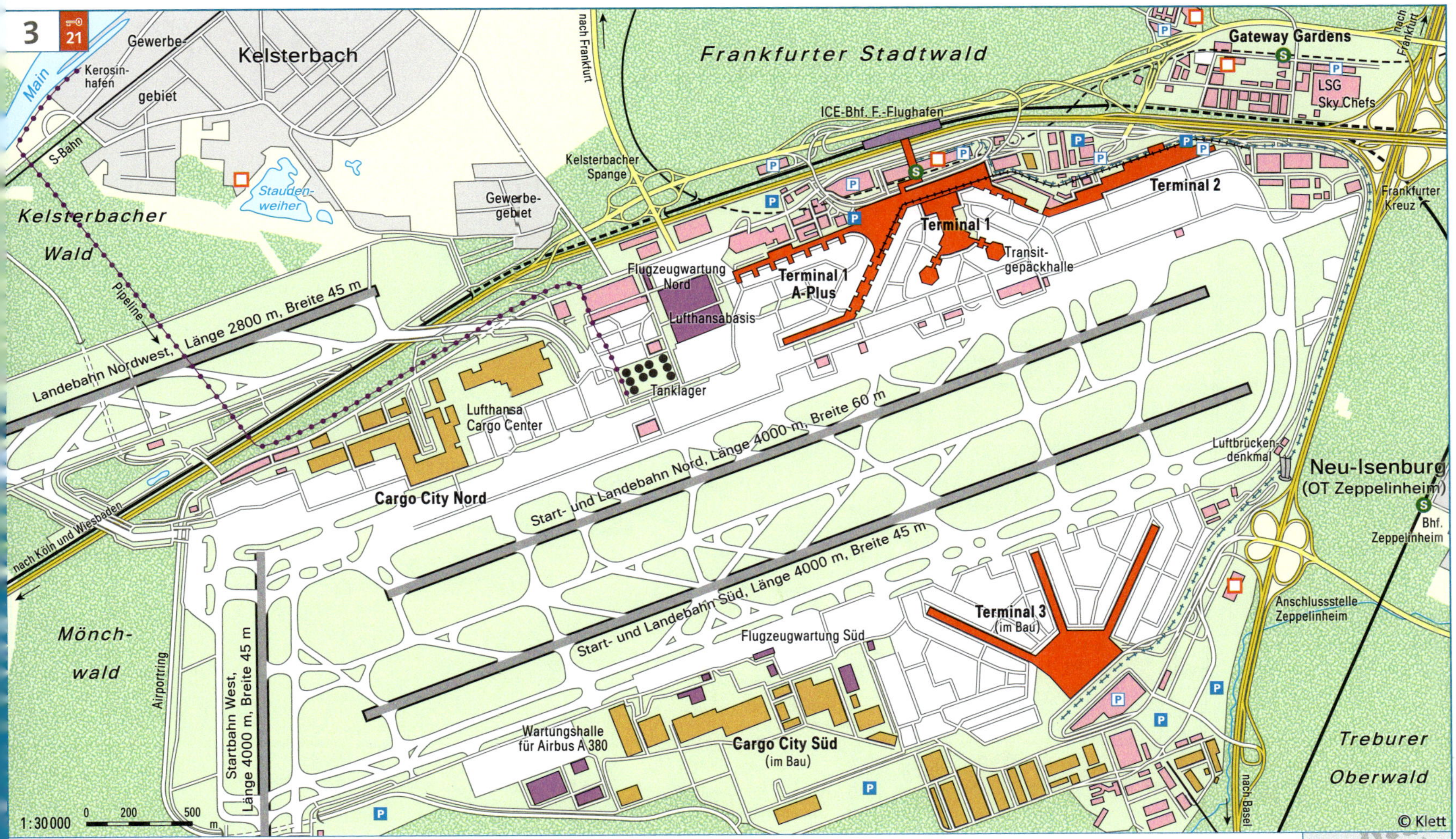

Flughafen Frankfurt am Main

Flugbetriebsflächen
- Rollbahn, Flugzeugstellfläche
- Start- oder Landebahn
- Grünfläche

Flughafengebäude
- Passagierabfertigung
- Frachtabfertigung
- Verwaltung und Service
- Flugzeugwartung

Verkehrsanbindung des Flughafens
- Fernbahn mit ICE-Bahnhof
- S-Bahn mit Bahnhof
- Bahntunnel
- Autobahn
- Schnellstraße
- sonstige Straße; Straßentunnel
- Flughafen-Hochbahn (SkyLine)
- Flughafen-Hochbahn (PTS) im Bau
- P Parkplatz
- P Parkhaus

Sonstiges
- Bebauung außerhalb des Flughafens
- Großhotel
- Grün- und Freifläche
- Wald

EINFÜHRUNG
DEUTSCHLAND
EUROPA
ASIEN
AFRIKA
AUSTRALIEN und POLE
AMERIKA
WELT
ANHANG

EINFÜHRUNG
DEUTSCHLAND
EUROPA
ASIEN
AFRIKA
AUSTRALIEN und POLE
AMERIKA
WELT
ANHANG

Tourismus

hohe Siedlungsdichte	**Urlaubsgebiete** Harz Ferienlandschaft Erholungsgebiete Chiemsee Badegewässer	**Ausflugsziele und Sehenswürdigkeiten** Limes Weltkulturerbe (UNESCO) Grube Messel Weltnaturerbe (UNESCO)	Görlitz sehenswertes Stadtbild besonderes historisches Bauwerk (Burg, Schloss, Kloster) Freizeit- und Erlebnispark	**Kur- und Erholungsorte** Seebad Heilbad sonstiger Kur- oder Erholungsort Wintersportzentrum	**Städtetourismus** Kultur- und Geschäftstourismus

Übernachtungen pro Jahr
- über 5 Mio.
- 1 – 5 Mio.
- unter 1 Mio.

Natur- und Landschaftsschutzgebiete

Schutzkategorie

- ▲ Naturschutzgebiet (über 2000 ha)
- HARZ Nationalpark
- Biosphärenreservat
- Naturpark
- Landschaftsschutzgebiet (über 10000 ha)

Biosphärenreservate

1. Südost-Rügen
2. Schleswig-Holsteinisches Wattenmeer und Halligen
3. Hamburgisches Wattenmeer
4. Niedersächsisches Wattenmeer
5. Schaalsee
6. Schorfheide-Chorin
7. Flusslandschaft Elbe
8. Drömling
9. Spreewald
10. Karstlandschaft Südharz
11. Oberlausitzer Heide und Teichlandschaft
12. Rhön
13. Thüringer Wald
14. Bliesgau
15. Pfälzerwald-Nordvogesen
16. Schwäbische Alb
17. Schwarzwald
18. Berchtesgadener Land

NE

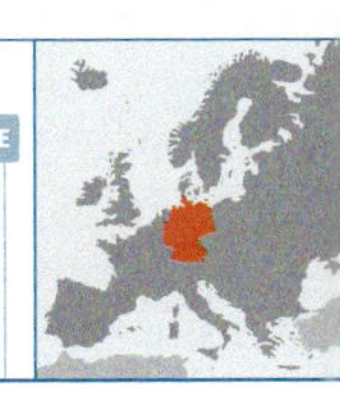

Europa

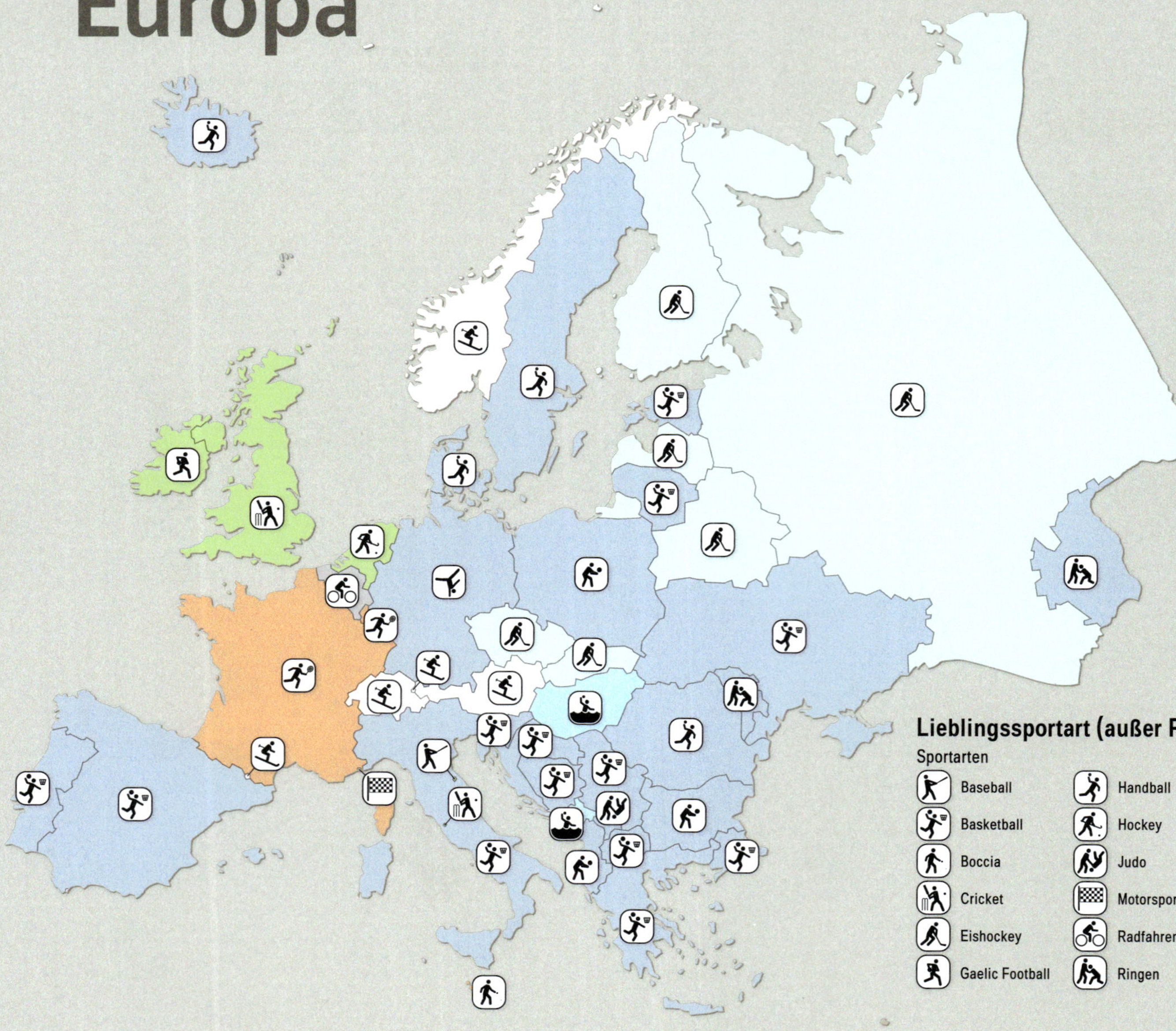

„Schulferien" in den Landessprachen

Sprachvielfalt

Skólafrí	Übersetzung in die Landessprache
Koulujen lomat | Skollov	Übersetzung in mehrere Landessprachen
[Školski raspust]	aussprachebasierte Umschriftung aus einem nichtlateinischem Alphabet (z.B. griechisches oder kyrillisches)

EINFÜHRUNG
DEUTSCHLAND
EUROPA
ASIEN
AFRIKA
AUSTRALIEN und POLE
AMERIKA
WELT
ANHANG

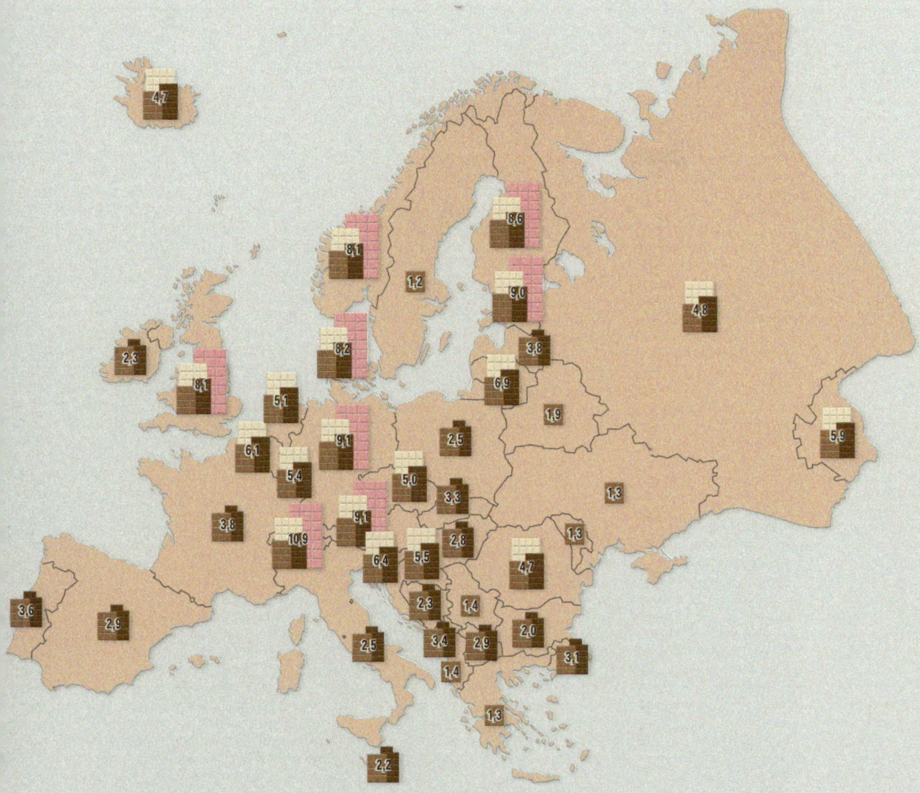

Schokolade

Schokoladenkonsum

- sehr hoch
- hoch
- mittel
- niedrig

9,1 Schokoladenverzehr in einem Jahr in kg pro Einwohner

Zufriedenheit

Lebenszufriedenheit

- sehr hoch
- hoch
- mittel
- niedrig
- unbekannt

Individuelles Wohlbefinden und Nachhaltigkeit (Happy Planet Index)

- sehr hoch
- hoch
- mittel
- niedrig
- unbekannt

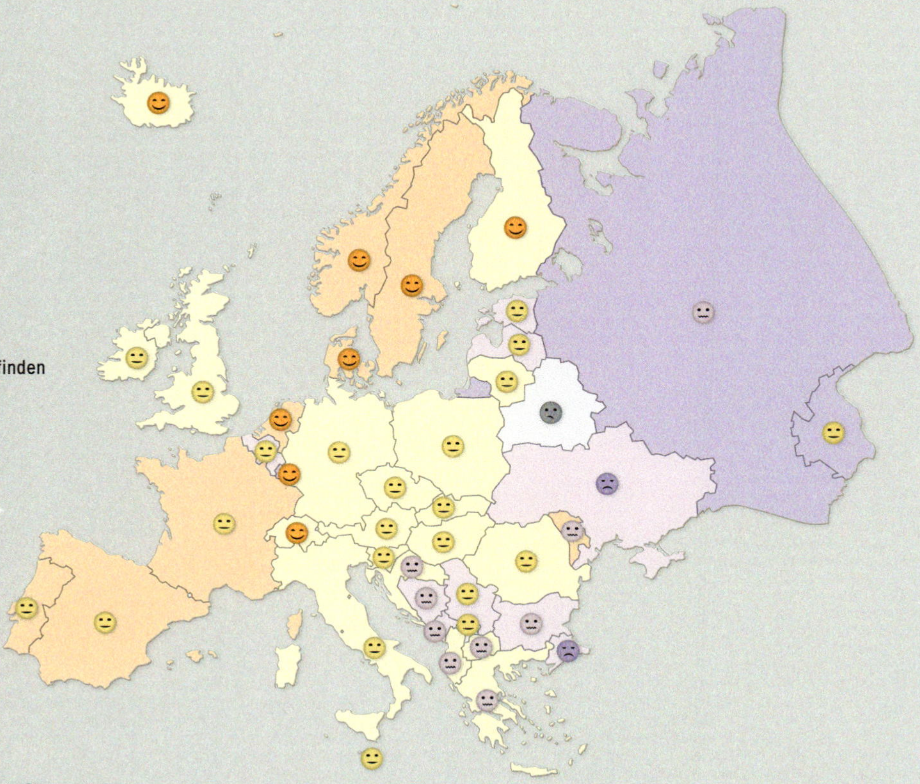

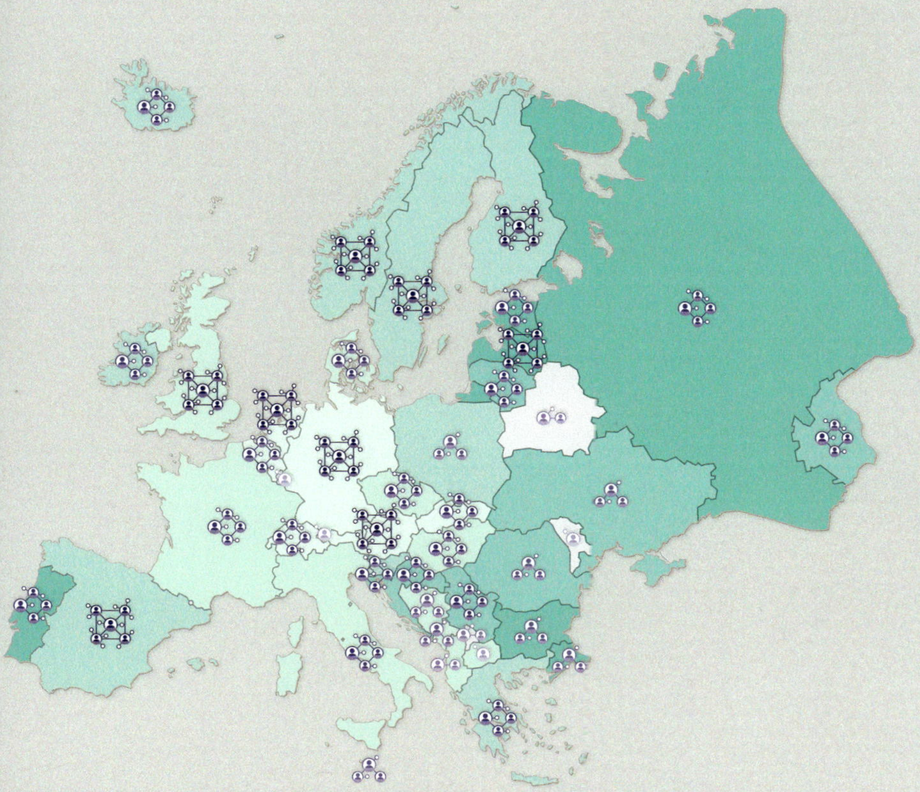

Social Media

Tägliche Nutzung (Nutzer als Anteil an der Gesamtbevölkerung)

- über 80 %
- 70–80 %
- 60–70 %
- 50–60 %
- unter 50 %

Tägliche Nutzungsdauer (in h:min)

- über 2:20
- 2:00–2:20
- 1:50–2:00
- 1:40–1:50
- unter 1:40
- unbekannt

1
04
1:15 000 000
0 100 200 300 km
A
B
C
D
E
ISLAND
Reykjavík
Hvannadalshnúkur 2110
nördl. Polarkreis
Europäische
Färöer (dän.)
Rockall (brit.)
Shetland-In.
Orkney-In.
Hebriden
Galdhø
ATLANTISCHER
OZEAN
1345
Glasgow
Nordsee
VEREINIGTES KÖNIGREICH
Newcastle upon Tyne
Belfast
IRLAND
Dublin
Slea Head
Cork
Manchester
Sheffield
Nottingham
Birmingham
DÄNEM.
Bristol
London
NIEDERLANDE
Amsterdam
Land's End
Rotterdam
Southampton
Dortmund
Der Kanal
BELGIEN
Köln
Kanalinseln (brit.)
Brüssel
Brest
LUX.
Luxemburg
Paris
Frank
Nantes
Tours
Loire
Seine
Vogesen
Rhein
FRANKREICH
Münc
Azoren (port.)
Ponta Delgada
São Miguel
Golf von Biscaya
Limoges
Bern
Zürich
La Coruña
SCHWEIZ
LIE
Kap Finisterre
Bordeaux
Lyon
4806 Mont Blanc
Zentral-massiv
Kantabrisches Gebirge
Bilbao
Maila
Porto
Pyrenäen
Toulouse
Rhone
Turin
Alpen
Genua
3404
ANDORRA
Zaragoza
Marseille
Nizza
MONACO
PORTUGAL
Duero
Ebro
Madrid
Tejo
Lissabon
Barcelona
SPANIEN
Korsika
VATIKAN
Valencia
Balearen
Sevilla
Madeira (port.)
Funchal
Palma
Mallorca
Sardinien
Málaga
Murcia
3479
Str. v. Gibraltar
Gibraltar (brit.)
Ceuta (span.)
Cagliari
Mittelmeer
Algier
Melilla (span.)
Oran
Casablanca
Rabat
Fes
Tellatlas
Tunis
Mittlerer Atlas
Marrakesch
Kanarische Inseln (span.)
2328
3715
Pico del Teide
Teneriffa
4167
Hoher Atlas
Saharaatlas
Agadir
Sfax
Las Palmas
Gran Canaria
Fuerteventura
Antiatlas
Béchar
Kleine
Laayoune
Ouargla
Trip
nördl. Wendekreis
AFRIKA
50°
40°
60°
30°
20°
10°
70°
westl. L. 0° östl. L. v. Gr.
F
3
4
5
6

→ s. ausklappbare Generallegende

1
24
1:15 000 000
0 100 200 300 km
ATLANTISCHER OZEAN
Europäische
ISLAND
Reykjavik
nördl. Polarkreis
Färöer (dän.)
Shetland-In.
Orkney-In.
Hebriden
Nordsee
VEREINIGTES KÖNIGREICH
IRLAND
Dublin
Man (brit.)
London
Themse
NIEDERLANDE
Amsterdam
Den Haag
Der Kanal
Straße v. Dover
Kanal-inseln (brit.)
BELGIEN
Brüssel
LUXEMBURG
Luxemburg
Seine
Paris
Loire
FRANKREICH
Rhein
Rhône
SCHWEIZ
Bern
Golf von Biscaya
ANDORRA
Andorra la Vella
Monaco
MONACO
Golfe du Lion
Korsika
Elba
PORTUGAL
Lissabon
Tejo
Duero
Ebro
Madrid
Tajo
SPANIEN
Guadalquivir
Balearen
Menorca
Mallorca
Ibiza
Sardinien
Gibraltar (brit.)
Straße von Gibraltar
Ceuta (span.)
Melilla (span.)
Algier
Tunis
Rabat
MAROKKO
ALGERIEN
TUNESIEN
Djerba
Azoren (port.)
Pico
São Jorge
Terceira
São Miguel
Santa Maria
Madeira (port.)
Kanarische Inseln (span.)
La Palma
La Gomera
El Hierro (Ferro)
Teneriffa
Gran Canaria
Lanzarote
Fuerteventura
Laayoune
nördl. Wendekreis
WESTSAHARA (marokkanische Verwaltung)
Tindouf (Exilregierung von Westsahara)
MAURETANIEN
westl. L. 0° östl. L. v. Gr.

© Klett
Barentssee
Kolgujew-I.
Nordmeer
Lofoten
H.-I. Kola
Weißes Meer
Petschora
Ural
Uralgebirge
Ob
Irtysch
Ischim
Tobol
Tornealv
Bottnischer Meerbusen
FINNLAND
SCHWEDEN
Nördl. Dwina
Wytschegda
Kama
Suchona
Onega-see
Ladoga-see
R U S S I S C H E
F Ö D E R A T I O N
Rybinsker Stausee
Wolga
Moskau
Helsinki
Åland (finn.)
Finnischer Meerbusen
Stockholm
Tallinn
ESTLAND
Hiiumaa
Saaremaa
Peipussee
Vänersee
Vättersee
Gotland
Öland
Ostsee
Riga
LETTLAND
LITAUEN
Vilnius
Düna
Dnjepr
Bornholm
Rügen
(zu Russ. Föd.)
Minsk
BELARUS
KASACHSTAN
Berlin
Oder
Weichsel
Warschau
P O L E N
Don
Kyjiw
UKRAINE
Prag
TSCHECHIEN
SLOWAKEI
Bratislava
Wien
ÖSTERREICH
Budapest
UNGARN
Dnister
MOLDAU
Chisinau
Dnipro
Asowsches Meer
H.-I. Krim
Manytschniederung
Kaspisches Meer
USBEKISTAN
Gara-bogaz-köl
TURKMENISTAN
SLOWENIEN
Ljubljana
Zagreb
KROATIEN
Save
BOSNIEN U. HERZEGOWINA
Sarajewo
Belgrad
SERBIEN
RUMÄNIEN
Bukarest
Donau
Schwarzes Meer
GEORGIEN
Tiflis
ASERBAIDSCHAN
Baku
ARMENIEN
Eriwan
(zu Aserb.)
Araz
MONTENEGRO
KOSOVO
Pristina
Podgorica
Skopje
NORDMAZEDONIEN
Tirana
ALBANIEN
BULGARIEN
Sofia
Adriatisches Meer
ITALIEN
Ankara
Kizilirmak
T Ü R K E I
Vansee
Urmiasee
Tigris
Teheran
I R A N
Tuzsee
Korfu
GRIECHENLAND
Lesbos
Ägäisches Meer
Euböa
Chios
Athen
Ionisches Meer
Peloponnes
Sizilien
Valletta
MALTA
Kreta
Rhodos
Nikosia
ZYPERN
LIBANON
Beirut
Damaskus
SYRIEN
Euphrat
IRAK
ISRAEL
Jerusalem
Amman
Totes Meer
JORDANIEN
SAUDI-ARABIEN
Mittelmeer
Große Syrte
L I B Y E N
Ä G Y P T E N
Kairo
Nil
Suezkanal
Rotes Meer
Staaten
Staatsgrenze
umstrittene Grenze, Waffenstillstandslinie
SCHWEIZ Staat
Hauptstadt
Regierungssitz
Färöer abhängiges Gebiet mit Selbstverwaltung
geographische Grenze von Europa
Sonderfall Zypern: gehört geographisch zu Asien, ist jedoch politisch-kulturell stark europäisch geprägt

EINFÜHRUNG
DEUTSCHLAND
EUROPA
ASIEN
AFRIKA
AUSTRALIEN und POLE
AMERIKA
WELT
ANHANG

s. ausklappbare Generallegende

EINFÜHRUNG
DEUTSCHLAND
EUROPA
ASIEN
AFRIKA
AUSTRALIEN und POLE
AMERIKA
WELT
ANHANG

1 Europa (Südteil) Physische Karte

2 Gletscherschwund in den Schweizer Alpen

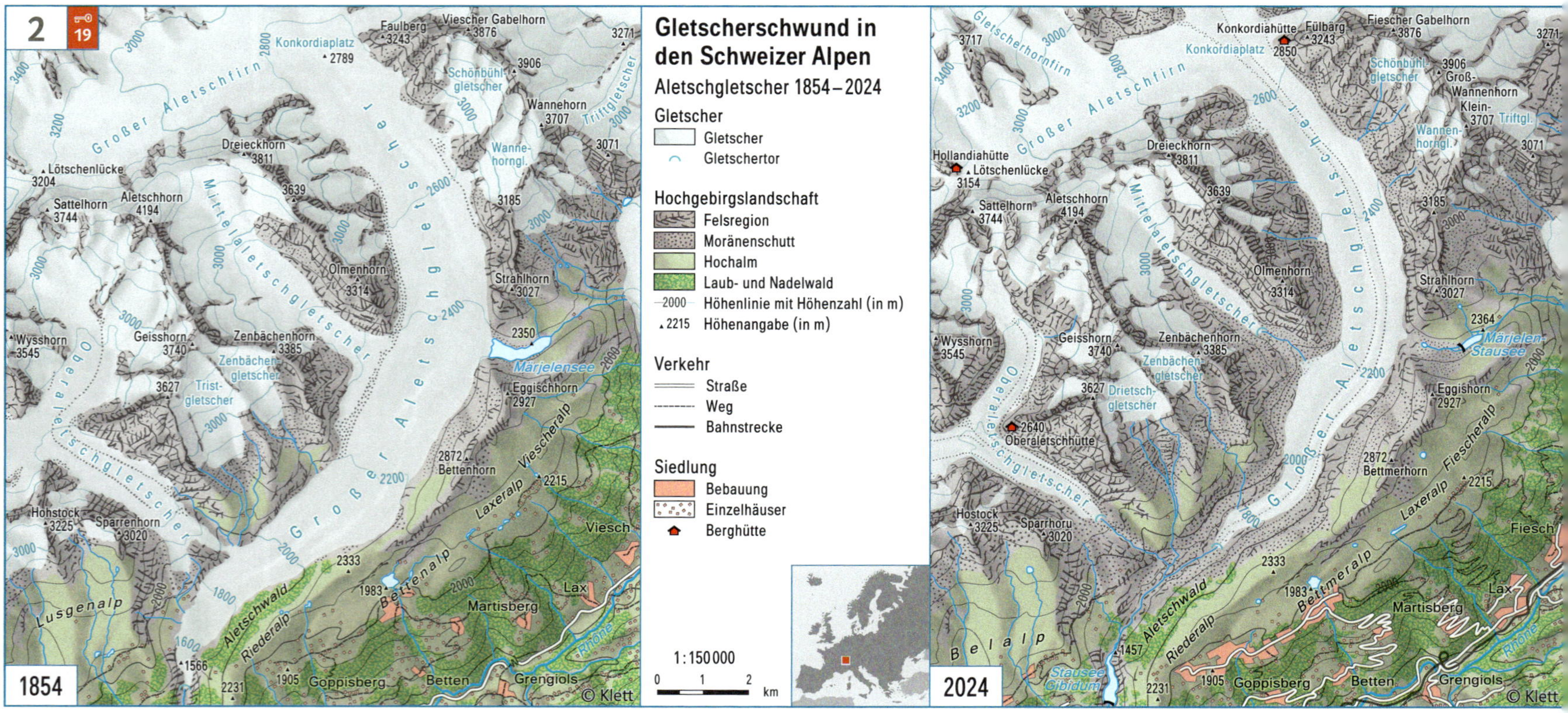

3

Karstformen

An der Oberfläche
- verkarstete Landoberfläche
- Karstbecken (Polje)
- Karsttrichter (Doline)
- Fließrichtung der Gewässer

Unter der Oberfläche
- wasserlöslicher Kalkstein
- Naturschacht (Karstschlot)
- wasserundurchlässiger Ton
- Karstfluss
- Karsthöhle

4

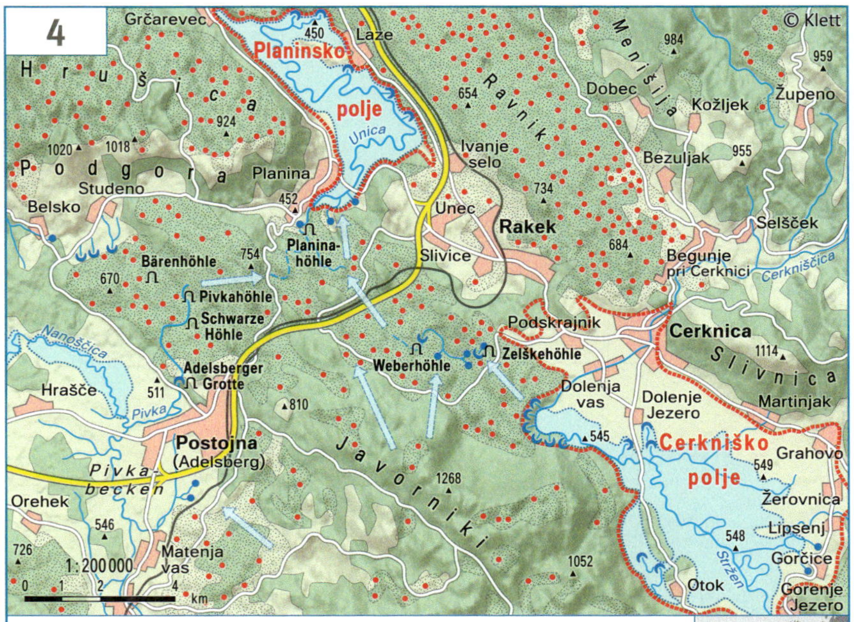

Karstlandschaft in Slowenien

- Wald
- Wiese, Feld
- Siedlungsfläche
- verkarstete Landoberfläche
- Karsttrichter (Doline)
- Karsthöhle
- Karstbecken (Polje)
- episodischer See
- Karstquelle
- Flussversickerung (Schluckloch)

unter der Oberfläche
- Flusslauf
- Fließrichtung

→ s. ausklappbare Generallegende

EINFÜHRUNG
DEUTSCHLAND
EUROPA
ASIEN
AFRIKA
AUSTRALIEN und POLE
AMERIKA
WELT
ANHANG

EINFÜHRUNG
DEUTSCHLAND
EUROPA
ASIEN
AFRIKA
AUSTRALIEN und POLE
AMERIKA
WELT
ANHANG

→ s. ausklappbare Generallegende

EINFÜHRUNG
DEUTSCHLAND
EUROPA
ASIEN
AFRIKA
AUSTRALIEN und POLE
AMERIKA
WELT
ANHANG

→ s. ausklappbare Generallegende

1

Tektonik

Kontinentalplatten
- Plattenrand
- vermuteter Plattenrand
- Festland
- Schelf
- Tiefseeboden

Bewegung
- Bewegungsrichtung der Kontinentalplatten

Folgen
Oberflächenverformung
- Faltengebirge (vor etwa 150 Mio. bis 5 Mio. Jahren entstanden)
- Bruchzone (z.B. Gräben)

Erdbebentätigkeit
- selten
- häufig
- sehr häufig

Erdbeben seit 1900
- mittlere Schäden
- starke Schäden
- katastrophale Schäden

Vulkane
- seit 1900 aktiv
- ruhend

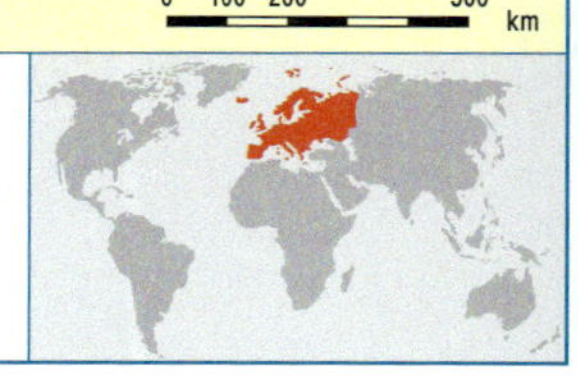

2

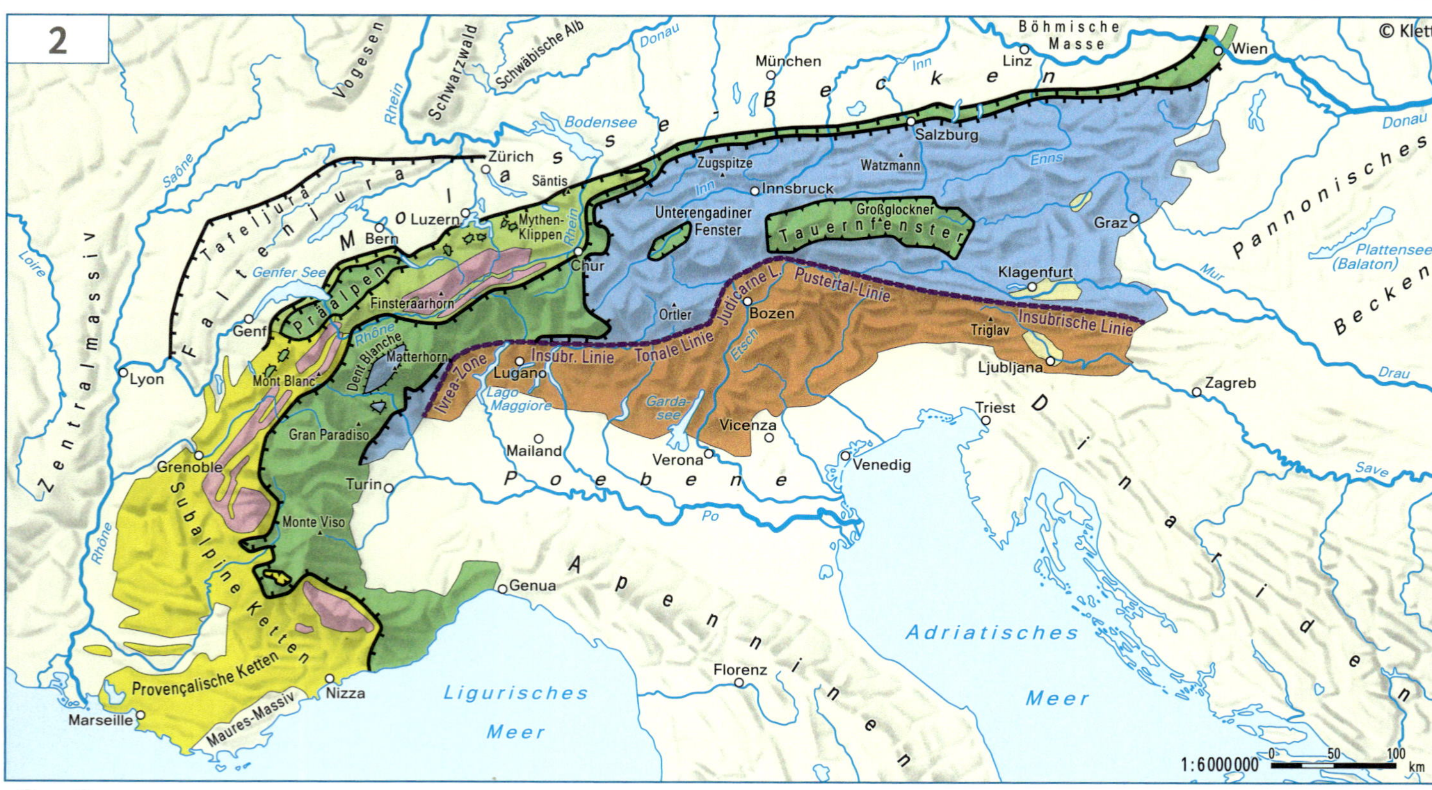

Tektonik der Alpen
Faltung und Überschiebung

- autochthones kristallines Massiv
- ostalpine Decke
- penninische Decke
- helvetische Decke
- Deckenrest, Klippe
- Deckenstirn
- tektonisches „Fenster"
- subalpine und provençalische Kette
- Nordgrenze der Südalpen
- Südalpen
- inneralpines Sedimentbecken
- Gebiete außerhalb der Alpen

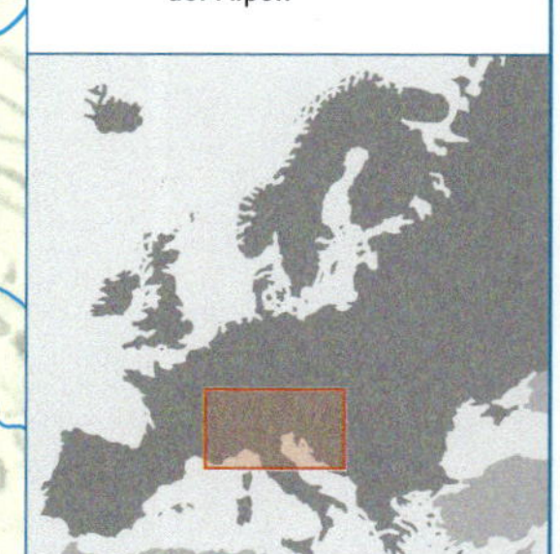

3 Entstehung der Alpen

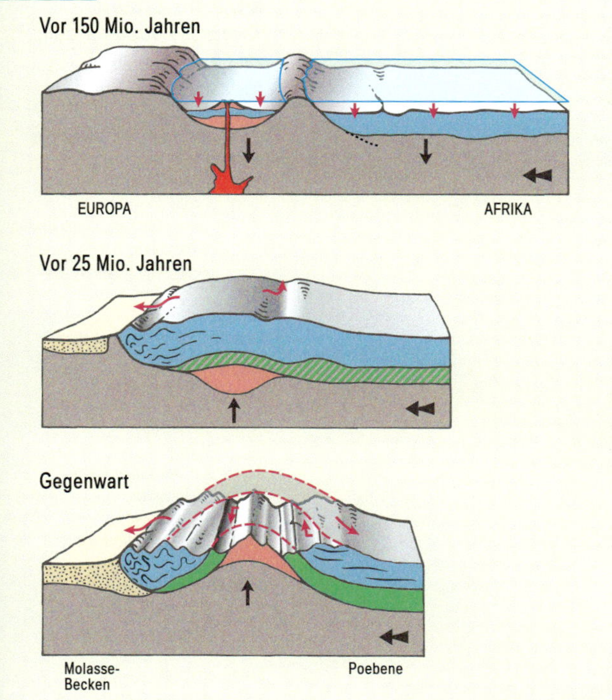

Vorgänge durch endogene Kräfte*
- Schubkräfte
- Senkung
- Hebung
- starke Faltung

Vorgänge durch exogene Kräfte**
- Abtragung von Gebirgsdecken
- Materialtransport

Gesteine und Ablagerungen
- Ausgangsgestein
- Meeressedimente
- Magma
- erstarrte Lava
- Gesteinsumwandlung (Metamorphose)
- Ablagerungsgestein (Lockergestein)

- Meeresfläche

* wirken im oder aus dem Erdinnern heraus
** wirken auf die Erdoberfläche ein

4 19

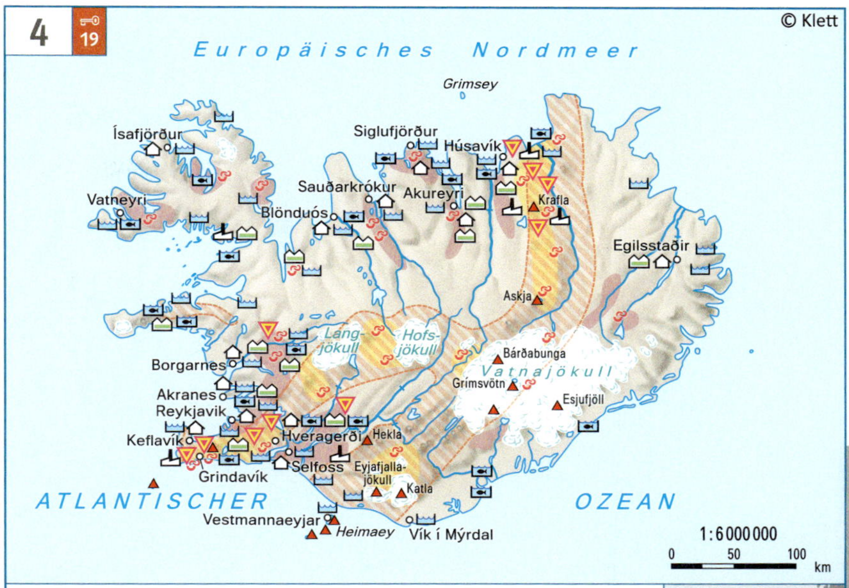

Geothermie auf Island

Natürliche Gegebenheiten
- vulkanisch aktive Zone
- aktiver Vulkan
- Geysir, heiße Quelle
- Hochtemperaturfeld (oberflächennah, bis 350 °C)
- Niedertemperaturfeld (oberflächennah, bis 100 °C)
- Gletscher

Nutzung der Erdwärme NE
- Erdwärmekraftwerk
- Industrie
- Fernheizwerk
- Gewächshaus
- Schwimmbad
- Aquakultur (Fisch)

5 02 Vulkantypen

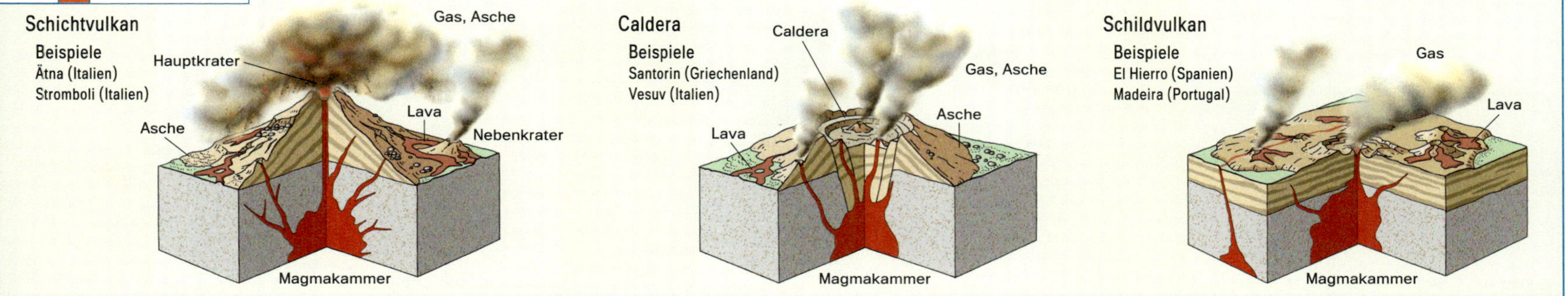

6 02

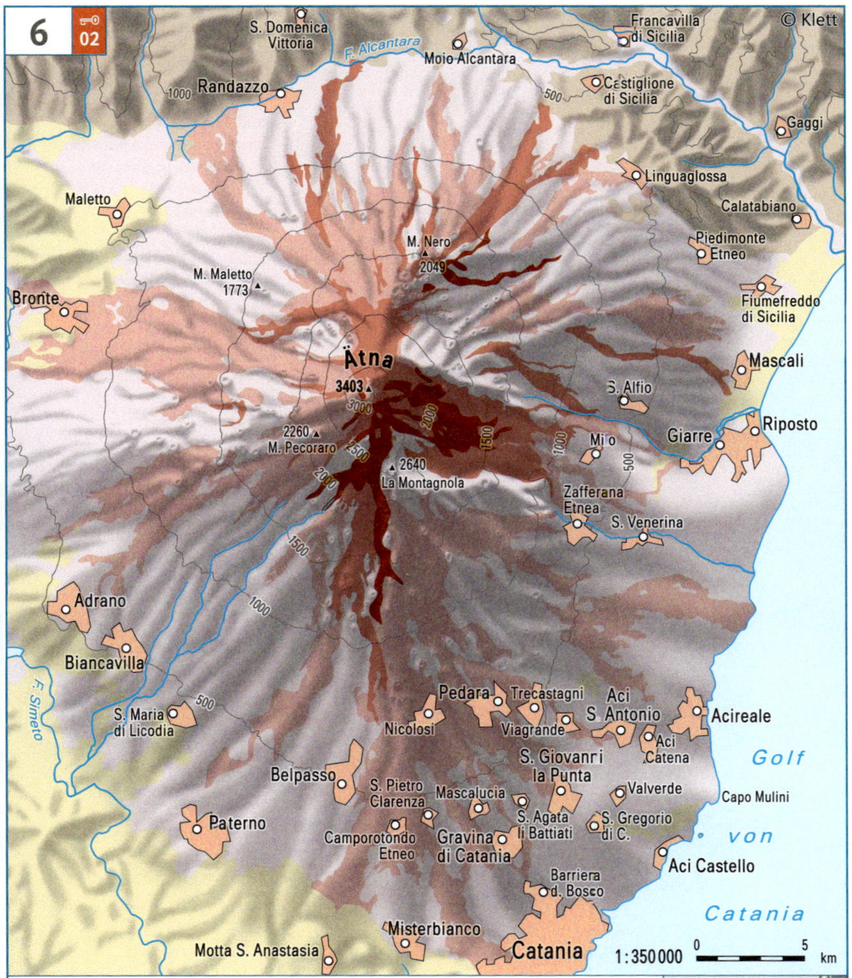

Vulkanismus am Ätna

Geologie
- junges Vulkangestein (ERDNEUZEIT)
- junges Ablagerungsgestein (ERDNEUZEIT)
- altes Ablagerungsgestein (ERDFRÜHZEIT)
- Siedlungsfläche

Lavaströme
- 1300–1900
- 1900–2000
- seit 2000
- Krater

7

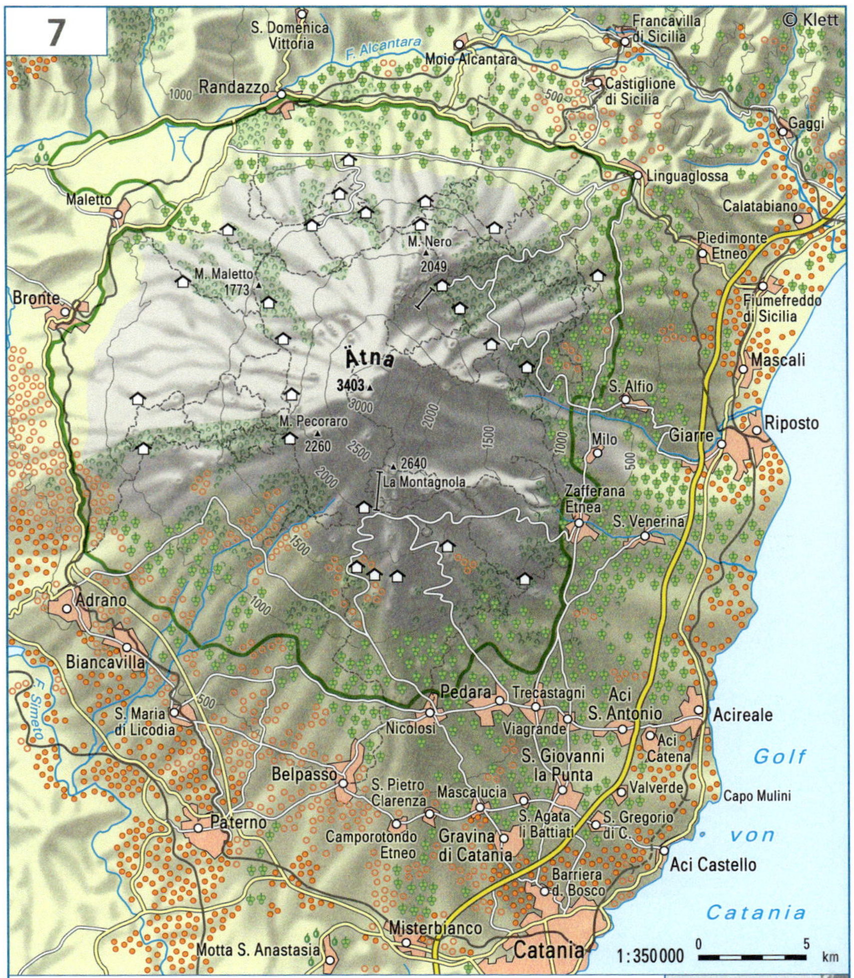

Landnutzung am Ätna

Landwirtschaftliche Nutzung
- Ackerland
- Oliven
- Wein
- Obst
- Zitrusfrüchte

landwirtschaftlich ungenutzt
- Lavakegel
- Siedlungsfläche

Sonstige Nutzung
- Schutzhütte
- Seilbahn
- Wanderweg
- Naturpark
- Wald

Verkehr
- Autobahn
- sonstige Straßen
- Bahnstrecke
- Tunnelstrecke

EINFÜHRUNG
DEUTSCHLAND
EUROPA
ASIEN
AFRIKA
AUSTRALIEN und POLE
AMERIKA
WELT
ANHANG

1

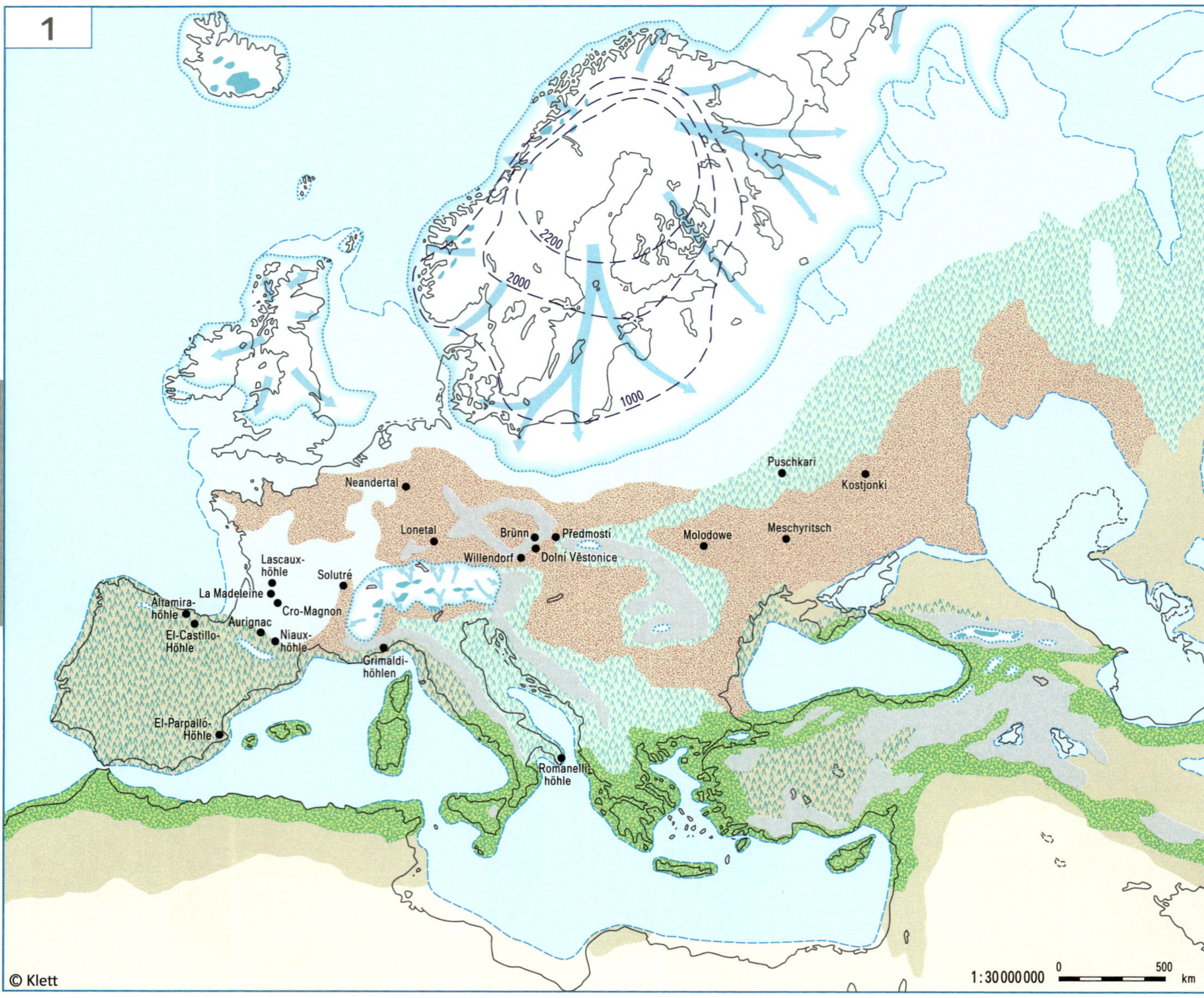

Landschaften zur letzten Kaltzeit

Weichsel-/Würm-Kaltzeit, vor ca. 40 000 Jahren

Ausbreitung des Eises

Vergletscherung
- Eisdecke mit Fließrichtung des Eises
- 1000 maximale Eisstärke (in m)
- vermuteter See, durch Eisstau entstanden
- vermuteter Küstenverlauf

Landschaften

Vegetationsarme Landschaften
- Gebirge
- Tundra
- Steppe
- Lösssteppe
- Wüste

Busch- und Waldlandschaften
- Waldtundra
- Waldsteppe
- Laub- und Mischwald

Menschliche Besiedlung
- ● wichtiger Fundort der Jüngeren Altsteinzeit

Zum Vergleich
- heutiger Küstenverlauf
- heutige Vergletscherung

2

Landschaften in der Warmzeit

vor ca. 5 000 Jahren

Landschaften

Vegetationsarme Landschaften
- Inlandeis, Gletscher
- Gebirge
- Tundra
- Steppe
- Langgrassteppe mit Bäumen
- Wüste und Halbwüste

Busch- und Waldlandschaften
- Waldtundra
- nördlicher Nadelwald (Taiga)
- Laub- und Mischwald
- Laubwald
- Nadelwald
- Hartlaubwald und -gebüsch
- Feucht- und Nasswald, Moor

Menschliche Besiedlung
- ■ bedeutende Stadt
- ● bedeutende bäuerliche Siedlung

3 25 1:16 000 000 0 100 200 300 km

Landschaften

Inlandeis, Gletscher	Steppe, trockenes Grasland
Tundra, Hochgebirgsregion	Hartlaubvegetation
Waldtundra	Trockenwald
Nadelwald	Feuchtwald
Laub- und Mischwald	Wüste und Halbwüste
Heide	Sumpf, Moor

Salzsee, Salzpfanne

Kulturland

im Winter vereistes Meer

nur gelegentlich vereistes Meer

Vorkommen von Eisbergen

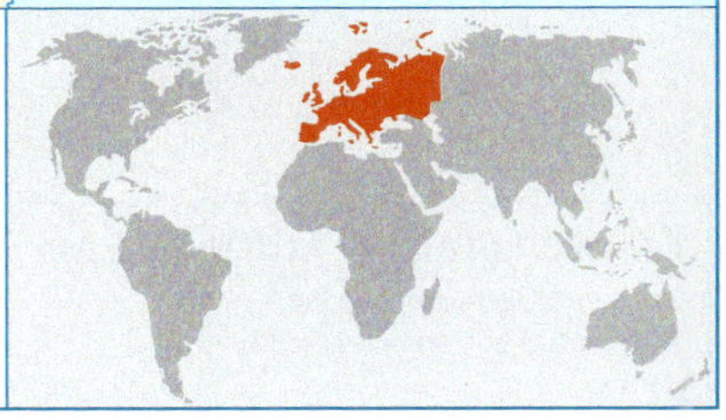

V 26 Klimadiagramm erstellen
D 54 AB Klimadiagramm

EINFÜHRUNG
DEUTSCHLAND
EUROPA
ASIEN
AFRIKA
AUSTRALIEN und POLE
AMERIKA
WELT
ANHANG

1 26

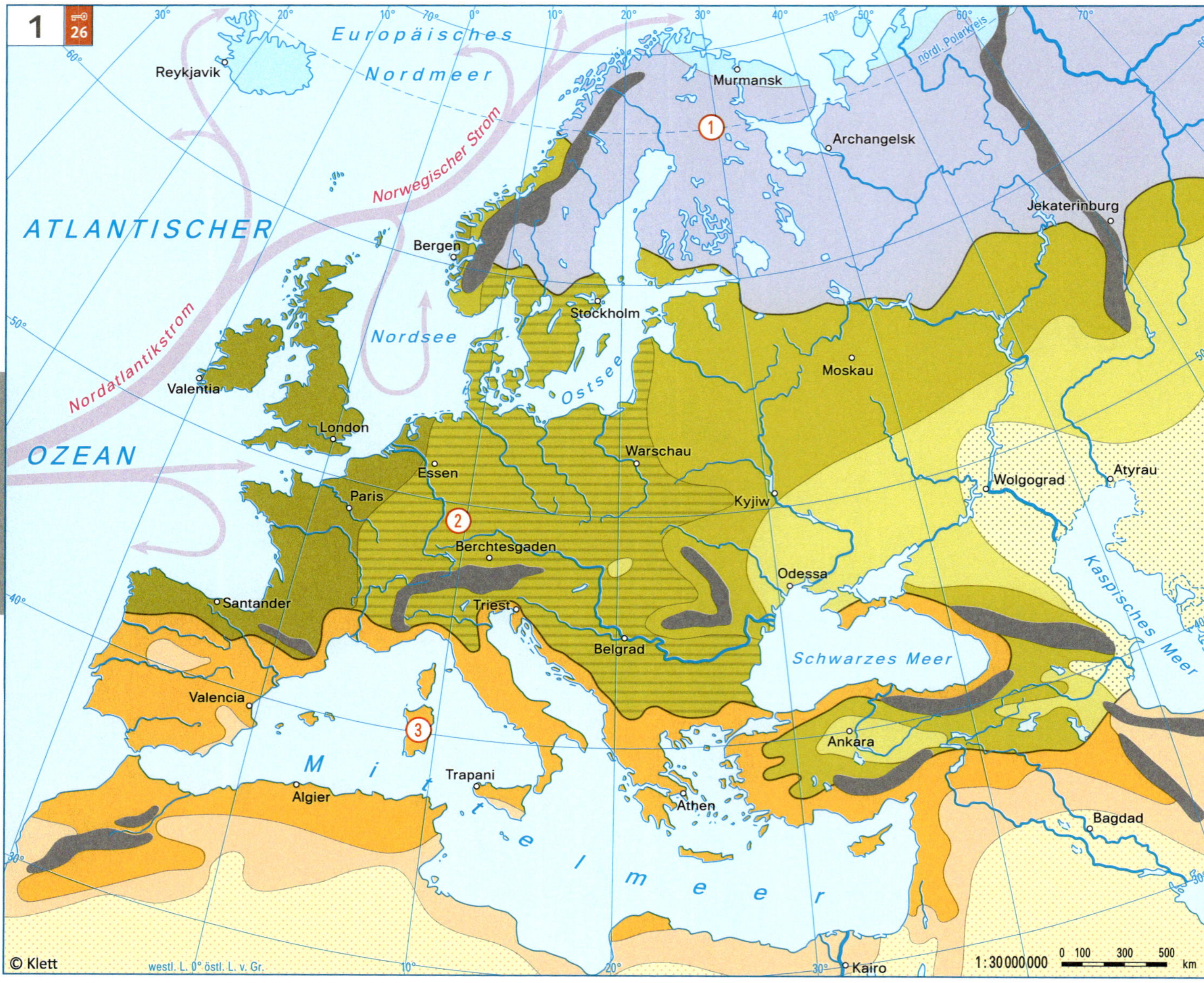

Klimazonen
Gliederung nach C. Troll und K. Paffen

Kalte Zone
- polares Tundrenklima
- kaltgemäßigtes Waldklima

Gemäßigte Zone
- ozeanisches Waldklima
- Übergangsklima
- kontinentales Waldklima
- winterkaltes Steppenklima
- winterkaltes Wüstenklima

Subtropische Zone
- sommertrockenes Mittelmeerklima
- wintermildes Steppenklima
- wintermildes Wüstenklima

- klimatische Höhenstufe der Gebirge
- Klimazonengrenze
- warme Meeresströmung

2 02

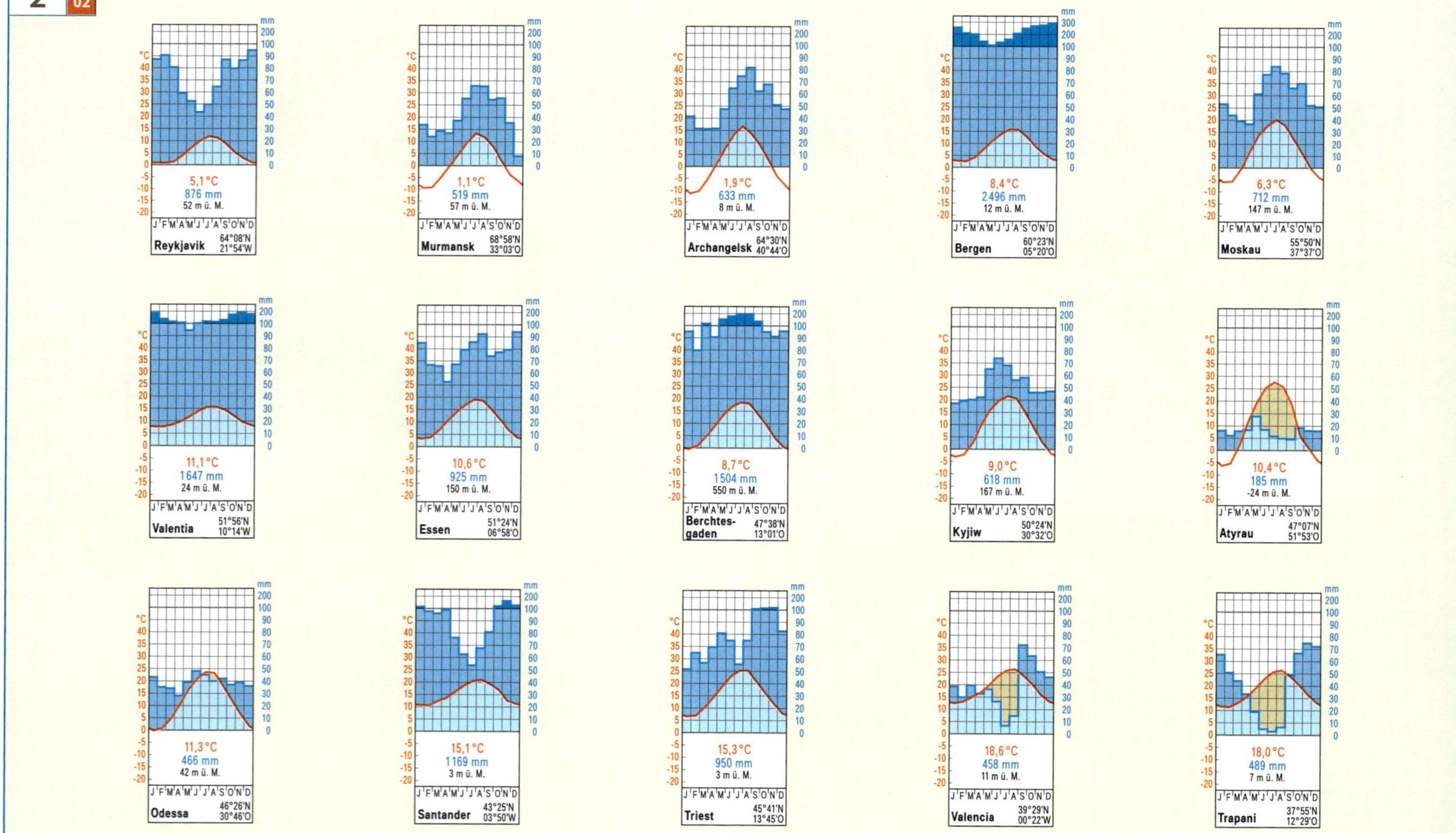

Klimadiagramme nach Walter/Lieth Klimareferenzperiode 1991–2020

- mittlere Monatstemperatur
- mittlerer Monatsniederschlag
- trockene Monate
- feuchte Monate
- feuchte Monate, auf 1/10 verkürzte Skala

9,0 °C Jahrestemperatur im langjährigen Mittel
618 mm Jahresniederschlag im langjährigen Mittel
167 m ü. M. Höhe der Klimastation über dem Meeresspiegel

Kyjiw Name der Klimastation
50°24'N geographische Breite (in Grad und Minuten)
30°32'O geographische Länge (in Grad und Minuten)

3 Typische Vegetation im Foto

① Nördlicher Nadelwald – Kaltgemäßigtes Waldklima

② Mischwald – Übergangsklima

③ Macchie – Sommertrockenes Mittelmeerklima

4 Höhenstufen in den Alpen

02

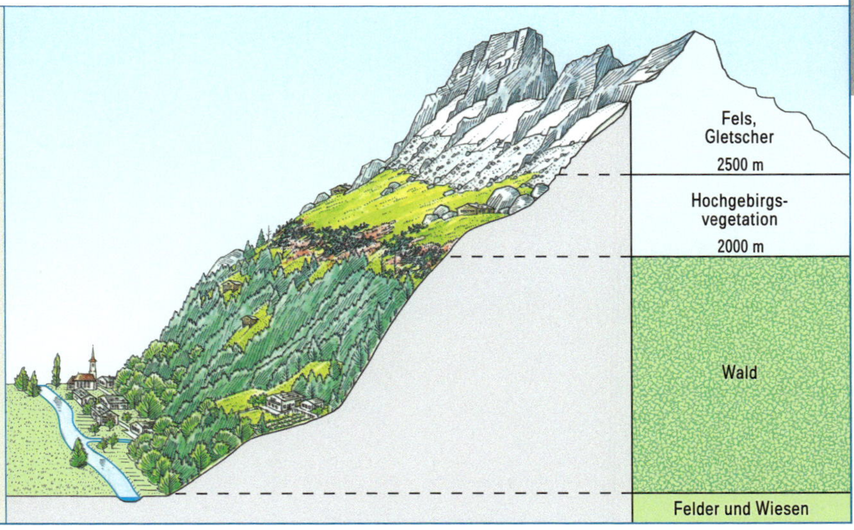

5

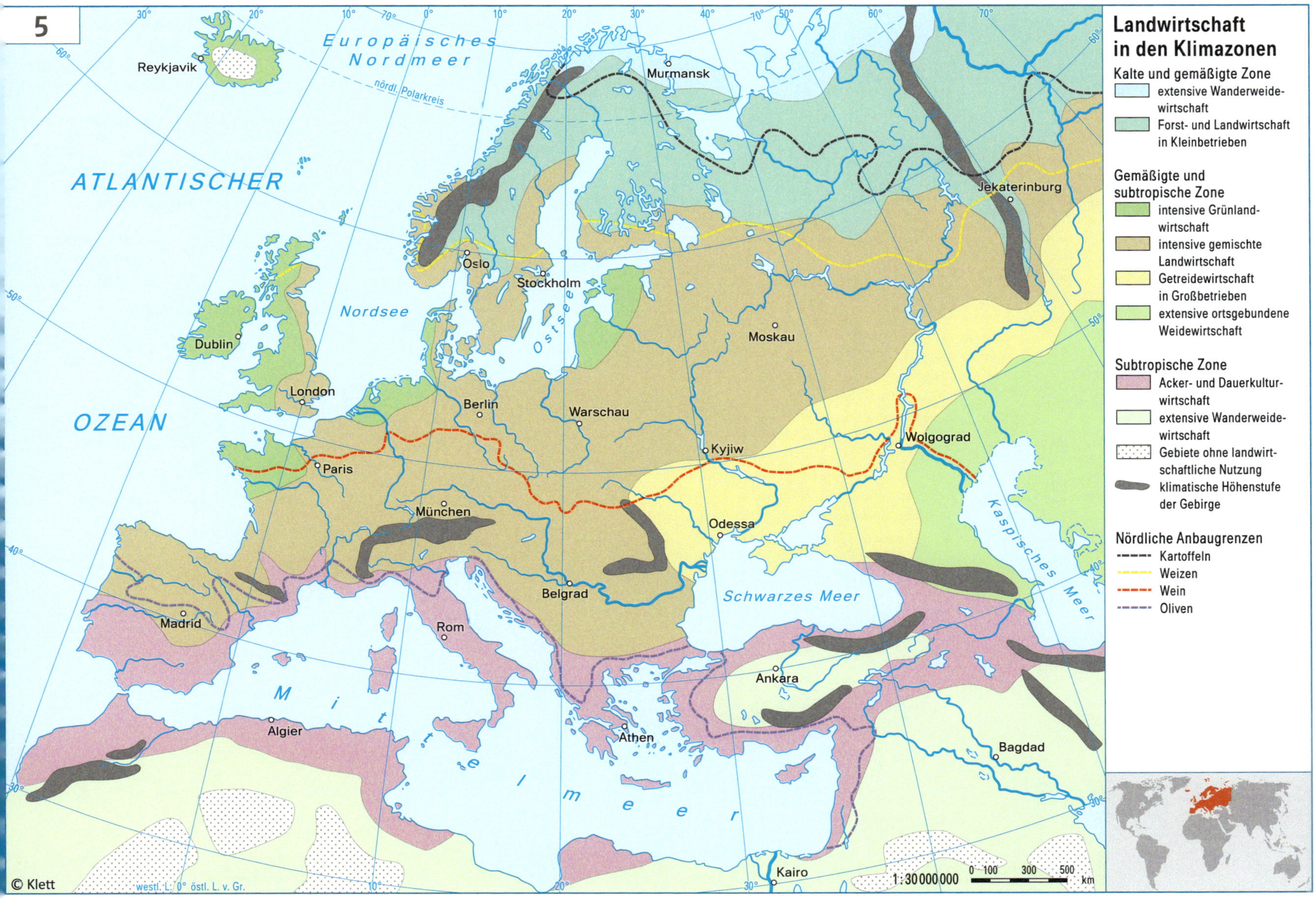

I31 Zeitschnitt Niederschlag
V28 Wetterstation

EINFÜHRUNG
DEUTSCHLAND
EUROPA
ASIEN
AFRIKA
AUSTRALIEN und POLE
AMERIKA
WELT
ANHANG

1 27

Niederschläge im Januar

Langjährige Mittelwerte
Klimareferenzperiode 1991–2020

- unter 10 mm
- 10 – 25 mm
- 25 – 50 mm
- 50 – 100 mm
- 100 – 200 mm
- 200 – 300 mm
- über 300 mm

• Kyjiw 37 Klimastation mit Januarniederschlag (in mm)

2 27

Niederschläge im Juli

Langjährige Mittelwerte
Klimareferenzperiode 1991–2020

- unter 10 mm
- 10 – 25 mm
- 25 – 50 mm
- 50 – 100 mm
- 100 – 200 mm
- über 200 mm

• Kyjiw 68 Klimastation mit Juliniederschlag (in mm)

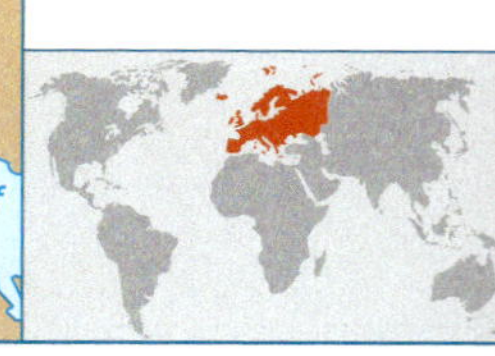

3 27

Temperaturen im Januar

Langjährige Mittelwerte
Klimareferenzperiode 1991–2020

- unter -20 °C
- -20 – -15 °C
- -15 – -10 °C
- -10 – -5 °C
- -5 – 0 °C
- 0 – 5 °C
- 5 – 10 °C
- 10 – 15 °C
- über 15 °C

• Kyjiw -3,2 Klimastation mit Januartemperatur (in °C)

lokale Winde
- kalt
- warm

4 27

Temperaturen im Juli

Langjährige Mittelwerte
Klimareferenzperiode 1991–2020

- unter 5 °C
- 5 – 10 °C
- 10 – 15 °C
- 15 – 20 °C
- 20 – 25 °C
- 25 – 30 °C
- über 30 °C

• Kyjiw 21,3 Klimastation mit Julitemperatur (in °C)

lokale Winde
- kalt
- warm

EINFÜHRUNG
DEUTSCHLAND
EUROPA
ASIEN
AFRIKA
AUSTRALIEN und POLE
AMERIKA
WELT
ANHANG

I33 76.2 Zeitschnitt
V29 Klimawandel

1

Folgen des Klimawandels

Prognostizierte Auswirkungen bis ca. 2100

Veränderung der Niederschläge
- Zunahme
- Abnahme
- keine Daten

Auswirkungen auf die Naturlandschaft
- Wüstenbildung
- Auftauen des Permafrostes
- Wald- und Buschbrände
- Gletscherschmelze

Auswirkungen auf Lebensgrundlagen
- Ernteausfälle
- reduzierte Fischgründe
- Überflutungsgefahr

- Ballungsraum

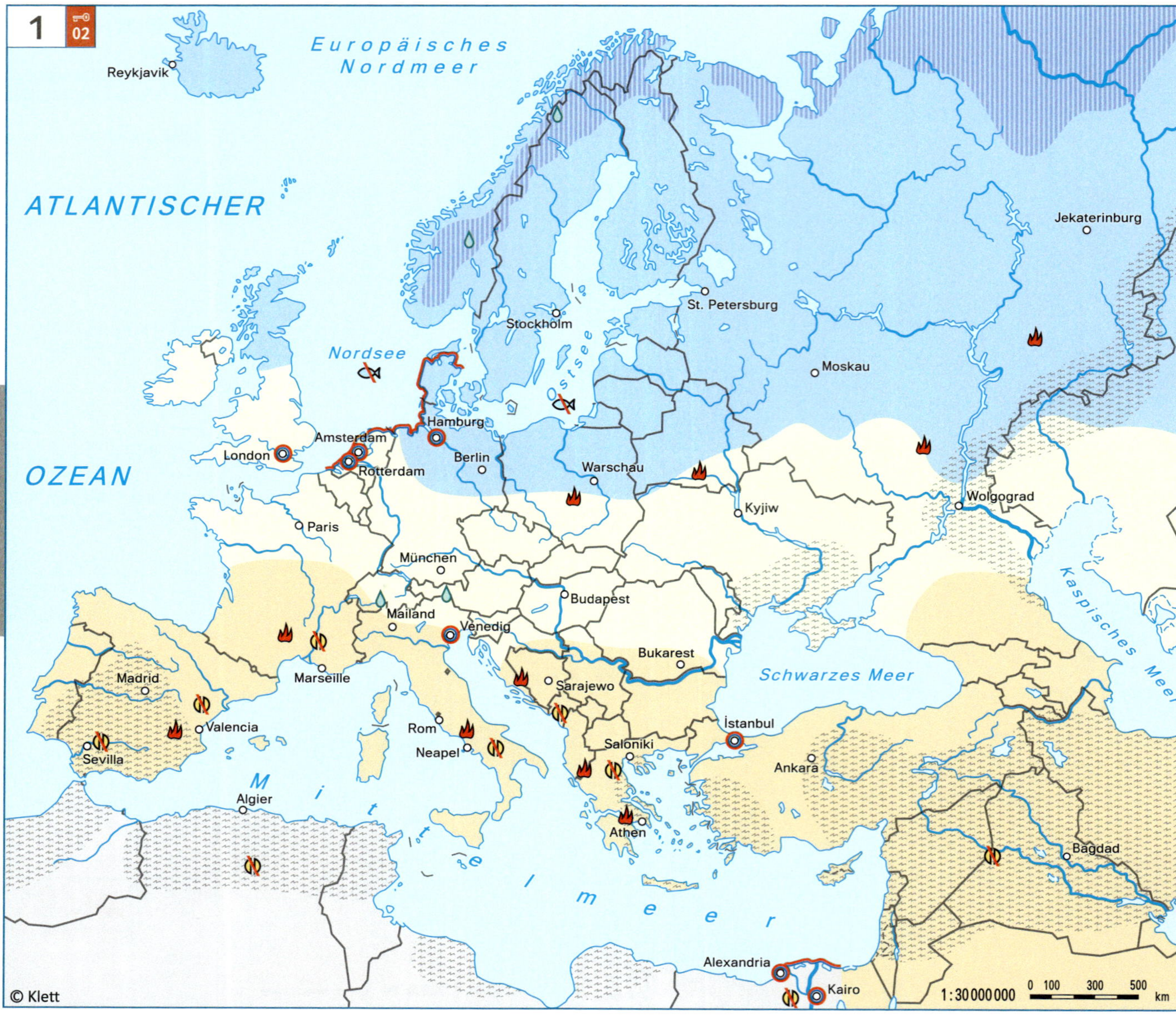

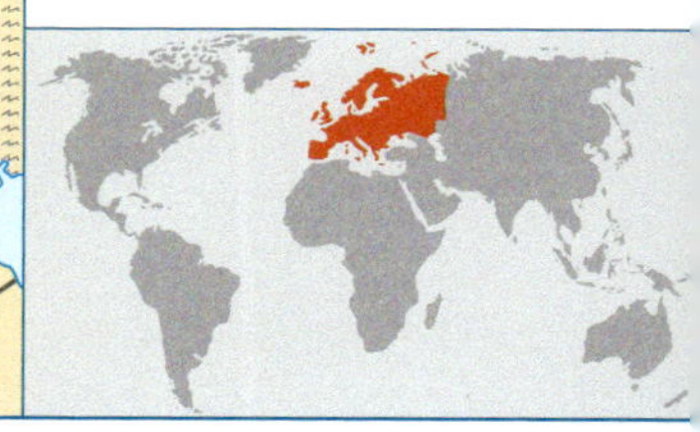

2

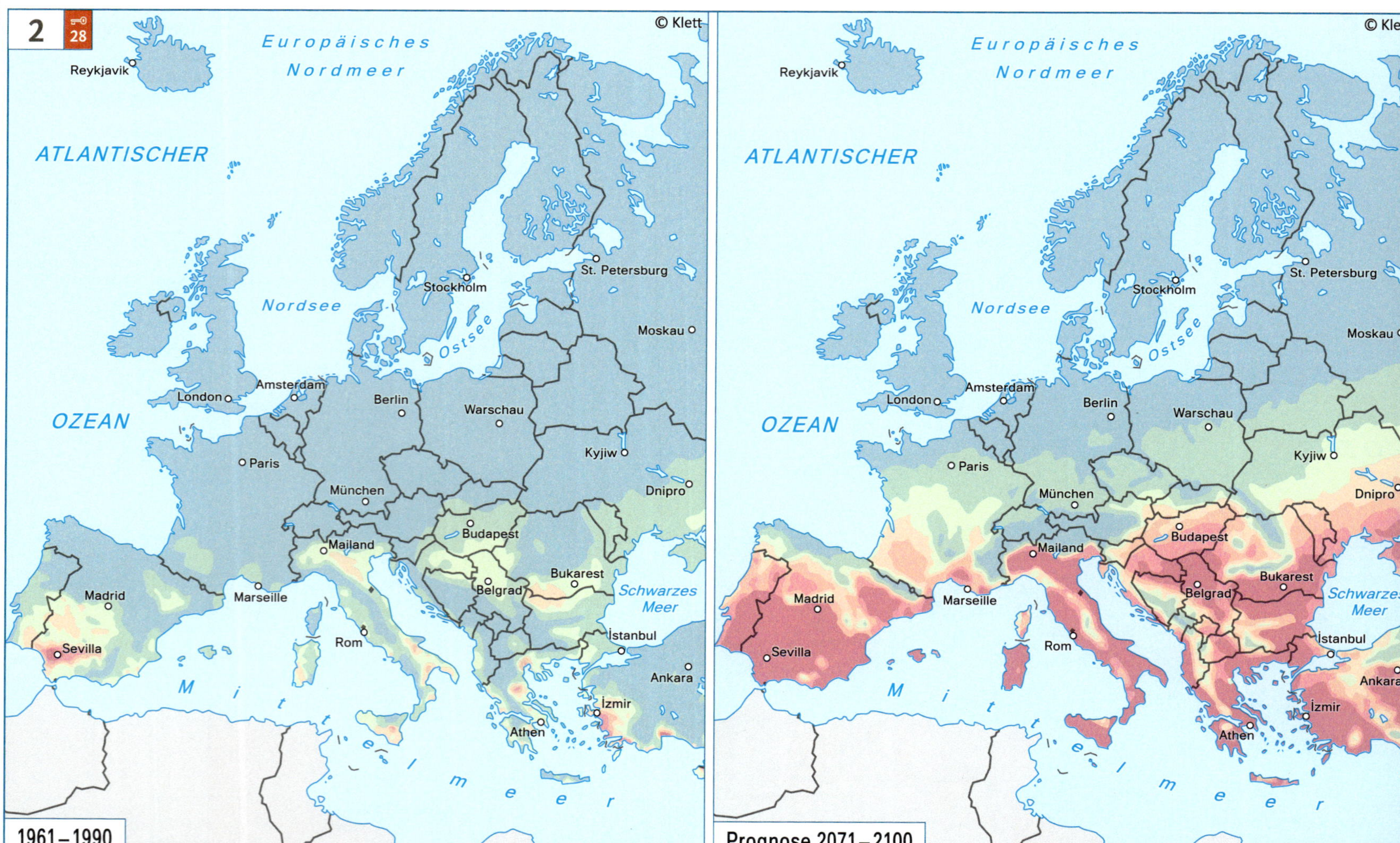

Zunahme extremer Hitze

Mittlere jährliche Zahl von Tagen mit über 35 °C Tages- und über 20 °C Nachttemperatur

Anzahl von Tagen mit extremer Hitze: 0 6 14 22 30 38 46 Tage

keine Daten

1:33 000 000 — 0 500 km

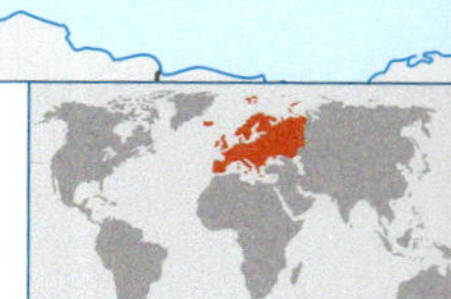

1 Zyklone im Satellitenbild

2

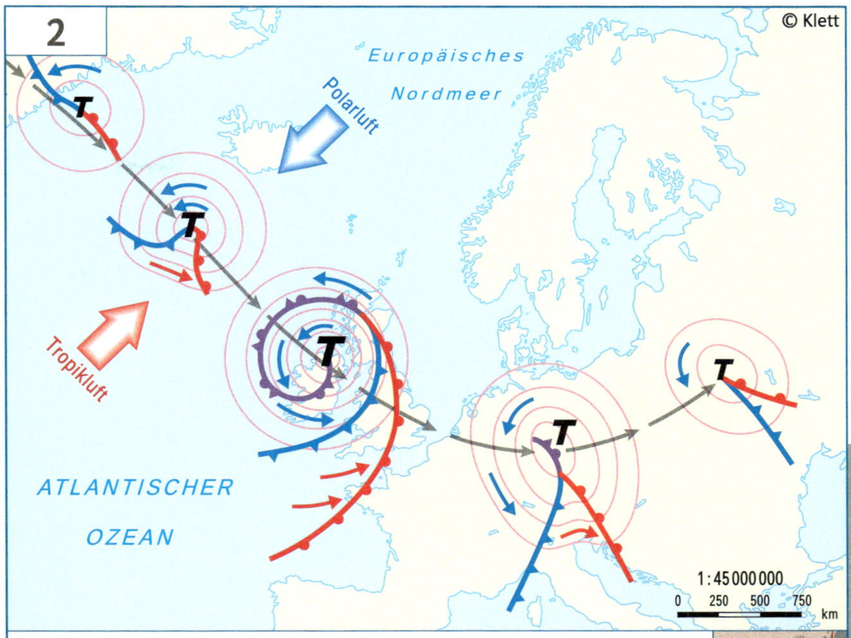

Wanderndes Tiefdruckgebiet (Zyklone) Verlauf im Modell

Tiefdruck
- T Kern eines Tiefdruckgebiets
- Bewegungsrichtung

Frontensystem
- Warmfront
- Kaltfront
- Mischfront

Windbewegung (Boden)
- kalte Luft, z. T. stürmisch
- warme Luft

Isobaren
- Linien gleichen Luftdrucks

3

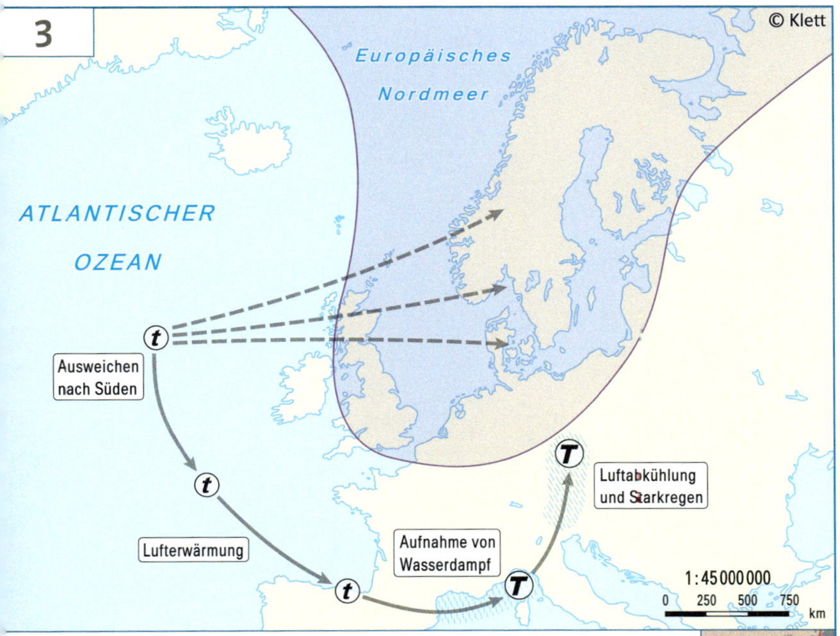

Vb-Wetterlage mit Starkregen Verlauf im Modell

Tiefdruckgebiet
- t kleines Tief
- T kräftiges Tief

Bewegungsrichtung
- normale Zugbahn
- abweichende Zugbahn

Kaltluftvorstoß
- weit nach Süden dringende kalte Luftmasse

Vb wird als „Fünf-B" ausgesprochen und bezeichnet man auch als „Mittelmeertief".

4

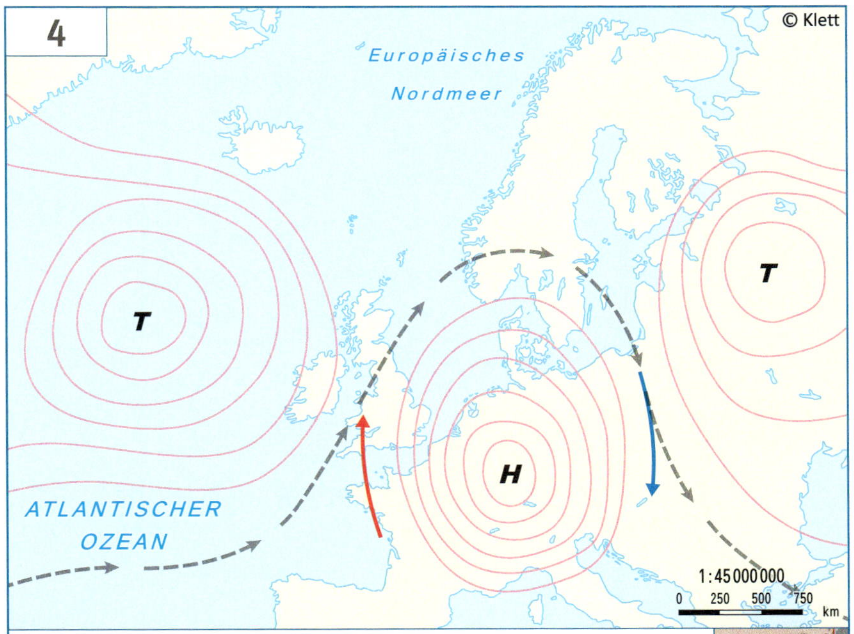

Omega-Wetterlage Modellhafte Darstellung

Druckgebiete
- H Hochdruck
- T Tiefdruck

Isobaren
- Linien gleichen Luftdrucks

Luftströmungen
- warme Luft
- kalte Luft
- Höhenströmung

Der Verlauf der Höhenströmung ähnelt dem griechischen Großbuchstaben Omega (Ω).

5

Hitzewelle in Südeuropa
17.–23.07.2022
Höchste gemessene Temperatur
- über 40 °C
- 35 – 40 °C
- 30 – 35 °C
- 25 – 30 °C
- 20 – 25 °C
- unter 20 °C
- keine Daten

Temperaturanomalie (Vergleichszeitraum 1901 – 2000)
- über 5 °C
- 3 – 5 °C
- 1 – 3 °C
- -1 – 1 °C
- unter -1 °C

1 30 1:16 000 000

Landwirtschaft

Kulturland
- Ackerland
- Bewässerungsland

Anbauflächen
- Weizen
- Mais
- Reis
- Hirse
- Gemüse
- Obst
- Soja
- Hülsenfrüchte
- Nüsse
- Zuckerrüben
- Wein
- Kartoffeln
- Raps
- Sonnenblumen
- Tabak
- Oliven
- Dattelpalmen
- Hanf
- Zitrusfrüchte
- Baumwolle
- Korkeichen

- Wald
- Buschlandschaft
- Graslandschaft
- sonstige offene Landschaft
- extensive Viehhaltung

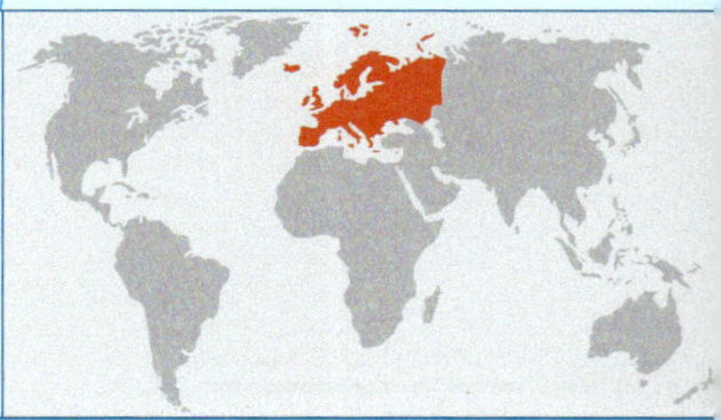

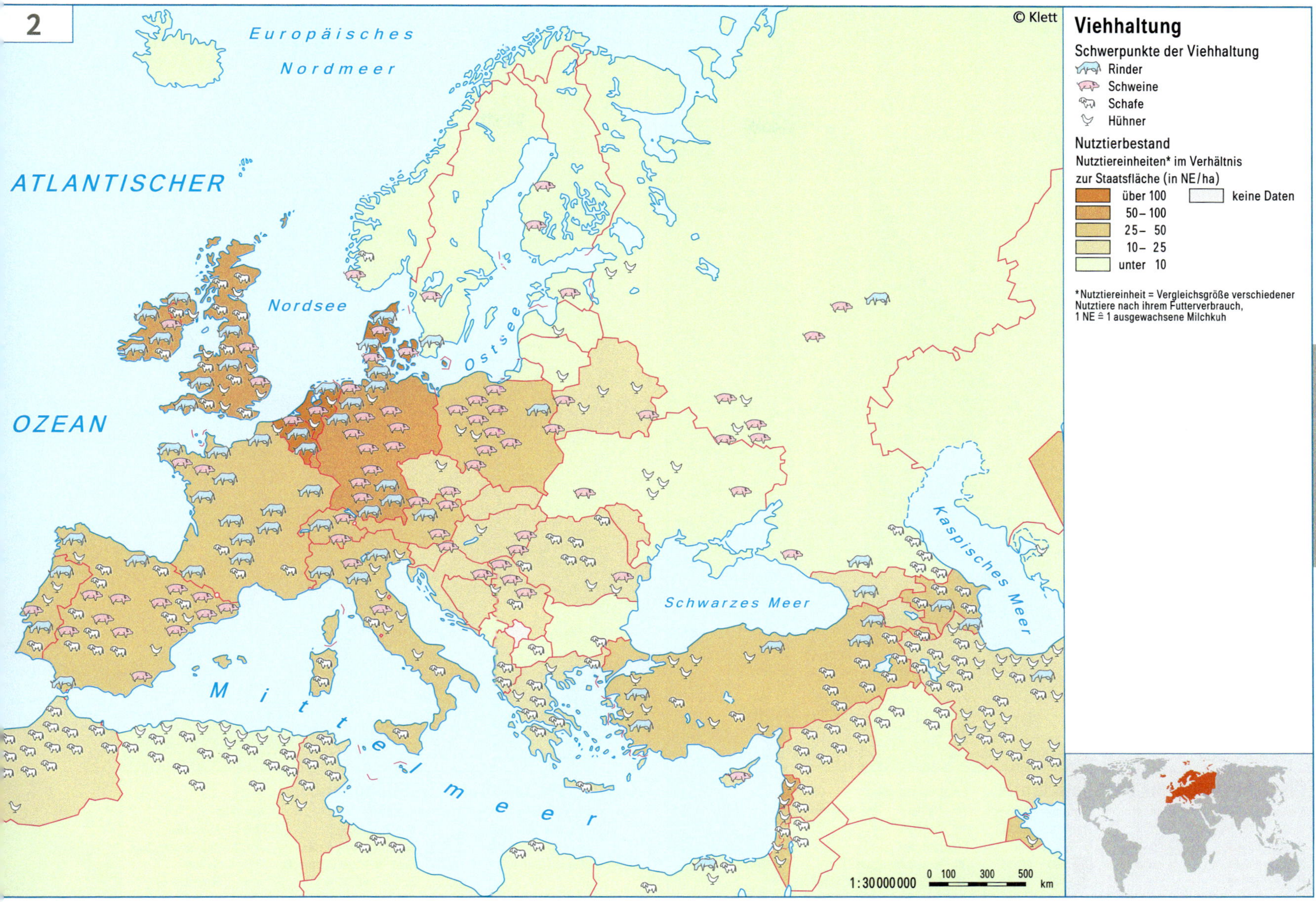
2
© Klett
Viehhaltung
Schwerpunkte der Viehhaltung
Rinder
Schweine
Schafe
Hühner
Nutztierbestand
Nutztiereinheiten* im Verhältnis zur Staatsfläche (in NE/ha)
über 100
50 – 100
25 – 50
10 – 25
unter 10
keine Daten
*Nutztiereinheit = Vergleichsgröße verschiedener Nutztiere nach ihrem Futterverbrauch, 1 NE ≙ 1 ausgewachsene Milchkuh
Europäisches Nordmeer
ATLANTISCHER OZEAN
Nordsee
Ostsee
Schwarzes Meer
Kaspisches Meer
Mittelmeer
1:30 000 000
0 100 300 500 km

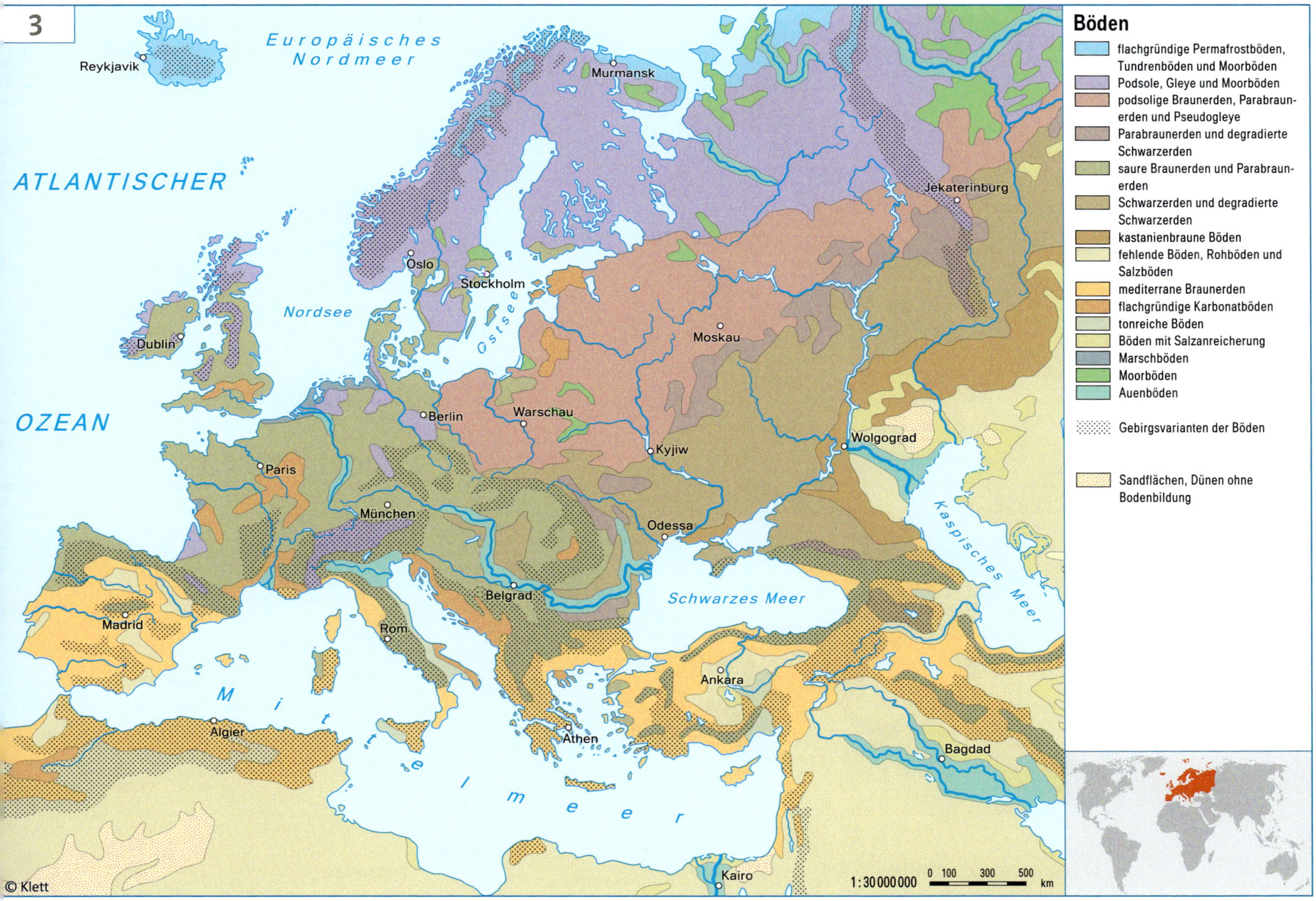
3
Böden
flachgründige Permafrostböden, Tundrenböden und Moorböden
Podsole, Gleye und Moorböden
podsolige Braunerden, Parabraunerden und Pseudogleye
Parabraunerden und degradierte Schwarzerden
saure Braunerden und Parabraunerden
Schwarzerden und degradierte Schwarzerden
kastanienbraune Böden
fehlende Böden, Rohböden und Salzböden
mediterrane Braunerden
flachgründige Karbonatböden
tonreiche Böden
Böden mit Salzanreicherung
Marschböden
Moorböden
Auenböden
Gebirgsvarianten der Böden
Sandflächen, Dünen ohne Bodenbildung
Europäisches Nordmeer
Reykjavik
Murmansk
ATLANTISCHER OZEAN
Oslo
Stockholm
Jekaterinburg
Nordsee
Ostsee
Dublin
Moskau
Berlin
Warschau
Paris
Kyjiw
Wolgograd
München
Odessa
Kaspisches Meer
Belgrad
Schwarzes Meer
Madrid
Rom
Ankara
Mittelmeer
Algier
Athen
Bagdad
Kairo
© Klett
1:30 000 000
0 100 300 500 km

1 (31)

Fischwirtschaft im Nordostatlantik

Konsum von Meerestieren (in kg pro Einw./Jahr)
- über 60
- 40–60
- 20–40
- 10–20
- unter 10

Fangmengen im Nordostatlantik (in Tsd. t)
- 500
- 100
- 50
- 10

Fischvorkommen
- Hering
- Kabeljau
- Makrele

Fischzucht
- Aquakultur (Lachs)
- Aquakultur (Lachs, Forelle)

2 (21)

Gewächshauskulturen in Südholland

Agrarische Nutzung
- Gewächshauskulturen
- Felder (Ackerland)
- Wiesen (Grünland)

Flächennutzung
- Wohnbebauung
- Gewerbegebiet, Hafen
- Wald, Park und Grünfläche
- Sandstrand, Düne

Verkehr
- Autobahn
- Autobahn im Bau
- Straße
- Bahnstrecke

3

Ökologische Landwirtschaft

Anteil der ökologisch bewirtschafteten Landfläche an der landwirtschaftlichen Nutzfläche (in %)
- über 20
- 15–20
- 10–15
- 5–10
- 1– 5
- unter 1
- keine Daten

Änderung der Größe der ökologisch bewirtschafteten Landfläche gegenüber der landwirtschaftlichen Nutzfläche
- Zuwachs um mindestens 5 % innerhalb von 10 Jahren

BOS.	BOSNIEN UND HERZEGOWINA
KO.	KOSOVO
LIE.	LIECHTENSTEIN
LUX.	LUXEMBURG
MONT.	MONTENEGRO
NM.	NORDMAZEDONIEN
SLO.	SLOWENIEN
TURK.	TURKMENISTAN
USB.	USBEKISTAN
VAT.	VATIKANSTADT

1 32 1:16 000 000 0 100 200 300 km

Wirtschaft

Wirtschaftszentrum
- Industrie (Produktion, Bergbau, Bau)
- Dienstleistung (Handel, Finanzwirtschaft, Transport, Tourismus, Information, Verwaltung, Bildung, Gesundheit)
- Flughafen
- Seehafen

Die Größe der Signatur entspricht der Bedeutung des Standorts.

Energierohstoffe
- Steinkohle
- Braunkohle
- Uran
- Erdöl
- Erdgas
- Erdölpipeline
- Erdgaspipeline

Mineralische Rohstoffe

Eisen und Stahlveredler
- Eisenerz
- Chrom
- Mangan
- Nickel
- Wolfram

Leichtmetalle
- Titan

Buntmetalle
- Blei
- Kupfer
- Zink

Edelmetalle
- Gold
- Silber
- Platin

Sonstige Minerale
- Diamanten
- Salz (Kali-, Steinsalz)

B./S.	Braunschweig/Salzgitter
Do./Es.	Dortmund/Essen
Dü.	Düsseldorf
Ha.	Hannover
Ka.	Karlsruhe
Lud.	Ludwigshafen
Lux.	Luxemburg
Ma.	Mannheim
Ni.	Nimwegen
Sa.	Saarbrücken

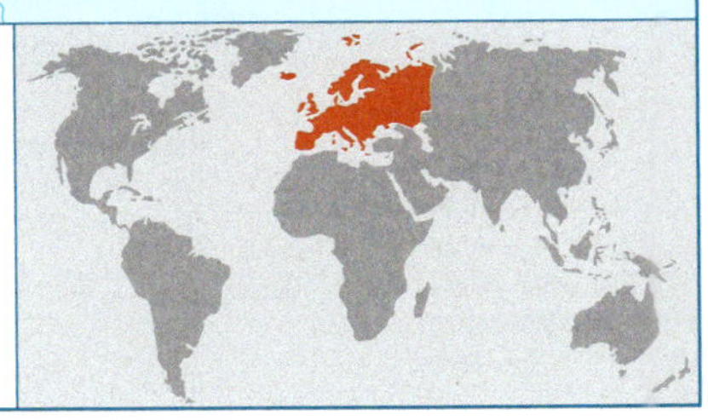

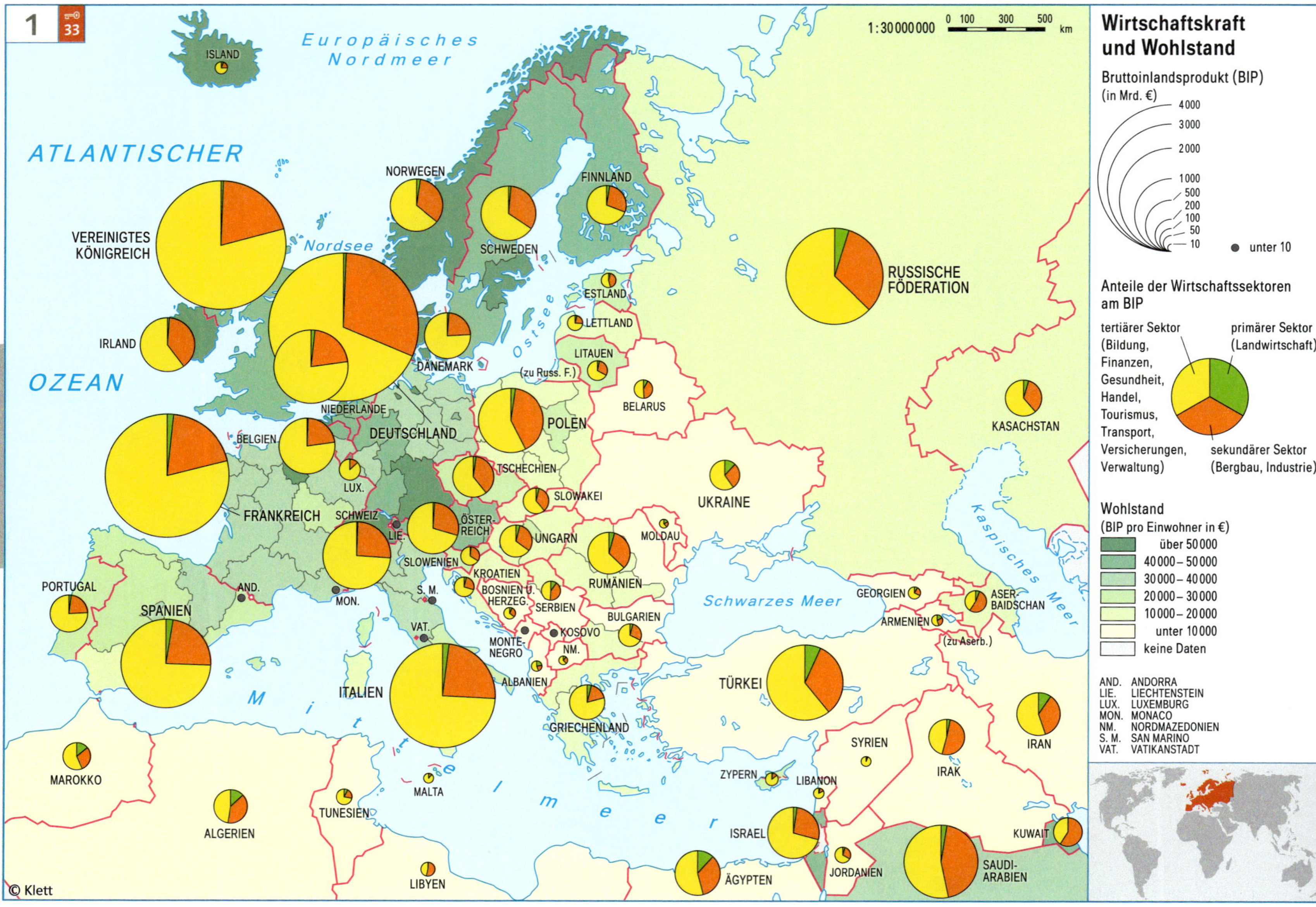
1
33
1:30 000 000
0 100 300 500 km
Europäisches Nordmeer
ATLANTISCHER OZEAN
Nordsee
Ostsee
Kaspisches Meer
Schwarzes Meer
Mittelmeer
ISLAND
NORWEGEN
SCHWEDEN
FINNLAND
ESTLAND
LETTLAND
LITAUEN
(zu Russ. F.)
DÄNEMARK
VEREINIGTES KÖNIGREICH
IRLAND
NIEDERLANDE
BELGIEN
LUX.
DEUTSCHLAND
POLEN
BELARUS
TSCHECHIEN
SLOWAKEI
UKRAINE
FRANKREICH
SCHWEIZ
LIE.
ÖSTERREICH
UNGARN
MOLDAU
SLOWENIEN
KROATIEN
RUMÄNIEN
BOSNIEN U. HERZEG.
SERBIEN
KOSOVO
BULGARIEN
MONTENEGRO
NM.
ALBANIEN
GRIECHENLAND
S. M.
VAT.
MON.
AND.
PORTUGAL
SPANIEN
ITALIEN
MALTA
RUSSISCHE FÖDERATION
KASACHSTAN
GEORGIEN
ARMENIEN
ASERBAIDSCHAN
(zu Aserb.)
TÜRKEI
SYRIEN
IRAK
IRAN
ZYPERN
LIBANON
ISRAEL
JORDANIEN
KUWAIT
SAUDI-ARABIEN
ÄGYPTEN
LIBYEN
TUNESIEN
ALGERIEN
MAROKKO
© Klett
Wirtschaftskraft und Wohlstand
Bruttoinlandsprodukt (BIP) (in Mrd. €)
4000
3000
2000
1000
500
200
100
50
10
unter 10
Anteile der Wirtschaftssektoren am BIP
tertiärer Sektor (Bildung, Finanzen, Gesundheit, Handel, Tourismus, Transport, Versicherungen, Verwaltung)
primärer Sektor (Landwirtschaft)
sekundärer Sektor (Bergbau, Industrie)
Wohlstand
(BIP pro Einwohner in €)
über 50 000
40 000 – 50 000
30 000 – 40 000
20 000 – 30 000
10 000 – 20 000
unter 10 000
keine Daten
AND. ANDORRA
LIE. LIECHTENSTEIN
LUX. LUXEMBURG
MON. MONACO
NM. NORDMAZEDONIEN
S. M. SAN MARINO
VAT. VATIKANSTADT

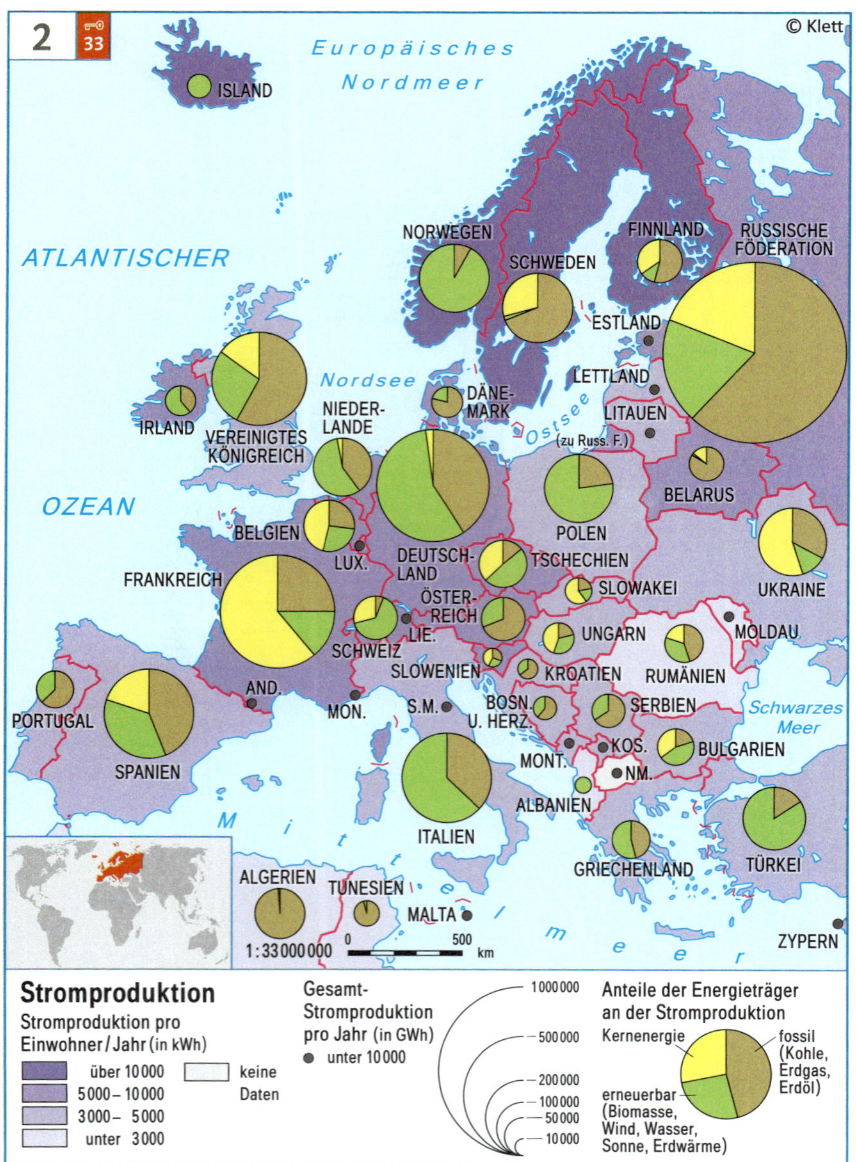
2
33
© Klett
Europäisches Nordmeer
ATLANTISCHER OZEAN
Nordsee
Ostsee
Schwarzes Meer
Mittelmeer
ISLAND
NORWEGEN
SCHWEDEN
FINNLAND
RUSSISCHE FÖDERATION
ESTLAND
LETTLAND
LITAUEN
(zu Russ. F.)
DÄNEMARK
IRLAND
VEREINIGTES KÖNIGREICH
NIEDERLANDE
BELGIEN
LUX.
DEUTSCHLAND
POLEN
BELARUS
TSCHECHIEN
SLOWAKEI
UKRAINE
FRANKREICH
ÖSTERREICH
SCHWEIZ
LIE.
UNGARN
MOLDAU
SLOWENIEN
KROATIEN
RUMÄNIEN
AND.
MON.
S.M.
BOSN. U. HERZ.
SERBIEN
MONT.
KOS.
BULGARIEN
NM.
ALBANIEN
PORTUGAL
SPANIEN
ITALIEN
GRIECHENLAND
TÜRKEI
ALGERIEN
TUNESIEN
MALTA
ZYPERN
1:33 000 000
0 500 km
Stromproduktion
Stromproduktion pro Einwohner/Jahr (in kWh)
über 10 000
5000 – 10 000
3000 – 5000
unter 3000
keine Daten
Gesamt-Stromproduktion pro Jahr (in GWh)
unter 10 000
1 000 000
500 000
200 000
100 000
50 000
10 000
Anteile der Energieträger an der Stromproduktion
Kernenergie
fossil (Kohle, Erdgas, Erdöl)
erneuerbar (Biomasse, Wind, Wasser, Sonne, Erdwärme)

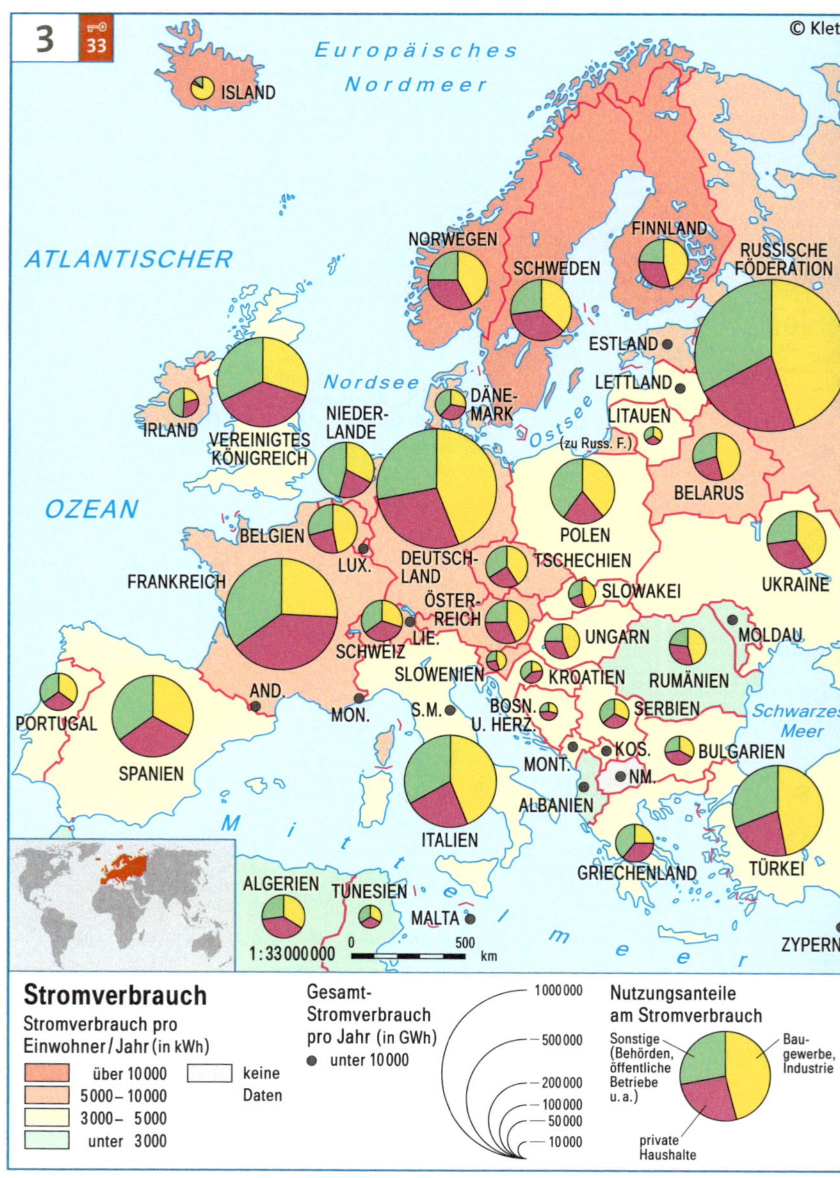
3
33
© Klett
Europäisches Nordmeer
ATLANTISCHER OZEAN
Nordsee
Ostsee
Schwarzes Meer
Mittelmeer
ISLAND
NORWEGEN
SCHWEDEN
FINNLAND
RUSSISCHE FÖDERATION
ESTLAND
LETTLAND
LITAUEN
(zu Russ. F.)
DÄNEMARK
IRLAND
VEREINIGTES KÖNIGREICH
NIEDERLANDE
BELGIEN
LUX.
DEUTSCHLAND
POLEN
BELARUS
TSCHECHIEN
SLOWAKEI
UKRAINE
FRANKREICH
ÖSTERREICH
SCHWEIZ
LIE.
UNGARN
MOLDAU
SLOWENIEN
KROATIEN
RUMÄNIEN
AND.
MON.
S.M.
BOSN. U. HERZ.
SERBIEN
MONT.
KOS.
BULGARIEN
NM.
ALBANIEN
PORTUGAL
SPANIEN
ITALIEN
GRIECHENLAND
TÜRKEI
ALGERIEN
TUNESIEN
MALTA
ZYPERN
1:33 000 000
0 500 km
Stromverbrauch
Stromverbrauch pro Einwohner/Jahr (in kWh)
über 10 000
5000 – 10 000
3000 – 5000
unter 3000
keine Daten
Gesamt-Stromverbrauch pro Jahr (in GWh)
unter 10 000
1 000 000
500 000
200 000
100 000
50 000
10 000
Nutzungsanteile am Stromverbrauch
Sonstige (Behörden, öffentliche Betriebe u. a.)
Baugewerbe, Industrie
private Haushalte

EINFÜHRUNG
DEUTSCHLAND
EUROPA
ASIEN
AFRIKA
AUSTRALIEN und POLE
AMERIKA
WELT
ANHANG

4 34 1:16000000 0 100 200 300 km

Stromversorgung

Große Kraftwerke

- Wasserkraftwerk (Pumpspeicher- und Laufwasserkraftwerke)
- Wärmekraftwerk (Kohle-, Erdöl- und Erdgasfeuerung)
- Kernkraftwerk

Größe	Leistung (in MW)
	über 2000
	1000 – 2000
–	500 – 1000 (in Auswahl)

Erneuerbare Energien

NE

Einzelkraftwerke (Leistung über 50 MW)
- Gezeitenkraftwerk
- Erdwärmekraftwerk

Solaranlagen und Solarparks
- hohe Anzahl
- sehr hohe Anzahl

Windkraftanlagen
- hohe Anzahl (an Land)
- sehr hohe Anzahl (an Land)
- sehr hohe Anzahl (auf See)

Stromtransport

- wichtige Hochspannungsleitung mit überwiegend 380 kV (in Auswahl)
- wichtige Hochspannungsleitung im Bau/in Planung (in Auswahl)

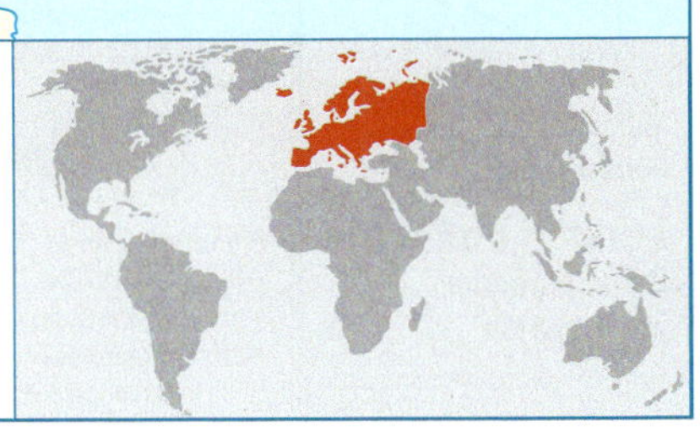

1

Bevölkerungsdichte und Ballungsräume

Bevölkerungsdichte

- über 500 Einwohner/km²
- 200 – 500 Einwohner/km²
- 100 – 200 Einwohner/km²
- 50 – 100 Einwohner/km²
- 10 – 50 Einwohner/km²
- unter 10 Einwohner/km²
- nahezu unbewohnt

Bedeutende Ballungsräume

- über 10 Mio. Einwohner
- 5 – 10 Mio. Einwohner
- 1 – 5 Mio. Einwohner
- unter 1 Mio. Einwohner (in Auswahl)

AND.	ANDORRA	SLO.	SLOWENIEN
LIE.	LIECHTENSTEIN	S.M.	SAN MARINO
LUX.	LUXEMBURG	VAT.	VATIKANSTADT
MON.	MONACO		

Bevölkerungsstrukturdiagramme

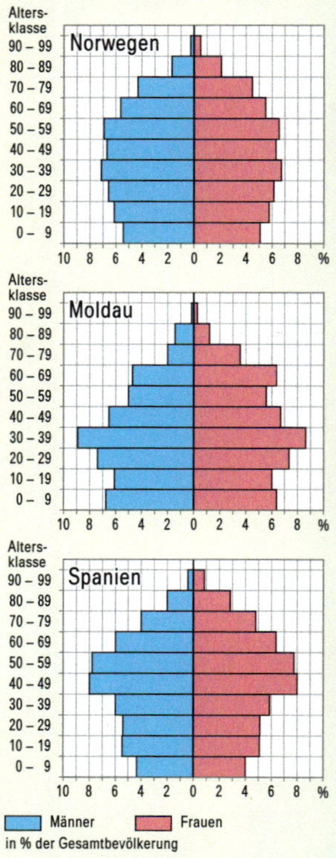

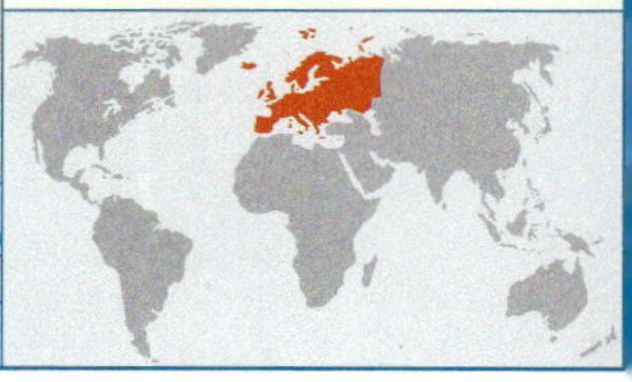

2

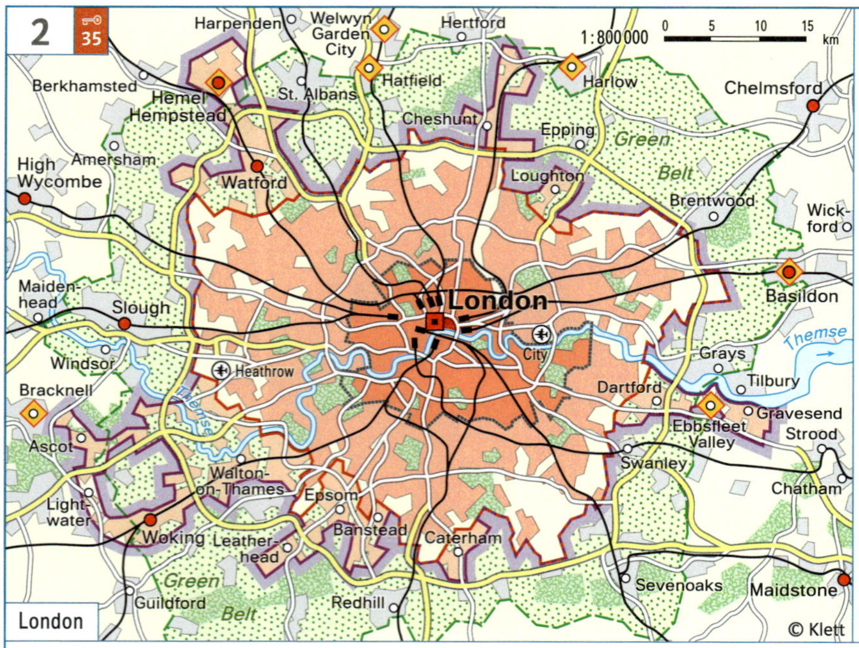

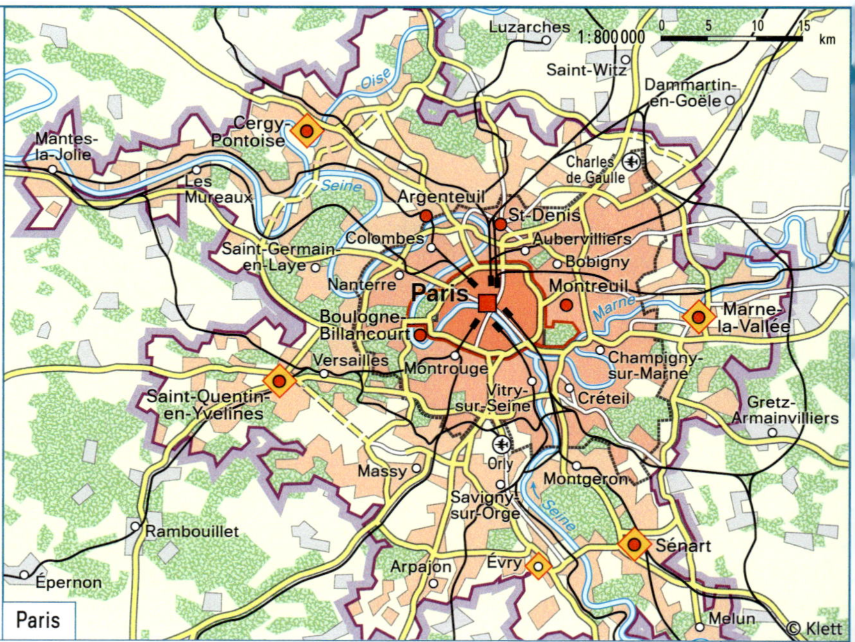

London und Paris
Ballungsräume im Vergleich

Planungsräume
- Grenze der Zentralstadt
- Grenze des Ballungsraums

Stadtgrößen (in Einw.)
- über 5000000
- 1000000 – 5000000
- 100000 – 500000
- unter 100000

Flächennutzung
- Entlastungsstadt
- Bebauung außerhalb
- Park, Wald
- Erholungslandschaft

London
- City
- Inner Boroughs
- Outer Boroughs

Paris
- Stadt
- Petite Couronne
- Unité urbaine

Verkehr
- Schnellstraße
- Hauptstraße
- Bahnstrecke mit Kopfbahnhof
- schiffbarer Fluss
- Internationaler Flughafen

EINFÜHRUNG
DEUTSCHLAND
EUROPA
ASIEN
AFRIKA
AUSTRALIEN und POLE
AMERIKA
WELT
ANHANG

3 [36]

Bevölkerungsentwicklung

Veränderung in den Regionen 2011–2021 (jährlich, in %)

- über 0,5
- 0,2 – 0,5
- 0 – 0,2
- -0,2 – 0
- -0,5 – -0,2
- unter -0,5
- keine Daten

Prognose in den Staaten

20 Mio. Einwohner, 15, 10, 5 – 2075, 2050, 2023 – 1 mm Säulenhöhe ≙ 1,5 Mio. Einwohner

4

Migration Jahresmittel 2020–2024

Die Anzahl der Pfeilsymbole entspricht der Bedeutung der Migrationsbewegung. Die Pfeilverläufe geben keine tatsächlichen Migrationsrouten wieder.

Migranten im Zielland

- Arbeitsmigranten
- Geflüchtete
- Vertriebene im eigenen Land

Mio. Personen

- über 5
- 1 – 5
- 0,1 – 1
- unter 0,1

Anteil der Migranten an der Gesamtbevölkerung

- über 50 %
- 20 – 50 %
- 10 – 20 %
- unter 10 %

Bedeutende Migrationsbewegungen'

- Arbeitsmigration
- Flucht

5

Sprachen

- *Deutsch* – Staatssprache
- *Sorbisch* – Minderheitensprache
- Sprachengrenze
- Staatsgrenze

Indoeuropäische Sprachen

- Germanische Sprachen
- Romanische Sprachen
- Slawische Sprachen
- Baltische Sprachen
- Albanisch
- Griechisch
- Armenisch
- Iranische Sprachen
- Keltische Sprachen

Uralische Sprachen

- Finno-Ugrische Sprachen
- Samojedische Sprachen

Kaukasische Sprachen

- Nordost-, Nordwest- und Südkaukasische Sprachen

Afroasiatische Sprachen

- Arabische Sprachen
- Hebräische Sprachen
- Maltesisch
- Berbersprachen

Altaische Sprachen

- Turksprachen
- Mongolische Sprachen

Isolierte Sprachen

- Baskisch

Aserb.	*Aserbaidschanisch*	*Nl.*	*Niederländisch*
Dt.	*Deutsch*	*Rä.*	*Rätoromanisch*
Fr.	*Französisch*	*Russ.*	*Russisch*
Kro.	*Kroatisch*	*Serb.*	*Serbisch*
Lad.	*Ladinisch*	*Slowak.*	*Slowakisch*
Maz.	*Mazedonisch*	*Turkm.*	*Turkmenisch*
		Ung.	*Ungarisch*

138
86.1 Diff. Karte

1 1:16 000 000 0 100 200 300 km

Verkehrsverbindungen

Verkehrskorridor
- Straße
- Bahnstrecke
- Straße und Bahnstrecke
- bedeutende Fährverbindung mit Fährhafen

Flughafen
Fluggäste pro Jahr
- über 40 Mio.
- 10 – 40 Mio.
- 5 – 10 Mio.
- unter 5 Mio. (in Auswahl)

Anzahl jährlicher Flüge
- über 12 000
- 6000 – 12 000

Wirtschaftszentrum
Bruttoinlandsprodukt (BIP)
- über 500 Mrd. €
- 100 – 500 Mrd. €
- 50 – 100 Mrd. €
- unter 50 Mrd. € (in Auswahl)

Seehafen
Verladung von Gütern pro Jahr
- über 100 Mio. t
- 50 – 100 Mio. t
- 20 – 50 Mio. t

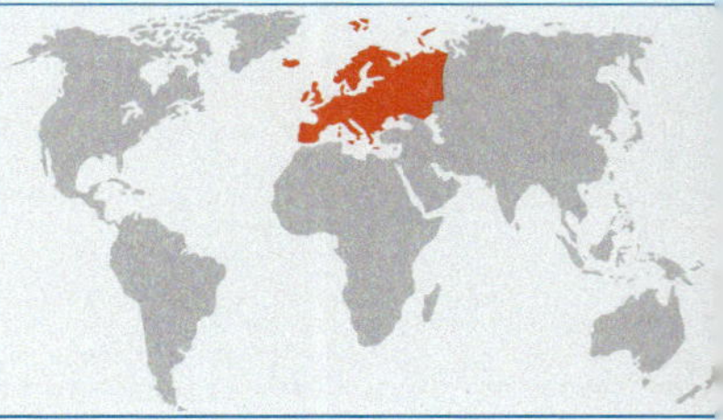

2 Seehafen Rotterdam

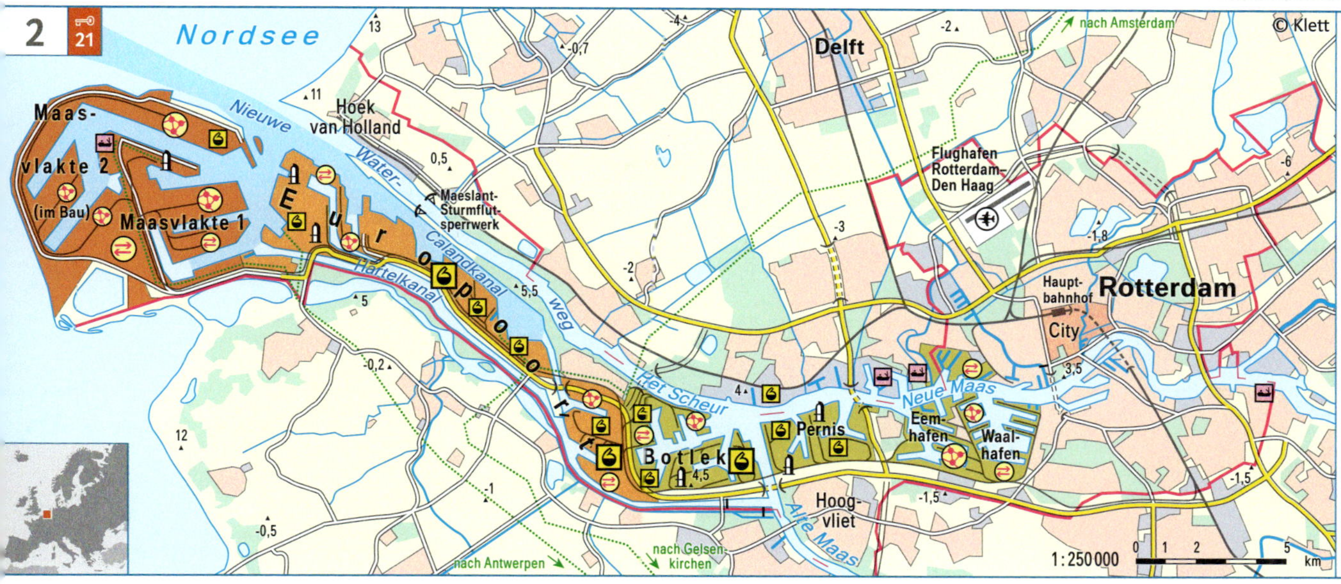

Seehafen Rotterdam

Hafenentwicklung
- 1920–1960
- 1960–1970
- 1970–2024
- Tiefwasserhafen

Hafenwirtschaft
- Handel
- Verladung, Lagerung und Verteilung (Logistik)
- Chemiebetrieb
- Erdölraffinerie
- Erdölpipeline
- Bau von Windkraftanlagen und Schiffen

Bebauung außerhalb des Hafens
- Stadtzentrum von Rotterdam
- Wohngebiet
- Industriegebiet
- Wald, Park, Grünfläche

Verkehr und Grenzen
- Internationaler Flughafen
- Bahnstrecke
- Autobahn
- Autobahn im Bau/in Planung
- Hauptverkehrsstraße
- Stadtgrenze von Rotterdam

3 Fehmarnbeltquerung Internationales Großprojekt 2023 bis 2030

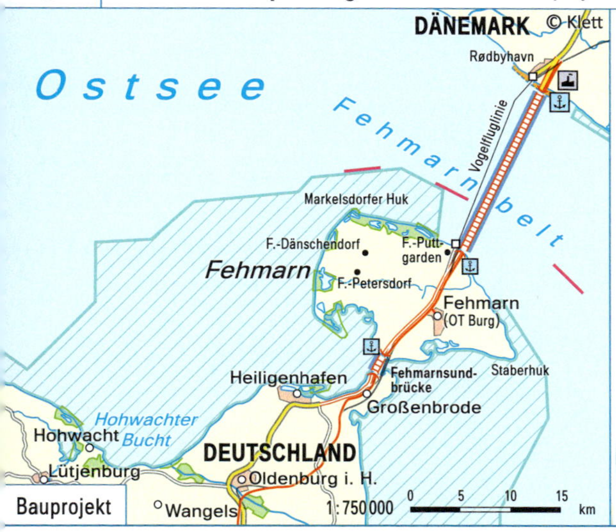

Neubau und Ausbau
- Autobahn
- Bundesstraße
- Bahnstrecke (ICE- und Güterzüge)
- Tunnelbau
- Tunnelsegmentefabrik
- Bauhafen
- Landgewinnung

Bestehende Verkehrswege
- Autobahn
- Straße
- Bahnstrecke
- Fährlinie mit Hafen (ohne Bahntransport)

Schutzgebiete
- Meeresschutzgebiet
- Naturschutzgebiet

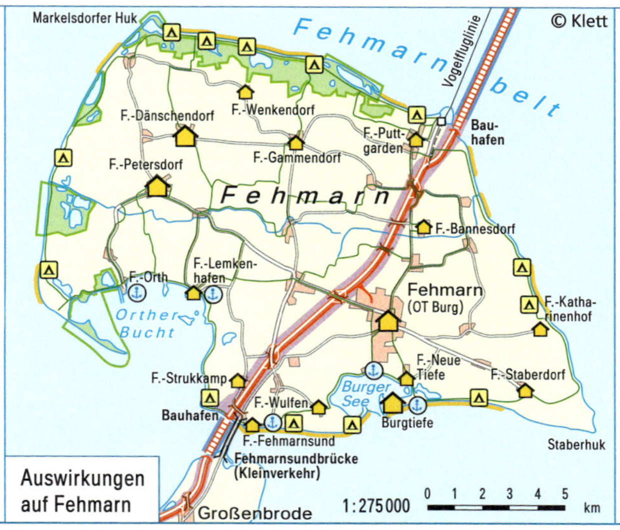

Verkehr und Baustellen
- Tunnelbau
- Ausbau Bundesstraße
- Ausbau/Neubau Bahnstrecke
- Großbaustelle
- Fährlinie mit Hafen
- geplante Brücke

Landschaft und Tourismus
- Naturschutzgebiet
- Badestrand
- Bebauung
- Ferienunterkunft
- Campingplatz
- Bootshafen
- Rad- und Wanderweg

4 Verkehr und Tourismus in den Alpen

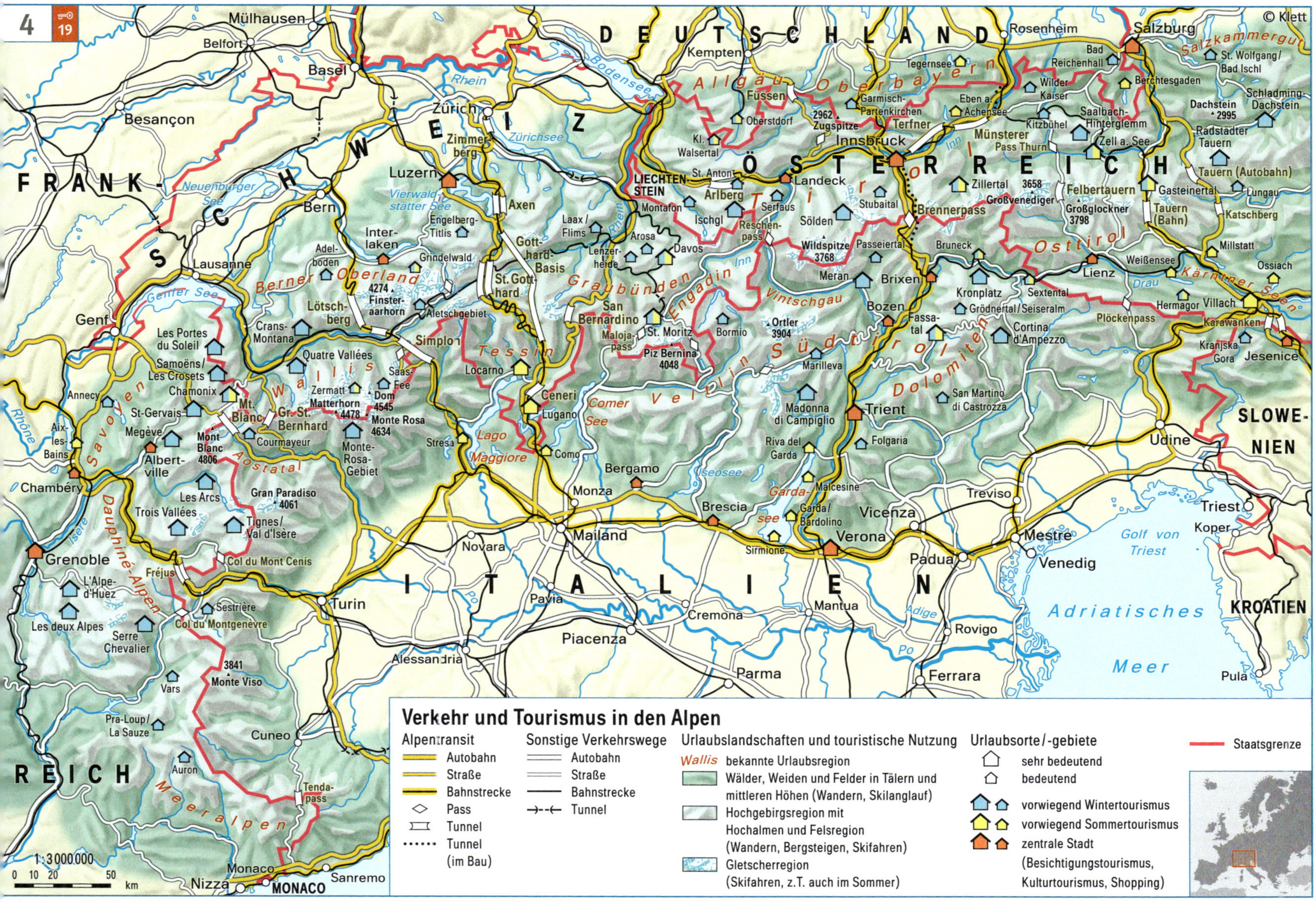

Verkehr und Tourismus in den Alpen

Alpentransit
- Autobahn
- Straße
- Bahnstrecke
- Pass
- Tunnel
- Tunnel (im Bau)

Sonstige Verkehrswege
- Autobahn
- Straße
- Bahnstrecke
- Tunnel

Urlaubslandschaften und touristische Nutzung
- Wallis: bekannte Urlaubsregion
- Wälder, Weiden und Felder in Tälern und mittleren Höhen (Wandern, Skilanglauf)
- Hochgebirgsregion mit Hochalmen und Felsregion (Wandern, Bergsteigen, Skifahren)
- Gletscherregion (Skifahren, z.T. auch im Sommer)

Urlaubsorte/-gebiete
- sehr bedeutend
- bedeutend
- vorwiegend Wintertourismus
- vorwiegend Sommertourismus
- zentrale Stadt (Besichtigungstourismus, Kulturtourismus, Shopping)

- Staatsgrenze

EINFÜHRUNG
DEUTSCHLAND
EUROPA
ASIEN
AFRIKA
AUSTRALIEN und POLE
AMERIKA
WELT
ANHANG

I39 88.1 Diff. Karte
D61 88.1 AB Europareise

EINFÜHRUNG
DEUTSCHLAND
EUROPA
ASIEN
AFRIKA
WELT
ANHANG

Tourismus

Bevorzugte Reiseziele
- vorwiegend im Sommer
- im Sommer und Winter
- Rügen Urlaubslandschaft (in Auswahl)
- Freizeit- und Erlebnispark (in Auswahl)

Städtetourismus
- international beliebtes Reiseziel
- sonstige bedeutende Stadt, Zielflughafen, Hafenstadt

Flughäfen
- Internationaler Flughafen (mit Charterflügen* aus und nach Deutschland)

Schifffahrt
häufig befahrene Kreuzfahrtroute
- auf dem Meer
- auf dem Fluss

*vor allem in der Urlaubszeit durchgeführte Bedarfsflüge

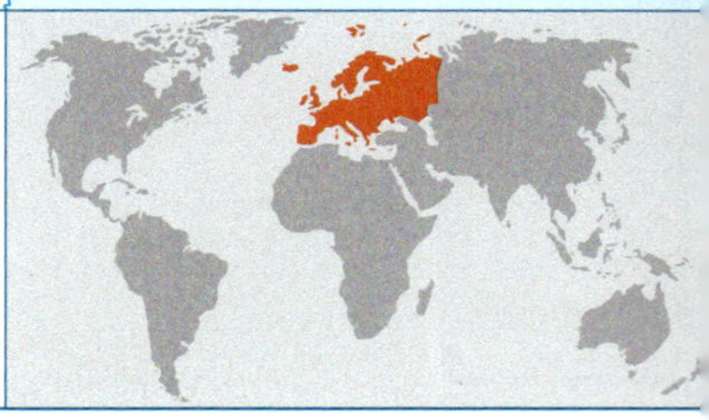

EINFÜHRUNG
DEUTSCHLAND
EUROPA
ASIEN
AFRIKA
AUSTRALIEN und POLE
AMERIKA
WELT
ANHANG

2 Tourismus in den Alpen

Mayrhofen im Zillertal in Österreich

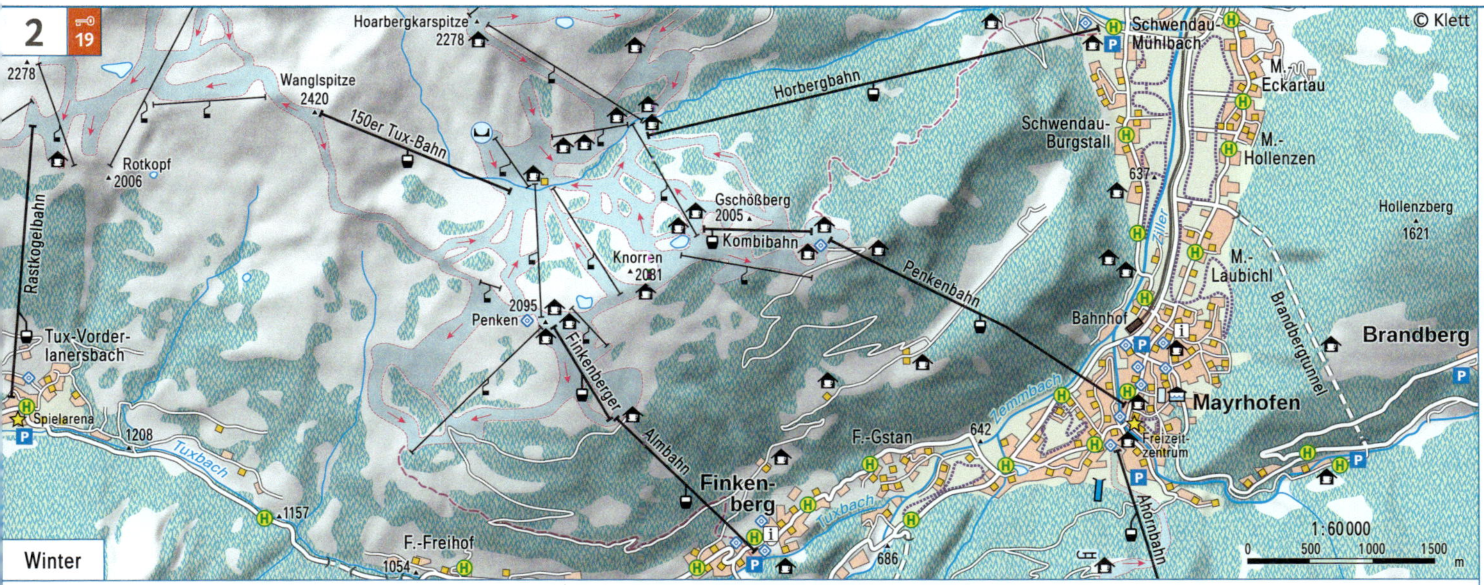

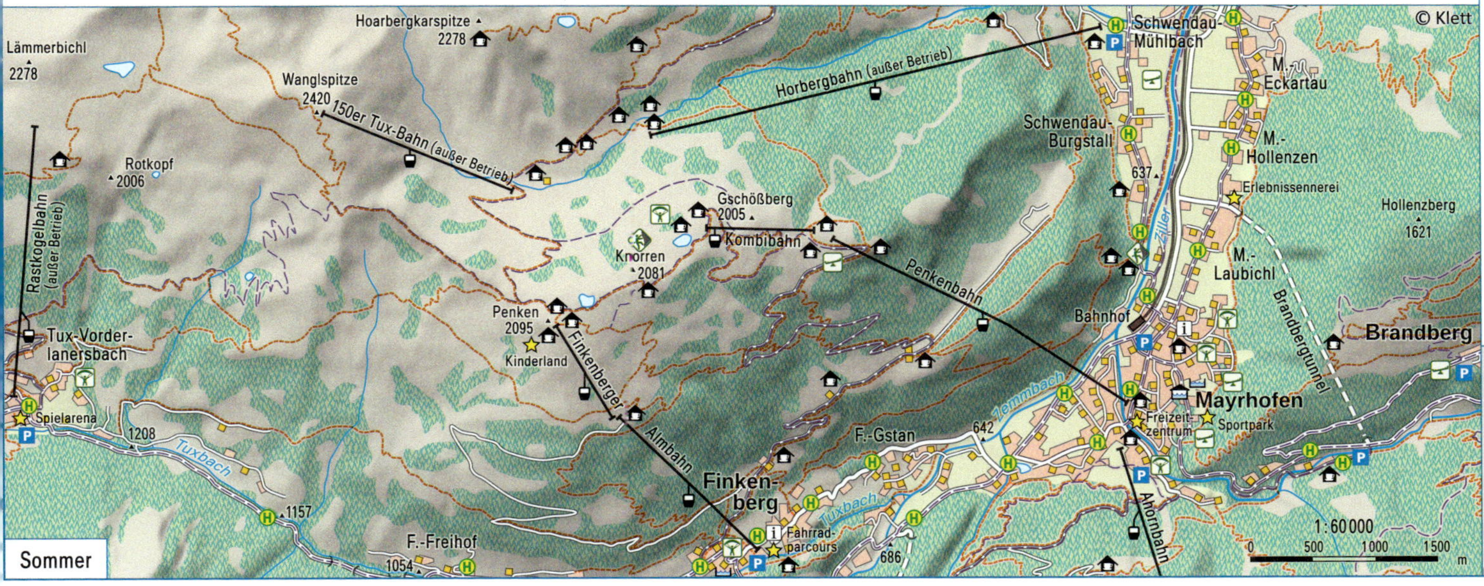

Landschaft und Bebauung
- Wald
- kahler Berghang
- flacher Talgrund
- Siedlungsfläche

Tourist. Einrichtungen
- Tourist-Information
- Erlebnisbad
- Bergrestaurant
- Gästeunterkunft
- Gondelbahn
- Ausflugsziel

Wintertourismus
- Ski-/Sessellift
- Skiabfahrt
- Skiroute
- Loipe
- Halfpipe
- Rodelbahn
- Eislaufplatz
- Sprungschanze
- Skiverleih, -schule

Sommertourismus
- Fahrradroute
- Berg-/Wanderroute
- Klettersteig
- Gleitschirmfliegen
- Spielplatz

Verkehr
- Parkplatz
- Bushaltestelle
- Bahnstrecke

3 Benidorm im Foto

1960

2024

4 Tourismus am Mittelmeer

Benidorm an der Costa Blanca in Spanien

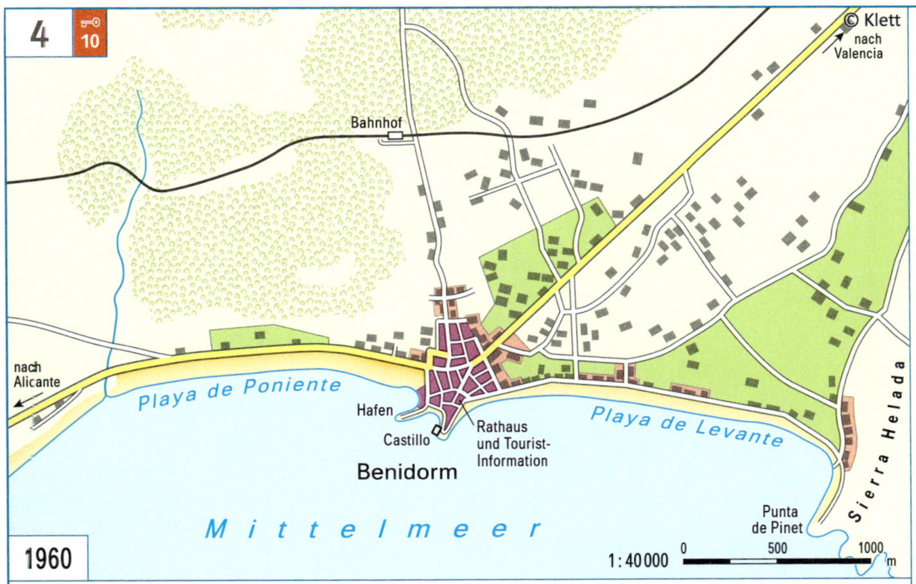

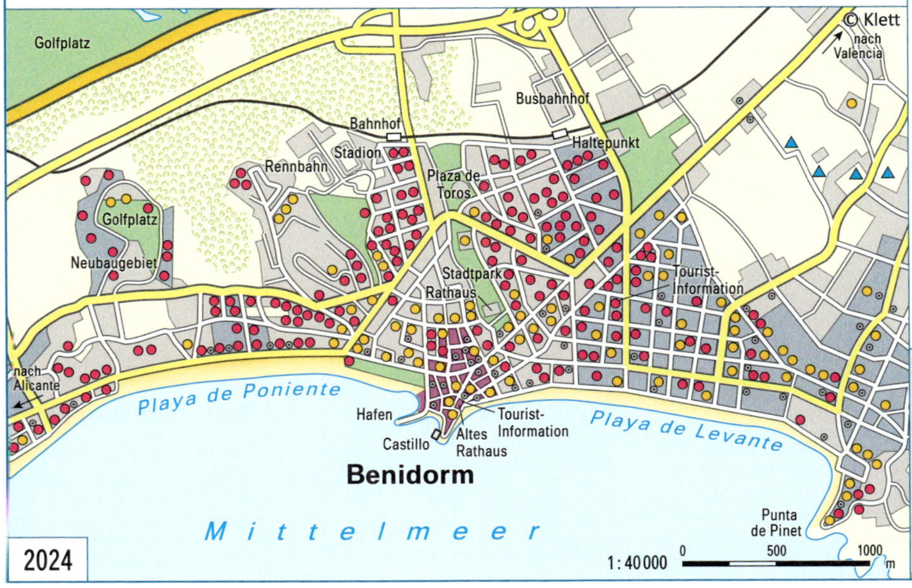

Bebauung
- alter Ortskern bis 1952
- erste Hotels und Pensionen
- Häuser außerhalb des Ortes
- geschlossene Bebauung
- vorwiegend Hochhäuser

Tourismus
- Hotelanlage
- Apartmenthaus
- Campingplatz
- Restaurant, Nachtlokal, Diskothek (in Auswahl)

Sonstige Flächennutzung
- Hartlaubgehölz
- Gärten (Huertas)
- Parkanlage
- Sandstrand

Verkehr
- Autobahn
- Hauptstraßen
- Nebenstraßen
- Bahnstrecke

W20
90.1 Overlay

1 (21)

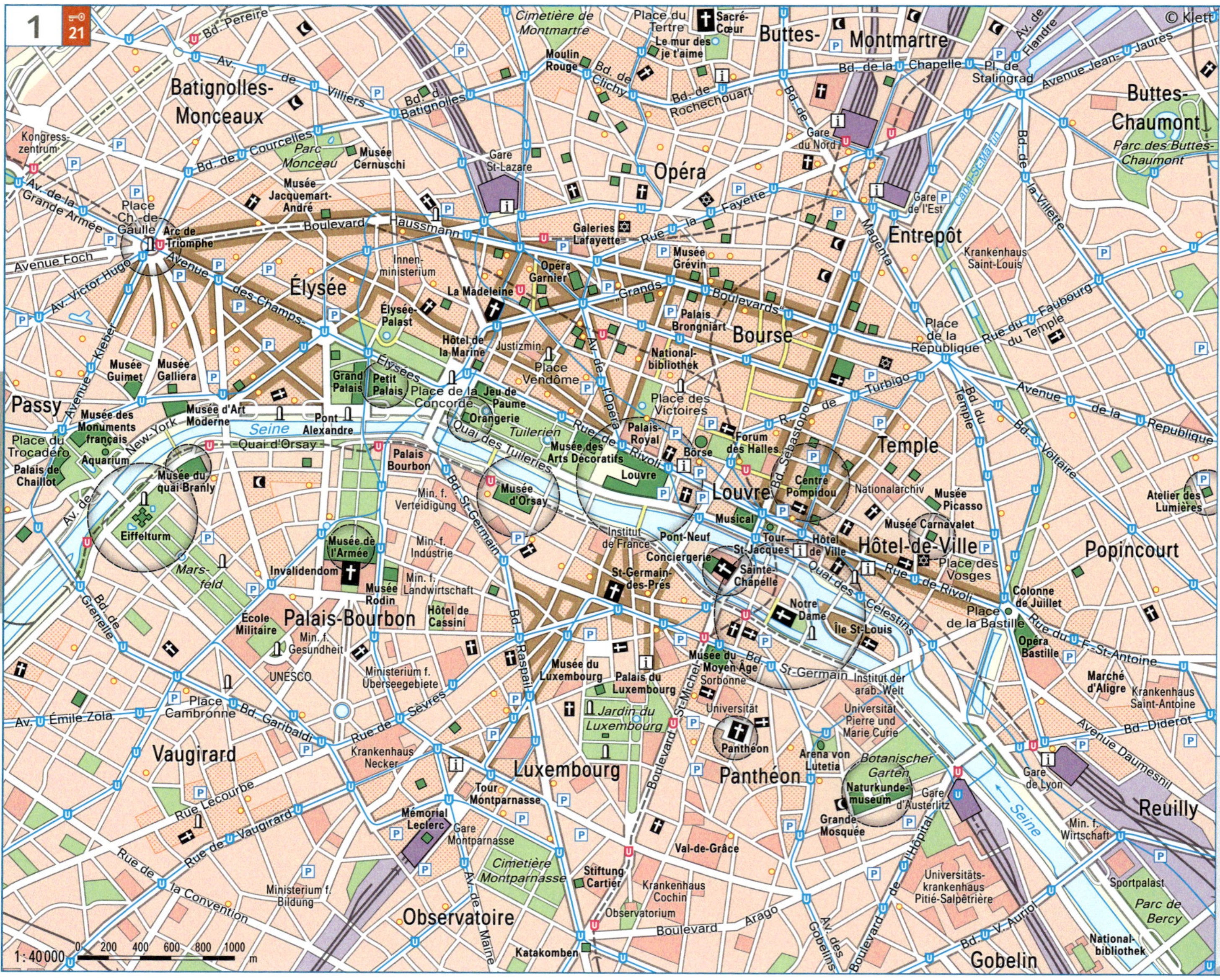

Stadttourismus in Paris

Touristische Ziele
- Haupteinkaufszentrum, Citybereich
- bedeutende Geschäftsstraße
- kulturelle Einrichtung
- Kirche, Kloster
- Moschee
- Synagoge
- Park, Grünanlage
- Denkmal
- Brunnen
- Tourist-Information
- Hotel (in Auswahl)

Besucherschwerpunkte (Besucher 2022, in Mio.)
11,0 – 7,5 – 5,0 – 2,5 – 1,0

Sonstige Flächen
- öffentliches Gebäude
- Wohnbebauung

Verkehr
- Bahnstrecke mit Bahnhof
- U-Schnellbahn mit Station
- U-Bahn mit Station
- Straßen
- Fußgängerzone
- Parkhaus

2

Nachhaltiger Naturtourismus

Wildnisqualität
- hoch
- mittel
- gering
- keine Daten

Die Wildnisbewertung erfolgte anhand von Bevölkerungsdichte, Geländezugänglichkeit, Verkehrsnetz und Natürlichkeit der Landbedeckung.

Besondere Gebiete (NE)
- nachhaltiges Schutzgebiet (ausgezeichnet)
- prämiertes Wildnisgebiet
- „Grünes Band"
- renaturiertes Gebiet

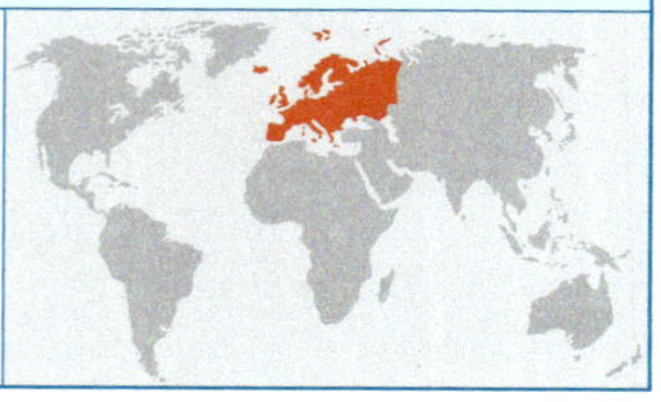

3 (38)

Nationalparke in Mitteleuropa Bayerischer Wald / Böhmerwald

Naturschutz
- Nationalpark
- Erweiterung gepl.
- Kernzone (Wegegebot)
- „Grünes Band"

Nationalpark-Infrastruktur (NE)
- Besucherzentrum
- NP-Infostelle
- Sehenswürdigkeit
- Wanderweg, z.T. Reitweg
- Feuerstelle
- Zeltplatz
- NP-Bahnhof
- Parkplatz

Sonstiger Verkehr
- Bahnstrecke
- Straße
- Grenzübergang
- Staatsgrenze

1

Entwicklung der Europäischen Union

Der Weg zur EU

- 1951 **Europäische Gemeinschaft für Kohle und Stahl** (EGKS) gegründet
- 1958 **Europäische Wirtschaftsgemeinschaft** (EWG) entsteht
- 1967 **Europäische Gemeinschaften** (EG) begründen gemeinsame Organe
- 1973 Erste Norderweiterung
- 1981 Erste Süderweiterung
- 1986 Zweite Süderweiterung
- 1990 Teilerweiterung (ehemalige DDR)
- 1993 **Europäische Union** (EU) entsteht als Staatenverbund
- 1995 Zweite Norderweiterung und Österreich
- 1995 Schengener Abkommen tritt in Kraft
- 2002 Euro-Bargeld wird eingeführt
- 2004 Erste Osterweiterung und Malta
- 2007 Zweite Osterweiterung
- 2013 Teilerweiterung (Kroatien)
- 2020 Austritt aus der EU

Staaten außerhalb der EU

- EU-Beitrittskandidat
- kein EU-Mitglied

JORD. JORDANIEN
LIE. LIECHTENSTEIN
LUX. LUXEMBURG
SLOW. SLOWENIEN
VAT. VATIKANSTADT

2 39

Währungsunion und Schengener Abkommen

Euro als gesetzliches Zahlungsmittel

Europäische Währungsunion (Euro-Raum)

- Bargeldeinführung 2002 (Gründungsmitglied)
- Bargeldeinführung nach 2002

Euronutzer

- Nicht-EU-Staat mit Euro

Staatsschulden in EU-Ländern (in % des Bruttoinlandsproduktes 2023)

- über 140
- 100 – 140
- 60 – 100
- 30 – 60
- unter 30

Schengener Abkommen

- Staaten ohne Personenkontrolle an gemeinsamen Grenzen (Schengen-Raum)

JORD. JORDANIEN
LIE. LIECHTENSTEIN
LUX. LUXEMBURG
SLOW. SLOWENIEN
VAT. VATIKANSTADT

I41
92.1 Karte in Ebenen

EINFÜHRUNG
DEUTSCHLAND
EUROPA
ASIEN
AFRIKA
AUSTRALIEN und POLE
AMERIKA
WELT
ANHANG

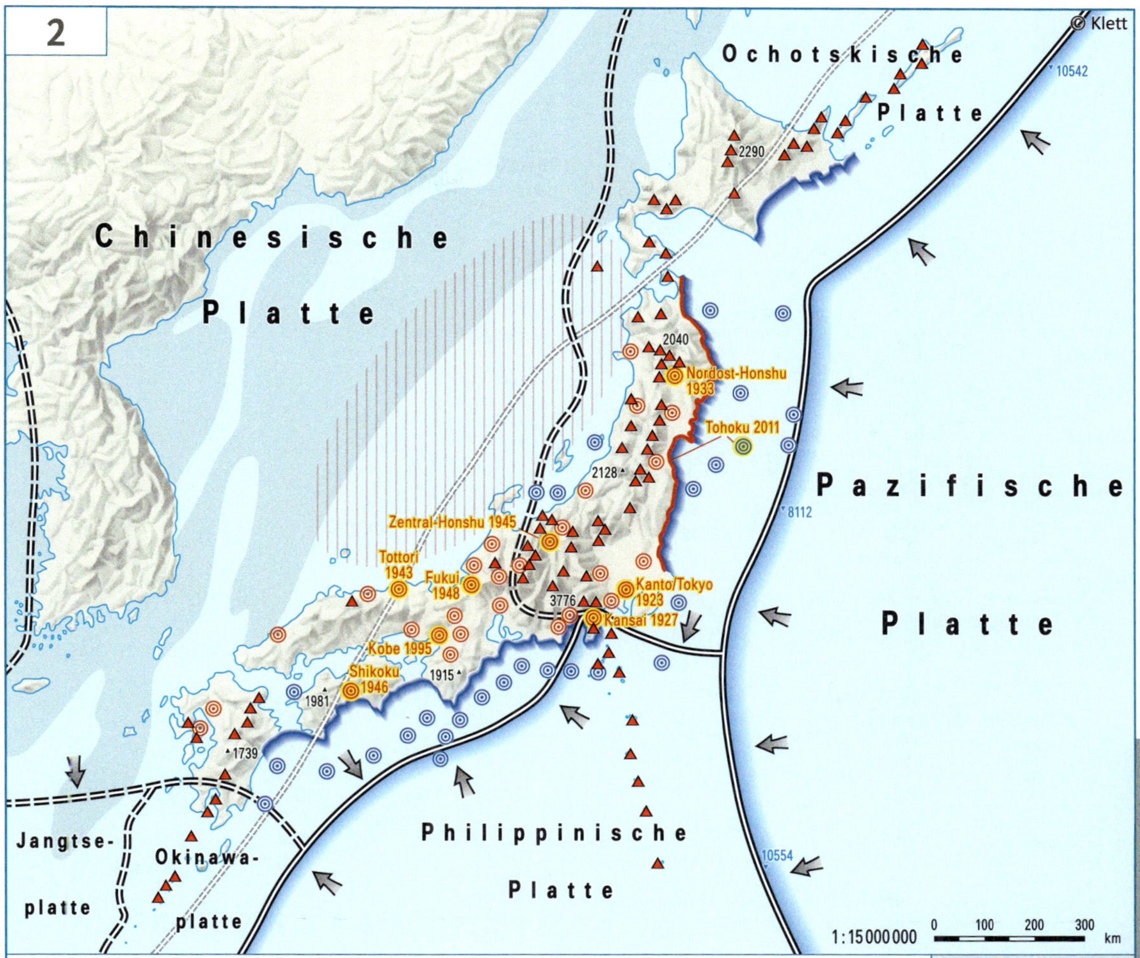

Tektonische Gefahren in Japan

Bewegung der Erdkruste
- Plattenrand mit Abtauchzone
- Plattenrand vermutet
- Bewegungsrichtung der Platten
- Dehnungsgebiet

vor 23 Mio. Jahren
- Landfläche
- Plattenrand

Vulkane, Erdbeben und Flutwellen
- aktiver Vulkan
- Zentrum eines starken Erdbebens
- Zentrum eines starken Seebebens
- durch Seebeben ausgelöste Flutwelle an der Küste (Tsunami)

Schwere Katastrophen (über 1000 Tote)
- Kobe 1995: betroffene Region und Jahr der Katastrophe
- Erdbeben
- Seebeben mit Tsunami

3 Schutzmaßnahmen vor Tsunamis im Foto

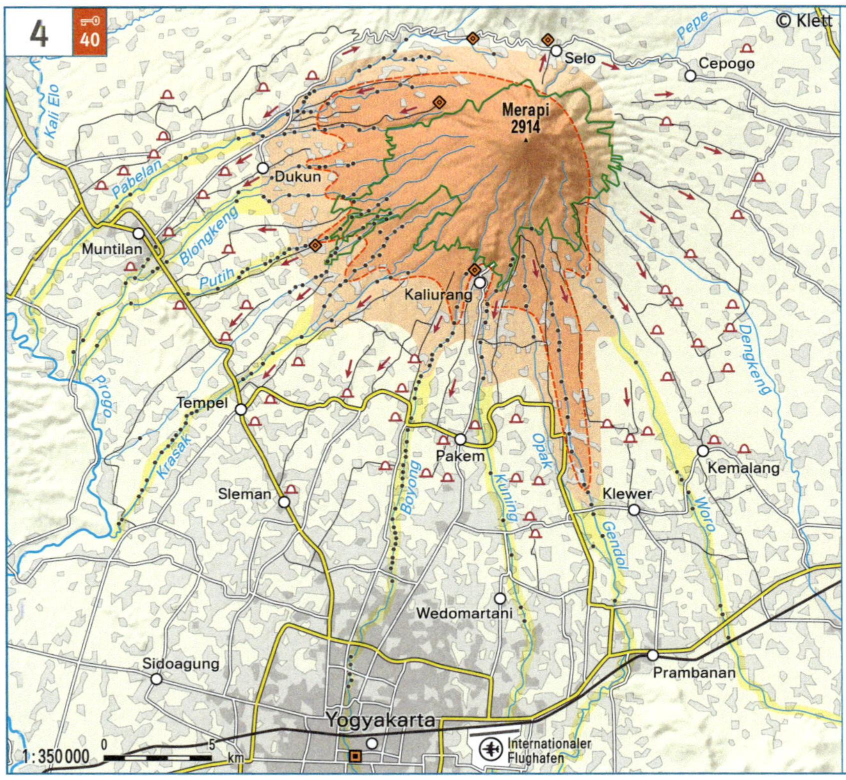

Schutzmaßnahmen am Merapi in Indonesien

Zonierung
- Nationalparkgrenze
- Sperrzone (Neuansiedlung verboten, Umsiedlung geplant)
- Gefahrenzone 1 (Gefährdung durch Glutlawinen und Aschebomben)
- Gefahrenzone 2 (Gefährdung durch Schuttströme)

Schutzvorkehrungen
- Geröllsperre
- Beobachtungsstation
- Observatorium (Warnzentrale)
- Evakuierungsrichtung
- Notunterkunft (Schutzbunker, z.T. mit medizinischer Versorgung)

Bevölkerung
- Siedlungsfläche
- hohe Bevölkerungsdichte

Verkehr
- Hauptstraße
- Straße
- Weg
- Bahnstrecke

→ s. ausklappbare Generallegende

D 66
94.1 Stumme Karte

EINFÜHRUNG
DEUTSCHLAND
EUROPA
ASIEN
AFRIKA
AUSTRALIEN und POLE
AMERIKA
WELT
ANHANG

1

Staaten

Staatsgrenze	JAPAN Staat
umstrittene Grenze, Waffenstillstandslinie	● Hauptstadt
	○ Regierungssitz

BOS. U. HERZ.	BOSNIEN UND HERZEGOWINA	KROAT.	KROATIEN	NIEDERL.	NIEDERLANDE	SLOW.	SLOWENIEN	D. VR. REP.	DEMOKRATISCHE VOLKSREPUBLIK
KOS.	KOSOVO	LUX.	LUXEMBURG	NM.	NORDMAZEDONIEN	TSCHECH.	TSCHECHIEN		
		MONT.	MONTENEGRO	ÖSTERR.	ÖSTERREICH	VAT.	VATIKANSTADT		

Hochwasser in Ostchina

Tropische Wirbelstürme
- typische Zugbahnen (Taifune)
- stark gefährdetes Gebiet

Überschwemmungen
- hohe Überschwemmungsgefahr
- Gefahr von Sturmfluten

Hochwasserschutz NE
- Staudamm
- Stausee mit Staudamm
- Flutauffangbecken
- Deich

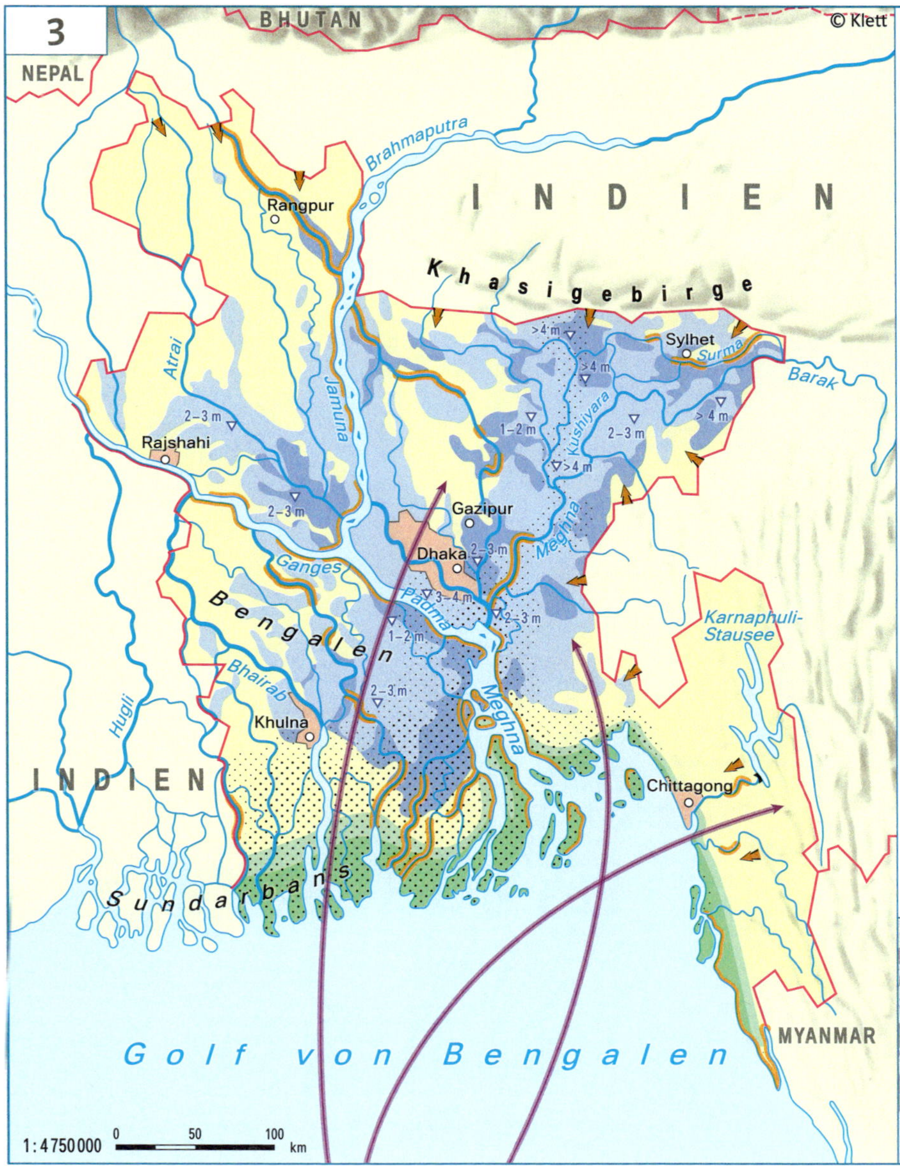

Hochwasser in Bangladesch

Überschwemmungen durch den Monsun
- Überflutung eines normalen Jahres
- Überflutung im Katastrophenjahr 2004
- 3–4 m Fluthöhen 2004
- Uferabtragungen
- Gefahr von Sturzfluten

Überschwemmungen durch Zyklone
Gefahr von Sturmfluten
- über 1 m
- unter 1 m
- typische Zugbahnen der Bengalenzyklone

Meeresspiegelanstieg
Gefährdete Landfläche
- bis 1 m Anstieg
- bis 3 m Anstieg

Siedlung
- Bebauung

1
04
IRLAND
VEREINIGTES KÖNIGREICH
Europäisches Nordmeer
NORWEGEN
Skandinavisches Gebirge
SCHWEDEN
FINNLAND
Nordsee
Ostsee
DÄNEMARK
NIEDERLDE.
BELG.
LUX.
FRANK-REICH
DEUTSCHLAND
SCHWEIZ
ÖSTERR.
TSCHECHIEN
POLEN
LITAUEN
LETTL.
ESTL.
BELARUS
UKRAINE
SLOWAK.
UNGARN
SLOW.
KROATIEN
BOS. U. HERZ.
SERBIEN
RUMÄNIEN
MOL.
BULGARIEN
Schwarzes Meer
TÜRKEI
GEORGIEN
ARM.
ASERB.
ZYPERN
LIBANON
SYRIEN
ISRAEL
JORDAN.
ÄGYPTEN
IRAK
SAUDI-ARABIEN
Arabische Halbinsel
KUWAIT
BAHRAIN
KATAR
IRAN
Hochland von Iran
Große Salzwüste
AFGHANISTAN
PAKISTAN
TURKMENISTAN
USBEKISTAN
KASACHSTAN
Kasachensteppe
Kasachische Schwelle
KIRGISISTAN
TADSCHIKISTAN
Kaspisches Meer
Kaspische Senke
Osteuropäisches Flachland
Nordrussischer Landrücken
Ural
Westsibirisches Tiefland
RUSS. FÖD.
Barentssee
Karasee
Nowaja Semlja
Spitzbergen (norw.)
Franz-Josef-Land
Bäreninsel (norw.)
Spitzbergen
Nordostland
Kap Kanin
Kolgujew-I.
Waigatsch-I.
H.-I. Kola
H.-I. Jamal
Karakorum
Hindukusch
Pamir
Tarimbecken
Taklamakan
Wüste Lut
Sefid Kuh
Elburs
Zagros-Geb.
Kaukasus
Pontisches Geb.
Karpaten
Alpen
Galway
Cork
Dublin
Belfast
Glasgow
Edinburgh
Aberdeen
Inverness
Liverpool
Manchester
Leeds
Birmingham
Sheffield
Coventry
Cardiff
Bristol
Plymouth
Southampton
London
Dover
Calais
Le Havre
Paris
Brüssel
Amsterdam
Den Haag
Rotterdam
Eindhoven
Düsseldorf
Köln
Dortmund
Hannover
Hamburg
Bremen
Berlin
Leipzig
Frankfurt
Nürnberg
Stuttgart
Straßburg
Zürich
Bern
München
Prag
Wien
Linz
Graz
Ljubljana
Zagreb
Rijeka
Budapest
Bratislava
Brünn
Kattowitz
Krakau
Breslau
Posen
Stettin
Danzig
Warschau
Lodz
Lublin
Rzeszów
Lemberg
Vilnius
Kaunas
Riga
Tallinn
Helsinki
Turku
Tampere
Vantaa
Oulu
Stockholm
Uppsala
Göteborg
Malmö
Kopenhagen
Oslo
Bergen
Stavanger
Trondheim
Bodø
Narvik
Tromsø
Hammerfest
Nordkap
Kiruna
Luleå
Umeå
Vaasa
Rovaniemi
Murmansk
Petschenga
Kirowsk
Belomorsk
Archangelsk
Sewerodwinsk
Petrosawodsk
St. Petersburg
Nowgorod
Pskow
Moskau
Twer
Jaroslawl
Rybinsk
Wologda
Kostroma
Iwanowo
Wladimir
Kowrow
N. Nowgorod
Kasan
Tscheboksary
Uljanowsk
Samara
Toljatti
Saratow
Pensa
Tambow
Lipezk
Woronesch
Kursk
Orel
Brjansk
Kaluga
Tula
Rjasan
Smolensk
Minsk
Homel
Kyjiw
Charkiw
Dnipro
Saporischschja
Donezk
Luhansk
Odessa
Mikolajiw
Rostow
Wolgograd
Astrachan
Krasnodar
Noworossijsk
Sotschi
Stawropol
Grosny
Machatschkala
Derbent
Tiflis (Tbilissi)
Eriwan
Baku (Bakı)
Sumgait
Trabzon
Erzurum
Samsun
Ankara
Istanbul
Izmir
Bursa
Konya
Kayseri
Adana
Antalya
Mersin
Gaziantep
Diyarbakır
Nikosia
Aleppo
Homs
Beirut
Damaskus
Tel Aviv-J.
Amman
Bagdad
Mosul
Basra
Kuwait
Riad
Medina
Mekka
Dschidda
Manama
Doha
Abu Dhabi
Dubai
Teheran
Täbris
Isfahan
Schiras
Kerman
Meschhed
Zahedan
Bandar Abbas
Aşgabat
Türkmenbaşy
Mary
Buchara
Samarkand
Taschkent
Duschanbe
Bischkek
Almaty
Osch
Kabul
Herat
Kandahar
Peshawar
Rawalpindi
Islamabad
Lahore
Faisalabad
Multan
Quetta
Srinagar
Amritsar
Astana
Qaraghandy
Pawlodar
Semei
Öskemen
Qostanai
Aqtöbe
Oral
Atyrau
Aqtau
Aral
Orenburg
Orsk
Magnitogorsk
Tscheljabinsk
Jekaterinburg
Perm
Ufa
Tjumen
Omsk
Nowosibirsk
Surgut
Chanty-Mansijsk
Salechard
Workuta
Petschora
Uchta
Syktywkar
Kirow
Nowy Urengoi

→ s. ausklappbare Generallegende

1
KASACHSTAN
USBEKISTAN
TURKMENISTAN
KIRGISISTAN
TADSCHIKISTAN
AFGHANISTAN
IRAN
PAKISTAN
INDIEN
NEPAL
BHUTAN
BANGLADESCH
MYANMAR
SRI LANKA
MALEDIVEN
OMAN
MONGOL
CHI
Kaspisches Meer
Aralsee
Balchaschsee
Issykköl
Arabisches Meer
Golf von Bengalen
Golf v. Oman
Lakkadivensee
Andamanensee
Golf von Martaban
INDISCHER OZEAN
Tarim becken
Wüste Taklamakan
Kunlun Shan
Tibet
Himalaya
Karakorum
Hindukusch
Pamir
Tian Shan
Altun Shan
Tanggula Shan
Hengduan Shan
Nan Shan
Bayan Har Shan
Mongolischer Altai
Changai-Geb.
Gobi-Altai
Dsungarei
Tarbagatai
Hochland von Iran
Große Salzwüste
Wüste Lut
Elburs
Kopet-Dag
Sefid-Kuh
Suleiman-Geb.
Belutschistan
Industiefland
Thar
Pandschab
Gangestiefland
Vindhyagebirge
Satpuragebirge
Hochland von Dekkan
Westghats
Ostghats
Malabarküste
Koromandelküste
Chota Nagpur
Arakan-Geb.
Shan-plateau
H.-I. Malakka
Andamanen (ind.)
Nikobaren (ind.)
Lakkadiven (ind.)
Tschagos-In. (brit.)
Kokos-In. (myanm.)
Mentawai-Inseln
Kap Comorin
Äquator
Mount Everest 8849
K2 8611
Nanga Parbat 8126
Annapurna 8091
Baku
Aschgabat
Taschkent
Bischkek
Duschanbe
Kabul
Islamabad
Rawalpindi
Lahore
Karachi
Delhi
New Delhi
Kathmandu
Thimphu
Dhaka
Kolkata (Kalkutta)
Mumbai (Bombay)
Bengaluru
Chennai (Madras)
Hyderabad
Colombo
Sri Jayewardenepura
Male
Rangun (Yangon)
Mandalay
Almaty (Alma Ata)
Ürümqi
Lhasa
Xining
Teheran
Kandahar
Herat
Quetta
Multan
Jaipur
Agra
Kanpur
Lakhnau
Varanasi
Patna
Nagpur
Pune
Surat
Ahmadabad
Kozhikode
Madurai
Vishakhapatnam
Chittagong
Port Blair
Banda Aceh
Medan
70° östliche Länge von Greenwich

© Klett
1:20 000 000
0 100 200 500 km
Honshu
Japanisches Meer (Ostmeer)
D. VR. KOREA
REP. KOREA
JAPAN
PAZIFISCHER OZEAN
Mongolei
Mandschurei
Gelbes Meer
Ostchinesisches Meer
Südchinesisches Meer
Südchinesisches Bergland
Große Ebene
Qin Ling
Daba Shan
Taihang Shan
Ordosplateau
Tschoibalsan
Baruun-Urt
Öndörchaan
Arxan
Baicheng
Jilin
Changchun
Siping
Tongliao
Tieling
Shenyang
Fushun
Benxi
Fuxin
Chifeng
Erenhot
Dandong
Anshan
Jinzhou
Huludao
Qinhuangdao
Peking (Beijing)
Tangshan
Tianjin
Dalian
Baotou
Hohhot
Zhangjiakou
Datong
Baoding
Shijiazhuang
Taiyuan
Handan
Jinan
Zibo
Qingdao
Weifang
Yantai
Weihai
Rizhao
Lianyungang
Linyi
Xuzhou
Zhengzhou
Kaifeng
Luoyang
Xi'an
Baoji
Nanyang
Xiangyang
Huainan
Hefei
Nanjing
Wuxi
Suzhou
Shanghai
Hangzhou
Ningbo
Wuhu
Anqing
Wuhan
Yichang
Shiyan
Jingzhou
Yiwu
Jinhua
Wenzhou
Nanchang
Changsha
Yueyang
Changde
Chongqing
Nanchong
Luzhou
Guiyang
Zunyi
Duyun
Hengyang
Zhuzhou
Xiangtan
Shaoyang
Ganzhou
Fuzhou
Putian
Quanzhou
Xiamen
Zhangzhou
Shantou
Jieyang
Meizhou
Guilin
Liuzhou
Guangzhou
Foshan
Dongguan
Shenzhen
Hongkong (Xianggang)
Macao (Aomen)
Nanning
Maoming
Zhanjiang
Yulin
Beihai
Haikou
Hainan
Sanya
Dongfang
Wladiwostok
Nachodka
Yanji
Cheongjin
Hamheung
Pjöngjang (P'yŏngyang)
Seoul (Sŏul)
Incheon
Daegu
Daejeon
Ulsan
Busan
Gwangju
Changweon
Jejudo (kor.)
Akita
Sendai
Yamagata
Niigata
Fukushima
Iwaki
Sado
Utsunomiya
Saitama
Tokyo (Tōkyō)
Maebashi
Nagano
Chiba
Yokohama
Kanazawa
Fudschijama 3776
Nagoya
Kyoto
Kobe
Osaka
Okayama
Hiroshima
Shikoku
Matsuyama
Kochi
Kitakyushu
Fukuoka
Oita
Kumamoto
Nagasaki
Miyazaki
Kagoshima
Kyushu
Osumi-In.
Oki-In.
Korea-Str.
Bonin-In. (jap.)
Vulkan-In. (jap.)
nördlicher Wendekreis
Amami-In.
Okinawa-I.
Naha
Ryukyu-In.
Satsunan-In.
Senkaku-In.
Sakishima-In.
Taipeh
Jilong
Taoyuan
Taitschung
Taiwan
Tainan
Kaohsiung
Taitung
Taiwan-Str.
Bashi-Str.
Batan-In.
Luzon-Str.
Babuyan-In.
Dongsha (chin.)
Nördliche Marianen (USA)
Marianen
Agrihan
Pagan
Alamagan
Anatahan
Saipan
Rota
Hagåtña
Guam (USA)
MIKRONESIEN
Mikronesien
Ulithi-Atoll
Woleai-Atoll
Yap-In.
Sorol-Atoll
Karolinen
Ngerulmud
Palau-In.
PALAU
Melanesien
PHILIPPINEN
Luzon
Laoag
Aparri
Tuguegarao
San Fernando
Dagupan
Baguio
Cabanatuan
Tarlac
Pinatubo
Quezon City
Manila
Batangas
Lucena
Legaspi
Mindoro
Calbayog
Samar
Masbate
Roxas
Tacloban
Leyte
Panay
Iloilo
Bacolod
Cebu
Bohol
Negros
Dumaguete
Butuan
Cagayan de Oro
Dipolog
Iligan
Davao
Apo
Cotabato
General Santos
Mindanao
Zamboanga
Basilan
Jolo
Sulu-Archipel
Calamian-In.
Palawan
Puerto Princesa
Sulusee
Balabac-Str.
Spratly-In.
Paracel-In.
Talaud-In.
Sangihe-In.
Celebessee
Lao Cai
Hanoi (Hà Nôi)
Haiphong
Thai Nguyen
Nam Dinh
Thanh Hoa
Vinh
Golf v. Tonking
Tonking
Hue
Da Nang
Savannakhet
Pakse
Qui Nhon
Pleiku
VIETNAM
KAMBODSCHA
Siem Reap
Tonle Sap
Buon Ma Thuot
Nha Trang
Da Lat
Phan Rang-Thap Cham
Phnom Penh (Phnum Pénh)
Ho-Chi-Minh-Stadt (Saigon)
Phan Thiet
Vung Tau
Mekong
Long Xuyen
Can Tho
Ca Mau
Kap Ca Mau
MALAYSIA
Kota Baharu
Kuala Terengganu
Kuantan
Kuala Lumpur
Melaka
Johor Baharu
Natuna-Inseln
Anambas-In.
Riau-In.
Batam
Tanjung Pinang
Lingga-In.
Jambi
Bangka
Pangkal Pinang
Belitung
Palembang
Bandar Lampung
Jakarta
Bekasi
Bogor
Bandung
Serang
Krakatau
Cirebon
Semarang
Surabaya
Surakarta
Yogyakarta
Merapi
Semeru
Malang
Jember
Cilacap
Madura
Bali
Denpasar
Lombok
Mataram
Sumbawa
Bima
Flores
Ende
Sumba
Sawu-In.
Roti
Kupang
Timor
Dili
TIMOR-LESTE
Alor
Wetar
Lembata
Kleine Sunda-Inseln
Große Sunda-Inseln
Javasee
Java
Kangean-In.
Timorsee
Kota Kinabalu
Kinabalu
Sandakan
Tawau
Tarakan
Bandar Seri Begawan
BRUNEI DARUSSALAM
Miri
Bintulu
Sibu
Kuching
Bandar Sri Aman
Pontianak
Borneo (Kalimantan)
Kapuas
Samarinda
Balikpapan
Nusantara
Palangka Raya
Banjarmasin
Amuntai
Laut
Karimata-Str.
Makassar-Str.
Sulawesi (Celebes)
Manado
Gorontalo
Golf v. Tomini
Palu
Poso
Palopo
Kendari
Golf v. Tolo
Peleng
Parepare
Makassar (Ujung Pandang)
Bau-Bau
Buton
Tukangbesi-In.
Selayar-In.
INDONESIEN
Molukkensee
Molukken
Morotai
Halmahera
Sofifi
Bacan-In.
Obi
Sula-In.
Buru
Seram
Ambon
Seramsee
Bandasee
Banda-In.
Waigeo
Sorong
Misool
Vogelkopf-H.-I.
Bintuni-B.
Fakfak
Biak
Yapen
Cenderawasihbucht
Kap d'Urville
Jayapura
Aitape
Maokegebirge
Puncak Jaya 4884
Wamena
Neuguinea
Kokenau
Tanahmerah
Digul
Merauke
Yos Sudarso
Kap Vals
Aru-In.
Kai-In.
Tanimbar-In.
Saumlaki
Babar-In.
Romang
Moa
Arafurasee
Wessel-In.
Carpentariagolf
Groote Eylandt
Wellesley-In.
Melville-I.
Bathurst-I.
Darwin
Arnhemland
Katherine
Normanton
AUSTRALIEN

W21 100.2 Overlay
D67 100.2 Fotos

EINFÜHRUNG
DEUTSCHLAND
EUROPA
ASIEN
AFRIKA
AUSTRALIEN und POLE
AMERIKA
WELT
ANHANG

1 Westasien Physische Karte

2 Mount Everest im Himalaya

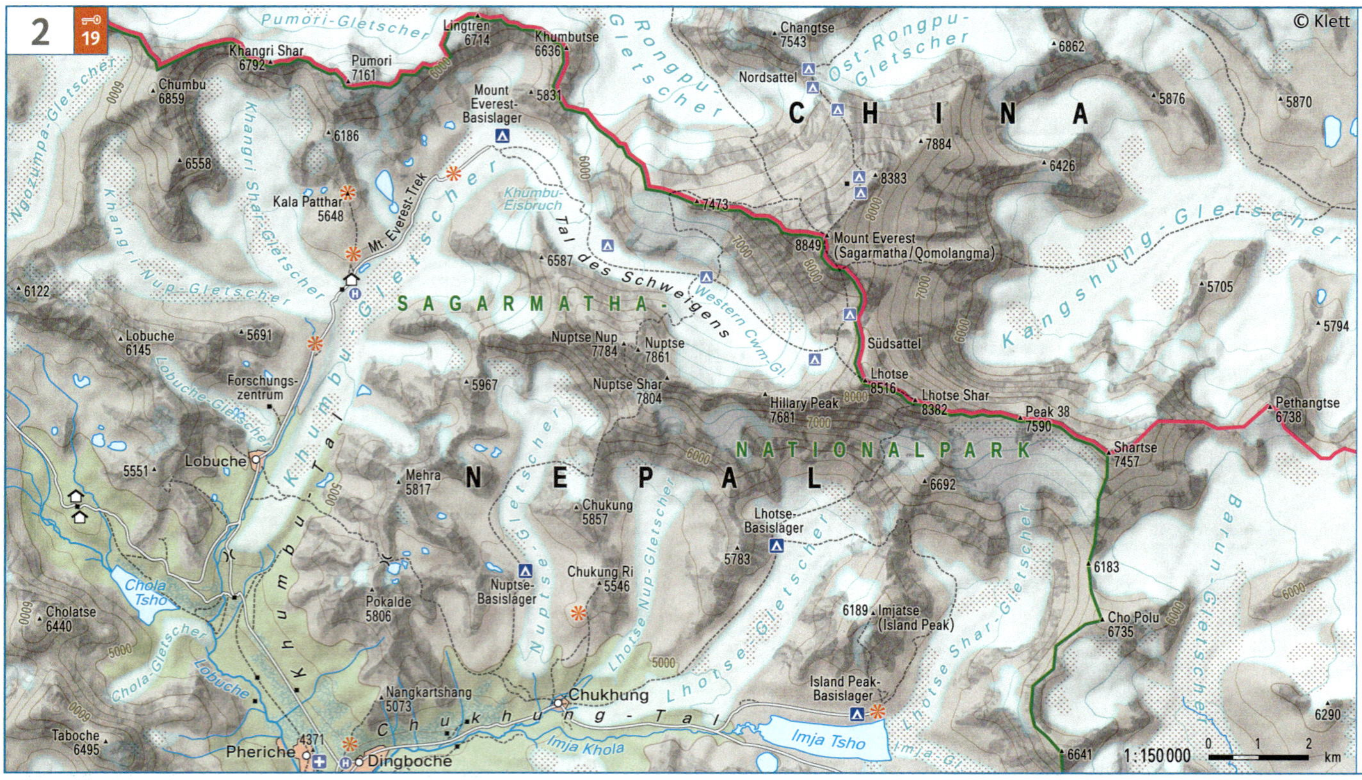

Mount Everest im Himalaya

Hochgebirgslandschaft
- Felsregion
- Hochtal
- Bergtundra
- Gletscher
- Bereich starker Gletscherschmelze
- See
- Fluss
- 1000 m-Höhenlinie
- 250 m-Höhenlinie

Siedlung und Verkehr
- Ortschaft
- lockere Ansiedlung
- medizinische Versorgungsstation
- Hubschrauberlandeplatz
- Piste, Weg unbefestigt
- Pass

Tourismus
- Schutzhütte
- Basislager
- Zeltlager
- beliebter Aussichtspunkt
- Bergpfad, Expeditionsroute (in Auswahl)

Grenzen
- Staatsgrenze
- Nationalparkgrenze

→ s. ausklappbare Generallegende

Bevölkerungsentwicklung in China und Indien

Regionale Veränderungen 2013 – 2023 (in %)

- über 15
- 10 – 15
- 5 – 10
- -5 – 5
- unter -5

Entwicklung und Prognose in den Staaten

1960, 1980, 2000, 2020, 2040, 2060

1 mm Säulenhöhe ≙ 100 Mio. Einw.

1,5 Mrd. Einwohner; 1,0; 0,5

Verstädterung in China und Indien

Stadtbevölkerung
Anteil an der Gesamtbevölkerung (2023, in %)

- über 75
- 60 – 75
- 45 – 60
- 30 – 45
- unter 30

Städte und Ballungsräume (Einw. 2020)

- 20 über 15 Mio.
- 10 – 15 Mio.
- 5 – 10 Mio.
- 1 – 5 Mio.
- unter 1 Mio. (in Auswahl)

Stadtwachstum
Veränderung von 1970 zu 2020 im Vergleich

- über 20-mal so groß
- 10 – 20-mal so groß
- 5 – 10-mal so groß
- 2 – 5-mal so groß

Global City Singapur

- Staatsgrenze

Finanz- und Handelszentrum

- Banken und Finanzdienstleistungen
- Einkaufszentrum

Bildung und Hochtechnologie

- Wissenschafts- und Technologiepark (Medizin-, Bio- und Informationstechnologie)
- Universität

Industrie

- Maschinen, Elektronik
- Chemie

Verkehr

- Internationaler Flughafen
- regionaler Flughafen
- Militärflughafen
- Seehafen, Containerhafen
- Autobahn (Expressway)
- Straße
- Bahnstrecke mit Bahnhof
- Schnellbahn (MRT) mit Endhaltestelle
- Schnellbahn im Bau

Wohngebiete

- überwiegend moderne Wohnblocks
- Einkaufszentrum

Tourismus und Erholung

- Sehenswürdigkeit
- Park, Sportanlage
- Golfplatz
- Jachthafen
- Wald
- Schutzgebiet, Sperrgebiet

EINFÜHRUNG
DEUTSCHLAND
EUROPA
ASIEN
AFRIKA
AUSTRALIEN und POLE
AMERIKA
WELT
ANHANG

Aralsee in Zentralasien

Vegetation und Gewässer
- Halbwüste
- Sandwüste
- Steppe
- Salzsumpf, Salzwüste
- Steilhang
- trockenes Flussbett
- Süßwassersee
- Salzwassersee mit Salzgehalt (in g/l)
- Küstenverlauf des Aralsees 1960

Landnutzung und Folgeschäden
- Bewässerungsland mit Bodenversalzung
- Entwässerungskanal
- Auffangbecken für Salzwasser
- trockengefallenes Flussdelta
- Sand- und Salzverwehung

Bergbau und Industrie
- Erdgas
- Erdgaspipeline
- Salze
- Wasserkraftwerk
- Maschinenbau
- Elektrotechnik
- Baumwollverarbeitung
- Textilien, Bekleidung
- Baustoffe
- Fischanlandung
- Fischverarbeitung
- Lebensmittel

Verkehr und Grenzen
- Bahnstrecke
- Straße, Piste
- Staatsgrenze

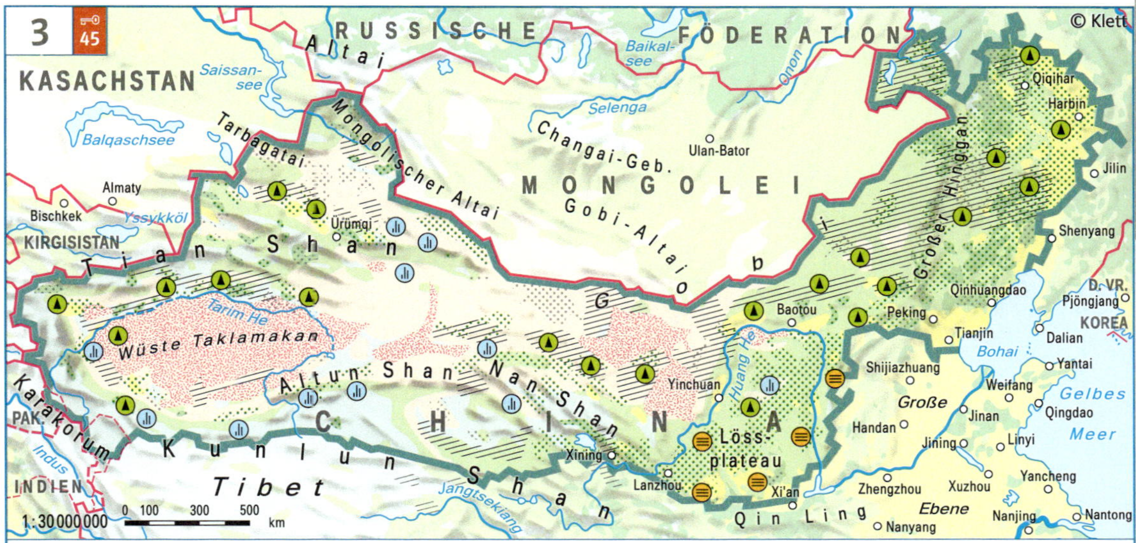

Große Grüne Mauer in Nordchina

Gefährdung der Lebensgrundlagen
- Gebiete mit verstärkter Wüstenbildung
- Rückgang der Vegetation seit 2001

Projekt „Große Grüne Mauer" seit 1978 NE
- Grenze des Projektgebiets

Aufforstungsziele
- Windschutzstreifen
- Aufforstung (Boden- und Gewässerschutz)
- Busch- und Waldanpflanzungen (Schutz des Acker- und Weidelands)
- Zunahme der Vegetation seit 2001

Landschaften
- Wanderdünen
- Wüste, Halbwüste
- Hochgebirgs-vegetation
- Steppe
- Wald

Kulturland
- Acker- und Bewässerungsland

Städte
- über 1 Mio. Einwohner (Auswahl)

Regenwald auf Borneo

Naturlandschaft
- intakter tropischer Regenwald
- intakter Sumpfwald

Waldnutzung
- Brandrodungsfeldbau
- Wirtschaftswald
- Tropenholz

Landwirtschaft
- offene Flächen
- zerschnittener Wald
- Ölpalmen
- Kautschuk

Naturschutzgebiete NE
- Erhaltung der Vielfalt der Tier- und Pflanzenwelt
- grenzüberschreitender Schutz tropischer Wälder

I43
104.1 Karte in Ebenen

1

Landwirtschaft

Kulturland
- Ackerland
- Bewässerungsland
- Wald
- Savanne
- Steppe
- sonstige offene Landschaft
- extensive Viehhaltung

Viehhaltung
- Rinder
- Schweine
- Schafe
- Hühner

Anbauflächen (globale Schwerpunkte)

Weizen	Soja	Raps	Zitrusfrüchte	Knollenfrüchte	Ölpalmen
Mais	Hülsenfrüchte	Sonnenblumen	Erdnüsse	Zuckerrohr	Kautschuk
Reis	Nüsse	Tabak	Tee	Kokospalmen	Jute
Hirse	Wein	Oliven	Baumwolle	Kaffee	
Gemüse	Zuckerrüben	Dattelpalmen	Bananen	Kakao	
Obst	Kartoffeln	Hanf	Ananas	Gewürze	

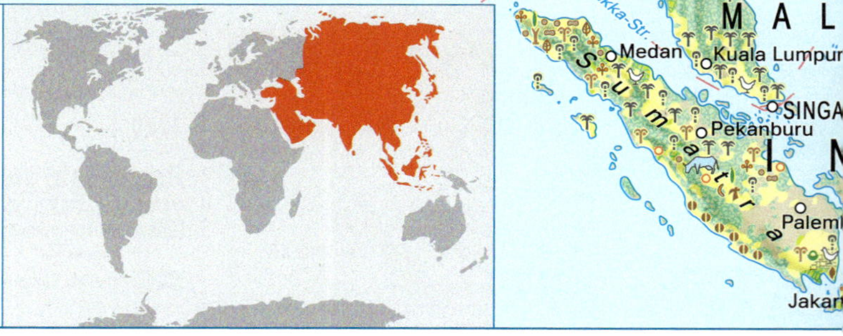

2

Landwirtschaft in China

- weitgehend ungenutzt (Hochgebirge, Wüste)
- Weidewirtschaft (Schafe, Ziegen, Rinder)
- Oasenkulturen (Weizen, Mais, Baumwolle)
- Trockenfeldanbau mit Brache (Kartoffeln, Gerste, Weizen)
- intensiver Trockenfeldanbau (Hirse, Weizen, Mais, Soja, Zuckerrüben)
- Trockenfeldanbau mit Zusatzbewässerung (Weizen, Mais, Soja, Baumwolle, Erdnüsse)
- Nassfeldanbau (bis zu 2 Reisernten, 2–3 Weizenernten, Raps, Mais, Tee, Süßkartoffeln)
- Nassfeldanbau (3 Reisernten, Erdnüsse, Zuckerrohr, tropische Früchte)

3

Landwirtschaft in Indien

Kulturland
- Ackerland
- Bewässerungsland

Grüne Revolution
- Schwerpunkte der Modernisierung der Landwirtschaft

Klimatische Bedingungen und Risiken
- Trockengrenze des natürlichen Anbaus
- dürregefährdete Gebiete
- Überschwemmungsgefahr

Schädigung der Ackerböden
- Wüstenbildung und Bodenabtragung

Naturräume
- Hochgebirgsregion
- Halbwüste, Wüste
- Steppe, Savanne
- Wald, feuchter Monsunwald

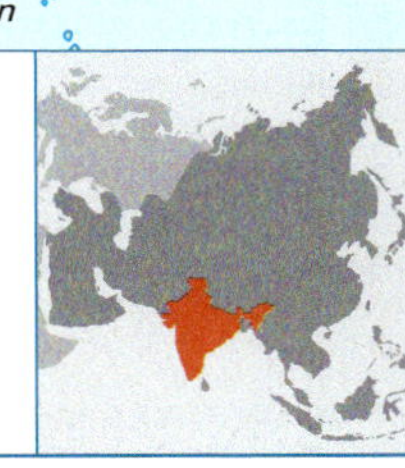

I44
106.1 Karte in Ebenen

EINFÜHRUNG
DEUTSCHLAND
EUROPA
ASIEN
AFRIKA
AUSTRALIEN und POLE
AMERIKA
WELT
ANHANG

1 47

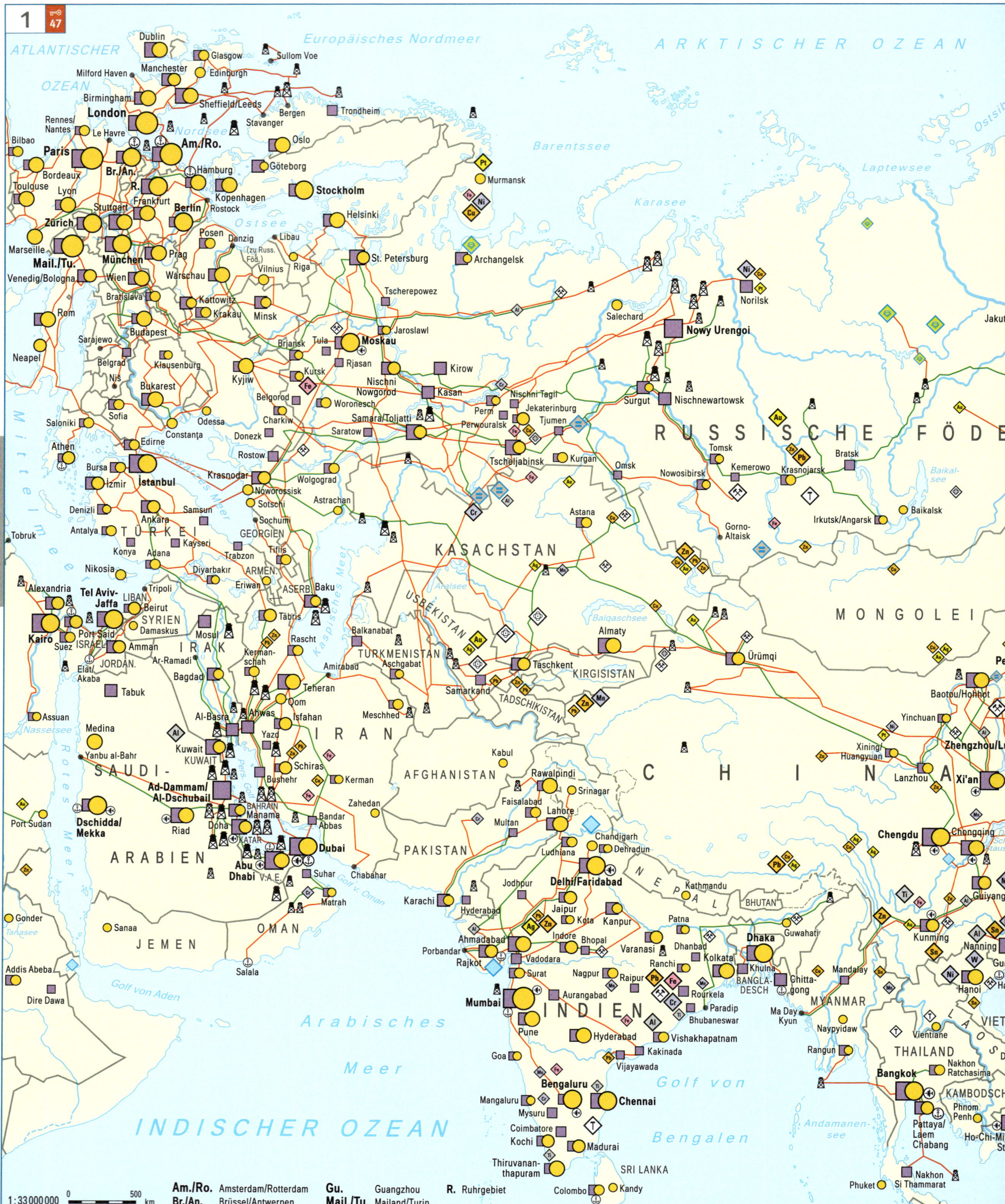

1 : 33 000 000 0 500 km

Am./Ro. Amsterdam/Rotterdam **Br./An.** Brüssel/Antwerpen **Gu.** Guangzhou **Mail./Tu.** Mailand/Turin **R.** Ruhrgebiet

Wirtschaft

Wirtschaftszentrum
- Industrie (Produktion, Bergbau, Bau)
- Dienstleistung (Handel, Finanzwirtschaft, Transport, Tourismus, Information, Verwaltung, Bildung, Gesundheit)
- Flughafen
- Seehafen

Energierohstoffe
- Steinkohle
- Braunkohle
- Uran
- Erdöl
- Erdgas
- Erdölpipeline
- Erdgaspipeline

Mineralische Rohstoffe

Eisen und Stahlveredler
- Eisenerz
- Chrom
- Mangan
- Nickel
- Wolfram

Leichtmetalle
- Bauxit (Aluminium)
- Titan

Buntmetalle
- Blei
- Kupfer
- Zink
- Zinn

Edelmetalle
- Gold
- Silber
- Platin

Sonstige Minerale
- Diamanten
- Salz (Kali-, Steinsalz)
- Asbest

Die Größe der Signatur entspricht der Bedeutung des Standorts.

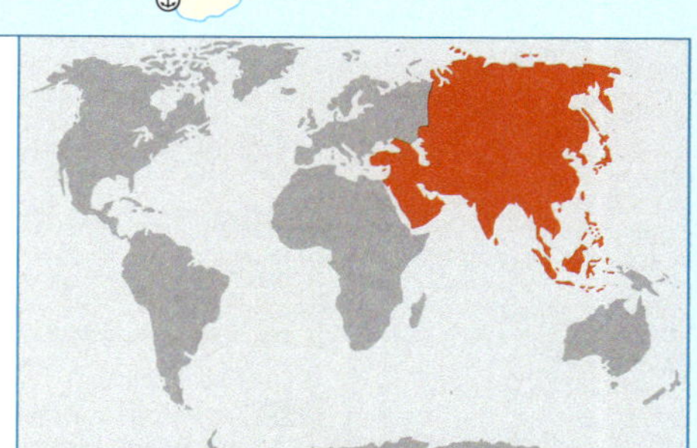

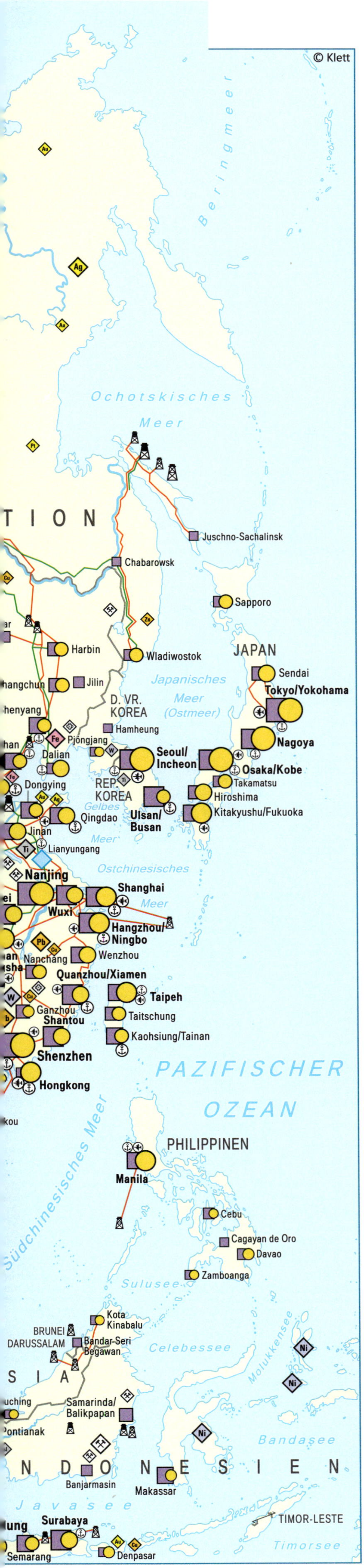

2 Wirtschaftszentrum Shenzhen in China

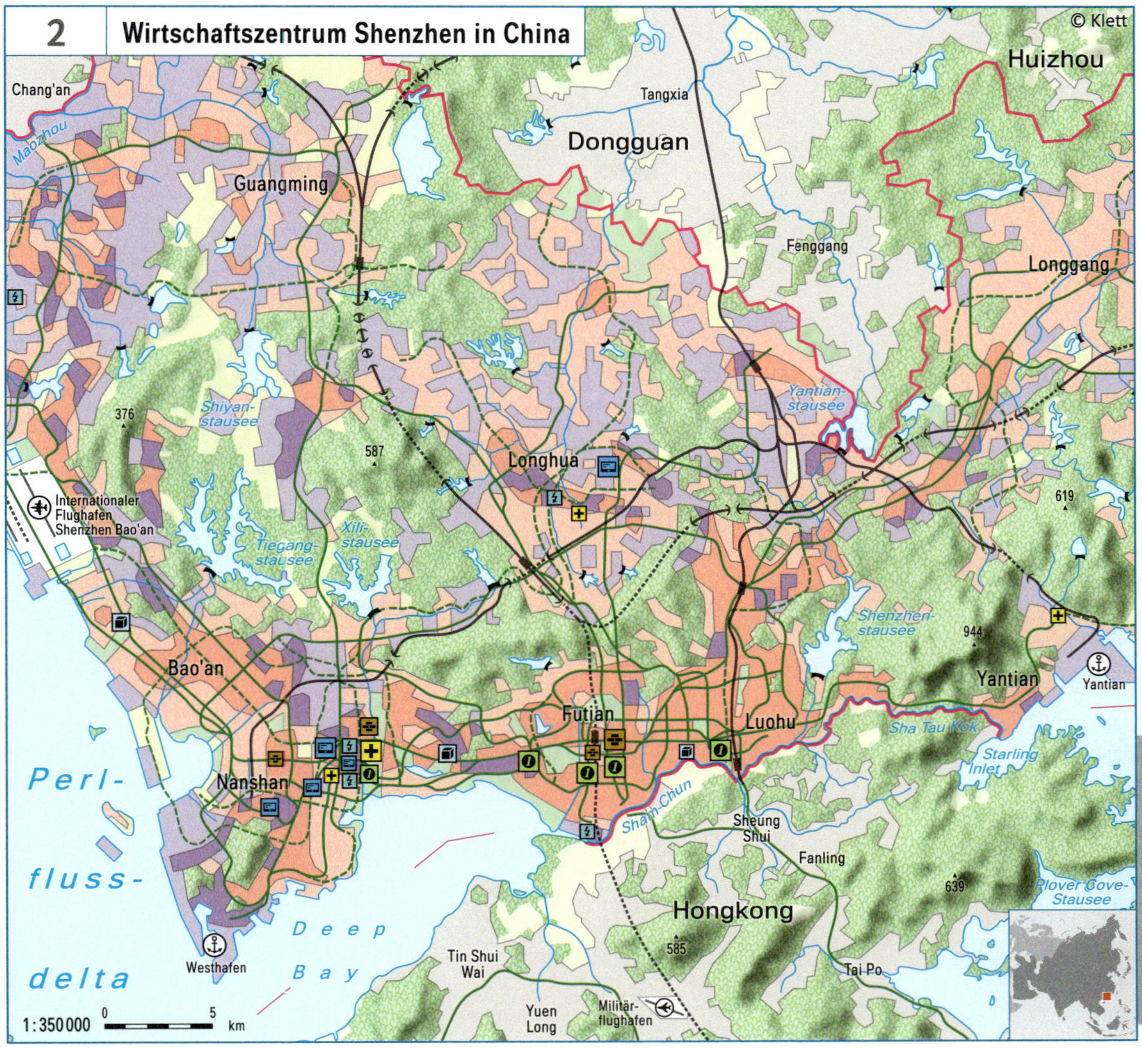

Wirtschaftszentren Shenzhen und Bengaluru Legende für die Karten 2 und 3

Unternehmenszentralen
- Informationstechnologie, Software, Internetdienste
- Finanzdienstleistungen
- Medizin, Biotechnik
- Elektrotechnik, Elektronik
- Immobilien, Bau
- Konsumprodukte, Energie
- Handel, Logistik
- Raumfahrt- und Rüstungstechnologie

Die Größe der Signatur entspricht der Bedeutung des Standorts.

Flächennutzung
- Industrie und Gewerbe 1990/2022
- sonstige bebaute Fläche 1990/2022
- Bebauung außerhalb
- Militärgelände, Flughafen
- Wald; Park, Grünfläche
- Landwirtschaft, unbebaute Fläche

Haupt-Nahverkehrslinien
- Motorbus
- U- oder Stadtbahn
- U- oder Stadtbahn im Bau/in Planung
- Bahnstrecke mit Bahnhof
- Bahntunnel
- Stadtgrenze

3 Wirtschaftszentrum Bengaluru in Indien

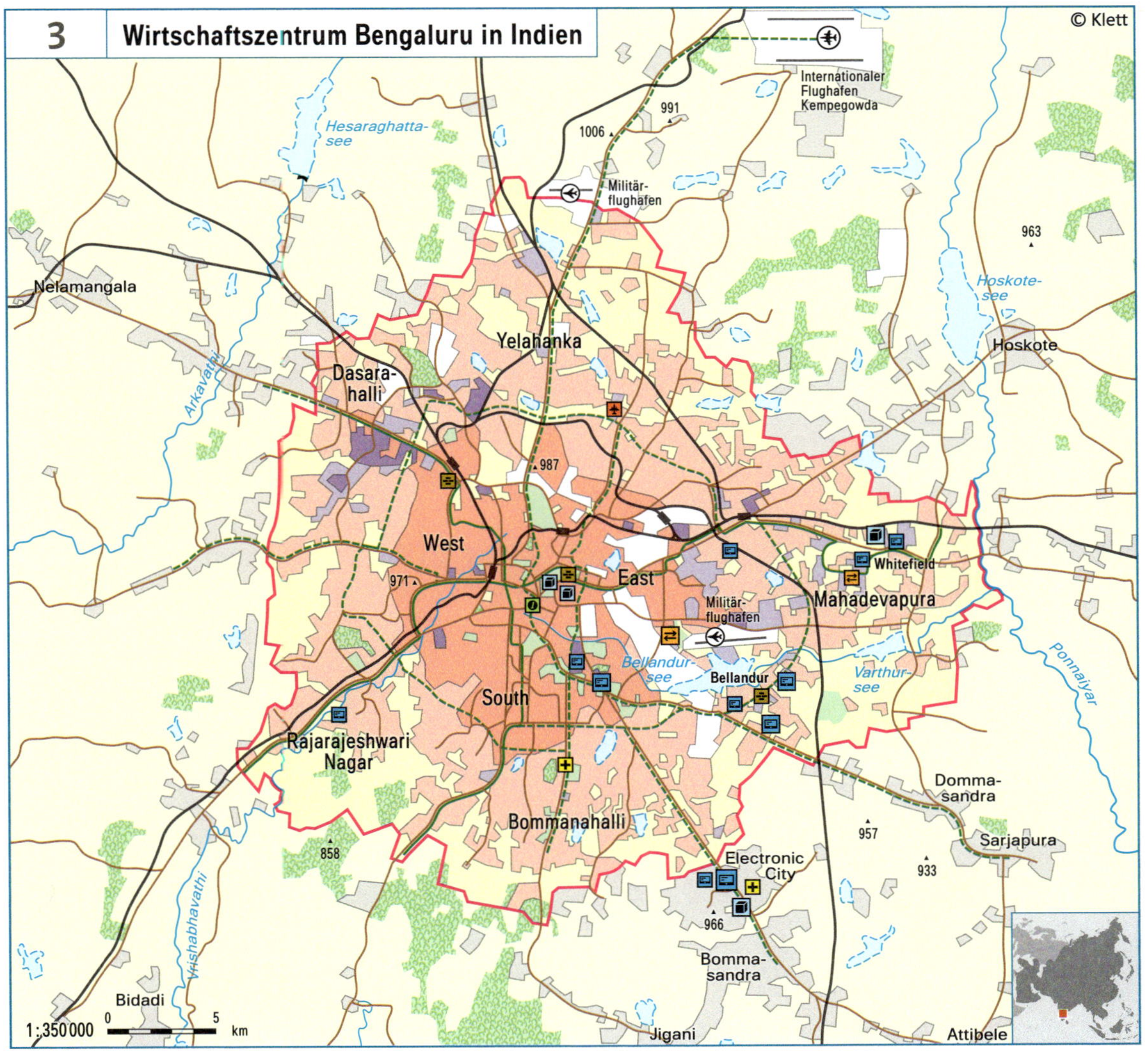

I45 108.1 Karte in Ebenen

→ s. ausklappbare Generallegende

EINFÜHRUNG
DEUTSCHLAND
WELT
ANHANG

EINFÜHRUNG
DEUTSCHLAND
EUROPA
ASIEN
AFRIKA
WELT
ANHANG

RUMÄNIEN
Bukarest
SERBIEN
Belgrad
BULGARIEN
Sofia
KOSOVO
Skopje
NORDMAZED.
ALBANIEN
Tirana
GRIECHENLAND
Athen
Saloniki
Istanbul
Ankara
Bursa
Izmir
Antalya
Konya
Adana
Kayseri
Samsun
Trabzon
Erzurum
T Ü R K E I
Schwarzes Meer
UKRAINE
Simferopol
Sewastopol
Krasnodar
RUSS. FÖD.
Grosny
Kaukasus
GEORGIEN
Tiflis
ARMEN.
Eriwan
ASER-BAIDSCHAN
Baku
KASACHSTAN
USBEKISTAN
TURKMENISTAN
Kaspisches Meer
Täbris
Teheran
Qom
Isfahan
Schiras
I R A N
Große Salzwüste
Mosul
Bagdad
Basra
Al-Basra
I R A K
Euphrat
Tigris
SYRIEN
Aleppo
Damaskus
LIBANON
Beirut
ZYPERN
Nikosia
ISRAEL
Jerusalem
Amman
JORDANIEN
Kreta
Iraklion
Mittelmeer
Alexandria
Kairo
Gizeh
Port Said
Suez
Assuan
Luxor
ÄGYPTEN
Libysche Wüste
Arabische Wüste
Nil
Rotes Meer
Dschidda
Mekka
Medina
Riad
Tabuk
S A U D I - A R A B I E N
Große Arabische Wüste
KUWAIT
Kuwait
Persischer Golf
BAHRAIN
Manama
KATAR
Doha
VEREIN. ARAB. EMIRATE
JEMEN
Sanaa
Aden
Golf von Aden
Wadi Halfa
Nubische Wüste
Port Sudan
Atbara
Omdurman
Khartum
Khartum-Nord
S U D A N
Kordofan
Darfur
SÜDSUDAN
Juba
Dschuba
ERITREA
Asmara
Hochland von Äthiopien
Addis Abeba
Ä T H I O P I E N
Ogaden
DSCHIBUTI
Dschibuti
SOMALIA
Mogadischu
Hargeysa
Berbera
KENIA
UGANDA
D.R. KONGO
ZENTRALAFR. REP.
TSCHAD
Bengasi
Cyrenaika
Sinai
© Klett

→ s. ausklappbare Generallegende

2

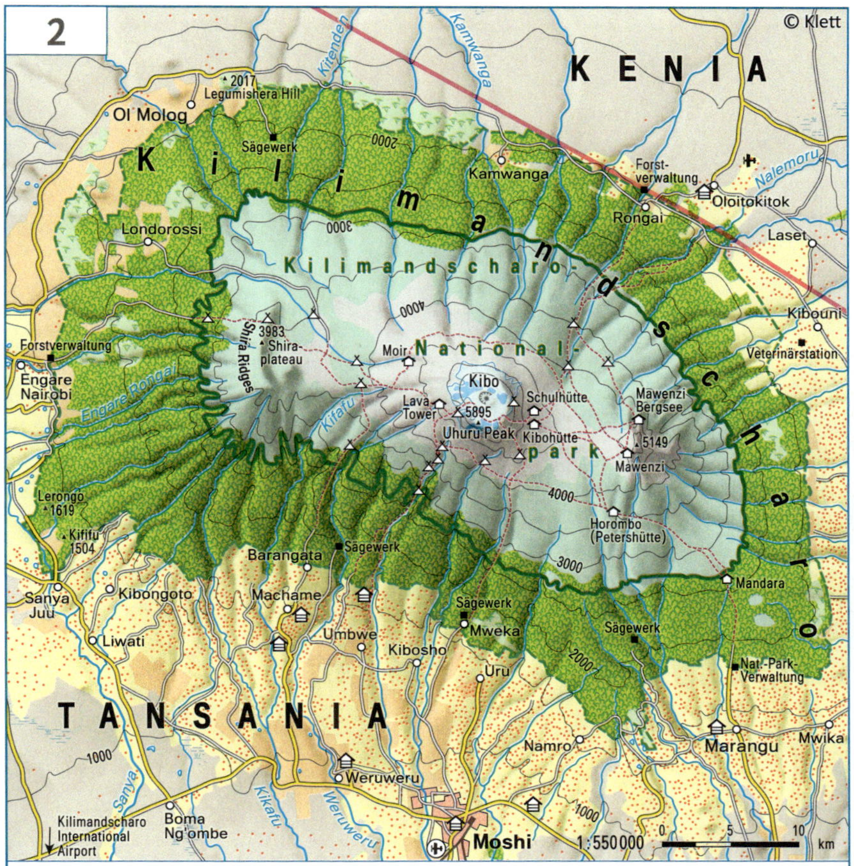

Höhenstufen am Kilimandscharo

Natürliche Vegetation
- Krater mit Aschekegel
- Gletscher, zeitweise Schnee
- Fels und Geröll
- lichter Wald, Heide, Moor
- tropischer Berg- und Nebelwald
- Baumsavanne
- Trockensavanne

Landwirtschaft
- Kleinbauern
- Großbetriebe

Verkehr
- Flugplatz
- Landeplatz
- Bahnstrecke mit Bahnstation
- Allwetterstraße
- unbefestigter Fahrweg

Tourismus
- Hotel, Lodge
- Schutzhütte
- Camp
- Aufstiegsroute
- 3000 Höhenlinie (Höhe in m)

Siedlungen
- Stadt
- größere Siedlung
- Streusiedlungen

Naturschutz NE
- Nationalparkgrenze
- Waldreservatsgrenze

3

Ostafrikanischer Grabenbruch

Tektonik
- Störung
- vermutete Störung
- Bewegungsrichtung der tektonischen Platten

Vulkanismus
- Vulkan (in den letzten 12 000 Jahren aktiv)
- Vulkanausbruch
- 1910 Jahr des letzten Ausbruchs (bedeutend seit 1900)

Erdbeben
Erdbebenintensität (Auswirkungen auf die Erdoberfläche)
- unmerklich bis mäßig
- stark
- sehr stark
- zerstörend

Erdbeben seit 1990
- starkes Beben

1
© Klett
ATLANTISCHER OZEAN
Amsterdam
Berlin
London
Brüssel
Köln
Warschau
Der Kanal
Luxemburg
Prag
Kyjiw
Charkiw
Wolgograd
Kasachensteppe
Paris
München
Wien
Budapest
Donezk
Rostow
Don
Wolga
Aralsee
Dnipro
Bordeaux
Mont Blanc 4806
Lyon
Alpen
Mailand
Odessa
Astrachan
Elbrus 5642
Bukarest
Belgrad
Donau
Sofia
Schwarzes Meer
Kaukasus
Tiflis
Kaspisches Meer
Porto
Marseille
Korsika
Rom
Madrid
Barcelona
Istanbul
Ankara
Eriwan
Ararat 5137
Baku
Balearen
Sardinien
Neapel
Bursa
Anatolien
Täbris
Lissabon
Tejo
Sevilla
Ebro
Palermo
Atna 3403
Sizilien
İzmir
Mittelmeer
Elburs
Str. v. Gibraltar
Algier
Oran
Tanger
Athen
Taurus
Adana
Aleppo
Mosul
Teheran
Rabat
Constantine
Tunis
Madeira
Casablanca
Fes
Maghreb
Sfax
Kl. Syrte
Kreta
Nikosia
Mesopotamien
Tigris
Euphrat
Zagros-Geb.
Isfahan
Marrakesch
MAROKKO
Atlasgebirge
TUNESIEN
Tripolis
Beirut
Damaskus
Bagdad
Zard Kuh 4221
Toubkal 4165
Ghardaïa
Bengasi
Gr. Syrte
Cyrenaika
Alexandria
Tel Aviv-Jaffa
Jerus.
Amman
Agadir
Béchar
Tripolitanien
Kairo
Al-Basra
Schiras
Kanarische Inseln
Teneriffa
Pico del Teide 3715
Gran Canaria
Gizeh
Kuwait
Persischer G.
Laayoune
ALGERIEN
LIBYEN
Libysche Wüste
ÄGYPTEN
Arabische Wüste
Hedschas
WEST-SAHARA
Fezzan
Manama
Riad
Sahara
Ahaggar
Tahat 2918
Tanezrouft
Nil
Assuan
Nassersee
Medina
Nedschd
Rotes Meer
Dsch. al-Uweinat 1934
Dschidda
Mekka
Asir
Große Arabische Wüste
MAURETANIEN
Nouakchott
Ténéré
Tibesti
3415 Emi Koussi
Nubien
Port Sudan
MALI
Aïr
2022 Mont Bagzane
Atbara
Senegal
Niger
NIGER
TSCHAD
SUDAN
Khartum
ERITREA
Asmara
Sanaa
Hadramaut
Dakar
SENEGAL
Niamey
Zinder
Kordofan
Weißer Nil
El Gezira
Blauer Nil
Ras Daschän 4550
Aden
GAMBIA
Banjul
Bamako
Tschad
Al-Ubayyid
Hochland von Äthiopien
Danakil
Golf v. Aden
Bissau
GUINEA-BISSAU
Ouagadougou
Kano
Maiduguri
N'Djamena
Darfur
Tana-see
DSCHIB.
Dschibuti
GUINEA
BURKINA FASO
NIGERIA
Kaduna
Schari
Hargeysa
Somali-H.
Conakry
1948 Bintumani
BENIN
TOGO
Jos
Abuja
Freetown
CÔTE D'IVOIRE
Volta-Stausee
Ilorin
Ogbomosho
Benue
Sudd
Addis Abeba
SIERRA LEONE
Bouaké
Yamoussoukro
GHANA
Porto Novo
Ibadan
Enugu
SÜDSUDAN
ÄTHIOPIEN
Monrovia
Kumasi
Lagos
ZENTRALAFRIKANISCHE REPUBLIK
4307 Batu
Ogaden
LIBERIA
Oberguinea
Lomé
Port Harcourt
KAMERUN
Abidjan
Accra
Kamerunberg 4040
Bangui
Dschuba
SOMALIA
Golf von Guinea
Malabo
Douala
Jaunde
Ubangi
Turkanasee
UGANDA
Kyogasee
KENIA
SÃO TOMÉ U. PRÍNCIPE
ÄQUAT.-GUINEA
Elgon 4321
Albertsee
Mogadischu
São Tomé
Libreville
GABUN
REP. KONGO
Kongo
Kisangani
Kampala
5109 Ruwenzori
5199 Mt. Kenia
Port-Gentil
Victoriasee
Nairobi
Annobón
Kivu
RUANDA
Kigali
BURUNDI
Gitega
INDISCHER OZEAN
Niederguinea
Brazzaville
D.R.KONGO
5895 Kibo
Bujumbura
Kasai
Tanganjikasee
Massai-steppe
Mombasa
Pointe-Noire
Kinshasa
Kananga
Pemba
Sansibar
Dodoma
Daressalam
Mbuji-Mayi
Lualaba
TANSANIA
Luanda
Lunda
Katanga
SEYCHELLEN
ANGOLA
Kolwezi
Aldabra-In.
Lubumbashi
Malawisee (Nyassa)
MALAWI
Moroni
KOMOREN
Mayotte
Kitwe
Lubango
Lilongwe
SAMBIA
Cahora-Bassa-Stausee
Nampula
Lusaka
Sambesi
Kariba-Stausee
Blantyre
Okavango
Straße von Mosambik
Harare
Toamasina
SIMBABWE
Beira
Antananarivo
NAMIBIA
Bulawayo
MOSAMBIK
MADAGASKAR
Windhuk
Kalahari
BOTSUANA
Limpopo
Namib
Gaborone
Pretoria
Maputo
Johannesburg
Mbabane
ESWATINI
Drakensberge
Oranje
Bloemfontein
Maseru
LESOTHO
Thabana Ntlenyana 3482
Durban
SÜDAFRIKA
2502 Kompasberg
Kapland
East London
Kapstadt
Gqeberha
1:30 000 000
0
500
km
Landschaften
Inlandeis, Gletscher
Tundra, Hochgebirgsregion
Nadelwald
Laub- und Mischwald
Heide
Steppe, trockenes Grasland
Hartlaubvegetation
Trockenwald
Feuchtwald
Wüste und Halbwüste
Dornstrauchsavanne
Trockensavanne
Feuchtsavanne
Regenwald
Mangrove
Sumpf, Moor
periodisch überschwemmtes Land
Salzsee, Salzpfanne
Kulturland
Korallenriff
im Winter vereistes Meer
nur gelegentlich vereistes Meer

1 Oasentypen

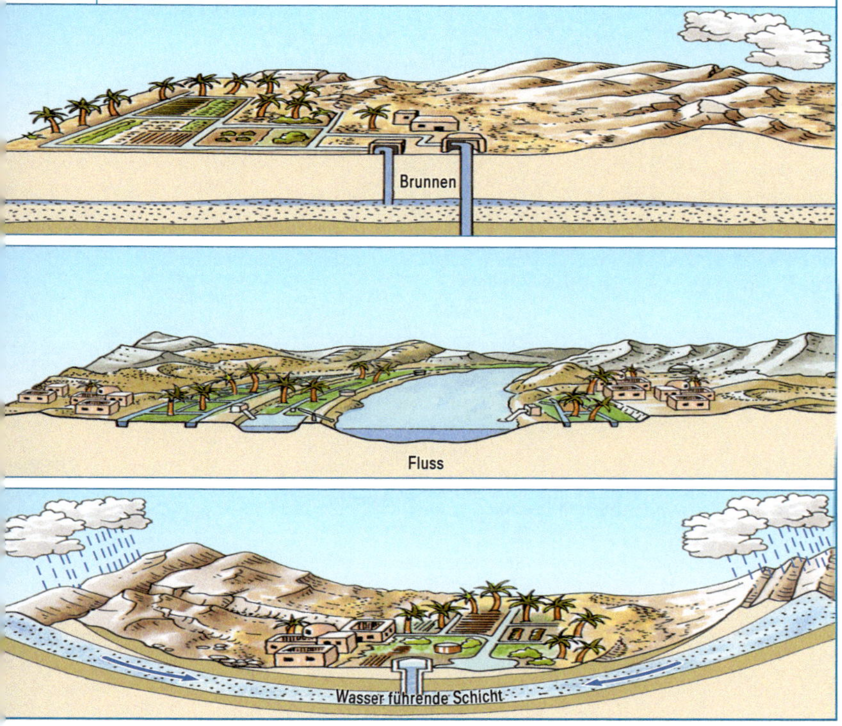

2

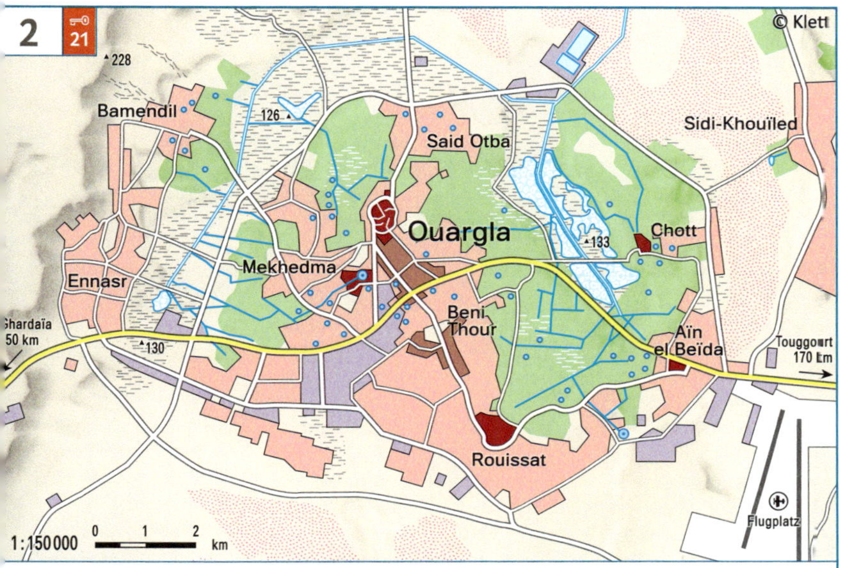

Oase Ouargla Grundwasseroase in Algerien

Besiedlung
- alte arabische Siedlung
- Wohngebiet
- Geschäftszentrum
- Gewerbegebiet

Bewässerung
- Bewässerungsland
- Bodenversalzung
- salzhaltiger Verdunstungssee
- Be- und Entwässerungskanäle
- artesischer Brunnen
- Brunnen

Landschaft
- Wüste
- Sandwüste
- Salztonsenke
- Wadi (Trockental)

Verkehr
- Hauptstraße
- Nebenstraßen

3

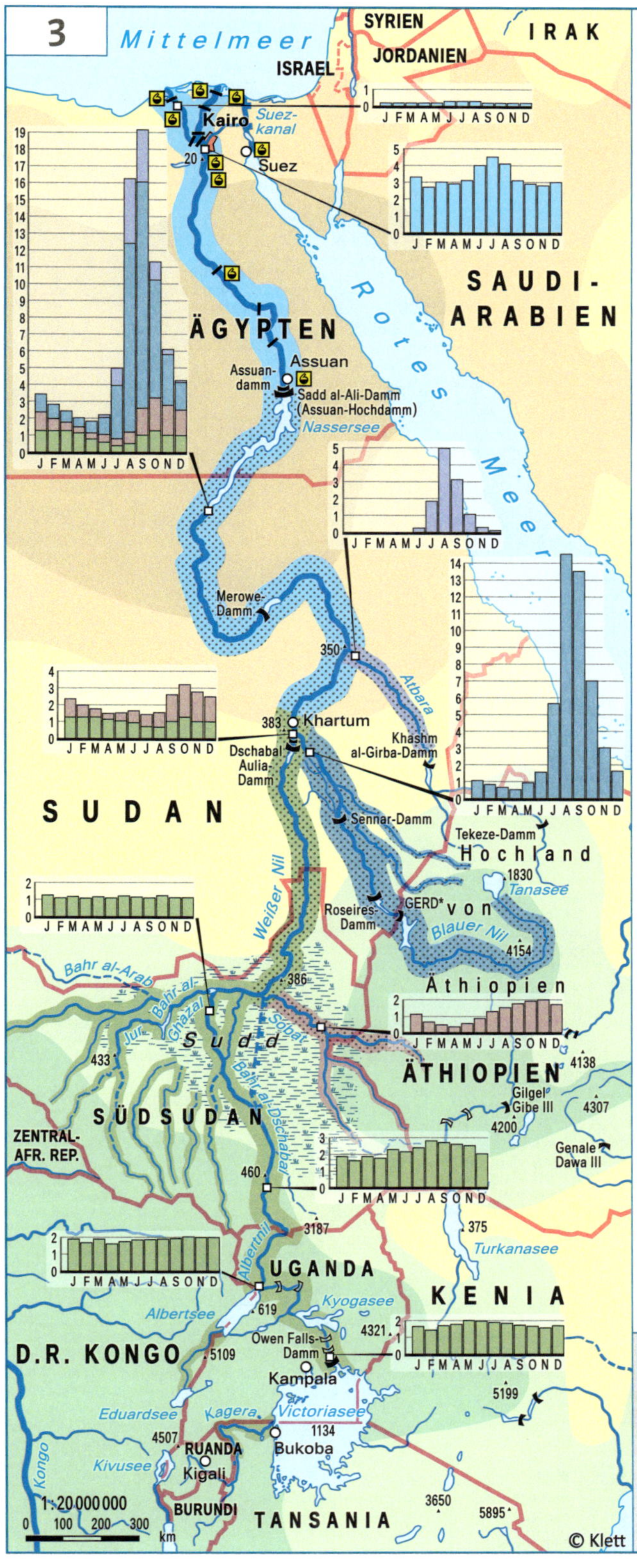

Wasserführung des Nils

Jahresniederschläge
- unter 20 mm
- 20 – 100 mm
- 100 – 500 mm
- 500 – 1000 mm
- über 1000 mm
- jahreszeitlich überschwemmt

Wasserführung (Diagramme und Flussbänder)
- Weißer Nil
- Sobat
- Blauer Nil
- Atbara
- Hauptnil

Durchschnittlicher mittlerer Jahresabfluss (am Beispiel Blauer Nil)
- unter 0,3 Mrd. m³
- 0,3 – 3 Mrd. m³
- 3 – 15 Mrd. m³
- 15 – 30 Mrd. m³
- über 30 Mrd. m³

Durchschnittlicher monatlicher Wasserabfluss in Mrd. m³
- Messstation

Bauwerke
- Staustufe
- Staudamm
- Staudamm geplant
- Jongleikanal (unvollendet)
- fruchtbarer Fluss-Schlamm
- Düngemittelfabrik

* Grand-Ethiopian-Renaissance-Damm

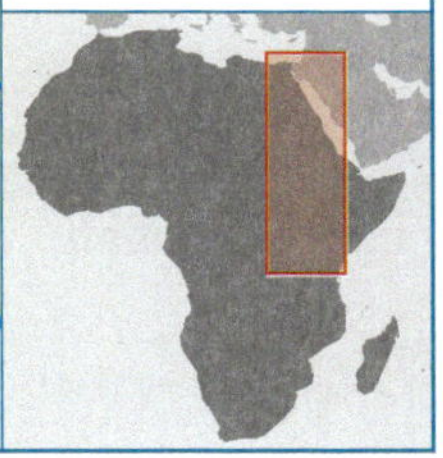

4

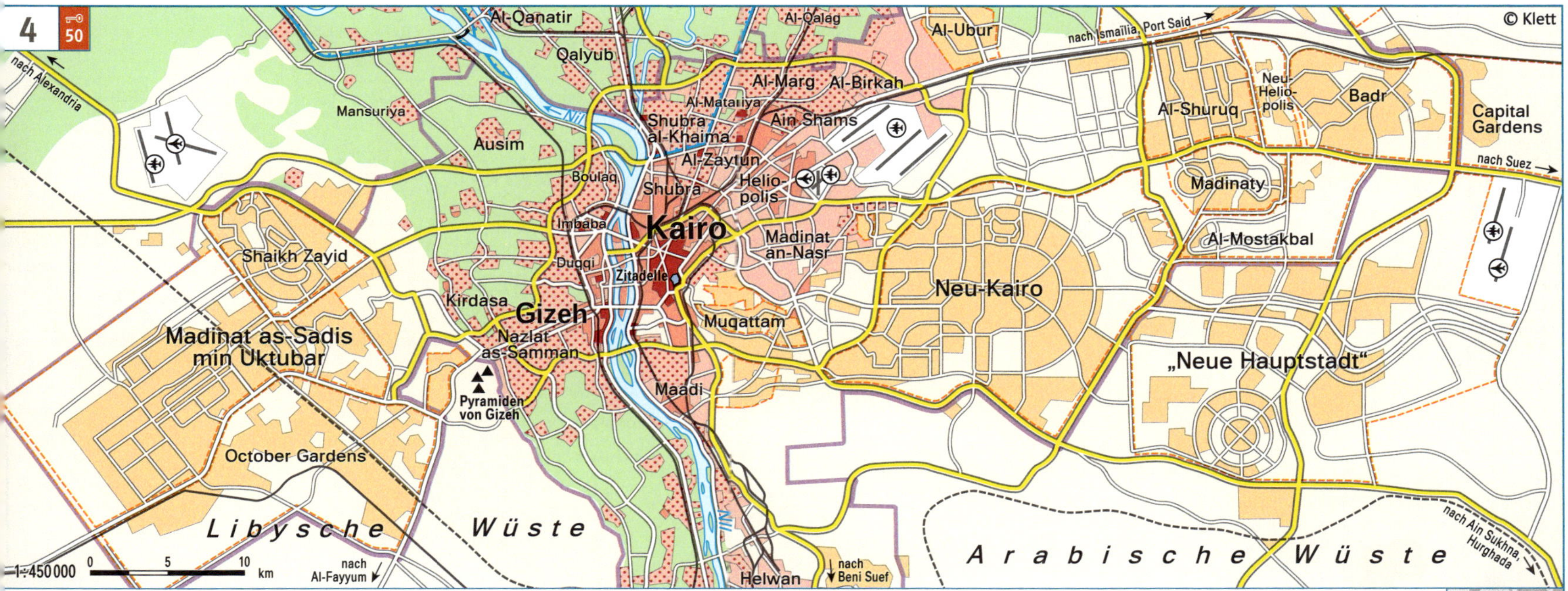

Großraum Kairo

Stadtentwicklung
- ursprüngliche Siedlung bis 1800
- 1800 – 1960
- nach 1960
- informelle (ungeplante) Siedlungen

Satellitenstädte ab 1977
- Planungsgebiet
- fertiggestellt, Stand 2024
- Grenze von Groß-Kairo

Infrastruktur
- Kanal
- Autobahn
- Hauptstraße
- Nebenstraße
- Bahnstrecke
- Bahnstrecke im Bau
- Flughafen
- Militärflughafen

Flächennutzung
- Wüste
- Niloase (künstliche Bewässerung)

I46
116.1 Karte in Ebenen

1

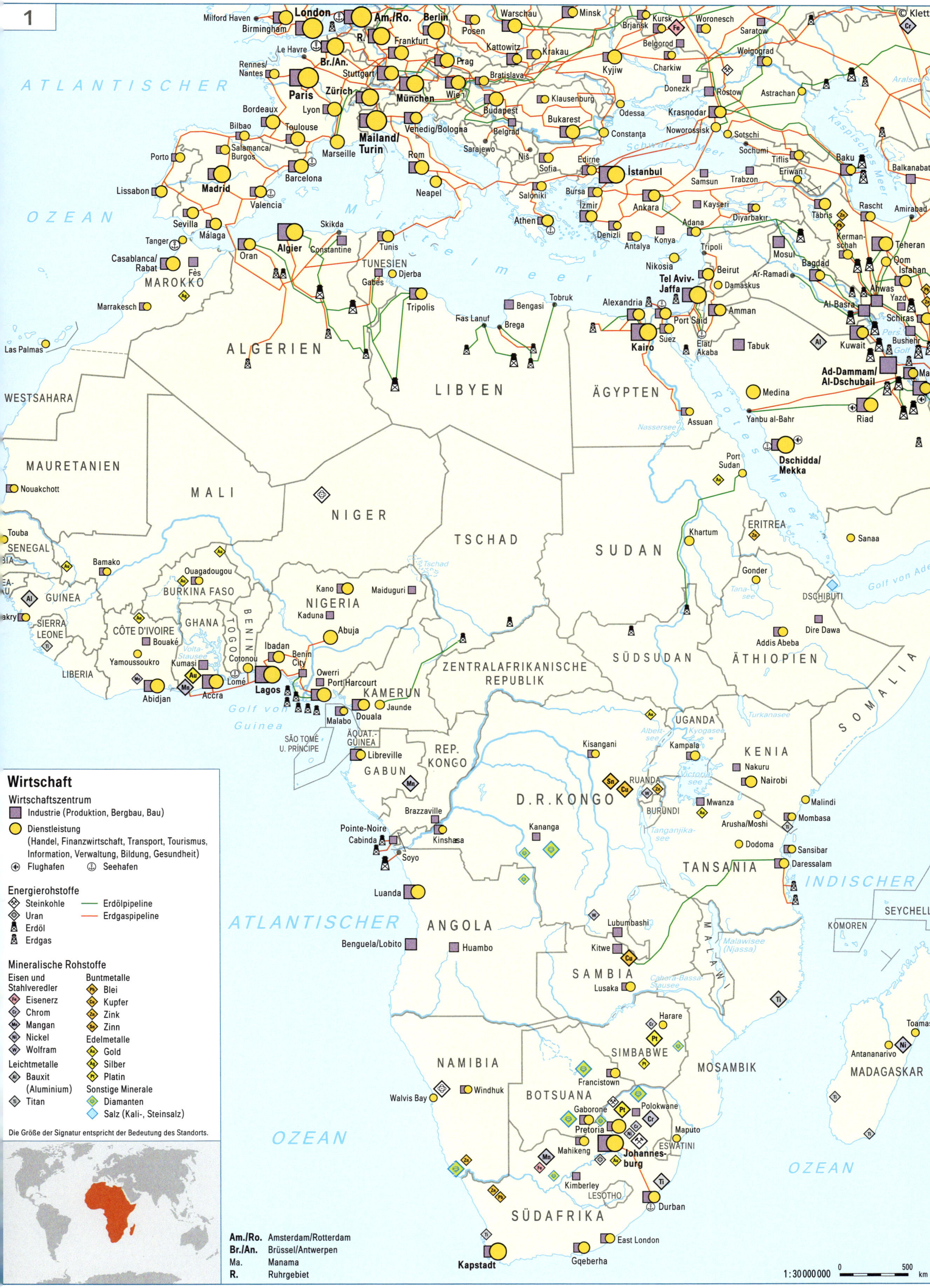

Wirtschaft

Wirtschaftszentrum
- Industrie (Produktion, Bergbau, Bau)
- Dienstleistung (Handel, Finanzwirtschaft, Transport, Tourismus, Information, Verwaltung, Bildung, Gesundheit)
- Flughafen
- Seehafen

Energierohstoffe
- Steinkohle
- Uran
- Erdöl
- Erdgas
- Erdölpipeline
- Erdgaspipeline

Mineralische Rohstoffe

Eisen und Stahlveredler
- Eisenerz
- Chrom
- Mangan
- Nickel
- Wolfram

Leichtmetalle
- Bauxit (Aluminium)
- Titan

Buntmetalle
- Blei
- Kupfer
- Zink
- Zinn

Edelmetalle
- Gold
- Silber
- Platin

Sonstige Minerale
- Diamanten
- Salz (Kali-, Steinsalz)

Die Größe der Signatur entspricht der Bedeutung des Standorts.

Am./Ro. Amsterdam/Rotterdam
Br./An. Brüssel/Antwerpen
Ma. Manama
R. Ruhrgebiet

1
04
A S I E N
Naypyidaw
Vientiane
Haikou
Hainan
Luzon
Da Nang
Korat-plateau
Manila
Rangun
Mindoro
Bangkok
Mekong
Phnom Penh
Ho-Chi-Minh-Stadt
Palawan
Iloilo
Cebu
Negros
Andamanensee
Südchinesisches Meer
Davao
Apo 2954
Mindanao
Zamboanga
Kota Kinabalu
4095 Kinabalu
Sulu-Archipel
H.-I. Malakka
Kap Ca Mau
Bandar Seri Begawan
George Town
2187
Medan
Kuala Lumpur
Kuching
Borneo
Halmahera
Pontianak
Balikpapan
Sulawesi
Molukken
3019
Seram
Sumatra
Pekanbaru
SINGAPUR
Große Sunda-Inseln
Äquator
I N D O N E S I E N
3805 Kerinci
Palembang
Makassar
Bandar Lampung
Jakarta
Semarang
Surabaya
Kleine Sunda-Inseln
Dili
2920
Bandung
Surakarta
3676 Semeru
Java
Nördliche Marianen (USA)
Pagan
Saipan
Rota
Guam (USA)
Hagåtña
Ulithi-Atoll
Yap-In.
Mikronesien
Ngerulmud
Palau-In.
Koror
Woleai-Atoll
Hall-In.
Chuuk-In.
Weno
Satawan-Atoll
PALAU
MIKRONESIEN
Biak
Kap d'Urville
3000
Sorong
Jayapura
Admiralitäts-In.
Neuirland
PAPUA-NEUGUINEA
Bismarck-Archipel
Rabaul
1861
Maokegebirge
4884 Puncak Jaya
Bismarck-Geb.
Madang
4509
2300
Neubritannien
3123
Aru-In.
Lae
Neuguinea
Digul
Fly
Yos Sudarso
Merauke
4038
Owen-Stanley-Geb.
Port Moresby
Arafurasee
Torresstraße
Kap York
Louisiade-Archipel
Melville-I.
Timorsee
Darwin
Arnhemland
Joseph-Bonaparte-Golf
Carpentariagolf
Kap-York-H.-I.
Großes Barriereriff
Korallen...
Christmas-I. (austr.)
Kimberley-plateau
Derby
Carpentaria-Tiefland
Barkly Tafelland
436
Cairns
1611
Chesterfi...
I N D I S C H E R
Kokos-In. (austr.)
Flinders
Townsville
Mount Isa
Great Dividing Range
1277
Mackay
415
Port Hedland
Zentralaustralisches Tafelland
Rockhampton
Nordwestkap
Mt. Meharry 1234
Hamersleykette
Newman
1531
Macdonnellkette
Alice Springs
Großes Artesisches Becken
Bundaberg
1018
K'gari
1105
Uluru
863
1085
1435
Musgravekette
A U S T R A L I E N
Roma
Brisbane
Toowoomba
Kap Byron
Steep Point
-12
südl. Wendekreis
535
Leonora
Westaustralisches ...
1615
Lord-How... (aust...
Geraldton
Kalgoorlie-Boulder
Nullarborebene
Darling
Port Augusta
1189
Flinders-K.
Broken Hill
Orange
Newcastle
Perth
Darlingkette
Whyalla
Eyre-H.-I.
Port Pirie
Sydney
Wollongong
582
Esperance
Große Australische Bucht
Spencergolf
Adelaide
Mildura
Murray-Darling-Becken
Canberra
Murray
2228 Mt. Kosciuszko
Bunbury
1109
Känguru-I.
Austral. Alpen
Kap Leeuwin
Albany
Ballarat
Geelong
Melbourne
Kap Wilson
Tasman...
King-I.
Bassstraße
Furneaux-gruppe
1617
Launceston
Tasmanien
Hobart
Südostkap
O Z E A N
Macquarie-I. (austr.)
A N T A R K T I S C H E R O Z E...
Kerguelen-I. (franz.)
Heard-I. (austr.)
südl. Polarkreis
100°
120°
130°
140°
150°
10°
20°
30°
40°
50°
60°
70°
80°
90°
110°
160°
170°
A B C D E F G H I J K

→ s. ausklappbare Generallegende

D71
AB Meeresspiegel

EINFÜHRUNG
DEUTSCHLAND
EUROPA
ASIEN
AFRIKA
AUSTRALIEN UND POLE
AMERIKA
WELT
ANHANG

1

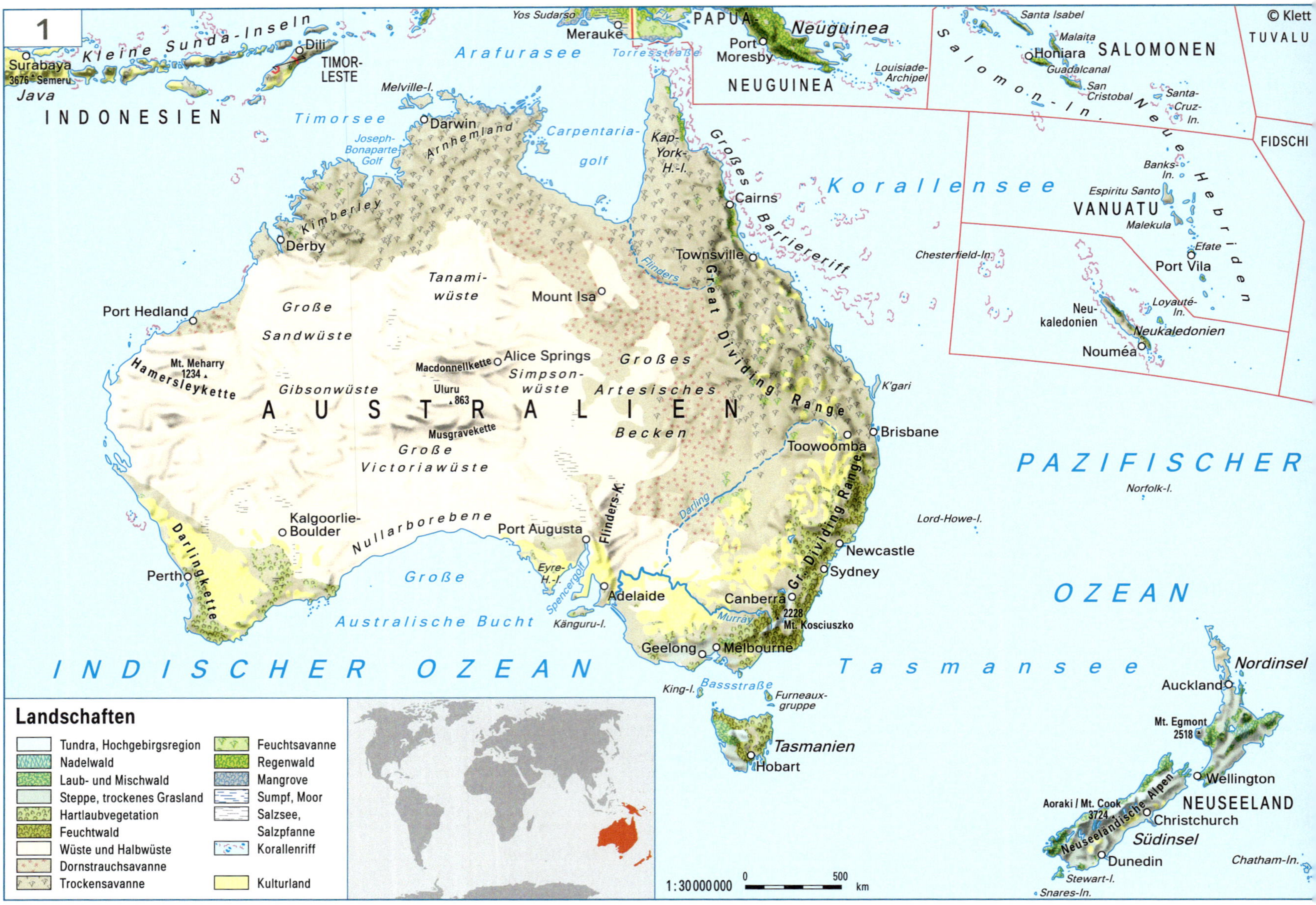

Landschaften

- Tundra, Hochgebirgsregion
- Nadelwald
- Laub- und Mischwald
- Steppe, trockenes Grasland
- Hartlaubvegetation
- Feuchtwald
- Wüste und Halbwüste
- Dornstrauchsavanne
- Trockensavanne
- Feuchtsavanne
- Regenwald
- Mangrove
- Sumpf, Moor
- Salzsee, Salzpfanne
- Korallenriff
- Kulturland

2

51

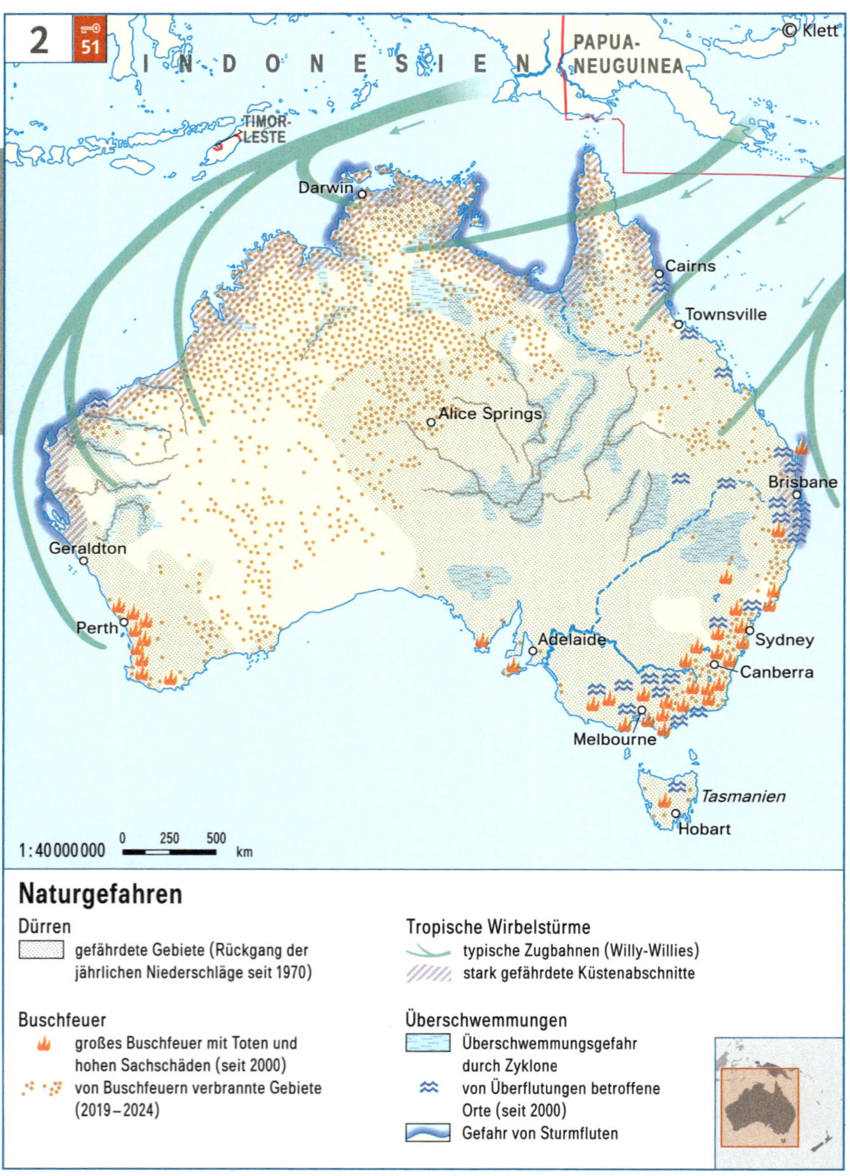

Naturgefahren

Dürren
- gefährdete Gebiete (Rückgang der jährlichen Niederschläge seit 1970)

Buschfeuer
- großes Buschfeuer mit Toten und hohen Sachschäden (seit 2000)
- von Buschfeuern verbrannte Gebiete (2019–2024)

Tropische Wirbelstürme
- typische Zugbahnen (Willy-Willies)
- stark gefährdete Küstenabschnitte

Überschwemmungen
- Überschwemmungsgefahr durch Zyklone
- von Überflutungen betroffene Orte (seit 2000)
- Gefahr von Sturmfluten

3

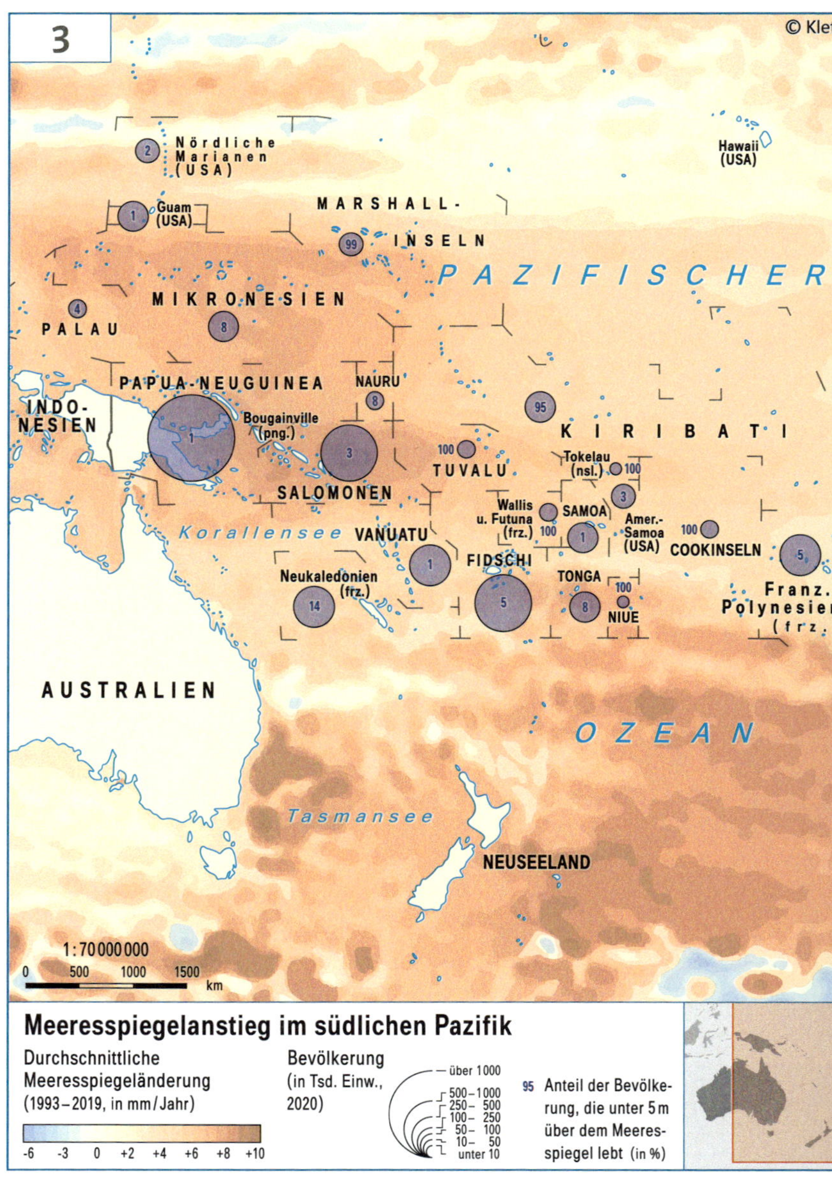

Meeresspiegelanstieg im südlichen Pazifik

Durchschnittliche Meeresspiegeländerung (1993–2019, in mm/Jahr)

-6 -3 0 +2 +4 +6 +8 +10

Bevölkerung (in Tsd. Einw., 2020)

über 1000; 500–1000; 250–500; 100–250; 50–100; 10–50; unter 10

95 Anteil der Bevölkerung, die unter 5 m über dem Meeresspiegel lebt (in %)

1

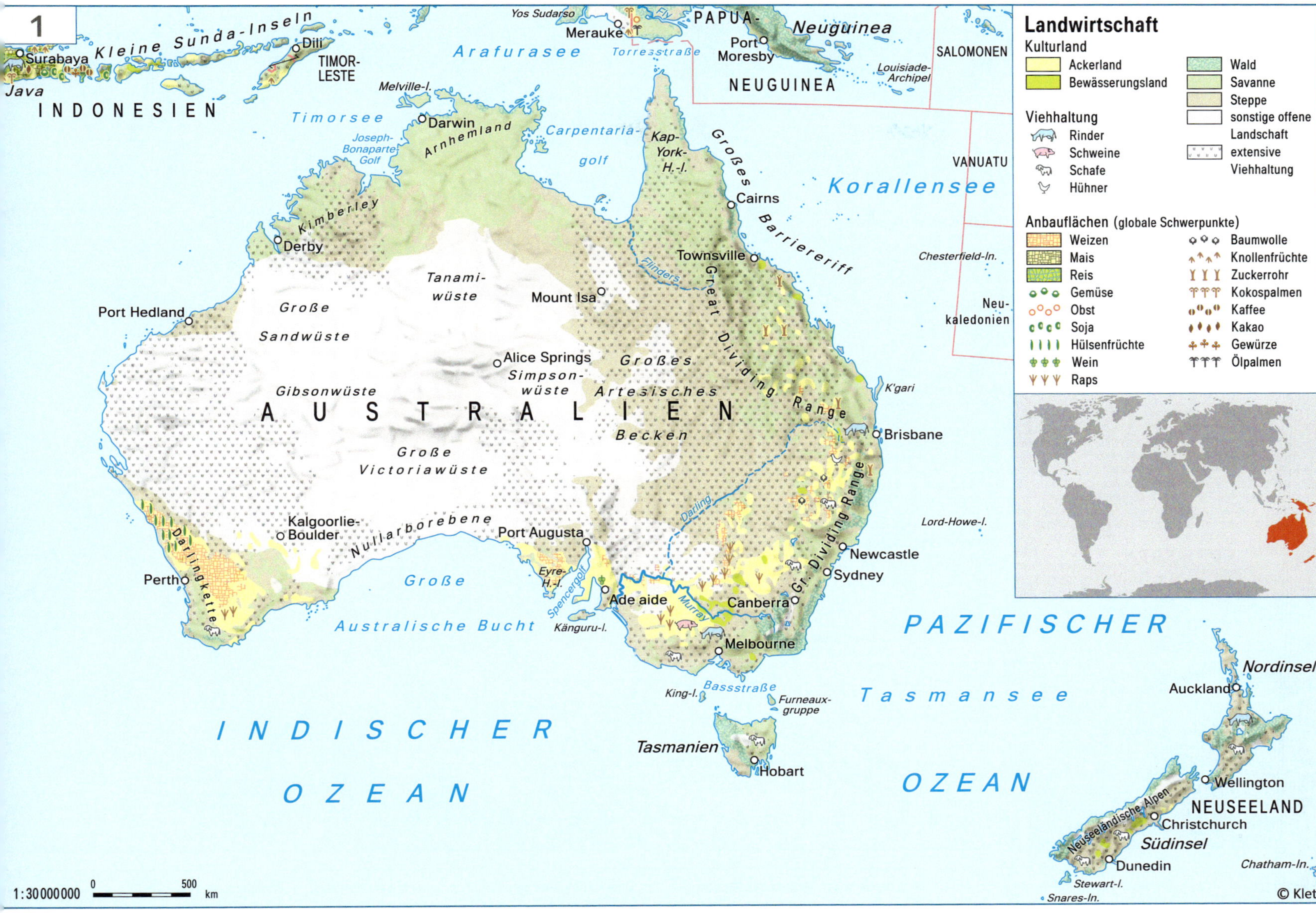

2

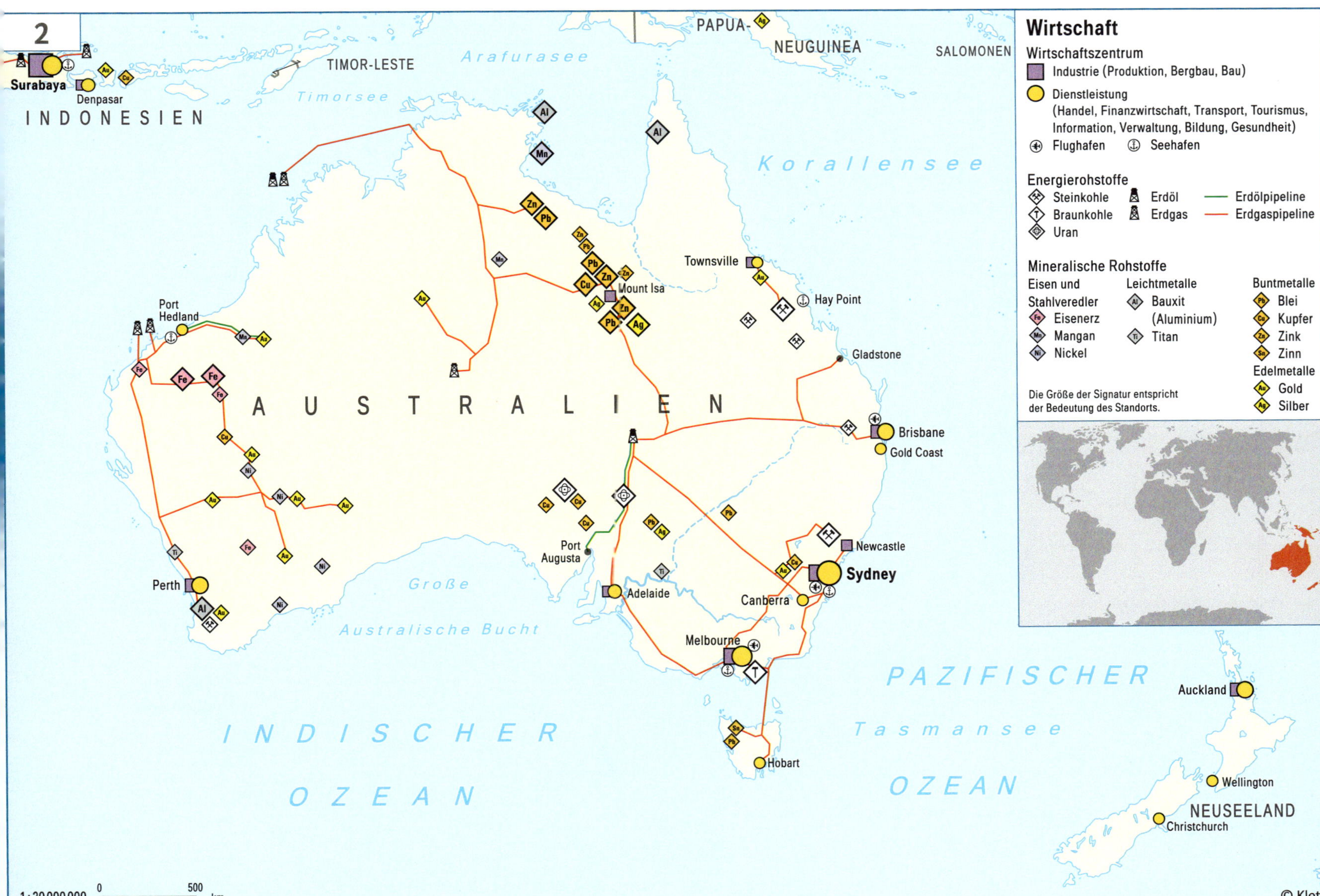

EINFÜHRUNG
DEUTSCHLAND
EUROPA
ASIEN
AFRIKA
AUSTRALIEN UND POLE
AMERIKA
WELT
ANHANG

EINFÜHRUNG
DEUTSCHLAND
EUROPA
ASIEN
AFRIKA
AUSTRALIEN UND POLE
AMERIKA
WELT
ANHANG

1 Arktis

Polare Eiskappen	
	ständig vereistes Polarmeer
	im Winter vereistes Meer
	nur gelegentlich vereistes Meer
	Vorkommen von Eisbergen
2803	Eisdicke (in m)

Arktisches Meereis
Ausdehnung im September
1982
2024

Entwicklung des antarktischen Schelfeises (seit 1996)
Schelfeis
starkes Abschmelzen
Schelfeisverlust

Forschungsstationen
ständig besetzt
saisonal besetzt

1:30 000 000
0 500 km

2 Antarktis

1 Arktis

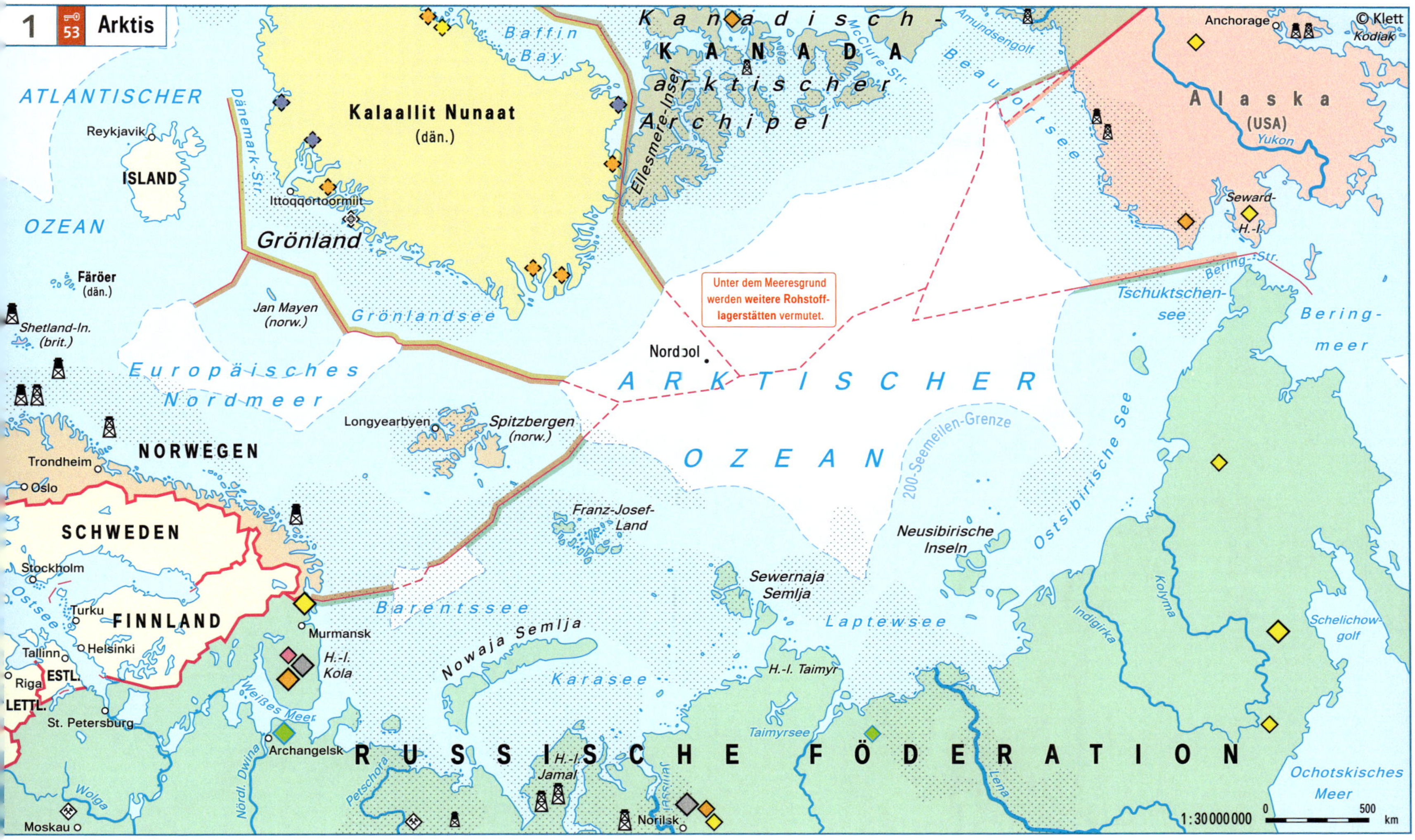

Gebietsansprüche und Rohstoffe

Grenzen	Interessengebiete			Rohstoffgewinnung	Rohstofflagerstätten
Staatsgrenze	international anerkannt	Frankreich	Russische Föderation	Erdöl	Gebiete mit Erdöl- und Erdgasfeldern
	Argentinien	Kanada	USA	Erdgas	Kohle
	Australien	Neuseeland	Vereinigtes Königreich	Kohle	Uran
	Chile	Norwegen	strittig	Eisen	Eisen
	Dänemark		internationale Gewässer	Buntmetalle	Stahlveredler
				Leichtmetalle	Buntmetalle
				Edelmetalle	Edelmetalle
				Edelsteine	

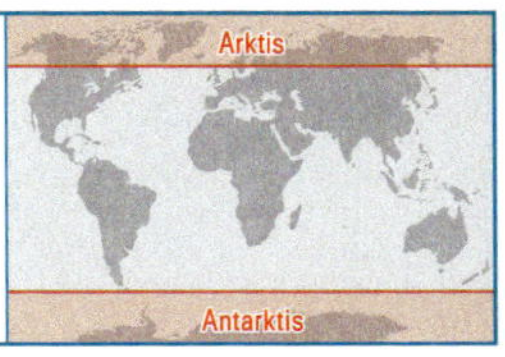

2 Antarktis

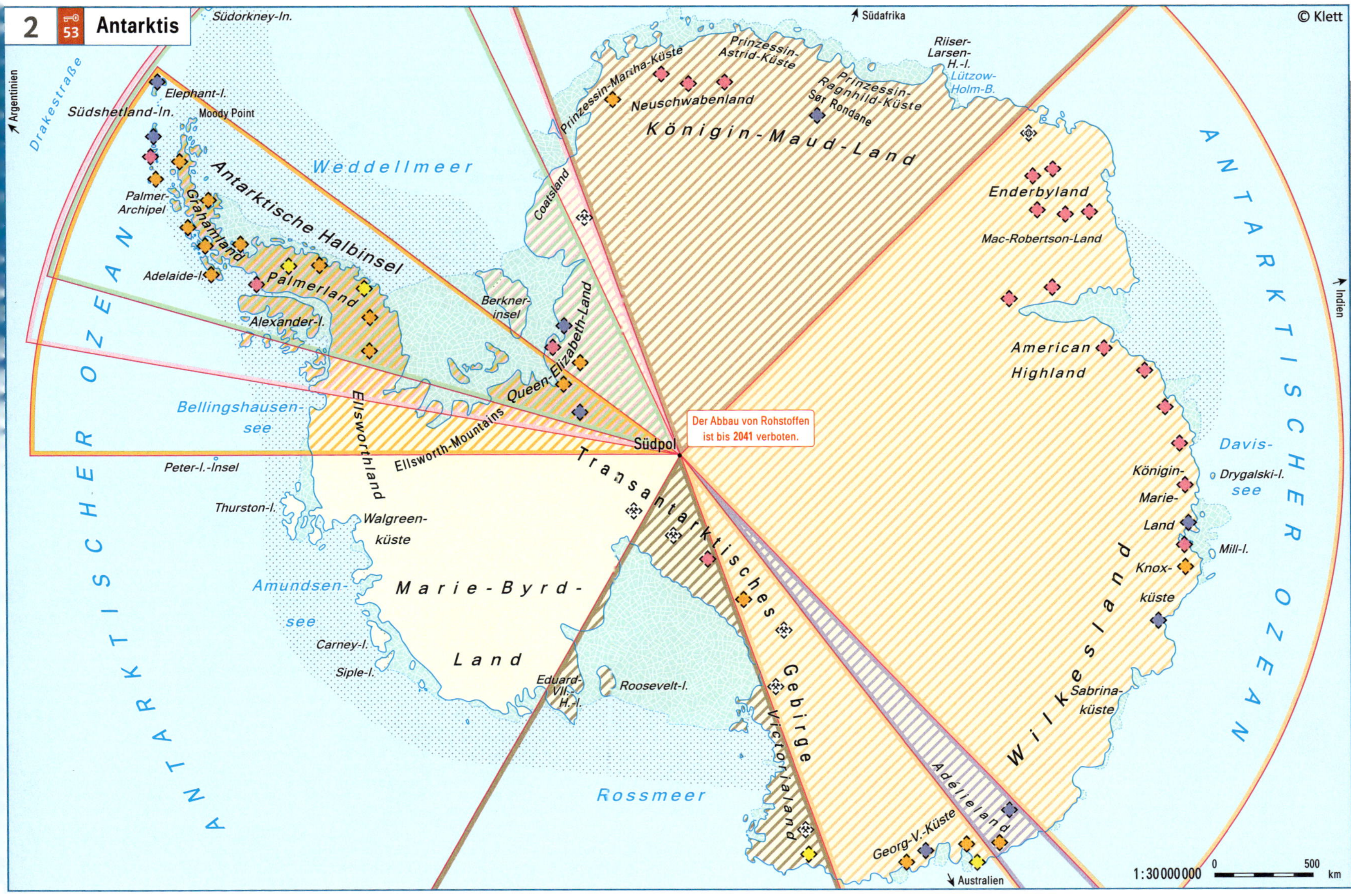

I48
124.1 Karte in Ebenen

→ s. ausklappbare Generallegende

1
© Klett
RUSSISCHE FÖDERATION
Neusibirische Inseln
Ostsibirische See
Wrangel-I.
Tschuktschensee
Beringmeer
Beringstraße
St.-Lorenz-I. (USA)
ARKTISCHER OZEAN
Spitzbergen (norw.)
SCHWEDEN
NORWEGEN
Europäisches Nordmeer
Grönlandsee
Jan Mayen (norw.)
ISLAND
Reykjavik
Dänemarkstraße
Kalaallit Nunaat (dän.)
Grönland
nördl. Polarkreis
Ellesmere-Insel
Sverdrup-In.
Parry-In.
Devon-I.
Beaufortsee
McClure-Str.
Banks-I.
Melvillesund
Amundsengolf
Victoria-I.
Baffin Bay
Baffininsel
Davisstraße
Labradorsee
Foxebecken
Hudsonstraße
Hudson Bay
James Bay
Alaska (USA)
Yukon
Kodiak
Golf von Alaska
Mackenzie
Großer Bärensee
Großer Sklavensee
Peace River
Athabascasee
Athabasca
Churchill
Nelson
Saskatchewan
Winnipegsee
KANADA
Alexanderarchipel
Haida Gwaii
Vancouver-I.
Neufundland
St.-Lorenz-Golf
St.-Pierre u. Miquelon (franz.)
St.-Lorenz-Strom
Ottawa
Oberer See
Huronsee
Michigansee
Ontariosee
Eriesee
PAZIFISCHER OZEAN
Columbia
Missouri
Snake
Großer Salzsee
Platte
Arkansas
Colorado
Red River
Ohio
Tennessee
Mississippi
VEREINIGTE STAATEN (USA)
Washington, D.C.
Bermuda (brit.)
ATLANTISCHER OZEAN
Sargassosee
Rio Grande
Golf von Kalifornien
Guadalupe (mex.)
Golf von Mexiko
Florida-Str.
Nassau
BAHAMAS
nördl. Wendekreis
Turks- u. Caicos-In. (brit.)
Havanna
KUBA
Str. v. Yucatán
Cayman-In. (brit.)
Kingston
JAMAIKA
HAITI
Port-au-Prince
DOMINIKAN. REPUBLIK
Santo Domingo
Puerto Rico (USA)
MEXIKO
Mexiko
Revillagigedo-In. (mex.)
Bucht von Campeche
Golf von Honduras
BELIZE
Belmopan
GUATEMALA
Guatemala
HONDURAS
Tegucigalpa
San Salvador
EL SALVADOR
NICARAGUA
Managua
Nicaraguasee
San José
COSTA RICA
PANAMA
Panama
G. v. Darién
Karibisches Meer
Curaçao (ndl.)
Bonaire (ndl.)
Aruba (ndl.)
Maracaibosee
VENEZUELA
Magdalena
KOLUMBIEN
Clipperton-I. (franz.)
1:30 000 000
0 500 km
100° westl. L. v. Gr.
Staaten
Staatsgrenze
MEXIKO Staat
Hauptstadt
Alaska Bundesstaat bzw. Verwaltungsgebiet
Bermuda abhängiges Gebiet mit Selbstverwaltung

RUSS. FÖD.
Tschuktschen-H.-I.
Tschuktschensee
ARKTISCHER OZE
Beringmeer
Beringstraße
Kap Deschnew
Kap Pr. of Wales
St.-Lorenz-I. (USA)
St.-Matthäus-I. (USA)
Nome
Seward-H.-I.
Kotzebue
Nortonsund
Utqiagvik
Kap Barrow
Brookskette
Beaufortsee
Pribilof-In.
Nunivak
Bethel
Mt. Chamberlin
Alaska (USA)
Kuskokwim Mountains
Yukon
Ft. Yukon
Fairbanks
Alaskakette
Denali
Unalaska
Unimak
H.-I. Alaska
Aleutenkette
Bristol Bay
Iliamna
Kenai
Palmer
Anchorage
Cook Inlet
Seward
Copper Center
Mt. Katmai
Shelichof-Str.
Afognak-I.
Kodiak
Trinity-In.
Valdez
Cordova
Mt. Sanford
Golf von Alaska
Wrangell-Mountains
Elias-Kette
Mt. St. Elias
Mt. Logan
Malaspina-gletscher
Yakutat
Yukon-Yukonplateau
Dawson
Mayo
Keele Peak
Whitehorse
Mackenzie Mountains
Tuktoyaktuk
Kap Bathurst
Inuvik
Northwest-Territories
Ft. Good Hope
Norman Wells
Tulita
Gr. Bärensee
Banks-I.
Pr.-Albert-H.-I.
Amundsengolf
Paulatuk
Victoria
Kugluktuk
Cambridge (Iqaluktuu
Coronation-G.
Königi
Pr.-Patrick-I.
Melvil
McClure-Str.
Barre
Mt. Fairweather
Skagway
Juneau
Coast Mountains
Alexanderarchipel
Sitka
Wrangell
Ketchikan
Dixon Entrance
Watson Lake
Fort Simpson
Behchokö
Yellowknife
Großer Sklavensee
Hay River
Ft. Resolution
Mt. Roosevelt
Ft. Nelson
Ft. Smith
Peace River
Ft. Vermilion
Athabasca-S.
Wollaston-see
K A N
PAZIFISCHER OZEAN
Haida Gwaii
Hecate-Str.
Prince Rupert
Hazelton
Kitimat
Rocky Mountains
Manning
Dawson Creek
Peace River
Ft. McMurray
Grande Prairie
Alberta
Brit.-Columbia
Fraserplateau
Prince George
Kgn.-Charlotte-Str.
Mt. Waddington
Columbia
Jasper
Edmonton
Saskatchewan
North Battleford
La Ronge
Churchill
Red Deer
Banff-Nat.-Park
Calgary
Prince Albert
Saskatoon
Vancouver-I.
Powell River
Kamloops
Vancouver
Burnaby
Merritt
Kelowna
Thompsonplateau
Juan-de-Fuca-Str.
Kap Flattery
Victoria
Trail
Kimberley
Lethbridge
Medicine Hat
Regina
Moose Jaw
Yorkton
Weyburn
Mt. Olympus
Seattle
Tacoma
Olympia
Mt. Rainier
Kaskadenkette
Great Plains
Longview
Vancouver
Mt. St. Helens
Spokane
Columbiaplateau
Portland
Salem
Mt. Hood
Walla Walla
Bitterrootkette
Missoula
Helena
Great Falls
Butte
Eugene
Bend
Blue Mountains
Billings
Medford
Boise
Yellowstone-Nat.-Park
Bighorn Mts.
Sheridan
Black Hills
Rapid City
Badlands
Mt. Shasta
Eureka
Kap Mendocino
Fort Bragg
Küstenkette
Twin Falls
Idaho Falls
VEREINIGTE
Casper
Großer Salzsee
Großes Becken
Elko
Ogden
Rock Springs
Wounded Knee
Reno
Donner-Pass
Sierra Nevada
Carson City
Santa Rosa
Sacramento
Oakland
San Francisco
Stockton
Salt Lake City
Provo
Mt. Nebo
Cheyenne
North Platte
1:15 000 000
0 100 200 300 km

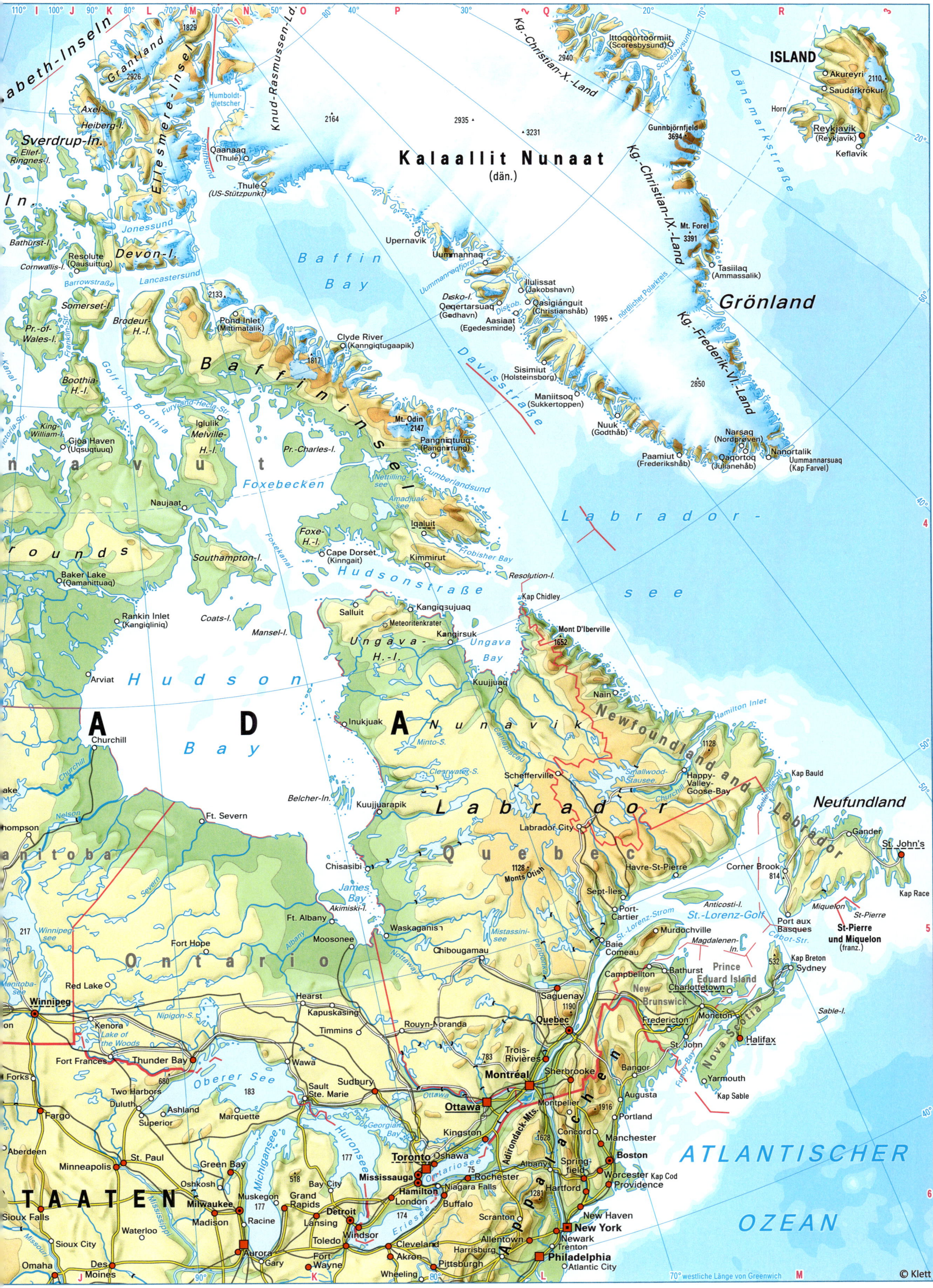
Kalaallit Nunaat
(dän.)
Grönland
ISLAND
Akureyri
Saudárkrókur
Reykjavík
(Reykjavík)
Keflavík
Horn
Dänemarkstraße
Ittoqqortoormiit
(Scoresbysund)
Kg.-Christian-X.-Land
Kg.-Christian-IX.-Land
Kg.-Frederik-VI.-Land
Gunnbjörnfjeld
3694
Mt. Forel
3391
Tasiilaq
(Ammassalik)
Upernavik
Uummannaq
Ilulissat
(Jakobshavn)
Qasigiánguit
(Christianshåb)
Disko-I.
Qeqertarsuaq
(Godhavn)
Aasiaat
(Egedesminde)
Sisimiut
(Holsteinsborg)
Maniitsoq
(Sukkertoppen)
Nuuk
(Godthåb)
Paamiut
(Frederikshåb)
Narsaq
(Nordprøven)
Qaqortoq
(Julianehåb)
Nanortalik
Uummannarsuaq
(Kap Farvel)
nördlicher Polarkreis
Baffin
Bay
Davisstraße
Labrador-
see
Qaanaaq
(Thule)
Thule
(US-Stützpunkt)
Humboldt-
gletscher
Smithsund
Knud-Rasmussen-Ld.
Grantland
Ellesmere-Insel
Axel-
Heiberg-I.
Sverdrup-In.
Ellef-
Ringnes-I.
Jonessund
Devon-I.
Bathurst-I.
Resolute
(Qausuittuq)
Cornwallis-I.
Barrowstraße
Lancastersund
Somerset-I.
Pr.-of-
Wales-I.
Brodeur-
H.-I.
Pond Inlet
(Mittimatalik)
Clyde River
(Kangiqtugaapik)
Baffininsel
Mt. Odin
2147
Pangnirtuuq
(Pangnirtung)
Cumberlandsund
Boothia-
H.-I.
Golf von Boothia
Fury-and-Hecla-Str.
King-
William-I.
Gjoa Haven
(Uqsuqtuuq)
Iglulik
Melville-
H.-I.
Pr.-Charles-I.
Nettilling-
see
Amadjuak-
see
Iqaluit
Kimmirut
Frobisher Bay
Foxebecken
Naujaat
Foxe-
H.-I.
Cape Dorset
(Kinngait)
Southampton-I.
Hudsonstraße
Resolution-I.
Kap Chidley
Baker Lake
(Qamanittuaq)
Rankin Inlet
(Kangiqliniq)
Coats-I.
Mansel-I.
Salluit
Kangiqsujuaq
Meteoritenkrater
Kangirsuk
Ungava-
H.-I.
Ungava
Bay
Mont D'Iberville
1652
Kuujjuaq
Nain
Hamilton Inlet
Arviat
Hudson
Bay
Churchill
Inukjuak
Nunavik
Newfoundland and Labrador
Minto-S.
Clearwater-S.
Schefferville
Smallwood-
Stausee
Happy-
Valley-
Goose-Bay
Kap Bauld
Neufundland
Belcher-In.
Kuujjuarapik
Labrador
Labrador City
Ft. Severn
Nelson
Manitoba
Québec
Chisasibi
1128
Monts Otish
Havre-St-Pierre
Corner Brook
Gander
St. John's
Kap Race
James
Bay
Akimiski-I.
Sept-Îles
Port-
Cartier
Anticosti-I.
St.-Lorenz-Golf
St.-Lorenz-Strom
Port aux
Basques
Miquelon
St-Pierre
St-Pierre
und Miquelon
(franz.)
Ft. Albany
Moosonee
Waskaganish
Mistassini-
see
Murdochville
Magdalenen-
In.
Baie
Comeau
Cabot-Str.
Kap Breton
Sydney
Winnipeg-
see
Fort Hope
Ontario
Chibougamau
Campbellton
Bathurst
Prince
Eduard Island
Charlottetown
New
Brunswick
Nova Scotia
Red Lake
Winnipeg
Kenora
Lake of
the Woods
Nipigon-S.
Hearst
Kapuskasing
Timmins
Rouyn-Noranda
Saguenay
Québec
Fredericton
Moncton
Halifax
Sable-I.
St. John
Fundy Bay
Yarmouth
Kap Sable
Fort Frances
Thunder Bay
Wawa
Oberer See
Sault
Ste. Marie
Sudbury
Trois-
Rivières
Sherbrooke
Bangor
Montréal
Ottawa
Augusta
Montpelier
Portland
Two Harbors
Duluth
Ashland
Superior
Marquette
Georgian
Bay
Huronsee
Kingston
Adirondack-Mts.
Concord
Manchester
Boston
Fargo
Michigansee
Toronto
Oshawa
Albany
Springfield
Worcester
Providence
Kap Cod
Aberdeen
St. Paul
Minneapolis
Green Bay
Oshkosh
Mississauga
Hamilton
Ontariosee
Rochester
Niagara Falls
Hartford
Appalachen
Bay City
Muskegon
Grand
Rapids
London
Buffalo
Milwaukee
Madison
Racine
Detroit
Lansing
Windsor
Eriesee
Scranton
New Haven
New York
Newark
Trenton
Sioux Falls
Waterloo
Toledo
Cleveland
Akron
Allentown
Harrisburg
Philadelphia
Atlantic City
Sioux City
Aurora
Gary
Fort
Wayne
Pittsburgh
Wheeling
Omaha
Des
Moines
Mississippi
Missouri
ATLANTISCHER
OZEAN
70° westliche Länge von Greenwich
© Klett

1 Vereinigte Staaten und Mittelamerika Physische Karte

→ s. ausklappbare Generallegende

2

Grand Canyon am Colorado River

Gesteine und Morphologie
- junge Kalk-/Sandstein-Schichten
- ältere Kalk-/Sandstein-Schichten
- Granit (Tiefengestein)
- Steilrand, Kliff

Landschaft
- Buschwald
- Sträucher, Gräser
- Stromschnellen
- Quelle

Tourismus
- Gebäude
- Bahnstrecke
- Straße; Trail
- Brücke
- Parkplatz

Entstehung des Grand Canyon

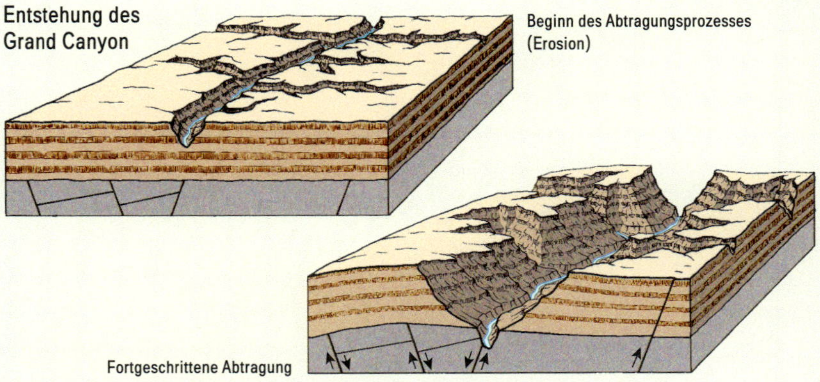

3

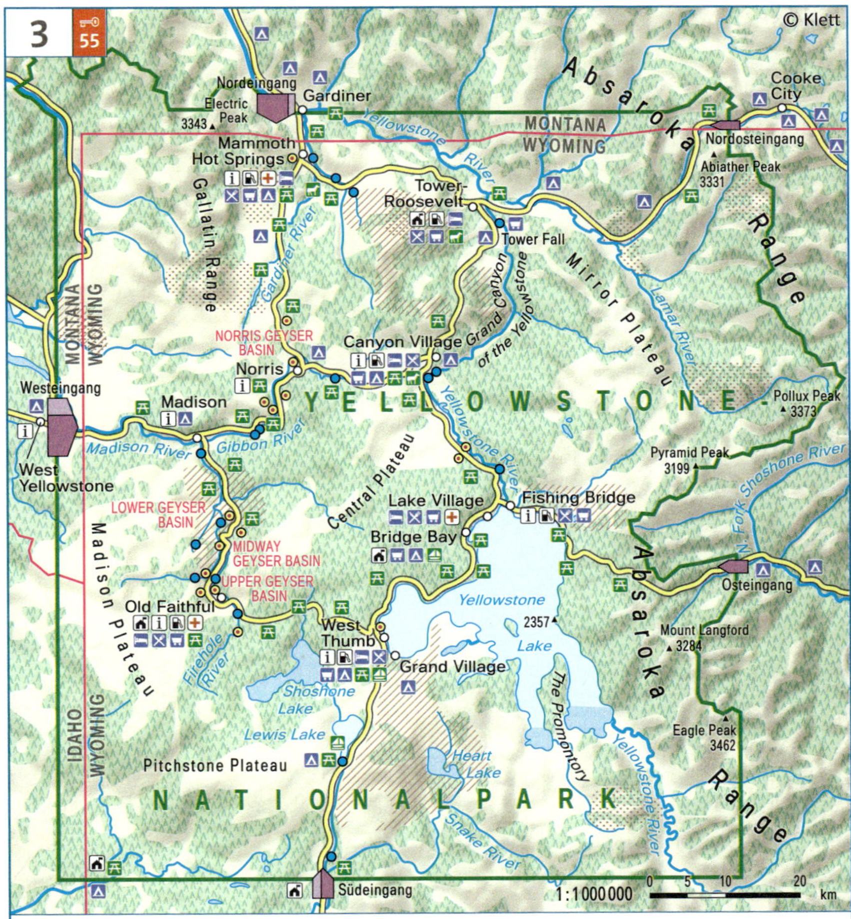

Yellowstone-Nationalpark im Westen der USA

Infrastruktur
- Rangerstation
- Informationszentrum
- Tankstelle
- Klinik
- Hotel, Lodge
- Campingplatz
- Restaurant, Imbiss
- Lebensmittelgeschäft

Naturerlebnis
- geothermische Attraktion
- Wasserfall
- Picknickplatz (Feuerstelle, WC)
- Bootsanlegestelle
- Pferdevermietung
- Wald

Naturschutz
- Nationalparkgrenze
- Bärenschutzgebiet
- Wolfsrevier
- Verbot von Motorbooten

- Fernverkehrsstraße (Highway)
- Grenze eines Bundesstaates

Transit / Besuch: 1 mm entspricht 100 000 Fahrzeuge (2023)

EINFÜHRUNG
DEUTSCHLAND
EUROPA
ASIEN
AFRIKA
AUSTRALIEN und POLE
AMERIKA
WELT
ANHANG

1
© Klett
ARKTISCHER OZEAN
PAZIFISCHER OZEAN
ATLANTISCHER OZEAN
Kolymagebirge
Kamtschatka
Korjakengebirge
Anadyrgebirge
Neusibirische Inseln
Ostsibirische See
Wrangel-I.
Tschuktschen-H.-I.
Tschuktschensee
Beringmeer
Beringstraße
St.-Lorenz-I.
Seward-H.-I.
Nunivak
Aleuten
H.-I. Alaska
Kodiak
Golf von Alaska
Alaska
Brookskette
2713 Mt. Chamberlin
Beaufortsee
Alaskakette
6190 Denali
Anchorage
5959 Mt. Logan
Mackenzie Mountains
2972 Keele Peak
Alexanderarchipel
Juneau
Haida Gwaii
Coast Mountains
Rocky Mountains
4019 Mt. Waddington
Vancouver-I.
Vancouver
Calgary
Seattle
4394 Mt. Rainier
Kaskadenkette
Küstenkette
4322 Mt. Shasta
Großes Becken
Sierra Nevada
4421 Mt. Whitney
San Francisco
Salt Lake City
Großer Salzsee
Mt. Nebo 3636
Wasatch-K.
4401 Mt. Elbert
Denver
Prärien
Los Angeles
San Diego
Tijuana
Phoenix
Guadalupe
H.-I. Niederkalifornien
Golf v. Kalifornien
Juárez
Westl. Sierra Madre
Östl. Sierra Madre
Cerro Mohinora 3308
Monterrey
3713 Cerro Potosí
MEXIKO
León
Guadalajara
Mexiko
Revillagigedo-In.
Popocatépetl 5452
5636 P. de Orizaba
Puebla
Südl. Sierra Madre
Landenge von Tehuantepec
Golf v. Tehuantepec
Clipperton-I.
Kanadisch-arktischer Archipel
McClure-Str.
Melvillesund
Amundsengolf
Victoria-I.
Boothia-H.-I.
Melville-H.-I.
Baffininsel
2147 Mt. Odin
Baffin Bay
Foxebecken
Barren Grounds
Gr. Bärensee
Gr. Sklavensee
Athabascasee
Hudson Bay
Hudsonstraße
Ungava-H.-I.
1652 Mont D'Iberville
Labrador
Labradorsee
Davisstraße
Ellesmere-Insel
Pearyland
Grönlandsee
Jan Mayen
Europäisches Nordmeer
Spitzbergen
Kebnekaise 2097
Ittoqqortoormiit
Gunnbjørnfjeld 3694
Dänemarkstraße
Reykjavík
Kalaallit Nunaat
3391 Mt. Forel
Grönland
Nuuk
KANADA
Winnipegsee
James Bay
Kanadische Seenplatte
Neufundland
St. John's
St.-Lorenz-Golf
St-Pierre und Miquelon
Neuschottland
Montréal
Ottawa
Oberer See
Michigansee
Huronsee
Eriesee
Ontariosee
Toronto
Boston
Neuengland
Appalachen
Minneapolis
Mittlerer Westen
Chicago
Detroit
Cleveland
New York
Philadelphia
Washington, D.C.
VEREINIGTE STAATEN
Cincinnati
St. Louis
Nashville
Mt. Mitchell 2037
Memphis
Atlanta
Oklahoma City
Dallas
Austin
Houston
New Orleans
Jacksonville
H.-I. Florida
Miami
Florida-Str.
Bermuda
Sargassosee
Golf von Mexiko
Bahamas-In.
Nassau
BAHAMAS
Turks- u. Caicos-In.
Havanna
KUBA
Cayman-In.
JAMAIKA
Kingston
Große Antillen
HAITI
Port-au-Prince
DOMINIK. REP.
Santo Domingo
Hispaniola
Puerto Rico
Mérida
H.-I. Yucatán
Str. v. Yucatán
Bucht von Campeche
BELIZE
Belmopan
Golf von Honduras
HONDURAS
Tegucigalpa
GUATEMALA
Tajumulco 4220
Guatemala
San Salvador
EL SALVADOR
NICARAGUA
Nicaraguasee
Managua
San José
COSTA RICA
3820 Chirripó
PANAMA
Panama
G. v. Darién
G. v. Panama
Karibisches Meer
Cristóbal Colón 5775
Barranquilla
Maracaibo
Maracaibo-S.
Valencia
Pico Bolívar 4978
Medellín
Llanos
Yukon
Mackenzie
Peace River
Saskatchewan
Nelson
Columbia
Snake
Missouri
Platte
Arkansas
Red River
Colorado
Rio Grande
Ohio
Tennessee
Mississippi
St. Lorenz-Strom
Landschaften
Inlandeis, Gletscher
Tundra, Hochgebirgsregion
Waldtundra
Nadelwald
Laub- und Mischwald
Steppe, trockenes Grasland
Hartlaubvegetation
Trockenwald
Feuchtwald
Wüste und Halbwüste
Dornstrauchsavanne
Trockensavanne
Feuchtsavanne
Regenwald
Mangrove
Sumpf, Moor
periodisch überschwemmtes Land
Kulturland
Korallenriff
ständig vereistes Polarmeer
im Winter vereistes Meer
nur gelegentlich vereistes Meer
Vorkommen von Eisbergen
1:30 000 000
0 500 km

1 56

Naturgefahren

Gefahr durch Stürme
- Northern Blizzard (polarer Schneesturm) mit Vorstoßrichtung
- Tornado mit Zugrichtung der Orkanwirbel
- Hurrikan mit Zugrichtung der Orkanwirbel
- maximale Reichweite der Hurrikans über dem Festland

Gefahr durch Winderosion
- starke Staubstürme (dust bowl)

Gefahr durch Dürren
- lang anhaltende Trockenperioden

Gefahr durch Feuer
- erhöhtes Waldbrandpotenzial

Gefahr durch Überschwemmungen
- stärkere Schwankungen der Wasserführung
- sehr starke Schwankungen der Wasserführung

Gefahr durch Erdbeben und Vulkanismus
- häufige Erdbeben
- Grenze einer tektonischen Platte
- aktiver Vulkan (nach 1900)
- Tsunami (seismische Flutwelle)

2 57

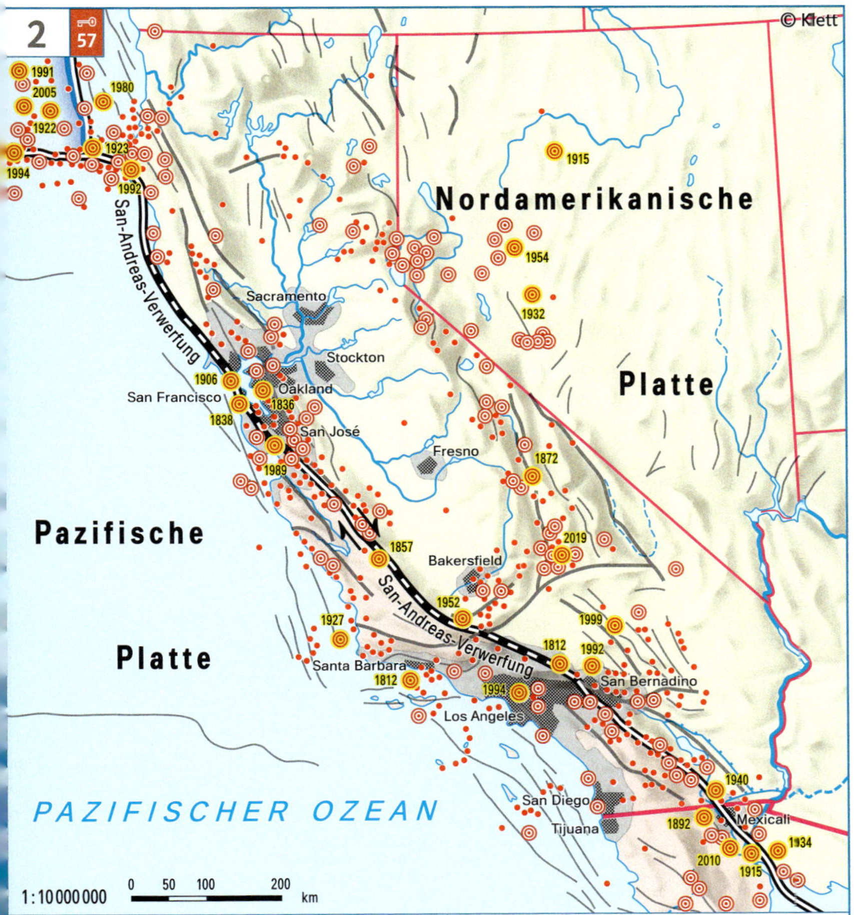

San-Andreas-Verwerfung im Südwesten der USA

Verwerfungen
- Transformverwerfung mit derzeit aktiver Zone
- Bewegungsrichtung
- Hauptverwerfung
- Nebenverwerfung
- Auseinanderdriften der Platten
- Abtauchen der ozeanischen Platte (Subduktion)

Erdbeben (seit 1800)
- sehr starkes Erdbeben
- 1989 mit Jahresangabe
- starkes Erdbeben
- schwaches Erdbeben (in Auswahl)

Bevölkerungsschwerpunkte
Siedlungsfläche
- dicht bebaut
- locker bebaut

- Staatsgrenze
- Grenze eines Bundesstaates

3 19

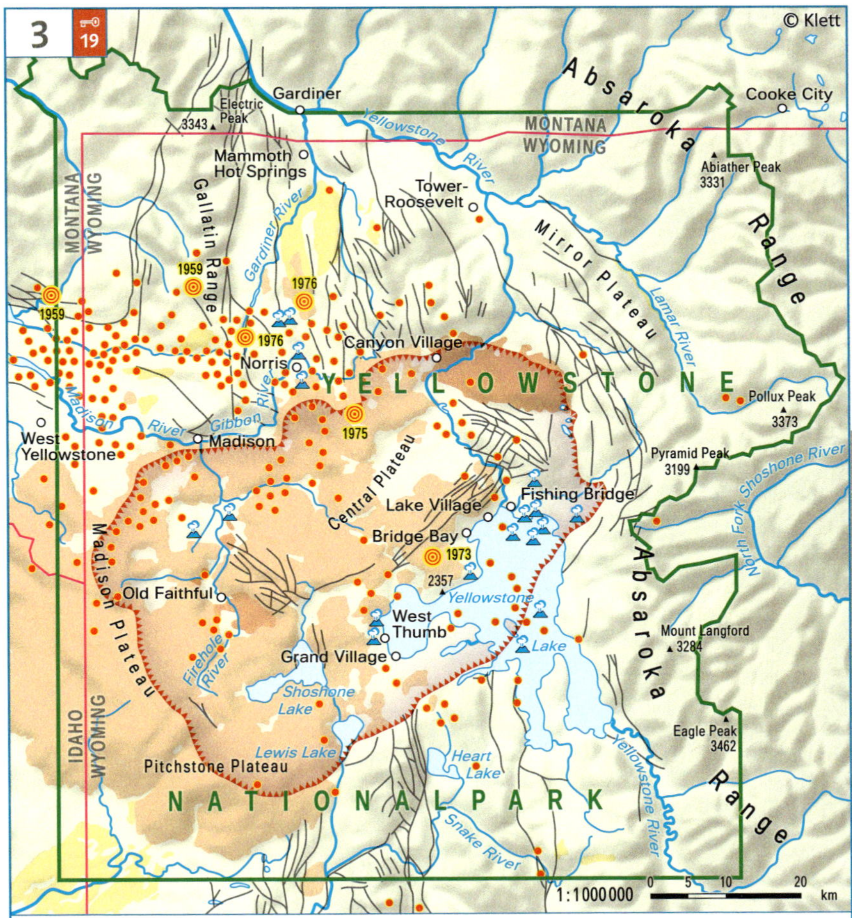

Supervulkan Yellowstone im Westen der USA

Tektonik
- Yellowstone-Caldera
- Verwerfung
- hydrothermaler Explosionskrater

Erdbeben
- starkes Beben
- 1975 mit Jahresangabe
- schwaches Beben seit 1973 (in Auswahl)

Vulkangestein
- Basalt
- junger Rhyolith
- älterer Rhyolith

Grenzen
- Nationalparkgrenze
- Grenze eines Bundesstaates

1 2 3

D78
132.3 Fotos

Landwirtschaft im Kalifornischen Längstal

Anbauflächen
- Trockenfeldbau
- Bewässerungsland

Viehhaltung
- Weide

Pflanzenproduktion
- Reis
- Hülsenfrüchte
- Zuckerrüben
- Oliven
- Gemüse
- Obst
- Zitrusfrüchte
- Wein
- Baumwolle
- Mandeln, Pistazien, Walnüsse
- Gewürze

Naturlandschaft
- Hochgebirgsregion
- Laub- und Mischwald
- Trockenwald
- Steppe
- Wüste

- wichtiger Stausee mit Staudamm
- städtischer Raum
- Grenze eines Bundesstaates

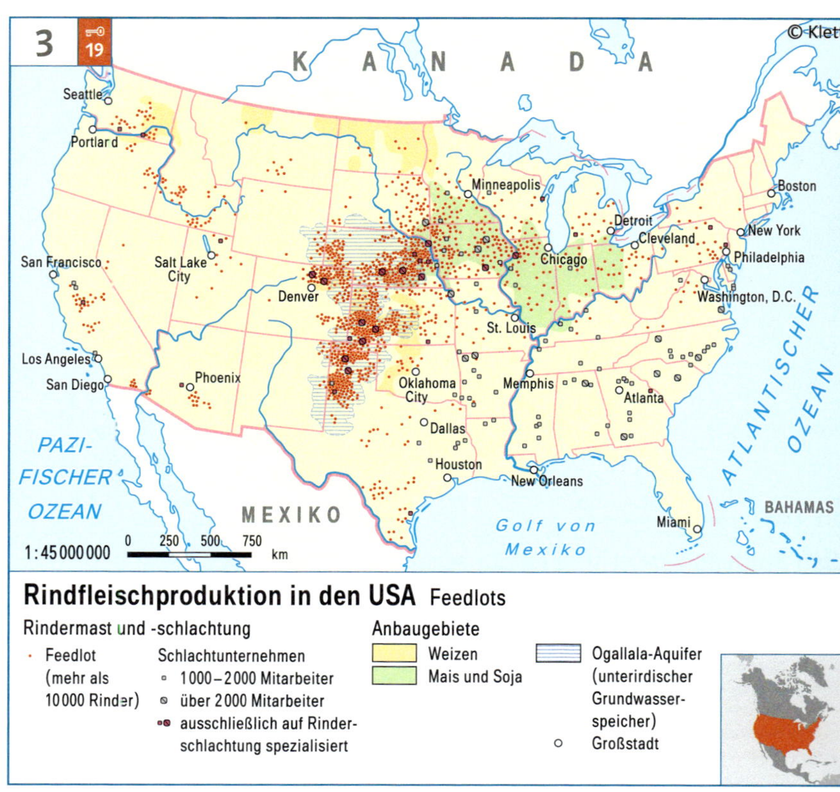

Rindfleischproduktion in den USA Feedlots

Rindermast und -schlachtung
- Feedlot (mehr als 10 000 Rinder)

Schlachtunternehmen
- 1000–2000 Mitarbeiter
- über 2000 Mitarbeiter
- ausschließlich auf Rinderschlachtung spezialisiert

Anbaugebiete
- Weizen
- Mais und Soja

- Ogallala-Aquifer (unterirdischer Grundwasserspeicher)
- Großstadt

1

Wirtschaft

Wirtschaftszentrum
- Industrie (Produktion, Bergbau, Bau)
- Dienstleistung (Handel, Finanzwirtschaft, Transport, Tourismus, Information, Verwaltung, Bildung, Gesundheit)
- Flughafen
- Seehafen

Energierohstoffe
- Steinkohle
- Braunkohle
- Uran
- Erdöl
- Erdgas
- Erdölpipeline
- Erdgaspipeline

Mineralische Rohstoffe

Eisen und Stahlveredler
- Eisenerz
- Mangan
- Nickel

Leichtmetalle
- Bauxit (Aluminium)
- Titan

Buntmetalle
- Blei
- Kupfer
- Zink

Edelmetalle
- Gold
- Silber
- Platin

Sonstige Minerale
- Diamanten
- Salz (Kali-, Steinsalz)

Die Größe der Signatur entspricht der Bedeutung des Standorts.

2

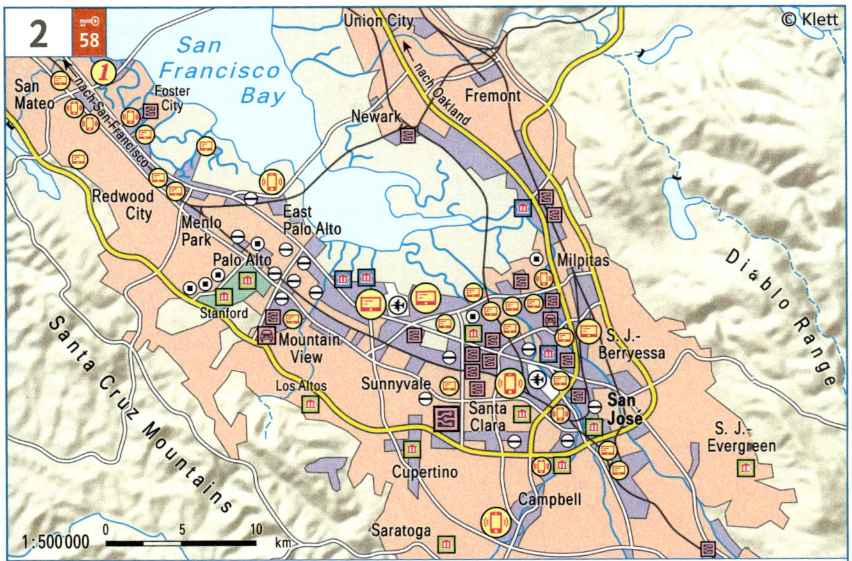

Technologieregion Silicon Valley

Ausbildung, Forschung und Entwicklung
- Stanford-Universität

Universitäten und Colleges
- öffentlich
- von Unternehmen

Unterstützende Unternehmen
- Hilfe für Start-up-Unternehmen (Beratung, Vermietung, Co-Working)
- Risikokapitalgeber

Unternehmensstandorte
- Finanzdienstleistungen
- Social Media, Onlinedienst
- Software
- Hardware
- Mobilität

Die Größe der Signatur entspricht der Bedeutung des Standorts.

- Industrie, Gewerbe
- Wohngebiet

3

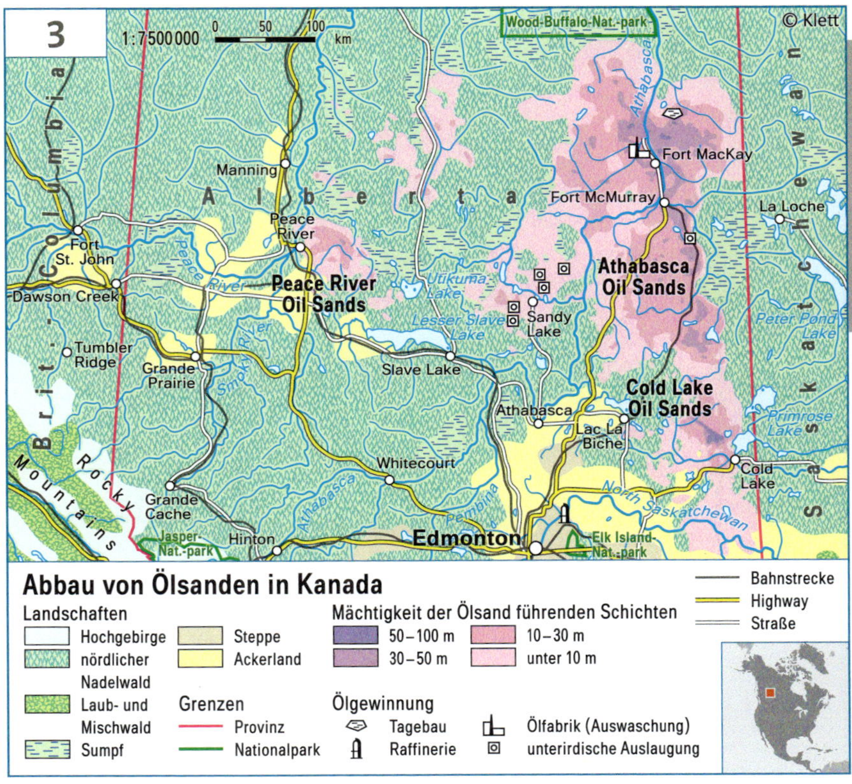

Abbau von Ölsanden in Kanada

Landschaften
- Hochgebirge
- nördlicher Nadelwald
- Laub- und Mischwald
- Sumpf
- Steppe
- Ackerland

Grenzen
- Provinz
- Nationalpark

Mächtigkeit der Ölsand führenden Schichten
- 50–100 m
- 30–50 m
- 10–30 m
- unter 10 m

Ölgewinnung
- Tagebau
- Raffinerie
- Ölfabrik (Auswaschung)
- unterirdische Auslaugung

- Bahnstrecke
- Highway
- Straße

1

Raumerschließung der USA
1776 bis 1853

Gebietsentwicklung
- 1776: 13 Gründungsstaaten der USA
- 1776–1783: Erweiterung bis zum Mississippi
- 1803: Erwerb
- 1818: Besetzung/Eroberung
- 1819: Erwerb
- 1842–1846: Besetzung/Eroberung
- 1846–1848: Besetzung/Eroberung
- 1853: Erwerb

Staaten und Gebiete 1853
- Staatsgrenze
- Grenze eines Bundesstaates
- Texas: Bundesstaat
- *Utah-Territorium*: Gebiet kaum erschlossen

Städte 1853 (Einwohner)
- über 500 000
- 100 000 – 500 000
- 20 000 – 100 000
- 5 000 – 20 000
- unter 5 000

Routen der Siedler
- Ankunft auf Schiffen
- Wege, Pfade (Trails)
- bedeutende Versorgungsstraße
- Eisenbahn-Streckennetz 1853
- erste transkontinentale Eisenbahnverbindung ab 1869
- befestigter Militärposten
- Goldfunde ab 1848

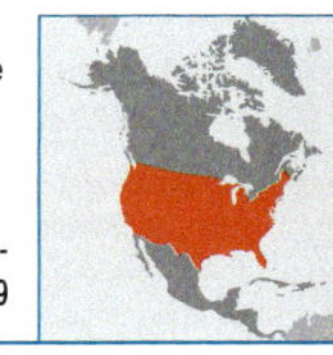

2

Bevölkerungsverteilung in den USA

Deutliche Mehrheiten
(Bevölkerungsanteil über 80 %)
- US-Europäer

Bedeutende Minderheiten
(Bevölkerungsanteil über 30 %)
- Afroamerikaner
- Hispanoamerikaner
- Amerikaner asiatischer oder pazifischer Abstammung
- indigene Bevölkerung

Gemischte Minderheiten
(Bevölkerungsanteil über 20 %)
- mindestens zwei Minderheiten

Grenzen
- Staatsgrenze
- Grenze eines Bundesstaates
- Reservation der indigenen Bevölkerung

3

Bevölkerungsentwicklung in den USA

Bevölkerung in den Staaten 2023
(in Mio. Einwohner)
- 10
- 1,0
- 0,1

Bevölkerungszuwachs in den Staaten 2000–2023 (US-Durchschnitt: 120 %)
- über dem US-Durchschnitt
- durchschnittlich
- unter dem US-Durchschnitt

Entwicklung in den Ballungsräumen
Bevölkerungsstand 2023 (in Mio. Einwohner)
- über 5
- 1–5
- 0,5–1

Bevölkerungsentwicklung
- starkes Wachstum
- durchschnittliches Wachstum
- kaum Wachstum (teilweise Stagnation)

Grenzen
- Staatsgrenze
- Grenze eines Bundesstaat

1 59

Stadträume in den USA

Verdichtungsräume 2020
- Orlando: dicht bebautes Stadtgebiet mit über 700 000 Einwohnern (Urban Area)

Verstädterte Landkreise (Counties) 2020
- statistische Region um ein städtisches Zentrum
- statistische Region um ein städtisches Zentrum mit über 4 Mio. Einwohnern

Phoenix - Mesa - Chandler 4,9: Name mit Einwohnerzahl in Mio.

Grenzen
- Staatsgrenze
- Grenze eines Bundesstaat
- Grenze eines Countys (in Auswahl)

2 21

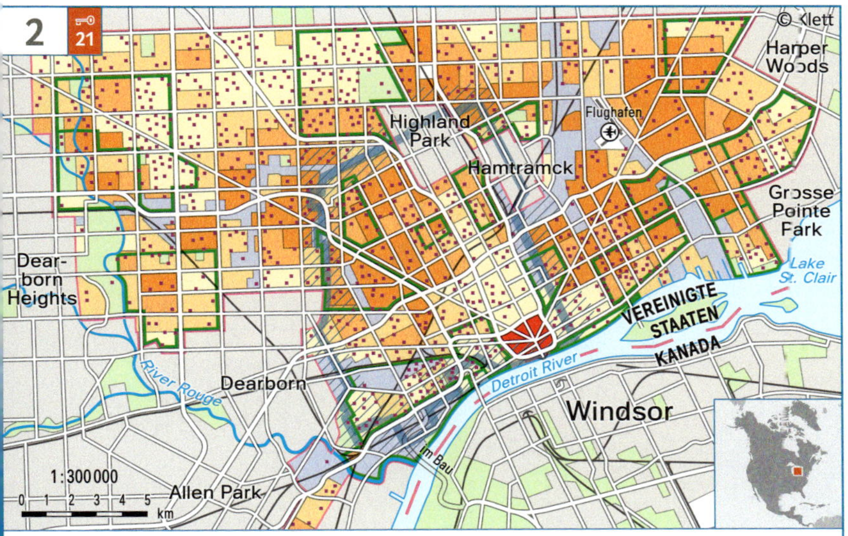

Schrumpfende Stadt Detroit Projekte zur Bekämpfung von Armut und Kriminalität

Leere, ruinierte oder abgerissene Wohnhäuser
- über 40 %
- 30 – 40 %
- 20 – 30 %
- unter 20 %
- City
- Industrie
- Grünfläche
- Stadtgrenze

Maßnahmen der Stadtverwaltung
- Stadtgebiet mit eigener Planung für bessere Lebensgrundlagen mit hoher Bürgerbeteiligung
- „Joe-Louis-Grünzug“: geplanter Korridor mit Grünflächen, Radwegen und Begegnungsstätten
- Stadtgebiete, die vom Grünzug profitieren sollen

Privatinitiative „Keep Growing Detroit“
- selbst bewirtschaftete Gärten auf leerer Grundstücken

3

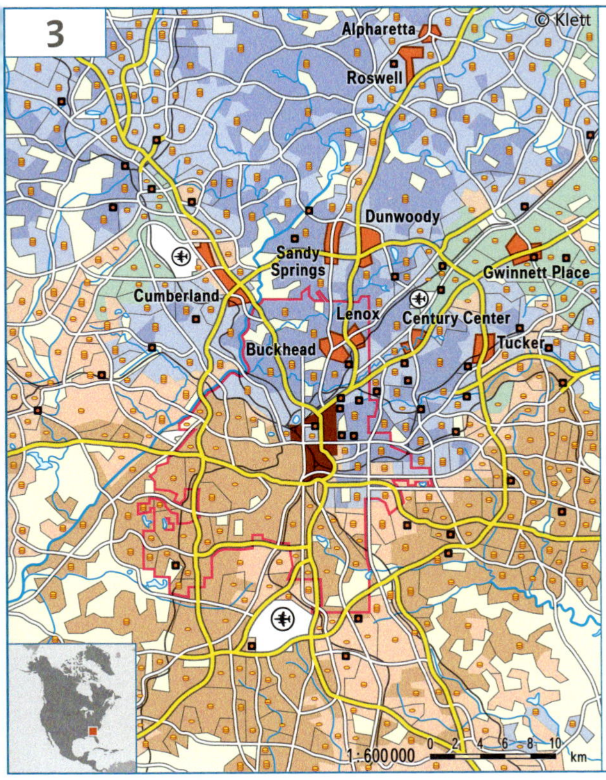

Großraum Atlanta
Suburbanisierung und Segregation

- Stadtgrenze von Atlanta (500 000 Einw.)
- Highway
- Hauptstraße
- Bahnstrecke
- Flughafen

Stadtzentren
- City (Central Business District)
- Edge City (Zentrum mit Cityfunktion)
- Mall (Einkaufszentrum)

Bevölkerungsmehrheit
- Afroamerikaner: über 70 %; 30 – 70 %
- US-Europäer: über 70 %; 30 – 70 %
- Hispanoamerikaner: 30 – 70 %

Haushaltseinkommen
- über 80 000 US-$/Jahr
- 63 000 – 80 000 US-$/Jahr
- 43 000 – 63 000 US-$/Jahr
- unter 43 000 US-$/Jahr

4 21

Manhattan Zentrum der Global City New York

Dienstleistungen und Industrie
- Wirtschaftszentrum (Konzernverwaltungen)
- Finanzzentrum (Börse, Banken, Versicherungen)
- Einkaufsstraße (gehobener Bedarf)
- Industrie- u. Gewerbegebiet, Hafenanlage, Großmarkt
- öffentliches Gebäude, Behörde
- Universität
- Krankenhaus

Erholung und Kultur
- Museum
- Veranstaltungshalle, Theater
- besondere Kirche
- Sehenswürdigkeit
- Grünfläche, Park
- Wohngebiet

Verkehr
- Bahnstrecke mit Bahnhof
- Bahntunnel
- Schnellstraße
- Schnellstraßentunnel
- U-Bahn

Grenzen
- Stadtgrenze
- Countygrenze

I49
136.1 Karte in Ebenen

→ s. ausklappbare Generallegende

1
© Klett
VEREINIGTE STAATEN (USA)
Mississippi
Sargassosee
Golf von Mexiko
Florida-Str.
Nassau
BAHAMAS
Havanna
KUBA
Str. v. Yucatán
Turks- u. Caicos-In. (brit.)
Bucht von Campeche
MEXIKO
Golf von Honduras
Cayman-In. (brit.)
Kingston
JAMAIKA
HAITI
Port-au-Prince
DOMINIKAN. REPUBLIK
Santo Domingo
Puerto Rico (USA)
Jungfern-In. (USA) (brit.)
Anguilla (brit.)
Saint-Martin/ (franz.)
Sint Maarten (ndl.)
Saint-Barthélemy (franz.)
ANTIGUA U. BARBUDA
ST. KITTS U. NEVIS
Montserrat (brit.)
Guadeloupe (franz.)
DOMINICA
Martinique (franz.)
ST. LUCIA
ST. VINCENT U. DIE GRENADINEN
BARBADOS
GRENADA
Aruba (ndl.)
Curaçao (ndl.)
Bonaire (ndl.)
TRINIDAD U. TOBAGO
Port-of-Spain
BELIZE
Belmopan
GUATEMALA
Guatemala
HONDURAS
Tegucigalpa
San Salvador
EL SALVADOR
NICARAGUA
Managua
Nicaragua-see
Karibisches Meer
Caracas
Maracaibo-see
Orinoco
VENEZUELA
G. v. Darién
Panama
PANAMA
G. v. Panama
San José
COSTA RICA
Georgetown
GUYANA
Paramaribo
SURINAME
Franz.-Guayana
ATLANTISCHER
nördl. Wendekreis
Kokos-I. (cost.)
Malpelo (kol.)
Magdalena
Bogotá
KOLUMBIEN
Casiquiare
Rio Branco
Rio Negro
Quito
ECUADOR
Putumayo
Amazonas
Äquator
Galápagos-In. (ecuad.)
Marañón
Ucayali
Purus
Madeira
Tapajós
Xingu
Tucuruí-Stausee
Tocantins
BRASILIEN
Araguaia
Sobradinhoer Stausee
São Francisco
Juruena
PERU
Lima
Mamoré
Titicaca-see
La Paz
BOLIVIEN
Sucre
Brasília
PAZIFISCHER
Três-Marias-Stausee
Pto.-Primavera-Stausee
Paraguay
Paraná
PARAGUAY
Pilcomayo
Asunción
südl. Wendekreis
Desventuradas-In. (chil.)
San Félix
San Ambrosio
Uruguay
CHILE
ARGENTINIEN
URUGUAY
Valparaíso
Santiago de Chile
Juan-Fernández-In. (chil.)
Buenos Aires
Montevideo
Río de la Plata
OZEAN
OZEAN
Río Negro
Chiloé
Buenos-Aires-See
Falkland-In. (brit.)
Magellanstraße
Feuerland
Südgeorgien (brit.)
1:30 000 000
0 500 km
70° westl. L. v. Gr.
Staaten
Staatsgrenze
CHILE Staat
Hauptstadt
Regierungssitz oder Sitz des Parlaments
Franz.-Guayana Bundesstaat bzw. Verwaltungsgebiet
Falkland-In. abhängiges Gebiet mit Selbstverwaltung

1
04
Karibisches Meer
Kleine Antillen
PAZIFISCHER OZEAN
MEXIKO
GUATEMALA
BELIZE
HONDURAS
EL SALVADOR
NICARAGUA
COSTA RICA
PANAMA
KOLUMBIEN
VENEZUELA
ECUADOR
PERU
BOLIVIEN
CHILE
ARGENTINIEN
HAITI
DOM. REP.
Hispaniola
Port-au-Prince
Sto. Domingo
Puerto Rico (USA)
Golf von Honduras
Islas del Cisne (hond.)
Belize
Belmopan
Tikal
Tuxtla Gutiérrez
Tonalá
Guatemala
Quezaltenango
Escuintla
San José
Puerto Barrios
Puerto Cortés
La Ceiba
San Pedro Sula
Tegucigalpa
Bonanza
Puerto Cabezas
San Salvador
San Miguel
Santa Ana
Jinotega
Matagalpa
León
Managua
Granada
Nicaraguasee
Bluefields
Miskitoküste
Providencia (kol.)
San Andrés (kol.)
Heredia
Puntarenas
San José
Limón
Chirripó
Barú
David
Colón
Panama
San Miguelito
Golf von Panama
Panamakanal
G. v. Darién
Kokos-I. (cost.)
Malpelo (kol.)
Galápagos-In. (ecuad.)
Fernandina
Isabela
Santa Cruz
San Cristóbal
Puerto Baquerizo Moreno
Kap Gallinas
Aruba (ndl.)
Curaçao (ndl.)
Bonaire (ndl.)
Willemstad
Punto Fijo
Coro
Santa Marta
Barranquilla
Cartagena
Valledupar
Maracaibo
Maracaibo-S.
Cabimas
Valencia
Barquisimeto
Caracas
Maracay
La Guaira
Puerto Cabello
Barcelona
Cumaná
Margarita
Los Roques
Acarigua
Calabozo
El Tigre
San Fernando de Apure
Barinas
Mérida
Pico Bolívar
Kord. v. Mérida
San Cristóbal
Cúcuta
Sincelejo
Montería
Apartadó
Bucaramanga
Barrancabermeja
Floridablanca
Medellín
Bello
Paz de Río
Tunja
Yopal
Arauca
Quibdó
Manizales
Nev. del Ruiz
Pereira
Ibagué
Bogotá
Villavicencio
Buenaventura
Palmira
Cali
Huila
Neiva
Popayán
Florencia
Tumaco
Pasto
San Lorenzo
Esmeraldas
Quito
Ibarra
Santo Domingo de los Colorados
Cotopaxi
Manta
Portoviejo
Quevedo
Ambato
Chimborazo
Riobamba
La Libertad
Guayaquil
Cuenca
Machala
Tumbes
Loja
Talara
Kap Pariñas
Sullana
Paita
Piura
Sechura
Jaén
Moyobamba
Tarapoto
Chiclayo
Cajamarca
Chan-Chan
Trujillo
Chimbote
Huascarán
Huánuco
Pucallpa
Huaraz
Cerro de Pasco
Paramonga
La Oroya
Huancayo
Callao
Lima
Machu Picchu
Ayacucho
Cuzco
Chincha Alta
Pisco
Ica
Coropuna
Juliaca
Puno
Arequipa
El Alto
La Paz
Illimani
Tiahuanaco
Mollendo
Ilo
Tacna
Arica
Sajama
Oruro
Cochabamba
Santa Cruz
Sucre
Potosí
Iquique
Tupiza
Tarija
Tocopilla
Calama
Antofagasta
San Salvador de Jujuy
Salta
Orinoco
Orinocotiefland
Puerto Ayacucho
Bergland
Marahuaca
Neblina
Guaviare
Guainía
Mitú
Rio Negro
Caquetá
Putumayo
Japurá
Napo
Amazonas
Iquitos
Leticia
Tabatinga
São Paulo de Olivença
Tefé
Juruá
Purus
Cruzeiro do Sul
Feijó
Rio Branco
Porto Velho
Lábrea
Riberalta
Guajará-Mirim
Puerto Maldonado
Madre de Dios
Trinidad
Yungas
Llanos de Moxos
Altiplano
Titicacasee
Poopósee
Salar de Uyuni
Salar de Atacama
Atacama
Anden (Kordilleren)
Westkordillere
Zentralkordillere
Ostkordillere
Östliche Andenvorland
Amazonien
Marañón
Ucayali
Huallaga
Mantaro
südlicher Wendekreis
1:15 000 000
0 100 200 300 km

EINFÜHRUNG
DEUTSCHLAND
EUROPA
ASIEN
AFRIKA
AUSTRALIEN und POLE
AMERIKA
WELT
ANHANG

→ s. ausklappbare Generallegende

1
60
© Klett
Houston
New Orleans
Jacksonville
Mississippi
H.-I. Florida
Sargassosee
Golf von Mexiko
Miami
Nassau
Bahama-In.
Florida-Str.
Havanna
Mérida
Bucht von Campeche
H.-I. Yucatán
Str. v. Yucatán
Große Antillen
Golf von Honduras
Santo Domingo
San Juan
Port-au-Prince
Hispaniola
Kingston
Antigua
Barbuda
Guadeloupe
Martinique
Belmopan
Tajumulco 4220
Guatemala
Tegucigalpa
San Salvador
Karibisches Meer
Kleine Antillen
ATLANTISCHER
Aruba
Curaçao
Bonaire
Margarita
Tobago
TRINIDAD U. TOBAGO
Trinidad
Port-of-Spain
Barranquilla
Cristóbal Colón 5775
Caracas
Maracaibo
Maracaibo-S.
Valencia
Managua
Nicaragua-see
San José
Chirripó 3820
G. v. Darién
Panama
G. v. Panama
4978 Pico Bolívar
Orinoco
Ciudad Guayana
Georgetown
Paramaribo
Cayenne
Medellín
VENEZUELA
GUYANA
Roraima 2810
SURINAME
Franz.-Guayana
Bergland von Guayana
Llanos
Kokos-I.
Malpelo
KOLUMBIEN
Bogotá
Cali
Huila 5364
2995 Neblina
Quito
ECUADOR
Cotopaxi 5897
6263 Chimborazo
Guayaquil
Galápagos-In.
Putumayo
Amazonas
Iquitos
Manaus
Marajó
Belém
São Luis
Tucuruí-Stausee
Teresina
Fortaleza
Marañón
Purus
Madeira
Tapajós
Xingu
Araguaia
Tocantins
BRASILIEN
Caatinga
Natal
João Pessoa
Recife
Maceió
Sobradinho-Stausee
Trujillo
6768 Huascarán
PERU
Porto Velho
Campos
Lima
Montaña
Llanos de Moxos
Yungas
Serra Pouso Alto 1676
Salvador
Titicacasee
6425 Ancohuma
La Paz
6462 Illimani
Coropuna 6377
Arequipa
6542 Sajama
BOLIVIEN
Cuiabá
Brasilianisches Bergland
Brasília
Goiânia
Cochabamba
Santa Cruz
Sucre
Pantanal
PAZIFISCHER
Três Marias-Stausee
Pico de Itambé 2062
Belo Horizonte
Pico da Bandeira 2890
Vitória
Campo Grande
Gran Chaco
PARAGUAY
Pilcomayo
Paraná
Asunción
Pto.-Primavera-Stausee
Campinas
São Paulo
Santos
Rio de Janeiro
OZEAN
Antofagasta
Atacama
Anden
San Miguel de Tucumán
Curitiba
Desventuradas-In.
San Félix
San Ambrosio
6893 Ojos del Salado
Monte Pissis 6795
Uruguay
Porto Alegre
Córdoba
ARGENTINIEN
Aconcagua 6961
Valparaíso
Mendoza
Tupungato 6570
Santiago de Chile
Rosario
URUGUAY
Juan-Fernández-In.
Pampa
Buenos Aires
Montevideo
Río de la Plata
Concepción
Mar del Plata
OZEAN
Lanin 3776
Río Negro
CHILE
Patagonien
Chiloé
Comodoro Rivadavia
San Valentín 4058
Buenos-Aires-See
Westpatagonien
Ostpatagonien
Falkland-In.
Stanley
3050 Paine Grande
Magellanstraße
Punta Arenas
Feuerland
Monte Shipton 2568
Südgeorgien
Landschaften
Inlandeis, Gletscher
Tundra, Hochgebirgsregion
Laub- und Mischwald
Steppe, trockenes Grasland
Hartlaubvegetation
Trockenwald
Feuchtwald
Wüste und Halbwüste
Dornstrauchsavanne
Trockensavanne
Feuchtsavanne
Regenwald
Mangrove
Sumpf, Moor
periodisch überschwemmtes Land
Salzsee, Salzpfanne
Korallenriff
Kulturland
1:30 000 000
0
500
km

1
© Klett
Houston
New Orleans
Jacksonville
Sargassosee
Golf von Mexiko
Miami
Nassau
Bahama-In.
Florida-Str.
Havanna
Str. v. Yucatán
Bucht von Campeche
Mérida
Große Antillen
Santo Domingo
San Juan
Port-au-Prince
Hispaniola
Kingston
Golf von Honduras
Antigua
Barbuda
Guadeloupe
Martinique
Belmopan
Guatemala
Tegucigalpa
San Salvador
Managua
Nicaragua-see
San José
Karibisches Meer
Kleine Antillen
Aruba
Curaçao
Bonaire
Margarita
Tobago
TRINIDAD U. TOBAGO
Trinidad
Port-of-Spain
ATLANTISCHER
Barranquilla
Maracaibo
Caracas
Maracaibo-S.
G. v. Darién
Panama
G. v. Panama
Llanos
Orinoco
Ciudad Guayana
Georgetown
Paramaribo
Cayenne
VENEZUELA
GUYANA
SURINAME
Franz. Guayana
Bergland von Guayana
Kokos-I.
Malpelo
Bogotá
KOLUMBIEN
Cali
Rio Branco
Rio Negro
Quito
ECUADOR
Galápagos-In.
Putumayo
Amazonas
Manaus
Belém
São Luís
Tocantins
Tucuruí-Stausee
Fortaleza
Teresina
Marañon
Ucayali
Purus
Madeira
Tapajós
Xingu
BRASILIEN
Natal
Caatinga
Sobradinho-Stausee
Recife
Maceió
Trujillo
Anden
Juruena
Araguaia
São Francisco
Campos
PERU
Lima
Mamoré
Salvador
Titicacasee
BOLIVIEN
Cuiabá
Brasilianisches Bergland
Brasília
Goiânia
Arequipa
La Paz
Santa Cruz
PAZIFISCHER
OZEAN
Sucre
Gran Chaco
Campo Grande
Três-Marias-Stausee
Belo Horizonte
Vitória
Paraguay
Pto.-Primavera-Stausee
Paraná
PARAGUAY
Pilcomayo
Atacama
Kordilleren
São Paulo
Rio de Janeiro
Santos
Asunción
San Miguel de Tucumán
Curitiba
Desventuradas-In.
San Félix
San Ambrosio
Uruguay
Porto Alegre
Córdoba
CHILE
ARGENTINIEN
Santiago de Chile
Mendoza
Rosario
URUGUAY
Juan-Fernández-In.
Buenos Aires
Montevideo
Pampa
Río de la Plata
OZEAN
Rio Negro
Patagonien
Chiloé
Westpatagonien
Ostpatagonien
Buenos-Aires-See
Falkland-In.
Magellanstraße
Feuerland
Südgeorgien
Landwirtschaft
Kulturland
Ackerland
Bewässerungsland
Wald
Savanne
Steppe
sonstige offene Landschaft
extensive Viehhaltung
Viehhaltung
Rinder
Schweine
Schafe
Hühner
Anbauflächen (globale Schwerpunkte)
Weizen
Mais
Reis
Gemüse
Obst
Soja
Hülsenfrüchte
Nüsse
Wein
Kartoffeln
Sonnenblumen
Tabak
Zitrusfrüchte
Erdnüsse
Baumwolle
Bananen
Ananas
Knollenfrüchte
Zuckerrohr
Kokospalmen
Kaffee
Kakao
Gewürze
Ölpalmen
Kautschuk
1:30 000 000
0
500
km

1
61
© Klett
VEREINIGTE STAATEN
Houston
Beaumont
Jackson
Mobile
New Orleans/ Baton Rouge
Lake Charles
Freeport
Jacksonville
Orlando
Tampa
Miami
Golf von Mexiko
BAHAMAS
Havanna
KUBA
Santiago de Cuba
Mérida
Cancún
Campeche
MEXIKO
Villahermosa/Paraiso
Tuxtla Gutiérrez
BELIZE
GUATEMALA
HONDURAS
Tegucigalpa
Guatemala
San Salvador
EL SALVADOR
NICARAGUA
Managua
San José
COSTA RICA
PANAMA
Panama
Kingston
JAMAIKA
HAITI
Port-au-Prince
DOMINIK. REP.
Santo Domingo
San Juan
Puerto Rico
Karibisches Meer
ATLANTISCHER OZEAN
Aruba
Curaçao
Punto Fijo
Barranquilla
Maracaibo
Cartagena
Caracas
Barcelona/ Puerto La Cruz
TRINIDAD U. TOBAGO
Port-of-Spain
Barquisimeto
Valencia/ Maracay
Cúcuta
Bucaramanga
Ciudad Guayana
VENEZUELA
GUYANA
SURINAME
Franz.-Guayana
Medellín
Manizales/ Pereira/Ibagué
Bogotá
Buenaventura
Cali
KOLUMBIEN
Esmeraldas
Quito
Manta/ Portoviejo
ECUADOR
Guayaquil
Macapá
Manaus
Santarém
Belém
São Luis
Fortaleza
Teresina
Marabá
Juazeiro do Norte
Natal
João Pessoa
Recife
Maceió
BRASILIEN
Porto Velho
Palmas
Salvador
Chimbote
Lima
PERU
BOLIVIEN
La Paz
Arequipa
Santa Cruz
Arica
Cuiabá
Brasília
Goiânia/ Anápolis
Campo Grande
Uberlândia
Belo Horizonte
Vitória
Ribeirão Preto
São Paulo/Campinas
Santos
Rio de Janeiro
Londrina
Curitiba
Joinville
Florianópolis
PAZIFISCHER OZEAN
PARAGUAY
Ciudad del Este
Asunción
Posadas
Antofagasta
Salta
San Miguel de Tucumán
Santiago del Estero
Resistencia/ Corrientes
La Rioja
Coquimbo/La Serena
San Juan
Córdoba
Santa Fé
Paraná
Porto Alegre
Valparaíso
Mendoza
Santiago de Chile
Rosario
URUGUAY
Rio Grande/Pelotas
Buenos Aires
Mar del Plata
Concepción
CHILE
ARGENTINIEN
Osorno/Puerto Montt
Puerto Madryn
Comodoro Rivadavia
Ushuaia
1:30000000
0
500
km
Wirtschaft
Wirtschaftszentrum
Industrie (Produktion, Bergbau, Bau)
Dienstleistung (Handel, Finanzwirtschaft, Transport, Tourismus, Information, Verwaltung, Bildung, Gesundheit)
Flughafen
Seehafen
Energierohstoffe
Steinkohle
Erdöl
Erdgas
Erdölpipeline
Erdgaspipeline
Mineralische Rohstoffe
Eisen und Stahlveredler
Eisenerz
Chrom
Mangan
Nickel
Wolfram
Leichtmetalle
Bauxit (Aluminium)
Buntmetalle
Blei
Kupfer
Zink
Zinn
Edelmetalle
Gold
Silber
Sonstige Minerale
Salz (Kali-, Steinsalz)
Asbest
Die Größe der Signatur entspricht der Bedeutung des Standorts.

EINFÜHRUNG
DEUTSCHLAND
EUROPA
ASIEN
AFRIKA
AUSTRALIEN und POLE
AMERIKA
WELT
ANHANG

1

Wirtschaft und Naturschutz am Amazonas

Naturräume
- tropischer Regenwald
- Savanne
- Waldschutzgebiet

Waldverlust seit 1950
- Regenwald-Rodung
- Savannenwald-Rodung

Landwirtschaft
- Rinderzucht
- Sojaanbau

Bergbau
- Eisen
- Mangan
- Nickel
- Kupfer
- Zinn
- Aluminium (Bauxit)
- Gold
- Asbest
- Erdöl

Verkehr und Energie
- schiffbarer Fluss
- Fernstraße
- Bahnstrecke, Erzbahn
- Internationaler Flughafen
- Staudamm
- Wasserkraftwerk

Orte
- Metropole
- überregionales Zentrum
- regionales Zentrum

Grenzen
- Staatsgrenze
- Grenze des Amazonasgebietes in Brasilien

2 62

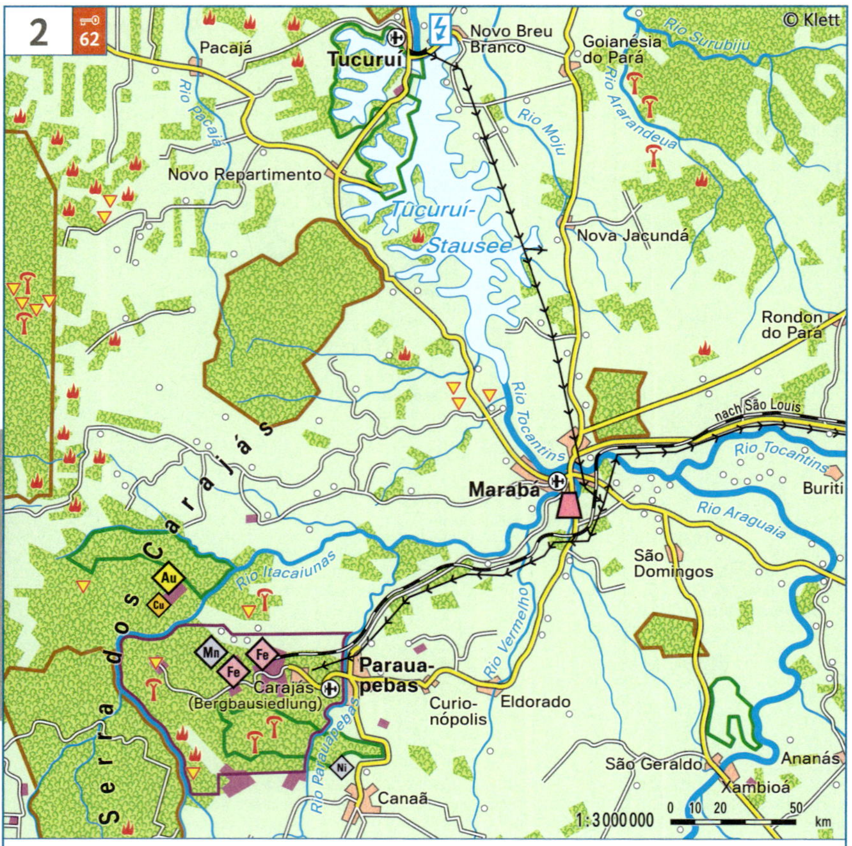

Waldrodungen bei Marabá in Brasilien

Landschaft und Landnutzung
- tropischer Regenwald
- gerodeter Regenwald (jetzt Weideland)

Schutzgebiete
- Schutzgebiet für die indigene Bevölkerung
- strenger Naturschutz

- Stadt
- kleine Siedlung

Verkehr
- asphaltierte Straße
- unbefestigte Straße
- Erzbahn
- Flugplatz

Illegale Eingriffe in die Natur
- Goldabbau
- Abholzung
- Brandrodungen im Extremjahr 2020

Bergbau
- Bergbauprojekt „Ferro Carajás"
- Tagebaulandschaft
- Eisen
- Mangan
- Nickel
- Kupfer
- Gold
- Eisenverhüttung

Energie
- Stausee mit Staudamm
- Wasserkraftwerk
- Hochspannungsleitung

3 21

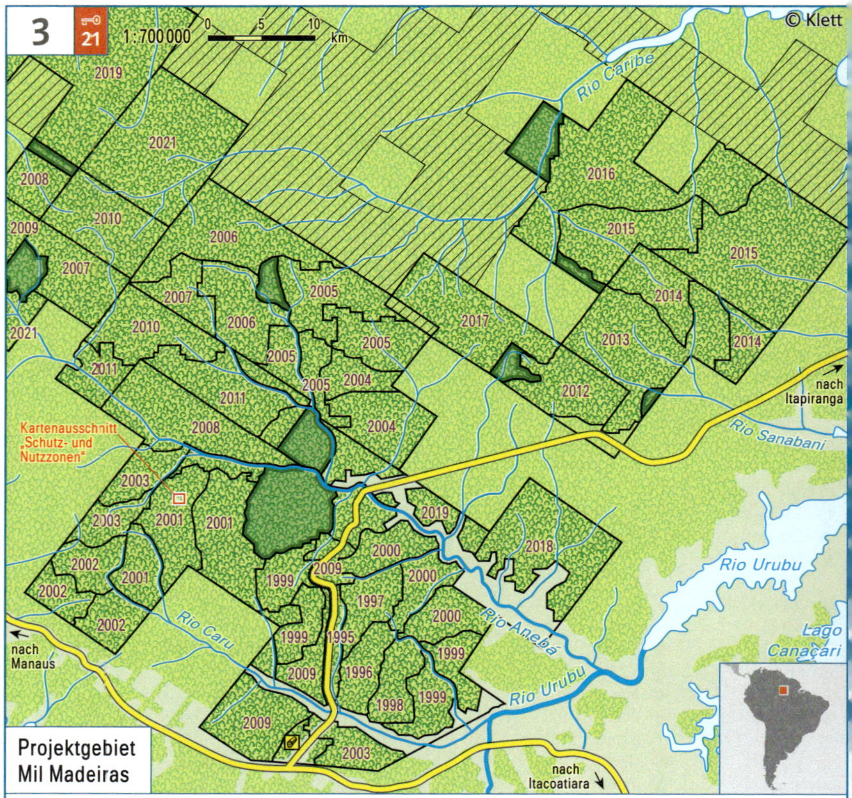

Nachhaltige Waldnutzung am unteren Amazonas

Projektgebiet Mil Madeiras
- geplante Erweiterung des Projektgebiets
- Regenwald außerhalb
- Sägewerk
- Fernstraße

- 2021 Holzentnahme nur in einem bestimmten Jahr
- geschützter Regenwald

Schutz- und Nutzzonen
- Regenwald
- Wirtschaftsgebäude
- Weg
- Schneise

- einzelne gefällte Bäume
- Schutzzone

1

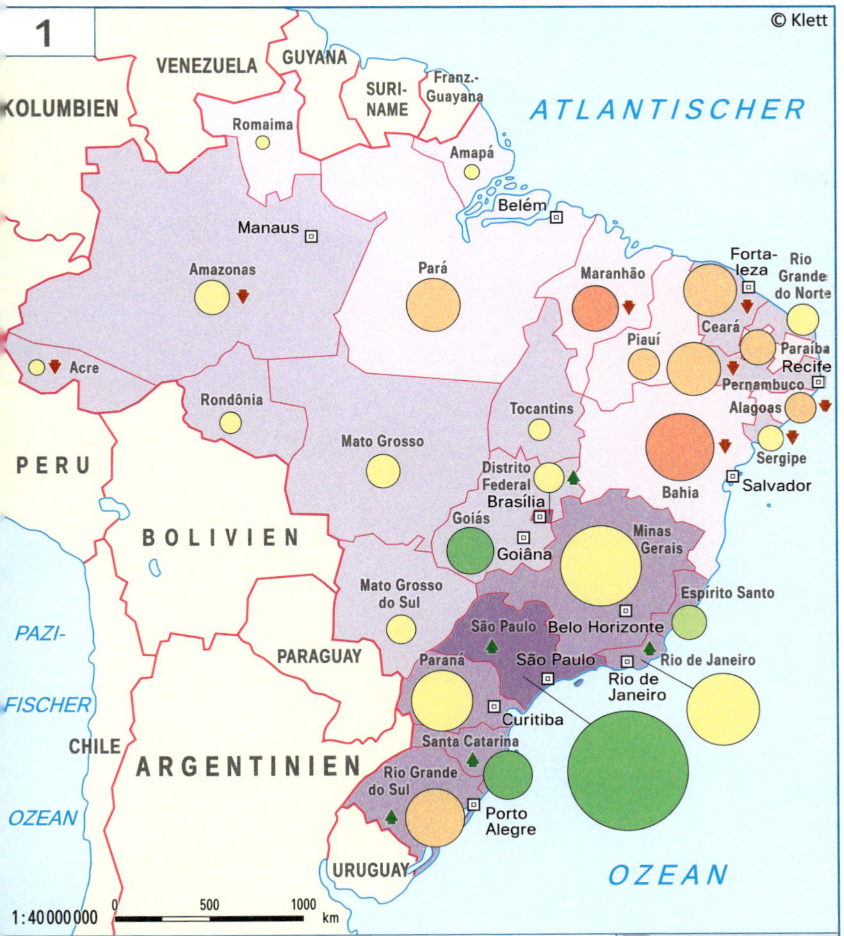

Regionale Ungleichheiten in Brasilien

Lebensqualität (HDI* 2022, nach Regionen)
- sehr hoch
- hoch
- gehoben
- mittel

*Human Development Index

Einkommen (pro Einw., 2023) im Vergleich zum Durchschnitt
- deutlich höher
- deutlich niedriger

Bevölkerungsveränderung seit 1995
Einwohner 2022 (in Mio.)
50 / 20 / 10 / 5 / 1
- hohe Zuwanderung
- geringe Zuwanderung
- kaum Veränderung
- geringe Abwanderung
- hohe Abwanderung
- Metropole

2

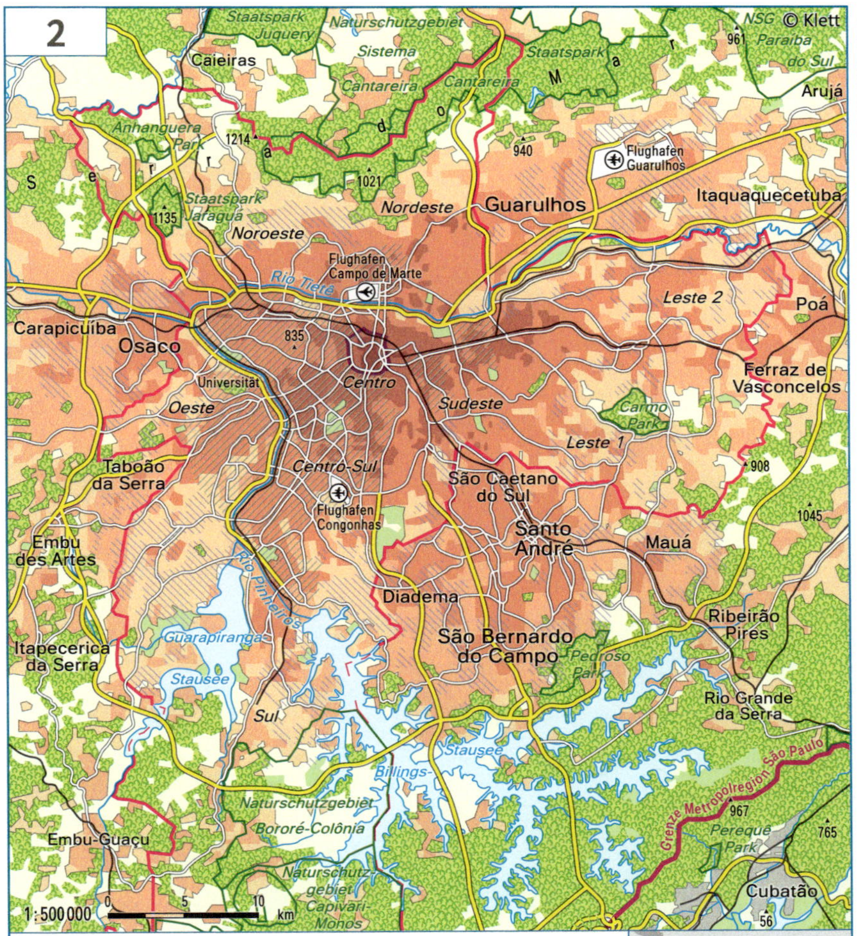

Stadtentwicklung von São Paulo

Bebauung
- um 1880
- 1880 – 1930
- 1930 – 1980
- 1980 – 2000
- seit 2000
- außerhalb
- Stadtzentrum

Wohngebiete
- hoher Entwicklungsgrad
- niedriger Entwicklungsgrad (vorwiegend Favelas)
- Park, Grünanlage
- Wald
- Schutzgebiet

Verkehr
- Schnellstraße
- Hauptstraße
- Bahnstrecke
- Internationaler Flughafen
- Militärflughafen
- Stadtgrenze

3 63

Stadt- und Sozialstruktur in Rio de Janeiro

Wohngebiete
- wohlhabend
- mittelmäßig bis einfach
- Favela
- Condomínio

Grenzen
- Stadtgrenze

Flächennutzung
- Geschäftszentrum
- Gewerbe- und Verkehrsfläche
- Bebauung außerhalb
- Sumpf
- Wald

Verkehr
- Schnellstraße
- Hauptstraße
- Bahnstrecke
- Bahnstrecke in Planung
- Seehafen
- Int. Flughafen

4 **Rocinha im Foto** Favela in Rio de Janeiro

5 19

Nova Ipanema
Gated Community in Rio de Janeiro

- Mauer, Zaun
- Sicherheitskontrolle
- Verwaltung
- Laden, Frisör, Kiosk
- Bushaltestelle
- Hochhaus
- Einfamilienhaus mit Parzelle
- Gemeinschaftseinrichtung
- Sportplatz
- Swimmingpool
- Grünanlage
- Freifläche

Welt

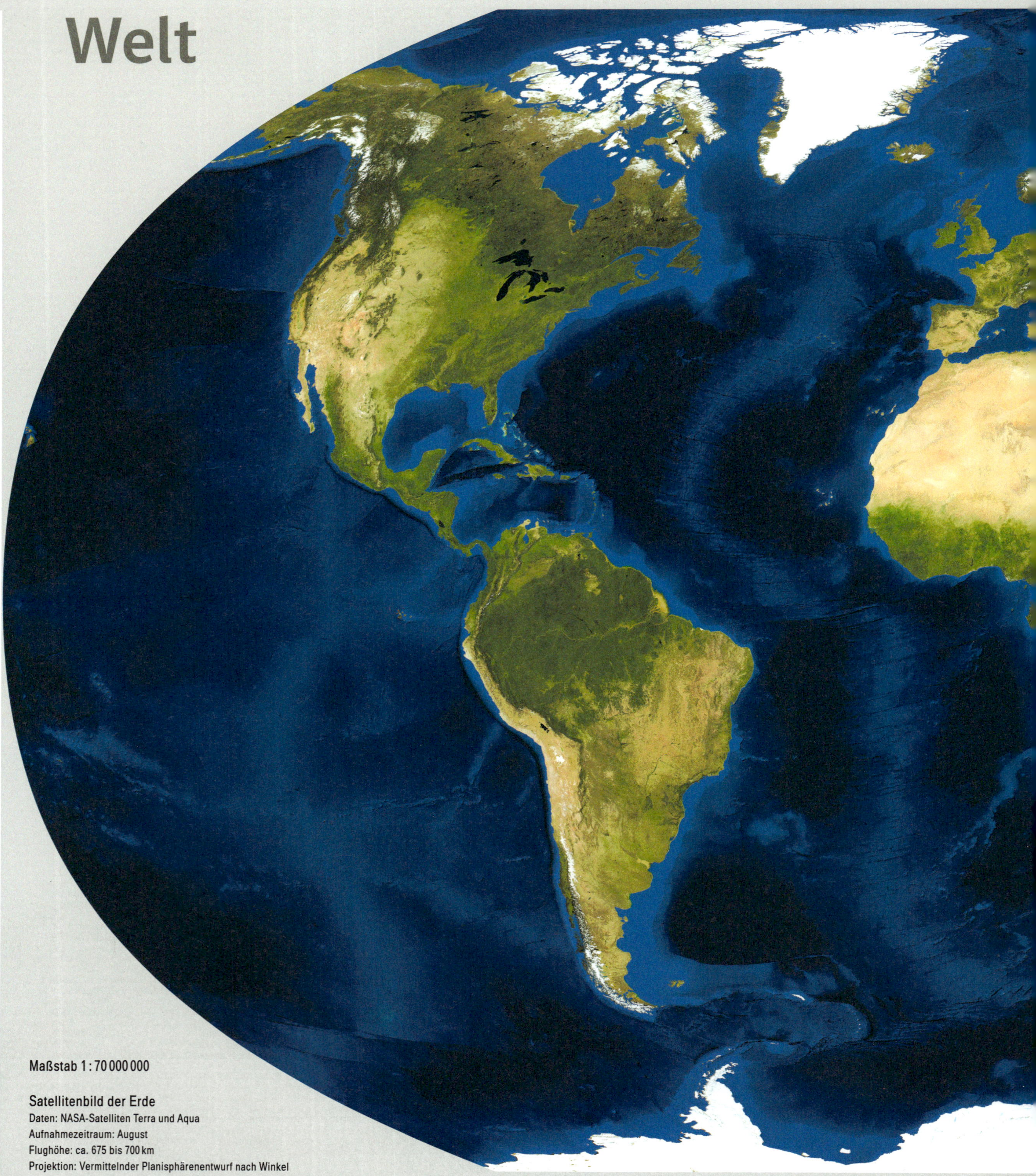

Maßstab 1 : 70 000 000

Satellitenbild der Erde
Daten: NASA-Satelliten Terra und Aqua
Aufnahmezeitraum: August
Flughöhe: ca. 675 bis 700 km
Projektion: Vermittelnder Planisphärenentwurf nach Winkel

Canyons am Powell-Stausee | USA

Gletscher am Argentinosee | Argentinien

Richat im Westen der Sahara | Mauretanien

Innenstadt von Paris | Frankreich

Makgadikgadi-Salzpfannen | Botswana

Lenadelta in Nordsibirien | Russ. Föderation

Vulkan Fudschijama auf Honshu | Japan

South Tarawa auf dem Tarawa-Atoll | Kiribati

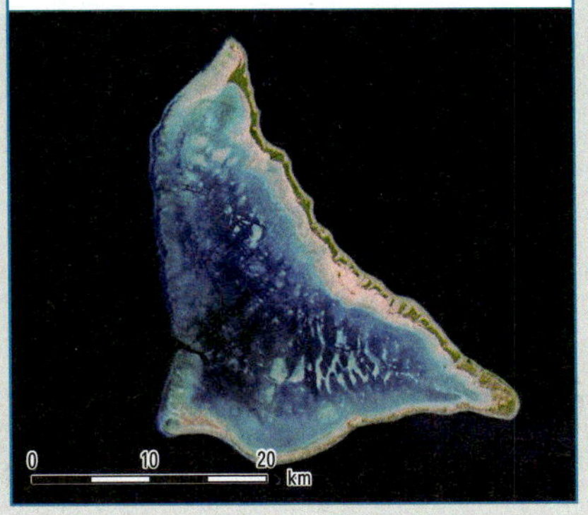

I50 Planeten
I51 Jahreszeiten
V30 Tag und Nacht

EINFÜHRUNG
DEUTSCHLAND
EUROPA
ASIEN
AFRIKA
AUSTRALIEN und POLE
AMERIKA
WELT
ANHANG

1 Sonnensystem im Überblick

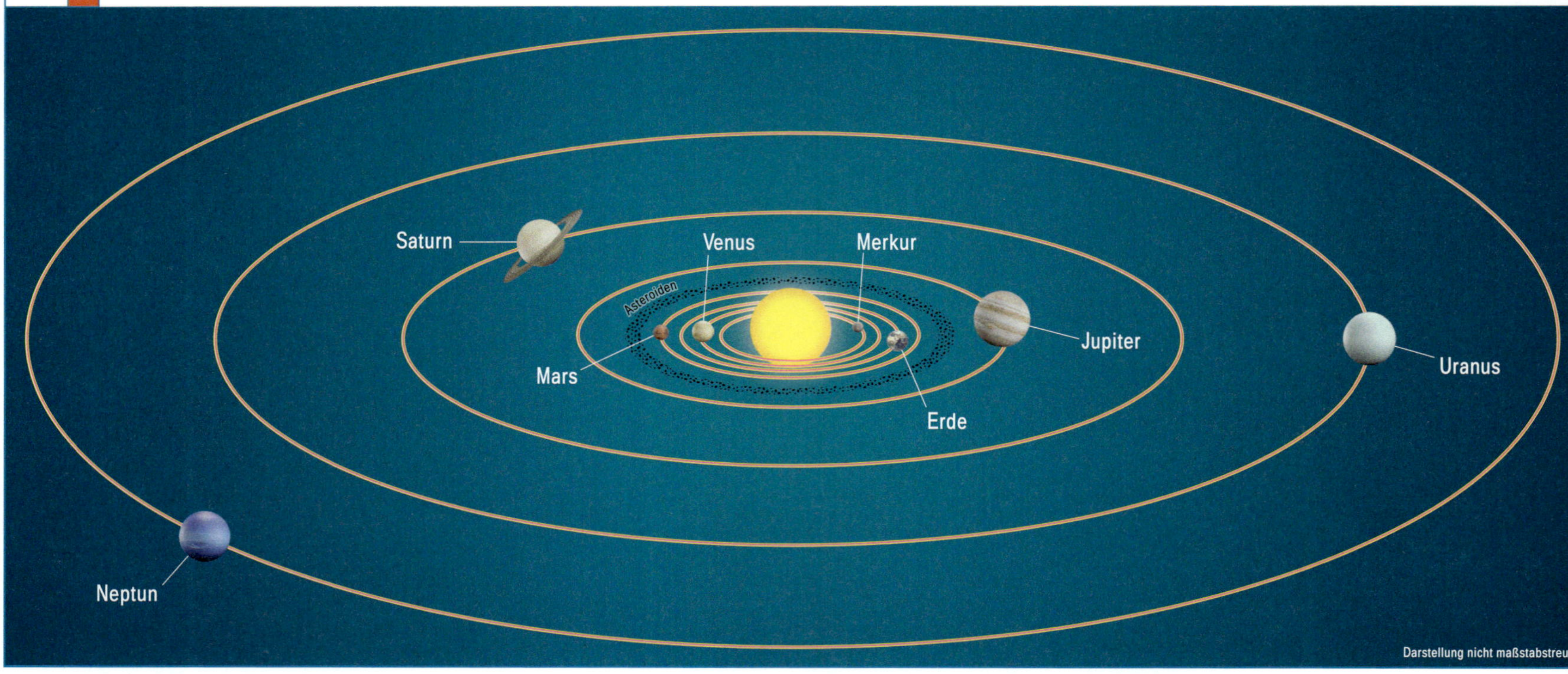

2 Jahreszeiten

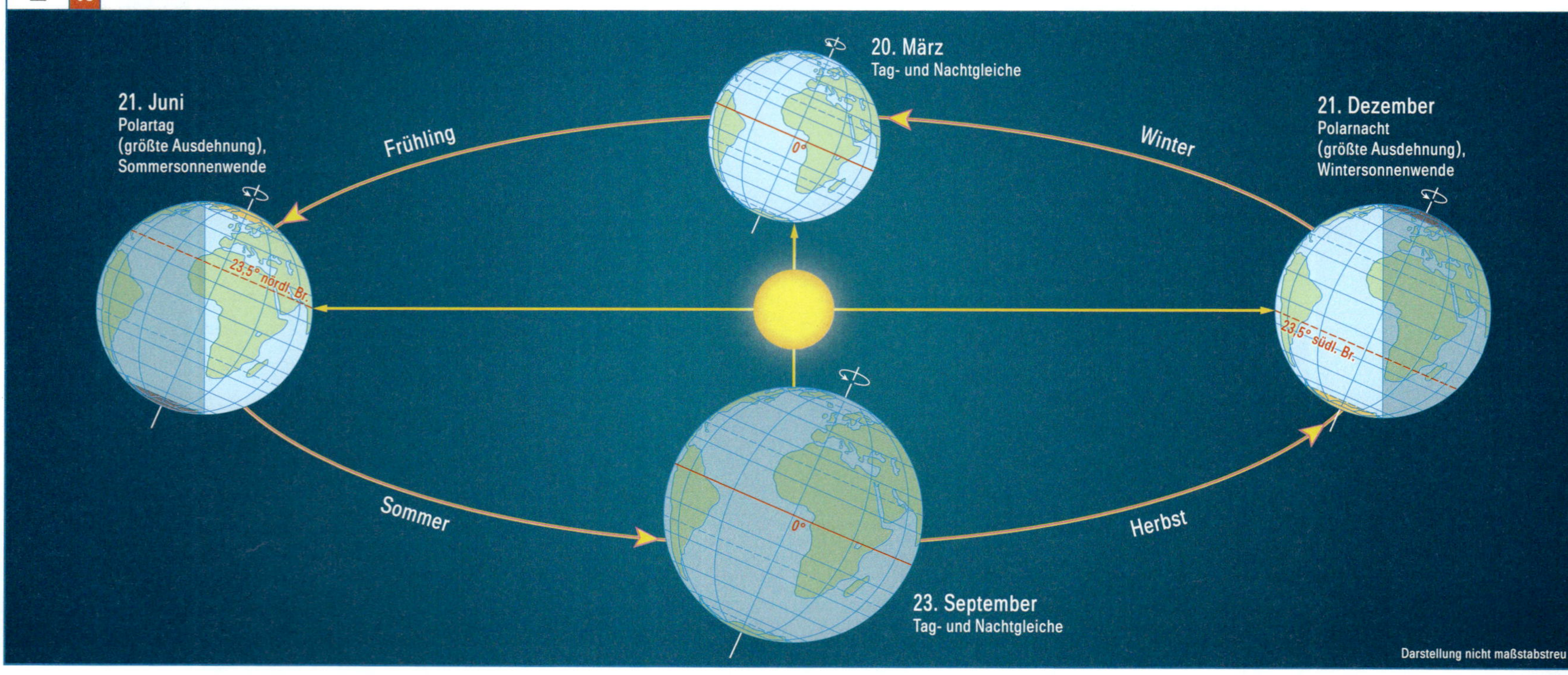

3 Tageslängen

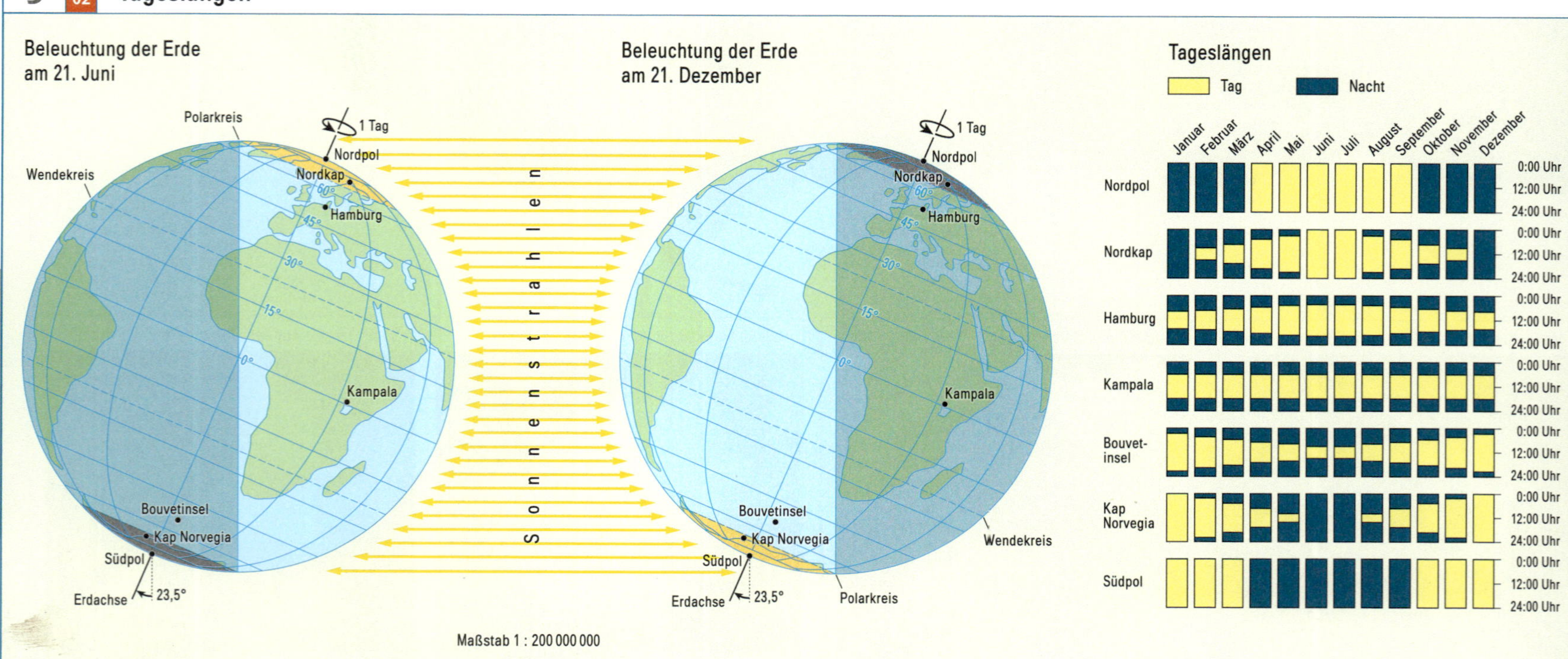

4

Zeitzonen und Tageszeiten

- Grenze einer Zeitzone
- Staatsgrenze innerhalb einer Zeitzone
- Datumsgrenze
- Datumsänderung beim Überqueren mit Schiff oder Flugzeug (1 Tag abziehen)
- Normalzeit-Zonen
- Zwischenzeit
- 12 00 Normal- oder Zonenzeit um 12 00 Uhr UTC

Maßstab am Äquator 1 : 240 000 000

Koordinierte Weltzeit ≙ Universal Time Coordinated (UTC) ≙ Mittlere Sonnenzeit, realisiert mit Atomuhren in Übereinstimmung mit dem Sonnenlauf, bezogen auf den Nullmeridian
Die in vielen Staaten eingeführten Sommerzeiten sind in dieser Karte nicht berücksichtigt.

5

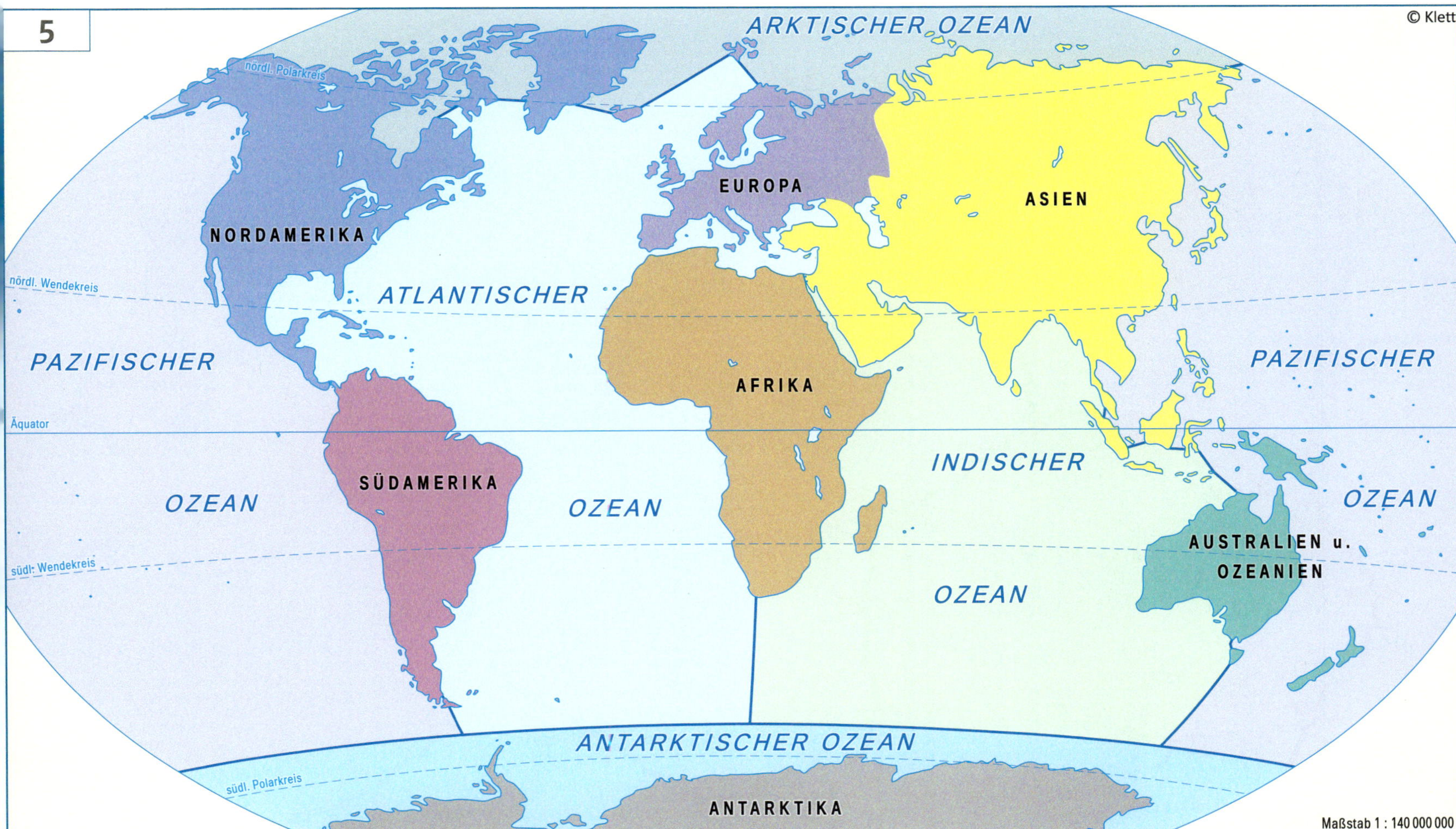

Maßstab 1 : 140 000 000

Kontinente und Ozeane

ASIEN – Kontinent

INDISCHER OZEAN – Ozean

Erdoberfläche (510 Mio. km²)

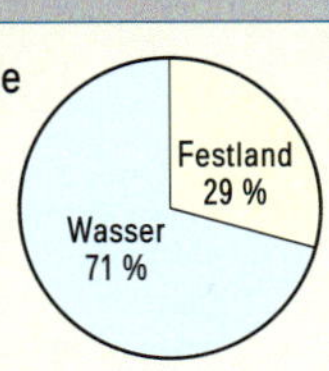

Festlandsflächen (149 Mio. km²)

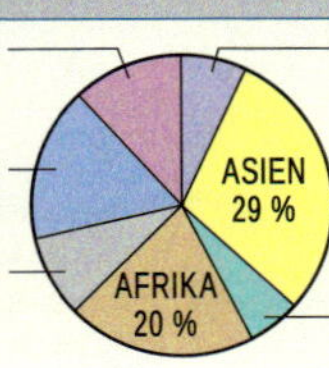

Wasserflächen (361 Mio. km²)

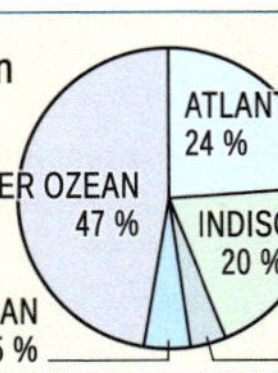

I52 Schalenbau
V31 Plattentektonik

1 08 Schalenbau der Erde

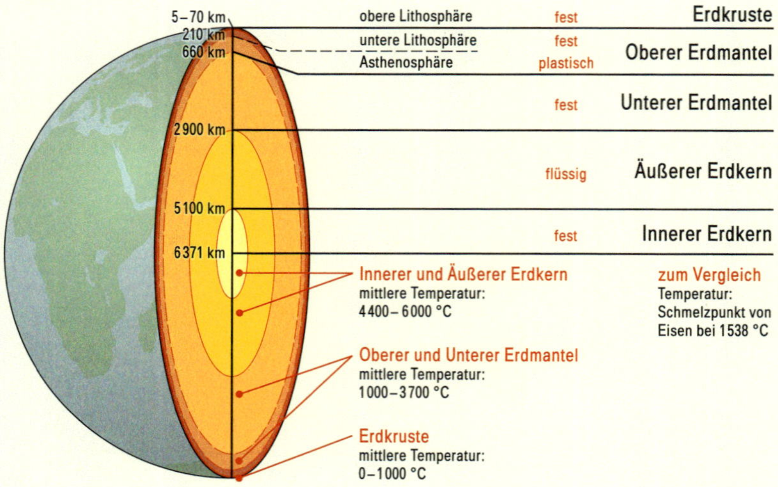

2

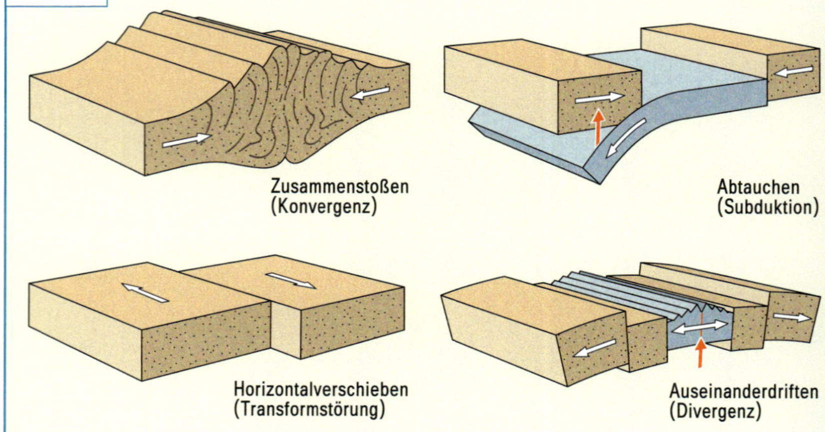

Bewegungen an Plattengrenzen Grundtypen

Bewegungsrichtung
Aufstieg von Magma

3 65

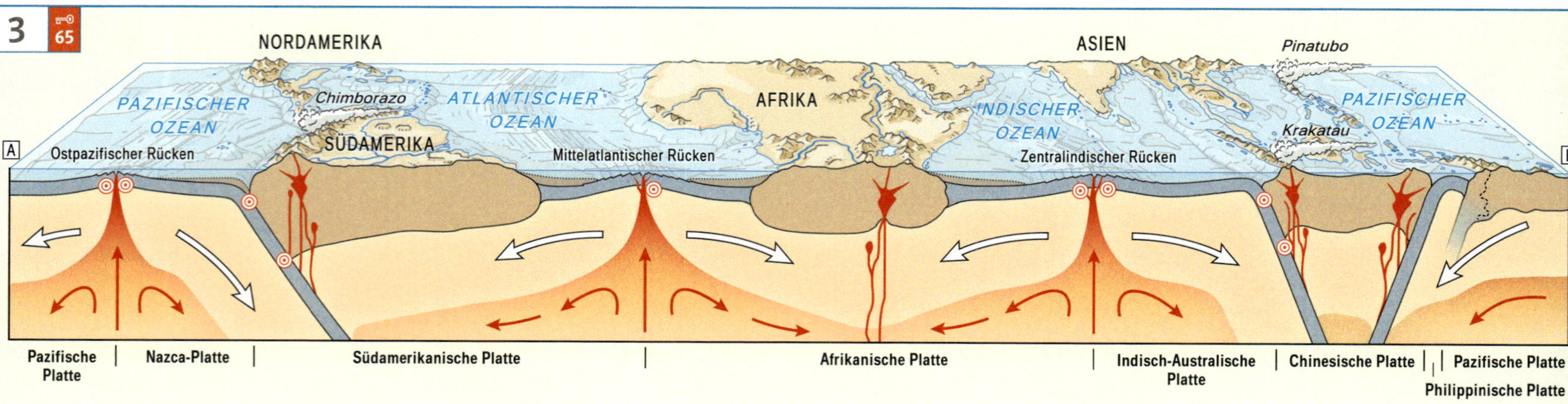

Bewegungen in der Erdkruste

A B Querschnitt durch die Erde (siehe Karte 4)

Gesteinshülle (Lithosphäre)
- kontinentale Kruste
- ozeanische Kruste
- Ablagerungen (Sedimente)
- Oberer Erdmantel (fest)

Fließzone (Asthenosphäre)
- Oberer Erdmantel (plastisch)

Geodynamik
- Richtung der Plattenbewegung
- Erdbebenherd
- Konvektionsstrom
- Magmaaufstieg

4 65

Maßstab 1 : 120 000 000

Plattentektonik

A Querschnitt durch die Erde (siehe Abb. 3)

Plattengrenzen
- Grenze zusammenstoßender kontinentaler Platten
- Grenze auseinander driftender kontinentaler Platten
- Grenze horizontal verschiebender Platten (Transformstörung)
- Grenze abtauchender ozeanischer Platte (Subduktion) unter eine kontinentale Platte (mit Tiefseerinne)
- Grenze auseinander driftender ozeanischer Platten (mit Zentralgraben)
- vermuteter Plattenrand
- Bruchzone
- Querstörung in der ozeanischen Kruste

Plattenbewegung
- Richtung aufeinander zu driftender Platten
- Richtung voneinander weg driftender Platten
- ④ Geschwindigkeit der Platten (in cm/Jahr)

5

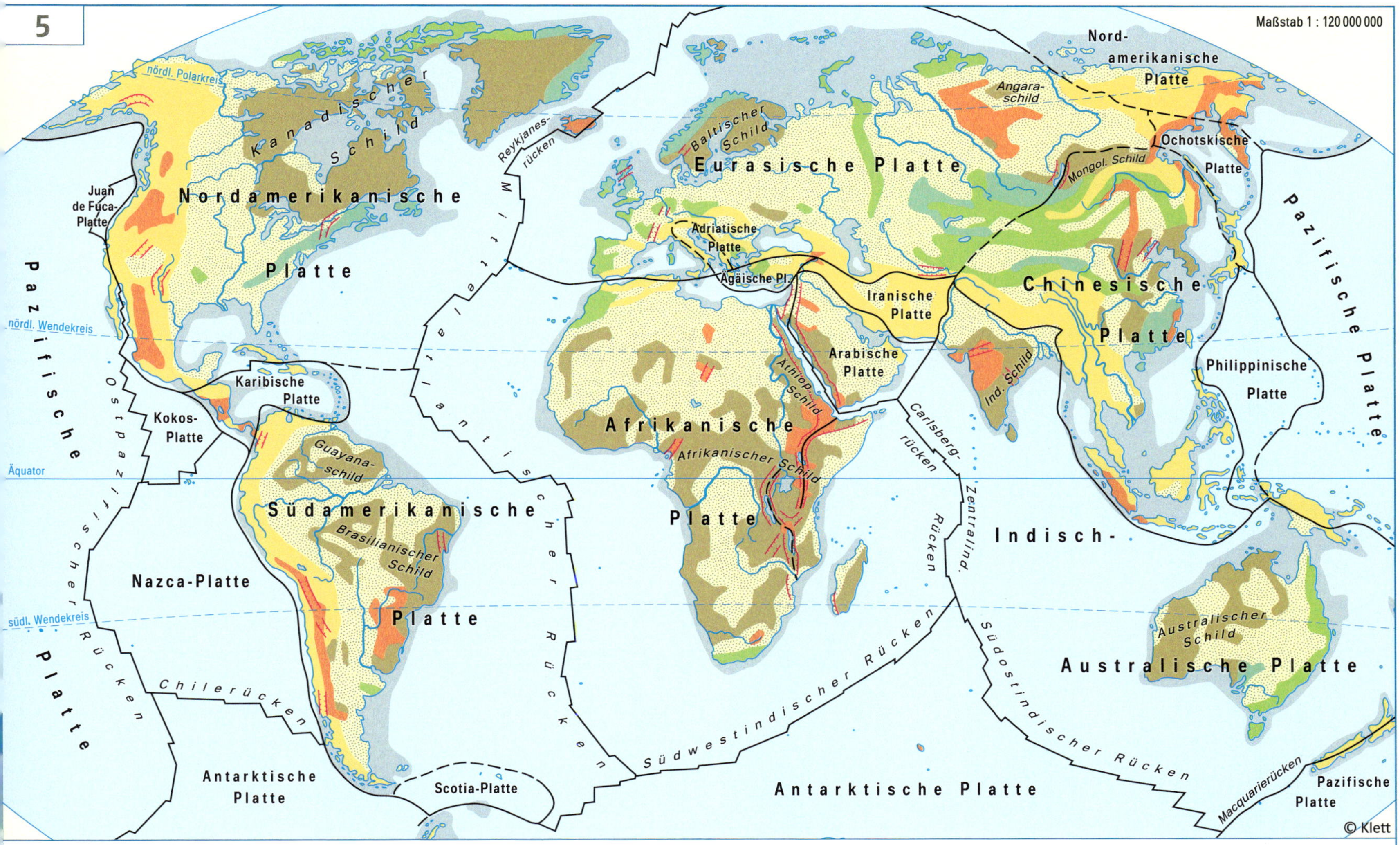

Tektonischer Aufbau der Erdkruste

Alte Festlandskerne (Kratone)
- unbedeckter ungefalteter Grundgebirgsschild (Erdurzeit, Erdfrühzeit)

Phasen der Gebirgsbildung (Orogenese)
- unbedecktes kaledonisches Faltengebirge (Erdaltertum)
- unbedecktes variskisches Faltengebirge (Erdaltertum)
- unbedecktes alpidisches Faltengebirge (Erdmittelalter, Erdneuzeit)

Überlagerungen
- von Ablagerungsgesteinen (Sedimenten) bedeckte Landflächen
- Vulkangestein (z.T. vulkanische Decken)

- Plattenrand
- vermuteter Plattenrand
- Bruchzone (z.T. Grabenbruch)
- Schelf

6 66

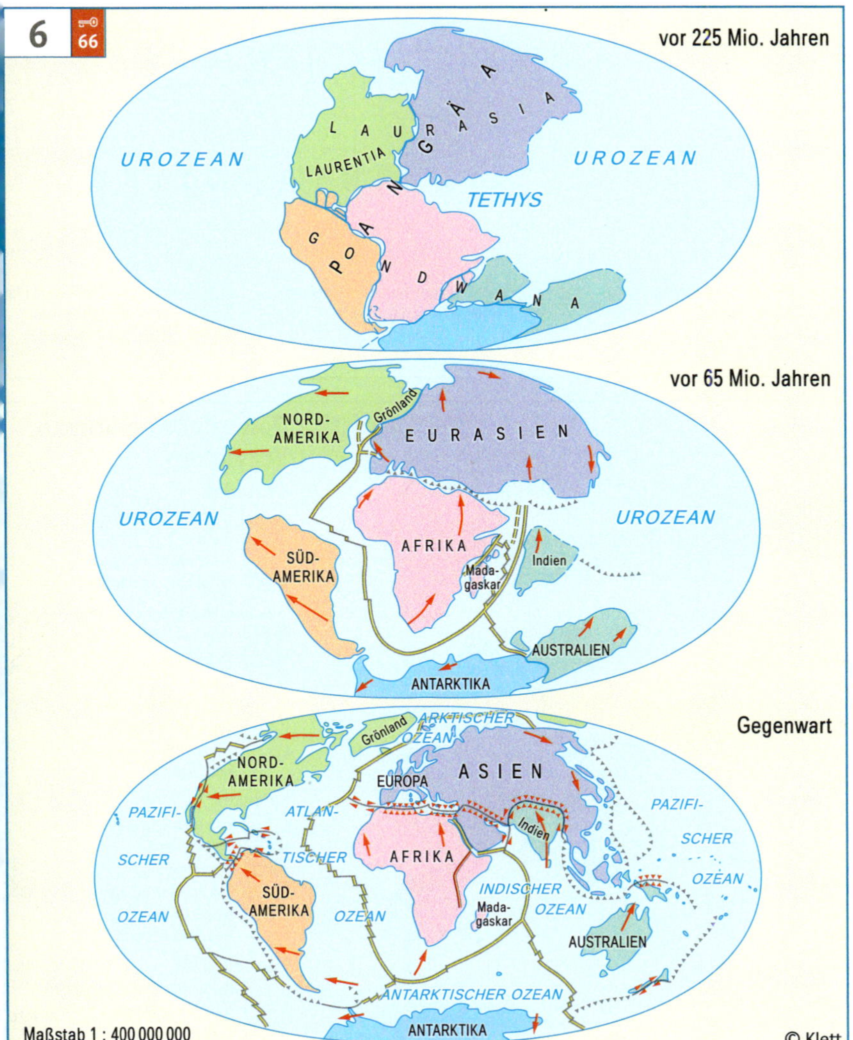

Kontinentaldrift

- Bewegungsrichtung der Kontinentalplatten
- Horizontalverschiebung
- Zusammenstoß mit Auffaltung
- Zusammenstoß mit Abtauchung
- Ozeanischer Rücken mit Zentralgraben
- Bruchzone

7

Pazifischer Feuergürtel

Maßstab am Äquator ca. 1 : 190 000 000

Plattentektonik
- Plattengrenze (teilweise vermutet)
- Tiefseerinne (Abtauchen der ozeanischen Platte)
- Mittelozeanischer Rücken
- Schelf

Vulkanismus (aktiv während der letzten 12 000 Jahre)
- Vulkan
- untermeerischer Vulkan
- Bereich des Pazifischen Feuergürtels

D 84
AB Vegetationszonen

1

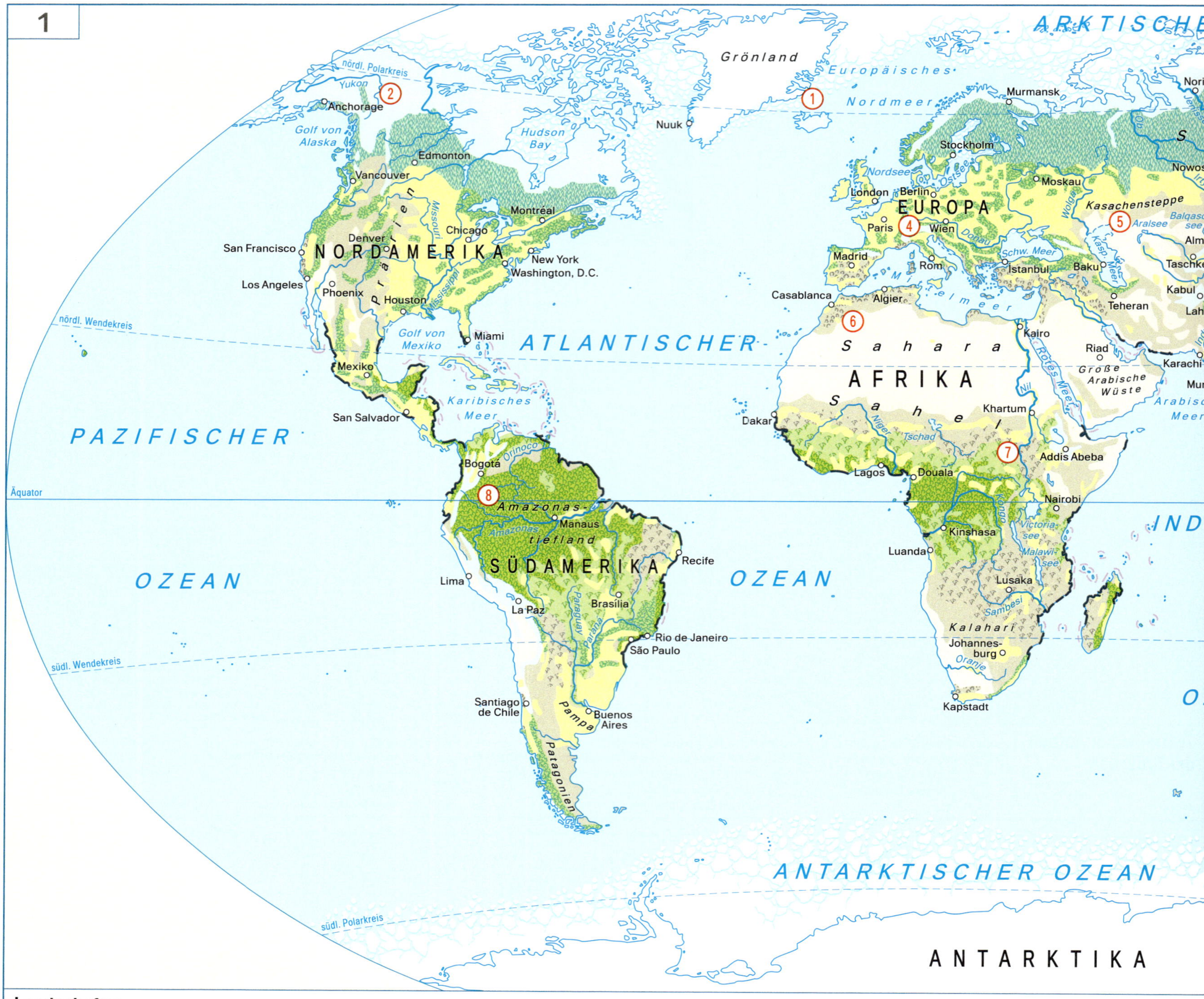

Landschaften
Vegetationszonen der Erde

Keine oder sehr geringe Vegetation
- Inlandeis
- Tundra, Waldtundra, Hochgebirgsvegetation
- Wüste, Halbwüste

Offene Vegetation
- Dornstrauchsavanne, Steppe (ohne Baumbestand)
- Trockensavanne (mit Baumbestand)
- Feuchtsavanne (mit Baumbestand)
- Trockenwald und Gehölz

Dichte Vegetation
- nördlicher Nadelwald (Tai
- Laub- und Mischwald
- tropischer Regenwald

2 67

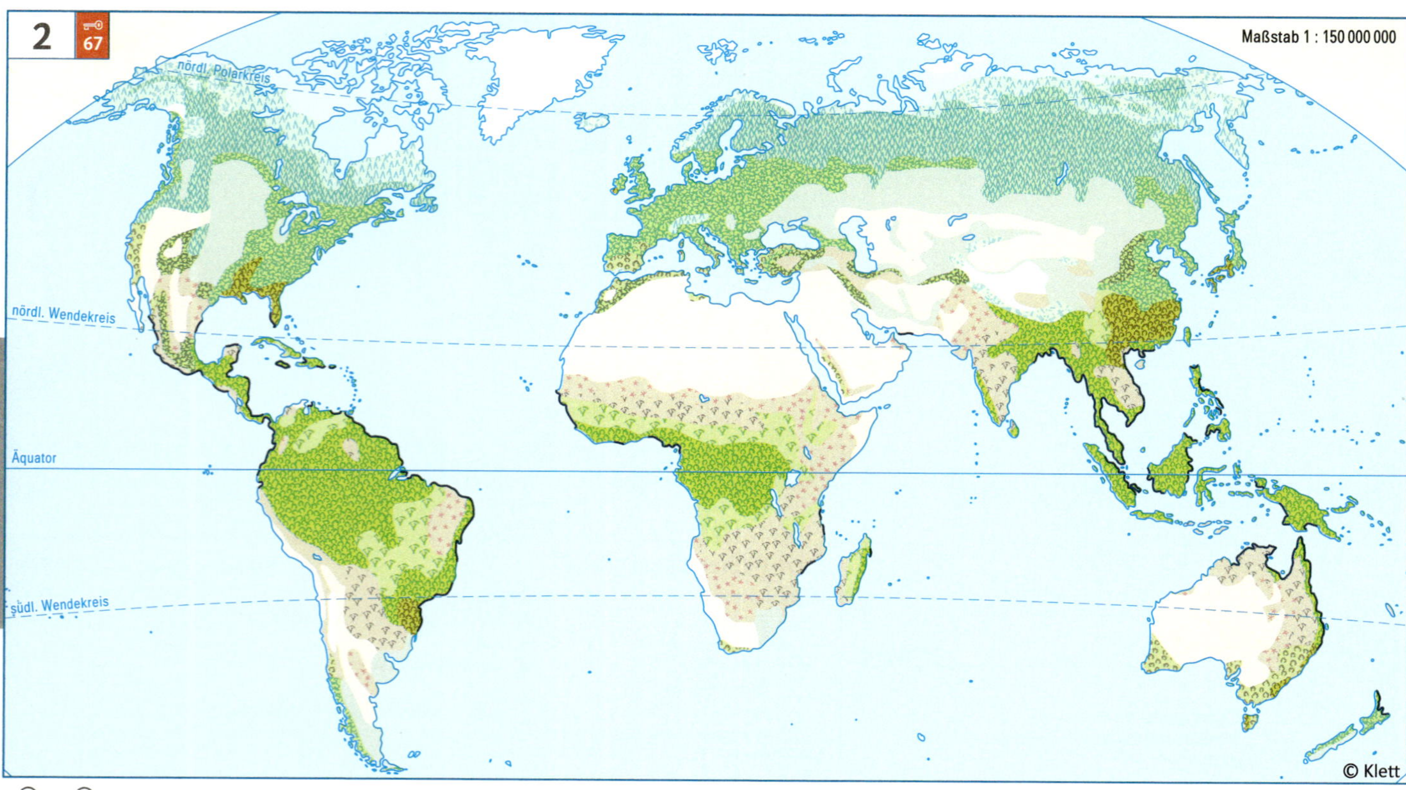

Potenzielle natürliche Vegetation

Kalte Zone
- Eis- und Kältewüste
- Tundra
- Waldtundra
- nördlicher Nadelwald (Taiga)

Gemäßigte Zone
- Laub- und Mischwald
- Nadelwald
- Heide
- Eis- und Kältewüste
- winterkalte Steppe
- winterkalte Wüste und Halbwüste

Subtropische Zone
- Hartlaubvegetation
- Trockenwald
- Feuchtwald
- wintermilde Steppe
- wintermilde Wüste und Halbwüste

Tropische Zone
- heiße Wüste und Halbwüste
- Dornstrauchsavanne
- Trockensavanne
- Feuchtsavanne
- Regenwald
- Mangrove

...eere und Küsten
- ständig vereistes Meer
- zeitweise vereistes Meer
- Mangrovenwald
- Korallenriff

Erhebliche Veränderung des Vegetationsbilds
- Acker- und Weideland

3 Anteile der Vegetationsformen

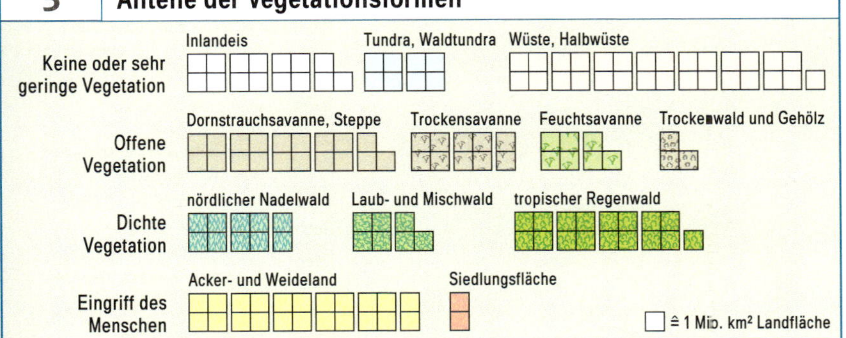

4 Höhenstufen der Gebirge

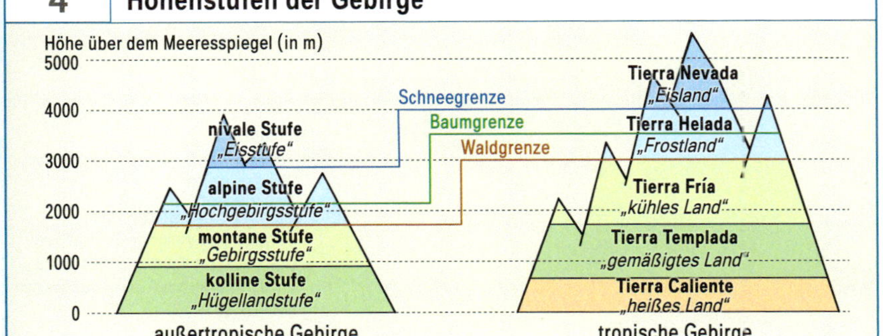

5 Ausgewählte Vegetationszonen im Foto

① Zeitweise vereistes Meer

② Waldtundra

③ Nördlicher Nadelwald (Taiga)

④ Laub- und Mischwald

⑤ Steppe

⑥ Wüste

⑦ Feuchtsavanne

⑧ Tropischer Regenwald

EINFÜHRUNG
DEUTSCHLAND
EUROPA
ASIEN
AFRIKA
AUSTRALIEN und POLE
AMERIKA
WELT
ANHANG

1 68

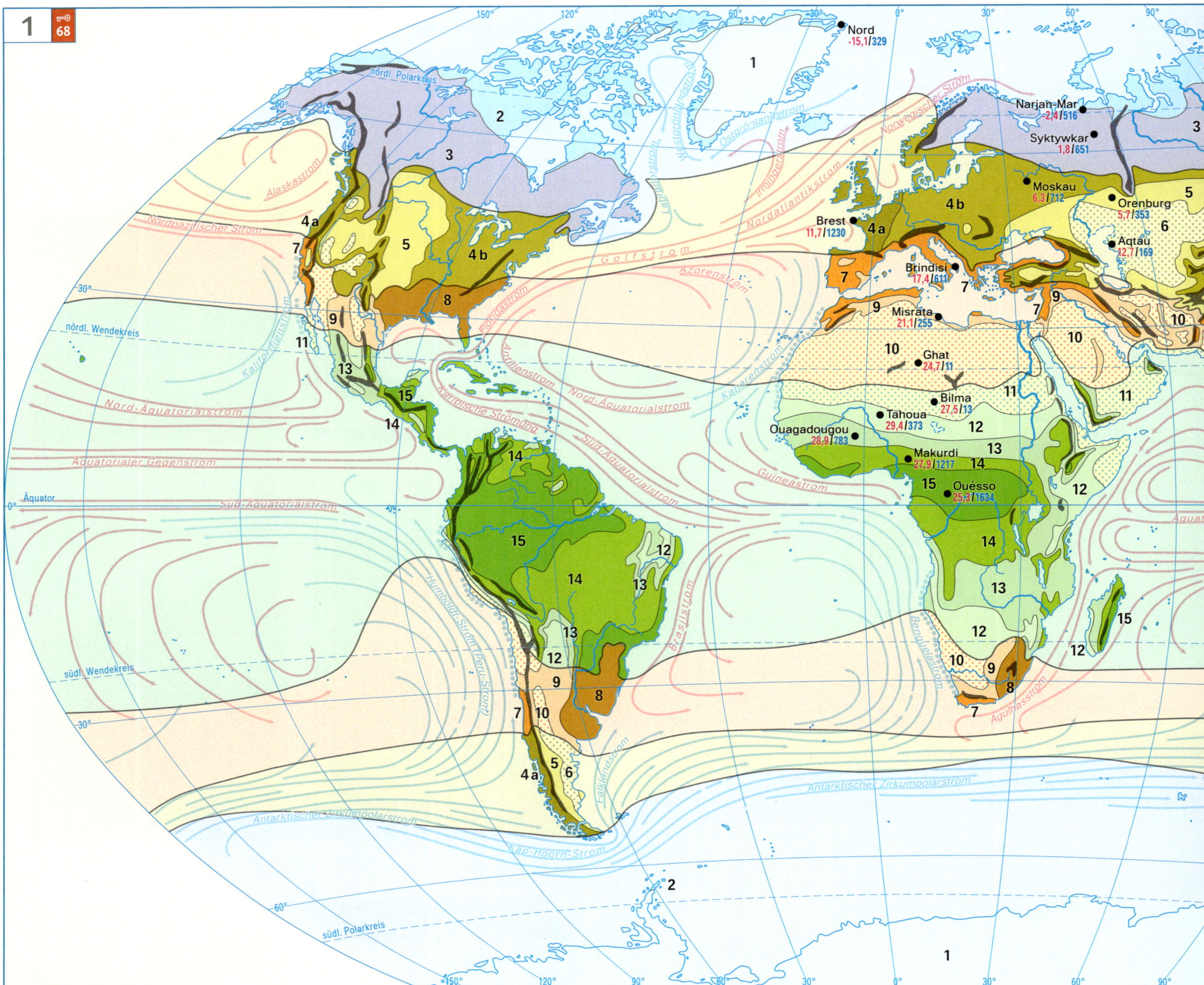

Klimazonen nach Troll/Paffen

Kalte Zone
- 1 hochpolares Eisklima (extrem kalt)
- 2 polares Tundrenklima (kalt)
- 3 kaltgemäßigtes boreales Klima

Gemäßigte Zone
- 4a ozeanisches Waldklima
- 4b kontinentales Waldklima
- 5 winterkaltes Steppenklima
- 6 winterkaltes Wüstenklima

Subtropische Zone
- 7 sommertrockenes Mittelmeerklima (Westseiten der Kontinente)
- 8 sommerfeuchtes Klima (Ostseiten der Kontinente)
- 9 wintermildes Steppenklima
- 10 wintermildes Wüstenklima

Tropische Zone
- 11 extrem trockenes Wüstenklima
- 12 trockenes Dornsavannenklima
- 13 wechselfeuchtes Trockensavannenklima (kurze Regenz
- 14 wechselfeuchtes Feuchtsavannenklima (lange Regenze
- 15 immerfeuchtes Regenwaldklima

2

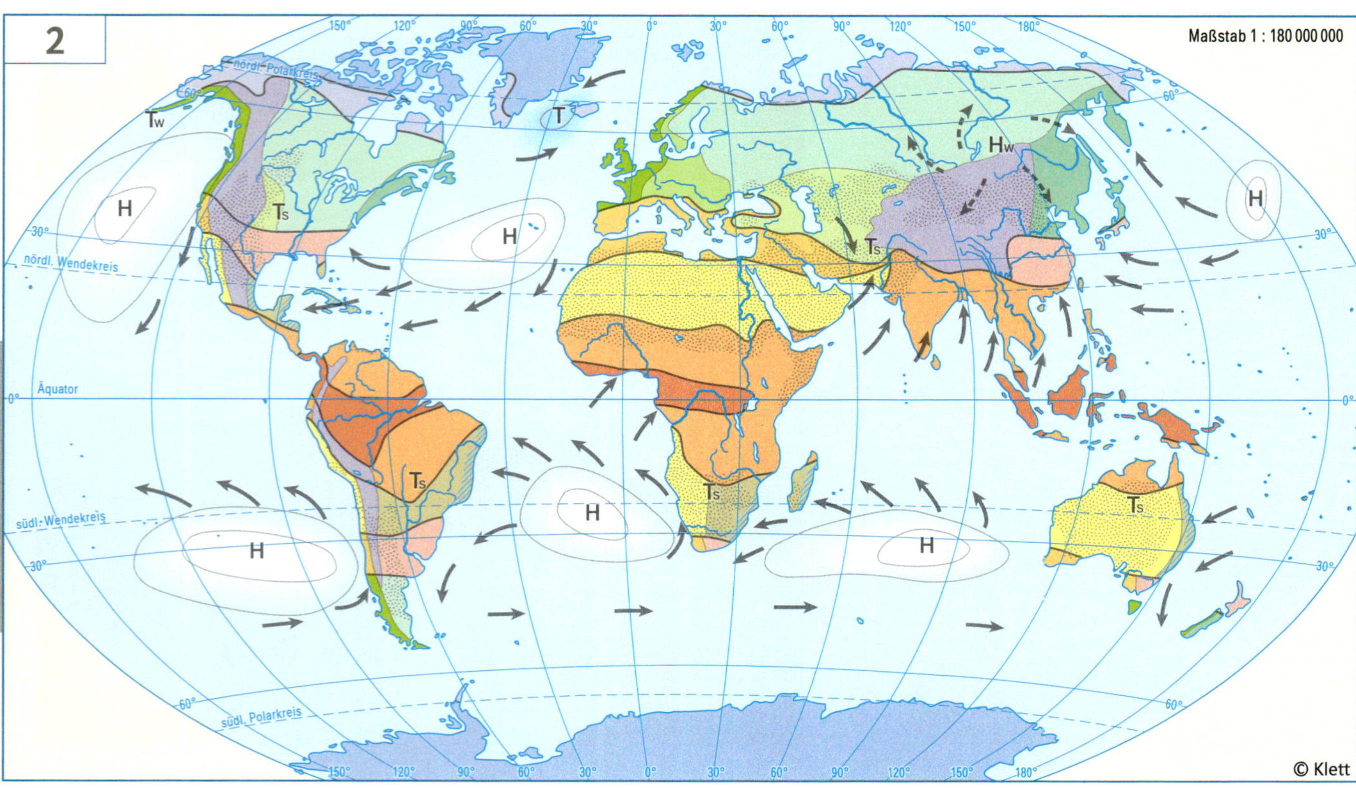

Klimazonen nach Neef

Polare Zone
- Polarklima

Subpolare Zone
- subpolares Klima

Gemäßigte Zone
- Seeklima der Westseiten
- Übergangsklima
- sommerwarmes Kontinentalklima
- kühles Kontinentalklima
- gemäßigtes Klima der Ostseiten

Subtropische Zone
- Winterregenklima der Westseiten
- subtropisches Klima der Ostseiten

Passatzone
- trockenes Passatklima
- feuchtes Passatklima (beregnete Außenseiten)

Zone des tropischen Wechselklimas
- tropisches Wechselklima

Äquatoriale Zone
- Äquatorialklima

Sonderklimate
- Hochgebiete
- Trockengebiete

Luftdruck- und Windverhältnisse
- H, T ganzjährige, beständige Druckgebiete
- Hw Tw Druckgebiet im Nord- oder Süd-Winter
- Ts Druckgebiet im Nord- oder Süd-Sommer
- → ganzjährige Winde
- - -> Winde im Nordwinter

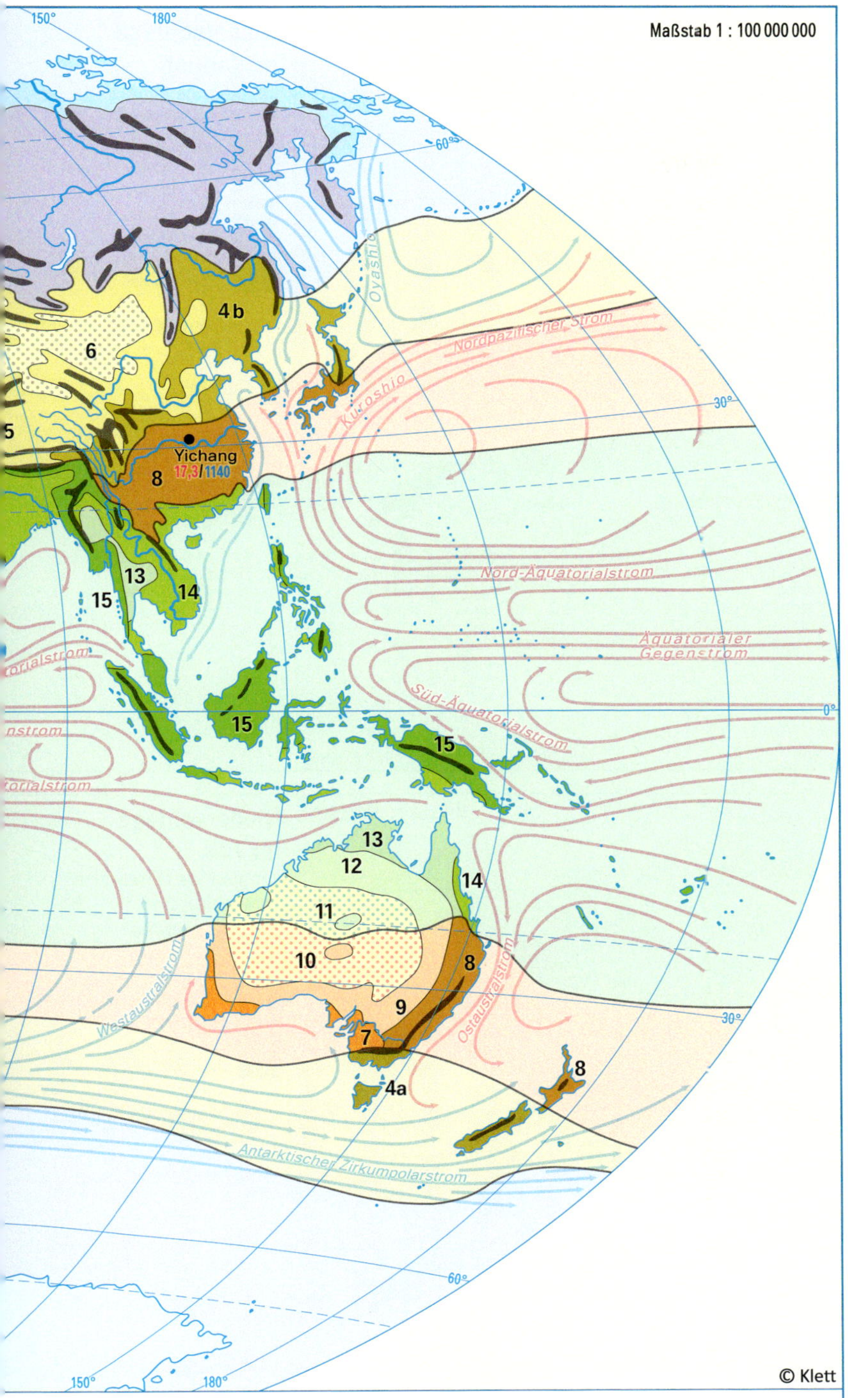

Klimazonengrenze
klimatische Höhenstufe der Gebirge
Ghat 24,7/11 Klimastation mit mittlerer Jahrestemperatur (in °C) und Jahresniederschlag (in mm)
kaltes Auftriebswasser
Meeresströmung, kälter als die Umgebung
Meeresströmung, wärmer als die Umgebung

3

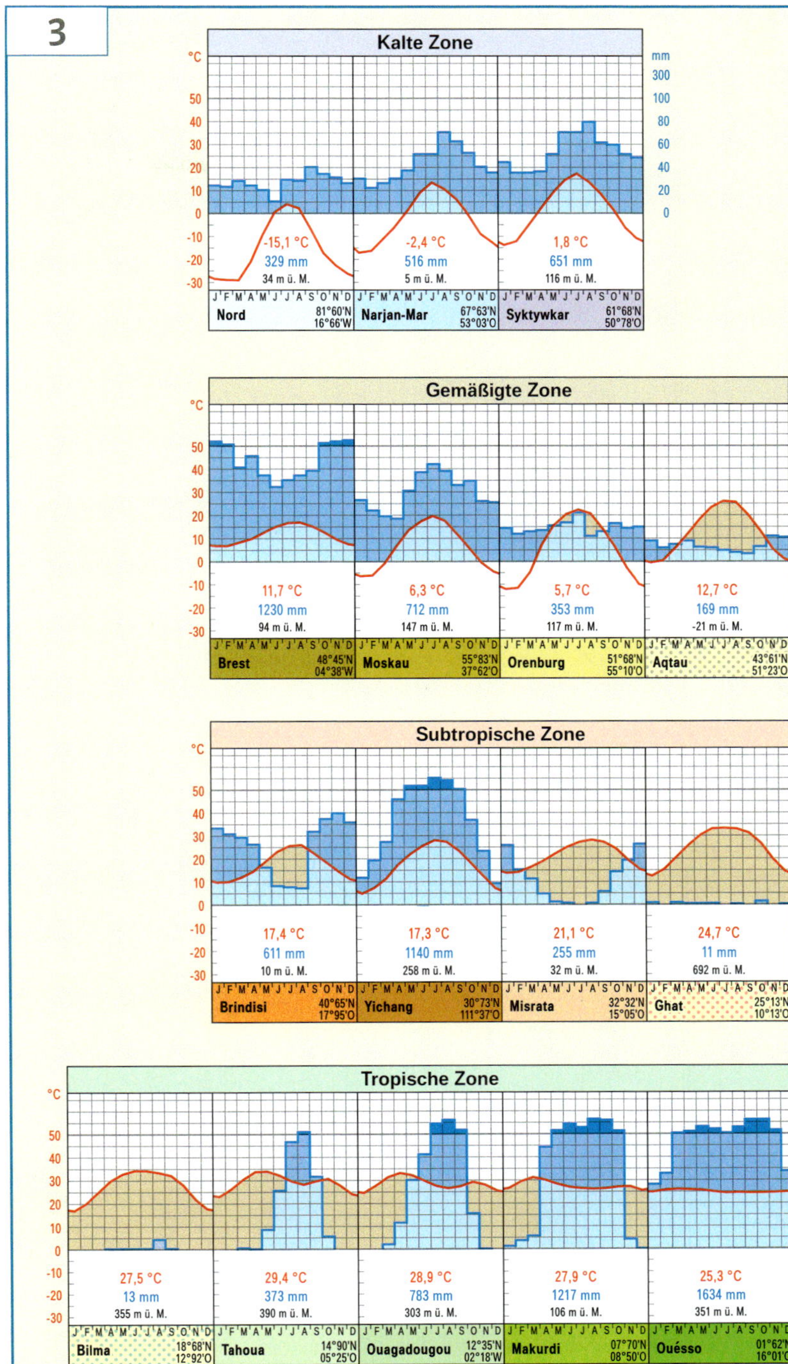

Klimadiagramme nach Walter/Lieth Klimareferenzperiode 1991–2020

mittlere Monatstemperatur
mittlerer Monatsniederschlag
trockene Monate
feuchte Monate
feuchte Monate, auf 1/10 verkürzte Skala

27,5 °C Jahrestemperatur im langjährigen Mittel
13 mm Jahresniederschlag im langjährigen Mittel
355 m ü. M. Höhe der Klimastation über dem Meeresspiegel
Bilma Name der Klimastation
18°68'N 12°92'O geographische Koordinaten der Klimastation

4 Wärmezonen

Verteilung der Sonnenenergie

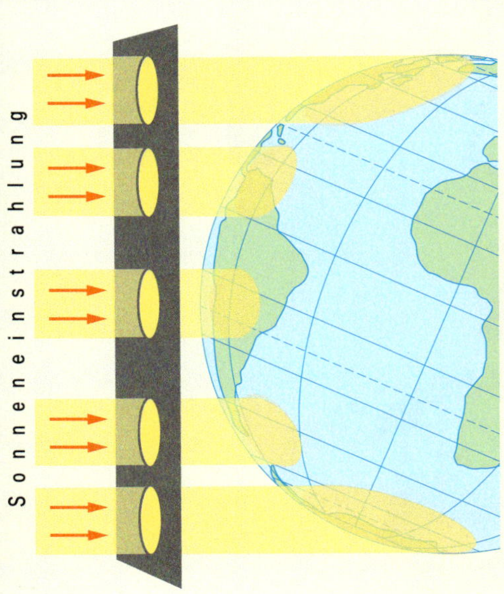

Durchschnittliche Jahrestemperaturen
(auf den Meeresspiegel reduziert)

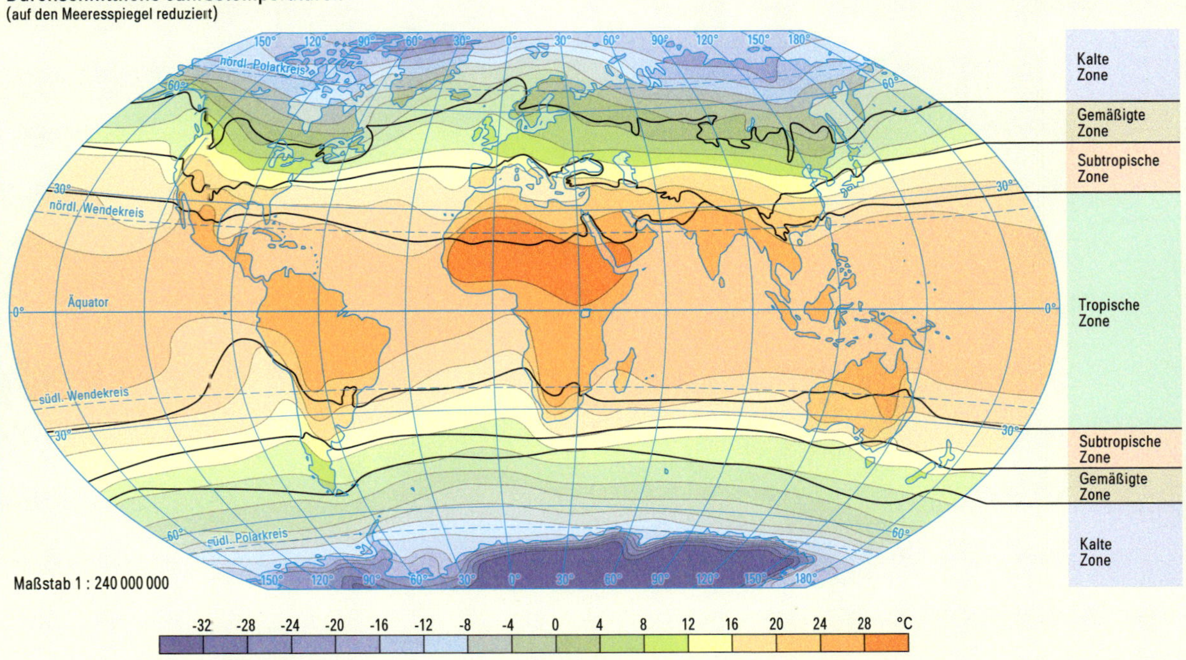

EINFÜHRUNG DEUTSCHLAND EUROPA ASIEN AFRIKA AUSTRALIEN und POLE AMERIKA WELT ANHANG

155 Zeitschnitt Niederschlag

1 69

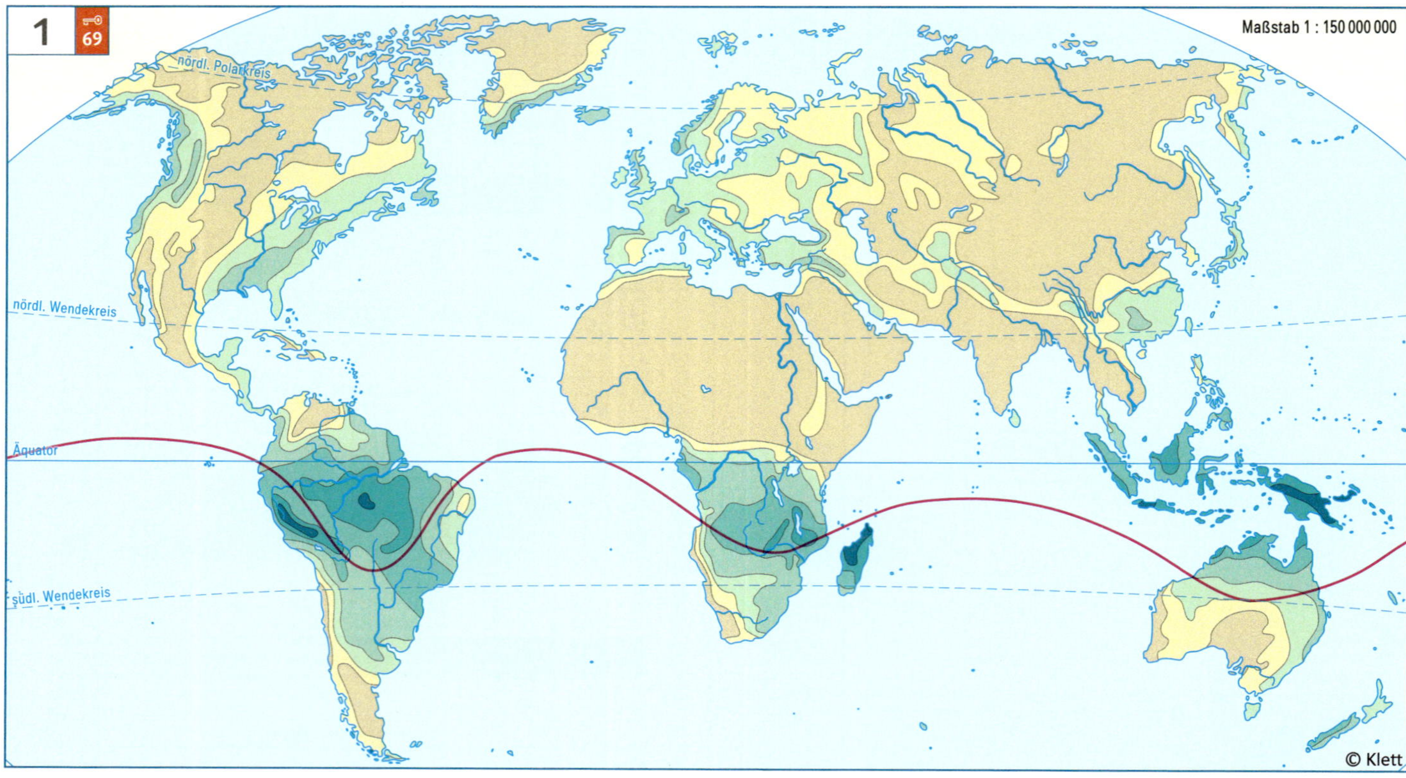

Niederschläge im Januar

Langjährige Mittelwerte
Klimareferenzperiode 1991–2020

- unter 25 mm
- 25 – 50 mm
- 50 – 100 mm
- 100 – 200 mm
- 200 – 300 mm
- 300 – 400 mm
- über 400 mm
- Innertropische Konvergenz (ITC)

2 69

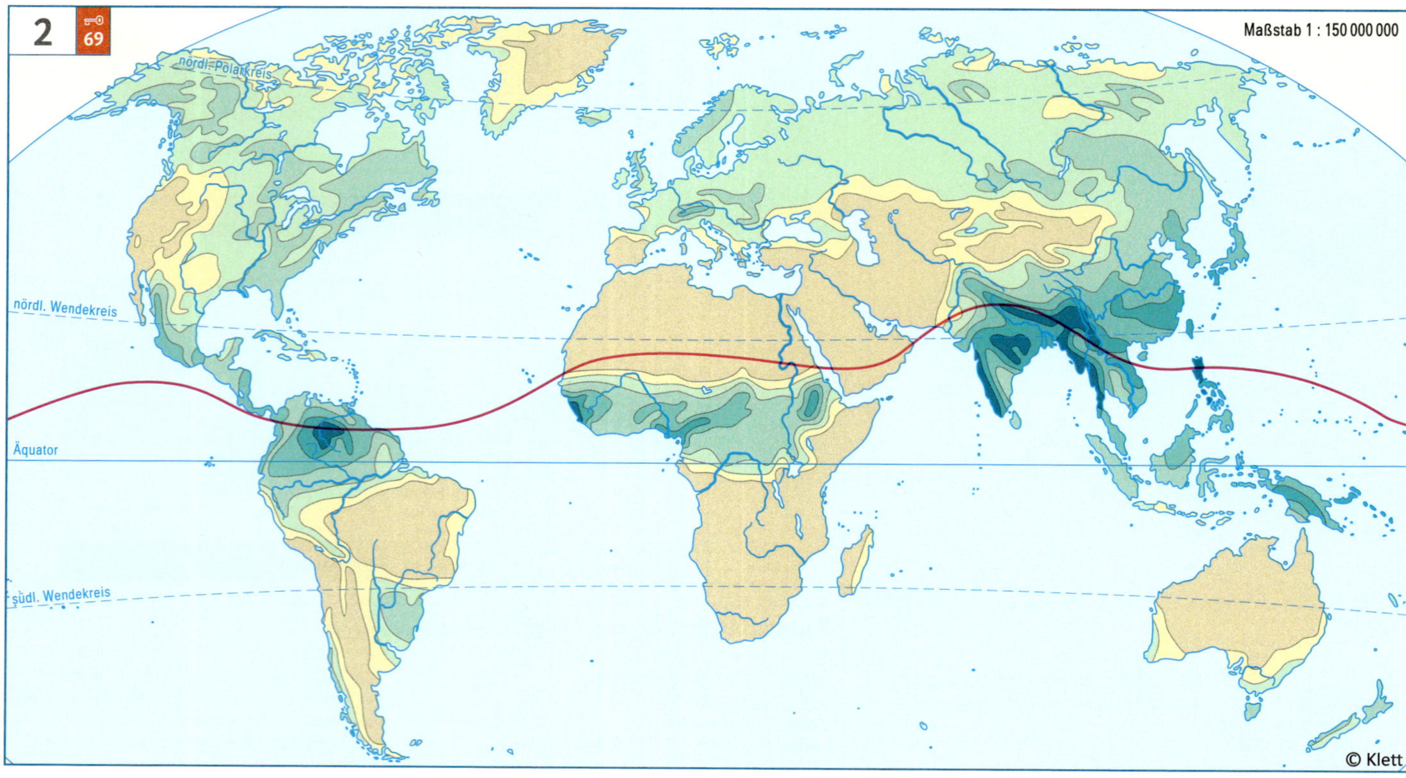

Niederschläge im Juli

Langjährige Mittelwerte
Klimareferenzperiode 1991–2020

- unter 25 mm
- 25 – 50 mm
- 50 – 100 mm
- 100 – 200 mm
- 200 – 300 mm
- 300 – 400 mm
- über 400 mm
- Innertropische Konvergenz (ITC)

3 69

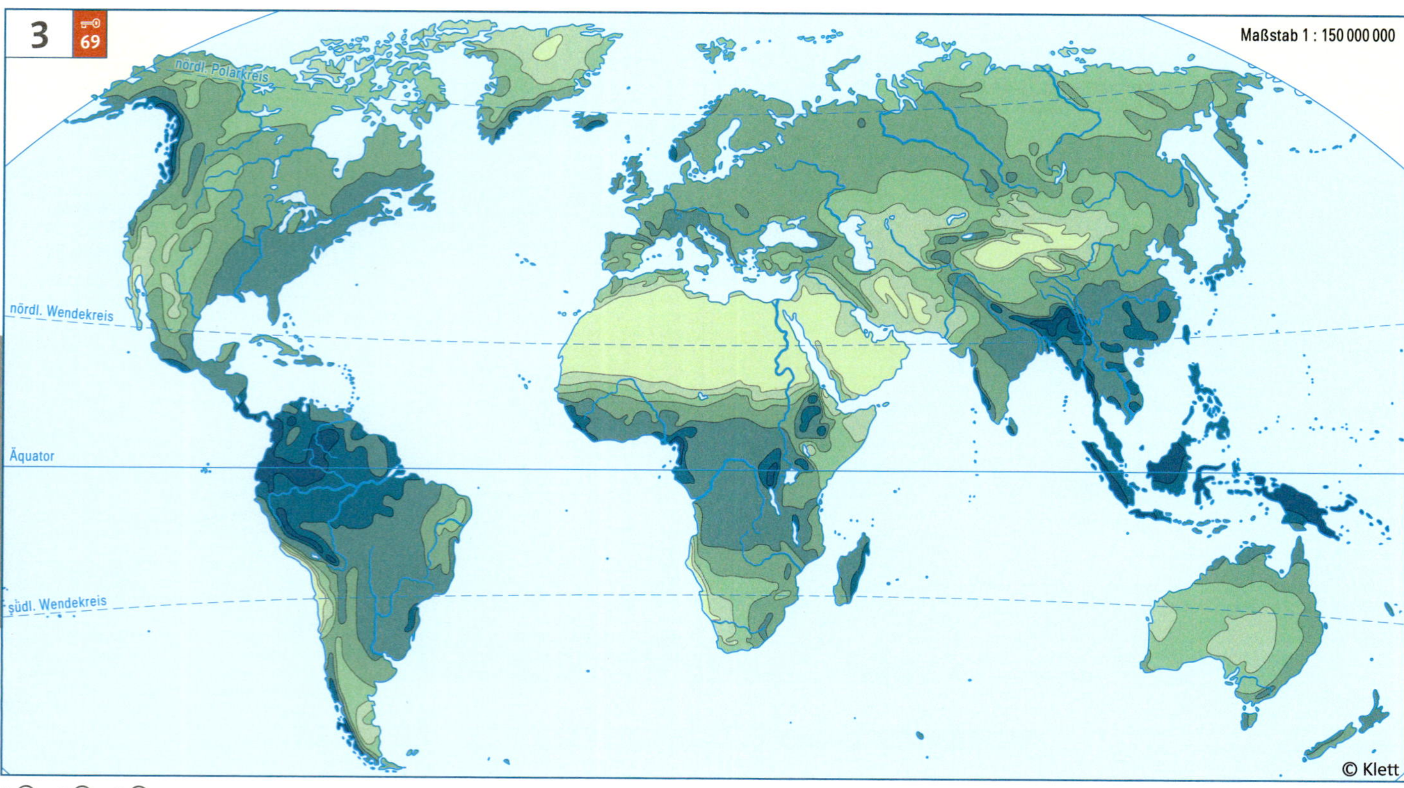

Jahresniederschläge

Langjährige Mittelwerte
Klimareferenzperiode 1991–2020

- unter 100 mm
- 100 – 250 mm
- 250 – 500 mm
- 500 – 1000 mm
- 1000 – 2000 mm
- 2000 – 3000 mm
- über 3000 mm

4

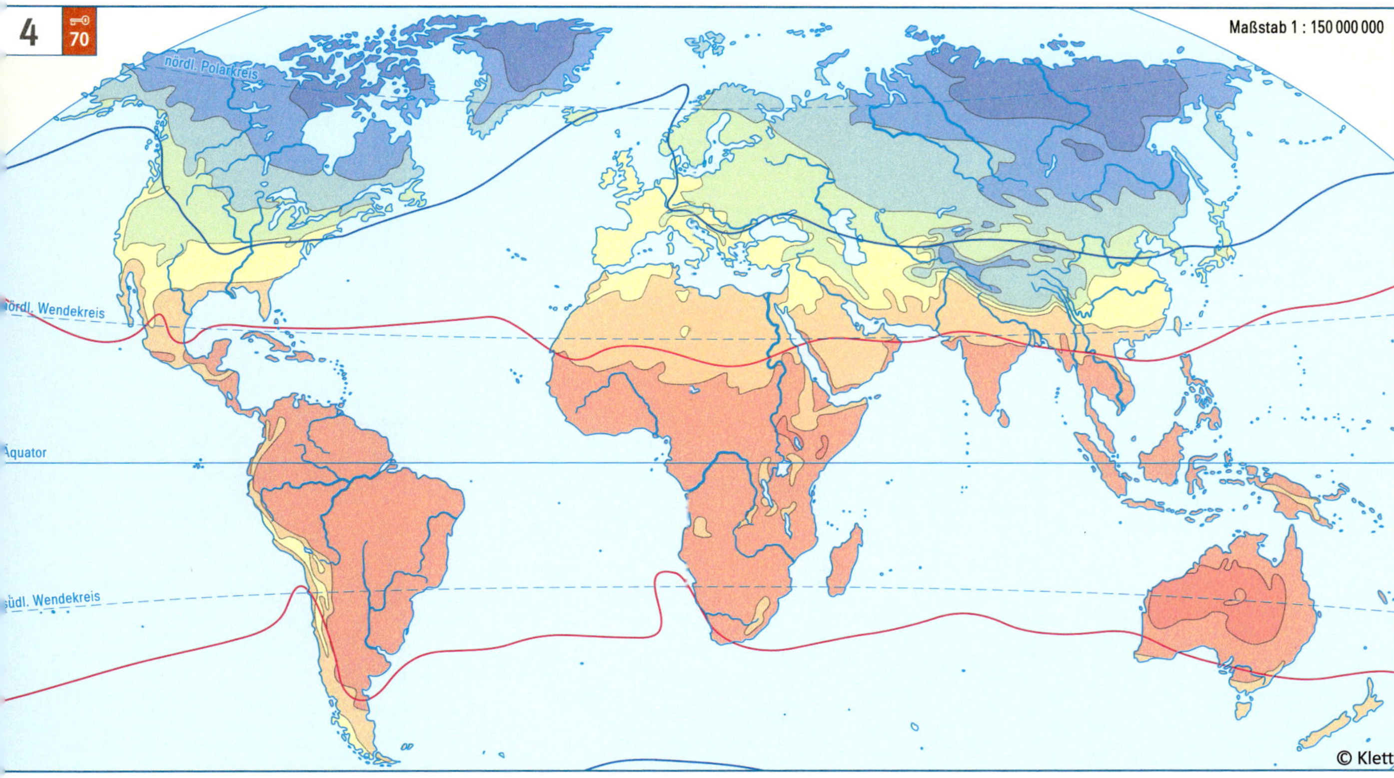

Temperaturen im Januar

Langjährige Mittelwerte
Klimareferenzperiode 1991 – 2020

- unter -30 °C
- -30 – -20 °C
- -20 – -10 °C
- -10 – 0 °C
- 0 – 10 °C
- 10 – 20 °C
- 20 – 30 °C
- über 30 °C

Isothermen*
(auf die Höhe des Meeresspiegels umgerechnet)

- 0 °C
- 20 °C

* Linien gleicher Temperatur

5

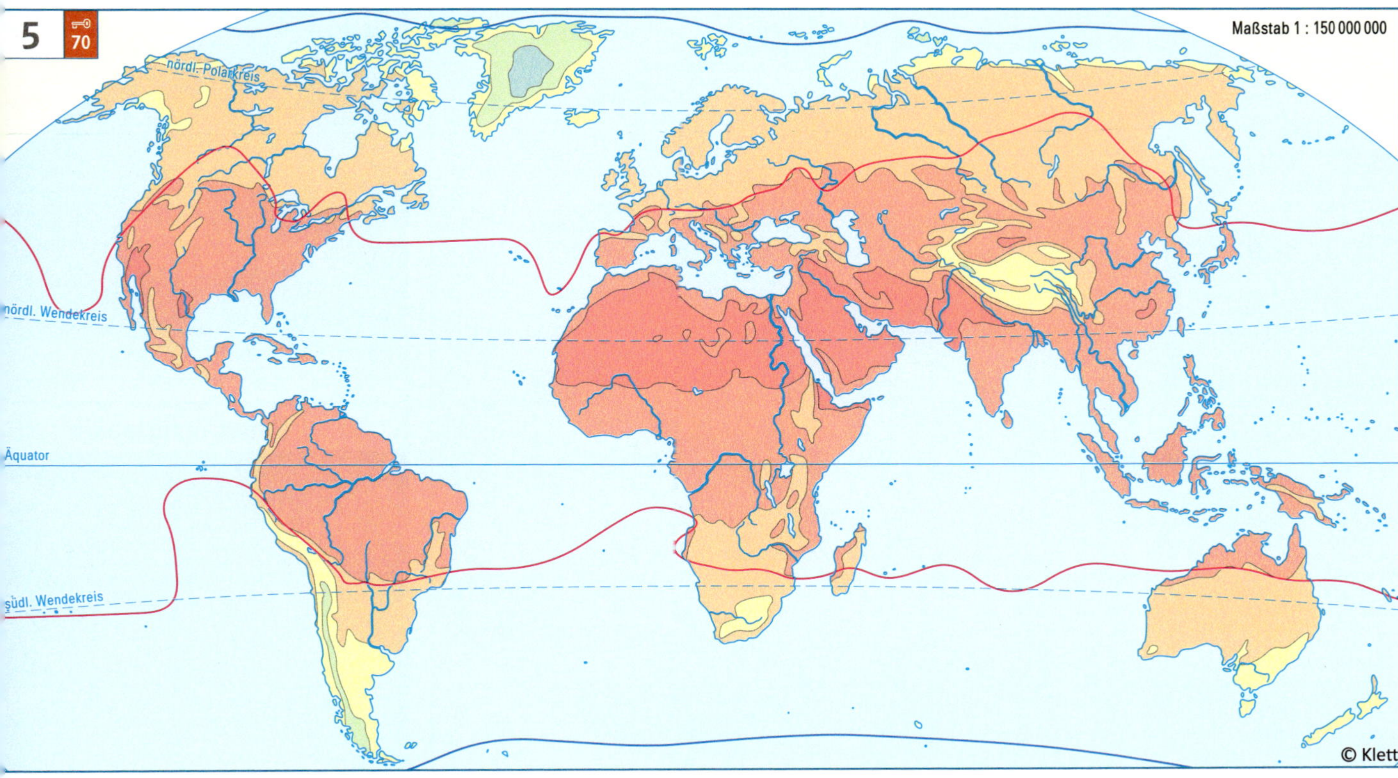

Temperaturen im Juli

Langjährige Mittelwerte
Klimareferenzperiode 1991 – 2020

- unter -10 °C
- -10 – 0 °C
- 0 – 10 °C
- 10 – 20 °C
- 20 – 30 °C
- über 30 °C

Isothermen*
(auf die Höhe des Meeresspiegels umgerechnet)

- 0 °C
- 20 °C

* Linien gleicher Temperatur

6

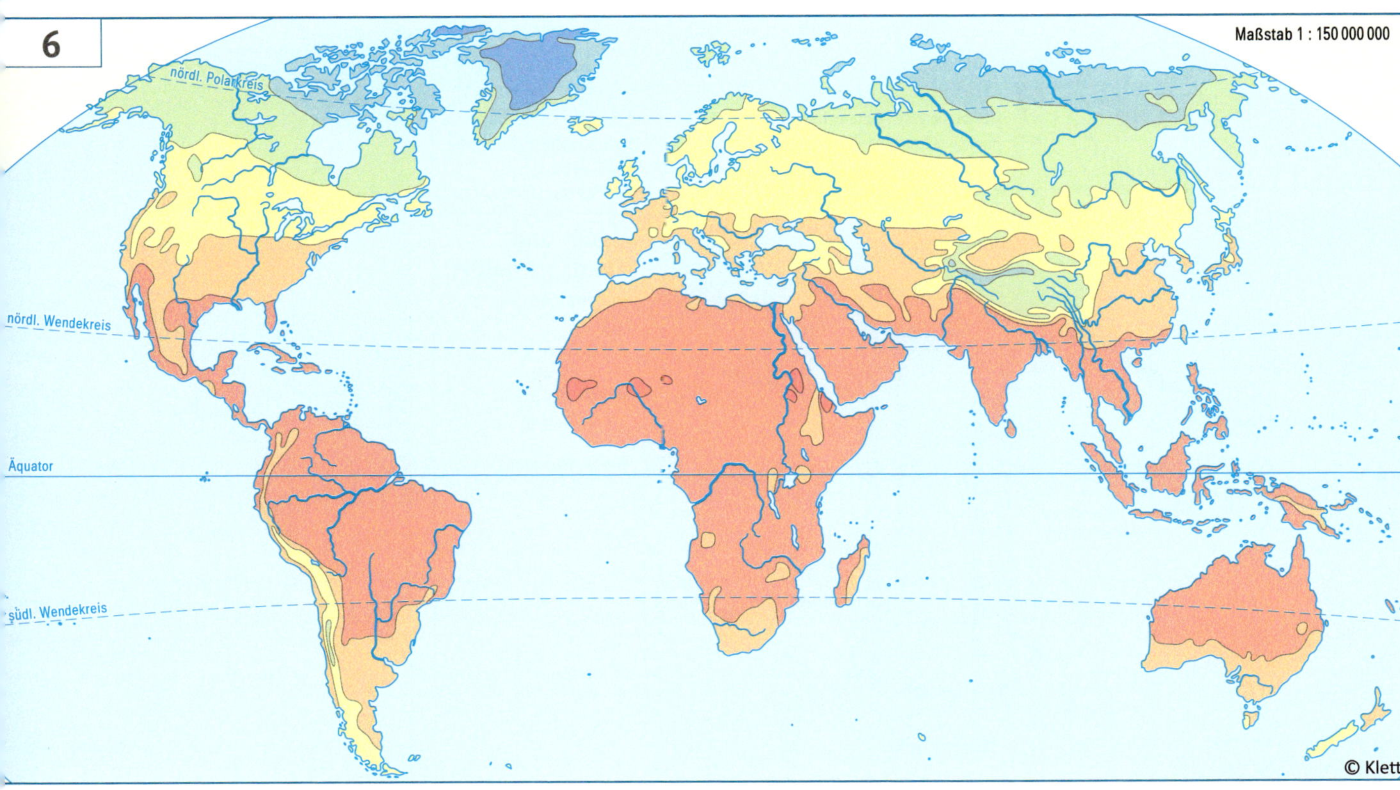

Jahrestemperaturen

Langjährige Mittelwerte
Klimareferenzperiode 1991 – 2020

- -30 – -20 °C
- -20 – -10 °C
- -10 – 0 °C
- 0 – 10 °C
- 10 – 20 °C
- 20 – 30 °C
- über 30 °C

V 32 Erdatmosphäre
D 87 AB Atmosphäre

1

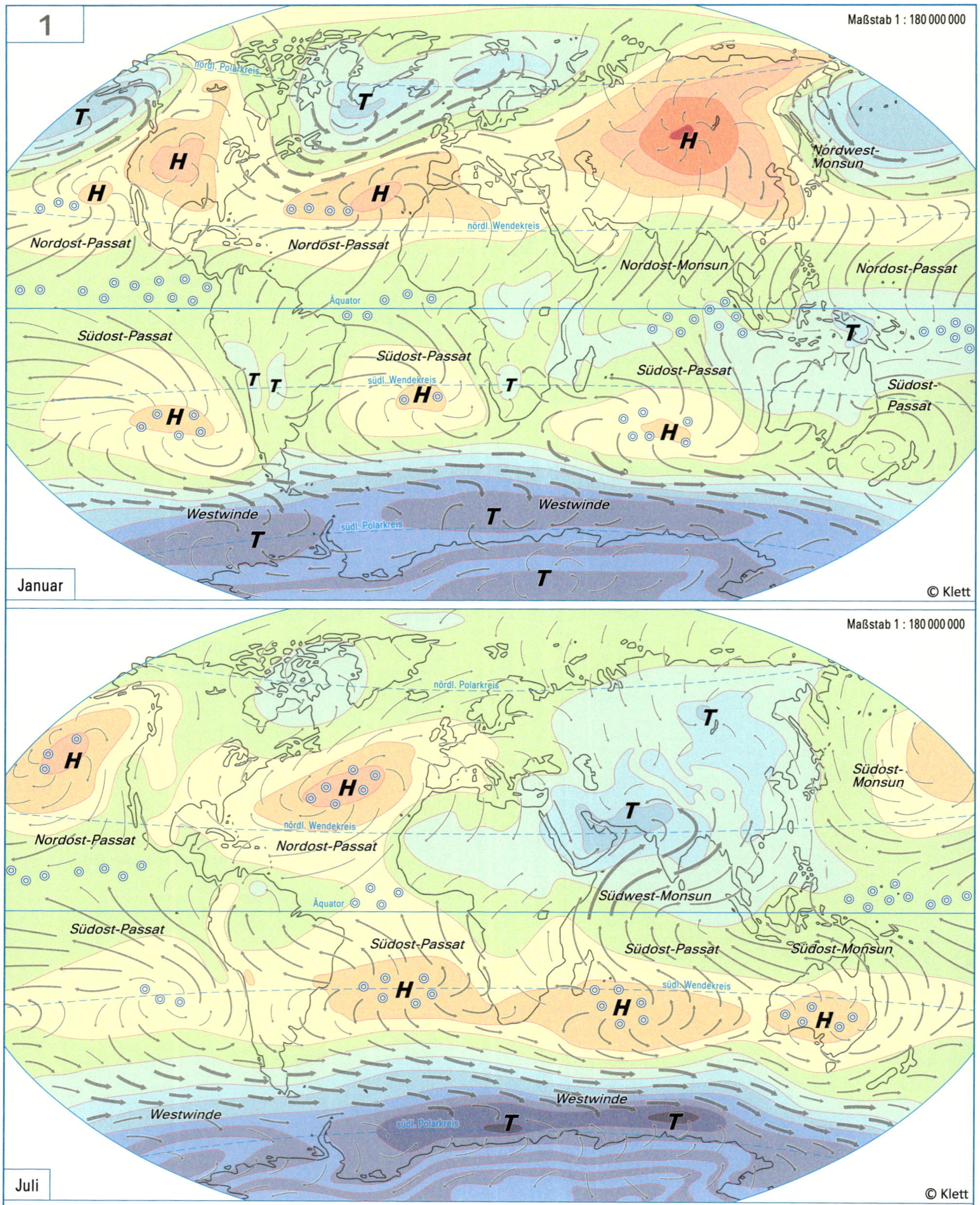

Luftdruck und Winde

Luftdruck

980 985 990 995 1000 1005 1010 1015 1020 1025 1030 1035 hPa*

*Hektopascal

Druckverhältnisse
- **H** Gebiet hohen Luftdrucks
- **T** Gebiet niedrigen Luftdrucks
- ◎◎ häufige auftretende Windstillen

Winde
- Die Länge eines Pfeiles gibt die Beständigkeit des Windes an.
- Die Dicke eines Pfeiles zeigt die Stärke des Windes.

2

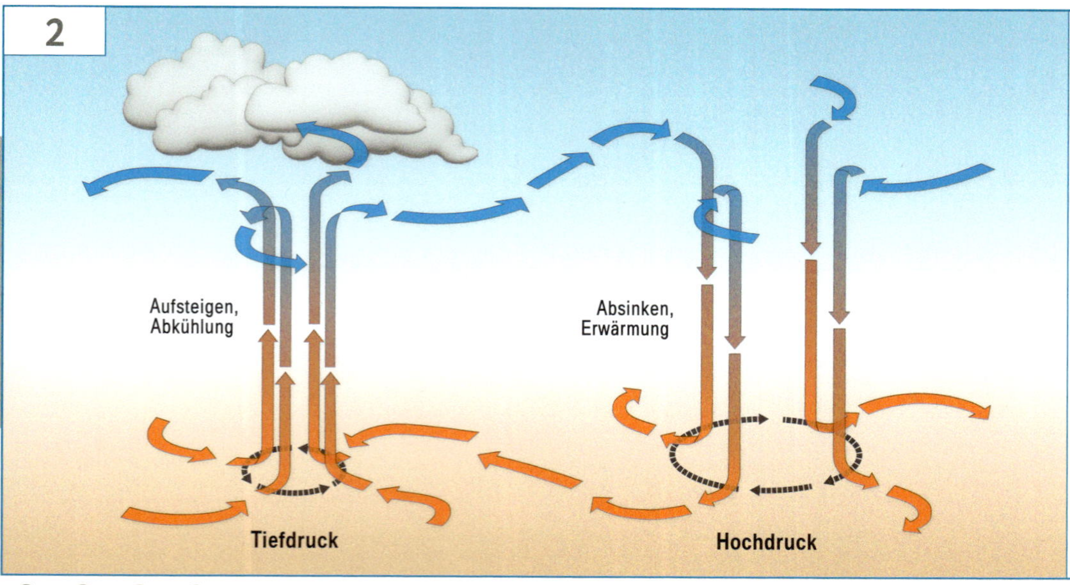

Hoch- und Tiefdruckgebiet

Nordhalbkugel

Luft
- warm und feucht
- kühl und trocken
- Bodenwind

3 Atmosphäre

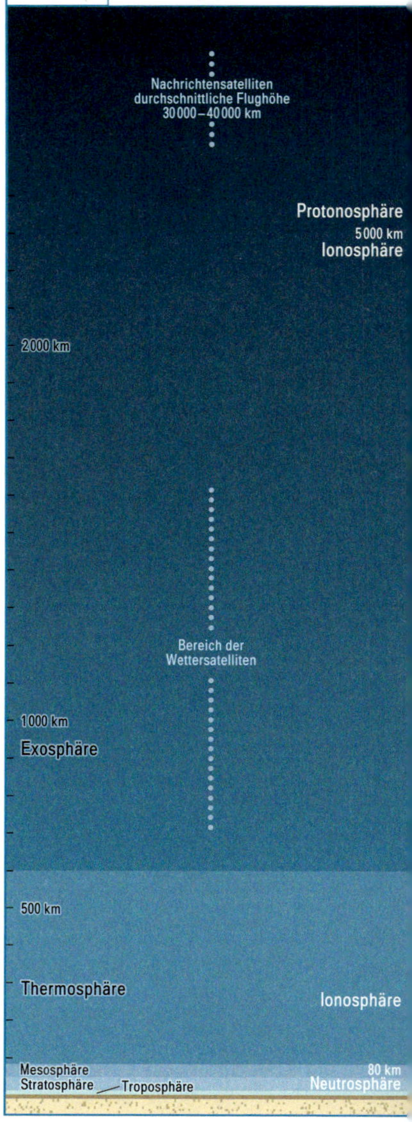

4 Untere Atmosphäre

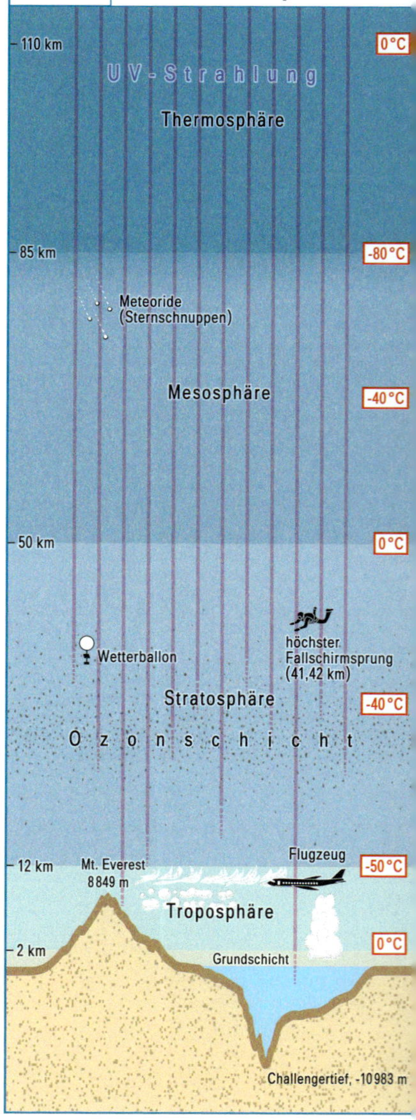

1 71

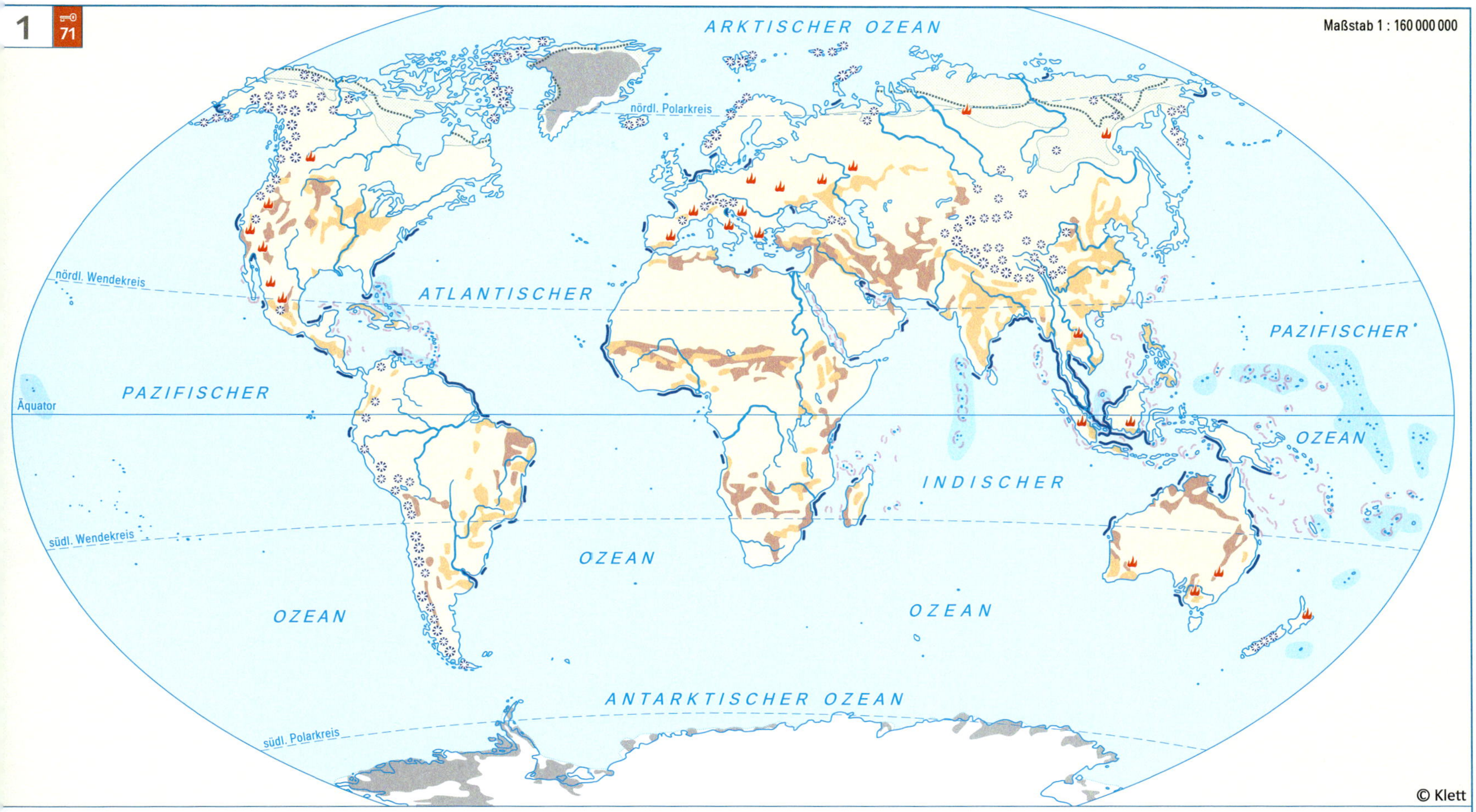

Auswirkungen des Klimawandels

Trockenheit und Folgen
- Wüstenbildung in Naturräumen
- stärkerer Rückgang landwirtschaftlicher Erträge
- vermehrt Waldbrände

Abschmelzen von Eismassen
- Rückgang polarer Eiskappen
- vermutlich stabile Eisschilde
- Gebirgsgletscher

Auftauen des Permafrosts
- Permafrostgrenze 2017
- maximaler Rückgang bis 2100

Gefährdung von Küstengebieten
- bis 2100 deutliche Zunahme von Überflutungen und Erosion
- Schelfeisgrenze

Gefährdung von Inseln und Meeresregionen
- Absterben von Korallenriffen
- Unbewohnbarkeit flacher Inselgruppen

2 71

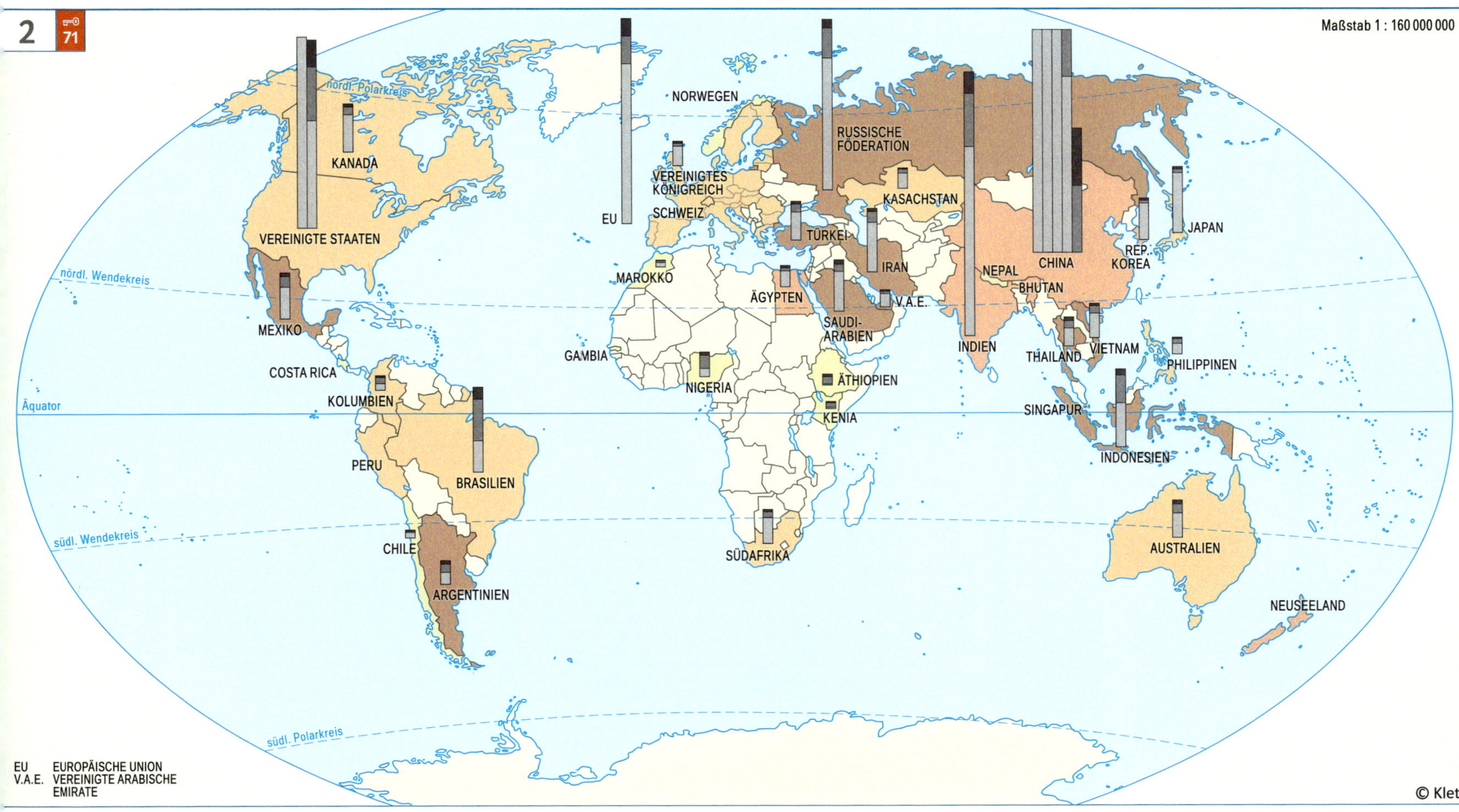

EU EUROPÄISCHE UNION
V.A.E. VEREINIGTE ARABISCHE EMIRATE

Ursachen des Klimawandels Weltweiter Treibhausgasausstoß

Treibhausgasausstoß 2023 (in Mrd. t CO_2-Äquivalent*)
- Fluorkohlenwasserstoffe (HFKW/FKW) und Lachgas
- Methan
- Kohlenstoffdioxid (CO_2)

Skala: 0,5 – 1,0 – 1,5 – 2,0

*CO_2-Äquivalent ist eine Einheit, mit der sich die Auswirkungen unterschiedlicher Treibhausgase auf das weltweite Klima vergleichen lassen.

1 mm Säulenhöhe ≙ 0,1 Mrd. t CO_2-Äquivalent
Staaten unter 0,1 Mrd. t CO_2-Äquivalent sind nicht dargestellt.

Wirksamkeit staatlicher Maßnahmen zur Erreichung des Pariser 1,5-Grad-Ziels
- fast ausreichend (moderate Verbesserungen nötig)
- unzureichend (erhebliche Verbesserungen nötig)
- höchst unzureichend (Treibhausgasausstoß steigt weiterhin)
- kritisch unzureichend (keine oder nur minimale Wirkung erkennbar)
- nicht untersucht

Dargestellt sind Staaten, die für 85 % des weltweiten Treibhausgasausstoßes verantwortlich sind.
Die Gesamtbewertung der staatlichen Maßnahmen setzt sich aus vier Komponenten zusammen:
- Konkrete Handlungen der Regierung,
- Zielsetzung der Regierung,
- Fairer Anteil an weltweiten Anstrengungen und
- Finanzhilfen für andere Staaten.

I 57 160.1 Diff. Karte
D 88 AB Naturgefahren

1

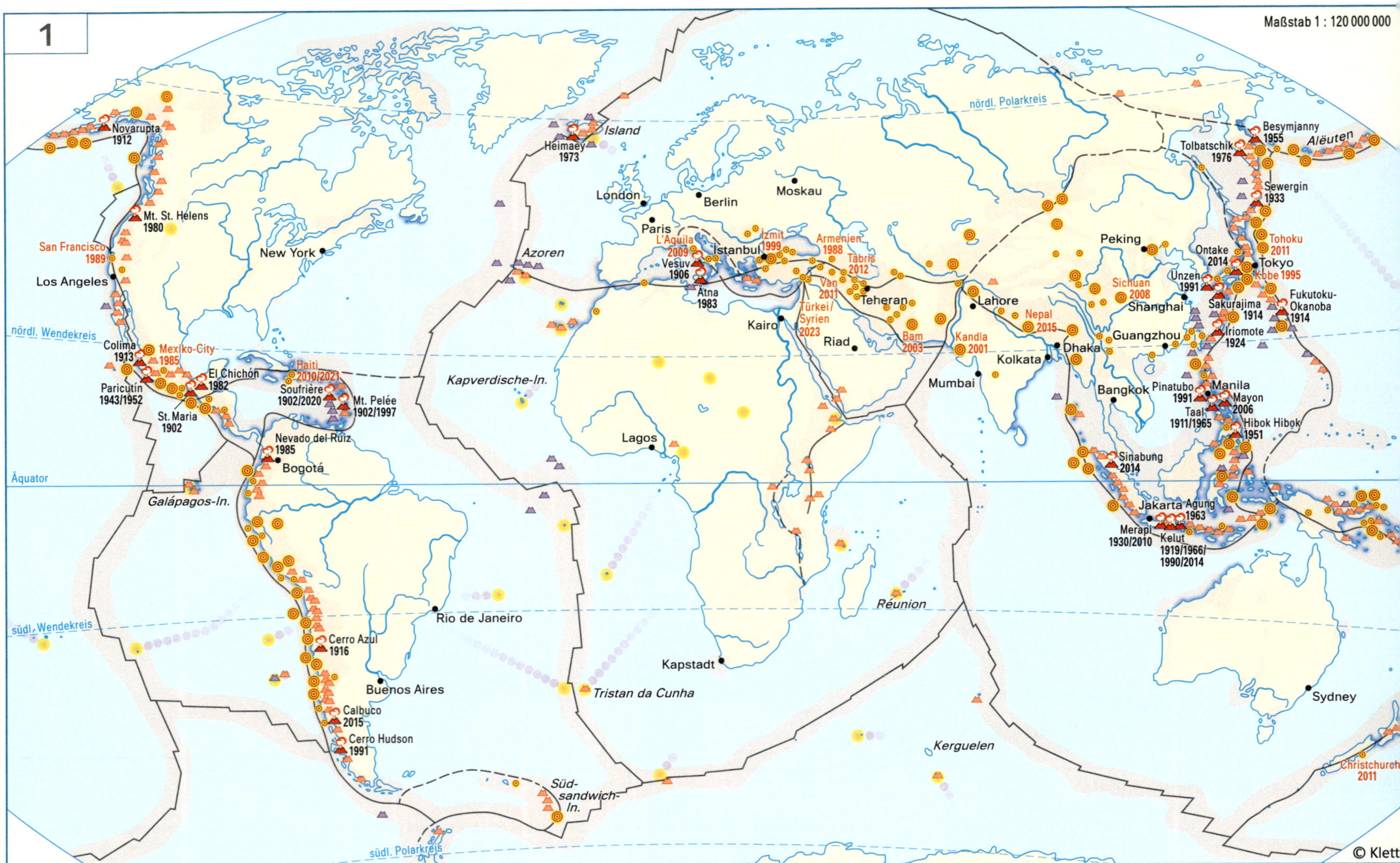

Vulkanismus und Erdbeben

Vulkanismus
- aktiver Vulkan auf dem Festland
- aktiver Vulkan unter dem Meeresspiegel
- Hotspot mit Kette erloschener Vulkanberge
- Colima 1913 – heftiger Vulkanausbruch seit 1900 (mit Name und Jahresangabe)

Erdbeben
- Gefahr von Erdbeben oder Seebeben
- starkes Erdbeben (in Auswahl)
- sehr starkes Erdbeben (Magnitude > 8)
- Gefahr von Tsunamis
- Bam 2003 – zerstörerisches Erdbeben seit 1900 (mit Name und Jahresangabe)

Plattengrenzen
- Plattenrand
- vermuteter Plattenrand

2

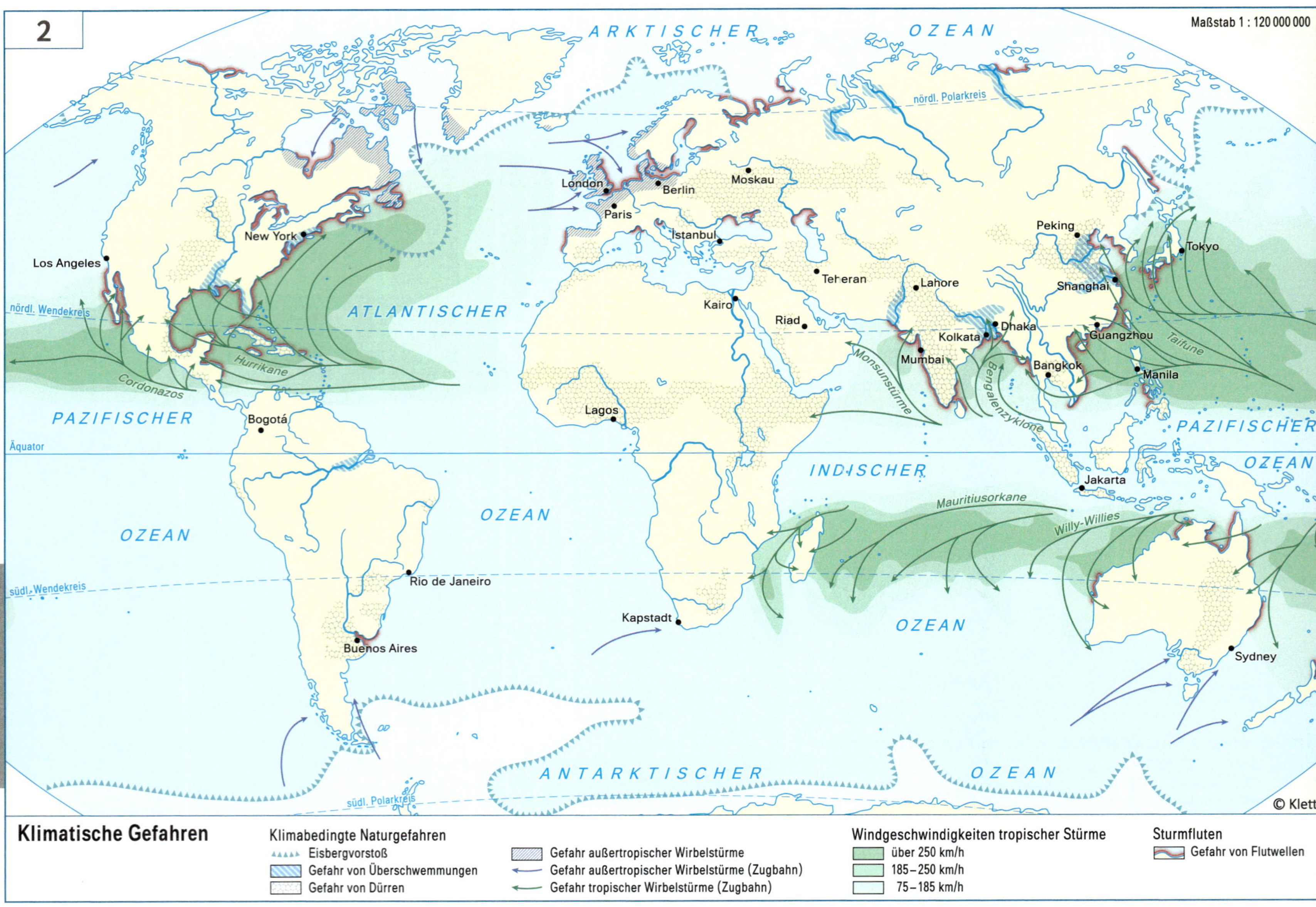

Klimatische Gefahren

Klimabedingte Naturgefahren
- Eisbergvorstoß
- Gefahr von Überschwemmungen
- Gefahr von Dürren
- Gefahr außertropischer Wirbelstürme
- Gefahr außertropischer Wirbelstürme (Zugbahn)
- Gefahr tropischer Wirbelstürme (Zugbahn)

Windgeschwindigkeiten tropischer Stürme
- über 250 km/h
- 185 – 250 km/h
- 75 – 185 km/h

Sturmfluten
- Gefahr von Flutwellen

3 Naturgefahren im Foto

Tektonische Verwerfung

Vulkanausbruch

Wirbelsturm

Überschwemmung

4

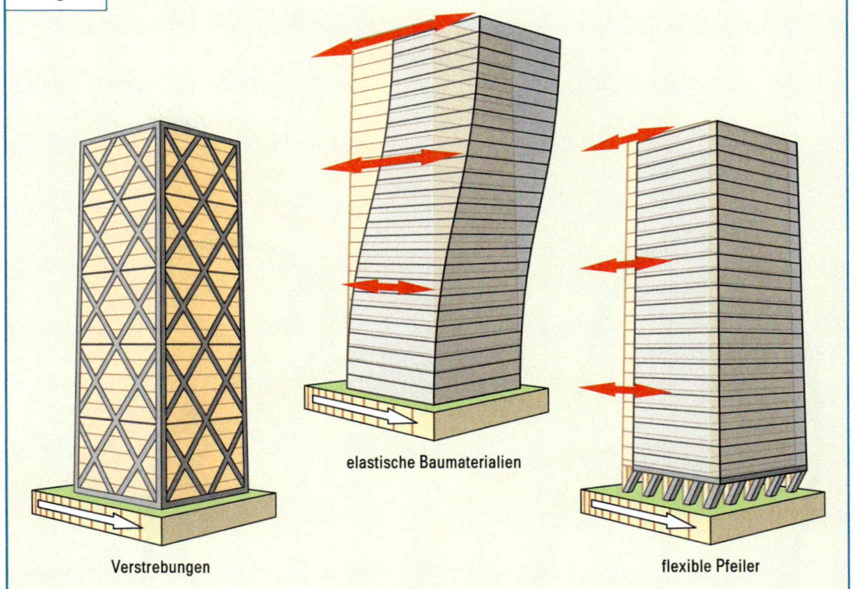

Erdbebensichere Bauweise von Hochhäusern

Erdbebenrichtung   Schwingrichtung

5 Entstehung eines Tornados

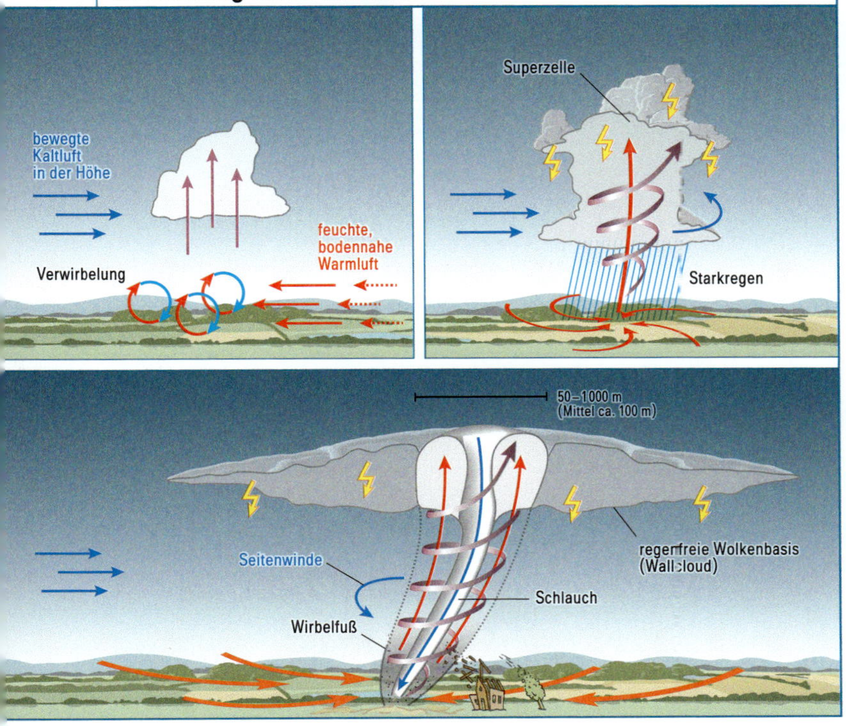

6 Entstehung eines tropischen Wirbelsturms

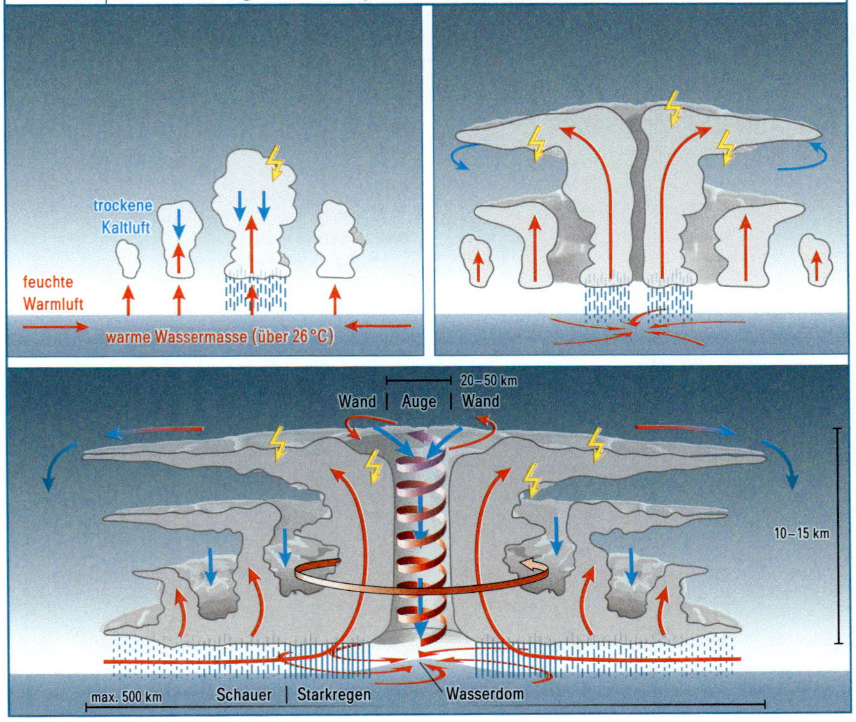

7

72

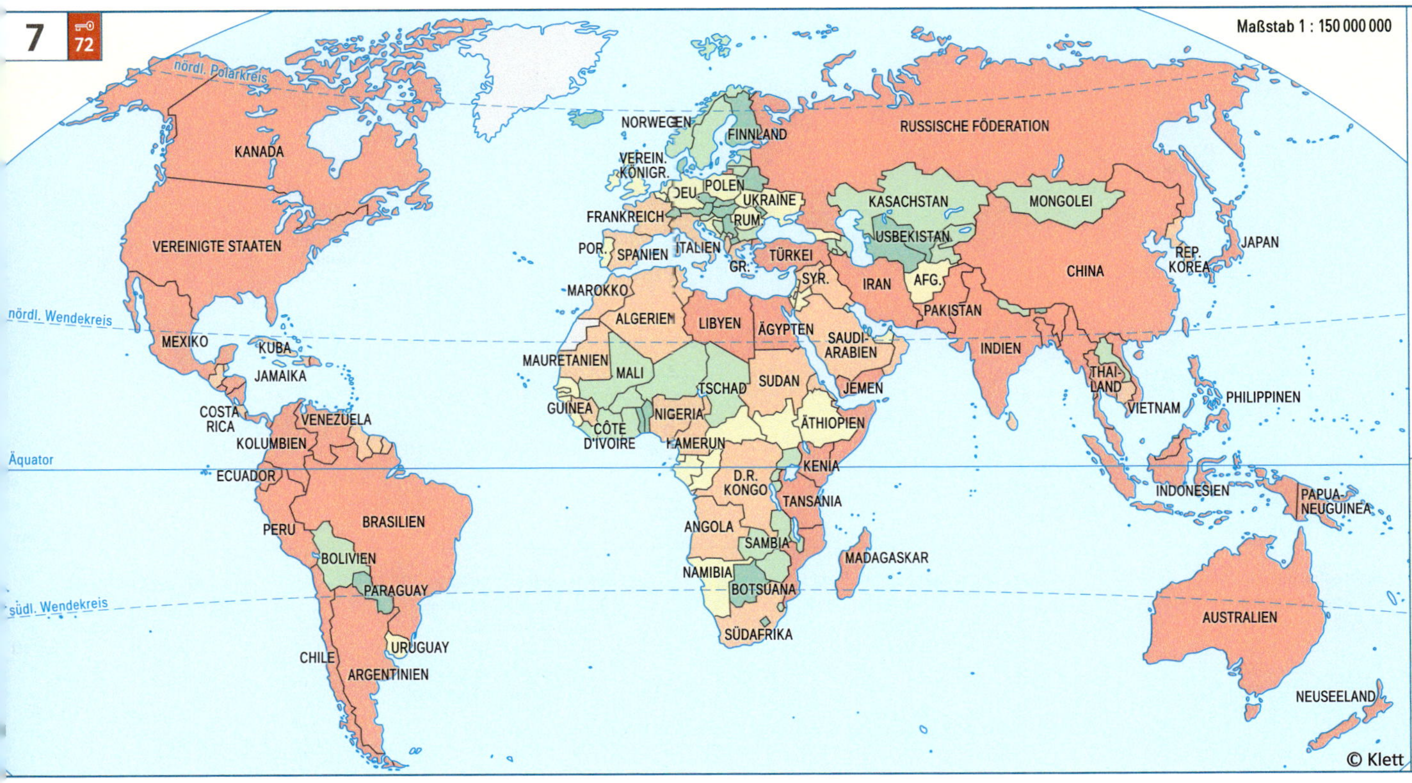

Weltrisikoindex

Risikobewertung 2023
(max. Risiko = 100)

- sehr hoch (über 12,88)
- hoch (5,87 – 12,88)
- mittel (3,20 – 5,87)
- gering (1,84 – 3,20)
- sehr gering (unter 1,84)
- keine Daten

AFG. AFGHANISTAN
DEU. DEUTSCHLAND
GR. GRIECHENLAND
POR. PORTUGAL
RUM. RUMÄNIEN
SYR. SYRIEN

Berechnung des WRI

Gefährdung → WRI ← Vulnerabilität

Der Weltrisikoindex (WRI) ist ein Indikator für das Katastrophenrisiko einzelner Länder. Er berücksichtigt einerseits das Ausgesetztsein der Bevölkerung gegenüber extremen Naturgefahren (Gefährdung) und andererseits die Verwundbarkeit der Gesellschaft (Vulnerabilität).

1

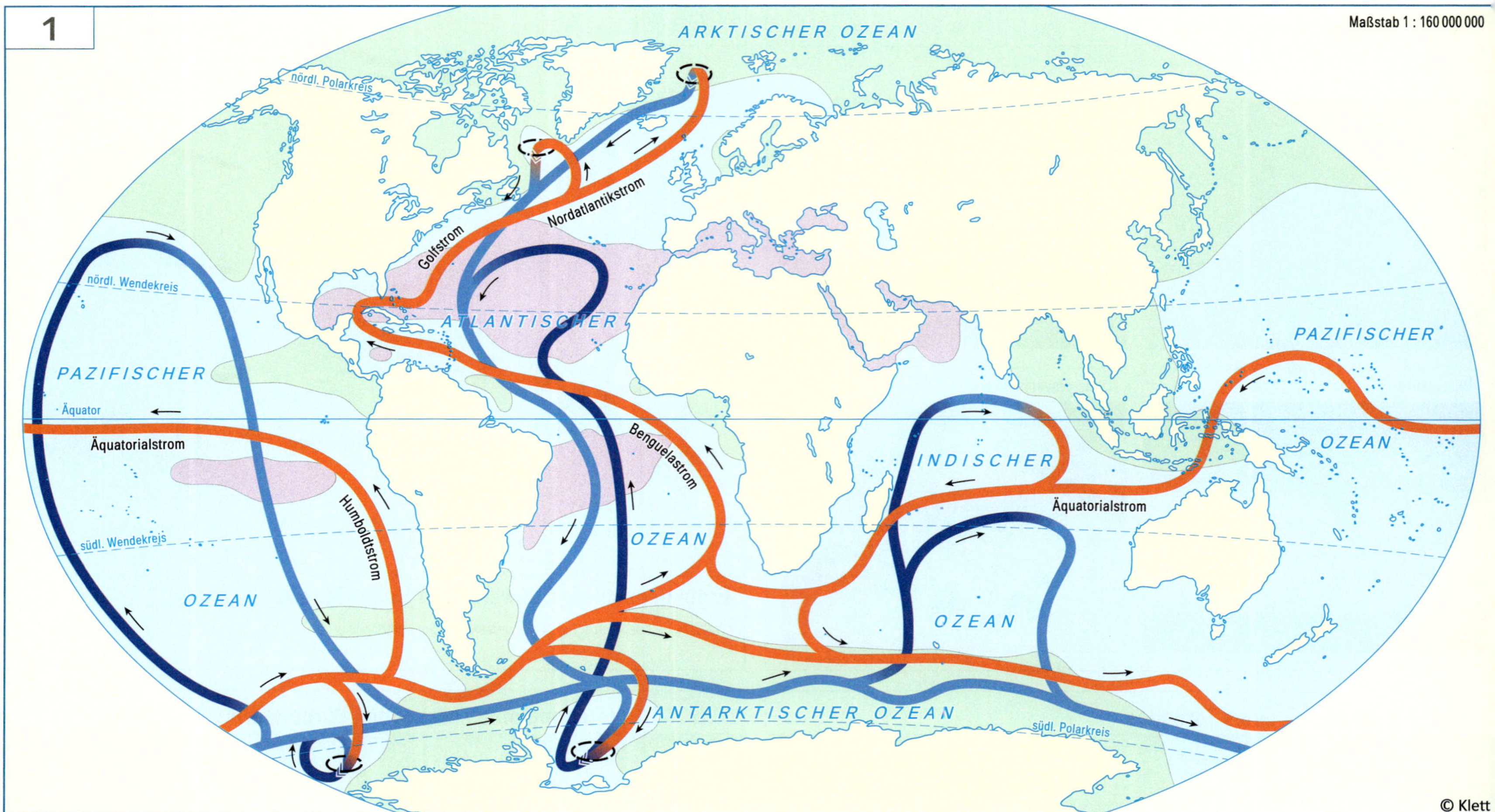

Hauptmeeresströmungen

Meeresströmung
- Oberflächenströmung (warm oder kalt)
- Tiefenströmung (kalt)
- Bodenströmung (kalt oder sehr kalt)
- Strömungsrichtung

Salzgehalt der Meere (in g/l)
- hoch (über 36)
- normal (34–36)
- gering (unter 34)

Tiefenwasserbildung
- Absinkregion von kalten und schweren Wassermassen

2

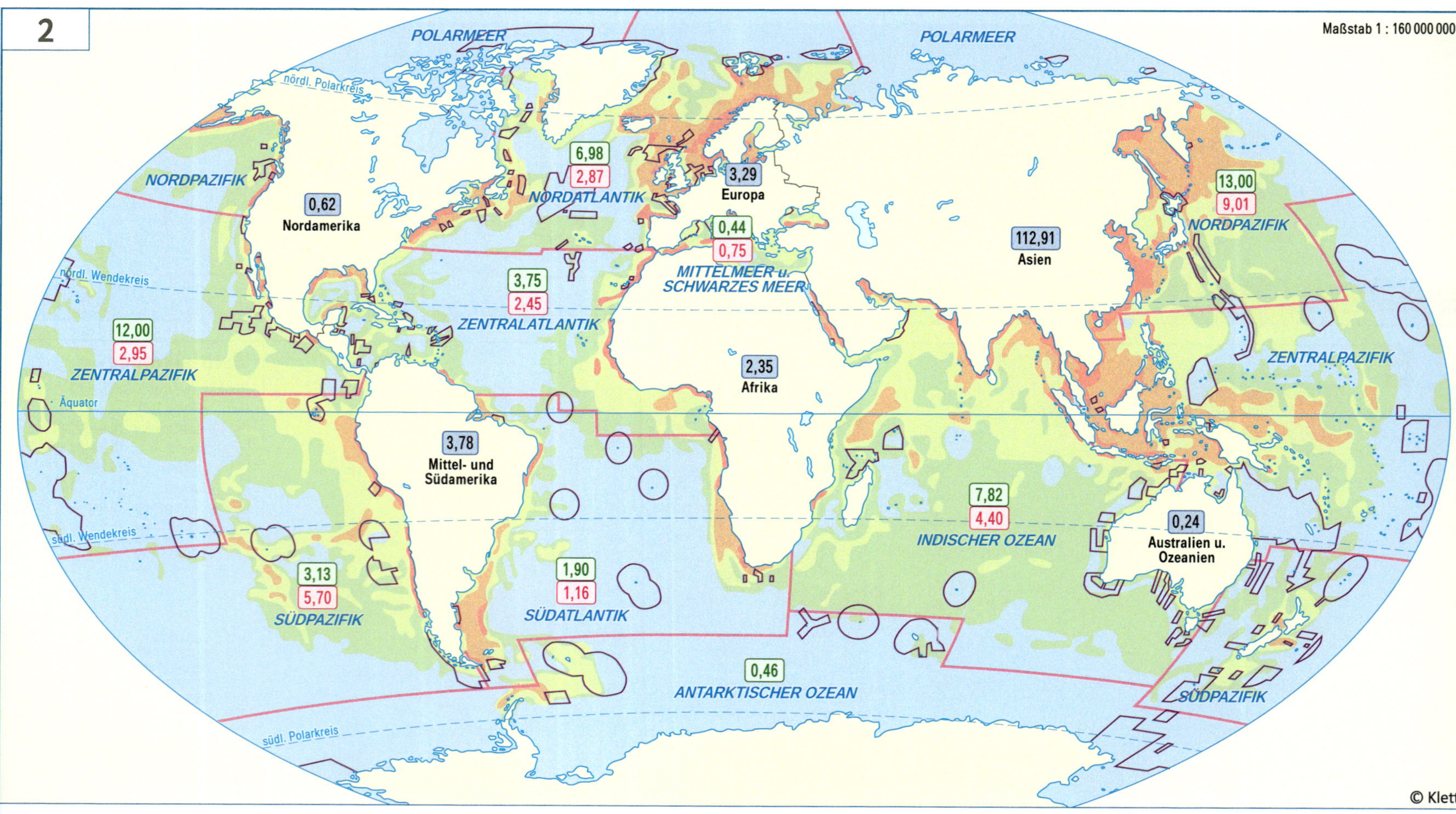

Fischerei und Meeresschutz

Meeresfischerei
Jährliche Fangmenge (in kg/km²)
- über 10 000
- 2000 – 10 000
- 500 – 2000
- 50 – 500
- unter 50

Nicht nachhaltiger Fischfang
- 2,87 Fangmenge in einer Fischereizone (in Mio. t/Jahr)
- Grenze einer Fischereizone

Nachhaltiger Fischfang NE
- 6,98 Fangmenge in einer Fischereizone (in Mio. t/Jahr)
- Meeresschutzgebiet (Verbot von Fischfang)

Fischzucht (Aquakultur)
- 3,78 jährliche Fischproduktion in einer Region (in Mio. t)
- Grenze einer Region

3

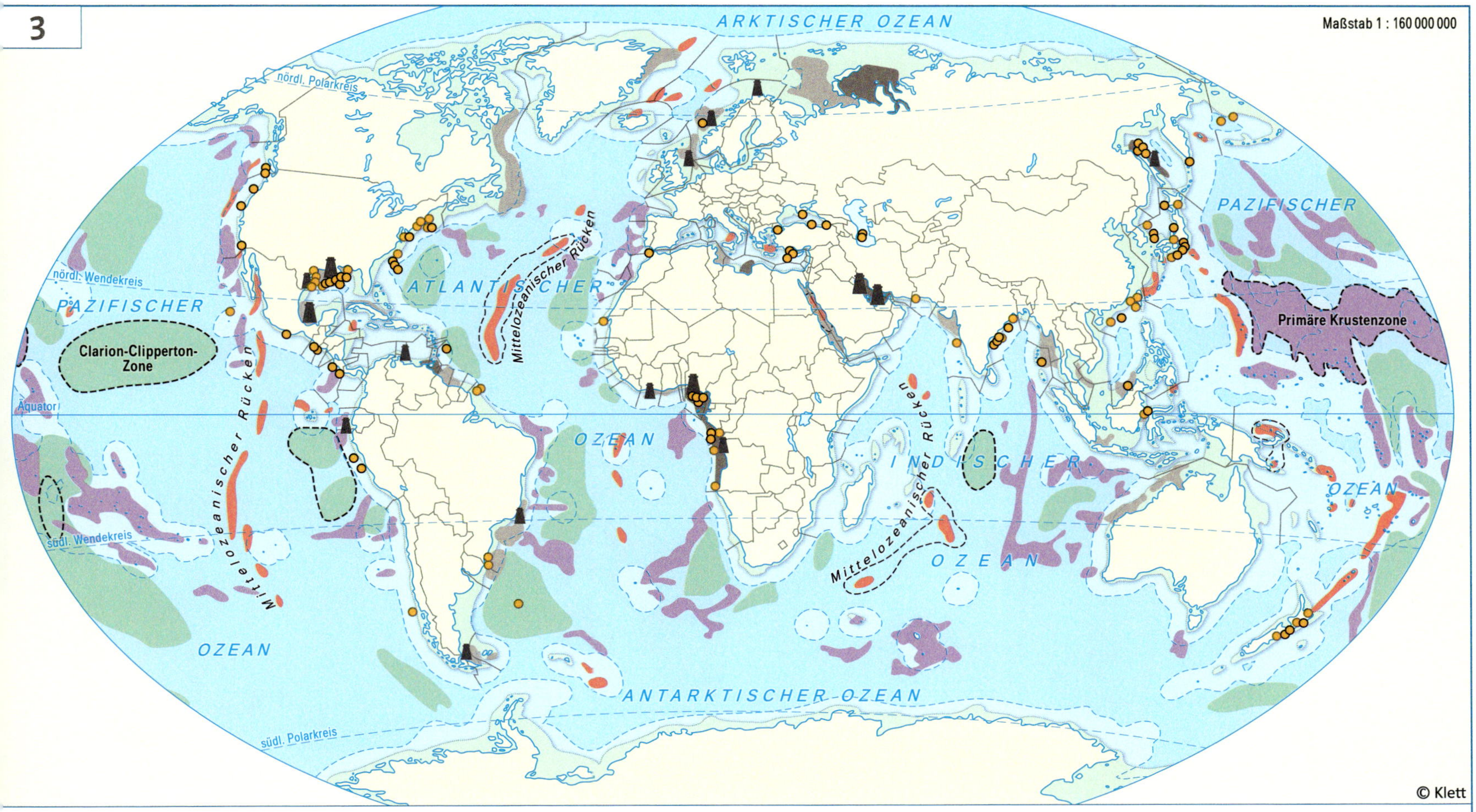

Rohstoffe in den Meeren

Vorkommen, die in Zukunft abgebaut werden könnten

Öl- und Gasvorkommen unter dem Meeresboden
- sehr ergiebige Vorkommen
- ergiebige Vorkommen
- bestehende Förderung

Gashydrat*
- bekannt
- vermutet

*vorwiegend Methangas

Vorkommen mit Mineralien auf dem Meeresboden
- Kobaltkrusten
- Manganknollen
- Massivsulfide
- hoher Rohstoffgehalt

Mineralien, die aus den Vorkommen gewonnen werden könnten:
Arsen, Bismut (Wismut), Cobalt, Kupfer, Mangan, Molybdän, Nickel, Tellur, Thallium, Vanadium, Wolfram, Yttrium

Internationale Meereszonen
- Schelfmeer
- 200-Seemeilen-Zone**
- Interessengrenzen innerhalb der 200-Seemeilen-Zone
- Hochsee (internationale Gewässer)
- Staatsgrenze

**1 Seemeile ≙ 1852 m

4 73

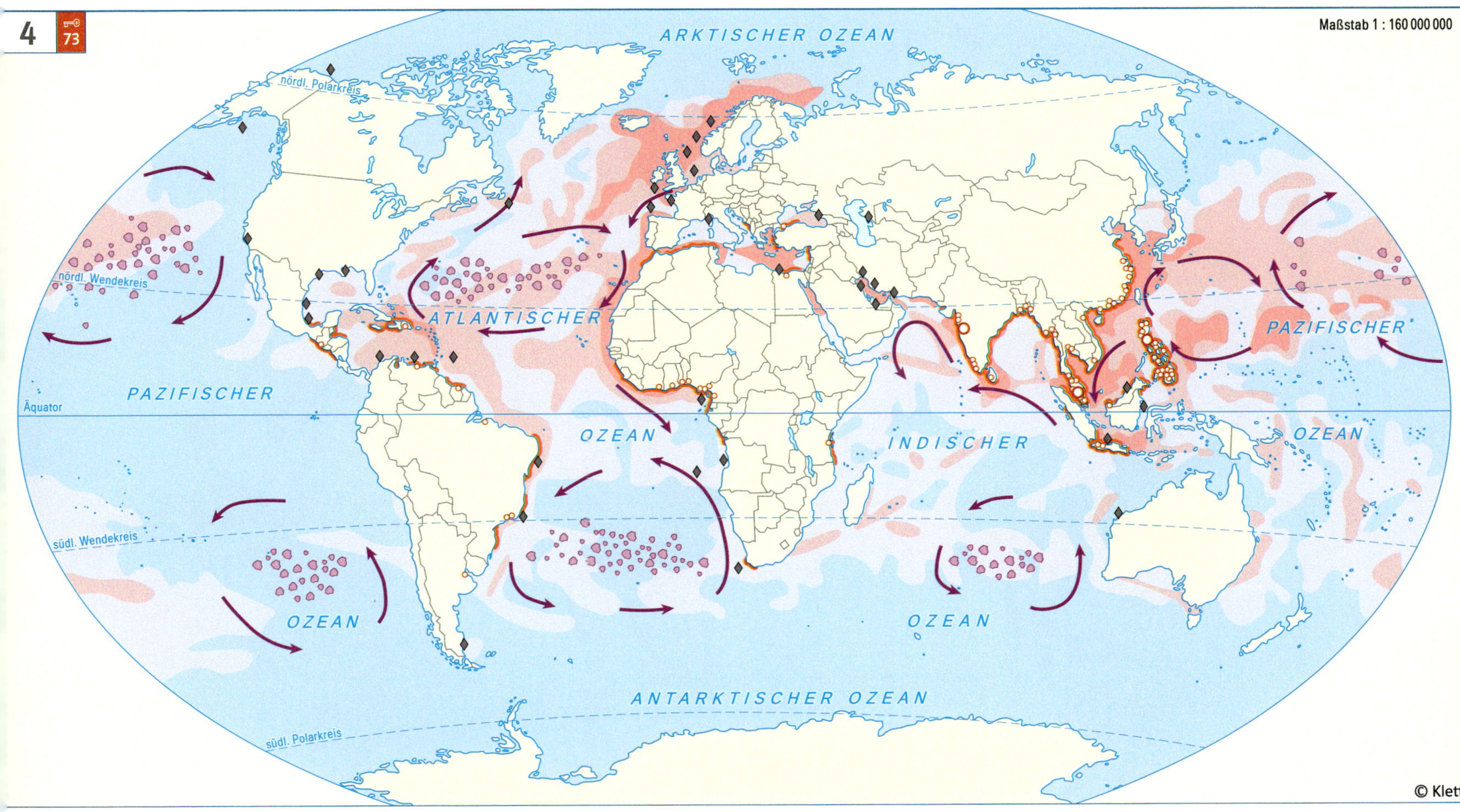

Belastung der Meere

Gesamtbelastung durch Schadstoffe und Überfischung
- sehr hoch
- hoch
- mittel
- gering

Meeresströmungen und Ansammlung von Plastikmüll (Müllstrudel)

Einleitung von Schadstoffen in die Meere
- durch Öl- und Gasgewinnung

Küstenbereiche, an denen große Mengen von Plastikmüll ins Meer gelangen

Buchten und Flussmündungen mit besonders hohen Müllmengen
- über 10 Mio. kg Plastikmüll pro Jahr
- 1–10 Mio. kg Plastikmüll pro Jahr

EINFÜHRUNG
DEUTSCHLAND
EUROPA
ASIEN
AFRIKA
AUSTRALIEN und POLE
AMERIKA
WELT
ANHANG

1

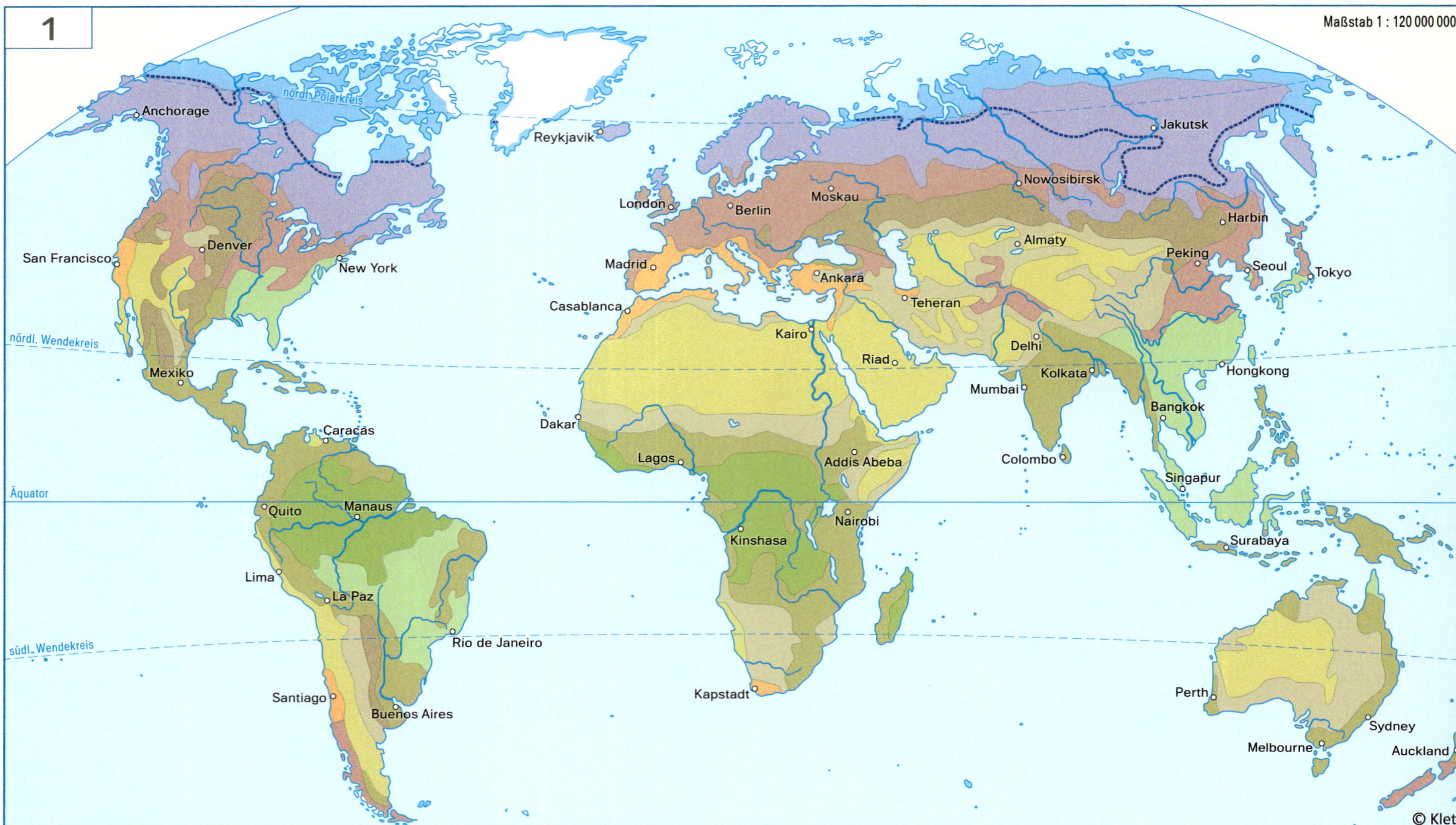

Böden in den Ökozonen

- Eisbedeckung
- Südgrenze des Dauerfrostes

Tundren und Frostschuttzone
- Frostschutt-Rohböden und Tundren-Gleyböden

Boreale Zone
- Bleicherden, arktische Braunerden und Torfmoorböden

Feuchte Mittelbreiten
- Braunerden und Böden mit Tonverlagerung (besonders Parabraunerden)

Feuchte Grassteppen
- kastanienfarbene Böden und Schwarzerden

Trockene Grassteppen, Dornsavannen und Dornsteppen
- Halbwüstenböden

Wüsten und Halbwüsten der Mittelbreiten, Subtropen und Tropen
- Wüstenböden

Winterfeuchte Subtropen
- braune und rote mediterrane Böden

Sommerfeuchte Subtropen
- Böden mit Tonverlagerung

Immerfeuchte Subtropen und Tropen
- Böden mit Tonverlagerung und stark saure Böden

Immerfeuchte Tropen
- tiefgründig verwitterte Böden, eisen- und aluminiumoxidreiche Böden

2 74

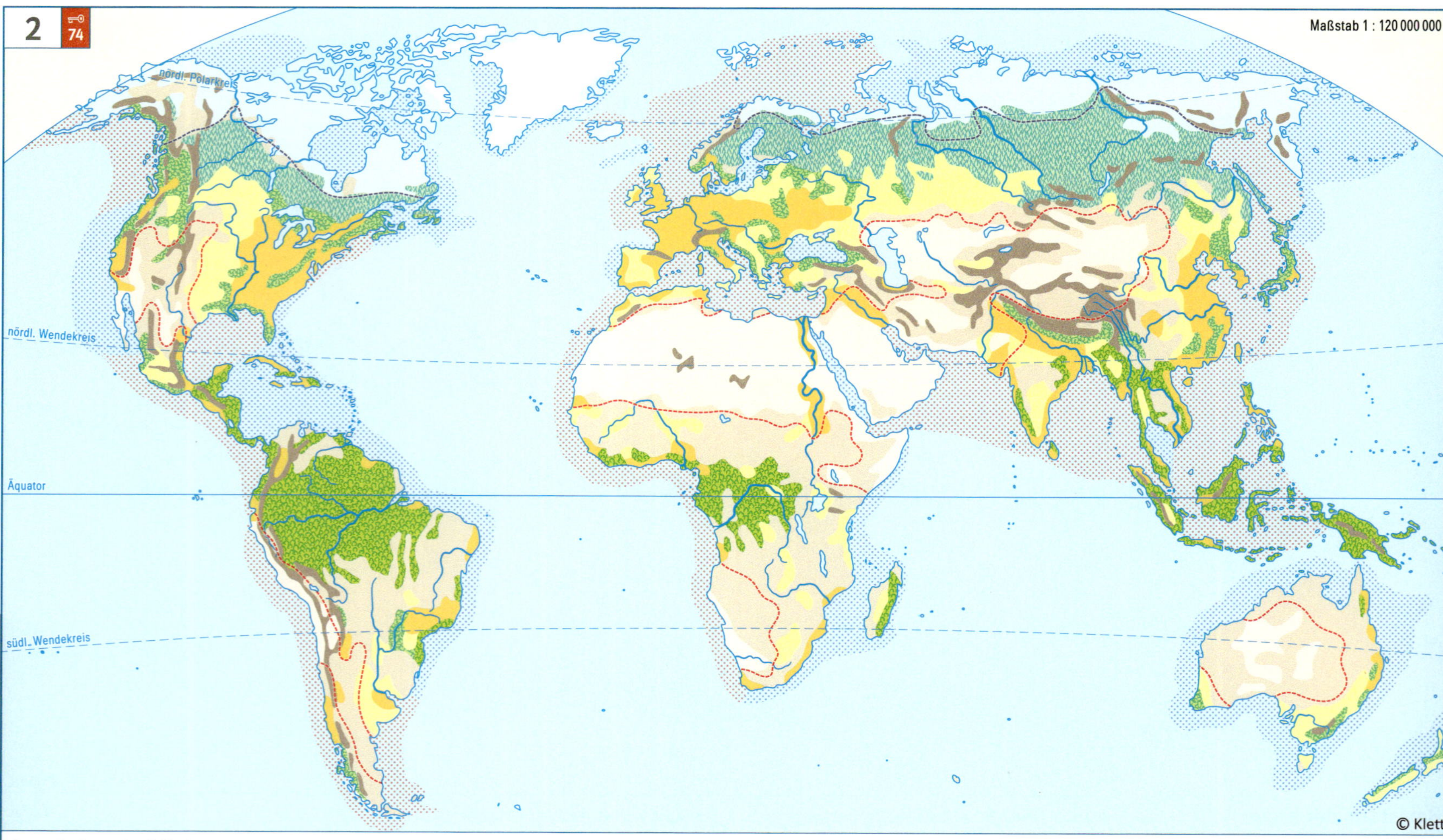

Landwirtschaftlich nutzbare Räume

Ackerbau und Viehhaltung
- Acker-, Bewässerungs- und Weideland mit hohen Erträgen
- Acker- und Weideland mit unsicheren Erträgen
- Feldbau mit Hilfsmaßnahmen, karges Weideland
- nomadische Viehhaltung in Wüsten und Halbwüsten

Forstwirtschaft
- Holzernte in nördlichen Nadelwäldern
- Forstwirtschaft in Laub- und Mischwäldern
- Gewinnung von tropischen Edelhölzern

Fischerei
- Hauptgebiete des Fischfangs (niedrige bis gemäßigte Fangmengen)
- Hauptgebiete des Fischfangs (hohe bis sehr hohe Fangmengen)

Landwirtschaftlich nicht nutzbar
- Inlandeis
- Tundra
- Hochgebirgsregion

Klimatisch bedingte Anbaugrenzen
- Kältegrenze des natürlichen Anbaus
- Trockengrenze des natürlichen Anbaus

3

Maßstab 1 : 120 000 000

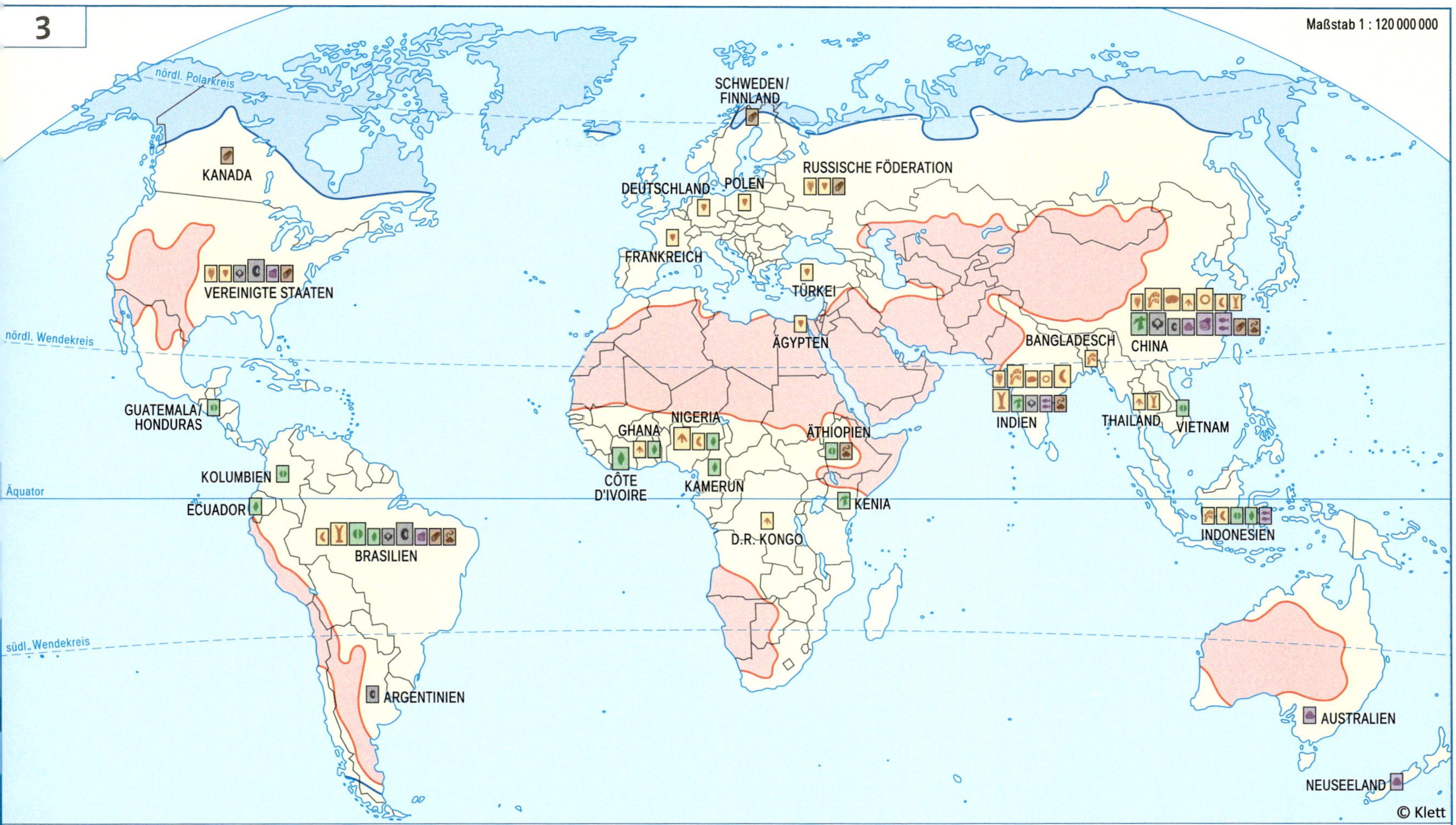

Landwirtschaftliche Rohstoffe

Grenzen des natürlichen Anbaus
- Kältegrenze
- Trockengrenze

Rohstoffe für Nahrungsmittel
gemäßigte Zone – tropische und subtropische Zone
- Weizen – Reis
- Kartoffeln – Knollenfrüchte (Maniok, Süßkartoffel, Yams u. a.)
- Obst – Bananen
- Zuckerrüben – Zuckerrohr

Rohstoffe für Genussmittel
- Kaffee
- Tee
- Kakao

Rohstoffe zur Weiterverarbeitung
- Baumwolle (Spinnerei, Weberei)
- Sojabohnen (Öl)

Tierische Rohstoffe
- Wolle
- Fisch
- Fleisch

Nutzung der Wälder
- Industrieholz (Papier, Möbel)
- Brennholz, Holzkohle

Anteil an der Weltproduktion
- über 20 %
- 5–20 %

4

Maßstab 1 : 120 000 000

Internationaler Landhandel Landgrabbing 2000–2024

Beteiligte Staaten
- Käufer
- Käufer und Verkäufer
- verstärkt Investitionen im eigenen Land
- Staaten ohne bedeutenden Landhandel

Weltweites Engagement der 10 größten Investoren (in Mio. ha)
- 10
- 5
- 1
- 0,5
- Afrika
- Asien
- Osteuropa
- Lateinamerika

Vom weltweiten Landhandel betroffene Flächen (in Mio. ha)

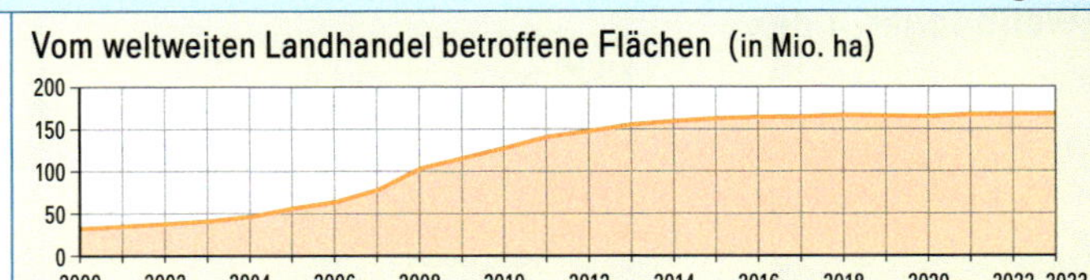

EINFÜHRUNG
DEUTSCHLAND
EUROPA
ASIEN
AFRIKA
AUSTRALIEN und POLE
AMERIKA
WELT
ANHANG

EINFÜHRUNG DEUTSCHLAND EUROPA ASIEN AFRIKA AUSTRALIEN und POLE AMERIKA WELT ANHANG

1

Maßstab 1 : 120 000 000

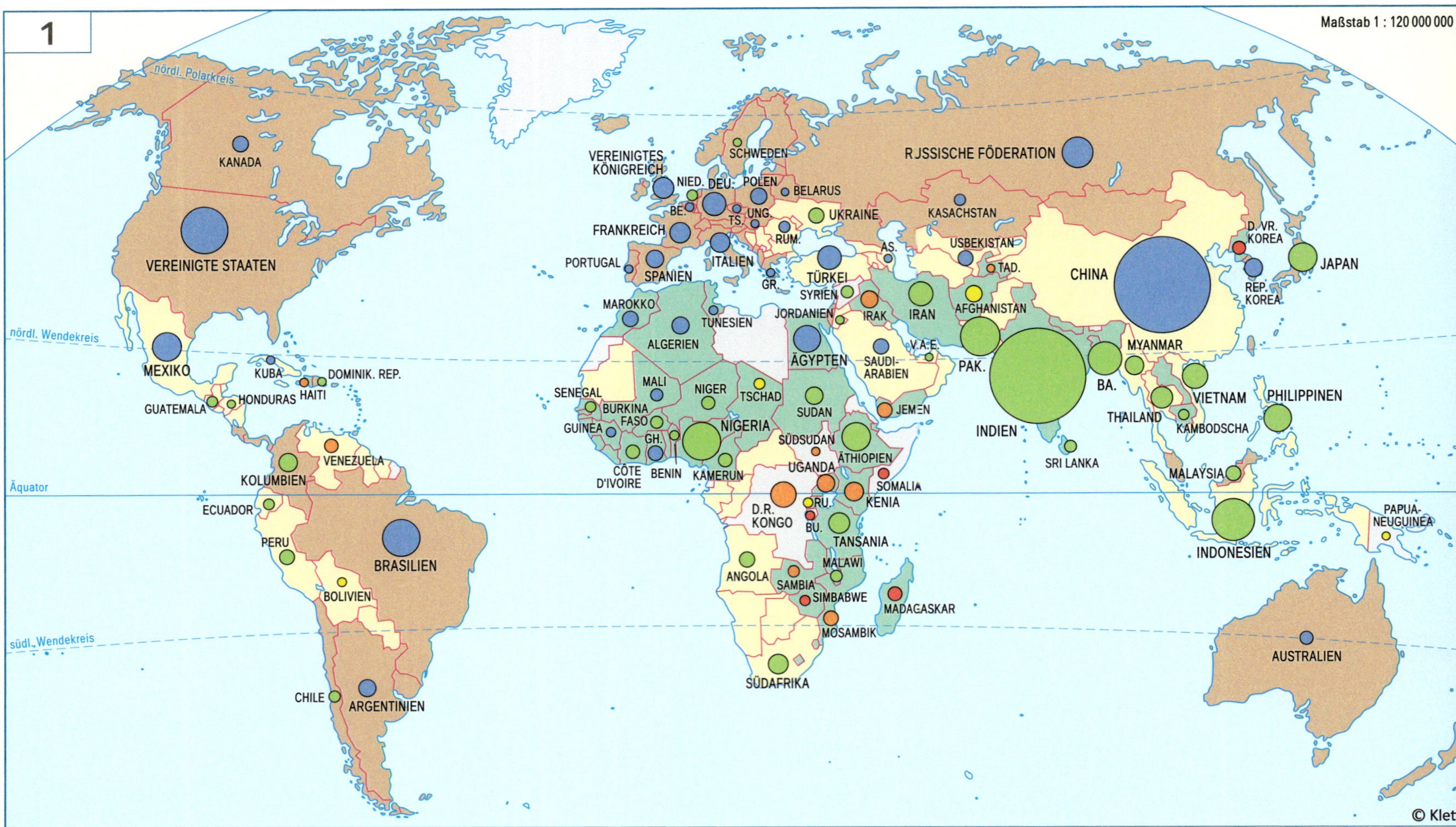

Nahrungsbedarf

Gemessen am Bedarfsdurchschnitt 2023

Der tägliche Nahrungsbedarf des Menschen variiert je nach Lebensraum, Tätigkeit, Körpergröße, Alter und Geschlecht. Der Bedarfsdurchschnitt pro Einwohner und Tag liegt weltweit zwischen 8500–12 500 Kilojoule (kJ).

Bevölkerung in Staaten* (in Mio. Einw.)

1450 – 350 – 100 – 50 – 10

*mindestens 10 Mio. Einw.

Durchschnittliche Nahrungsmenge pro Einw. (in ausgewählten Staaten)
(100 = Bedarfsdurchschnitt)

- übermäßig (über 130 %)
- sehr hoch (110 – 130 %)
- ausreichend bis hoch (100 – 110 %)
- knapp bis ausreichend (90 – 100 %)
- unzureichend (unter 90 %)

Anteil des tierischen Proteins am gesamten Protein pro Einw. (in %)

- unter 30
- 30 – 50
- über 50
- keine Daten

AS.	ASERBAIDSCHAN
BA.	BANGLADESCH
BE.	BELGIEN
BU.	BURUNDI
DEU.	DEUTSCHLAND
GR.	GRIECHENLAND
GH.	GHANA
NIED.	NIEDERLANDE
PAK.	PAKISTAN
RU.	RUANDA
RUM.	RUMÄNIEN
TAD.	TADSCHIKISTAN
TS.	TSCHECHIEN
UNG.	UNGARN
V.A.E.	VEREINIGTE ARABISCHE EMIRATE

2 75

Maßstab 1 : 120 000 000

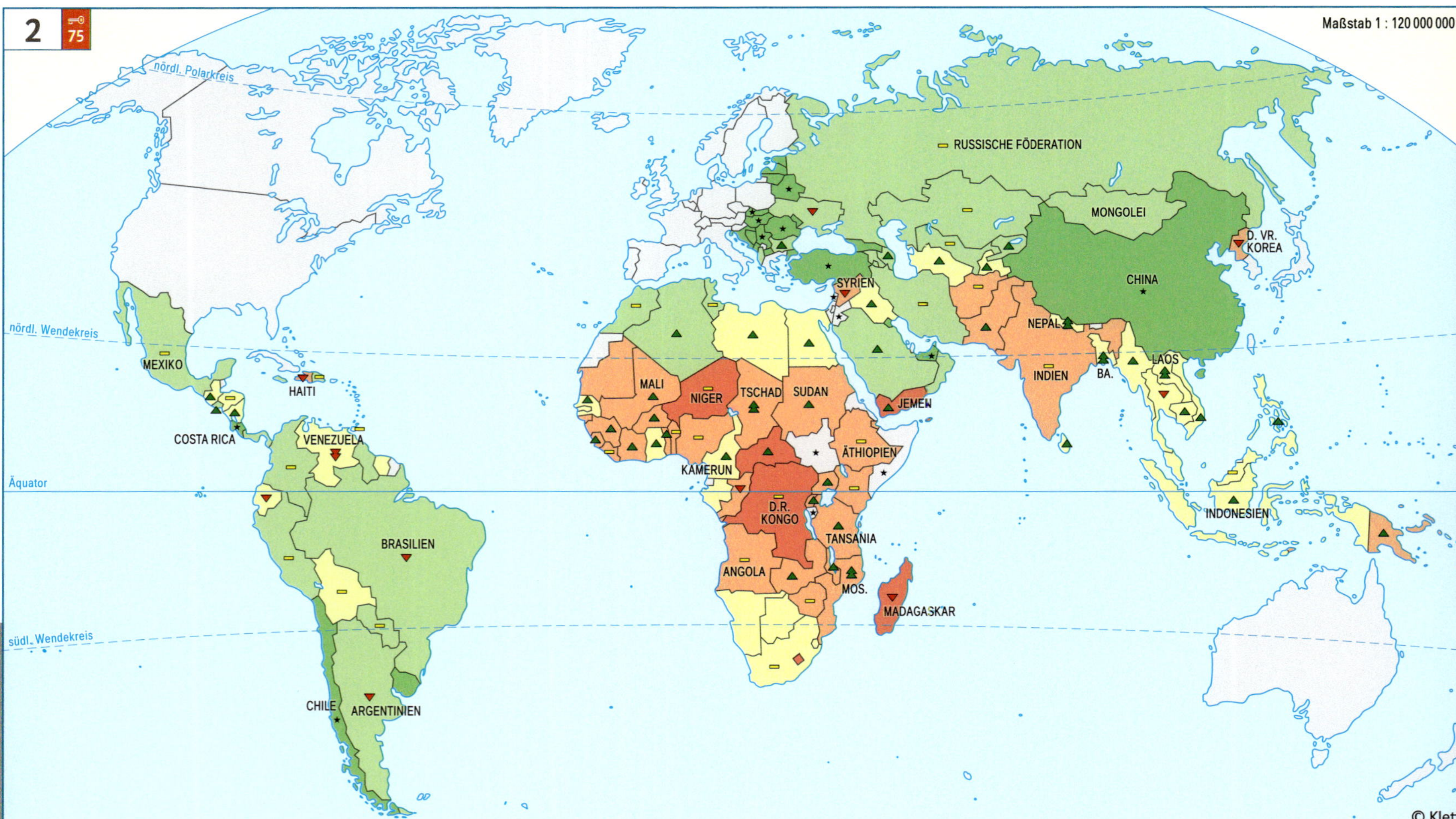

Welthunger-Index

Schweregrad nach Indexpunkten 2023

- sehr niedrig (unter 5)
- niedrig (5 – 10)
- mäßig (10 – 20)
- ernst (20 – 35)
- sehr ernst (35 – 50)
- nicht erfasst

Verbesserung für die Menschen seit 2015 nach Indexpunkten NE
in Staaten über 5 Mio. Einw.

- stark verbessert (um -5 bis -7 Punkte)
- verbessert (um -1 bis -5 Punkte)

Verschlechterung für die Menschen seit 2015 nach Indexpunkten
in Staaten über 5 Mio. Einw.

- stark verschlechtert (um +6 Punkte)
- verschlechtert (um +1 bis +5 Punkte)

- kaum verändert (um -1 bis +1 Punkte)
- ★ keine Daten

BA.	BANGLADESCH
MOS.	MOSAMBIK

1

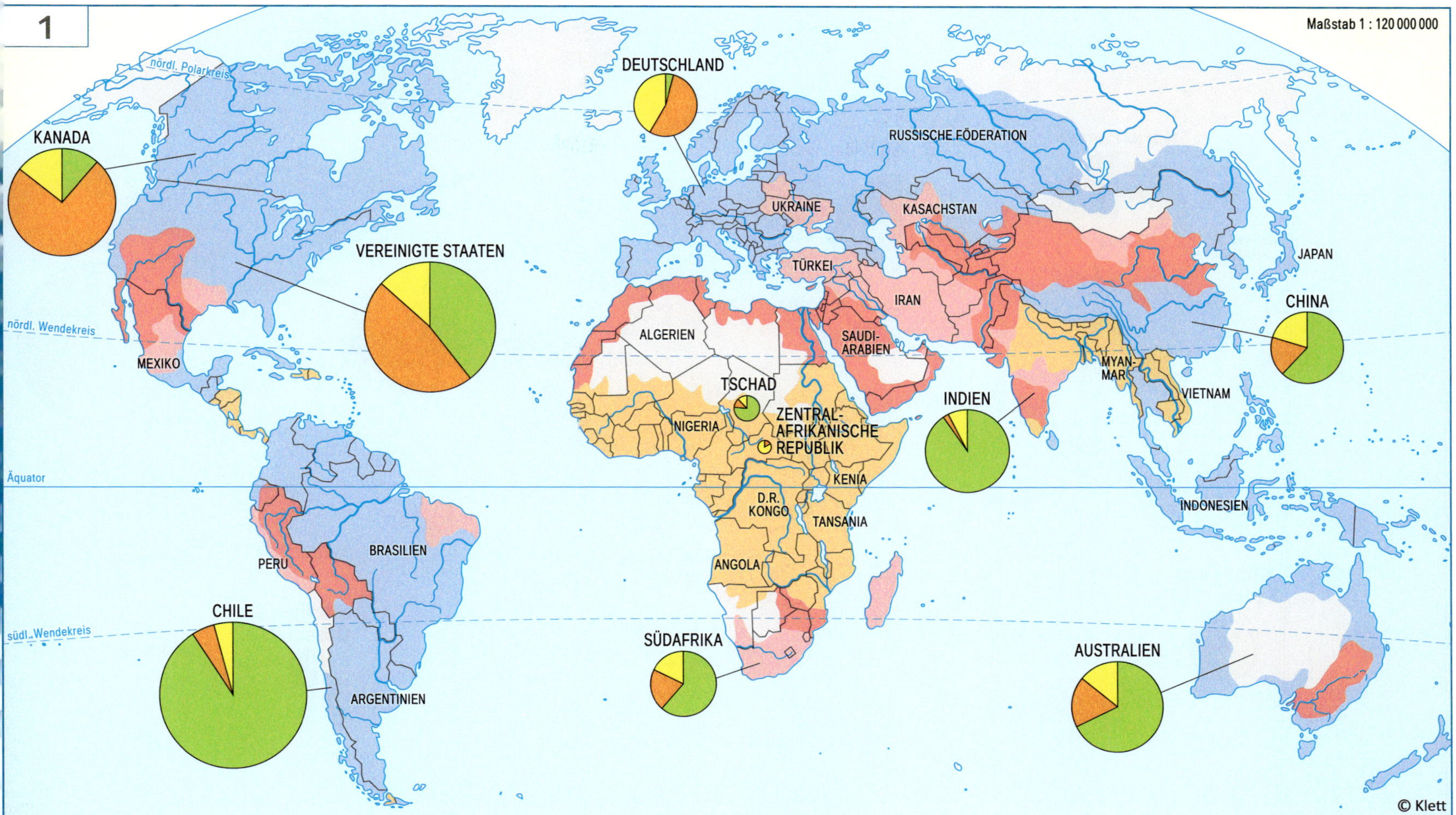

Wasserknappheit und Wasserverbrauch

Physische Wasserknappheit
Der Bedarf der Bevölkerung kann durch das natürliche Wasserangebot kaum gedeckt werden.
- bestehend
- gefährdet

Ökonomische Wasserknappheit
Obwohl genügend Wasser vorhanden ist, kann der Bedarf der Bevölkerung aufgrund von Armut und schlechter Technik kaum gedeckt werden.
- bestehend

- keine oder wenig Wasserknappheit
- keine Angaben

Wasserverbrauch
in ausgewählten Ländern
(in m³ pro Einwohner, 2021)
- Landwirtschaft
- Industrie
- Haushalte

1500
1000
500
100
10

2 76

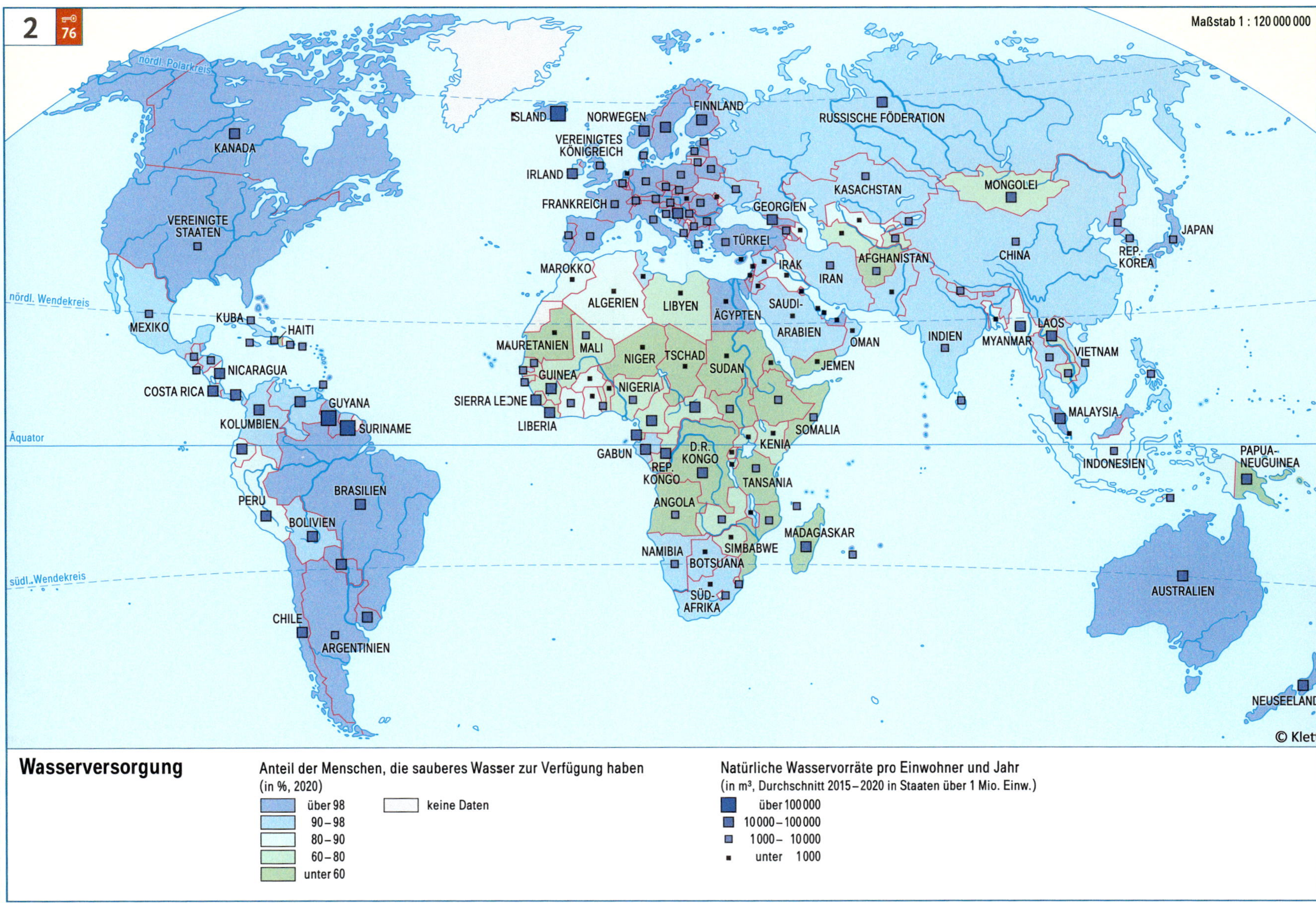

Wasserversorgung

Anteil der Menschen, die sauberes Wasser zur Verfügung haben (in %, 2020)
- über 98
- 90 – 98
- 80 – 90
- 60 – 80
- unter 60
- keine Daten

Natürliche Wasservorräte pro Einwohner und Jahr
(in m³, Durchschnitt 2015 – 2020 in Staaten über 1 Mio. Einw.)
- über 100 000
- 10 000 – 100 000
- 1000 – 10 000
- unter 1000

I61 168.2 Karte in Ebenen

EINFÜHRUNG DEUTSCHLAND EUROPA ASIEN AFRIKA AUSTRALIEN und POLE AMERIKA WELT ANHANG

1 77

Maßstab 1 : 120 000 000

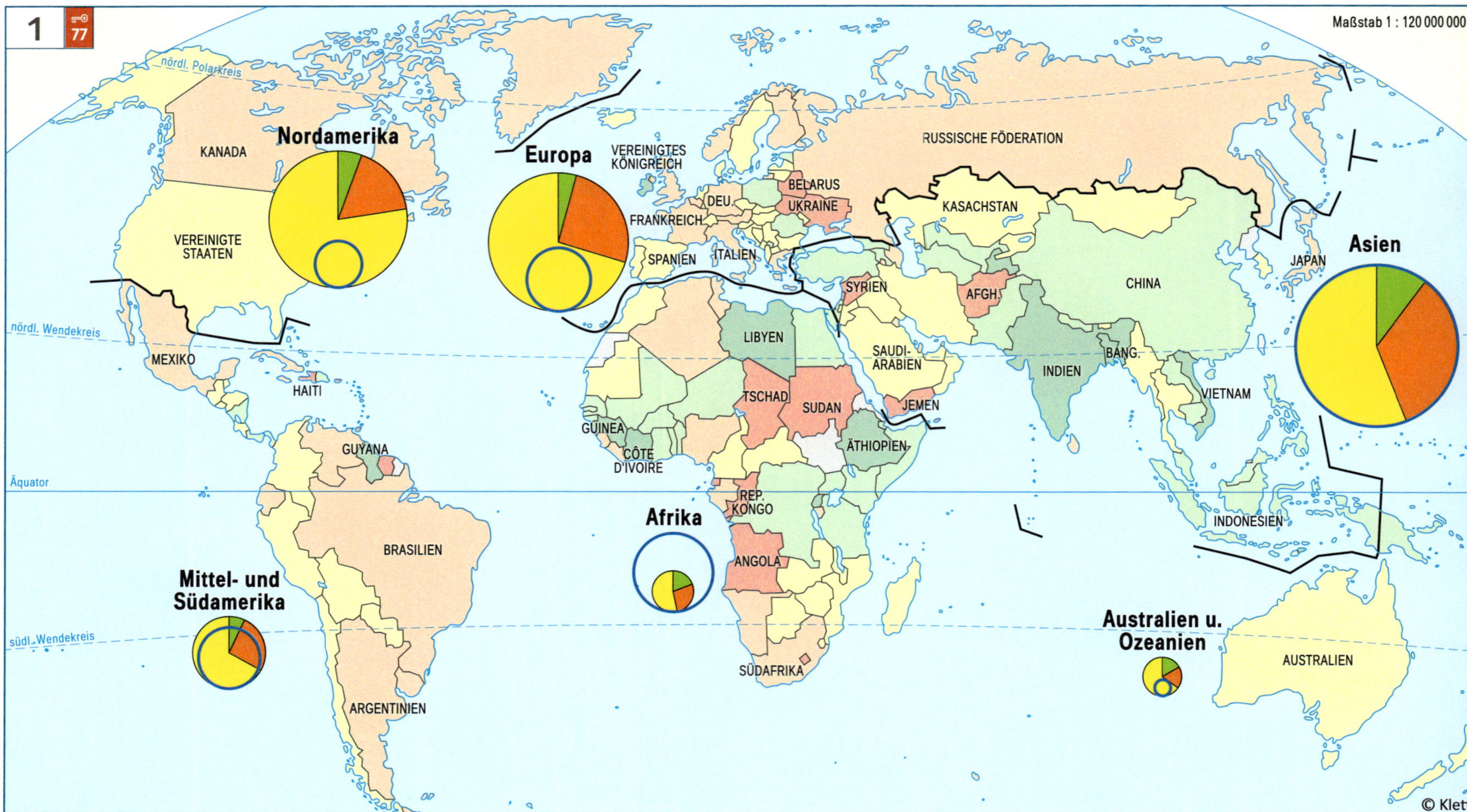

Wirtschaftskraft

Grenzen der Wirtschaftsregionen

Wirtschaftswachstum*
Durchschnittliches jährliches Wachstum des Bruttoinlandsprodukts (BIP)

- über 6 %
- 4–6 %
- 2–4 %
- 0–2 %
- Rückgang
- keine Daten

BIP nach Wirtschaftsregionen* (in Mrd. US-$): 30 000, 20 000, 10 000, 5 000, 2 000

Anteile der Wirtschaftssektoren am BIP
- tertiärer Sektor (Dienstleistungen)
- primärer Sektor (Landwirtschaft)
- sekundärer Sektor (Bergbau, Industrie)

Erwerbstätige nach Wirtschaftsregionen* (in Mio.): 2 000, 1 500, 1 000, 500, 100

*Mittelwert aus den Jahren 2015–2022

AFGH. AFGHANISTAN
BANG. BANGLADESCH
DEU. DEUTSCHLAND

2

Maßstab 1 : 120 000 000

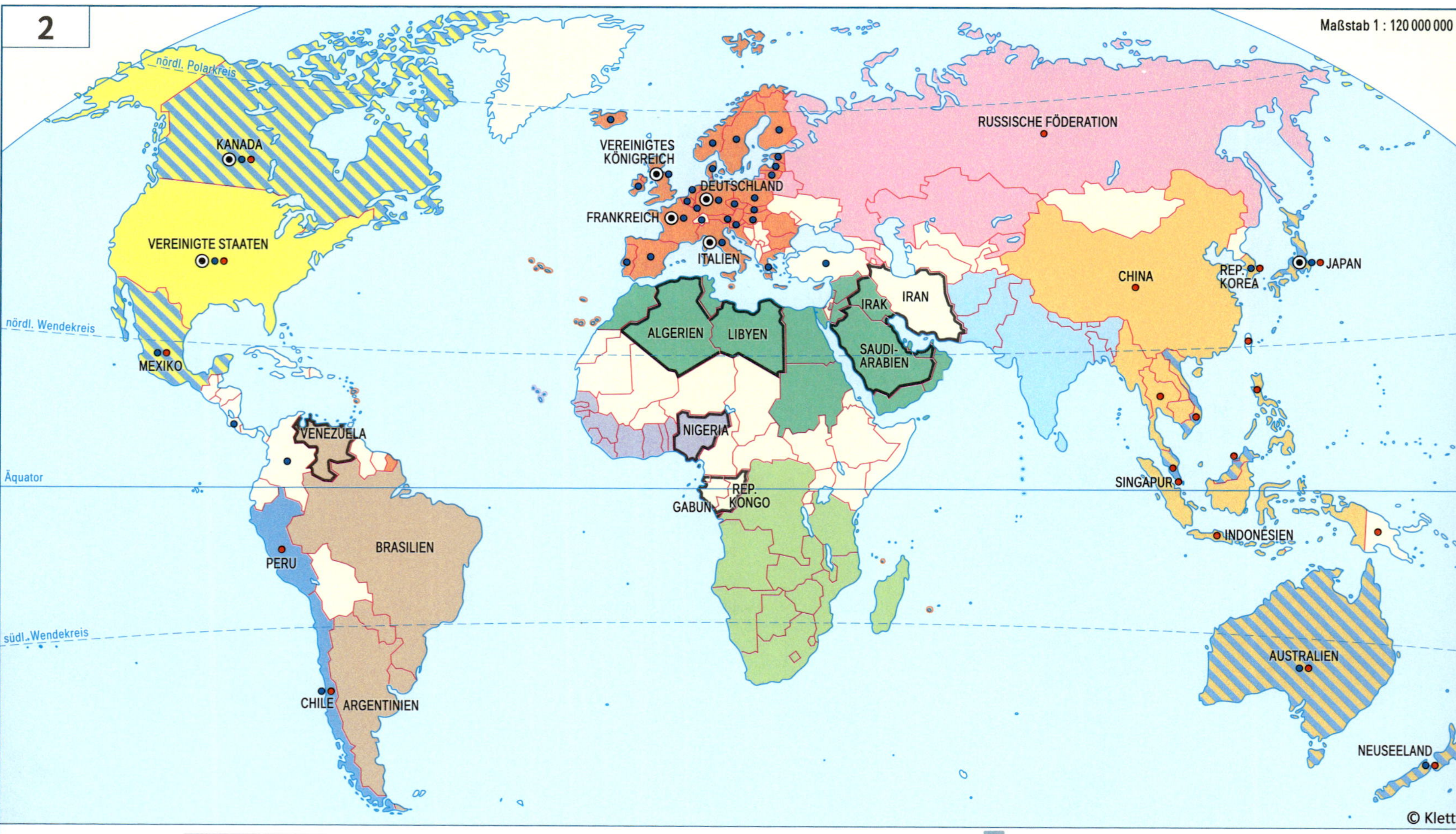

Wirtschafts-bündnisse

Zusammenschlüsse von Staaten mit dem Ziel, den gemeinsamen Handel gerecht und unkompliziert zu gestalten.

Bündnisse

- **ECOWAS** Economic Community of West African States, gegr. 1975
- **SAARC** South Asian Association for Regional Cooperation, gegr. 1985
- **MERCOSUR** Mercado Común del Sur, gegr. 1991
- **SADC** Southern African Development Community, gegr. 1992
- **EWR** Europäischer Wirtschaftsraum, gegr. 1992
- **EAWU** Eurasische Wirtschaftsunion, gegr. 2000
- **GAFTA** Greater Arab Free Trade Area, gegr. 2005
- **CPTPP** Comprehensive and Progressive Agreement for Trans-Pacific Partnership, gegr. 2017
- **USMCA** United States-Mexico-Canada Agreement, gegr. 2020
- **RCEP** Regional Comprehensive Economic Partnership, gegr. 2020
- Staat in mehreren Bündnissen

NE

Kartell
- **OPEC** Organization of Petroleum Exporting Countries, gegr. 1960

Beratende Organisationen
- **G7** Gruppe der sieben führenden Industriestaaten
- **OECD** Organization for Economic Co-operation and Development, gegr. 1960
- **APEC** Asia-Pacific Economic Cooperation, gegr. 1989

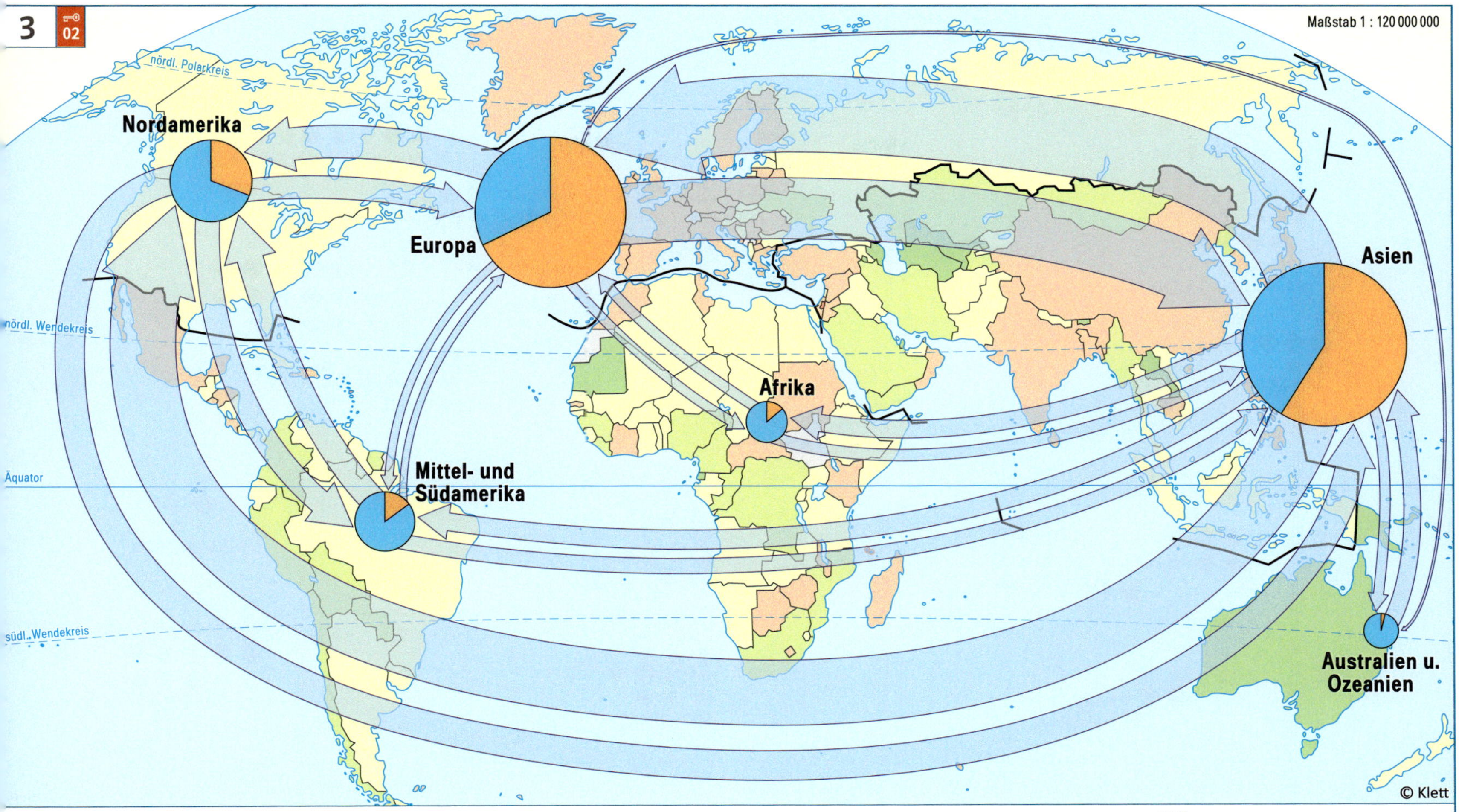

Welthandel

Grenzen der Wirtschaftsregionen

Entwicklung der Handelsbedingungen
Terms of Trade* 2021 (2015 = 100)

Verbesserung	Verschlechterung
über 150	75 – 100
125 – 150	unter 75
100 – 125	keine Daten

*Terms of Trade (TOT): Verhältnis zwischen Exportwert und Importwert zu realen Preisen (Wechselkursen)

Handelsvolumen im Warenhandel 2021
Warenexporte innerhalb der Region
Warenexporte in andere Regionen

Gesamtumsatz der Warenexporte (in Mrd. US-$)
10 000
5 000
2 500
1 000
500

Handelsströme zwischen den Wirtschaftsregionen 2021
Fertigwaren und Industrieprodukte
(1 mm Pfeilbreite ≙ 150 Mrd. US-$, ab 50 Mrd. US-$)

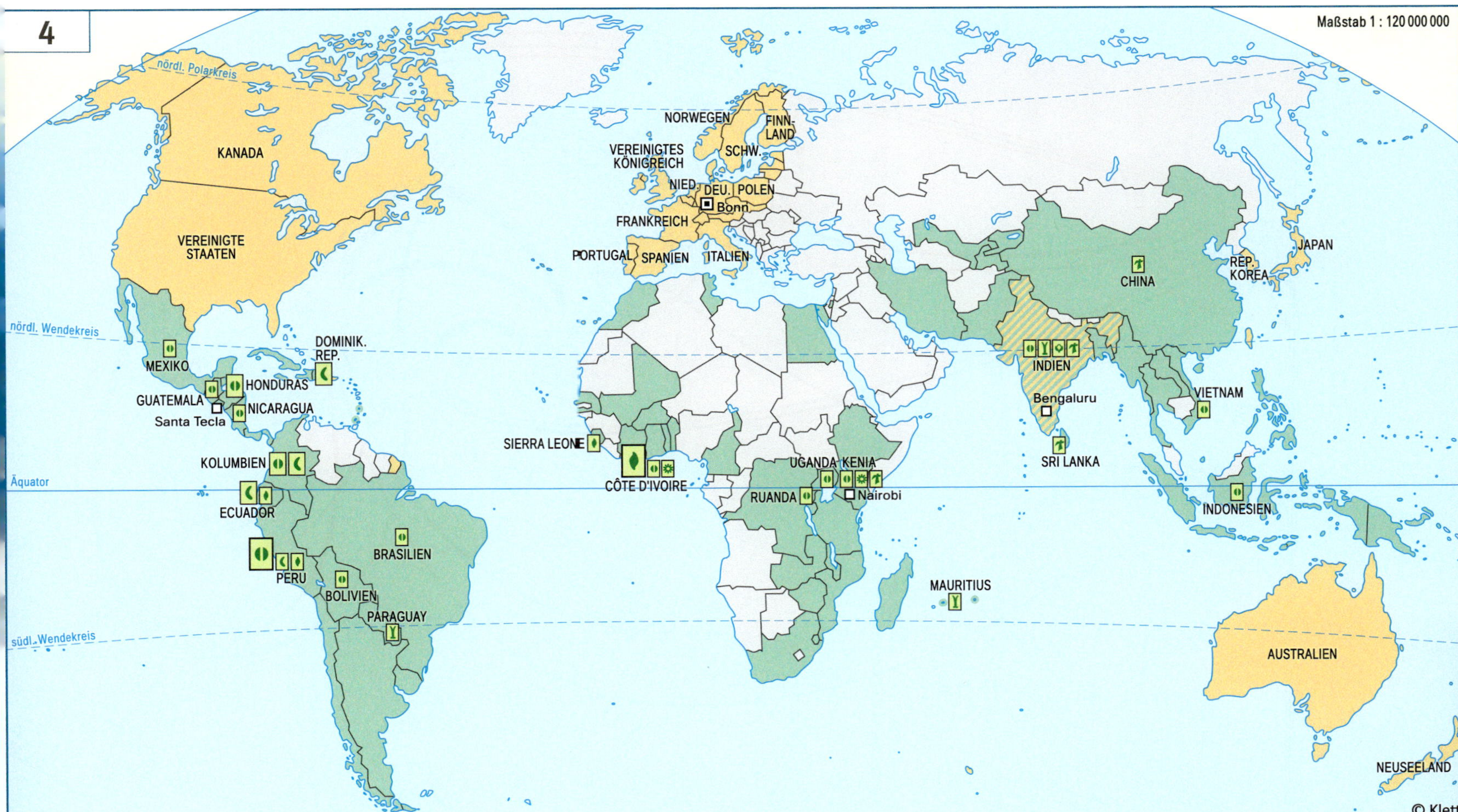

Fairer Handel

Netzwerk der Fairtrade-Organisation

- internationale Zentrale (Koordination von Produzenten und Absatzmärkten, Überwachung von Standards)
- kontinentale Zentrale

Mitgliedstaaten
- Produktion
- Absatzmarkt (Marketing und Vertrieb)
- Produktion und Absatzmarkt

Meistgehandelte Produkte
- Kaffee
- Kakao
- Bananen
- Zucker
- Blumen/Pflanzen
- Tee
- Baumwolle

Anzahl der Produzenten NE
- über 100
- 50 – 100
- 10 – 50

Staat, in dem die Organisation nicht vertreten ist

DEU. DEUTSCHLAND
NIED. NIEDERLANDE
SCHW. SCHWEDEN

Einkünfte von Produzenten 2022

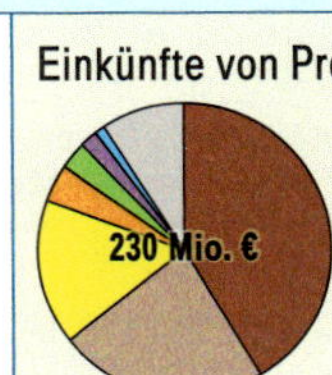

- Kaffee
- Kakao
- Bananen
- Zucker
- Blumen/Pflanzen
- Tee
- Baumwolle
- Sonstige

I62
170.1 Karte in Ebenen

1

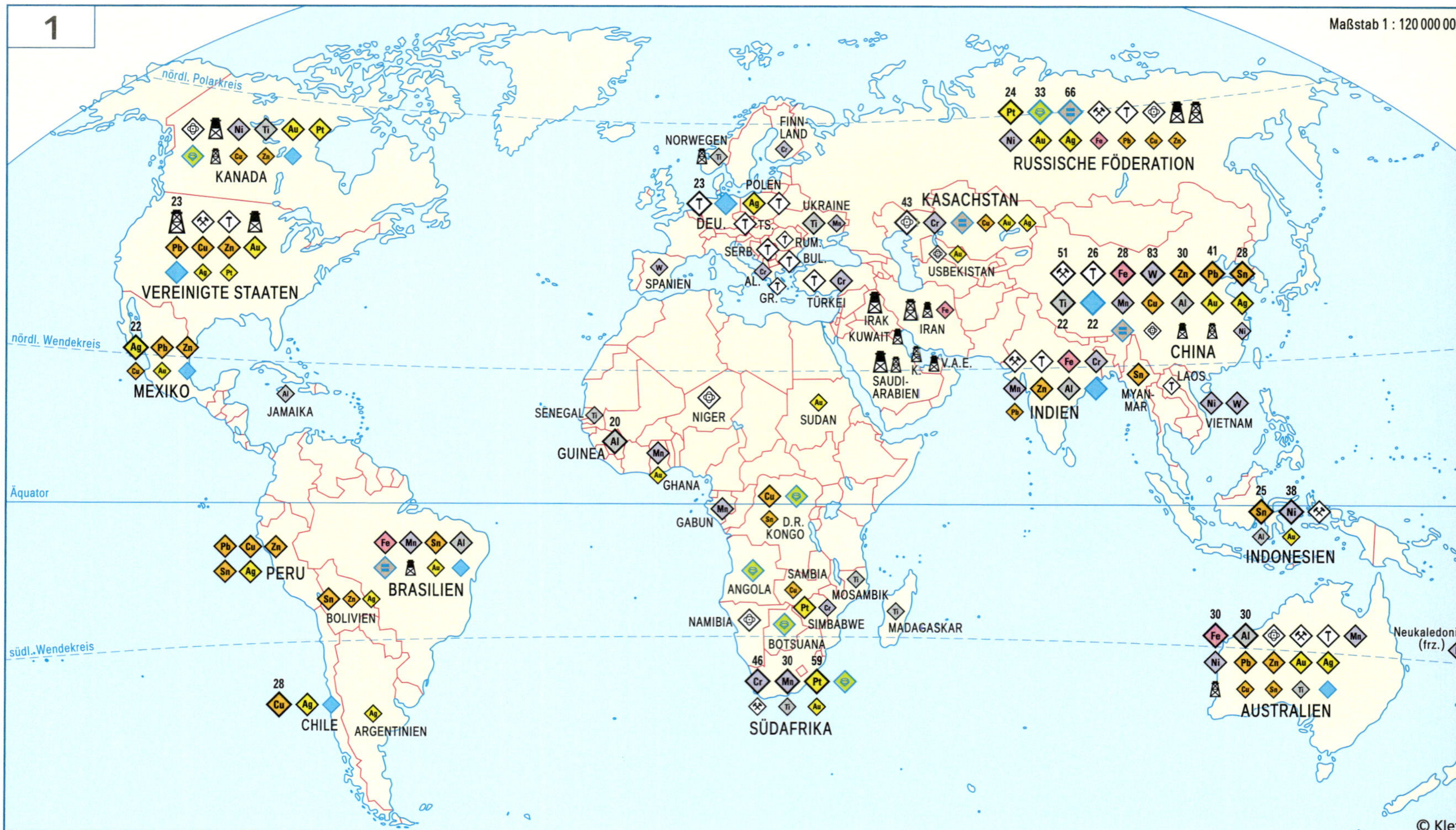

Förderung von Rohstoffen

Energierohstoffe
- Steinkohle
- Braunkohle
- Uran
- Erdöl
- Erdgas

Eisen und Stahlveredler
- Eisen
- Chrom
- Mangan
- Nickel
- Wolfram

Buntmetalle
- Blei
- Kupfer
- Zink
- Zinn

Leichtmetalle
- Bauxit (Aluminium-Rohstoff)
- Titan

Edelmetalle
- Gold
- Silber
- Platin

Sonstige Minerale
- Diamanten
- Salze (Kali-, Stein-, Meersalz)
- Asbest

Anteil an der weltweiten Gesamtfördermenge 2021
- 46 23 über 20 % mit Angabe
- 5–20 %
- 2,5–5 %

AL.	ALBANIEN
BUL.	BULGARIEN
DEU.	DEUTSCHLAND
GR.	GRIECHENLAND
K.	KATAR
RUM.	RUMÄNIEN
SERB.	SERBIEN
TS.	TSCHECHIEN
V.A.E.	VEREINIGTE ARABISCHE EMIRATE

2 78

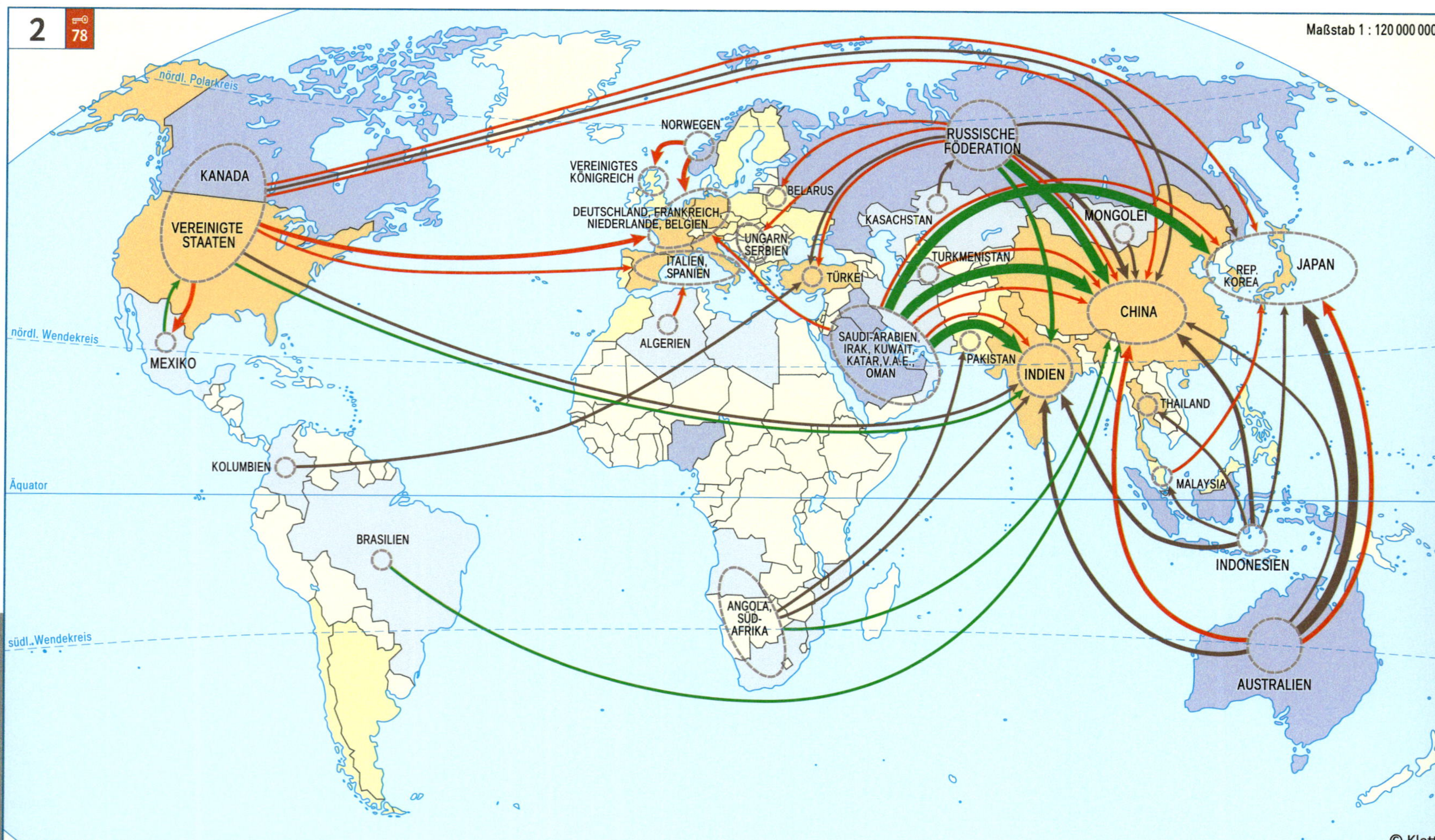

Energiehandel

Importeure und Exporteure von Energierohstoffen 2023

Exporte überwiegen (in Mio. t SKE*)
- über 100
- 5–100

Importe überwiegen (in Mio. t SKE*)
- über 100
- 5–100

Länder mit geringen oder ausgeglichenen Importen und Exporten

*Steinkohleeinheit: Umrechnungsmaß für den Energiegehalt

Handel zwischen den Staaten 2023

Erdöl (in Mio. t)	Erdgas (in Mrd. m³)	Kohle (in Mio. t)
über 100		über 70
50–100	30–70	30–70
20–50	10–30	10–30

Die Pfeile stellen keine Handelsrouten dar.

Staat oder Staatengruppe als Handelspartner

V.A.E. VEREINIGTE ARABISCHE EMIRATE

1

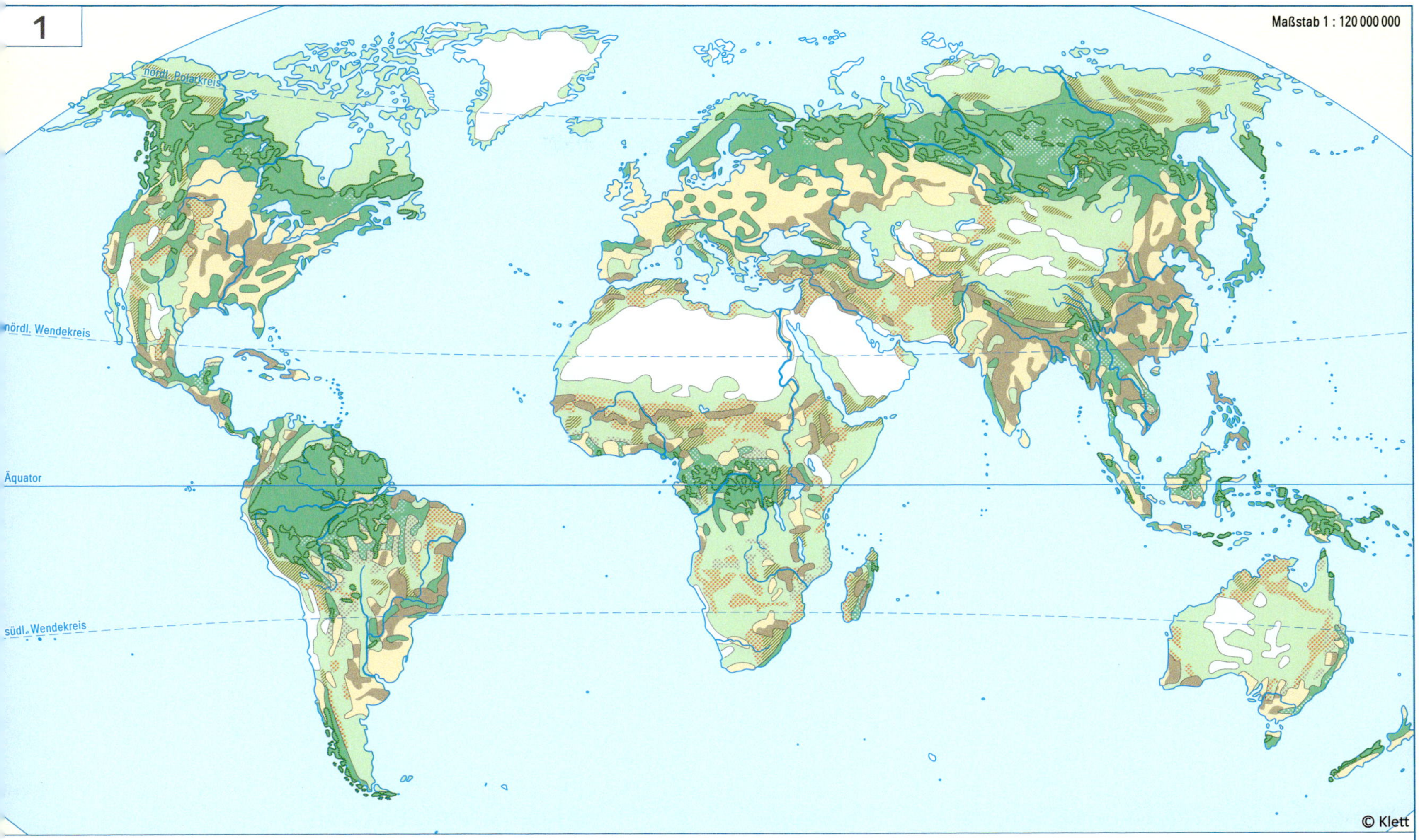

Belastung der Landfläche

Wälder
- vorwiegend intakt
- von Rodungen stark betroffen
- naturbelassener, ursprünglicher Wald

Offene Landschaften (Savanne, Halbwüste, Tundra)
- vorwiegend intakt
- Rodungen von Waldinseln
- von Bodenabtragung betroffen
- von Wüstenbildung betroffen

Acker- und Weideland
- vorwiegend intakt
- durch Auslaugung, Bodenabtragung oder Wüstenbildung gefährdet

Vegetationslose Gebiete
- Wüste, Eis- oder Felsfläche

2

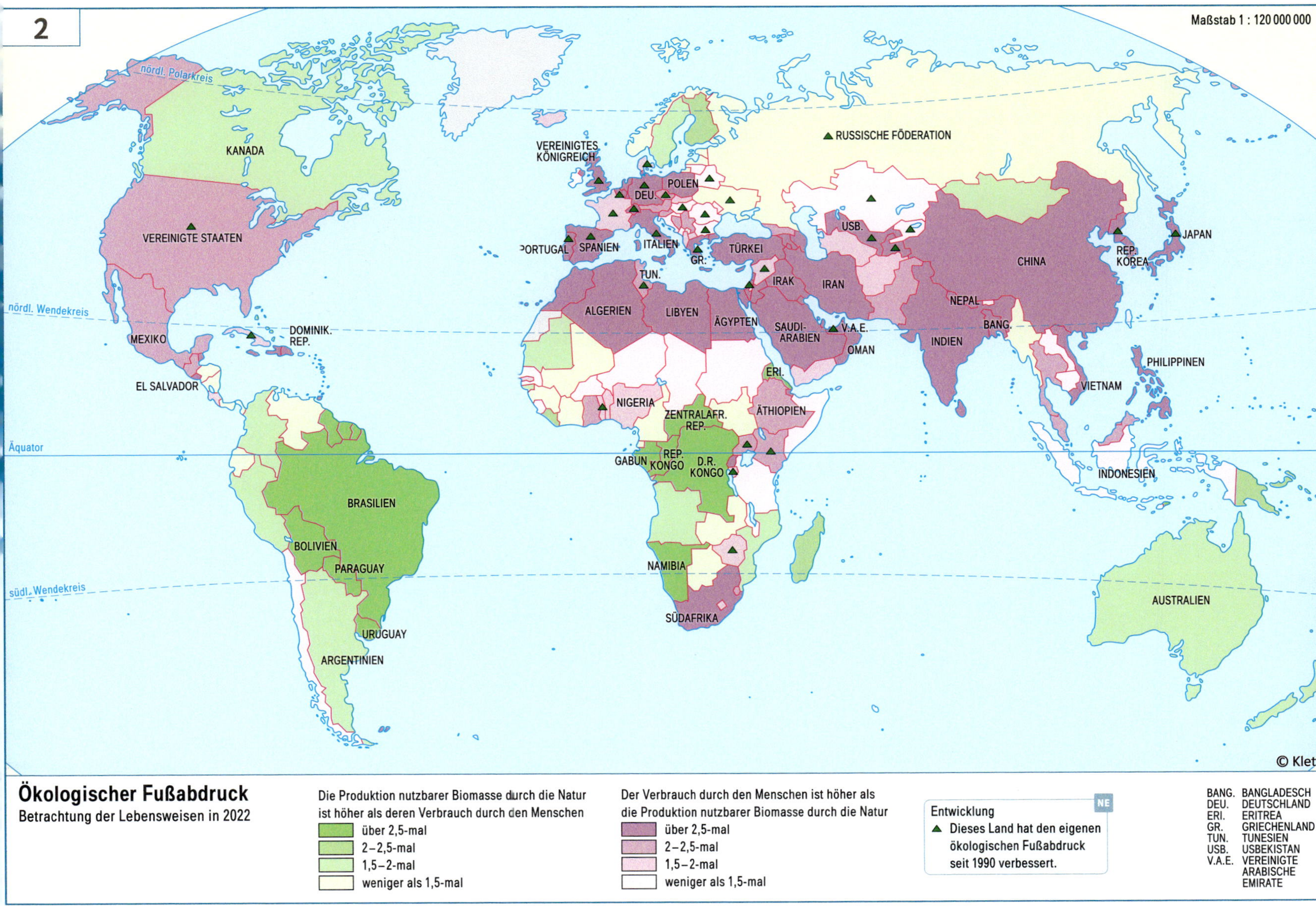

Ökologischer Fußabdruck

Betrachtung der Lebensweisen in 2022

Die Produktion nutzbarer Biomasse durch die Natur ist höher als deren Verbrauch durch den Menschen
- über 2,5-mal
- 2–2,5-mal
- 1,5–2-mal
- weniger als 1,5-mal

Der Verbrauch durch den Menschen ist höher als die Produktion nutzbarer Biomasse durch die Natur
- über 2,5-mal
- 2–2,5-mal
- 1,5–2-mal
- weniger als 1,5-mal

Entwicklung NE
- ▲ Dieses Land hat den eigenen ökologischen Fußabdruck seit 1990 verbessert.

BANG. BANGLADESCH
DEU. DEUTSCHLAND
ERI. ERITREA
GR. GRIECHENLAND
TUN. TUNESIEN
USB. USBEKISTAN
V.A.E. VEREINIGTE ARABISCHE EMIRATE

1

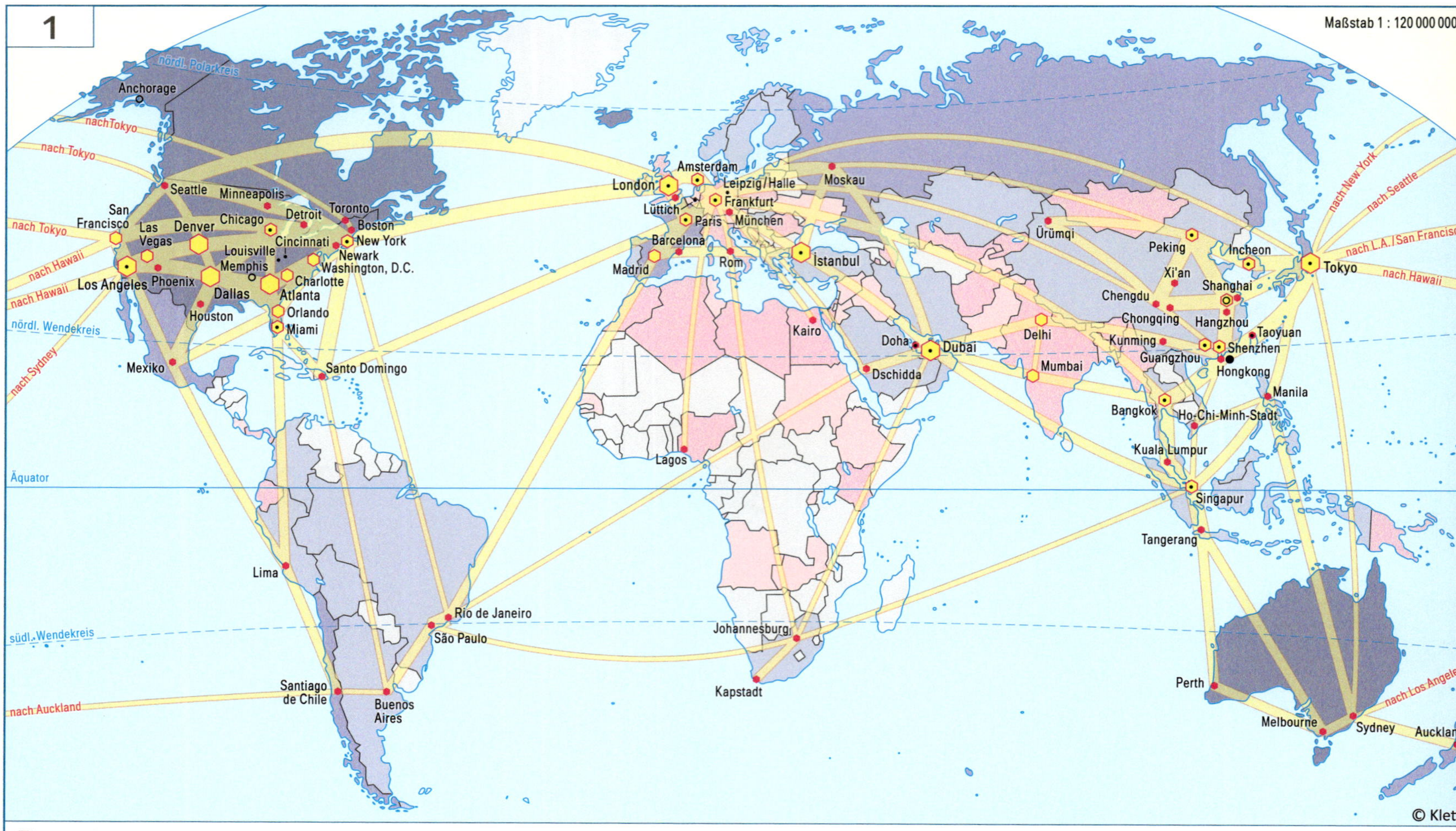

Flugverkehr

Flughäfen von Weltbedeutung 2023

Passagiere	Luftfracht (in t)
über 75 Mio.	über 4 Mio.
50 – 75 Mio.	3 – 4 Mio.
unter 50 Mio.	unter 3 Mio.

Hauptflugrouten
Zahl der Flugbewegungen
- sehr hoch
- hoch
- bedeutend

Passagierbeförderung im Inlandsverkehr 2023
Flugkilometer pro Einwohner
- über 1 000
- 500 – 1 000
- 100 – 500
- 10 – 100
- unter 10
- keine Daten

2

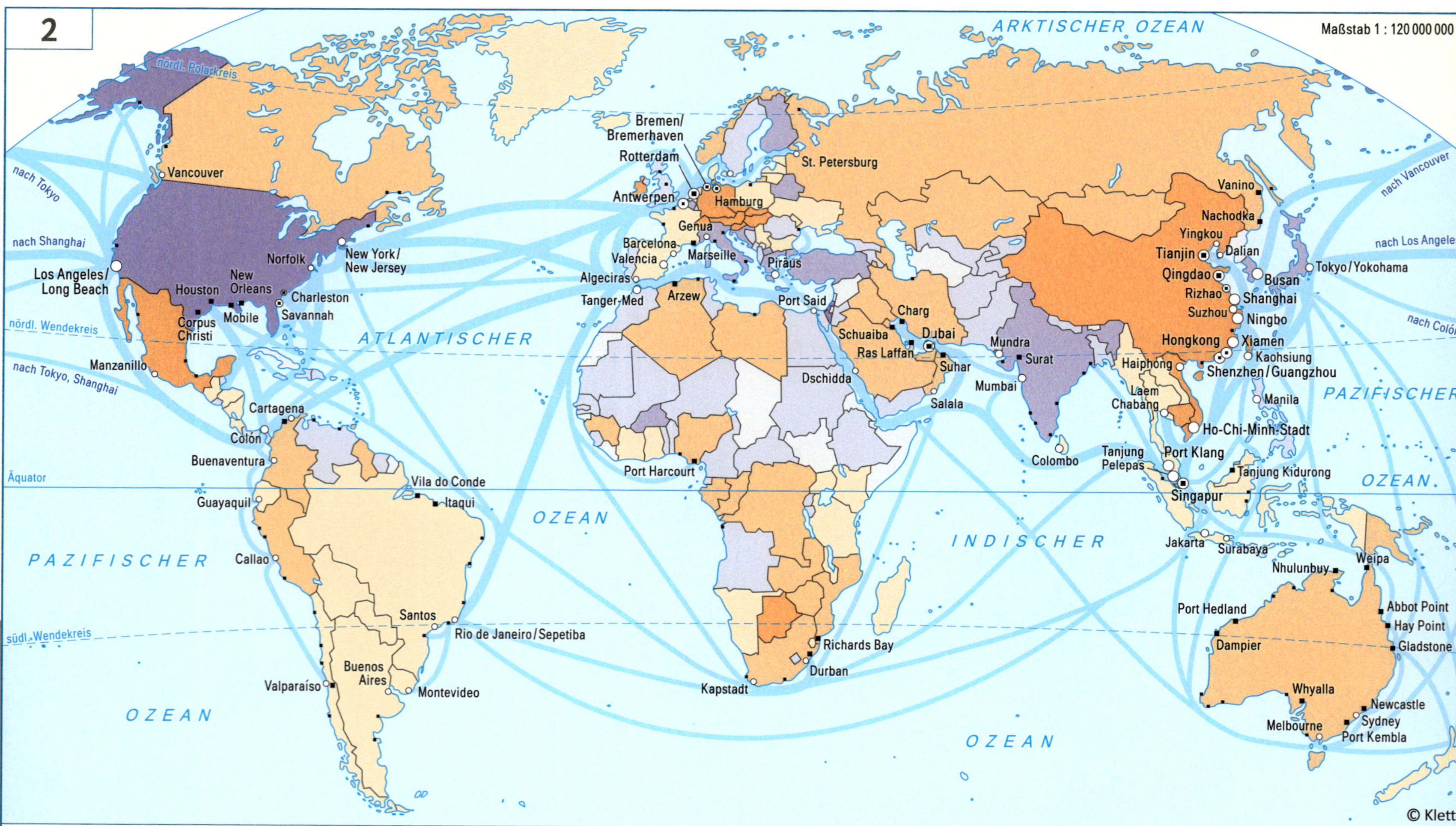

Seeverkehr

Containerhäfen 2022
Umschlag (in Mio. TEU*)
- sehr bedeutend (über 10)
- bedeutend (5 – 10)
- weniger bedeutend (unter 5; in Auswahl)

* 20-Fuß-Standardcontainer

Massenguthäfen 2022
Umschlag von Erdöl, Kohle, Erz und Getreide
- sehr bedeutend
- bedeutend

Handelsschwerpunkte der Staaten

vorwiegend Importe von	vorwiegend Exporte von
Nahrungsmitteln	Nahrungsmitteln
Rohstoffen	Rohstoffen
Fertigwaren	Fertigwaren

- keine Daten

Bedeutende Schifffahrtsrouten
Frachtaufkommen
- sehr hoch
- hoch

3

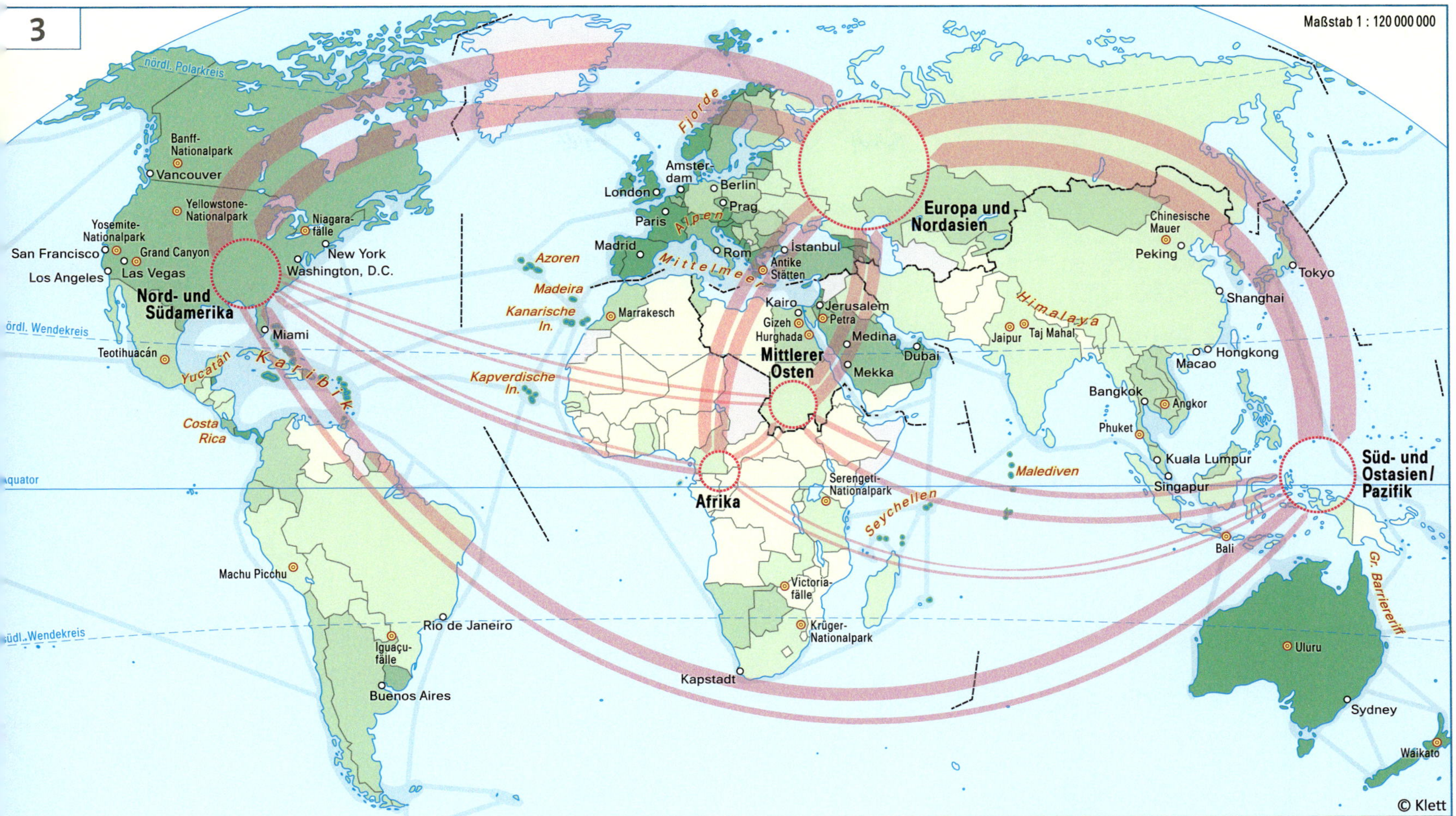

Ferntourismus

- - - - Grenze einer touristischen Weltregion (nach UN Tourism)
—— Staatsgrenze

Reisende innerhalb einer Region (in Mio., 2023): 700, 500, 250, 100, 50

Reisende zwischen den Regionen (in Mio., 2023): über 30; 15–30; 5–15; unter 5

Tourismus-Einnahmen (in US-$ pro Einwohner, 2023): über 1000; 500–1000; 100–500; 20–100; unter 20; keine Daten

Herausragende Tourismusziele: Weltstadt; Alpen – Besichtigung, Erholung; Kreuzfahrt-Route; Kreuzfahrt-Revier

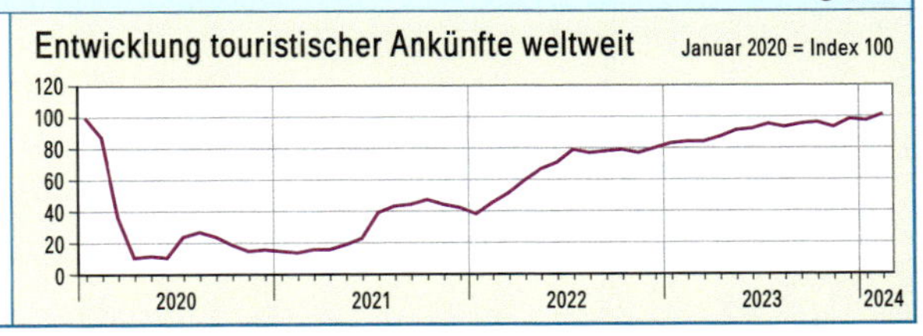

4 79

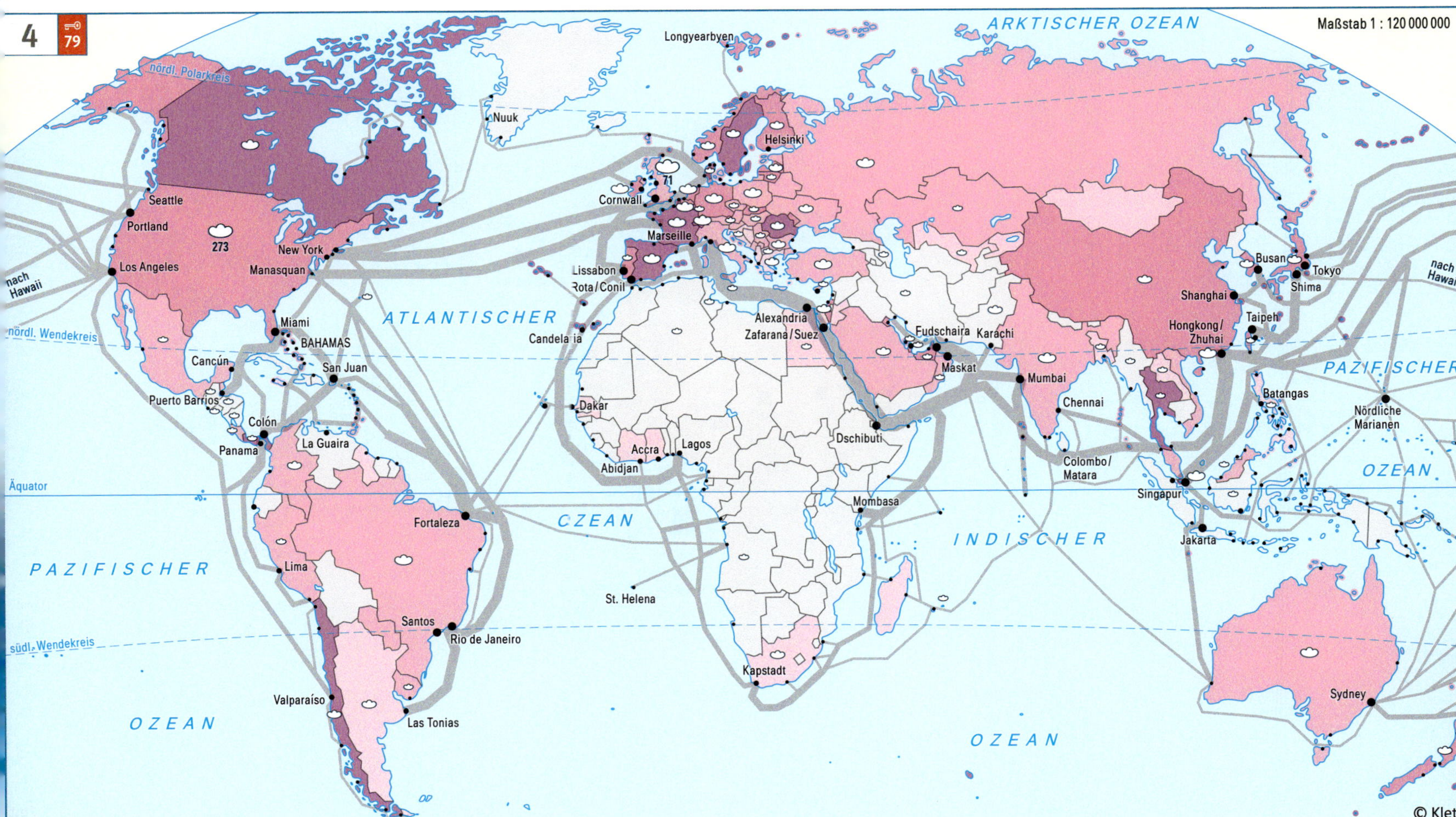

Datenverkehr

Seekabel: über 10 Kabel; 5–10 Kabel; 2–5 Kabel; 1 Kabel (in Auswahl)

Anlandungsstationen: über 10 Kabel; 6–10 Kabel; 1–5 Kabel (in Auswahl)

Anzahl der Cloudserver-Firmen in einem Staat: über 50 (273); 10–50; 5–9; 1–4

Datengeschwindigkeit von Kabelanschlüssen (in Megabit pro Sekunde [Mbit/s])*: über 150; 100–150; 50–100; unter 50; keine Informationen erhältlich

*Durchschnittswerte (Daten: 02/2023)

EINFÜHRUNG · DEUTSCHLAND · EUROPA · ASIEN · AFRIKA · AUSTRALIEN und POLE · AMERIKA · WELT · ANHANG

I63
174.2 Karte in Ebenen

1

Maßstab 1 : 120 000 000

Bevölkerungsdichte und Ballungsräume

Bevölkerungsdichte
- über 100 Einwohner/km²
- 50 – 100 Einwohner/km²
- 10 – 50 Einwohner/km²
- unter 10 Einwohner/km²
- nahezu unbewohnte Gebiete

Bedeutende Ballungsräume
- über 10 Mio. Einwohner
- 5 – 10 Mio. Einwohner

2 80

Maßstab 1 : 120 000 000

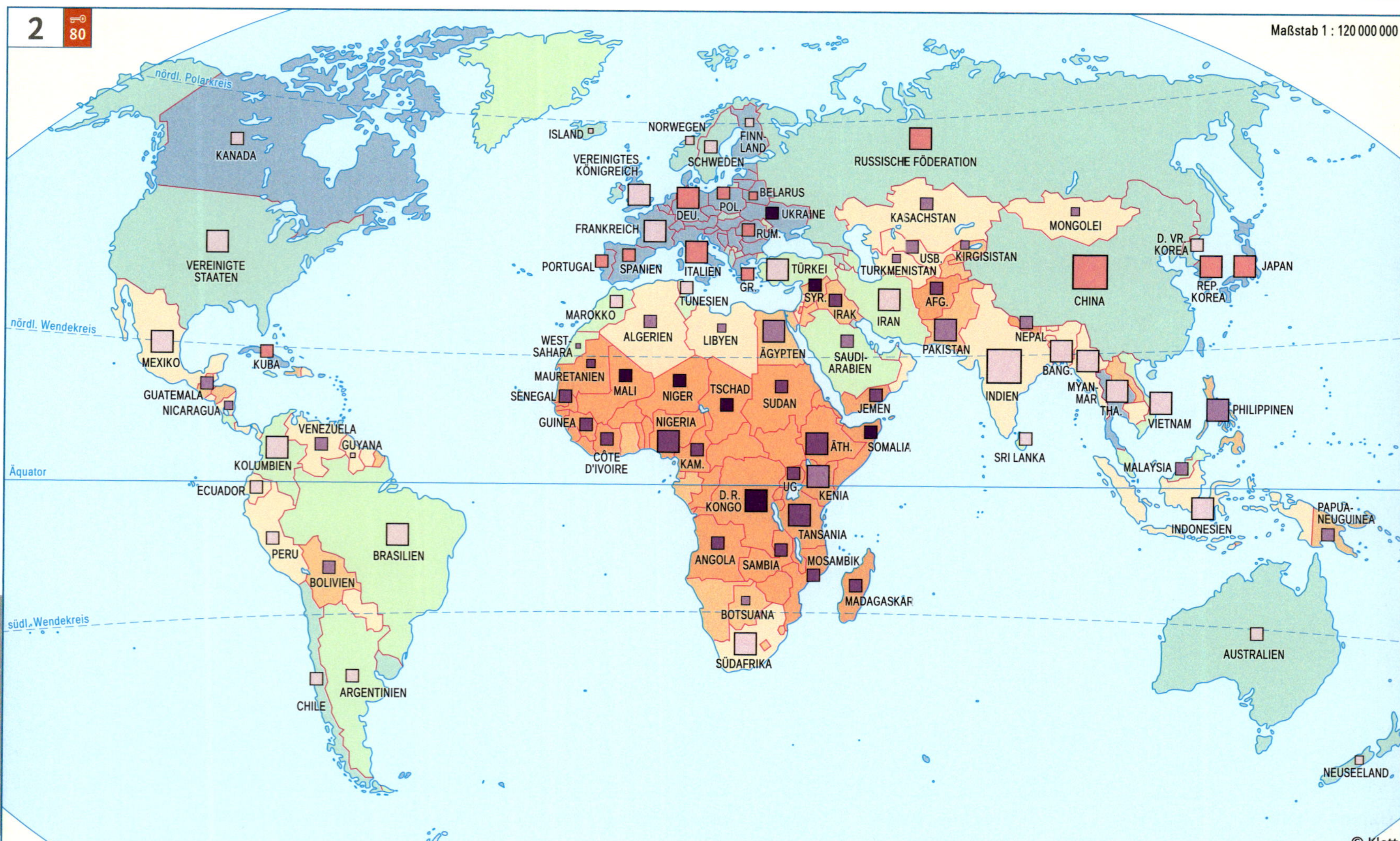

Bevölkerungsentwicklung

Bevölkerungszahl (in Mio. Einwohner, 2023)
- über 500
- 50 – 500
- 10 – 50
- 1 – 10
- unter 1

Wachstumsrate der Bevölkerung (in %, 2023)
- über 3
- 2 – 3
- 1 – 2
- 0 – 1
- unter 0

Durchschnittsalter (in Jahre, 2023)
- über 40
- 35 – 40
- 30 – 35
- 25 – 30
- 20 – 25
- unter 20

AFG.	AFGHANISTAN	POL.	POLEN
ÄTH.	ÄTHIOPIEN	RUM.	RUMÄNIEN
BANG.	BANGLADESCH	SYR.	SYRIEN
DEU.	DEUTSCHLAND	THA.	THAILAND
GR.	GRIECHENLAND	UG.	UGANDA
KAM.	KAMERUN	USB.	USBEKISTAN

1 2

3

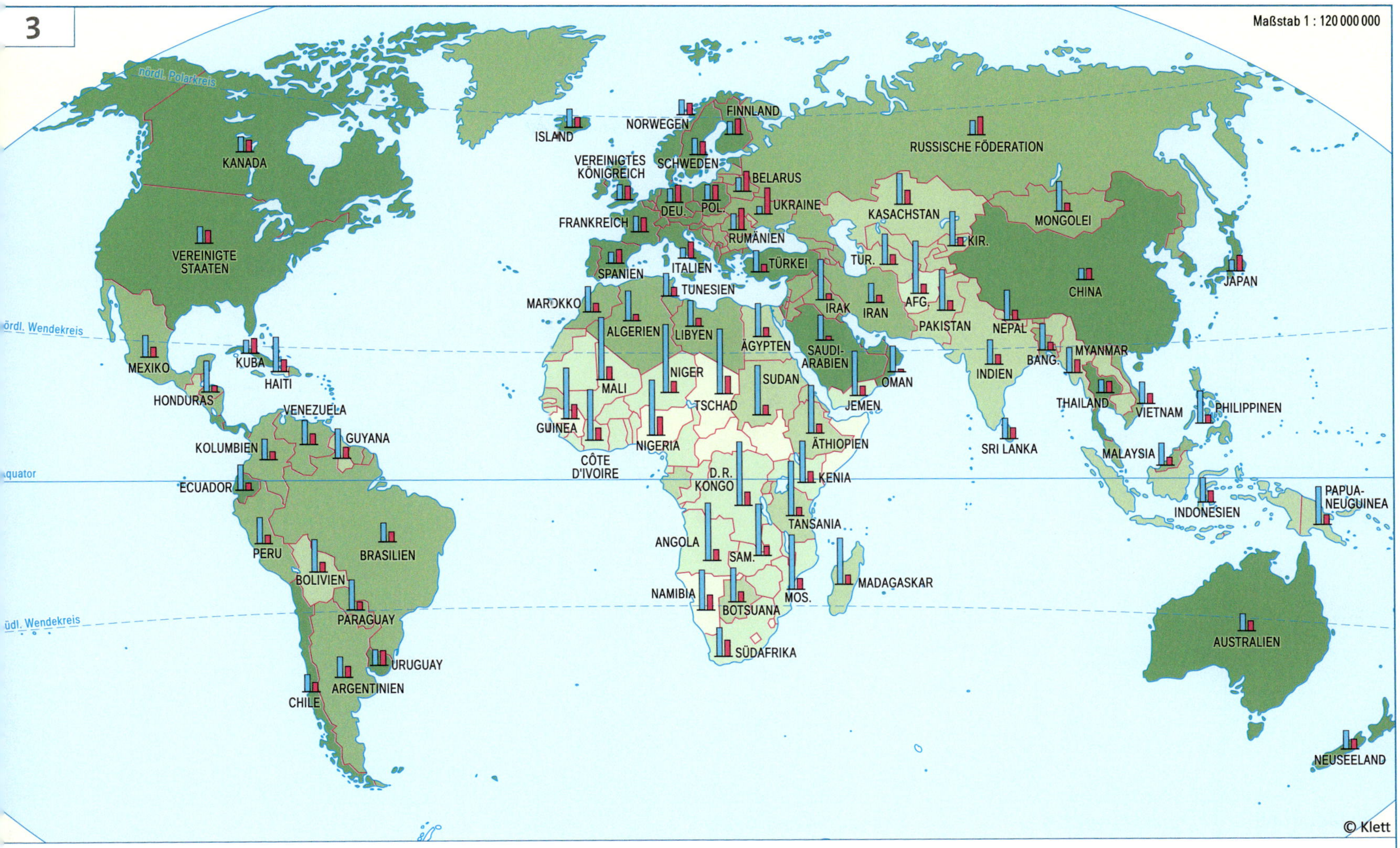

Demografische Faktoren

Lebenserwartung (in Jahren, 2023)
- über 78
- 72–78
- 66–72
- 60–66
- unter 60
- keine Daten

Natürliche Bevölkerungsentwicklung (2023)
Geburtenrate — Sterberate
Geburten/Sterbefälle je 1000 Einwohner: 10, 20, 30, 40, 50

AFG.	AFGHANISTAN	MOS.	MOSAMBIK
BANG.	BANGLADESCH	POL.	POLEN
DEU.	DEUTSCHLAND	SAM.	SAMBIA
KIR.	KIRGISISTAN	TUR.	TURKMENISTAN

4 08

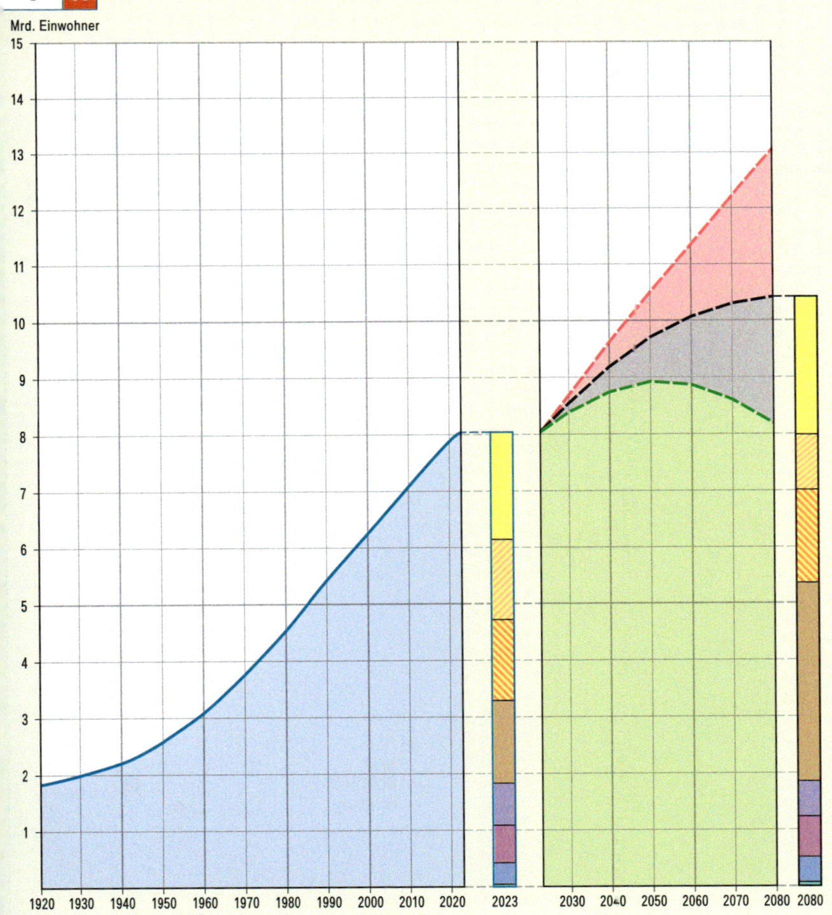

Entwicklung der Weltbevölkerung

Bisherige Entwicklung
- 1920–2023

Bevölkerungsanteile 2023/2080
- Asien, davon
  - China
  - Indien
- Afrika
- Europa
- Lateinamerika
- Angloamerika
- Australien/Ozeanien

Langzeitprognosen Fruchtbarkeitsrate*

Variante	2023	2050	2080
hoch	–	2,64	2,41
mittel	2,31	2,15	1,92
niedrig	–	1,67	1,45

*Kinder pro Frau im Weltdurchschnitt

5 **Bevölkerungsstrukturdiagramme**

Altersstruktur ausgewählter Staaten und der Welt 2023

Altersklassen von je 5 Jahren
- Ruhestand*
- Ausbildung und Beruf*
- Kindheit und Schulzeit*

2% Anteil einer Altersklasse an der Gesamtbevölkerung des Staates

* Näherungswerte

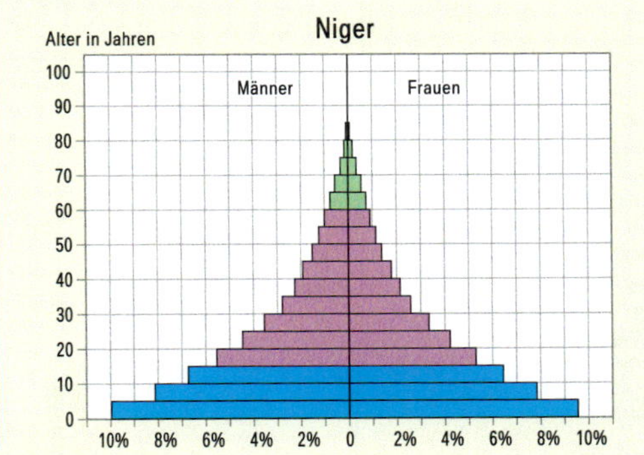

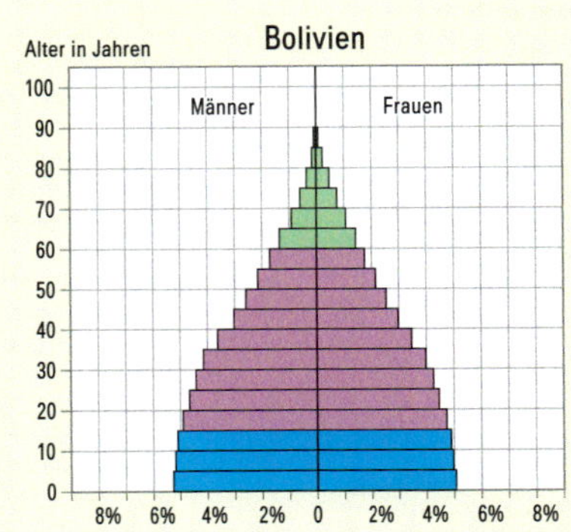

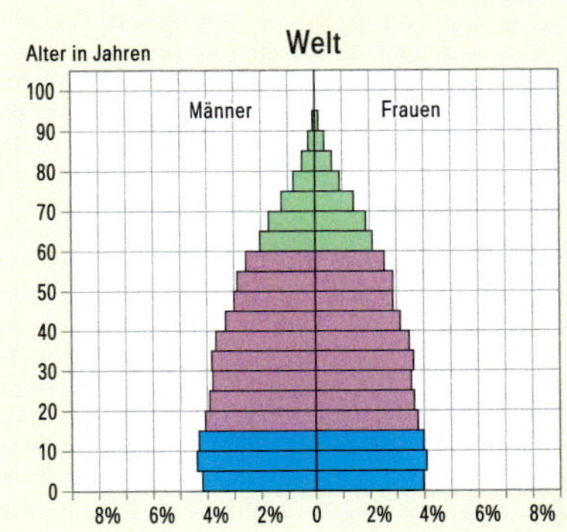

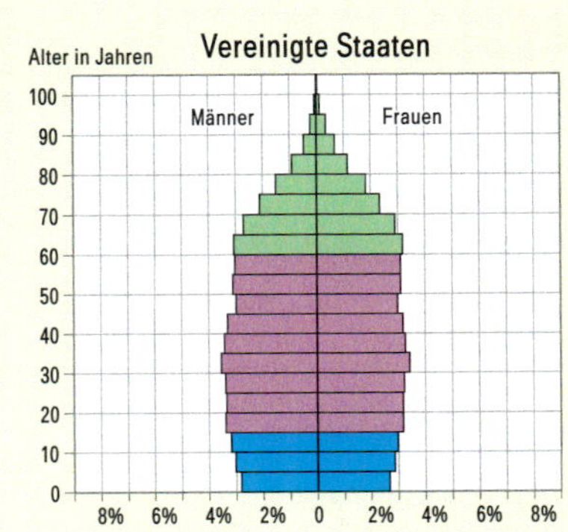

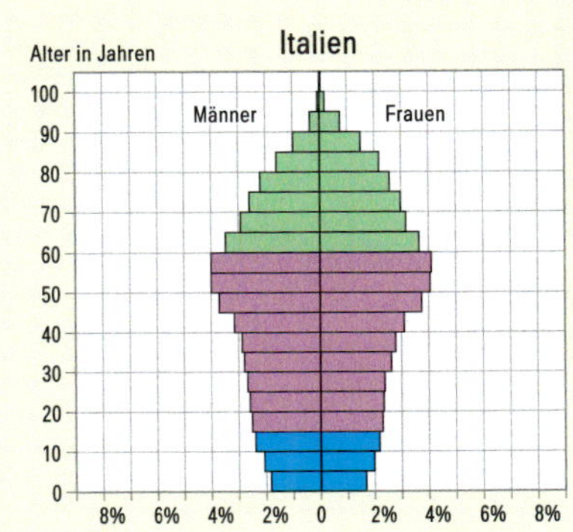

EINFÜHRUNG DEUTSCHLAND EUROPA ASIEN AFRIKA AUSTRALIEN und POLE AMERIKA WELT ANHANG

1

Verstädterung

Stadtbevölkerung 2020
Anteil an der Gesamtbevölkerung (in %)
- über 75
- 60 – 75
- 45 – 60
- 30 – 45
- unter 30

Städte und Ballungsräume 2020
mit mehr als 2,5 Mio. Einwohnern (in Mio. Einw.)
- (20) über 15
- 10 – 15
- 5 – 10
- 2,5 – 5

Stadtwachstum
Anstieg seit 1970 um das:
- über 10-fache
- 4 bis 10-fache
- 1,5 bis 4-fache
- bis zu 1,5-fache
- Stadtbevölkerung ist geschrumpft

2 81

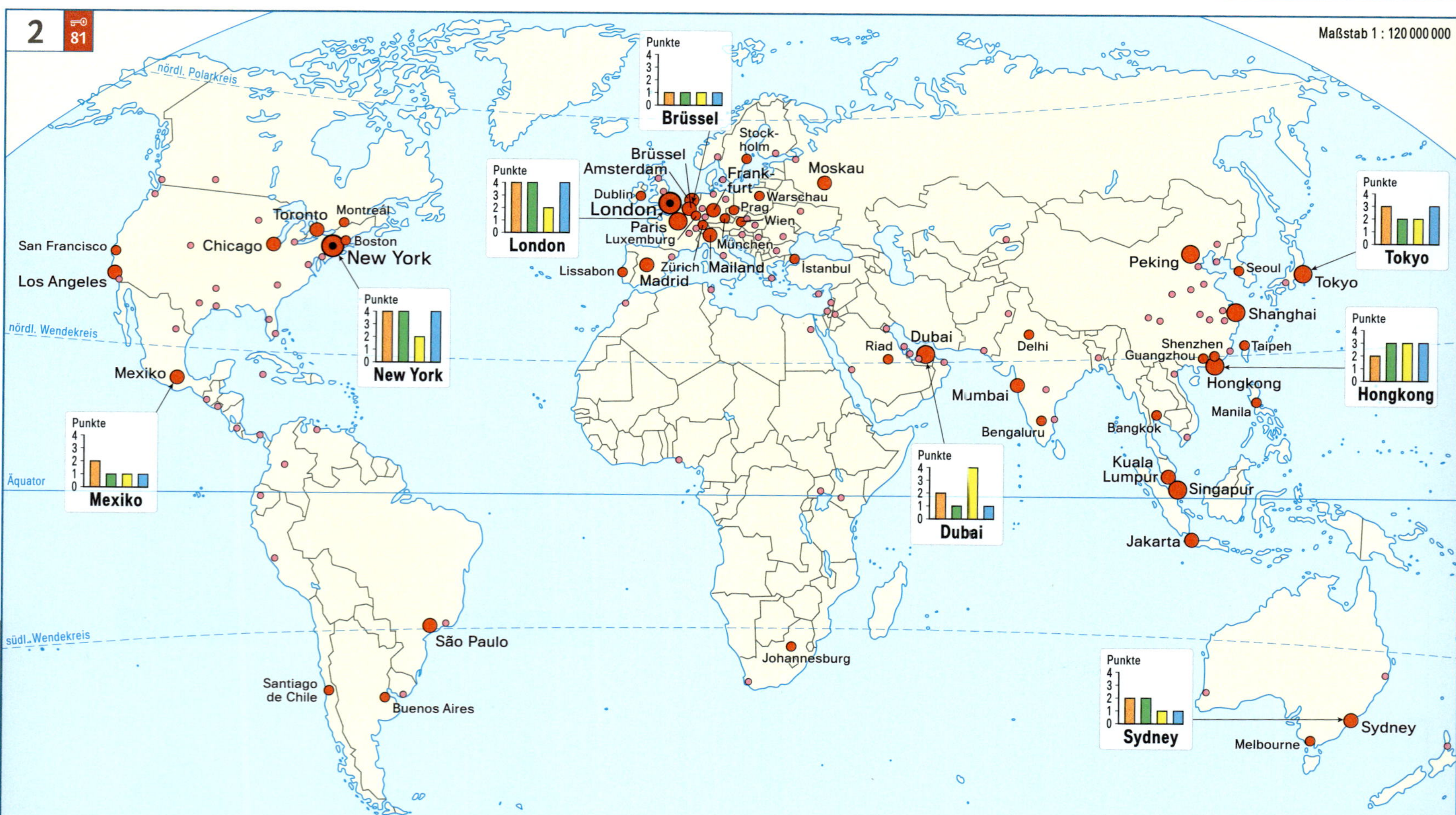

Global Cities

Die wichtigsten international vernetzten Städte 2020

Kategorie A (Alpha-Städte)
Verbinden die stärksten Staaten und Regionen mit der Welt
- A++
- A+
- A
- A-

Kategorie B (Beta-Städte)
Verbinden große und mittlere Staaten und Regionen mit der Welt
- B+, B, B-

Beispielhafte Bewertung einzelner Städte in einem Wertebereich von 1 (gering) bis 4 (sehr hoch)
- Vernetzung von Menschen: Bedeutung der Flughäfen gemessen an den Passagierzahlen
- Vernetzung von Wissen: Bedeutung der Universitäten gemessen an einer internationalen Rangfolge
- Vernetzung der Wirtschaft: Bedeutung von Messen gemessen an einer internationalen Rangfolge
- Vernetzung von Innovation: Bedeutung der Forschungsinstitute gemessen an der Anzahl der Forschungsergebnisse

EINFÜHRUNG
DEUTSCHLAND
EUROPA
ASIEN
AFRIKA
AUSTRALIEN und POLE
AMERIKA
WELT
ANHANG

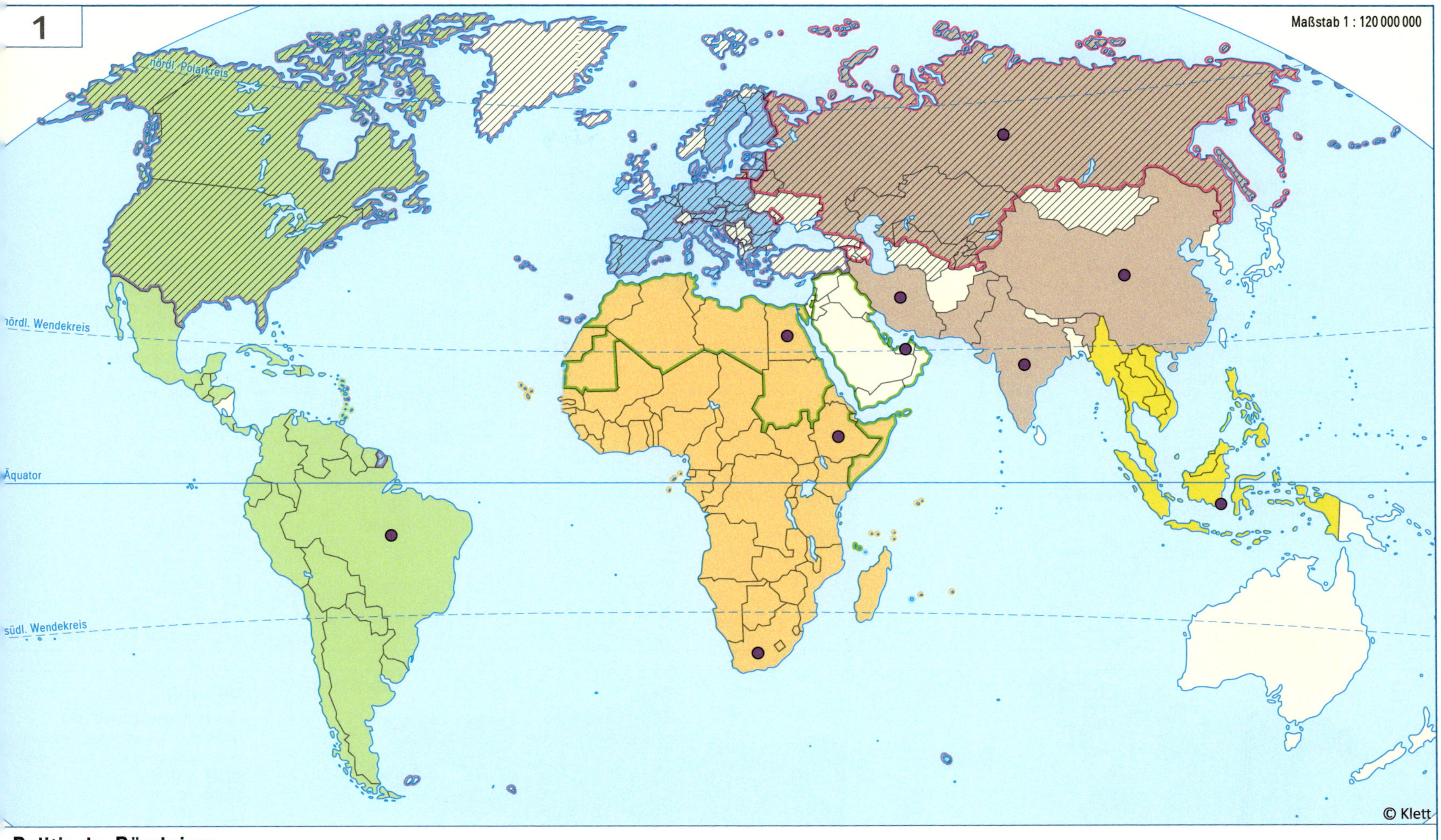

Politische Bündnisse

NE

- **ARABISCHE LIGA**, gegr. 1945
- **ASEAN** Association of Southeast Asian Nations/Verband Südostasiatischer Nationen, gegr. 1967
- **AU** Afrikanische Union, gegr. 2002
- **BRICS+**, gegr. 2006
- **EU** Europäische Union, gegr. 1992
- **GUS** Gemeinschaft Unabhängiger Staaten, gegr. 1991
- **NATO** North Atlantic Treaty Organization/Nordatlantikpakt, gegr. 1949
- **OAS** Organisation Amerikanischer Staaten, gegr. 1948
- **OSZE** Organisation für Sicherheit und Zusammenarbeit in Europa, gegr. 1975
- **SCO** Shanghai Cooperation Organisation/Shanghaier Organisation für Zusammenarbeit, gegr. 2001

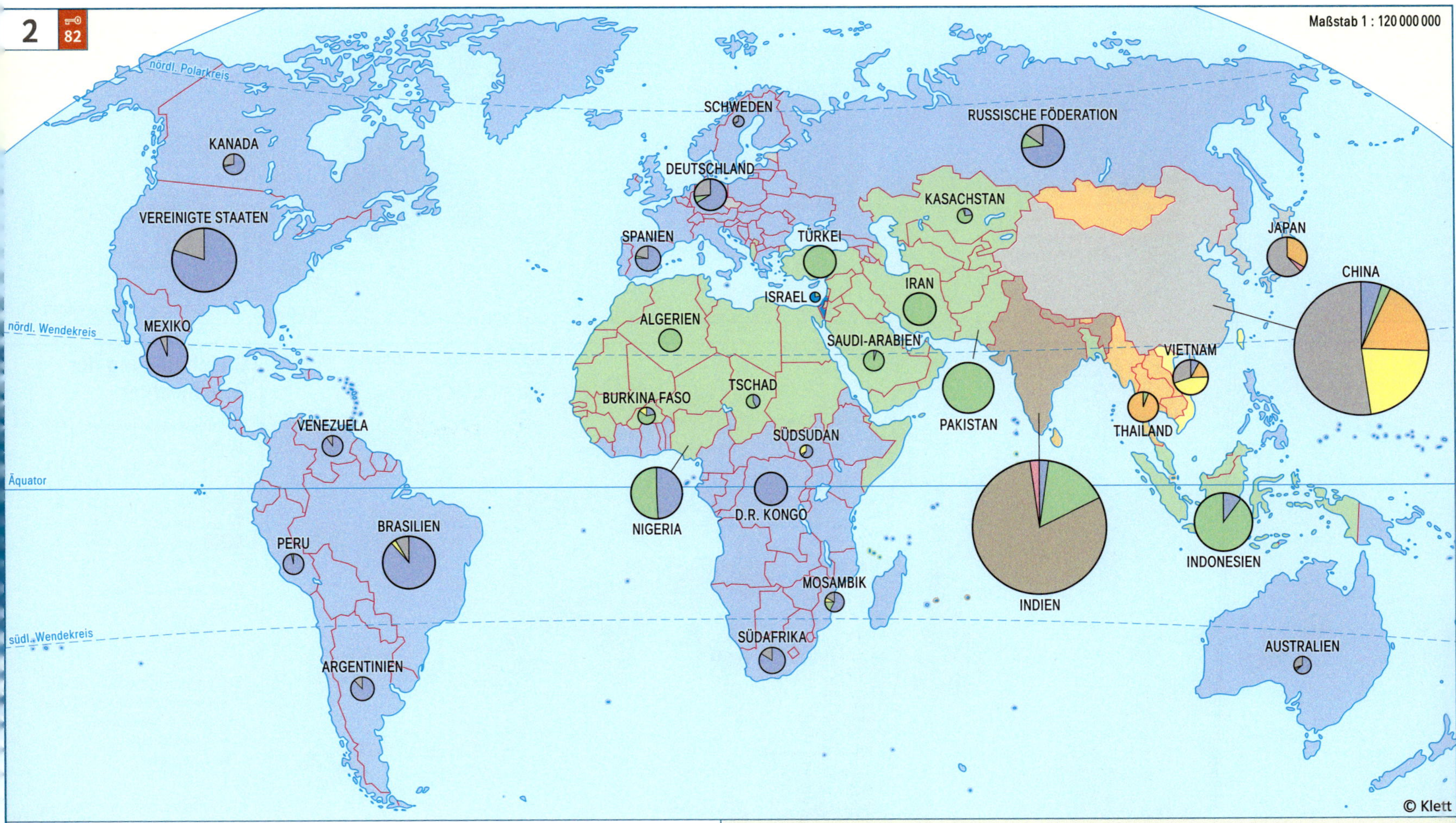

Religionen

Vorherrschende Religion
(gemessen an der Anzahl der Religionsanhänger, 2020)

- Christentum
- Islam
- Hinduismus
- Buddhismus
- Judentum
- ethnische Religionen
- religionslos

Religionszugehörigkeit
(in Mio. Personen, 2020)

- Christentum
- Islam
- Hinduismus
- Buddhismus
- Judentum
- ethnische Religionen
- andere Religionen
- religionslos

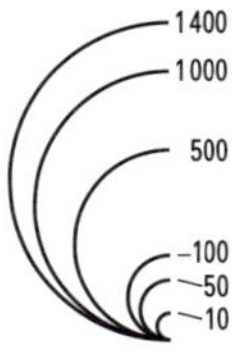

Religionszugehörigkeit weltweit (in Mio. Personen, 2020)

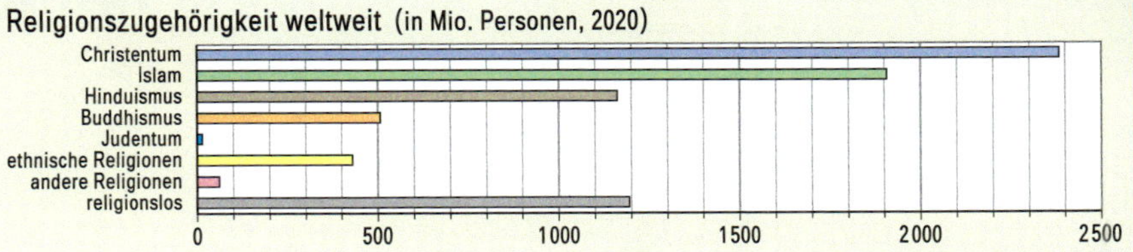

D93 AB Chancengleichheit

EINFÜHRUNG DEUTSCHLAND EUROPA ASIEN AFRIKA AUSTRALIEN und POLE AMERIKA WELT ANHANG

1

Gesundheit

Säuglingssterblichkeit 2021
(Zahl der Todesfälle bei Kindern unter einem Lebensjahr je 1000 Lebendgeborener)
- unter 5
- 5–10
- 10–20
- 20–30
- über 30
- keine Daten

Ärztliche Versorgung
- Ärztemangel (weniger als 5 Ärzte je 10 000 Einwohner)

Gesundheitsausgaben 2021
(in US-$ pro Einwohner, in ausgewählten Staaten)
- über 5000
- 1000–5000
- 500–1000
- 100– 500
- unter 100

ARM. ARMENIEN
BUL. BULGARIEN
DEU. DEUTSCHLAND
GR. GRIECHENLAND
ISR. ISRAEL
ÖST. ÖSTERREICH
POL. POLEN
RUM. RUMÄNIEN
V.A.E. VEREINIGTE ARABISCHE EMIRATE

2

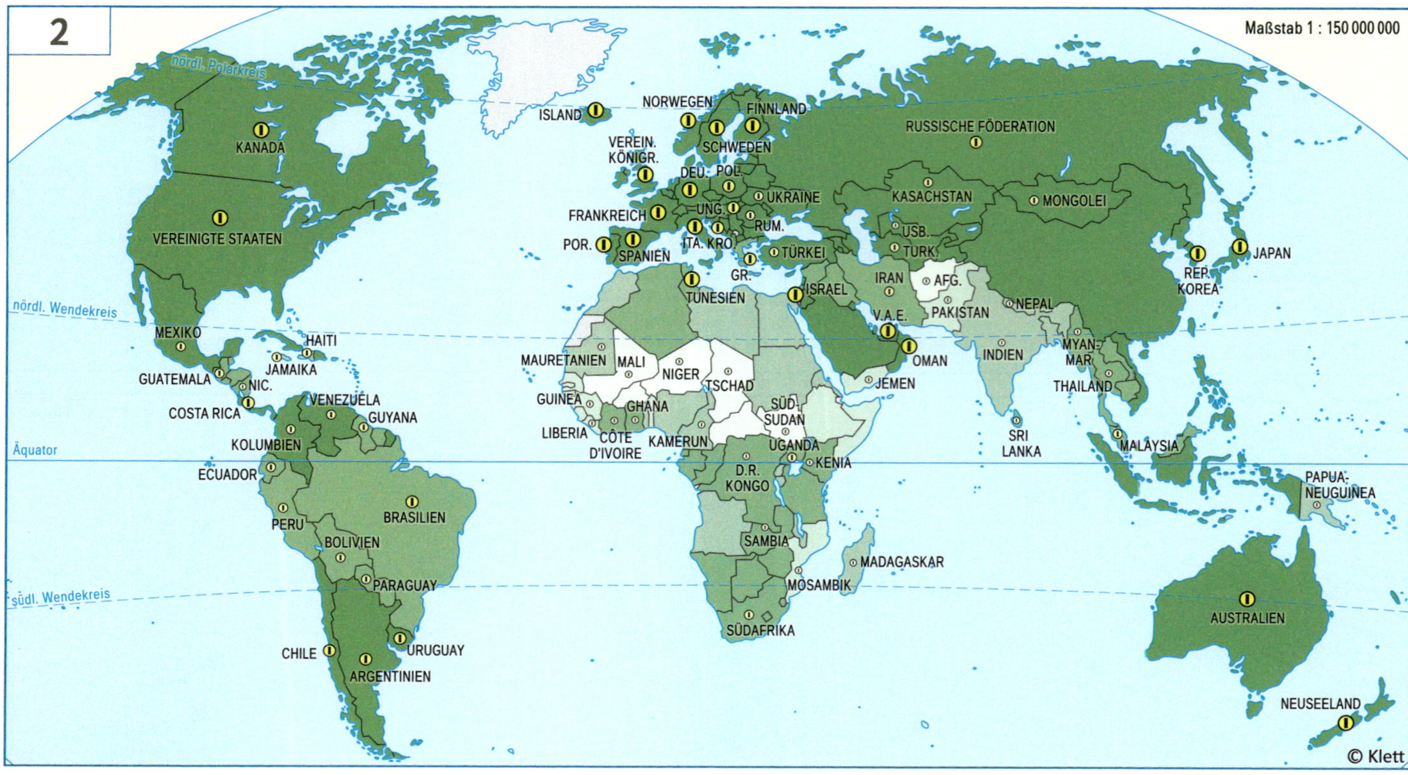

Bildung

Alphabetisierungsgrad 2022
(Anteil der Lese- und Schreibkundigen an der Bevölkerung ab 15 Jahren, in %)
- über 95
- 80 – 95
- 60 – 80
- 40 – 60
- unter 40
- keine Daten

Bildungsausgaben 2022
(in US-$ pro Einwohner, in ausgewählten Staaten)
- über 1000
- 500 – 1000
- 100 – 500
- unter 100

AFG. AFGHANISTAN
DEU. DEUTSCHLAND
GR. GRIECHENLAND
ITA. ITALIEN
KRO. KROATIEN
NIC. NICARAGUA
POL. POLEN
POR. PORTUGAL
RUM. RUMÄNIEN
TURK. TURKMENISTAN
UNG. UNGARN
USB. USBEKISTAN
V.A.E. VEREINIGTE ARABISCHE EMIRATE

3

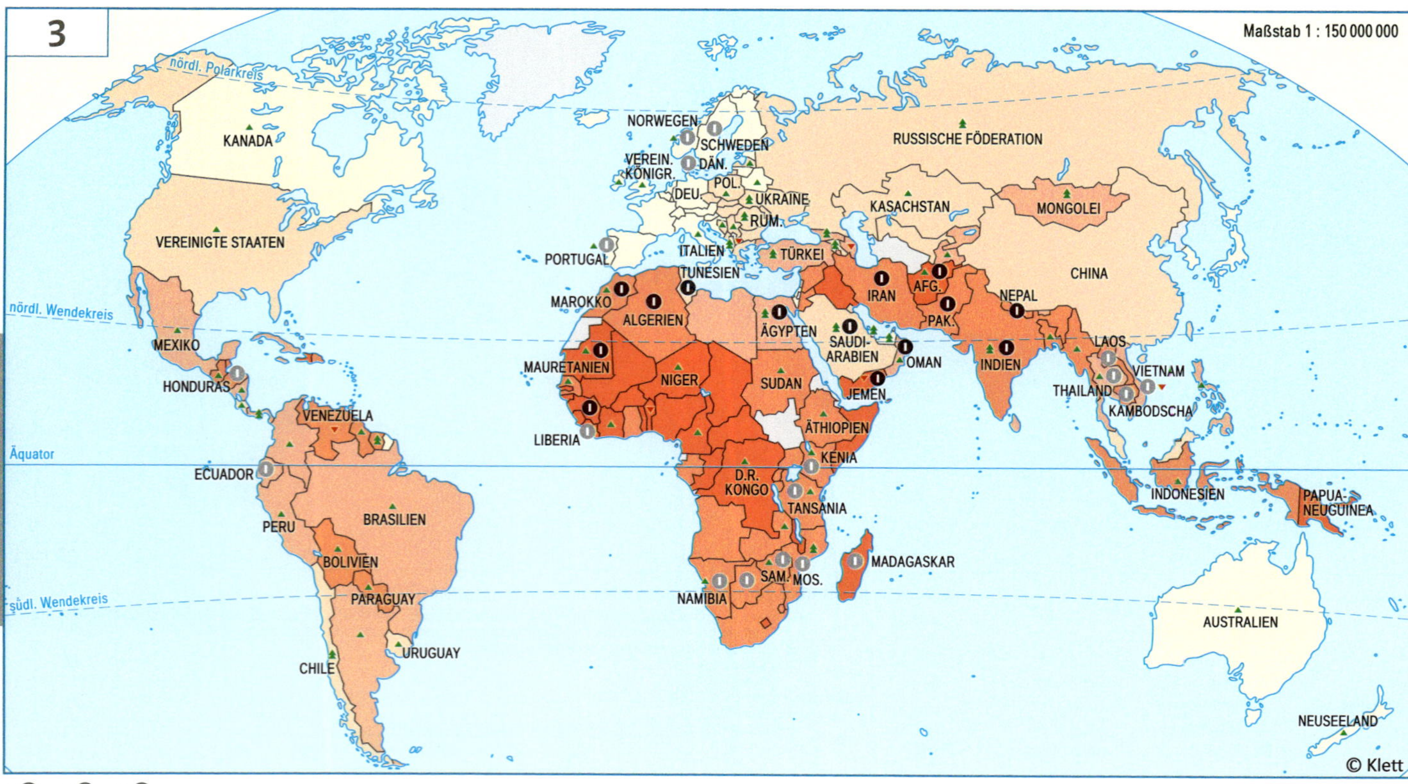

Gleichstellung der Geschlechter

Gender Inequality Index* 2022
(Maximum = 1,00)
- sehr niedrig (unter 0,10)
- niedrig (0,10–0,25)
- mittel (0,25–0,40)
- hoch (0,40–0,55)
- sehr hoch (über 0,55)
- keine Daten

Entwicklung 2010–2022
- sehr positiv
- positiv
- negativ

Einkommensunterschiede 2023
(Verdienstabstand zwischen Frauen und Männern, geschätzt)
- sehr gering
- sehr groß

AFG. AFGHANISTAN
DÄN. DÄNEMARK
DEU. DEUTSCHLAND
MOS. MOSAMBIK
PAK. PAKISTAN
POL. POLEN
RUM. RUMÄNIEN
SAM. SAMBIA

* Der Index stellt die Ungleichstellung der Geschlechter innerhalb eines Staates dar. Dabei werden die Bereiche der Fortpflanzungsgesundheit von Frauen, der Frauenanteil im Parlament, sowie die Schulbildung und Erwerbsbeteiligung betrachtet. Je höher der errechnete Wert, desto mehr sind Frauen gegenüber Männern benachteiligt.

EINFÜHRUNG
DEUTSCHLAND
EUROPA
ASIEN
AFRIKA
AUSTRALIEN und POLE
AMERIKA
WELT
ANHANG

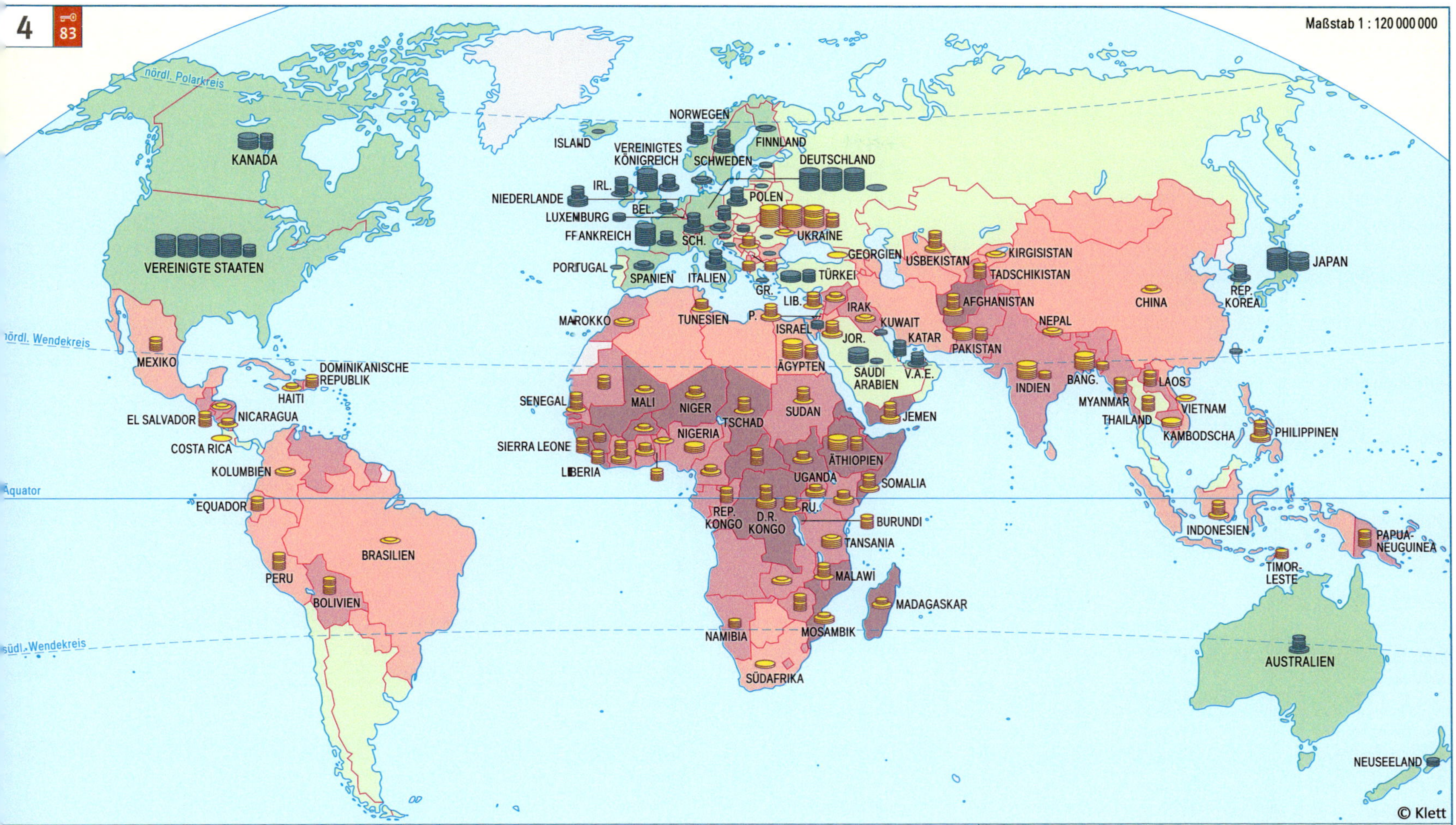

Entwicklungsstand

Human Development Index (HDI) 2022 (nach UNDP)
- sehr hoch (über 0,9)
- hoch (0,8 – 0,9)
- mittel (0,7 – 0,8)
- niedrig (0,5 – 0,7)
- sehr niedrig (unter 0,5)
- keine Daten

Entwicklungszusammenarbeit 2022 (in Mrd. US-$, nach OECD)
- Geberländer
- Nehmerländer (ab 0,5)

10,0
1,0
0,5
0,1

BANG.	BANGLADESCH
BEL.	BELGIEN
GR.	GRIECHENLAND
IRL.	IRLAND
JOR.	JORDANIEN
LIB.	LIBYEN
P.	Palästinensische Gebiete
RU.	RUANDA
SCH.	SCHWEIZ

Berechnung des HDI

Lebenserwartung → HDI
Lebensstandard → HDI
Bildung → HDI

Der HDI als Index für die menschliche Entwicklung ist ein Wohlstandsindikator für Staaten. Er errechnet sich aus der Lebenserwartung bei Geburt, dem Bruttonationaleinkommen pro Einwohner sowie der durchschnittlichen und voraussichtlichen Schulbesuchsdauer.

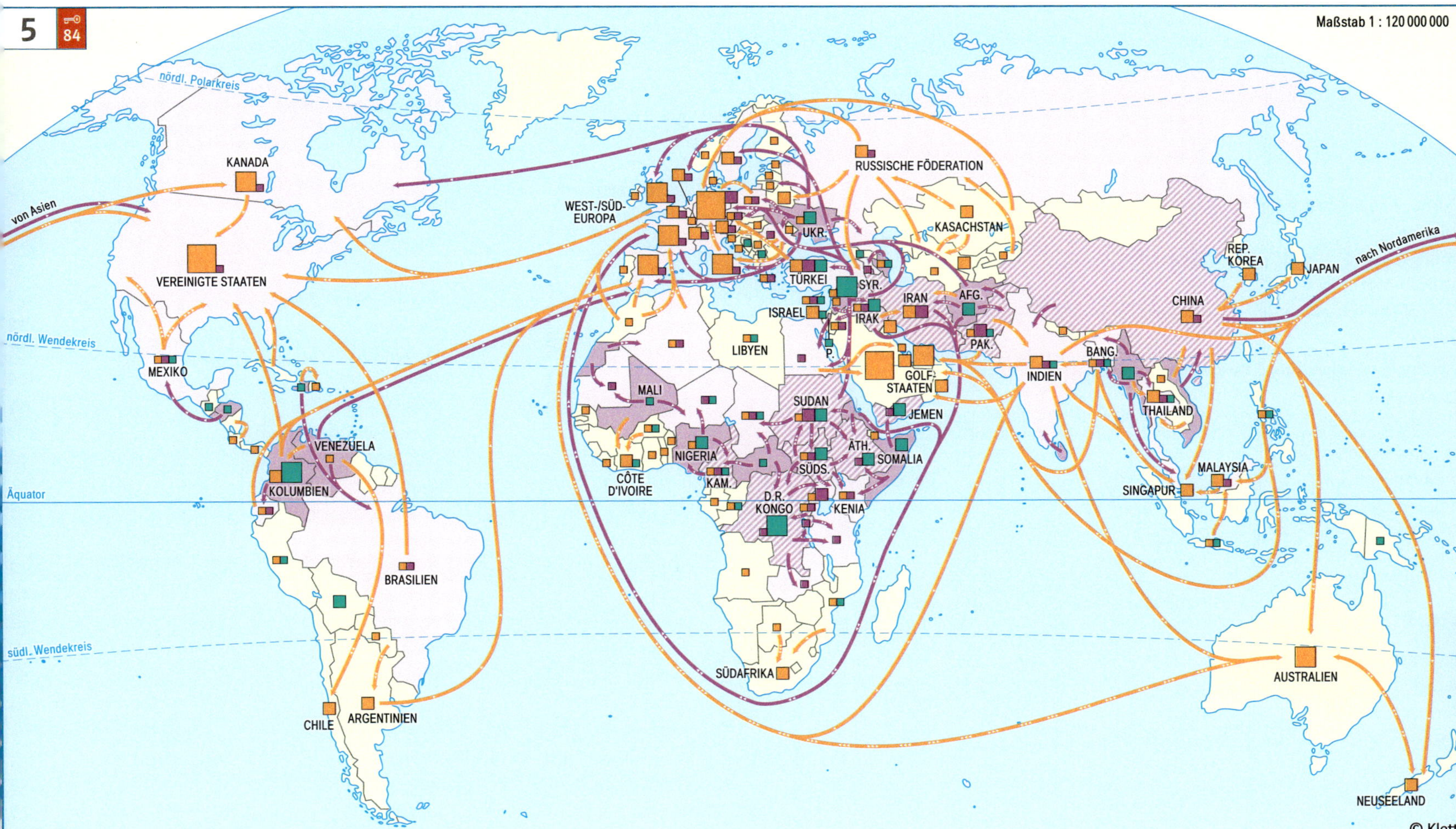

Migration

Migranten in Aufnahmeländern
- Arbeitsmigranten
- Geflüchtete

Migranten in Krisenregionen
- Vertriebene im eigenen Land

Mio. Personen (Durchschnitt 2019 – 2024)
- über 10
- 5 – 10
- 1 – 5
- unter 1

Bedeutende grenzüberschreitende Migrationsbewegungen (2019 – 2024)

Arbeitsmigration
- in eine Richtung
- in beide Richtungen

Flucht
- Herkunftsland
- Aufnahmeland
- Herkunfts- und Aufnahmeland

Je höher die Anzahl der Symbole in den Pfeilen desto bedeutender ist die Migrationsbewegung. Die Pfeilverläufe sind schematisiert und geben keine tatsächlichen Migrationsrouten wieder.

AFG.	AFGHANISTAN
ÄTH.	ÄTHIOPIEN
BANG.	BANGLADESCH
KAM.	KAMERUN
P.	Palästinensische Gebiete
PAK.	PAKISTAN
SÜDS.	SÜDSUDAN
SYR.	SYRIEN
UKR.	UKRAINE

Europa

Europa	Hauptstadt/Hauptort (Regierungssitz)	Fläche in Tsd. km²	Einwohner in Mio. 2024
Albanien	Tirana	28,7	2,8
Andorra	Andorra la Vella	0,5	0,08
Belarus	Minsk	207,6	9,1
Belgien	Brüssel	30,5	11,7
Bosnien und Herzegowina	Sarajewo	51,2	3,2
Bulgarien	Sofia	110,9	6,8
Dänemark	Kopenhagen	43,1	6,0
Deutschland	Berlin	357,1	84,6
Estland	Tallinn	45,2	1,4
Finnland	Helsinki	338,4	5,6
Frankreich	Paris	551,7	66,5
Griechenland	Athen	132,0	10,0
Irland	Dublin	70,3	5,3
Island	Reykjavik	103,0	0,4
Italien	Rom	301,3	59,3
Kosovo	Pristina	10,9	1,7
Kroatien	Zagreb	56,6	3,9
Lettland	Riga	64,6	1,9
Liechtenstein	Vaduz	0,2	0,04
Litauen	Vilnius	65,3	2,9
Luxemburg	Luxemburg	2,6	0,7
Malta	Valletta	0,3	0,5
Moldau	Chisinau	33,8	3,0
Monaco	Monaco	0,002	0,04
Montenegro	Podgorica	13,8	0,6
Niederlande	Amsterdam (Den Haag)	41,9	18,2
Nordmazedonien	Skopje	25,7	1,8
Norwegen	Oslo	323,8	5,6
Österreich	Wien	83,9	9,1
Polen	Warschau	312,7	38,5
Portugal	Lissabon	92,1	10,4
Rumänien	Bukarest	238,4	19,0
Russische Föderation, europäischer Teil	Moskau	ca. 3 950,0	ca. 93,8
San Marino	San Marino	0,06	0,03
Schweden	Stockholm	450,3	10,6
Schweiz	Bern	41,3	8,9
Serbien	Belgrad	88,4	6,7
Slowakei	Bratislava	49,0	5,5
Slowenien	Ljubljana	20,3	2,1
Spanien	Madrid	506,0	47,9
Tschechien	Prag	78,9	10,7
Türkei, europäischer Teil	Ankara	ca. 23,6	ca. 12,2
Ukraine	Kyjiw	603,5	37,9
Ungarn	Budapest	93,0	9,7
Vatikanstadt	-	0,001	0,001
Vereinigtes Königreich	London	242,9	69,1
Zypern	Nikosia	9,3	1,4
Abhängige Gebiete (mit Selbstverwaltung)			
Dänemark			
Färöer	Tórshavn	1,4	0,06
Vereinigtes Königreich			
Gibraltar	–	0,006	0,04
Guernsey	Saint Peter Port	0,08	0,06
Insel Man	Douglas	0,6	0,08
Jersey	Saint Helier	0,1	0,1

Asien

Asien	Hauptstadt/Hauptort (Regierungssitz)	Fläche in Tsd. km²	Einwohner in Mio. 2024
Afghanistan	Kabul	652,2	42,6
Armenien	Eriwan	29,7	3,0
Aserbaidschan	Baku	86,6	10,3
Bahrain	Manama	0,8	1,6
Bangladesch	Dhaka	147,6	173,6
Bhutan	Thimphu	38,4	0,8
Brunei Darussalam	Bandar Seri Begawan	5,8	0,5
China	Peking	9 597,0	1419,3
Taiwan	*Taipeh*	*36,1*	*23,2*
Georgien	Tiflis	69,7	3,8
Indien	New Delhi	3 287,6	1450,9
Indonesien	Jakarta	1 904,6	283,5
Irak	Bagdad	438,3	46,0
Iran	Teheran	1 628,2	91,6
Israel	Jerusalem	20,8	9,4
Japan	Tokyo	377,9	123,8
Jemen	Sanaa	528,0	40,6
Jordanien	Amman	89,3	11,6
Kambodscha	Phnom Penh	181,0	17,6
Kasachstan	Astana	2 724,9	20,6
Katar	Doha	11,6	3,0
Kirgisistan	Bischkek	200,0	7,2
Korea, Demokratische Volksrepublik (Nordkorea)	Pjöngjang	120,5	26,5
Korea, Republik (Südkorea)	Seoul	100,2	51,7
Kuwait	Kuwait	17,8	4,9
Laos	Vientiane	236,8	7,8
Libanon	Beirut	10,5	5,8
Malaysia	Kuala Lumpur (Putrajaya)	330,8	35,6
Malediven	Male	0,3	0,5
Mongolei	Ulan-Bator	1 564,1	3,5
Myanmar	Naypyidaw	676,6	54,5
Nepal	Kathmandu	147,2	29,7
Oman	Maskat	309,5	5,3
Pakistan	Islamabad	796,1	251,3
Philippinen	Manila	342,4	115,8
Russische Föderation, asiatischer Teil	Moskau	ca. 13 150,0	ca. 51,0
Saudi-Arabien	Riad	2 149,7	34,0
Singapur	Singapur	0,7	5,8
Sri Lanka	Colombo (Sri Jayewardenepura)	65,6	23,1
Syrien	Damaskus	185,2	24,7
Tadschikistan	Duschanbe	143,1	10,6
Thailand	Bangkok	513,1	71,7
Timor-Leste	Dili	14,9	1,4
Türkei, asiatischer Teil	Ankara	ca. 760,0	ca. 75,3
Turkmenistan	Aschgabat	488,1	7,5
Usbekistan	Taschkent	447,4	36,4
Vereinigte Arabische Emirate	Abu Dhabi	83,6	11,0
Vietnam	Hanoi	331,2	101,0

Afrika

Afrika	Hauptstadt/Hauptort (Regierungssitz)	Fläche in Tsd. km²	Einwohner in Mio. 2024
Ägypten	Kairo	1 002,5	116,5
Äquatorialguinea	Malabo	28,1	1,9
Äthiopien	Addis Abeba	1 104,3	132,1
Algerien	Algier	2 381,7	46,8
Angola	Luanda	1 246,7	37,9
Benin	Porto Novo (Cotonou)	112,6	14,5
Botsuana	Gaborone	582,0	2,5
Burkina Faso	Ouagadougou	273,0	23,5
Burundi	Gitega	27,8	14,0
Cabo Verde	Praia	4,0	0,5
Côte d'Ivoire	Yamoussoukro (Abidjan)	322,5	31,9
Dschibuti	Dschibuti	23,2	1,2
Eritrea	Asmara	117,6	3,5
Eswatini	Mbabane (Lobamba)	17,4	1,2
Gabun	Libreville	267,7	2,5
Gambia	Banjul	10,7	2,8
Ghana	Accra	238,5	34,4
Guinea	Conakry	245,9	14,8
Guinea-Bissau	Bissau	36,1	2,2
Kamerun	Jaunde	475,4	29,1
Kenia	Nairobi	580,4	56,4
Komoren	Moroni	1,9	0,9
Kongo, Demokratische Republik	Kinshasa	2 344,9	109,3
Kongo, Republik	Brazzaville	342,0	6,3
Lesotho	Maseru	30,4	2,3
Liberia	Monrovia	111,4	5,6
Libyen	Tripolis	1 759,5	7,4
Madagaskar	Antananarivo	587,0	32,0

Afrika

	Hauptstadt/Hauptort (Regierungssitz)	Fläche in Tsd. km²	Einwohner in Mio. 2024
Malawi	Lilongwe	118,5	21,7
Mali	Bamako	1240,2	24,5
Marokko	Rabat	446,6	38,1
Mauretanien	Nouakchott	1030,7	5,2
Mauritius	Port Louis	2,0	1,3
Mosambik	Maputo	801,6	34,6
Namibia	Windhuk	825,6	3,0
Niger	Niamey	1267,0	27,0
Nigeria	Abuja	923,8	232,7
Ruanda	Kigali	26,3	14,3
Sambia	Lusaka	752,6	21,3
São Tomé und Príncipe	São Tomé	1,0	0,2
Senegal	Dakar	196,7	18,5
Seychellen	Victoria	0,5	0,1
Sierra Leone	Freetown	71,7	8,6
Simbabwe	Harare	390,8	16,6
Somalia	Mogadischu	637,7	19,0
Südafrika	Pretoria (Kapstadt)	1221,0	64,0
Sudan	Khartum	1886,1	50,4
Südsudan	Dschuba	619,7	11,9
Tansania	Dodoma (Daressalam)	945,1	68,6
Togo	Lomé	56,8	9,5
Tschad	N'Djamena	1284,0	20,3
Tunesien	Tunis	163,6	12,3
Uganda	Kampala	241,6	50,0
Zentralafrikanische Republik	Bangui	623,0	5,3
Abhängige Gebiete (mit Selbstverwaltung)			
Vereinigtes Königreich			
St. Helena, Ascension und Tristan da Cunha	Jamestown	0,3	0,005
Von Marokko verwaltet			
Westsahara	Laayoune (Tindouf/Algerien)	266,0	0,6

Australien und Ozeanien

	Hauptstadt/Hauptort (Regierungssitz)	Fläche in Tsd. km²	Einwohner in Mio. 2024
Australien	Canberra	7692,0	26,7
Cookinseln	Avarua	0,2	0,01
Fidschi	Suva	18,3	0,9
Kiribati	South Tarawa	0,8	0,1
Marshallinseln	Majuro	0,2	0,04
Mikronesien	Palikir	0,7	0,1
Nauru	Yaren	0,02	0,01
Neuseeland	Wellington	270,5	5,2
Niue	Alofi	0,3	0,002
Palau	Ngerulmud	0,5	0,02
Papua-Neuguinea	Port Moresby	462,8	10,6
Salomonen	Honiara	28,9	0,8
Samoa	Apia	2,8	0,2
Tonga	Nuku'alofa	0,7	0,1
Tuvalu	Funafuti	0,03	0,01
Vanuatu	Port Vila	12,2	0,3
Abhängige Gebiete (mit Selbstverwaltung)			
Frankreich			
Französisch-Polynesien	Papeete	4,0	0,3
Neukaledonien	Nouméa	18,6	0,3
Wallis und Futuna	Mata Utu	0,1	0,01
Neuseeland			
Tokelau	Fakaofo	0,01	0,003
Vereinigte Staaten von Amerika			
Guam	Hagåtña	0,5	0,2
Amerikanisch-Samoa	Pago Pago (Fagatogo)	0,2	0,05
Nördliche Marianen	Saipan	0,5	0,04
Vereinigtes Königreich			
Pitcairn	Adamstown	0,005	0,00004

Antarktika

		Fläche in Tsd. km²	Einwohner in Mio. 2024
		14200,0	–

Nord- und Mittelamerika

	Hauptstadt/Hauptort (Regierungssitz)	Fläche in Tsd. km²	Einwohner in Mio. 2024
Antigua und Barbuda	Saint John's	0,4	0,09
Bahamas	Nassau	13,9	0,4
Barbados	Bridgetown	0,4	0,3
Belize	Belmopan	23,0	0,4
Costa Rica	San José	51,1	5,1
Dominica	Roseau	0,8	0,07
Dominikanische Republik	Santo Domingo	48,7	11,4
El Salvador	San Salvador	21,0	6,3
Grenada	St. George's	0,3	0,1
Guatemala	Guatemala	108,9	18,4
Haiti	Port-au-Prince	27,8	11,8
Honduras	Tegucigalpa	112,5	10,8
Jamaika	Kingston	11,0	2,8
Kanada	Ottawa	9984,7	39,7
Kuba	Havanna	109,9	11,0
Mexiko	Mexiko	1964,4	130,9
Nicaragua	Managua	130,4	6,9
Panama	Panama	75,4	4,5
St. Kitts und Nevis	Basseterre	0,3	0,05
St. Lucia	Castries	0,6	0,2
St. Vincent und die Grenadinen	Kingstown	0,4	0,1
Vereinigte Staaten von Amerika	Washington, D.C.	9833,5	345,4
Abhängige Gebiete (mit Selbstverwaltung)			
Dänemark			
Kalaallit Nunaat	Nuuk	2166,1	0,06
Frankreich			
Saint-Barthélemy	Gustavia	0,03	0,01
Saint-Martin	Marigot	0,05	0,03
Saint-Pierre und Miquelon	Saint-Pierre	0,2	0,01
Niederlande			
Sint Maarten	Philipsburg	0,03	0,04
Vereinigte Staaten von Amerika			
Jungferninseln	Charlotte Amalie	0,3	0,08
Puerto Rico	San Juan	9,1	3,2
Vereinigtes Königreich			
Anguilla	The Valley	0,1	0,01
Bermuda	Hamilton	0,05	0,06
Caymaninseln	George Town	0,3	0,07
Jungferninseln	Road Town	0,2	0,04
Montserrat	Plymouth (Brades)	0,1	0,004
Turks- und Caicosinseln	Cockburn Town	0,9	0,05

Südamerika

	Hauptstadt/Hauptort (Regierungssitz)	Fläche in Tsd. km²	Einwohner in Mio. 2024
Argentinien	Buenos Aires	2780,4	45,7
Bolivien	Sucre (La Paz)	1098,6	12,4
Brasilien	Brasilia	8515,8	212,0
Chile	Santiago de Chile (Valparaíso)	756,1	19,8
Ecuador	Quito	276,8	18,1
Guyana	Georgetown	215,0	0,8
Kolumbien	Bogotá	1141,7	52,9
Paraguay	Asunción	406,8	6,9
Peru	Lima	1285,2	34,2
Suriname	Paramaribo	163,8	0,6
Trinidad und Tobago	Port-of-Spain	5,1	1,5
Uruguay	Montevideo	181,0	3,4
Venezuela	Caracas	916,4	28,4
Abhängige Gebiete (mit Selbstverwaltung)			
Niederlande			
Aruba	Oranjestad	0,2	0,1
Curaçao	Willemstad	0,4	0,2
Vereinigtes Königreich			
Falklandinseln	Stanley	0,01	0,003

Welt

		Fläche in Tsd. km²	Einwohner in Mio. 2024
		148940,0	8162,0

Mit den Arbeitshilfen im Atlas arbeiten

Zu manchen Karten im Atlas gibt es Arbeitshilfen. Du erkennst sie an einem roten Kasten mit einem Schlüssel und einer Zahl hinter der Kartennummer.
Suche auf den folgenden Seiten nach dieser Zahl, um einen Vorschlag für einen Einstieg in die Kartenarbeit zu bekommen.

01 Physische Karten bilden die natürliche Oberfläche der Erde ab. Verschiedene Farben auf der Landfläche stehen für verschiedene Höhenschichten. Dadurch lassen sich z. B. Gebirge oder tief gelegene Landschaften gut erkennen. Die eingezeichneten Städte und Gewässer helfen dir bei der Orientierung. Beschreibe mithilfe der Karte die Lage, Größe und Höhe der Gebirge in einem Kontinent.

02 In dem Erklärvideo **V** hinter dem QR-Code auf der Seite findest du hilfreiche Hintergrundinformationen zum Thema. Schau dir das Video an und notiere wichtige Fachbegriffe. Kannst du sie nach dem Anschauen des Videos in eigenen Worten erklären?

03 In dem Tutorial **V** hinter dem QR-Code auf der Seite findest du eine Schritt-für-Schritt-Anleitung zu dem Thema der Atlaseinführung. Auf die Tutorials kannst du auch später immer wieder zurückkommen, wenn du dein Wissen auffrischen willst.

04 Physische Karten bilden die natürliche Oberfläche der Erde ab. Verschiedene Farben auf der Landfläche stehen für verschiedene Höhenschichten. Dadurch lassen sich z. B. Gebirge oder tief gelegene Landschaften gut erkennen. Um die Karte richtig lesen zu können, brauchst du die Generallegende auf der hinteren Klappe im Atlas. Die eingezeichneten Städte, Grenzen und Gewässer helfen dir bei der Orientierung.

05 Wenn zwei Karten nebeneinanderstehen, die denselben Raum zeigen, lassen sich die Inhalte besonders gut vergleichen. Grenzen und Flüsse dienen dabei als Hilfe zur Orientierung. Arbeite heraus, worin sich die politische Karte von der physischen unterscheidet. Welche Fragen kann die physische Karte beantworten, welche die politische?

06 Verschiedene Gesteine sind zu verschiedenen Zeiten entstanden und daher unterschiedlich alt. Die Zeitleiste am rechten Kartenrand zeigt dir, wie alt die Gesteine sind. Du liest sie von unten nach oben. Nutze die Zeitleiste und die Legende, um die ältesten und jüngsten Gesteine in der Karte zu finden.

07 Diese Naturraumkarte zeigt außer der Landesgrenze keine politischen Grenzen. Stattdessen unterscheidet sie Räume anhand der Merkmale der Landschaft. Informiere dich mithilfe der Fotos, wie die verschiedenen Naturräume aussehen. Untersuche dann, welche Naturräume in welchem Teil Deutschlands besonders typisch sind.

08 In der Simulation **I** hinter dem QR-Code auf der Seite findest du hilfreiche Hintergrundinformationen zum Thema.

09 Das Wattenmeer ist ein einzigartiger Lebensraum für viele Lebewesen. Nutze die Karte, um herauszufinden, vor welchen anderen Interessen dieser Lebensraum geschützt werden muss.

10 Zeitschnittkarten zeigen denselben Raum mit demselben Maßstab zu verschiedenen Zeitpunkten. Deshalb steht in jeder Karte immer eine Datumsangabe. Der Vergleich der einzelnen Karten hilft dir, Veränderungen besser zu erkennen. Notiere, welche Veränderungen dir besonders auffallen. Überlege, welche Faktoren die Veränderungen beeinflusst haben könnten.

11 In den Karten 30.1 und 30.2 sind die langjährigen Temperatur- und Niederschlagswerte in Deutschland farbig dargestellt. Suche die Orte mit der höchsten Temperatur bzw. dem höchsten Niederschlag. Überlege, welche Folgen dies für die Menschen in der Region hat.

12 Diese Karte zeigt die Gefahren, die vom Wetter ausgehen können. Suche die Gebiete, die besonders gefährdet sind. Begründe mithilfe der physischen Übersichtskarte auf S. 18, warum das Wetter in diesen Gebieten besonders gefährlich sein kann.

13 Die Temperaturanomalie zeigt, ob ein Jahr im Vergleich zur langjährigen Durchschnittstemperatur wärmer oder kälter war. Eine positive Anomalie bedeutet eine wärmere, eine negative Anomalie eine kältere Abweichung. Welcher Trend ist in dem Diagramm erkennbar?

14 In der Landwirtschaftskarte zeigen die Flächenfarben die am häufigsten angebauten Pflanzenarten der Region. Sonderkulturen sind Pflanzen, die die besonderen Bedingungen der speziellen Region benötigen und deren Produktion sehr arbeits- und kostenintensiv ist. Untersuche, was in deinem Bundesland vorwiegend angebaut wird und welche Sonderkulturen es gibt.

15 Manche Gebiete eignen sich mehr, manche weniger für die Landwirtschaft. Dies ist abhängig vom Klima und den Geländeeigenschaften. Welche Bedingungen sind vorteilhaft für die Landwirtschaft? Welche erschweren den Anbau von Pflanzen oder die Tierhaltung?

16 Finde die Wirtschaftszentren in der Karte. Schreibe auf, in welcher Region sie liegen und notiere dahinter, welche Städte Teil des jeweiligen Wirtschaftszentrums sind. Untersuche an einem Beispiel den Zusammenhang zwischen Rohstoffen, Industrie und Dienstleistungen.

17 Diese Karte zeigt, wo Energie aus fossilen Rohstoffen gewonnen wird. Untersuche, wo in Deutschland besonders viel Strom durch fossile Energieträger erzeugt wird. Welche Brennstoffe stehen dabei im Vordergrund?

18 Diese Karte zeigt, wo Energie aus erneuerbaren Quellen gewonnen wird oder gewonnen werden könnte. Überprüfe, in welchen Regionen Deutschlands noch nicht alle vorhandenen Möglichkeiten ausgeschöpft werden.

19 Zu dieser Karte gibt es zusätzliche Fotos **D**, damit du dir die Karteninhalte besser bildlich vorstellen kannst. Du kannst sie über den QR-Code auf der Seite aufrufen. Untersuche, wo in der Karte du die Inhalte der Fotos wiederfinden kannst.

20 Die Diagramme zeigen, wie sich die Anteile verschiedener Energieträger an der Stromerzeugung in Deutschland verändern. Untersuche die sichtbaren Trends. Beziehe dabei auch die Energiebilanz fossiler Energieträger mit ein.

21 Zu dieser Karte gibt es über den QR-Code auf der Seite ein Overlay **W.** Damit kannst du dir die Karte aus dem Atlas über einen digitalen Globus legen. Eine Anleitung, wie das auf verschiedenen Geräten genau geht, findest du auf dem Startbildschirm des Overlays hinter dem QR-Code auf der Seite.

22 In dieser Karte zur Bevölkerungsentwicklung sind Landkreise mit Flächenfarben und Städte mit farbigen Kreisen dargestellt. Sieh dir die Karten zum Einkommen und der Altersstruktur an und überlege, warum die Bevölkerung in manchen Orten wächst und in anderen abnimmt.

23 Welche besonderen Sehenswürdigkeiten gibt es in deinem Bundesland? In welchen Städten übernachten im Jahr die meisten Touristen?

24 Untersuche, welches europäische Land die meisten Nachbarländer mit einer direkten Grenze hat. Welches Land auf dem europäischen Kontinent hat gar keine direkte Grenze zu einem Nachbarland?

25 Die heutige Landschaft Europas unterscheidet sich stark von der in der Warmzeit. Beschreibe, welche Unterschiede dir besonders auffallen. Nenne mindestens drei Gründe für die Veränderungen.

26 Erstelle eine Tabelle:

Stadt	Temperatur	Niederschlag

Ordne den Städten zwischen dem 40. und 50. Breitengrad von Westen nach Osten die Durchschnittstemperatur- und Niederschlagswerte der Klimadiagramme zu. Wie verändern sich Temperatur und Niederschlag von Westen nach Osten?

27 Langjährige Mittelwerte sind Durchschnittswerte, die über lange Zeiträume berechnet werden. Wie viele Jahre an Messungen sind in diese Karte eingeflossen? Was sind Vor- und Nachteile davon, mit langjährigen Mittelwerten zu arbeiten?

28 Klimaforscher haben durch regelmäßige und umfangreiche Messungen zahlreiche Daten gesammelt. Aus diesen Daten haben sie Modelle entwickelt, um zukünftige Klimaveränderungen vorhersagen zu können. Was sind die zentralen Prognosen, die sich aus diesen Modellen ergeben?

29 Ordne die Städte aus der Karte nach der dort gemessenen Temperatur von hoch nach niedrig. Recherchiere anschließend, in welchen Städten seit 2022 ein neuer Temperaturrekord gemessen wurde.

30 Notiere für drei Länder deiner Wahl die häufigsten Anbauprodukte. Orientiere dich dabei an den Flächendarstellungen und den bildhaften Signaturen. Weißt du etwas über die Anbaubedingungen, die diese Pflanzen benötigen?

31 Rechne mithilfe der violetten Signaturen die Fangmengen der europäischen Länder am Nordostatlantik aus und ordne sie in einer Liste von der größten zur kleinsten Fangmenge.

32 Identifiziere, in welchen europäischen Ländern es ein großes und viele kleine oder viele größere Wirtschaftszentren gibt. Diskutiert an einem konkreten Beispiel, was die Verteilung von Wirtschaftszentren, Rohstoffen und Pipelines für ein Land bedeuten.

33 Die Farben und Diagramme in dieser Karte bilden ein Thema aus verschiedenen Betrachtungsweisen ab:
- Die Flächenfarben zeigen den Wert pro Einwohner an.
- Die Größe der Diagramme geben den Gesamtwert für das Land wieder.

Schreibe Fragen auf, die du mit den Flächenfarben beantworten kannst und Fragen, bei denen dir die Diagramme helfen.

34 In dieser Karte sind erneuerbare und konventionelle Stromerzeugung gemeinsam dargestellt. Finde anhand der Flächenfarben heraus, in welchen europäischen Ländern der Ausbau von Windenergie und Solaranlagen besonders ausgeprägt ist.

35 Vergleiche die beiden Ballungsräume und erstelle eine Liste mit Gemeinsamkeiten und Unterschieden. Achte besonders auf die Vernetzung und die Anordnung der in der Legende beschriebenen Flächenfarben.

36 Die Flächenfarben der Karte zeigen bisherige Veränderungen. Die Säulendiagramme zeigen den Ist-Stand und Vorhersagen (Prognosen), wie sich die Bevölkerung zukünftig entwickeln könnte. Nutze ein Lineal und lies für drei europäische Länder deiner Wahl den Bevölkerungszuwachs oder die Bevölkerungsabnahme von 2023 bis 2075 ab.

37 Suche in der Karte ein Urlaubsziel, das für Touristen sehr attraktiv ist. Ordne es der Region zu, in der es liegt. Notiert außerdem, welche Freizeitangebote es dort im Sommer, welche es im Winter gibt. Schreibe nun einen kurzen Werbetext von fünf Sätzen, der Touristen von einem Besuch überzeugen soll.

38 Nationalparks sollen Pflanzen und Tiere schützen, werden aber auch touristisch genutzt. Finde mithilfe der Karte heraus, welche Maßnahmen sicherstellen sollen, dass Schutz und touristische Nutzung nebeneinander existieren können.

39 Nutze die Karte, um herauszufinden, in welche europäischen Länder du nur mit Grenzkontrolle reisen kannst und in welchen du eine andere Währung brauchst. Recherchiere die Währungen der Länder, die nicht den Euro verwenden.

40 Naturgefahren sind dann besonders gefährlich, wenn sie in Gebieten auftreten, in denen viele Menschen leben. Bewerte vor diesem Hintergrund die Schutzmaßnahmen am Merapi. Ordne die Maßnahmen nach ihrer Wirksamkeit.

41 Erstelle eine Liste aller Länder in Asien. Wenn du dir nicht sicher bist, ob ein Land zu Asien gehört oder zu einem anderen Kontinent, hilft dir die physische Übersicht auf S. 92.

42 Notiere, welche Gemeinsamkeiten und Unterschiede dir auffallen, wenn du die Länder betrachtest, die der Region Westasien zugerechnet werden. In Deutschland wird die Region auch oft als „Naher Osten" bezeichnet. Überlege, warum die Bezeichnung Westasien neutraler ist.

43 Singapur ist eine Global City und ein Stadtstaat, der viele Herausforderungen auf engem Raum bewältigen muss. Stadtbezirke wurden nach Funktionen getrennt, um klare Strukturen zu schaffen. Diese Spezialisierung führt jedoch dazu, dass viele Menschen zwischen den Bezirken pendeln müssen. Nutze die Karte, um herauszufinden, wie versucht wurde, das Pendeln zu erleichtern.

44 Notiere alle in der Legende genannten Vegetationstypen in einer Tabelle. Ergänze dann in der rechten Spalte daneben alle Länder auf der Karte, in denen dieser Vegetationstyp häufig vorkommt.

Vegetationstyp	Kommt häufig vor in:

45 Beschreibe die Veränderungen des Aralsees seit 1960. Welche Gründe für die Veränderungen findest du in der Karte?

46 Vergleiche die beiden Karten und beschreibe, wie sich der Regenwald auf Borneo verändert hat. Nenne die Hauptgründe für die Veränderungen.

47 Wähle zunächst ein asiatisches Land und untersuche den Zusammenhang zwischen Rohstoffen, Energiequellen und Industrie. Fasse deine Ergebnisse so zusammen, dass du sie in der Klasse präsentieren kannst.

48 Die Landfläche von Afrika ist fast so groß wie die Mondoberfläche. Algerien ist das größte Land Afrikas und etwa siebenmal so groß wie Deutschland. Finde in der Karte die 5 größten und die 5 kleinsten Staaten in Afrika.

49 Erkläre, was die Bewegung der tektonischen Platten mit Erdbeben und Vulkanausbrüchen zu tun haben. Notiere, welche Städte im 21. Jahrhundert von diesen Naturgefahren besonders betroffen waren.

50 Der Großraum Kairo ist in den letzten Jahrzehnten stark gewachsen und soll dies auch weiterhin tun. Überlege, vor welche Herausforderungen der Städtebau in der Libyschen und Arabischen Wüste die Menschen dort stellt.

51 Australien ist von vielen Naturgefahren betroffen. Erstelle eine Tabelle, in der du für jede Stadt in der Karte die Naturgefahr oder Naturgefahren einträgst, die ihr gefährlich werden könnten. Welche Möglichkeiten haben die Menschen, sich vor diesen Gefahren zu schützen?

Stadt	Naturgefahr

52 Durchsuche die Karte nach Hinweisen, welche Auswirkungen der Klimawandel in den Polarregionen hat. Recherchiere, was diese Veränderungen für Natur, Klima und Menschen bedeuten.

53 Es gibt verschiedene Fragen, die du an die Karte stellen kannst:
- Warum haben so viele Staaten Interesse an der Kontrolle des Gebiets?
- Wo überschneiden sich die Interessengebiete verschiedener Staaten?
- Welche Konflikte könnten dadurch entstehen?

Beantworte eine dieser Fragen mithilfe der Karte.

54 Nutze die physische Übersichtskarte von Nordamerika, um zu erklären, warum die Verteilung von Großstädten auf dem Kontinent so unterschiedlich ist.

55 Im Yellowstone-Nationalpark treffen verschiedene Interessen aufeinander. Welche kannst du aus der Karte ablesen? Überlege, welche Probleme durch Interessensgegensätze entstehen können.

56 Konzentriere dich auf eine in der Karte genannte Naturgefahr und notiere, in welchen Gegenden sie vorkommt. Recherchiere für eine Stadt, was die Naturgefahr für die Menschen dort bedeutet und wie häufig sie davon betroffen sind.

57 Wichtige Hintergründe für die Analyse dieser Karte findest du auf S. 150 im Atlas. Informiere dich dort über die Grundlagen der Plattentektonik und erkläre, warum es in der Region der Karte so viele Erdbeben gibt.

58 Im Silicon Valley gibt es viele Technologieunternehmen. Dort entstehen außerdem besonders viele neue Firmen. Überlege mithilfe der Karte, welche Faktoren diesen Standort so attraktiv machen.

59 Notiere, in welchen Regionen der USA dicht besiedelte Städte mit stark verstädterten Landkreisen besonders viel Raum einnehmen und in welchen Regionen Verstädterung eher keine große Rolle spielt.

60 Der tropische Regenwald ist ein wichtiger Lebensraum mit vielen Funktionen für die Erde. In welchen Ländern Südamerikas liegt der Regenwald? Welche Landschaften grenzen an den Regenwald an?

61 Überlege, ob dir die Relation von Rohstoffvorkommen und Industrie in Südamerika angemessen erscheint. Begründe deine Analyse der Karteninhalte.

62 Große Teile des Regen- und Savannenwaldes wurden und werden seit 1950 gerodet. Roden bedeutet, dass Bäume gefällt und Wurzeln entfernt werden, um die Fläche anders zu nutzen. Wofür werden diese Flächen heute genutzt? Welche Maßnahmen gibt es gegen die Waldrodung?

63 Die Karte zeigt die Sozialstruktur von Rio de Janeiro. Erkennst du ein Muster in der räumlichen Verteilung? Schreibe deine Beobachtungen in Stichpunkten auf.
Begriffserklärung:
- Ein Condomínio ist eine geschlossene Wohnanlage;
- Eine Favela ist eine arme, provisorisch gebaute Siedlung.

64 Einer deiner Freunde verbringt ein Schüleraustauschjahr in Chicago. Ihr habt beide um 13:00 Uhr Schulschluss. Wann kannst du ihn am besten anrufen? Zwischen welchen Längengraden sind Menschen um 12 Uhr Normalzeit noch im selben Kalendertag?

65 Die Karte zur Plattentektonik und die Grafik zu den Bewegungen in der Erdkruste solltest du zusammen bearbeiten. Die Grafik zeigt, was du sehen würdest, wenn du die Karte an der Schnittlinie A bis B aufklappen und unter die Erdoberfläche gucken könntest.

66 Der Kontinentaldrift beschreibt die Bewegung der Kontinente im Laufe der Erdgeschichte. Die Darstellung ist in der zeitlichen Abfolge von unten nach oben zu lesen.

67 Die Karte zeigt, wie die heutige Vegetation ohne Einfluss des Menschen aussehen könnte. Vergleiche die Karte mit einer aktuellen Vegetationskarte und notiere, welche Veränderungen dir besonders auffallen. Nenne Gründe für diese Veränderungen.

68 Schau dir die Karte genau an. Neben den Klimazonen zeigt sie auch Faktoren, die das Klima auf der ganzen Welt beeinflussen. Suche in der Karte und in der Legende drei Faktoren, die wichtig für das Klima der Erde sind. Schreibe sie auf und überlege, warum sie so wichtig sein könnten.

69 Erkläre, warum sich die monatlichen Niederschlagsmengen in der Karte so sehr von den Jahresniederschlagsmengen unterscheiden.

70 Identifiziere auf der Weltkarte, in welchen Regionen das Leben aufgrund extrem niedriger und extrem hoher Jahrestemperaturen eher schwierig ist.

71 Vergleiche die Karten zu den Ursachen und Auswirkungen des Klimawandels. Sind die Länder, die heute die meisten Treibhausgase ausstoßen, auch die Länder, die am stärksten unter den Folgen leiden?

72 In den Weltrisikoindex fließt nicht nur die Wahrscheinlichkeit von Naturkatastrophen ein. Stattdessen berücksichtigt er auch, wie gut eine Gesellschaft mit einer solchen Katastrophe umgehen kann. Ist genug Geld für Hilfen da? Gibt es eine Infrastruktur für schnelle Hilfe? Werden Vorsorgemaßnahmen getroffen? Wähle ein Land mit einem hohen Weltrisikoindex aus und finde mithilfe der Atlaskarten zu Naturgefahren heraus, welchen Gefahren die Menschen dort ausgesetzt sind.

73 Ordne die Ozeane nach dem Ausmaß ihrer Belastung. Verwende dafür die Begriffe aus der Legende. Nutze für die Einordnung die Belastung die Skala in der Legende. Notiere in deiner Tabelle auch die Hauptgründe für die Belastung jedes Ozeans.

Belastung	Ozean	Gründe

74 Nenne die Räume auf der Welt, die sich für den natürlichen Anbau von Lebens- und Futtermitteln eignen und die, die es nicht tun.

75 Die Berechnung des Welthungerindex bezieht folgende Faktoren mit ein: Unterernährung der Gesamtbevölkerung, Mangelernährung bei Kindern, Kindersterblichkeit. Notiere in welchen drei Ländern sich die Ernährungssituation laut Welthungerindex jeweils am stärksten verbessert oder verschlechtert hat.

76 Notiere die Länder, in denen es einen großen Wasservorrat pro Einwohner gibt, der aber vielen Menschen nicht zur Verfügung steht. Begründe mithilfe der Karte 167.1, warum das so ist.

77 Notiere zu jeder Wirtschaftsregion das Bruttoinlandsprodukt (BIP) und die Zahl der Erwerbstätigen. Was fällt dir auf, wenn du die verschiedenen Regionen vergleichst?

78 Die Karte ordnet Länder als Exporteure oder Importeure ein. Erkläre, was diese Begriffe bedeuten. Berechne mithilfe der Handelspfeile, welches Land der größte Kohleexporteur und welches der größte Erdölimporteur ist.

79 Daten spielen in der globalen Wirtschaft eine immer größere Rolle. Lies aus der Karte ab, zwischen welchen Regionen es viele Kabelverbindungen gibt und was das für die Datengeschwindigkeit in einer Region bedeutet.

80 Als natürliche Bevölkerungsentwicklung versteht man die Differenz zwischen Geburten und Todesfällen in einem Jahr. Suche in der Karte die Länder, in denen die Bevölkerung schrumpft. Überlege, welche weiteren Faktoren die Bevölkerungsentwicklung außerdem beeinflussen.

81 Schreibe eine Liste aller Länder auf, in denen es Global Cities der Kategorie A gibt und notiere dahinter die Zahl der Global Cities in jedem Land. Erkläre, was es bedeutet, dass es in einem Land eine oder mehrere Global Cities gibt?

82 Wähle eine Weltreligion aus und notiere eine Liste aller Länder, in denen diese Religion die vorherrschende Religion ist. Nutze die politische Übersichtskarte auf der hinteren Atlasklappe, wenn du Hilfe bei der Zuordnung der Länder brauchst. Überlege, warum eine Karte zu diesem Thema immer nur einen groben Überblick geben kann.

83 Erkläre mit eigenen Worten, welche Aspekte der Human Development Index (HDI) berücksichtigt und was er messen soll. Dieses Wissen brauchst du, um die Karte richtig zu verstehen.

84 Einige Länder auf der Welt sind sowohl Herkunfts- als auch Aufnahmeland von Geflüchteten. Suche diese Länder auf der Karte und schau dir an, welche Rolle Arbeitsmigration, Flucht und Binnenflucht dort spielen.

Mit den Checklisten im Atlas arbeiten

Atlas- und Kartenarbeit ist nicht immer einfach.
Karten stellen vielschichtige räumliche Zusammenhänge dar. Dabei sind sie oft vereinfacht und auf das Wesentliche reduziert. Je nachdem, welches Thema in der Karte dargestellt ist, unterscheiden sich die grundsätzliche Schwerpunktsetzung und die Darstellungsform der Inhalte.
Während die Arbeitshilfen euch beim Einstieg in die Karten helfen, führen euch die Checklisten Schritt für Schritt durch die Atlasarbeit und die Analyse eines speziellen Kartentyps. Darüber hinaus geben sie euch Tipps, worauf ihr besonders achten müsst. Damit könnt ihr euch Karten und andere Darstellungen sicherer erschließen.
Die für die jeweilige Karte relevante Checkliste ist im vorderen Atlasteil über den QR-Code auf der Kartenseite abrufbar. Zu den Kontinenten und der Welt könnt ihr euch in der folgenden Übersicht die richtige Checkliste suchen.

Checkliste	Was ist das Ziel?	Seite
Karten im Atlas finden	Erklärt dir, wie du im Atlas schnell und gezielt die Karte findest, die du brauchst.	IX
Methoden zur Kartenerschließung	Stellt dir vor, welche Analysemethode sich für welche Fragestellung eignet und erläutert, wie die verschiedenen Methoden angewendet werden können.	XIII
Karten sicher interpretieren	Erläutert, welche grundlegenden Schritte für eine vollständige Karteninterpretation notwendig sind.	XII
Physische Karten verstehen	Erklärt die Besonderheiten und die Bedeutung der Farb- und Inhaltsgestaltung in physischen Karten und gibt dir Hilfestellung zur Analyse.	XI
Politische Karten nutzen	Skizziert die Zielsetzung politischer Karten und macht Vorschläge dazu, für welche Fragestellungen sie sinnvoll genutzt werden können.	19
Landwirtschaftskarten verstehen	Erklärt, welche Informationen du grundsätzlich aus Landwirtschaftskarten gewinnen kannst und welche Schritte dafür notwendig sind.	34
Wirtschaftskarten verstehen	Erläutert den grundsätzlichen Aufbau und die Zielsetzung von Wirtschaftskarten und zeigt dir Schritt für Schritt, wie du dich der Karte unter verschiedenen Fragestellungen nähern kannst.	37
Bevölkerungsstrukuturdiagramme lesen	Erklärt dir, wie Bevölkerungsstrukturdiagramme aufgebaut sind und was sie dir über ein Land verraten können.	48
Kartenoverlays sinnvoll nutzen	Erläutert die Nutzung von Atlaskarten als Overlay in einem digitalen Globus und zeigt, wofür du diese Funktion am besten nutzen kannst.	XV

Registerregeln

Bei Schreibweise, Anordnung und Alphabetisierung der Eintragungen wurden folgende Regeln angewendet:

1. Ergänzende Namensformen in landesüblicher Schreibweise (Originalschreibung) sind in eckigen Klammern angegeben, z. B. **Mailand [Milano]**.
2. Der Kartenverweis, der dem Namen folgt, nennt die Kartenseite mit der Kartennummer und das Gradnetzfeld in der Karte, z. B. 118.1 H7.
   Ausnahmen: Einband vorn mit der physischen Weltkarte
   Einband hinten mit der politischen Weltkarte.
3. Es wird auf die Karte verwiesen, in der das Objekt vollständig und im größtmöglichen Maßstab abgebildet ist.
4. Wird auf mehrere Karten verwiesen, so ist das Objekt zusätzlich von besonderer politischer und/oder thematischer Bedeutung.
5. Dem Namen vorangestellte Zusätze (wie Sankt, Saint, Fort, Mont, Mount, Pic, Kap usw.) gelten als fester Bestandteil des Namens und sind bei der Alphabetisierung entsprechend berücksichtigt.
6. Bei Namen, die auch ohne Artikel oder Zusatz gebräuchlich sind, erfolgt ein Doppelverweis (wie z. B. **Hochland von Asir** und **Asir, Hochland von** oder **Halbinsel Yucatán** und **Yucatán, Halbinsel**).
7. In den Karten abgekürzte Namen sind im Register grundsätzlich ausgeschrieben.
8. Gleich lautende Namen werden durch näher kennzeichnende Erklärungen unterschieden, z. B. **Falkenstein; Burg** und **Falkenstein; Stadt**.
9. Ortsteilen ist der Stadtname in runden Klammern hinzugefügt, z. B. **Warnemünde (Rostock-)**.

A

Aa, Bocholter 4.1 B3-C3
Aa, Hörsteler 4.1 E2
Aa, Münstersche 4.1 E3
Aa, Steinfurter 4.1 D2
Aabachtalsperre 4.1 G4
Aachen 6.1 B3
Aachener Dom 6.1 B2
Aachquelle 22.1 D5
Aalen 22.1 F4
Aar 6.1 F4
Aarau 22.1 D5
Aare 66.1 B2
Aasiaat [Egedesminde] 126.1 N3
Aba 110.1 D5
Abadan 100.1 C1
Abadla 110.1 C2
Abakan 96.1 K4
Abasa 96.1 K4
Abayasee 110.1 G5
Abbot-Schelfeis 122.2 B33
Abd al-Kuri 100.1 D3
Abéché 110.1 F4
Abensberg 22.1 G4
Abeokuta 110.1 D5
Aberdeen; Stadt in den USA 128.1 D2
Aberdeen; Stadt im Vereinigten Königreich 60.1 C3
Abetone Cutigliano 66.1 D3
Abha 100.1 C3
Abidjan 110.1 C5, 109.1 C6
Abilene 128.1 D3
Abomey 110.1 D5
Aborrebjerg 20.1 H1
Abu Dhabi [Abū Zabī] 100.1 D2, 94.1 G7
Abuja 110.1 D5, 109.1 D6
Abu Simbel 110.1 G3
Acapulco 128.1 C5-D5
Acarigua 138.1 D2
Accra 110.1 C5, 109.1 C6
Achensee 66.1 D2
Achern 22.1 D4
Achill Head 64.1 A3
Achillinsel 64.1 A3
Achim 20.1 E2
Aconcagua 140.1 A3-B3
Acqui Terme 66.1 C3
Actéongruppe 118.1 Q6
Adama 110.1 H5
Adamaoua, Hochland von 110.1 D5-E5
Adamello 66.1 D2
Adana 96.1 E6
Adapazarı 62.1 F1
Adda 66.1 C3
Ad-Dahna 100.1 C2
Ad-Dakhla 110.1 B3
Ad-Damazin 110.1 G4
Ad-Dammam 100.1 C2-D2
Addis Abeba [Ādīs Ābeba] 110.1 G5, 109.1 G6
Ad-Du'ain 110.1 F4
Adelaide 118.1 H7
Adelaide-Insel 122.2 C35-C36
Adel Bagrou 110.1 C4
Adélieland 122.2 B21-C20
Adelsheim 22.1 E3
Aden 100.1 C3
Adenau 22.1 B2
Adige [Etsch] 66.1 D3-E3
Adirondack Mountains 128.1 F2
Admiralitätsinseln 118.1 I4
Admont 22.1 J5
Adour 64.1 F8
Adrar; Gebirge 110.1 B3
Adrar; Oasenstadt 110.1 C3
Adrar des Iforas 110.1 D4
Adria 66.1 E3
Adriatisches Meer 62.1 D1
Adula 66.1 C2
Ærø 20.1 F1
Afghanistan 98.1 C3, 94.1 H6
Afognakinsel 126.1 D4-E4
Afrika 108.1, Einband vorn.1 L5-N6
Afyonkarahisar 62.1 F2
Agadez 110.1 D4
Agadir 110.1 C2
Ägäisches Meer 62.1 E2
Agalega-Inseln 108.1 I8
Agger 6.1 D3
Aggertalhöhle 6.1 D2-D3
Aggertalsperre 6.1 E2
Aggstein 66.1 F1
Agra 98.1 D4
Agrihan 98.1 K5
Aguascalientes 128.1 C4
Agulhasbecken Einband vorn M10-N10
Agulhasrücken Einband vorn M9-N9
Ägypten 110.1 F3-G3, 109.1 F4-G4
Ahaggar [Hoggar] 110.1 D3
Ahaggar, Tassili des 110.1 D3
Ahaus 4.1 C2
Ahlbeck (Heringsdorf-) 20.1 J2
Ahlen 4.1 E3
Ahmadabad 98.1 D4
Ahr 6.1 C4
Ahrensburg 20.1 F2
Ahrenshoop 20.1 H1
Ahrgebirge 6.1 C3-C4
Ahrweiler, Bad Neuenahr- 22.1 C2
Ahse 4.1 F3
Ahwas 100.1 C1
Aibling, Bad 22.1 H5
Aichach 22.1 G4
Aichal 96.1 M3
Aichfeld 22.1 J5
Aigen 22.1 I4
Ain 66.1 A2
Aïr [Azbine] 110.1 D4
Aisch 22.1 F3
Aitape 98.1 K7
Äiteke Bi 96.1 H5
Aitutaki-Atoll 118.1 O5
Aix-en-Provence 66.1 A4
Aix-les-Bains 66.1 A3
Ajka 64.1 O6
Ajmer 98.1 D4
Akaba 100.1 B2
Aketi 112.1 C1
Akimiski-Insel 126.1 K4-L4
Akita 96.1 P6
Akjoujt 110.1 B4
Akko 62.1 F2
Akola 98.1 D4
Akron 128.1 E2
Aksu 98.1 E2
Akure 110.1 D5
Akureyri 60.1 B2
Alabama; Bundesstaat 128.1 E3
Alabama; Fluss 128.1 E3
Alagoinhas 138.1 G4
Al-Ahmadi 100.1 C2
Al-Ain 100.1 D2
Al-Alamein 110.1 F2
Alamagan 98.1 K5
Al-Amara 100.1 C1
Aland; Fluss 20.1 G3
Åland; Verwaltungseinheit 60.1 F2-F3, 58.1 H2
Alaska; Bundesstaat 126.1 D3-E3, 125.1 G3-H3
Alaska; Landschaft 96.1 U3
Alaska Highway 126.1 F3-G3
Alaskakette 126.1 D3-E3
Alassio 66.1 C3-C4
Alba 66.1 C3
Albacete 62.1 B2
Al-Baida 110.1 F2
Albanien 62.1 D1, 58.1 G4-H4
Albanische Alpen 64.1 P8-Q8
Albany; Fluss 126.1 K4
Albany; Stadt in Australien 118.1 F7
Albany; Stadt in New York, USA 128.1 F2
Albany; Stadt in Georgia, USA 128.1 E3
Al-Basra 100.1 C1
Alberta 126.1 H4
Albertnil 112.1 D1
Albertsee 112.1 C1-D1
Albertville 66.1 B3
Albina 138.1 E2
Al Biyad 100.1 C2
Ålborg 64.1 K1
Albstadt 22.1 E4
Albuquerque 128.1 C3
Al-Chardsch 100.1 C2
Al-Charga 110.1 G3
Aldabra-Inseln 112.1 E2
Aldan; Fluss 96.1 O3
Aldan; Stadt 96.1 N4
Aldenhoven 6.1 B3
Al-Dschubail 100.1 C2
Al-Dschunaina 110.1 F4
Aleppo [Halab] 100.1 B1
Alert 122.1 A4
Alessandria 66.1 C3
Aletschgletscher 66.1 C2
Alëuten 124.1 F4
Alëutenbecken Einband vorn X3-Y3
Alëutengraben Einband vorn X3-Z3
Alëutenkette 126.1 C4-D4
Alexanderarchipel 126.1 F4
Alexanderinsel 122.2 C35-B35
Alexandria 110.1 F2
Alexandrowsk-Sachalinski 96.1 P4
Al-Falludscha 100.1 C1
Al-Faschir 110.1 F4
Al-Fayyum 110.1 G3
Alfeld 20.1 E4
Alföld 64.1 P6-R5
Alfter 6.1 D3
Algeciras 62.1 B2
Algerien 110.1 C3-D3, 109.1 C4-D4
Algier [al Djazā'ir] 110.1 D2, 109.1 D3
Alhambra 62.1 B2
Al-Hofuf 100.1 C2
Ålholm 20.1 G1
Al-Hudaida 100.1 C3
Alicante 62.1 B2
Alice Springs 118.1 H6
Al-Jawf 100.1 B2
Al-Jouf 110.1 C3
Al-Kut 100.1 C1
Alleghany Mountains 128.1 E3-F3
Allenstein [Olsztyn] 64.1 Q3
Allentown 128.1 F2
Aller 20.1 E3
Allgäu 22.1 E5-F5
Allgäuer Alpen 22.1 F5
Allier 64.1 H6
Al-Mahalla al-Kubra 110.1 G2
Al-Mania 110.1 D2
Al-Mansura 62.1 F2
Almaty [Alma Ata] 96.1 I5
Alme 4.1 G3
Alme (Brilon-) 6.1 G2
Almelo 20.1 B3
Almena (Extertal-) 4.1 H2
Almere 64.1 I3
Al-Mereie 110.1 C4
Almería 62.1 B2
Al-Minya 110.1 G3
Al-Mukalla 100.1 C3
Alofi Einband hinten X8
Alor 98.1 I7
Alpen; Gebirge 66.1
Alpen; Gemeinde 4.1 C3
Alpenvorland 66.1 C2-E1
Al-Qamischli 96.1 F6
Al-Qunfudha 100.1 C3
Alsdorf 6.1 B3
Alsen 20.1 E1-F1
Alsfeld 22.1 E2
Alstätte (Ahaus-) 4.1 C2
Altai; Gebirge 96.1 J4-J5
Altai; Stadt in der Mongolei 96.1 K5
Altai; Stadt in Kasachstan 96.1 J5
Altamira; Höhle 64.1 D8
Altamira; Stadt 138.1 E3
Altdorf b. Nürnberg 22.1 G3
Alte IJssel 20.1 B4
Altena 6.1 E2
Altenbeken 4.1 G3
Altenberg 22.1 I2
Altenberge 4.1 D2
Altenberger Dom 6.1 D2
Altenburg 22.1 H1-H2
Altengamme 20.1 F2
Altenkirchen 22.1 C2
Altensteig 22.1 D4
Altentreptow 20.1 I2
Altertheim 22.1 E3
Altes Land 20.1 E2
Altiplano 138.1 D4-D5
Altkirch 22.1 C5
Altmark 20.1 G3
Altmühl 22.1 G4-G3
Altötting 22.1 H4
Altschewsk 60.1 G4
Altun Shan 98.1 E3-F3
Al-Ubayyid 110.1 G4
Alur Setar 98.1 G6
Alvorada 138.1 F4
Al-Wadi 110.1 D2
Al-Wadschh 100.1 B2
Alytus 64.1 S2
Alz 22.1 H5-H4
Alzette 22.1 B3
Alzey 22.1 D3
Amadjuaksee 126.1 L3-M3
Amami-Inseln 96.1 N7-O7
Amapá 138.1 E2
Amarillo 128.1 C3
Amazonas 138.1 E3
Amazonastiefland 138.1 D3-E3
Ambato 138.1 C3
Amberg 22.1 G3
Ambon 98.1 I7
Amboseli-Nationalpark 112.1 D2
Amderma 96.1 H3
Ameland 20.1 A2
American Highland 122.2 B14
Amerikanisch-Samoa 118.1 M5-N5, Einband hinten X7
Amery-Schelfeis 122.2 B13-C14
Amhara 110.1 G4
Amiens 64.1 H5
Amirantengraben Einband vorn P7
Amiranteninseln 108.1 I7
Amman ['Ammān] 100.1 B1, 94.1 E6
Ammer 22.1 G5
Ammergebirge 22.1 F5-G5
Ammerland 20.1 C2-D2
Ammersee 22.1 G4-G5
Amol 100.1 D1
Amorbach 22.1 E3
Amper 22.1 G4
Amravati 98.1 D4
Amritsar 98.1 D3
Amrum 20.1 D1
Amselfeld 64.1 Q8
Amsterdam 64.1 I3, 58.1 F3
Amsterdaminsel Einband vorn Q9-R9
Amstetten 66.1 F1
Am Timan 110.1 F4
Amu-Darja 96.1 H5-H6
Amundsengolf 126.1 G2-H2
Amundsen-Scott 122.2 A
Amundsensee 122.2 C32-B31
Amur 96.1 O4
Amursk 96.1 O4
Anadyr 96.1 S3
Anadyrgebirge 96.1 S3-T3
Anadyrgolf 96.1 T3
Anambasinseln 98.1 G6
Anamudi 92.1 I8-I9
Anápolis 138.1 F4
Anatahan 98.1 K5
Anchorage 126.1 E3
Ancohuma 136.1 D6
Ancona 66.1 E4
Andalusien 62.1 B2
Andamanen 98.1 F5
Andamanensee 98.1 F5-F6
Andechs 22.1 G5
Anden [Kordilleren] 136.1 C4-D9
Andermatt 66.1 C2
Andernach 22.1 C2
Andorra 64.1 G8, 58.1 F4
Andorra la Vella 64.1 G8, 58.1 F4
Andringitra 112.1 E4
Androsinsel 128.1 F4
Angara 96.1 K4
Angarsk 96.1 L4
Angeln 20.1 E1
Ångermanälv 60.1 E2
Angermünde 20.1 I2
Angers 64.1 F6
Angkor 98.1 G5
Anglesey 64.1 D3
Angola 112.1 B3, 109.1 E8-F8
Angolabecken Einband vorn L7-M8
Angóniahochebene 112.1 D3
Angoulême 64.1 G7
Angren 96.1 I5
Anguilla 128.1 G5, 137.1 D3
Anholt; Burg 4.1 B3
Anholt; Insel 64.1 L1
Ankara 96.1 E5-E6, 94.1 E5-E6
Ankaratra 112.1 E3
Anklam 20.1 I2
Annaba 110.1 D2
Annaberg-Buchholz 22.1 H2-I2
An-Nadschaf 100.1 C1
An-Nahud 110.1 F4
Annam 98.1 G4-G5
Annapolis 128.1 F3
Annapurna 98.1 E4
An-Nasiriya 100.1 C1
Annecy 66.1 B3
Annobón 112.1 A2
Annonay 66.1 A3
Annot 66.1 B4
Anqing 98.1 H3
Anröchte 6.1 F1
Ansbach 22.1 F3
Anschero-Sudschensk 96.1 J4
Anshan 98.1 I2
Anshun 98.1 G4
Antalaha 112.1 F3
Antalya 96.1 E6
Antananarivo 112.1 E3, 109.1 H8
Antarktis 122.2, Einband hinten K11-T11
Antarktische Halbinsel 122.2 C1-B1
Antarktischer Ozean 122.2 C13-C18
Antiatlas 110.1 C3-C2
Antibes 66.1 B4
Anticosti-Insel 126.1 M5
Antigua 128.1 G5
Antigua und Barbuda 128.1 G5-H5, 137.1 D3-E3
Antillen, Große 128.1 E4-G5
Antillen, Kleine 128.1 G5
Antipodeninseln 118.1 L8-M8
Antofagasta 140.1 A2
Antsirabe 112.1 E3
Antsiranana 112.1 E3
Antwerpen 64.1 I4
Aomori 96.1 P5
Aoraki/Mount Cook 118.1 L8
Aosta 66.1 B3
Aparecida 138.1 F4
Aparri 98.1 I5
Apartadó 138.1 C2
Apeldoorn 20.1 A3
Apenninen 64.1 K7-M8
Apenninenhalbinsel 62.1 D1
Apenninentunnel 66.1 D3
Apia 118.1 M5, Einband hinten X7
Apo 98.1 I6
Apolda 22.1 G1
Appalachen 128.1 E3-F2
Appenzell 22.1 E5
Apt 66.1 A4
Apuanische Alpen 66.1 D3-D4
Apure 138.1 D2
Apusenigebirge 64.1 R6
Aqtau 96.1 G5
Aqtöbe 96.1 G4
Äquatorialguinea 112.1 A1-B1, 109.1 D6-E6
Arabische Halbinsel 92.1 F7-G8
Arabisches Becken Einband vorn Q6
Arabisches Meer 92.1 G8-H8
Arabische Wüste 110.1 G3
Aracaju 138.1 G4
Araçatuba 138.1 E5
Arad 64.1 Q6
Arafurasee 98.1 J7-K8
Araguaia 138.1 F3

Araguaiabecken 138.1 E4-F3
Araguaína 138.1 F3
Arak 100.1 C1
Arakangebirge 98.1 F4
Aral 96.1 H5
Aralsee 96.1 G5
Araninseln 64.1 A3-B3
Arapiraca 138.1 G3
Ararat 96.1 F6
Aras 62.1 G1-G2
Arauca 138.1 C2
Aravalligebirge 98.1 D4
Araz 58.1 J5
Arbil 100.1 C1
Arbon 22.1 E5
Arc 66.1 B3
Arcachon 64.1 F7
Archangelsk 60.1 H2
Ardabil 96.1 F6
Ardennen 64.1 I4-I5
Ardey 4.1 D4
Arendsee 20.1 G3
Arequipa 138.1 C4
Arezzo 66.1 D4
Argenta 66.1 D3
Argenteuil 64.1 H5
Argentinien 140.1 B3-C3, 137.1 C9-D7
Argentinisches Becken Einband vorn I9-J10
Argentinosee 140.1 A5
Argonnen 64.1 I5
Århus 64.1 L1
Ariana 110.1 E2
Arica 140.1 A1
Arizona 128.1 B3-C3
Arkansas; Bundesstaat 128.1 D3
Arkansas; Fluss 128.1 D3
Arktis 122.1
Arktischer Ozean 122.1 A33-B16
Arktisches Kap 96.1 K1-L1
Arlberg 66.1 D2
Arles 66.1 A4
Arlington; Stadt in Texas, USA 128.1 F3
Arlington; Stadt in Virginia, USA 128.1 F3
Arlit 110.1 D4
Arlon 22.1 A3
Armawir 60.1 H4
Armenien 96.1 F5, 94.1 F6-F5
Armenisches Hochland 62.1 G2
Arnheim [Arnhem] 20.1 A3-A4
Arnhemland 118.1 H5
Arno 66.1 D4
Arnsberg 6.1 F2
Arnsberger Wald 4.1 F4
Arnstadt 22.1 F2
Arnstein 22.1 C2
Arnswalde [Choszczno] 20.1 K2
Arolsen, Bad 20.1 E4
Arosa 66.1 C2
Ar-Ramadi 100.1 C1
Arran 64.1 D2
Ar-Raqqa 62.1 F2
Ar-Rayyān 100.1 D2
Ar-Rutba 100.1 C1
Artesisches Becken, Großes 118.1 H6-I6
Arturo Prat 122.2 C36-C1
Aruba 138.1 C1, 137.1 C3
Aru-Inseln 98.1 J7
Arusha 112.1 D2
Aruwimi 112.1 C1
Arviat 126.1 J3
Arxan 98.1 H2-I2
Asahikawa 96.1 P5
Asandeschwelle 110.1 E5-F5
Asansol 92.1 J7
Ascension; Insel Einband vorn K7-L7
Ascension; Verwaltungseinheit 108.1 B7
Asch 22.1 H2
Aschach 22.1 I4-J4
Aschaffenburg 22.1 E3
Ascheberg 4.1 E3
Aschersleben 20.1 G4
Aschgabat [Aşgabat] 96.1 G6, 94.1 G6
Asela 110.1 G5
Aserbaidschan 96.1 F5, 94.1 F6-F5
Ashland 128.1 D2
Asien 92.1, Einband vorn Q3-U4
Asir, Hochland von 100.1 C2-C3
Asmara [Asmarah] 110.1 G4, 109.1 G5
Asowsches Meer 60.1 G4
Assab 110.1 H4
Assad-Stausee 100.1 B1
Assalesee 110.1 H4
Assam 98.1 F4
As-Samara 110.1 B3
As-Samawa 100.1 C1
Asseln (Lichtenau-) 4.1 G3
Assen 20.1 B3
As-Sīb 100.1 D2
Assino 96.1 J4
Assisi 66.1 E4
Assuan 110.1 G3
Assuan-Hochdamm 110.1 G3
As-Sulaimaniyya 100.1 C1
Astana 96.1 I4, 94.1 I4
Asti 66.1 C3
Astove 112.1 E3
Astrachan 60.1 H4
Asturien 64.1 C8-D8
Asunción 140.1 C2, 137.1 E7
Asyut 110.1 G3
Atacama 140.1 A2-B2
Atacamagraben Einband vorn H8-H9
Atakpamé 110.1 D5
Atar 110.1 B3
Atatürk-Stausee 62.1 F2
Atbara; Fluss 110.1 G4
Atbara; Stadt 110.1 G4
Athabasca 126.1 H4
Athabscasee 126.1 I4
Athen [Athínai] 62.1 E2, 58.1 H5
Äthiopien 110.1 G5-H5, 109.1 G6-H6
Äthiopien, Hochland von 110.1 G4-G5
Athlone 64.1 C3
Athos 62.1 E1
Atlanta 128.1 E3
Atlantic City 128.1 F3
Atlantische Küstenebene 124.1 N6-O6
Atlantischer Ozean Einband vorn H5-K8
Atlas, Hoher 110.1 C2
Atlas, Mittlerer 110.1 C2
Atlasgebirge Einband vorn L5-M4
Ätna 62.1 D2
Atschinsk 96.1 K4
Attahöhle 6.1 E2
At-Taif 100.1 C2
Attendorn 6.1 E2
Attersee 66.1 E2
Attu-Inseln 96.1 S4
Atyrau 96.1 G5
Aube 66.1 A1
Auckland 118.1 L7
Aucklandinseln 118.1 K9
Audincourt 22.1 B5
Aue (Weser) 4.1 H2
Aue-Bad Schlema 22.1 H2
Auerbach i. Vogtland 22.1 H2
Augsburg 22.1 F4
Augusta; Stadt in Georgia, USA 128.1 E3
Augusta; Stadt in Maine, USA 128.1 G2
Augustdorf 4.1 G3
Augustusburg 6.1 C3
Aurangabad 98.1 D5
Auresgebirge 110.1 D2
Aurich 20.1 C2
Aurora; Stadt in Colorado, USA 128.1 C3
Aurora; Stadt in Illinois, USA 128.1 E2
Aussig [Ústí nad Labem] 22.1 J2
Austerlitz [Slavkov u Brna] 64.1 O6
Austin 128.1 D3
Australien; Kontinent Einband vorn T8-V8
Australien; Staat 118.1 G6-I6, Einband hinten T8-U8
Australinseln 118.1 P6
Australisch-Antarktisches Becken Einband vorn R10-T10
Australische Alpen 118.1 I7
Australische Bucht, Große 118.1 G7-H7
Auvergne 64.1 H7
Auyán-Tepuí 138.1 D2
Avarua 118.1 O6, Einband hinten A8
Avignon 66.1 A4
Avilés 64.1 D8
Avon 64.1 F3
Awasa 110.1 G5
Awash 110.1 H4
Axel-Heiberg-Insel 126.1 J1-K2
Ayacucho 138.1 C4
Ayoûn el-Atroûs 110.1 C4
Ayr 64.1 D2
Azawad 110.1 C4
Azoren 56.1 C5
Az-Zarqa 100.1 B1
Az-Zawiya 62.1 D2

B

Baalbek 100.1 B1
Baar 22.1 D5-D4
Bab al-Mandab 100.1 C3
Babanusa 110.1 F4
Babarinseln 98.1 I7
Babrujsk 60.1 F3
Babuyaninseln 98.1 I5
Bacabal 138.1 F3
Bacaninseln 98.1 I7
Bacău 62.1 E1
Baccarat 22.1 B4
Bacharach 22.1 C2
Bachergebirge 66.1 F2
Back 126.1 I3
Backnang 22.1 E4
Bacolod 98.1 I5
Bad Aibling 22.1 H5
Bad Arolsen 20.1 E4
Bad Belzig 20.1 H3
Bad Bentheim 20.1 C3
Bad Bergzabern 22.1 C3-D3
Bad Berka 22.1 G2
Bad Berleburg 6.1 F2
Bad Bramstedt 20.1 E2
Bad Brückenau 22.1 E2
Bad Doberan 20.1 G1
Bad Driburg 4.1 H3
Bad Ems 22.1 C2
Baden; Stadt in Österreich 66.1 G1
Baden; Stadt in der Schweiz 66.1 C2
Baden-Baden 22.1 D4
Badenweiler 22.1 C5
Baden-Württemberg 22.1 D3-E4, 19.1 C4
Bad Fallingbostel 20.1 E3
Bad Freienwalde 20.1 J3
Bad Füssing 22.1 I4
Bad Gandersheim 20.1 F4
Bad Gastein 66.1 E2
Bad Godesberg (Bonn-) 6.1 D3
Bad Grund 20.1 F4
Bad Harzburg 20.1 F4
Bad Hersfeld 22.1 E2
Bad Homburg 22.1 D2
Bad Honnef 6.1 D3
Bad Ischl 66.1 E2
Bad Karlshafen 20.1 E4
Bad Kissingen 22.1 F2
Bad Kleinen 20.1 G2
Bad Königshofen 22.1 F2
Bad Kötzting 22.1 H3
Bad Kreuznach 22.1 C3
Bad Laasphe 6.1 F3
Badlands 128.1 C2
Bad Langensalza 22.1 F1
Bad Lauterberg 20.1 F4
Bad Liebenwerda 20.1 I4
Bad Lippspringe 4.1 G3
Bad Lobenstein 22.1 G2
Bad Meinberg (Horn-Bad Meinberg-) 4.1 G3
Bad Mergentheim 22.1 E3
Bad Münstereifel 6.1 C3
Bad Nauheim 22.1 D2
Bad Neuenahr-Ahrweiler 22.1 C2
Bad Neustadt a. d. Saale 22.1 F2
Bad Niederbronn 22.1 C4
Bad Oeynhausen 4.1 G2
Bad Oldesloe 20.1 F2
Bad Orb 22.1 E2
Bad Pyrmont 20.1 E4
Bad Radkersburg 66.1 F2
Bad Reichenhall 22.1 H5
Bad Säckingen 22.1 C5
Bad Salzdetfurth 20.1 F3
Bad Salzschlirf 22.1 E2
Bad Salzuflen 4.1 G2
Bad Salzungen 22.1 F2
Bad Sassendorf 6.1 F1
Bad Saulgau 22.1 E4
Bad Schandau 22.1 J2
Bad Schlema, Aue- 22.1 H2
Bad Schwalbach 22.1 D2
Bad Schwartau 20.1 F2
Bad Segeberg 20.1 F2
Bad Soden-Salmünster 22.1 E2
Bad Staffelstein 22.1 F2-G2
Bad Steben 22.1 G2
Bad Tölz 22.1 G5
Bad Urach 22.1 E4
Bad Waldsee 22.1 E5
Bad Wildbad 22.1 D4
Bad Wildungen 22.1 E1
Bad Wilsnack 20.1 G3
Bad Wimpfen 22.1 E3
Bad Windsheim 22.1 F3
Bad Wörishofen 22.1 F4-F5
Bad Wünnenberg 4.1 G3
Bad Zwischenahn 20.1 D2
Baesweiler 6.1 B3
Bafatá 110.1 B4
Baffin Bay 126.1 M2
Baffininsel 126.1 K2-M3
Bafq 100.1 D1
Bagdad [Baghdād] 100.1 C1, 94.1 F6
Bagé 140.1 C3
Bago 98.1 F5
Baguio 98.1 I5
Bahama-Inseln 128.1 F4
Bahamas 128.1 F4, 125.1 O7
Bahawalpur 98.1 D4
Bahía Blanca; Bucht 140.1 B3
Bahía Blanca; Stadt 140.1 B3
Bahir Dar 110.1 G4
Bahrain 100.1 D2, 94.1 F7-G7
Bahr al-Arab 110.1 F4-F5
Bahr al-Dschabal 110.1 G5
Bahr al-Ghazal; Fluss 110.1 F5-G5
Bahr al-Ghazal; Landschaft 110.1 F5
Bahr al-Ghazal; Trockental 110.1 E4
Bahr Aouk 110.1 E5-F5
Bahr Salamat 110.1 E5-E4
Baia Mare 64.1 R6
Baicheng 98.1 I2
Baie Comeau 126.1 M5
Baiersbronn 22.1 D4
Baikalsee 96.1 L4-M4
Baikonur 96.1 H5
Bains-les-Bains 22.1 B5
Bairiki 118.1 L3
Bakerinsel 118.1 M3
Baker Lake [Qamanittuaq] 126.1 J3
Bakersfield 128.1 B3
Bakonywald 64.1 O6-P6
Baku [Bakı] 96.1 F5-G5, 94.1 F5
Balabacstraße 98.1 H6
Balakowo 60.1 H3
Balbina-Stausee 138.1 E3
Baldeneysee 4.1 C4-D4
Balearen 62.1 C1-C2
Bali 98.1 H7
Balikpapan 98.1 H7
Balingen 22.1 D4
Balıkesir 62.1 E2
Balkan 62.1 E1
Balkanabat 96.1 G6
Balkanhalbinsel 62.1 E1
Ballarat 118.1 I7
Ballari 98.1 D5
Balleny-Inseln Einband vorn W11
Balqasch 96.1 I5
Balqaschsee 96.1 I5
Balsas 128.1 C5
Balsthal 22.1 C5
Bălţi 60.1 F4
Baltimore 128.1 F3
Baltischer Landrücken 60.1 E3-F3
Baltrum 20.1 C2
Balve 6.1 E2
Balver Höhle 6.1 E2
Bamako 110.1 C4, 109.1 C5
Bambari 110.1 F5
Bamberg 22.1 F3
Bamenda 110.1 E5
Banaba 118.1 L4
Banat 64.1 Q7
Banater Gebirge 64.1 Q7-R7
Banda Aceh 98.1 F6
Bandar Abbas 100.1 D2
Bandar-e Imam Chomeini 110.1 H2
Bandar Lampung 98.1 G7
Bandar Seri Begawan 98.1 H6, 94.1 M9
Bandar Sri Aman 98.1 H6
Bandasee 98.1 I7
Bandundu 112.1 B2
Bandung 98.1 G7
Banff 126.1 H4
Banff-Nationalpark 126.1 H4
Banfora 110.1 C4
Bangassou 110.1 F5
Bangka 98.1 G7
Bangkok [Krung Thep] 98.1 G5, 94.1 L8
Bangladesch 98.1 E4-F4, 94.1 J7-K7
Bangor 128.1 G2
Bangui 110.1 E5, 109.1 E6
Bangweolosee 112.1 C3-D3
Bani 110.1 C4
Banja Luka 64.1 O7
Banjarmasin 98.1 H7
Banjul 110.1 B4, 109.1 B5
Banksinsel 126.1 G2-H2
Banksinseln 118.1 K5
Bansin (Heringsdorf-) 20.1 J2
Banz 22.1 F2-G2
Baoding 98.1 H3
Baoji 98.1 G3
Baoshan 98.1 F4
Baotou 98.1 G2-H2
Baquba 100.1 C1
Barahona 128.1 F5
Baranawitschy 60.1 F3
Barbacena 138.1 F5
Barbados 128.1 H5, 137.1 D3-E3
Barbuda 128.1 G5
Barcelona; Stadt in Spanien 62.1 C1
Barcelona; Stadt in Venezuela 138.1 D1
Barcelonnette 66.1 B3
Bareilly 98.1 D4
Bärenhöhle 22.1 E4
Bäreninsel 96.1 C2
Barentssee 96.1 E2-G2
Barga 66.1 D3
Bargusin 96.1 L4
Bari 62.1 D1
Barinas 138.1 C2
Barisal 98.1 F4
Barkly Tafelland 118.1 H5
Barmen (Wuppertal-) 4.1 D4
Barnacken 4.1 G3
Barnaul 96.1 J4
Barnim 20.1 I3
Barntrup 4.1 H3
Barquisimeto 138.1 D1
Barr 22.1 C4
Barra 138.1 F4
Barrancabermeja 138.1 C2
Barranquilla 138.1 C1
Barre des Écrins 66.1 B3
Barreiras 138.1 F4
Barren Grounds 126.1 H3-K3
Barriereriff, Großes 118.1 I5-J5
Barrowstraße 126.1 J2
Baršć (Łužyca), Forst (Lausitz) / 20.1 J4
Barsinghausen 20.1 E3
Barth 20.1 H1
Barú 138.1 B2
Baruth 20.1 I3
Baruun-Urt 96.1 M5
Baryssau 60.1 F3
Basel 66.1 B2
Bashistraße 98.1 I4
Basilan 98.1 I6
Bassano del Grappa 66.1 D3
Bassas da India 112.1 D4
Basse-Terre 128.1 G5
Basseterre 128.1 G5
Bassstraße 118.1 I7
Bassum 20.1 D3
Bastei 22.1 J2
Bastogne 22.1 A2-A3
Bata 112.1 A1
Batam 98.1 G6
Batangas 98.1 I5
Bataninseln 98.1 I4-I5
Batéképlateau 112.1 B2
Bathurst 126.1 M5
Bathurstinsel; Australien 98.1 I8
Bathurstinsel; Kanada 126.1 I2-J2
Batman 62.1 G2
Batna 110.1 D2
Baton Rouge 128.1 D3
Batschka 64.1 P7-P6
Battambang 98.1 G5
Batu 110.1 G5
Batumi 62.1 G1
Bau 20.1 E1
Bau-Bau 98.1 I7
Bauchi 110.1 D4
Bauland 22.1 E3
Baumberge 4.1 D3
Baume-les-Dames 22.1 B5
Baunatal 22.1 E1
Bauru 138.1 F5
Bautzen / Budyšin 22.1 J1
Bayamón 128.1 G5
Bayan Har Shan 98.1 F3-G3
Bayanhongor 96.1 L5
Bay City 128.1 E2
Baydhabo 110.1 H5
Bayerische Alpen 22.1 F5-H5
Bayerisch Eisenstein 22.1 I3
Bayerischer Wald 22.1 H3-I4
Bayern 22.1 F4-I4, 19.1 D4-E4
Bayonne 64.1 F8
Bayreuth 22.1 G3
Bayrischzell 22.1 H5
Bayuda 110.1 G4
Bayudaschwelle 110.1 G4
Beadmoregletscher 122.2 A
Beaglekanal 140.1 B5
Beaufort 128.1 F3
Beaufortsee 126.1 E2-G2
Beaumont 128.1 D3
Beaune 66.1 A2
Beauvais 64.1 H5
Bebenhausen 22.1 E4
Bebra 22.1 E2
Béchar 110.1 C2
Bechyně 22.1 J3
Becken von Seistan 98.1 C3-C4

Beckum 4.1 F3
Beckumer Berge 4.1 F3
Bedburg 6.1 C3
Bedburg-Hau 4.1 B3
Beelen 4.1 F3
Beer Scheva 62.1 F2
Beeskow 20.1 J3
Bega 4.1 G2
Behchokò 126.1 H3
Bei'an 96.1 N5
Beihai 98.1 G4
Beilngries 22.1 G3
Beira 112.1 D3
Beirut [Bayrūt, Beiroût] 100.1 B1, 94.1 E6
Bei Shan 98.1 F2
Beitbridge 112.1 C4-D4
Bejaïa 110.1 D2
Bekasi 98.1 G7
Bela 98.1 C4
Belagavi 98.1 D5
Belaja 60.1 I3
Belarus 60.1 F3, 58.1 H3-I3
Běla Woda, Weißwasser / 20.1 J4
Belchen 22.1 C5
Belcherinseln 126.1 K4
Belecke (Warstein-) 6.1 F2
Beledweyne 110.1 H5
Belém 138.1 F3
Belfast 64.1 D2
Belfort 22.1 B5
Belgard [Białogard] 20.1 K2-L2
Belgien 64.1 H4-I4, 58.1 F3
Belgorod 60.1 G3
Belgrad [Beograd] 64.1 Q7, 58.1 H4
Belgrano II 122.2 B3
Belitung 98.1 G7
Belize; Staat 128.1 E5, 125.1 N8
Belize; Stadt 128.1 E5
Belle-Île 64.1 E6
Belle-Isle-Straße 126.1 N4
Bellingshausenbecken Einband vorn E10-F11
Bellingshausensee 122.2 C34-B34
Bellinzona 66.1 C2
Bello 138.1 C2
Belluno 66.1 E2
Belmonte Einband hinten J6
Belmopan 128.1 E5, 125.1 N8
Belogorsk 96.1 N4
Belo Horizonte 138.1 F4-F5
Belomorsk 60.1 G2
Belt, Großer 64.1 L2
Belt, Kleiner 64.1 K2
Belucha 96.1 J5
Belutschistan 98.1 C4-C3
Belzig, Bad 20.1 H3
Bend 128.1 A2
Benediktenwand 22.1 G5
Benešov 22.1 J3
Bengalen 98.1 E4-F4
Bengaluru 98.1 D5
Bengasi 110.1 F2
Bengbu 98.1 H3
Bengkulu 98.1 G7
Benguela 112.1 B3
Beni 138.1 D4
Béni Abbès 110.1 C2
Béni Mellal 110.1 C2
Benin 110.1 D5-D4, 109.1 D5-D6
Benin City 110.1 D5
Beni Suef 110.1 G3
Ben Nevis 60.1 C3
Benoni 112.1 C4
Benrath 6.1 C2
Bensheim 22.1 D3
Bentheim, Bad 20.1 C3
Bentlage 4.1 D2
Benue 110.1 D5
Benxi 98.1 I2
Beraun 22.1 I3
Berbera 110.1 H4
Berbérati 110.1 E5
Berchtesgaden 22.1 H5-I5
Berdjansk 60.1 G4
Bereeda 110.1 I4
Beresniki 60.1 I3
Bergamasker Alpen 66.1 C2-D3
Bergamo 66.1 C3
Bergedorf (Hamburg-) 20.1 F2
Bergen; Stadt in Norwegen 60.1 D2
Bergen; Stadt in Mecklenburg-Vorpommern 20.1 I1
Bergheim 6.1 C3
Bergisches Land 6.1 D2-D3
Bergisch-Gladbach 6.1 D3
Bergkamen 6.1 E1
Bergland von Guayana 138.1 D2-E2
Bergneustadt 6.1 E2
Bergzabern, Bad 22.1 C3-D3
Beringinsel 96.1 R4
Beringmeer 96.1 R4-T4
Beringowski 96.1 S3
Beringstraße 126.1 B3-C3
Berjosowo 60.1 J2
Berka, Bad 22.1 G2
Berkel 4.1 C2
Berknerinsel 122.2 A1-B2
Berkum (Wachtberg-) 6.1 D3
Berleburg, Bad 6.1 F2
Berlin; Bundesland 19.1 E2
Berlin; Stadt 20.1 I3, 19.1 E2
Berlinchen [Barlinek] 20.1 K3
Bermejo 140.1 B2
Bermuda 128.1 G3, 125.1 P6
Bermuda-Inseln Einband vorn H4
Bern 66.1 B2, 58.1 F4
Bernau 20.1 I3
Bernburg 20.1 G4
Berneck 22.1 D4
Berner Alpen 66.1 B2-C2
Berninapass 66.1 D2
Bernkastel-Kues 22.1 C3
Beroun 22.1 J3
Bersenbrück 20.1 C3
Besançon 64.1 I6-J6
Beskiden 64.1 P5-Q5
Bestwig 6.1 F2
Bethel 126.1 C3
Béthune 64.1 H4
Betische Kordillere 62.1 B2
Betschuanaland 112.1 C4
Betsiboka 112.1 E3
Betzdorf 22.1 C2
Beuron 22.1 D4-E4
Beuthen [Bytom] 64.1 P4
Bever 4.1 E2
Bevertalsperre 6.1 D2
Beverungen 4.1 H3
Bezau 22.1 E5
Béziers 64.1 H8
Bhadravati 98.1 D5
Bhagalpur 98.1 E4
Bhamo 98.1 F4
Bharati 122.2 B14-C14
Bhavnagar 98.1 D4
Bhilai 98.1 E4
Bhima 98.1 D5
Bhisho 112.1 C5
Bhiwandi 98.1 D5
Bhopal 98.1 D4
Bhubaneswar 98.1 E4-E5
Bhutan 98.1 F4, 94.1 K7
Biak 98.1 J7
Białystok 64.1 R3
Biarritz 64.1 F8
Biberach a. d. Riß 22.1 E4
Bida 110.1 D5
Biedenkopf 22.1 D2
Biel [Bienne] 66.1 B2
Bielefeld 4.1 F2
Bieler See 66.1 B2
Biella 66.1 C3
Bielsko-Biała 64.1 P5
Biese 20.1 G3
Bietigheim-Bissingen 22.1 E4
Bigge 6.1 E3
Biggetalsperre 6.1 E2
Bighorn Mountains 128.1 C2
Bihać 66.1 F3
Bihar Sharif 98.1 E4
Biisk 96.1 J4
Bijeljina 64.1 P7
Bikini-Atoll 118.1 K2
Bilaspur 92.1 J7
Bila Zerkwa 60.1 G4
Bilbao 64.1 E8
Bilibino 96.1 R3
Billerbeck 4.1 D3
Billings 128.1 C2
Bilma 110.1 E4
Bilogebirge 64.1 O6-O7
Bilsteinhöhle 6.1 F2
Bima 98.1 H7
Bimbo 110.1 E5
Bingen 22.1 C3
Binsfeld 6.1 C3
Bintulu 98.1 H6
Bintumani 110.1 B5
Bintunibucht 98.1 J7
Binz 20.1 I1
Biograd na Moru 66.1 F4
Bioko [Fernando Póo] 112.1 A1
Birao 110.1 F4
Biratnagar 98.1 E4
Birdschand 100.1 D1
Birkenfeld 22.1 C3
Birkenhead 64.1 E3
Birmingham; Stadt in den USA 128.1 E3
Birmingham; Stadt im Vereinigten Königreich 64.1 E3-F3
Birnau 22.1 E5
Birobidschan 96.1 O5
Birs 22.1 C5
Bischa 100.1 C2
Bischkek [Bişkek, Biškek] 96.1 I5, 94.1 I5
Bischofshofen 66.1 E2
Bischofswerda 22.1 J1
Bischofteinitz 22.1 H3
Biskra 110.1 D2
Bismarck 128.1 C2
Bismarck-Archipel 118.1 I4-J4
Bismarckgebirge 118.1 I4
Bissagos-Inseln 110.1 B4
Bissau 110.1 B4, 109.1 B5
Bissingen, Bietigheim- 22.1 E4
Bitburg 22.1 B3
Bitsch 22.1 C3
Bitterfeld-Wolfen 20.1 H4
Bitterrootkette 128.1 B2
Bizerte 110.1 D2
Black Hills 128.1 C2
Blackpool 64.1 E3
Blagoweschtschensk 96.1 N4
Blanca Peak 128.1 C3
Blanitz 22.1 J3
Blankenberg 6.1 D3
Blankenburg 20.1 F4
Blankenheim 6.1 C4
Blantyre 112.1 D3
Blatná 22.1 I3
Blaubeuren 22.1 E4
Blauer Nil 110.1 G4
Blåvands Huk 64.1 J2
Bled 66.1 F2
Bleicherode 22.1 F1
Bleilochtalsperre 22.1 G2
Blekinge 64.1 N1
Blies 22.1 C3
Bloemfontein 112.1 C4
Blomberg 4.1 H3
Bludenz 66.1 C2
Bluefields 128.1 E5
Blue Mountains 128.1 B2
Blumberg 22.1 D5
Blumenau 140.1 D2
Bo 110.1 B5
Boa Vista 138.1 D2
Bobbio 66.1 C3
Bober 20.1 K4
Böblingen 22.1 E4
Bobo-Dioulasso 110.1 C4
Bocholt 4.1 C3
Bocholter Aa 4.1 B3-C3
Bochtar 98.1 C3
Bochum 6.1 D2
Bodaibo 96.1 M4
Bode 20.1 G4
Bodélé 110.1 E4
Bodenmais 22.1 I3
Bodensee 22.1 E5
Bodø 60.1 E2
Bodschnurd 96.1 G6
Boeny 112.1 E3
Boghé 110.1 B4
Bogø 20.1 H1
Bogor 98.1 G7
Bogotá 138.1 C2, 137.1 C4
Bogutschany 96.1 K4
Bohai 98.1 H3-I3
Böhmen 64.1 M4-N4
Böhmerwald 22.1 I3-J4
Böhmisches Mittelgebirge 22.1 I2-J2
Böhmisch Leipa [Česká Lípa] 22.1 J2
Bohol 98.1 I6
Boise 128.1 B2
Boizenburg 20.1 F2
Boké 110.1 B4
Bolgatanga 110.1 C4
Bolivien 138.1 D4, 137.1 D6
Bolmen 64.1 M1
Bologna 66.1 D3
Bolschewik 96.1 L2-M2
Bolton 64.1 E3
Boma 112.1 B2
Bomlitz (Walsrode-) 20.1 E3
Bonaire 138.1 D1
Bonanza 128.1 E5
Bondo 112.1 C1
Bönen 6.1 E1
Bongolava 112.1 E3
Bongo-Massiv 110.1 F5
Bongor 110.1 E4
Boningraben Einband vorn V4-V5
Bonininseln 98.1 K4
Bonn 6.1 D3
Bontang 98.1 H6
Boosaaso 110.1 H4
Boothia-Halbinsel 126.1 J2
Booué 112.1 B1-B2
Boppard 22.1 C2
Bora Bora 118.1 O5
Borberg 6.1 G2
Borchen 4.1 G3
Börde, Wanzleben- 20.1 G3
Bordeaux 64.1 F7
Bordesholm 20.1 F1
Bordj Bou Arreridj 110.1 D2
Bordj Omar Driss 110.1 D3
Borgentreich 4.1 H3
Borgholm 64.1 O1
Borgholzhausen 4.1 F2
Borghorst (Steinfurt-) 4.1 D2
Borgou 110.1 D4
Borissoglebsk 60.1 H3
Borken; Landkreis 4.1 C3
Borken; Stadt in Nordrhein-Westfalen 4.1 C3
Borken; Stadt in Hessen 22.1 E1
Borkenberge 4.1 D3
Borkum 20.1 B2
Borlinghausen 4.1 H3
Bormida 66.1 C3
Bormio 66.1 D2
Borna 22.1 H1
Borneo [Kalimantan] 98.1 H6-H7
Bornheim 6.1 C3
Bornholm 64.1 N2
Borsja 96.1 M4
Borudscherd 100.1 C1
Bose 98.1 G4
Bösingfeld (Extertal-) 4.1 H2
Bosna 64.1 O7-P7
Bosnien und Herzegowina 64.1 O7-P8, 58.1 G4
Bosnisches Erzgebirge 64.1 O7-P8
Bosporus 62.1 E1
Bossangoa 110.1 E5
Boston 128.1 F2
Botrange 22.1 B2
Botsuana 112.1 C4, 109.1 F9
Bottnischer Meerbusen 60.1 E2-F2
Bottrop 4.1 C3
Bouaké 110.1 C5
Bouar 110.1 E5
Bougainville 118.1 J4
Boulogne-sur-Mer 64.1 G4
Bounty-Inseln 118.1 L8-M8
Bourg-en-Bresse 66.1 A2
Bourges 64.1 H6
Bourgoin-Jallieu 66.1 A3
Bournemouth 64.1 F4
Bourscheid 22.1 B3
Bourtanger Moor 20.1 C3-C2
Bouvetinsel Einband hinten L10
Boyomafälle [Stanleyfälle] 112.1 C1-C2
Bozen [Bolzano] 66.1 D2
Brač 64.1 O8
Brackwede (Bielefeld-) 4.1 G3
Bradford 64.1 F3
Bragança 138.1 F3
Brahmapur 98.1 E5
Brahmaputra 98.1 F4
Brăila 62.1 E1
Brake; Schloss 4.1 G2
Brake; Stadt 20.1 D2
Brake (Bielefeld-) 4.1 G2
Brakel 4.1 H3
Bramsche 20.1 C3-D3
Bramstedt, Bad 20.1 E2
Brandberg 112.1 B4
Brandenburg; Bundesland 20.1 H3-J3, 19.1 E2
Brandenburg; Stadt 20.1 H3
Brand-Erbisdorf 22.1 I2
Brandon 126.1 I5-J5
Brandýs-Stará Boleslav 22.1 J2
Branitz 20.1 J4
Brasilia [Brasília] 138.1 F4, 137.1 F6
Brasilianisches Becken Einband vorn J7-K8
Brasilianisches Bergland 138.1 E4-F4
Brasilien 136.1 D5-F5, 137.1 D5-F5
Bratislava 64.1 O5, 58.1 G4
Bratsk 96.1 L4
Bratsker Stausee 96.1 L4
Braunau a. Inn 66.1 E1
Braunlage 20.1 F4
Braunschweig 20.1 F3
Brazos 128.1 D3
Brazzaville 112.1 B2, 109.1 E7
Brčko 64.1 P7
Brdywald 22.1 I3
Brechte 4.1 D2
Breckerfeld 6.1 D2
Bredenborn (Marienmünster-) 4.1 H3
Bredstedt 20.1 D1
Breg 22.1 D5
Brega [Al-Buraiga] 110.1 E2
Bregenz 66.1 C2
Bregenzer Wald 22.1 E5-F5
Breisach a. Rhein 22.1 C4
Breisgau 22.1 C5-C4
Bremen; Bundesland 19.1 C2
Bremen; Stadt 20.1 D2, 19.1 C2
Bremen (Ense-) 6.1 E1
Bremerhaven 20.1 D2
Bremervörde 20.1 E2
Brenner 66.1 D2
Brenta 66.1 D3
Brentagruppe 66.1 D2
Brescia 66.1 D3
Breslau [Wrocław] 64.1 O4
Bresse 66.1 A2
Brest; Stadt in Belarus 64.1 R3
Brest; Stadt in Frankreich 64.1 D5
Bretagne 64.1 E5
Bretten 22.1 D3
Breuil-Cervinia 66.1 B3
Briançon 66.1 B3
Bridgetown 128.1 H5
Brienzer See 66.1 B2
Brigach 22.1 D4-D5
Brig-Glis 66.1 B2
Brighton and Hove 64.1 F4
Brignoles 66.1 B4
Brijuni 66.1 E3
Brilon 6.1 G2
Briloner Höhen 6.1 F2-G2
Brisbane 118.1 J6
Bristol 64.1 E4
Bristol Bay 126.1 C4-D4
Bristolkanal 64.1 D4-E4
Britisch-Columbia 126.1 G4
Britische Inseln 60.1 B3-C3
Brive-la-Gaillarde 64.1 G7
Brixen [Bressanone] 66.1 D2
Brjansk 60.1 G3
Broad Law 64.1 E2
Brocken 20.1 F4
Brodeur-Halbinsel 126.1 J2-K2
Broken Hill 118.1 I7
Brokenrücken Einband vorn S8-S9
Brokopondo 138.1 E2
Bromberg [Bydgoszcz] 64.1 O3-P3
Brookskette 126.1 C3-E3
Brownsville 128.1 D4
Bruchhauser Steine 6.1 G2
Bruchsal 22.1 D3
Bruck a. d. Mur 66.1 F2
Brückelberg 22.1 I3
Brückenau, Bad 22.1 E2
Brügge 64.1 H4
Brüggen 4.1 B4
Brühl 6.1 C3
Brunei Darussalam 98.1 H6, 94.1 M9
Brünn [Brno] 64.1 O5
Brunsbüttel 20.1 E2
Brunssum 22.1 A2
Brüssel [Brussel, Bruxelles] 64.1 I4, 58.1 F3
Brüx [Most] 22.1 I2
Bryce Canyon 128.1 B3
Bucaramanga 138.1 C2
Buchanan 110.1 B5-C5
Buchara 96.1 H6
Buchen 22.1 E3
Buchholz, Annaberg- 22.1 H2-I2
Buchholz i. d. Nordheide 20.1 E2
Buchloe 22.1 F4
Bucht von Campeche 128.1 D4
Buchwald 20.1 K3
Bückeburg 20.1 E3
Budapest 64.1 P6, 58.1 G4
Büdingen 22.1 E2
Budweis [České Budějovice] 22.1 J4
Budyšin, Bautzen / 22.1 J1
Buenaventura 138.1 C2
Buenos Aires 140.1 C3, 137.1 E8
Buenos-Aires-See 140.1 A4-B4
Buffalo 128.1 F2
Bug 64.1 R3
Bühl 22.1 D4
Bujumbura 112.1 C2, 109.1 F7
Bukama 112.1 C2
Bukarest [București] 62.1 E1, 58.1 H4
Bukatschatscha 96.1 M4
Bukavu 112.1 C2
Bukittinggi 98.1 G7
Bukoba 112.1 D2
Bulawayo 112.1 C4
Buldern (Dülmen-) 4.1 D3
Bulgarien 62.1 E1, 58.1 H4
Bumba 112.1 C1
Bunbury 118.1 F7
Bundaberg 118.1 J6
Bünde 4.1 G2
Bungsberg 20.1 F1
Bunia 112.1 D1
Bunzlau [Bolesławiec] 20.1 K4
Buon Ma Thuot 98.1 G5
Buraida 100.1 C2
Burbach 6.1 F3

Büren 4.1 G3
Burg; Schloss 6.1 D2
Burg; Stadt 20.1 G3
Burgas 62.1 E1
Burgdorf 20.1 E3-F3
Burghausen 22.1 H4
Burgkirchen a. d. Alz 22.1 H4
Burglengenfeld 22.1 H3
Burgos 64.1 E8
Burgstadtl 22.1 I2
Burgund 64.1 I6
Burgundische Pforte 64.1 J6
Burkina Faso 110.1 C4-D4, 109.1 C5-D5
Burlington 128.1 D2
Burnaby 126.1 G5
Bursa 96.1 D5-D6
Burscheid 6.1 D2
Buru 98.1 I7
Burundi 112.1 C2-D2, 109.1 F7-G7
Busan 96.1 N6
Buschehr 100.1 D2
Buschmannland 112.1 B4-C4
Busira 112.1 C2
Bussang 22.1 B5
Bussen 22.1 E4
Busto Arsizio 66.1 C3
Büsum 20.1 D1
Buta 112.1 C1
Butaritari-Atoll 118.1 K3-L3
Buton 98.1 I7
Butte 128.1 B2
Butuan 98.1 I6
Butzbach 22.1 D2
Bützow 20.1 G2
Buxtehude 20.1 E2
Byrrangagebirge 96.1 K2-L2

C

Caatinga 138.1 F3-G3
Cabanatuan 98.1 I5
Cabimas 138.1 C1
Cabinda; Stadt 112.1 B2
Cabinda; Verwaltungseinheit 112.1 B2
Cabotstraße 126.1 M5-N5
Cabo Verde 108.1 A5, 109.1 A5
Cádiz 62.1 B2
Caen 64.1 F5
Cagayan de Oro 98.1 I6
Cagliari 62.1 C2
Caguas 128.1 G5
Cahora-Bassa-Stausee 112.1 D3
Caicosinseln 128.1 F4
Cairns 118.1 I5
Cajamarca 138.1 C3
Calabar 110.1 D5
Calabozo 138.1 D2
Calais 60.1 D3
Calama 140.1 B2
Calamianinseln 98.1 H5
Calau / Kalawa 20.1 I4
Calbayog 98.1 I5
Calbe 20.1 G4
Caldera 140.1 A2
Calgary 126.1 H4
Cali 138.1 C2
California 128.1 A3-B3
Callao 138.1 C4
Calw 22.1 D4
Camagüey 128.1 F4
Camargo 128.1 C4
Camargue 66.1 A4
Ca Mau 98.1 G6
Cambrian Mountains 64.1 D4-E3
Cambridge Bay [Iqaluktuuttiaq] 126.1 I3
Cametá 138.1 F3
Camiri 138.1 D4-D5
Cammin 20.1 J2
Camocim 138.1 F3
Campbellinsel 118.1 K9-L9
Campbellton 126.1 M5
Campeche 128.1 D5
Campina Grande 138.1 G3
Campinas 138.1 F5
Campo Grande 138.1 E5
Campos; Landschaft 138.1 F4-F3
Campos; Stadt 138.1 F5
Canadian River 128.1 C3
Canal de Bourgogne 66.1 A2
Canal des Vosges 22.1 B5-B4
Canal du Centre 66.1 A2
Canal du Midi 64.1 G8-H8
Canale Maestro di Chiana 66.1 D4
Canal Marne-Saône 66.1 A2
Cananea 128.1 B3
Canberra 118.1 I7, Einband hinten U9
Cancún 128.1 E4
Caniapiscau 126.1 M4
Cannes 66.1 B4
Canoas 140.1 C2
Canossa 66.1 D3
Can Tho 98.1 G5-G6
Cantoninsel 118.1 M4-N4
Cape Coral 128.1 E4
Cape Dorset [Kinngait] 126.1 L3
Cap-Haïtien 128.1 F5
Cappenberg 4.1 E3
Capraia 66.1 C4
Caprivi-Zipfel 112.1 C3
Caquetá 138.1 C3
Caracas 138.1 D1, 137.1 D3
Carajás 138.1 E3
Caratinga 138.1 F4
Cardiff [Caerdydd] 64.1 E4
Cardigan Bay 64.1 D3
Cargados-Carajos-Inseln 108.1 J8
Carlisle 64.1 E2
Carlsbad 128.1 C3
Carlsbergrücken Einband vorn P6-Q6
Carmen 128.1 D5
Carmen de Patagones 140.1 B4
Carnac 64.1 E6
Carnsore Point 64.1 C3
Carolina 128.1 G5
Caroline-Insel 118.1 O4-P4
Carpentariagolf 118.1 H5-I5
Carpentaria Tiefland 118.1 H5-I5
Carpentras 66.1 A3
Carpi 66.1 D3
Carrantuohill 64.1 B3
Carrara 66.1 D3
Carretera Panamericana 138.1 C4, 140.1 A3
Carson City 128.1 B3
Cartagena; Stadt in Spanien 62.1 B2
Cartagena; Stadt in Kolumbien 138.1 C1
Caruaru 138.1 G3
Carúpano 138.1 D1
Casablanca [Dar-el-Beïda] 110.1 C2
Casale Monferrato 66.1 C3
Casamance 110.1 B4
Cascavel 138.1 E5
Casey 122.2 C18
Casiquiare 138.1 D2
Casper 128.1 C2
Castanhal 138.1 F3
Castellane 66.1 B4
Castries 128.1 G5
Castro 140.1 A4
Castrop-Rauxel 4.1 D3
Catamarca 140.1 B2
Catania 62.1 D2
Catinsel 128.1 F4
Cauca 138.1 C2
Caucaia 138.1 G3
Causses 64.1 H8-H7
Caxias 138.1 F3
Caxias do Sul 140.1 C2
Cayenne 138.1 E2
Caymaninseln 128.1 E5-F5, 125.1 N8
Cebu 98.1 I5
Cecina 66.1 D4
Cedrosinsel 128.1 B4
Čelákovice 22.1 J2
Celebessee 98.1 I6
Celje 66.1 F2
Celle 20.1 F3
Cenderawasihbucht 98.1 J7
Ceres 66.1 B3
Cerf 112.1 F2
Cerro de Pasco 138.1 C4
Cerro Mohinora 124.1 L7
Cerro Potosí 124.1 L7
Certosa di Pavia 66.1 C3
Červená-Lhota 22.1 J3
Cesena 66.1 E3
Cesenatico 66.1 E3
Ceuta; Stadt 56.1 E5
Ceuta; Verwaltungseinheit 62.1 E2, 58.1 E5
Cevennen 64.1 H8-I7
Chabarowsk 96.1 O5
Chablais 66.1 B2
Challengertief Einband vorn V6
Chalon-sur-Saône 66.1 A2
Cham 22.1 H3
Chambéry 66.1 A3
Chambord 64.1 G6
Cham-Further-Senke 22.1 H3
Chamis Muschait 100.1 C3
Chamonix 66.1 B3
Champagne 64.1 H5-I5
Champagnole 66.1 A2
Chañaral 140.1 A2
Chan-Chan 138.1 C3
Chandigarh 98.1 D3
Chandyga 96.1 O3
Changaigebirge 96.1 K5-L5
Changchun 98.1 I2
Changde 98.1 H4
Changsha 98.1 H4
Changweon 96.1 N6
Changzhi 98.1 H3
Chanty-Mansijsk 60.1 J2
Chaozhou 98.1 H4
Chapada Diamantina 138.1 F4
Chari 110.1 E4
Charkiw 60.1 G3-G4
Charleroi 64.1 I4
Charleston; Stadt in West-Virginia, USA 128.1 E3
Charleston; Stadt in South-Carolina, USA 128.1 E3
Charlotte 128.1 E3
Charlottenhöhle 22.1 F4
Charlottetown 126.1 M5
Charmes 22.1 B4
Charollais 66.1 A2
Chartres 64.1 G5
Charudsch al-Aswad 110.1 E3
Chatanga 96.1 L2
Château-Salins 22.1 B4
Chathaminseln 118.1 L8-M8
Châtillon-sur-Seine 66.1 A2
Chattanooga 128.1 E3
Chaumont 66.1 A1
Chemnitz 22.1 H2
Chengde 98.1 H2
Chengdu 98.1 G3
Chenonceau 64.1 G6
Cheongjin 96.1 N5
Cher 64.1 H6
Cherbourg-en-Cotentin 64.1 F5
Cherrapunji 98.1 F4
Cherson 60.1 G4
Chesapeake Bay 128.1 F3
Chesterfieldinseln 118.1 J5
Chetumal 128.1 E5
Cheviot Hills 64.1 E2-F2
Cheyenne 128.1 C2
Chiang Mai 98.1 F5
Chiang Rai 98.1 F4-F5
Chianti 66.1 D4
Chiavari 66.1 C3
Chiavenna 66.1 C2
Chiba 96.1 O6-P6
Chibougamau 126.1 L4-L5
Chicago 128.1 E2
Chichén Itzá 128.1 E4
Chiclayo 138.1 C3
Chiemgauer Alpen 22.1 H5
Chiemsee 22.1 H5
Chiese 66.1 D3
Chifeng 98.1 H2
Chihuahua 128.1 C4
Chile 140.1 A3, 137.1 C9-D7
Chilebecken Einband vorn G9
Chilegraben Einband vorn G10-H10
Chilerücken Einband vorn F9-G10
Chillán 140.1 A3
Chillon 66.1 B2
Chiloé 140.1 A4
Chilpancingo 128.1 D5
Chilwasee 112.1 D3
Chimborazo 138.1 C3
Chimbote 138.1 C3
Chimoio 112.1 D3
China 98.1 E3-H3, 94.1 J6-L6
Chincha Alta 138.1 C4
Chingola 112.1 C3
Chioggia 66.1 E3
Chios 62.1 E2
Chipata 112.1 D3
Chirripó 124.1 N9
Chisasibi 126.1 L4
Chisinau 60.1 F4, 58.1 H4
Chittagong 98.1 F4
Chitungwiza 112.1 D3
Chmelnyzky 60.1 F4
Choiseul 118.1 J4
Cholmsk 96.1 P5
Chon Buri 98.1 G5
Chongqing 98.1 G3-G4
Chonosarchipel 140.1 A4
Chopjor 60.1 H3
Chorin 20.1 I3
Chorramabad 110.1 H2
Chorugh 96.1 I6
Chóśebuz, Cottbus / 20.1 J4
Chota Nagpur 98.1 E4
Chowd 96.1 K5
Christchurch 118.1 L8
Christmasinsel; Indischer Ozean 118.1 E5
Christmasinsel [Kiritimati]; Pazifischer Ozean 118.1 O3
Chromtau 96.1 G4
Chubut 140.1 B4
Chudschand 96.1 H5
Chur 66.1 C2
Churchill; Fluss zum Atlantik, Kanada 126.1 J4
Churchill; Fluss zum Hudson Bay, Kanada 126.1 M4
Churchill; Stadt 126.1 J4
Chuukinseln 118.1 J3
Ciego de Ávila 128.1 F4
Cienfuegos 128.1 E4
Cilacap 98.1 G7
Cincinnati 128.1 E3
Cirebon 98.1 G7
Città di Castello 66.1 E4
Ciudad Bolívar 138.1 D2
Ciudad del Este 140.1 C2
Ciudad Guayana 138.1 D2
Civitanova Marche 66.1 E4
Cixi 98.1 I3
Clarholz, Herzebrock- 4.1 F3
Clarksville 128.1 E3
Clausthal-Zellerfeld 20.1 F4
Clearwatersee 126.1 L4
Clemenswerth 20.1 C3
Clenze 20.1 F3
Clerf 22.1 A2-B2
Clermont-Ferrand 64.1 H7
Cleveland 128.1 E2
Clippertoninsel 128.1 C5
Cloppenburg 20.1 D3
Cluny 64.1 I6
Cluses 66.1 B2
Clyde River [Kanngiqtugaapik] 126.1 M2
Coast Mountains 126.1 F3-G4
Coatsinsel 126.1 K3
Coatsland 122.2 B4
Coatzacoalcos 128.1 D5
Coburg 22.1 F2
Cochabamba 138.1 D4
Cochem 22.1 C2
Coco 138.1 B1
Coesfeld; Landkreis 4.1 D3
Coesfeld; Stadt 4.1 D3
Coevorden 20.1 B3
Cognac 64.1 F7
Coiba 128.1 E6
Coimbatore 98.1 D5
Colatina 138.1 F4
Colbitz-Letzlinger Heide 20.1 G3
Colchester 64.1 G4
Col de la Bonette 66.1 B3
Col de l'Iseran 66.1 B3
Col de Montgenèvre 66.1 B3
Col du Mont Cenis 66.1 B3
Coleraine 64.1 C2
Colima 128.1 C5
Colline Metallifere 66.1 D4
Collmberg 22.1 I1
Colmar 22.1 C4
Colombo 98.1 D6-E6, 94.1 I9
Colón 128.1 F6
Colónrücken Einband vorn E7-F7
Colorado; Bundesstaat 128.1 C3
Colorado; Fluss zum Golf von Kalifornien 128.1 B3
Colorado; Fluss in Argentinien 140.1 B3
Colorado; Fluss zum Golf von Mexiko 128.1 D4
Coloradoplateau 128.1 B3-C3
Colorado Springs 128.1 C3
Columbia; Fluss 126.1 G5-H5
Columbia; Stadt 128.1 E3
Columbiaplateau 128.1 B2
Columbus; Stadt in Ohio, USA 128.1 E3-E3
Columbus; Stadt in Georgia, USA 128.1 E3
Colville 126.1 D3
Comacchio 66.1 E3
Comburg 22.1 E3
Comer See 66.1 C2
Como 66.1 C3
Comodoro Rivadavia 140.1 B4
Conakry 110.1 B5, 109.1 B6
Concepción; Stadt in Chile 140.1 A3
Concepción; Stadt in Paraguay 140.1 C2
Conchos 128.1 C4
Concord 128.1 F2
Concordia; Forschungsstation 122.2 B19
Concordia; Stadt 140.1 C3
Connacht 64.1 B3-C2
Connecticut 128.1 F2
Connemara 64.1 B3
Constanța 62.1 E1
Constantine 110.1 D2
Cook Inlet 126.1 D4-D3
Cookinseln 118.1 N5-O5, Einband hinten A7
Cookinseln, Südliche 118.1 N5-O6
Copán 128.1 E5
Copiapó 140.1 A2
Copper Center 126.1 E3
Coquimbo 140.1 A2-A3
Córdoba; Stadt in Spanien 62.1 B2
Córdoba; Stadt in Argentinien 140.1 B3
Cordova 126.1 E3
Cork [Corcaigh] 64.1 B4
Corner Brook 126.1 N5
Cornimont 22.1 B5
Cornwall 64.1 D4
Cornwallisinsel 126.1 I2-J2
Coro 138.1 D1
Coronation-Golf 126.1 H3-I3
Coropuna 138.1 C4
Corpus Christi 128.1 D4
Corrientes 140.1 C2
Cortina d'Ampezzo 66.1 E2
Cortona 66.1 D4-E4
Corumbá 138.1 E4
Corvey 4.1 H3
Cosmoledo-Inseln 112.1 E2
Costa Rica 128.1 E6, 125.1 N9
Costa Verde 64.1 C8-D8
Coswig; Stadt in Sachsen 22.1 I1
Coswig; Stadt in Sachsen-Anhalt 20.1 H4
Cotabato 98.1 I6
Côte d'Argent 64.1 F7-F8
Côte d'Azur 66.1 B4
Côte d'Ivoire 110.1 C5, 109.1 C6
Côte d'Or 64.1 I6
Cotentin 64.1 F5
Côtes de Moselle 22.1 A4-B3
Cotonou 110.1 D5, Einband hinten L6
Cotopaxi 138.1 C3
Cotswolds 64.1 E4-F3
Cottbus / Chóśebuz 20.1 J4
Cottische Alpen 66.1 B3
Courmayeur 66.1 B3
Coventry 64.1 F3
Coyhaique 140.1 A4
Cozumel 128.1 E4
Craigavon 64.1 C2
Crailsheim 22.1 F3
Craiova 62.1 E1
Creglingen 22.1 F3
Creil 64.1 H5
Cremona 66.1 D3
Cres; Insel 64.1 N7
Cres; Stadt 66.1 F3
Crêt de la Neige 66.1 A2
Crikvenica 66.1 F3
Crimmitschau 22.1 H2
Cristóbal Colón 138.1 C1
Crivitz 20.1 G2
Crossen [Krosno Odrzańskie] 20.1 K3
Cross Fell 64.1 E2
Crozetbecken Einband vorn P9-Q9
Crozetinseln Einband vorn P10
Cruzeiro do Sul 138.1 C3
Cubango 112.1 B3
Cúcuta 138.1 C2
Cuenca 138.1 C3
Cuernavaca 128.1 D5
Cuiabá 138.1 E4
Cuito 112.1 B3
Culiacán 128.1 C4
Cumaná 138.1 D1
Cumberlandsund 126.1 M3
Cumbrian Mountains 64.1 E2
Cunene 112.1 B3
Cuneo 66.1 B3
Curaçao 138.1 D1, 137.1 D3
Curcubăta Mare 64.1 R6
Curitiba 138.1 F5
Cuttack 98.1 E4
Cuxhaven 20.1 D2
Cuzco 138.1 C4
Cyrenaika 110.1 F2

D

Daba Shan 98.1 G3-H3
Dachau 22.1 G4
Dachstein; Berg 64.1 M6
Dachstein; Gebirge 66.1 E2
Daegu 96.1 N6
Daejeon 96.1 N6
Dagupan 98.1 I5
Dahlak-Archipel 110.1 H4
Dahlem 6.1 C4
Dahlener Heide 20.1 H4
Dahme; Fluss 20.1 I4
Dahme; Gemeinde 20.1 G1
Dakar 110.1 B4, 109.1 B5
Dalandsadgad 96.1 L5
Da Lat 98.1 G5

Dalheim-Rödgen (Wegberg-) 6.1 B2
Dali 98.1 G4
Dalian 98.1 I3
Dallas 128.1 D3
Dalmatien 64.1 N8-P8
Dalnegorsk 96.1 O5
Dalneretschensk 96.1 O5
Daloa 110.1 C5
Damaraland 112.1 B4
Damaskus [Dimashq] 100.1 B1, 94.1 E6
Damergou 110.1 D4-E4
Damiette 62.1 F2
Dammastock 66.1 C2
Damme 20.1 D3
Danakiltiefland 110.1 H4
Da Nang 98.1 G5
Dandong 98.1 I2
Dänemark 60.1 D3, 58.1 F3-G3
Dänemarkstraße 126.1 Q3
Dangerinseln 118.1 N5-N4
Dänischer Wohld 20.1 E1-F1
Dannenberg 20.1 G2
Danville 128.1 F3
Danzig [Gdańsk] 64.1 P2
Daqing 96.1 N5
Dara 62.1 F2
Darbhanga 98.1 E4
Darchan 96.1 L5
Dardanellen 62.1 E2-E1
Daressalam [Dar es Salaam] 112.1 D2, 109.1 G7
Darfeld 4.1 D2
Darfur 110.1 F4
Darfurschwelle 110.1 F4-F5
Darjeeling 98.1 E4
Darling 118.1 I7
Darlingkette 118.1 F6-F7
Darmstadt 22.1 D3
Darna 110.1 F2
Dar Rounga 110.1 F4-F5
Darß 20.1 H1
Darßer Ort 20.1 H1
Dartmoor 64.1 D4-E4
Darwin 118.1 H5
Daşoguz [Taschaus] 96.1 G5
Datong 98.1 H2-H3
Datteln 4.1 D3
Datteln-Hamm-Kanal 4.1 E3
Daun 22.1 B2
Dauphiné 66.1 A3-B3
Dauphiné Alpen 66.1 B3
Davao 98.1 I6
David 128.1 E6
Davis 122.2 C14
Davissee 122.2 C15-C16
Davisstraße 126.1 N3
Davos 66.1 C2
Dawei 98.1 F5
Dawson 126.1 F3
Dawson Creek 126.1 G4
Dayton 128.1 E3
Daytona Beach 128.1 E4
De Aar 112.1 C5
Deasestraße 126.1 I3
Debrecen 64.1 Q6
Debre Markos 110.1 G4
Dechenhöhle 6.1 E2
Deggendorf 22.1 H4
Deir ez-Zor 100.1 C1
Deister 20.1 E3
Dekkan, Hochland von 98.1 D5
Delaware 128.1 F3
Delbrück 4.1 G3
Delémont 66.1 B2
Delfzijl 20.1 B2
Delhi 98.1 D4
Delitzsch 20.1 H4
Delmenhorst 20.1 D2
Delnice 66.1 F3
De Long-Inseln 96.1 Q2
De Long-Straße 96.1 S2-T3
Delphi 62.1 E2
Demawend 100.1 D1
Demmin 20.1 I2
Demokratische Republik Kongo 112.1 B2-C2, 109.1 F7
Demokratische Volksrepublik Korea 96.1 N5-O6, 94.1 N6-O6
Denali 126.1 D3
Den Haag ['s-Gravenhage] 64.1 I3, 58.1 F3
Denizli 62.1 E2
Denklingen (Reichshof-) 6.1 E3
Denpasar 98.1 H7
Dents du Midi 66.1 B2
Denver 128.1 C3
Derbent 60.1 H4
Derby; Stadt in Australien 118.1 G5
Derby; Stadt im Vereinigten Königreich 64.1 F3
Der Kanal 64.1 E4-F5
Derschawinsk 96.1 H4
Dese 110.1 G4
Desenberg 4.1 H3-H4
Des Moines 128.1 D2
Desna 60.1 G3
Dessau-Roßlau 20.1 H4
Desventuradasinseln 136.1 B7-C7
Detmold 4.1 G3
Detroit 128.1 E2
Deurne 20.1 A4
Deutsche Bucht 20.1 B1-C1
Deutschland 18.1, 19.1
Deutsch-Wartenberg 20.1 K4
Deutz (Köln-) 6.1 C3
Deventer 20.1 B3
Devoninsel 126.1 K2
Dezful 100.1 C1
Dhaka 98.1 F4, 94.1 K7
Dhamar 100.1 C3
Dhanbad 98.1 E4
Dharan 98.1 E4
Dharwad, Hubli- 98.1 D5
Dhofar 100.1 D3
Dhule 98.1 D4
Dhünntalsperre 6.1 D2
Diamantina 138.1 F4
Dibrugarh 98.1 F4
Die 66.1 A3
Dieburg 22.1 D3
Diedenhofen [Thionville] 22.1 B3
Diego Garcia Einband vorn Q7-R7
Dielingen (Stemwede-) 4.1 F2
Diemel 4.1 H3
Diepholz 20.1 D3
Dieppe 64.1 G5
Dieuze 22.1 B4
Dievenow; Mündungsarm 20.1 J2
Dievenow [Dziwnów]; Stadt 20.1 J1
Diez 22.1 D2
Digne-les-Bains 66.1 B3
Digul 98.1 J7
Dijon 64.1 I6
Dikson 96.1 J2
Dili 98.1 I7, 94.1 N10
Dillenburg 22.1 D2
Dillingen/Saar 22.1 B3
Dillingen a. d. Donau 22.1 F4
Dilolo 112.1 C3
Dimlang 110.1 E5
Dinara 64.1 O7
Dinarisches Gebirge 64.1 N7-P8
Dingden (Hamminkeln-) 4.1 C3
Dingolfing 22.1 H4
Dinkel 4.1 D2
Dinkelsbühl 22.1 F3
Dinslaken 4.1 C3
Dipolog 98.1 I6
Dippoldiswalde 22.1 I2
Dire Dawa 110.1 H5
Diskobucht 126.1 N3
Disko-Insel 126.1 N2-N3
Dithmarschen 20.1 D1-E2
Dixon Entrance 126.1 F4
Diyarbakır 96.1 F6
Djado, Plateau von 110.1 E3
Djelfa 110.1 D2
Djerba 110.1 E2
Djerdap-Stausee 64.1 Q7-R7
Djolplateau 100.1 C3
Dnipro; Fluss 60.1 G4
Dnipro; Stadt 60.1 G4
Dniproniederung 60.1 G3-G4
Dnister 60.1 F4
Dnjapro 56.1 H3-I3
Dnjepr 60.1 G3
Döbeln 22.1 I1
Doberan, Bad 20.1 G1
Dobra 66.1 F3
Döbraberg 22.1 G2
Dodoma 112.1 D2, 109.1 G7
Doetinchem 20.1 B4
Doha [ad-Dawhah] 100.1 D2, 94.1 G7
Dohuk 100.1 C1
Dokkum 20.1 A2-B2
Dole 66.1 A2
Dolisie 112.1 B2
Dollart 20.1 C2
Dollberg 22.1 B3
Dolomiten 66.1 D2-E2
Dombasle 22.1 B4
Dombes 66.1 A3
Dominica 128.1 G5-H5, 137.1 D3
Dominikanische Republik 128.1 F5-G5, 125.1 O7-P8
Dömitz 20.1 G2
Domodossola 66.1 C2
Don 60.1 H4
Donau 60.1 F4
Donaueschingen 22.1 D5
Donaumoos 22.1 G4
Donauried 22.1 F4
Donautiefland 62.1 E1
Donauwörth 22.1 F4
Donegal Bay 64.1 B2
Donez 60.1 H4
Donezk 60.1 G4
Dongchuan 98.1 G4
Dongfang 98.1 G5
Dongguan 98.1 H4
Dongola 110.1 G4
Dongsha 98.1 H4
Dongying 98.1 H3
Donnerpass 128.1 A3-B2
Donnersberg; Berg in Tschechien 22.1 I2
Donnersberg; Berg in Rheinland-Pfalz 18.1 B4
Donniederung 60.1 H3-H4
Donon 22.1 C4
Donostia-San Sebastián 64.1 F8
Dora Baltea 66.1 B3
Dora Riparia 66.1 B3
Dordogne 64.1 G7
Dörenther Klippen 4.1 E2
Dörentrup 4.1 H2
Dormagen 6.1 C2
Dornbirn 66.1 C2
Dornburg 22.1 G1
Dorsten 4.1 C3
Dortmund 6.1 D1
Dortmund-Ems-Kanal 4.1 D2-E2
Dosse 20.1 H2
Dosso 110.1 D4
Douai 64.1 H4
Douala 110.1 D5
Doubs 22.1 B5
Douglas 64.1 D2
Dourados 138.1 E5
Douro 62.1 B2
Doux 66.1 A3
Dover; Stadt im Vereinigten Königreich 64.1 G4
Dover; Stadt in den USA 128.1 F3
Dovrefjell 60.1 D2-E2
Draa, Hamada des 110.1 C3
Drac 66.1 B3
Drachten 20.1 B2
Drage 20.1 K2
Drageheide 20.1 K2
Draguignan 66.1 B4
Drakensberge 112.1 C5-D4
Drakestraße Einband vorn H11-H10
Drau 66.1 F2
Drava 66.1 G2
Drawehn 20.1 F3
Drei Gleichen 22.1 F2
Drei-Schluchten-Stausee 98.1 G3-H4
Drensteinfurt 4.1 E3
Drenthe 20.1 B3
Dresden 22.1 I1, 19.1 E3
Driburg, Bad 4.1 H3
Drina 64.1 P8
Drobeta-Turnu Severin 64.1 R7
Drolshagen 6.1 E2
Drôme 66.1 A3
Drömling 20.1 F3-G3
Drvar 66.1 G3
Drygalsky-Insel 122.2 C16
Dschabal al-Achdar 110.1 F2
Dschabal al-Uwainat 110.1 F3
Dschabal an-Nabi Schu'aib 100.1 C3
Dschabal Marra 110.1 F4
Dschabal Nafusa 110.1 E2
Dschabal Shammar 100.1 C2
Dschabal Tuwaik 100.1 C2
Dschalabat 96.1 I5
Dschalalabad 98.1 D3
Dschazira-Ebene 110.1 G4
Dschengisch Tschokusu 96.1 J5
Dschibuti; Staat 110.1 H4, 109.1 H5
Dschibuti; Stadt 110.1 H4, 109.1 H5
Dschidda 100.1 B2
Dschisan 100.1 C3
Dschuba [Juba] 110.1 G5, 109.1 G6
Dschugdschurgebirge 96.1 O4-P4
Dserschinsk 60.1 H3
Dsungarei 98.1 E2
Dubai 100.1 D2
Dubawntsee 126.1 I3-J3
Dübener Heide 20.1 H4
Dublin [Baile Átha Cliath] 64.1 C3, 58.1 E3
Dubrovnik 64.1 P8
Düdelingen 22.1 B3
Duderstadt 20.1 F4
Dudinka 96.1 J3
Duero 62.1 B1
Dugi Otok 64.1 N8
Duisburg 4.1 C4
Dülmen 4.1 D3
Duluth 128.1 D2
Dumaguete 98.1 I6
Dumai 98.1 G6
Dümmer 20.1 D3
Dumont d'Urville 122.2 C20
Dün 22.1 F1
Düna 60.1 F3
Dünaburg 60.1 F3
Dunaújváros 64.1 P6
Dundalk 64.1 C2
Dundee 60.1 C3
Dunedin 118.1 L8
Dungau 22.1 H4
Dünkirchen [Dunkerque] 64.1 H4
Dünsberg 22.1 D2
Duppauer Gebirge 22.1 I2
Durance 66.1 A4
Durango 128.1 C4
Durban 112.1 D4
Düren; Landkreis 6.1 C3
Düren; Stadt 6.1 B3
Durham 128.1 F3
Durmitor 64.1 P8
Duschanbe [Dušanbe] 96.1 H6, 94.1 H6
Düsseldorf 4.1 C4
Duyun 98.1 G4
Dwina, Nördliche 60.1 H2
Dyck 6.1 C2

E

Eastern Cape 112.1 C5
East London 112.1 C5
Ebbegebirge 6.1 E2
Ebensee 22.1 I5
Eberbach 22.1 D3-E3
Ebermannstadt 22.1 G3
Ebern 22.1 F2
Ebersbach-Neugersdorf 22.1 J1
Ebersberg 22.1 G4
Eberswalde 20.1 I3
Ebro 62.1 B1
Ecatepec de Morelos 128.1 D5
Ech Cheliff 110.1 D2
Eckernförde 20.1 E1
Eckernförder Bucht 20.1 E1-F1
Ecuador 138.1 B3, 137.1 B5-C5
Ede 20.1 A3
Edéa 110.1 D5-E5
Eder 6.1 G2
Ederkopf 6.1 F3
Ederstausee 22.1 D1-E1
Edeyin Murzuq 110.1 E3
Edeyin Ubari 110.1 E3
Edge-Insel 96.1 C2-D2
Edinburgh 64.1 E2
Edmonton 126.1 H4
Edolo 66.1 D2
Eduardsee 112.1 C2-D2
Eduard-VII.-Halbinsel 122.2 B28-B27
Edwardsplateau 128.1 C3-D3
Eemshaven 20.1 B2
Efate 118.1 K5
Eferding 22.1 J4
Eger; Fluss 22.1 J2
Eger [Cheb]; Stadt 22.1 H2
Eggegebirge 4.1 G3
Eggenfelden 22.1 H4
Eglab 110.1 C3
Ehingen 22.1 E4
Ehreshoven 6.1 D3
Eichsfeld 22.1 F1
Eichstätt 22.1 G4
Eicks 6.1 C3
Eider 20.1 E1
Eiderstedt 20.1 D1
Eifel 6.1 B4-C4
Eilenburg 22.1 H1
Einbeck 20.1 E4
Eindhoven 64.1 I4
Einödriegel 22.1 I4
Einsiedeln 66.1 C2
Eisenach 22.1 F2
Eisenberg 22.1 G2
Eisenerz 66.1 F2
Eisenerzer Alpen 66.1 F2
Eisenhüttenstadt 20.1 J3
Eisenstadt 66.1 G2
Eisenwurzen 66.1 F2
Eiserfeld (Siegen-) 6.1 E3
Eisleben 20.1 G4
Eitorf 6.1 D3
Ekibastus 96.1 I4
El Alto 138.1 D4
Elat 100.1 B2
Elazığ 96.1 E6
Elba 62.1 C1-D1
Elbbach 6.1 E3
Elbe 64.1 K2
Elbe-Havel-Kanal 20.1 G3-H3
Elbe-Lübeck-Kanal 20.1 F2
Elberfeld (Wuppertal-) 4.1 D4
Elbe-Seitenkanal 20.1 F2
Elbing [Elbląg] 64.1 P2
Elbrus 60.1 H4
Elbsandsteingebirge 22.1 J2
Elburs 100.1 C1-D1
Elche 62.1 B2
Elde 20.1 G2
Elde-Seitenkanal 20.1 G2
El Dorado 128.1 D3
Eldoret 112.1 D1
Elephantinsel 122.2 C1
El Escorial 62.1 B1
Eleuthera-Insel 128.1 F4
Elfenbeinküste 110.1 C5
Elgon 112.1 D1
El Hierro 110.1 B3
Eliaskette 126.1 E3-F3
Elko 128.1 B2
Ellef-Ringnes-Insel 126.1 I2-J2
Ellesmere-Insel 126.1 K2-M1
Ellice-Inseln 118.1 L4
Ellingen 22.1 F3
Ellsworthland 122.2 B35-B33
Ellsworth-Mountains 122.2 B33-A3
Ellwangen 22.1 F4
Elm 20.1 F3
Elmshorn 20.1 E2
El Paso 128.1 C3
El Salvador 128.1 E5, 125.1 M8-N8
Elsass 22.1 C5-C4
Elsässer Belchen 22.1 B5
Elsdorf 6.1 C3
Elsfleth 20.1 D2
Elster, Schwarze 20.1 I4
Elster, Weiße 22.1 H1
Elstergebirge 22.1 H2
Elsterwerda 20.1 I4
Elten (Emmerich-) 4.1 B3
El Tigre 138.1 D2
Eltz 22.1 C2
Elze 20.1 E3
Embarcación 140.1 B2
Embrun 66.1 B3
Emden 20.1 C2
Emi Koussi 110.1 E4
Emilia Romagna 66.1 D3-E3
Emmen 20.1 B3
Emmendingen 22.1 C4
Emmental 66.1 B2
Emmerich 4.1 B3
Empoli 66.1 D4
Ems 4.1 E2
Ems, Bad 22.1 C2
Emscher 4.1 D3
Emsdetten 4.1 E2
Ems-Jade-Kanal 20.1 C2
Emskanal 20.1 B2
Emsland 20.1 C3-C2
Encarnación 140.1 C2
Ende 98.1 I7
Enderbyland 122.2 B11-C12
Enewetak 118.1 K2
Engadin 66.1 C2-D2
Engels 60.1 H3
Engelskirchen 6.1 D3
Enger 4.1 G2
Enggano 98.1 G7
England 64.1 E3-G3
Ennedi 110.1 F4
Ennepe 6.1 D2
Ennepe-Ruhr-Kreis 6.1 D2
Ennepetal 6.1 D2
Enniger (Ennigerloh-) 4.1 E3
Ennigerloh 4.1 F3
Enns; Fluss 66.1 F2
Enns; Stadt 66.1 F1
Enschede 64.1 J3
Ense 6.1 E1
Ensenada 128.1 B3
Entebbe 112.1 D1
Entenbühl 22.1 H3
Enugu 110.1 D5
Enz 22.1 D4
Epe 20.1 A3
Epe (Gronau-) 4.1 D2
Ephesos 96.1 D6
Épinal 22.1 B4
Equatoria 110.1 F5-G5
Erbach 22.1 D3-E3
Erbeskopf 22.1 C3
Erbisdorf, Brand- 22.1 I2
Erdenet 96.1 L5
Erdi, Plateau von 110.1 F4
Erding 22.1 G4
Eremitage 22.1 G3
Erenhot 98.1 H2
Erft 6.1 C2
Erftstadt 6.1 C3
Erfurt 22.1 G2, 19.1 D3
Erg Chech 110.1 C3
Erg Iguidi 110.1 C3
Erg Ouarane 110.1 B3-C3
Erg Rebiana 110.1 E3-F3

gun He 92.1 M4-N4
iesee 128.1 E2
itrea 110.1 G4-H4, 109.1 G5
iwan 96.1 F5, 94.1 F5
kelenz 6.1 B2
kenschwick, Oer- 4.1 D3
krath 6.1 C2
langen 22.1 G3
ndtebrück 6.1 F3
-Rif 110.1 C2
rigal 64.1 B2
witte 6.1 F1
zgebirge 22.1 H2-I2
zurum 96.1 F5-F6
sbjerg 64.1 K2
sch 22.1 A3
schwege 22.1 F1
schweiler 6.1 B3
scuintla 128.1 D5
sens 20.1 C2
skişehir 96.1 E6
sla 64.1 D8
slohe 6.1 F2
smeraldas 138.1 C2
spelkamp 4.1 G2
sperance 118.1 G7
speranza 122.2 C1
spiritu Santo 118.1 K5
spoo 60.1 F2
squel 140.1 A4
ssaouira 110.1 C2
ssen 4.1 D4
ssequibo 138.1 E2
sslingen 22.1 E4
ste 66.1 D3
stland 60.1 F3, 58.1 H3
swatini 112.1 D4, 109.1 F9-G9
tang de Berre 66.1 A4
toscha Nationalpark 112.1 B3
toschapfanne 112.1 B3
ttal 22.1 G5
ttelbrück 22.1 B3
tteln (Borchen-) 4.1 G3
ttlingen 22.1 D4
uböa 62.1 E2
ugene 128.1 A2
upen 22.1 B2
uphrat 100.1 C1
uphrat-Tigris-Tiefland 100.1 C1
ureka; Forschungsstation 122.1 B6-B7
ureka; Stadt 128.1 A2
uropa 56.1, Einband vorn M3-O3
uropa-Insel 112.1 E4
uropäisches Nordmeer 122.1 C33-B33
uskirchen; Landkreis 6.1 C3
uskirchen; Stadt 6.1 C3
utin 20.1 F1
vansville 128.1 E3
verglades 128.1 E4
verswinkel 4.1 E3
xeter 64.1 E4
xmoor 64.1 E4
xternsteine 4.1 G3
xtertal 4.1 H2
yre-Halbinsel 118.1 H7

F

Fabriano 66.1 E4
Faenza 66.1 D3
Fairbanks 126.1 E3
Faisalabad 98.1 D3
Faizabad 98.1 D3
Fakfak 98.1 J7
Falconara Marittima 66.1 E4
Falkenau [Sokolov] 22.1 H2
Falkenberg/Elster 20.1 I4
Falkenburg [Złocieniec] 20.1 K2-L2
Falkensee 20.1 I3
Falkenstein; Burg 20.1 G4
Falkenstein; Burgruine 22.1 C3-C4
Falkenstein; Stadt 22.1 H2
Falklandinseln; Inseln Einband vorn H10-I10
Falklandinseln; Verwaltungseinheit 140.1 C5, 137.1 D10-E10
Falster 64.1 M2
Fanninginsel 118.1 O3
Fano 66.1 E4
Fao 100.1 C1-C2
Farah 100.1 E1
Farasaninseln 100.1 C3
Fargo 128.1 D2
Faridabad 98.1 D4
Färöer; Inseln 56.1 E2
Färöer; Verwaltungseinheit 60.1 C2, 58.1 E2
Farquharinseln 112.1 F2
Farrukhabad 98.1 D4
Fasanerie 22.1 E2
Fastnet Rock 64.1 B4
Fátima 62.1 B2
Faya 110.1 E4
Fayetteville 128.1 F3
Fdérik 110.1 B3
Federsee 22.1 E4
Fehmarn; Insel 20.1 F1-G1
Fehmarn; Stadt 20.1 G1
Fehmarnbelt 20.1 F1-G1
Fehrbellin 20.1 H3
Feijó 138.1 C3
Feira de Santana 138.1 G4
Fejø 20.1 G1
Feldberg 22.1 C5-D5
Feldkirch 66.1 C2
Feltre 66.1 D2
Femø 20.1 G1
Ferghana 96.1 I5
Fermo 66.1 E4
Fernandina 138.1 A2-A3
Fernando de Noronha 138.1 G3
Fernpass 66.1 D2
Ferrara 66.1 D3
Fès 110.1 C2
Feuchtwangen 22.1 F3
Feuerland 140.1 B5
Fezzan 110.1 E3
Fianarantsoa 112.1 E4
Fichtelberg 22.1 H2
Fichtelgebirge 22.1 G2-H3
Fidschi 118.1 L6-M5, Einband hinten W8
Fidschi-Inseln 118.1 L5
Fiener Bruch 20.1 H3
Figuig 110.1 C2
Filchner-Schelfeis 122.2 B2-A3
Fils 22.1 E4
Finale Ligure 66.1 C3
Finne 22.1 G1
Finnentrop 6.1 E2
Finnischer Meerbusen 60.1 F3-F2
Finnische Seenplatte 60.1 F2
Finnland 60.1 F2, 58.1 H2
Finsteraarhorn 66.1 C2
Finsterwalde 20.1 I4
Firth of Forth 64.1 E1
Fischbacher Alpen 66.1 F2
Fishguard 64.1 D3-D4
Fitrisee 110.1 E4
Fjodorow-Observatorium 122.1 B23
Flamborough Head 64.1 G2
Fläming 20.1 H3-I4
Fleckenstein 22.1 C3
Flensburg 20.1 E1
Flensburger Förde 20.1 E1-F1
Flevoland 20.1 A3
Flims 66.1 C2
Flinders 118.1 I5-I6
Flinderskette 118.1 H7
Flin Flon 126.1 I4
Flintinsel 118.1 O5
Florencia 138.1 C2
Florenz [Firenze] 66.1 D4
Flores 98.1 I7
Florianópolis 140.1 D2
Florida 128.1 E4-F4
Floridablanca 138.1 C2
Floridastraße 128.1 E4-F4
Flughafen Dortmund 4.1 E3
Flughafen Düsseldorf International 4.1 C4
Flughafen Köln/Bonn 6.1 D2
Flughafen Münster/Osnabrück 4.1 E2
Fly 118.1 I4
Foggia 62.1 D1
Föhr 20.1 D1
Foligno 66.1 E4
Fontainebleau 64.1 H5
Fontenay 66.1 A2
Forbach 64.1 J5
Forchheim 22.1 G3
Forggensee 22.1 F5
Forlì 66.1 E3
Formosa 140.1 C2
Forst (Lausitz) / Baršć (Łužyca) 20.1 J4
Fort Albany 126.1 K4
Fortaleza 138.1 G3
Fort Bragg 128.1 A3
Fort-de-France 128.1 G5
Fort Frances 126.1 J5
Fort Good Hope 126.1 G3
Fort Hope 126.1 K4
Fort Lauderdale 128.1 E4
Fort McMurray 126.1 H4
Fort Nelson 126.1 G4
Fort-Peck-Stausee 128.1 C2
Fort Resolution 126.1 H3
Fort Severn 126.1 K4
Fort Simpson 126.1 G3
Fort Smith 126.1 H3-H4
Fort Vermilion 126.1 H4
Fort Wayne 128.1 E2
Fort Worth 128.1 D3
Fort Yukon 126.1 E3
Foshan 98.1 H4
Fossano 66.1 B3
Fos-sur-Mer 66.1 A4
Fouta Dschalon 110.1 B4
Foxebecken 126.1 K3-L3
Foxe-Halbinsel 126.1 L3
Foxekanal 126.1 K3-L3
Franca 138.1 F5
Franceville 112.1 B2
Francistown 112.1 C4
Frankenberg 22.1 D1
Frankenhöhe 22.1 F3
Frankenwald 22.1 G2
Frankfort 128.1 E3
Frankfurt (Oder) 20.1 J3
Frankfurt a. Main 22.1 D2
Fränkische Alb 22.1 F4-G3
Fränkische Rezat 22.1 F3
Fränkische Saale 22.1 E2
Fränkische Schweiz 22.1 G3
Frankiwsk, Iwano- 60.1 F4
Franklinstraße 126.1 J2
Frankreich 64.1 F6-H6, 58.1 E4-F4
Franzensbad 22.1 H2
Franz-Josef-Land 122.1 A28-A26
Französische Kalkalpen 66.1 A3-A4
Französischer Jura 66.1 A3-B2
Französisch-Guayana 138.1 E2, 137.1 E4
Französisch-Polynesien 118.1 P5-Q6, Einband hinten B7-B8
Fraser 126.1 G4
Fraserplateau 124.1 J4-K4
Frauenfeld 66.1 C2
Frauenstein 22.1 I2
Frechen 6.1 C3
Freckenhorst (Warendorf-) 4.1 E3
Fredeburg (Schmallenberg-) 6.1 F2
Fredericia 64.1 K2
Fredericton 126.1 M5
Frederiksborg 64.1 L2
Freeport 128.1 F4
Free State 112.1 C4
Freetown 110.1 B5, 109.1 B6
Freiberg 22.1 I2
Freiberger Mulde 22.1 H1-I1
Freiburg i. Breisgau 22.1 C4-C5
Freienohl (Meschede-) 6.1 F2
Freienwalde, Bad 20.1 J3
Freilassing 22.1 H5
Freising 22.1 G4
Freistadt 22.1 J4
Freital 22.1 I1-I2
Fréjus 66.1 B4
Fréjus-Tunnel 66.1 B3
Fresnillo 128.1 C4
Fresno 128.1 B3
Freudenberg (Siegerland) 6.1 E3
Freudenstadt 22.1 D4
Freystadt [Kożuchów] 20.1 K4
Freyung 22.1 I4
Friaul 66.1 E2
Fribourg 66.1 B2
Friedberg 22.1 D2
Friedeberg [Strzelce Krajeńskie] 20.1 K3
Friedland [Frýdlant] 22.1 K2
Friedrichshafen 22.1 E5
Friedrichstadt 20.1 E1
Friesland 20.1 A2-B2
Friesoythe 20.1 C2
Frisches Haff 64.1 P2-Q2
Fritzlar 22.1 E1
Frobisher Bay 126.1 M3
Fröndenberg 6.1 E2
Fuchskaute 22.1 D2
Fudschijama 96.1 O6
Fuerteventura 56.1 D6
Fuhse 20.1 F3
Fukuoka 96.1 O6
Fukushima 96.1 P6
Fulda; Fluss 4.1 H4
Fulda; Stadt 22.1 E2
Funafuti 118.1 L4, Einband hinten W7
Funchal 56.1 D5
Fundy Bay 126.1 M5
Fünen 64.1 L2
Furnas-Stausee 138.1 F5
Furneauxgruppe 118.1 I7-J8
Fürstenberg; Schloss 20.1 E4
Fürstenberg; Stadt 20.1 I2
Fürstenberg (Bad Wünnenberg-) 4.1 G3
Fürstenfeld 66.1 G2
Fürstenfeldbruck 22.1 G4
Fürstenwalde 20.1 J3
Fürstenzell 22.1 I4
Fürth 22.1 F3-G3
Furth i. Wald 22.1 H3
Fury-and-Hecla-Straße 126.1 K3
Fushun 98.1 I2
Füssen 22.1 F5
Füssing, Bad 22.1 I4
Futuna 118.1 M5
Fuxin 98.1 I2
Fuzhou 98.1 H4

G

Gaalkacyo 110.1 H5
Gabès 110.1 D2-E2
Gabesitten 66.1 E2
Gablonz [Jablonec] 22.1 K2
Gaborone 112.1 C4, 109.1 F9
Gabun 112.1 B1, 109.1 E7
Gacka 66.1 F3
Gadebusch 20.1 G2
Gafsa 110.1 D2
Gaggenau 22.1 D4
Gaildorf 22.1 E3-E4
Gailtaler Alpen 66.1 E2
Gainesville 128.1 E4
Galápagosinseln 138.1 A3-B3
Galați 62.1 E1
Galdhøpiggen 60.1 D2
Galicien 62.1 B1
Galizien 64.1 Q5-R5
Galle 98.1 E6
Galveston 128.1 D4
Galway 64.1 B3
Gambia; Fluss 110.1 B4
Gambia; Staat 110.1 B4, 109.1 B5
Gambierinseln 118.1 Q6
Gander 126.1 N5
Gandersheim, Bad 20.1 F4
Gangelt 6.1 A3-B3
Ganges 98.1 E4
Gangestiefland 98.1 E4
Ganzhou 98.1 H4
Gao 110.1 D4
Gap 66.1 B3
Garabogazköl 110.1 I1
Gardasee 66.1 D3
Gardelegen 20.1 G3
Gardnerinsel 118.1 M4
Gariep-Stausee 112.1 C5
Garissa 112.1 D2
Garmisch-Partenkirchen 22.1 G5
Garonne 64.1 G8
Garoowe 110.1 H5
Garoua 110.1 E5
Garrysee 126.1 I3
Gartz 20.1 J2
Gary 128.1 E2
Gaschurn 66.1 D2
Gascogne 64.1 F8-G8
Gaußberg 122.2 C15
Gauteng 112.1 C4
Gaya 98.1 E4
Gaza 100.1 B1
Gaziantep 96.1 E6
Gbarnga 110.1 C5
Gboko 110.1 D5
Gdingen [Gdynia] 64.1 P2
Gebweiler [Guebwiller] 22.1 C5
Gedaref 110.1 G4
Gedern 22.1 E2
Gedser 20.1 G1
Gedser Odde 20.1 G1-H1
Geelong 118.1 I7
Geesthacht 20.1 F2
Geiersberg 22.1 E3
Geilenkirchen 6.1 B3
Geislingen a. d. Steige 22.1 E4
Gejiu 98.1 G4
Gelbes Meer 98.1 I3
Gelderland 20.1 A3-B3
Geldern 4.1 B3
Geleen 22.1 A2
Gelnhausen 22.1 E2
Gelsenkirchen 4.1 D3
Gemen 4.1 C3
Gemena 112.1 B1
Gemona del Friuli 66.1 E2
Gemünden 22.1 E2
General Santos 98.1 I6
Genf [Genève] 66.1 B2
Genfer See 66.1 B2
Genk 22.1 A2
Gent 64.1 H4
Genthin 20.1 H3
Genua [Genova] 66.1 C3
Geomagnetischer Pol (Arktis) 122.1 B4-B5
George Town 98.1 G6
Georgetown; Stadt in Guyana 138.1 E2, 137.1 E4
Georgetown; Stadt in den USA 128.1 F3
Georgia 128.1 E3
Georgian Bay 126.1 K5
Georgien 62.1 G1, 94.1 F5
Georg-Land 96.1 E2-F1
Georg-V.-Küste 122.2 C22-C21
Gera; Fluss 22.1 F2
Gera; Stadt 22.1 H2
Geraldton 118.1 F6
Gérardmer 22.1 B4
Geretsried 22.1 G5
Gerlsdorfer Spitze 64.1 Q5
Germersheim 22.1 D3
Gerolstein 22.1 B2
Gerolzhofen 22.1 F3
Gersfeld 22.1 E2
Gesäuse 22.1 J5
Gescher 4.1 D3
Geseke 6.1 G1
Gesellschaftsinseln 118.1 O5-P5
Gevelsberg 6.1 D2
Gey (Hürtgenwald-) 6.1 B3
Ghadames 110.1 D2-D3
Ghana 110.1 C5, 109.1 C6-D6
Ghardaïa 110.1 D2
Ghat 110.1 E3
Ghaziabad 98.1 D4
Gibraltar; Stadt 56.1 E5
Gibraltar; Verwaltungseinheit 62.1 B2, 58.1 E5
Giegel Aa 4.1 E2
Giengen 22.1 F4
Gießen 22.1 D2
Gifhorn 20.1 F3
Gijón 64.1 D8
Gilbertinseln 118.1 L3-L4
Gimborn 6.1 D2
Giresun 62.1 F1
Giromagny 22.1 B5
Gironde 64.1 F7
Gisborne 118.1 L7
Gitega 112.1 C2-D2, 109.1 F7-G7
Givors 66.1 A3
Gizeh [Al-Jizah] 110.1 G2-G3
Gjandscha 110.1 H1
Gjilan 64.1 Q8
Gjoa Haven [Uqsuqtuuq] 126.1 J3
Gjumri 62.1 G1
Gladbach, Bergisch- 6.1 D3
Gladbeck 4.1 C3
Glan 22.1 C3
Glarner Alpen 66.1 C2
Glarus 66.1 C2
Glasgow 64.1 D2
Glashütte 22.1 I2
Glasow 60.1 I3
Glauchau 22.1 H2
Gleiwitz [Gliwice] 64.1 P4
Glendalough 64.1 C3
Glewe, Neustadt- 20.1 G2
Glittertind 60.1 D2
Gloucester 64.1 E4
Glücksburg 20.1 E1
Glückstadt 20.1 E2
Gmünd 22.1 J4-K4
Gmunden 66.1 E2
Gniezno 64.1 O3
Gobi 96.1 L5-M5
Gobi-Altai 96.1 K5-L5
Göblberg 22.1 I4
Goch 4.1 B3
Gocher Heide 4.1 B3
Godavari 98.1 D5-E5
Godorf (Köln-) 6.1 C3
Göhl 6.1 A3
Göhren 20.1 I1
Goiânia 138.1 F4
Goldene Aue 22.1 F1-G1
Goldküste 110.1 C5
Golfe de Fos 66.1 A4
Golfe du Lion 64.1 H8-I8
Golfküstenebene 124.1 M7-N6
Golf von Aden 100.1 C3
Golf von Akaba 100.1 B2
Golf von Alaska 126.1 E4
Golf von Bengalen 98.1 E5-F5
Golf von Biscaya 62.1 B1
Golf von Boothia 126.1 J2-K3
Golf von Darién 138.1 C2
Golf von Genua 66.1 C3-C4
Golf von Guinea 108.1 D6
Golf von Honduras 128.1 E5
Golf von Kalifornien 128.1 B3-C4
Golf von Martaban 98.1 F5
Golf von Mexiko 128.1 D4-E4
Golf von Oman 100.1 D2-E2
Golf von Panama 128.1 F6
Golf von Saint Malo 64.1 E5-F5
Golf von Suez 110.1 G3
Golf von Tehuantepec 128.1 D5
Golf von Thailand 98.1 G5

Golf von Tolo 98.1 I 7
Golf von Tomini 98.1 I 6-I 7
Golf von Tonking 98.1 G 4-G 5
Golf von Triest 66.1 E 3
Golf von Venedig 66.1 E 3
Golf von Venezuela 138.1 C 1
Gollnow 20.1 J 2
Gollnower Heide 20.1 J 2
Golmud 98.1 F 3
Goma 112.1 C 2
Gombe 110.1 E 4
Gonaïves 128.1 F 5
Gonder 110.1 G 4
Gondoschlucht 66.1 C 2
Gongga 98.1 G 4
Göppingen 22.1 E 4
Gorakhpur 98.1 E 4
Gore 110.1 G 5
Gorgan 100.1 D 1
Gorges de Daluis 66.1 B 3
Gorges du Cians 66.1 B 3
Gorges du Verdon 66.1 B 4
Gorgona 66.1 C 4
Gorizia 66.1 E 3
Gorleben 20.1 G 2
Görlitz; Stadt in Sachsen 22.1 J 1
Görlitz [Zgorzelec]; Stadt in Polen 22.1 K 1
Gorno-Altaisk 96.1 J 4
Gorom-Gorom 110.1 C 4
Gorontalo 98.1 I 6
Goslar 20.1 F 4
Gospić 66.1 F 3
Götaälv 60.1 E 3
Götaland 60.1 E 3
Göteborg 60.1 E 3
Gotha 22.1 F 2
Gotland 60.1 E 3
Göttingen 20.1 E 4
Gottorf 20.1 E 1
Göttweig 66.1 F 1
Goughinsel Einband hinten K 9
Governador Valadares 138.1 F 4
Goya 140.1 C 2
Gqeberha [Port Elizabeth] 112.1 C 5
Graal-Müritz 20.1 H 1
Grabfeld 22.1 F 2
Grabow 20.1 G 2
Grado 66.1 E 3
Grafenau 22.1 I 4
Grafing b. München 22.1 G 4
Graham-Bell-Insel 96.1 H 1-I 1
Grahamland 122.2 C 36
Grajische Alpen 66.1 B 3
Gran 64.1 P 5
Granada; Stadt in Spanien 62.1 B 2
Granada; Stadt in Nicaragua 128.1 E 5
Gran Canaria 56.1 D 6
Gran Chaco 140.1 B 2
Grand Bahama-Insel 128.1 F 4
Grand Bassam 110.1 C 5
Grand Canyon-Nationalpark 128.1 B 3-C 3
Grande Chartreuse 66.1 A 3
Grande Prairie 126.1 H 4
Grand Forks 128.1 D 2
Grand Island 128.1 D 2
Grand Rapids 128.1 E 2
Grand Veymont 66.1 A 3
Granitz 20.1 I 1
Gran Paradiso 66.1 B 3
Gran Sasso d'Italia 62.1 D 1
Gransee 20.1 I 2
Grantland 126.1 K 1-L 1
Graslitz 22.1 H 2
Grasse 66.1 B 4
Graudenz [Grudziądz] 64.1 P 3
Gravenstein 20.1 E 1
Gray 66.1 A 2
Graz 66.1 F 2
Great Abaco-Insel 128.1 F 4
Great Dividing Range 118.1 I 5-J 7
Great Falls 128.1 B 2
Great Inagua-Insel 128.1 F 4
Great Plains 128.1 C 1-C 3
Great Yarmouth 64.1 G 3
Green Bay 128.1 E 2
Green River 128.1 C 3-C 2
Greensboro 128.1 F 3
Greenville 128.1 D 3
Greenwich (London-) 64.1 F 4-G 4
Grefrath 4.1 B 4
Greifenberg [Gryfice] 20.1 K 2
Greifenhagen 20.1 J 2
Greiffenberg [Gryfów Śląski] 20.1 K 4
Greifswald 20.1 I 1
Greifswalder Bodden 20.1 I 1
Greifswalder Oie 20.1 I 1-J 1
Grein 22.1 J 4
Greiz 22.1 H 2
Grenå 64.1 L 1
Grenada 128.1 G 5, 137.1 D 3
Grenoble 66.1 A 3
Greve 66.1 D 4
Greven 4.1 E 2
Grevenbroich 6.1 C 2
Grevesmühlen 20.1 G 2
Griechenland 62.1 E 2, 58.1 H 5
Grieskirchen 22.1 I 4
Grimma 22.1 H 1
Grimmen 20.1 I 1
Grimsby 64.1 F 3
Grimsel 66.1 C 2
Grmeč 66.1 G 3
Gröbming 22.1 I 5
Gröditz 22.1 I 1
Grodk, Spremberg / 20.1 J 4
Grömitz 20.1 F 1
Gronau 4.1 D 2
Gronau (Leine) 20.1 E 3
Groningen 64.1 J 3
Grönland 122.1 B 35
Grönlandsee 122.1 B 34-A 34
Grønsund 20.1 H 1
Groote Eylandt 98.1 J 8
Grootfontein 112.1 B 3
Grosny 60.1 H 4
Große Antillen 128.1 E 4-G 5
Große Arabische Wüste 100.1 C 3-D 2
Große Aue 20.1 D 3-E 3
Große Australische Bucht 118.1 G 7-H 7
Große Ebene 98.1 H 3
Große Karoo 112.1 C 5
Große Lauter 22.1 E 4
Große Mühl 22.1 I 4
Großenhain 22.1 I 1
Großer Arber 22.1 I 3
Großer Bärensee 126.1 G 3-H 3
Großer Beerberg 22.1 F 2
Großer Belchen 22.1 C 5
Großer Belt 64.1 L 2
Großer Bösenstein 22.1 J 5
Großer Erg, Östlicher 110.1 D 3-D 2
Großer Erg, Westlicher 110.1 C 3-D 2
Großer Erg von Bilma 110.1 E 4
Großer Feldberg 22.1 D 2
Großer Gleichberg 22.1 F 2
Großer Hinggan 92.1 M 5-N 4
Großer Inselsberg 22.1 F 2
Großer Lübbesee 20.1 K 2
Großer Peilstein 22.1 K 4
Großer Plöner See 20.1 F 1
Großer Priel 22.1 J 5
Großer Rachel 22.1 I 4
Großer Salzsee 128.1 B 2
Großer Sandsee 110.1 F 3
Großer Sankt Bernhard 66.1 B 3
Großer Sklavensee 126.1 H 3
Große Salzwüste; Landschaft 96.1 G 6
Große Salzwüste; Landschaft 100.1 D 1
Großes Artesisches Becken 118.1 H 6-I 6
Großes Barriereriff 118.1 I 5-J 5
Großes Becken 128.1 B 3
Großes Bruch 20.1 F 3-G 3
Große Schütt 64.1 O 5-O 6
Große Sunda-Inseln 98.1 G 6-H 7
Große Syrte 110.1 E 2
Groß-Gerau 22.1 D 3
Großglockner 66.1 E 2
Groß-Nikobar 98.1 F 6
Groß-Simbabwe 112.1 D 4
Großvenediger 66.1 E 2
Grotte von Lascaux 64.1 G 7
Grünberg [Zielona Góra] 20.1 K 4
Grund, Bad 20.1 F 4
Grundlsee 22.1 I 5-J 5
Guadalajara 128.1 C 4
Guadalcanal 118.1 J 5-K 4
Guadalquivir 62.1 B 2
Guadalupe; Insel 128.1 B 4
Guadalupe; Stadt 128.1 C 4
Guadeloupe 128.1 G 5-H 5, 137.1 D 3-E 3
Guadiana 62.1 B 2
Guainía 138.1 D 2
Guajará-Mirim 138.1 D 4
Guam; Insel 118.1 I 2
Guam; Verwaltungseinheit Einband hinten U 6
Guanajuato 128.1 C 4
Guangzhou 98.1 H 4
Guantánamo 128.1 F 4
Guaporé 138.1 D 4
Guarapuava 138.1 E 5
Guarulhos 138.1 F 5
Guatemala; Staat 128.1 D 5-E 5, 125.1 M 8-N 8
Guatemala; Stadt 128.1 D 5, 125.1 M 8
Guatemalabecken Einband vorn F 6-G 6
Guaviare 138.1 C 1
Guayaquil 138.1 B 3-C 3
Guaymas 128.1 B 4
Guban 110.1 H 4
Gubbio 66.1 E 4
Guben; Stadt in Brandenburg 20.1 J 4
Guben [Gubin]; Stadt in Polen 20.1 J 4
Guelb er Richat 110.1 B 3
Guernsey 64.1 E 5
Guilin 98.1 H 4
Guinea 110.1 B 4-C 4, 109.1 B 5
Guinea-Bissau 110.1 B 4, 109.1 B 5
Guiyang 98.1 G 4
Gujranwala 98.1 D 3
Guldborgsund 20.1 G 1
Gulstav 20.1 F 1
Gulu 110.1 G 5
Gummersbach 6.1 E 2
Gundelfingen a. d. Donau 22.1 F 4
Gunnbjørnfjeld 126.1 Q 3
Guntur 98.1 E 5
Günzburg 22.1 F 4
Gunzenhausen 22.1 F 3
Gurgl 66.1 D 2
Gurk; Fluss 66.1 F 2
Gurk; Kirche 66.1 F 2
Gurktaler Alpen 66.1 E 2-F 2
Gurué 112.1 D 3
Güstrow 20.1 H 2
Gütersloh; Landkreis 4.1 F 3
Gütersloh; Stadt 4.1 F 3
Gutland 22.1 A 3-B 3
Guwahati 98.1 F 4
Guyana 138.1 E 2, 137.1 D 4-E 4
Guyenne 64.1 F 7-G 7
Gwadar 98.1 C 4
Gwalior 98.1 D 4
Gwangju 96.1 N 6
Gweru 112.1 C 3
Gydan, Halbinsel 96.1 I 2-J 3
Gymnich 6.1 C 3
Györ 64.1 O 6

H

Haan 6.1 D 2
Haar 4.1 F 3
Haard 4.1 D 3
Haardt 22.1 D 3
Haaren (Bad Wünnenberg-) 4.1 G 3
Haarlem 64.1 I 3
Habsburg 22.1 D 5
Hachinohe 96.1 P 5
Hadibu 100.1 D 3
Hadramaut 100.1 C 3-D 3
Hagåtña 98.1 K 5
Hagelberg 20.1 H 3
Hagen 6.1 D 2
Hagenau [Haguenau] 22.1 C 4
Hagendingen 64.1 J 5
Hagenow 20.1 G 2
Haida Gwaii 126.1 F 4
Haidenaab 22.1 G 3-H 3
Haifa 100.1 B 1
Haikou 98.1 H 4-H 5
Ha'il 100.1 C 2
Hailar 96.1 M 5
Hainan 98.1 G 5-H 5
Hainich 22.1 F 1
Hainleite 22.1 F 1
Haiphong 98.1 G 4
Haithabu 20.1 E 1
Haiti 128.1 F 5, 125.1 O 8
Hakodate 96.1 P 5
Halberstadt 20.1 G 4
Halbinsel Alaska 126.1 C 4-D 4
Halbinsel Florida 128.1 E 4-F 4
Halbinsel Gydan 96.1 I 2-J 3
Halbinsel Jamal 96.1 H 2-I 2
Halbinsel Kanin 60.1 H 2
Halbinsel Kathiawar 98.1 C 4-D 4
Halbinsel Kola 60.1 G 2
Halbinsel Krim 60.1 G 4
Halbinsel Malakka 98.1 F 6
Halbinsel Niederkalifornien 128.1 B 4
Halbinsel Shandong 98.1 H 3-I 3
Halbinsel Sinai 100.1 B 2
Halbinsel Taimyr 96.1 K 2-L 2
Halbinsel Yucatán 128.1 E 4-E 5
Haldensleben 20.1 G 3
Haldern (Rees-) 4.1 B 3
Halifax 126.1 M 5
Halland 64.1 M 1
Halle; Stadt in Sachsen-Anhalt 20.1 G 4
Halle; Stadt in Nordrhein-Westfalen 4.1 F 2
Hallein 66.1 E 2
Hallenberg 6.1 G 2
Hallertau 22.1 G 4
Halley VIa 122.2 B 4
Halligen 20.1 D 1
Hallinseln 118.1 J 3
Hallstatt 22.1 I 5
Hallstätter See 22.1 I 5
Halmahera 98.1 I 6-J 6
Halmstad 64.1 M 1
Haltern a. See 4.1 D 3
Halver 6.1 D 2-E 2
Hama 62.1 F 2
Hamada al-Hamra 110.1 E 2-E 3
Hamada des Draa 110.1 C 3
Hamadan 100.1 C 1
Hamada von Tinghert 110.1 D 3-E 3
Hambach 22.1 C 3
Hamburg; Bundesland 19.1 C 2-D 2
Hamburg; Stadt 20.1 E 2-F 2, 19.1 C 2-D 2
Hameln 20.1 E 3
Hämelschenburg 20.1 E 3
Hamersleykette 118.1 F 6-G 6
Hamheung 96.1 N 5-N 6
Hami 98.1 F 2
Hamilton; Stadt in Kanada 126.1 K 5-L 5
Hamilton; Stadt in Neuseeland 118.1 L 7
Hamilton Inlet 126.1 N 4
Hamm 4.1 E 3
Hammelburg 22.1 E 2
Hammerfest 60.1 F 1
Hamminkeln 4.1 C 3
Hanau 22.1 D 2
Handan 98.1 H 3
Handorf (Münster-) 4.1 E 3
Hangzhou 98.1 H 3-I 4
Hannover 20.1 E 3, 19.1 C 2
Hannoversch Münden 22.1 E 1
Hanoi [Hà Nôi] 98.1 G 4, 94.1 L 7
Haora 98.1 E 4
Happy-Valley-Goose-Bay 126.1 M 4
Harar 110.1 H 5
Harare 112.1 D 3, 109.1 G 8
Harbin 92.1 N 5
Harburg 22.1 F 4
Hardangervidda 60.1 D 3-D 2
Hardenberg; Schloss 4.1 D 4
Hardenberg; Stadt 20.1 B 3
Harderwijk 20.1 A 3
Härdler 6.1 F 2
Hargeysa 110.1 H 5
Harirud 100.1 E 1
Harkotten 4.1 F 2
Harrisburg 128.1 F 2
Harsewinkel 4.1 F 3
Hartberg 66.1 F 2
Hartford 128.1 F 2
Harwich 64.1 G 4
Harz 20.1 F 4-G 4
Harzburg, Bad 20.1 F 4
Harzvorland 20.1 F 4-G 4
Hase 20.1 C 3
Haslach i. Kinzigtal 22.1 D 4
Haßberge 22.1 F 2
Haßfurt 22.1 F 2
Hassi Messaoud 110.1 D 2
Hassi R'Mel 110.1 D 2
Hastings 64.1 G 4
Hattingen 6.1 D 2
Hattuša 96.1 E 5-E 6
Hat Yai 98.1 G 6
Hau, Bedburg- 4.1 B 3
Haugstein 22.1 I 4
Haus Assen 4.1 F 3
Hausruck 66.1 E 1
Hauteurs de Gâtine 64.1 F 6
Havanna [La Habana] 128.1 E 4, 125.1 N 7
Havel 20.1 H 3
Havelberg 20.1 H 3
Havelland 20.1 H 3
Havixbeck 4.1 D 3
Havre-Saint-Pierre 126.1 M 4
Hawaii; Insel 118.1 O 2
Hawaii; Verwaltungseinheit 118.1 N 2-O 2, Einband hinten A 5
Hawaii-Emperor-Kette Einband vorn X 3-X 4
Hawaii-Inseln 118.1 N 1-O 2
Hayingen 22.1 B 3
Hay River 126.1 H 3
Hazelton 126.1 G 4
Heardinsel 118.1 B 9
Hearst 126.1 K 5
Hebriden 60.1 C 3
Hebron 100.1 B 1
Hecatestraße 126.1 F 4
Hechingen 22.1 D 4
Hedschas 100.1 B 2
Heek 4.1 D 2
Heerenveen 20.1 A 3
Heerlen 22.1 A 2
Hefei 98.1 H 3
Hegang 96.1 N 5-O 5
Hegau 22.1 D 5
Heidbrink 4.1 G 2
Heide 20.1 E 1
Heidelberg 22.1 D 3
Heiden 4.1 C 3
Heidenheim 22.1 F 4
Heidenreichstein 22.1 K 4
Heilbad Heiligenstadt 22.1 F 1
Heilbronn 22.1 E 3
Heiligenberg 22.1 E 5
Heiligenblut 66.1 E 2
Heiligenhafen 20.1 F 1
Heiligenhaus 4.1 C 4
Heiligenstadt, Heilbad 22.1 F 1
Heilong Jiang 92.1 N 4-N 5
Heimbach 6.1 B 3
Heimerzheim (Swisttal-) 6.1 C 3
Heinsberg; Landkreis 6.1 B 2
Heinsberg; Stadt 6.1 B 2
Heldburg 22.1 F 2
Helena 128.1 B 2
Helgoland 20.1 C 1
Helgoländer Bucht 20.1 C 1-D 1
Hellberge 20.1 G 3
Hellenthal 6.1 B 4
Heller 6.1 F 3
Hellweg 6.1 E 1-G 1
Helmand 100.1 E 1
Helme 20.1 F 4
Helmstedt 20.1 F 3-G 3
Helpter Berge 20.1 I 2
Helsingborg 64.1 M 1
Helsingør 64.1 M 1
Helsinki [Helsingfors] 60.1 F 2, 58.1 H 2
Heltorf 4.1 C 4
Helwan 62.1 F 3
Hemer 6.1 E 2
Henderson 128.1 B 3
Hengduan Shan 98.1 F 3-F 4
Hengelo 20.1 B 3
Hengyang 98.1 H 4
Henneburg 22.1 E 3
Hennef 6.1 D 3
Hennetalsperre 6.1 F 2
Hennigsdorf 20.1 I 3
Herat 98.1 C 3
Herbern (Ascheberg-) 4.1 E 3
Herborn 22.1 D 2
Herdecke 6.1 D 2
Heredia 128.1 E 5-E 6
Hereroland 112.1 B 4-C 4
Herford; Landkreis 4.1 G 2
Herford; Stadt 4.1 G 2
Heringen (Werra) 22.1 F 2
Heringsdorf 20.1 J 2
Herisau 22.1 E 5
Hermannsburg (Südheide-) 20.1 F 3
Hermannsdenkmal 4.1 G 3
Hermannstadt [Sibiu] 62.1 E 1
Hermosillo 128.1 B 4
Herne 6.1 D 1
Herning 64.1 K 1
Herrenberg 22.1 D 4
Herrenchiemsee 22.1 H 5
Herrlisheim 22.1 C 4
Herrnhut 22.1 J 1
Hersbruck 22.1 G 3
Herscheid 6.1 E 2
Hersfeld, Bad 22.1 E 2
Herten 4.1 D 3
Herzberg (Elster) 20.1 I 4
Herzberg a. Harz 20.1 F 4
Herzebrock-Clarholz 4.1 F 3
Herzegowina, Bosnien und 64.1 O 7-P 8, 58.1 G 4
Herzfeld (Lippetal-) 4.1 F 3
Herzogenaurach 22.1 F 3
Herzogenrath 6.1 B 3
Hessel 4.1 F 2
Hesselberg 22.1 F 3
Hessen 19.1 C 3
Hessisches Bergland 18.1 C 3
Hettstedt 20.1 G 4
Heukuppe 66.1 F 2
Hidalgo del Parral 128.1 C 4
Hiddenhausen 4.1 G 2
Hiddensee 20.1 H 1-I 1
Highlands 60.1 C 3
Hiiumaa 60.1 F 3
Hilchenbach 6.1 F 2-F 3
Hildburghausen 22.1 F 2
Hilden 6.1 C 2

Hildesheim 20.1 E3
Hille 4.1 G2
Hils 20.1 E4
Himalaya 98.1 D3-F4
Hindukusch 98.1 C3-D3
Hindustan 98.1 D4-E4
Hinggan, Großer 92.1 M5-N4
Hinggan, Kleiner 96.1 N4-N5
Hinnenburg 4.1 H3
Hinthada 98.1 F5
Hiroshima 96.1 O6
Hirsau 22.1 D4
Hirschberg [Jelenia Góra]; Stadt in Polen 20.1 K5
Hirschberg [Doksy]; Stadt in Tschechien 22.1 J2
Hirschenstein 22.1 H4
Hispaniola 128.1 F5-G5
Hitzacker 20.1 G2
Hiva Oa 118.1 P5-Q4
Hobart 118.1 I8
Hoburgen 64.1 P1
Hochalmspitze 66.1 E2
Hochebene der Schotts 110.1 C2-D2
Hochfeiler 66.1 D2
Hochgolling 66.1 E2
Ho-Chi-Minh-Stadt [Saigon] 98.1 G5
Hochkönig 22.1 I5
Hochland von Adamaoua 110.1 D5-E5
Hochland von Asir 100.1 C2-C3
Hochland von Äthiopien 110.1 G4-G5
Hochland von Bié 112.1 B3
Hochland von Dekkan 98.1 D5
Hochland von Iran 96.1 G6
Hochland von Mato Grosso 138.1 E4
Hochland von Mexiko 128.1 C4
Hochland von Tibet 92.1 J6
Hochosterwitz 66.1 F2
Hochsauerlandkreis 6.1 F2
Hochschwab 66.1 F2
Höchstadt a. d. Aisch 22.1 F3
Hochwald 22.1 J4
Hochwanner 22.1 G5
Hof 22.1 G2
Hofgeismar 20.1 E4
Hohe Acht 22.1 C2
Hohe Bracht 6.1 F2
Hohe Eifel 18.1 B3
Hohe Mark 4.1 D3
Hohenhausen (Kalletal-) 4.1 G2
Hohenlimburg (Hagen-) 6.1 E2
Hohenloher Ebene 22.1 E3-F3
Hohenneuffen 22.1 E4
Hohenstaufen 22.1 E4
Hohensyburg 6.1 D2
Hohentwiel 22.1 D5
Hohenwartetalsperre 22.1 G2
Hohenzieritz 20.1 I2
Hohenzollern 22.1 D4
Hoher Atlas 110.1 C2
Hoher Dachstein 18.1 E5
Hoher Mechtin 20.1 F2-G2
Hoher Meißner 22.1 E1
Hoher Westerwald 6.1 F3
Hohes Venn 6.1 B3
Hohe Tatra 64.1 P5-Q5
Hohe Tauern 66.1 E2
Hohe Warte 66.1 E2
Hohhot 98.1 H2
Hohkönigsburg 22.1 C4
Höhlen von Postojna 66.1 F3
Höhlen von Škocjan 66.1 E3-F3
Höhle von Koněprusy 22.1 J3
Hohneck 22.1 C4
Hokkaido 96.1 P5
Holguín 128.1 F4
Hölloch 66.1 C2
Holstebro 64.1 K1
Holsteinische Schweiz 20.1 F1
Holte-Stukenbrock, Schloß 4.1 G3
Holtzbrinck 6.1 E2
Holyhead 64.1 D3
Holzminden 20.1 E4
Holzwickede 6.1 E1
Homburg; Schloss 6.1 E3
Homburg; Stadt 22.1 C3
Homburg, Bad 22.1 D2
Homécourt 22.1 A3-B3
Homel 60.1 G3
Homert 6.1 F2
Homs 100.1 B1
Hondsrug 20.1 B2-B3
Honduras 128.1 E5, 125.1 N8
Hongkong [Xianggang] 98.1 H4
Honiara 118.1 J4, Einband hinten V7
Honnef, Bad 6.1 D3
Honolulu 118.1 O1
Honshu 96.1 P5-P6
Hooge 20.1 D1
Hoogeveen 20.1 B3
Hoogezand-Sappemeer 20.1 B2
Hoover-Damm 128.1 B3
Hopsten 4.1 E2
Horb 22.1 D4
Hörde (Dortmund-) 6.1 D2-E2
Horliwka 60.1 G4
Horn 126.1 Q3
Horn (Horn-Bad Meinberg-) 4.1 G3
Horn-Bad Meinberg 4.1 G3
Horni Bříza 22.1 I3
Hornisgrinde 22.1 D4
Hörnli 22.1 D5
Hornsund 122.1 B32
Hořovice 22.1 I3
Horsens 64.1 K2
Hörstel 4.1 E2
Hörsteler Aa 4.1 E2
Horstmar 4.1 D2
Houston 128.1 D4
Hövelhof 4.1 G3
Hovestadt 4.1 F3
Howlandinsel 118.1 M3
Höxter; Landkreis 4.1 H3
Höxter; Stadt 4.1 H3
Hoya 20.1 E3
Hoyerswerda / Wojerecy 22.1 J1
Hrastovlje 66.1 E3
Hřebeny 22.1 J3
Hrodna 64.1 R3
Huaian 98.1 H3
Huaibei 98.1 H3
Huainan 98.1 H3
Huallaga 138.1 C3
Huambo 112.1 B3
Huancayo 138.1 C4
Huang He 98.1 G3
Huánuco 138.1 B3
Huaráz 138.1 C3
Huascarán 138.1 C3
Hubballi-Dharwad 98.1 D5
Hubertusburg 22.1 H1
Hückelhoven 6.1 B2
Hückeswagen 6.1 D2
Huddersfield 64.1 F3
Hude 20.1 D2
Hudson 128.1 F2
Hudson Bay 126.1 J3-K4
Hudsonstraße 126.1 L3-M3
Hudsontiefland 124.1 M4-N4
Hue 98.1 G5
Huelva 62.1 B2
Hüffe 4.1 G2
Hugoton 128.1 C3
Huila 138.1 C2
Huilaplateau 112.1 B3
Hulin 96.1 O5
Hüllhorst 4.1 G2
Hülshoff 4.1 E3
Huludao 98.1 I2
Hulun Nur 96.1 M5
Humber 64.1 G3
Humboldtgletscher 126.1 L2-M2
Hümmling 20.1 C3
Hunau 6.1 F2
Hünfeld 22.1 E2
Hunsrück 22.1 B3-C3
Hunte 20.1 D2
Huntington 128.1 E3
Huntsville 128.1 E3
Hünxe 4.1 C3
Hurghada 110.1 G3
Huronsee 128.1 E2
Hürtgenwald 6.1 B3
Hürth 6.1 C3
Hüsten (Arnsberg-) 6.1 E2
Husten (Drolshagen-) 6.1 E3
Husum 20.1 E1
Huy 20.1 F4-G4
Hvannadalshnúkur 60.1 B2
Hvar 64.1 O8
Hwange 112.1 C3
Hyderabad; Stadt in Indien 98.1 D5
Hyderabad; Stadt in Pakistan 98.1 C4
Hyères 66.1 B4

I

Iași 62.1 E1
Ibadan 110.1 D5
Ibagué 138.1 C2
Ibarra 138.1 C2
Ibb 100.1 C3
Ibbenbüren 4.1 E2
Iberische Halbinsel 62.1 B1-B2
Iberisches Randgebirge 62.1 B1
Ibiza 62.1 C2
Ica; Stadt 138.1 C4
Içá; Fluss 138.1 D3
Ichendorf, Quadrath- 6.1 C3
Idaho 128.1 B2
Idaho Falls 128.1 B2
Idar-Oberstein 22.1 C3
Idrija 66.1 E2-F2
Idstein 22.1 D2
Ife 110.1 D5
Iforas, Adrar des 110.1 D4
Igarka 96.1 J3
Ighargharbecken 110.1 D2
Iglulik 126.1 K3
Iguaçufälle 138.1 E5
Iguatu 138.1 G3
Ihna 20.1 J2
IJssel 20.1 B3
IJsselmeer 64.1 I3
Ilebo 112.1 C2
Île de France 64.1 H5
Îles d'Hyères 66.1 B4
Îles Glorieuses 112.1 E3
Ilesha 110.1 D5
Ilha-Solteira-Stausee 138.1 E4
Ilhéus 138.1 G4
Ili 96.1 I5
Iliamna 126.1 D3
Iligan 98.1 I6
Ill 22.1 C4
Iller 22.1 E4-F4
Illertissen 22.1 F4
Illimani 138.1 D4
Illinois; Bundesstaat 128.1 D2-E3
Illinois; Fluss 128.1 D3-D2
Ilm 22.1 G1
Ilmenau; Fluss 20.1 F2
Ilmenau; Stadt 22.1 F2
Ilmensee 60.1 G3
Ilo 138.1 C4
Iloilo 98.1 I5
Ilorin 110.1 D5
Ilsede 20.1 F3
Ilulissat [Jakobshavn] 126.1 N3
Ilz 22.1 I4
Imandrasee 60.1 G2
Immenstadt 22.1 F5
Imola 66.1 D3
Imperatriz 138.1 F3
Imperia 66.1 C4
Imphal 98.1 F4
Imst 22.1 F5
Inarisee 60.1 F2
Incheon 96.1 N6
Inde 6.1 B3
Inden 6.1 B3
Indiana 128.1 E3
Indianapolis 128.1 E3
Indien 98.1 D4-E5, 94.1 I7-J7
Indigirka 96.1 P2-P3
Indischer Ozean Einband vorn Q7-S9
Indischer Rücken, Östlicher Einband vorn R9-S6
Indonesien 98.1 G7-J7, 94.1 L10-O10
Indore 98.1 D4
Indus 98.1 C4
Industiefland 98.1 C4-D4
Ingolstadt 22.1 G4
Inhambane 112.1 D4
Inn 66.1 E1
Inneranatolische Hochfläche 62.1 E2-F2
Innere Mongolei 98.1 G2-H2
Innerste 20.1 F3
Innsbruck 66.1 D2
Innviertel 66.1 E1
In Salah 110.1 D3
Insel Man 64.1 D2, 58.1 E3
Inta 60.1 I2
Interiorplateau 126.1 G4
Interlaken 66.1 B2
Inukjuak 126.1 L4
Inuvik; Forschungsstation 122.1 C11
Inuvik; Stadt 126.1 F3
Invercargill 118.1 K8
Inverness 60.1 C3
Inyangani 112.1 D3
Ionisches Meer 62.1 D2
Iowa 128.1 D2
Ipf 22.1 F4
Iphofen 22.1 F3
Ipoh 98.1 G6
Ipswich 64.1 G3
Iqaluit 126.1 M3
Iquique 140.1 A2-B2
Iquitos 138.1 C3
Irak 100.1 C1, 94.1 F6
Iraklion 62.1 E2
Iran 100.1 C1-D1, 94.1 G6
Iran, Hochland von 96.1 G6
Irangebirge 98.1 H6
Iranschahr 100.1 E2
Irawadi 98.1 F4
Irbid 100.1 B1
Iriklinsker Stausee 60.1 I3-J3
Iringa 112.1 D2
Irische See 64.1 D3
Irkutsk 96.1 L4
Irland 64.1 B3-C3, 58.1 E3
Irtysch 96.1 I4
Isabela 138.1 A3
Isar 22.1 H4
Ischewsk 60.1 I3
Ischim 96.1 H4
Ischimbai 60.1 I3
Ischl, Bad 66.1 E2
Iseosee 66.1 D3
Iser 22.1 J2
Isère 66.1 A3
Isergebirge 22.1 K2
Iserlohn 6.1 E2
Isfahan [Esfahan] 100.1 D1
Isiro 112.1 C1
İskenderun 96.1 E6
Isla de la Juventud 128.1 E4
Islamabad 98.1 D3, 94.1 I6
Island; Insel Einband vorn K2-L2
Island; Staat 60.1 B2, 58.1 D2
Islandbecken Einband vorn K3
Islas del Cisne 128.1 E5
Islay 64.1 C2
Ismaïlia 110.1 G2
Isny i. Allgäu 22.1 F5
Isonzo 66.1 E3
Israel 100.1 B1, 94.1 E6
Issel 4.1 C3
Isselburg 4.1 B3
Issum 4.1 B3
İstanbul 56.1 H4
Istrien 64.1 M7-N7
Itabuna 138.1 G4
Itaipú-Stausee 138.1 E5
Itaituba 138.1 E3
Italien 64.1 M8-N8, 58.1 G4
Itanagar 98.1 F4
Ith 20.1 E3
Itlingen 4.1 E3
Itschinskaja Sopka 96.1 Q4
Ittoqqortoormiit [Scoresbysund] 126.1 Q2
Ituri 112.1 C1
Iturup 96.1 P5
Itz 22.1 F2
Itzehoe 20.1 E2
Ivanščica 66.1 G2
Ivrea 66.1 B3
Iwaki 96.1 P6
Iwano-Frankiwsk 60.1 F4
Iwanowo 60.1 H3
Iwdel 60.1 J2
İzmir 96.1 D6
İzmit 96.1 D5-E5

J

Jabalpur 98.1 D4-E4
Jablonowygebirge 96.1 L5-M4
Jaboatão 138.1 G3
Jackson 128.1 D3
Jacksonville 128.1 E3
Jacobabad 98.1 C4
Jade 20.1 D2
Jadebusen 20.1 D2
Jaén 138.1 B3
Jaffa, Tel Aviv- 100.1 B1
Jaffna 98.1 D6-E6
Jagst 22.1 E3
Jaipur 98.1 D4
Jakarta 98.1 G7, 94.1 L10
Jakutsk 96.1 N3
Jalapa Enríquez 128.1 D5
Jalgaon 98.1 D4
Jalta 60.1 G4
Jamaame 112.1 D2
Jamaika 128.1 F5, 125.1 O8
Jamal, Halbinsel 96.1 H2-I2
Jamantau 60.1 I3
Jambi 98.1 G7
James 128.1 D2
James Bay 126.1 K4-L4
Jammu 98.1 D3
Jamnagar 98.1 D4
Jamshedpur 98.1 E4
Jamunder See 20.1 K1-L1
Jana 96.1 O3
Jang Bogo 122.2 B23
Jangtsekiang 98.1 H3-H4
Jan Mayen 122.1 B34
Japan 96.1 O6, 94.1 O6
Japangraben Einband vorn V4
Japanisches Meer [Ostmeer] 96.1 O5-O6
Japurá 138.1 D3
Jari 138.1 E2
Jarmen 20.1 I2
Jarny 22.1 A3
Jaroslawl 60.1 G3
Jarvisinsel 118.1 N4-N3
Jasmund 20.1 I1
Jasper 126.1 H4
Jasper-Nationalpark 126.1 H4
Jaunde [Yaoundé] 110.1 E5, 109.1 E6
Java 98.1 G7-H7
Javasee 98.1 H7
Jayapura 98.1 K7
Jeetzel 20.1 G2-G3
Jefferson City 128.1 D3
Jejudo 96.1 N6
Jekaterinburg 60.1 J3
Jember 98.1 H7
Jemen 100.1 C3, 94.1 F8
Jena 22.1 G2
Jenbach 22.1 G5
Jenissei 96.1 J3
Jenisseisk 96.1 K4
Jeonju 96.1 N6
Jerez de la Frontera 62.1 B2
Jergenihügel 60.1 H4
Jersey 64.1 E5
Jerusalem [Yerushalayim, al Quds] 100.1 B1, 94.1 E6
Jeschken 22.1 J2
Jesenice 66.1 F2
Jesi 66.1 E4
Jesolo 66.1 E3
Jessen 20.1 H4
Jessil 96.1 H4
Jever 20.1 C2
Jezercë 64.1 P8
Jhansi 98.1 D4
Jiamusi 96.1 O5
Ji'an 98.1 H4
Jičín 22.1 K2
Jieyang 98.1 H4
Jihlava 64.1 N5
Jijiga 110.1 H5
Jilin 98.1 I2
Jilong 98.1 I4
Jima 110.1 G5
Jinan 98.1 H3
Jingdezhen 98.1 H4
Jingzhou 98.1 H3
Jinhua 98.1 H4
Jining 98.1 H3
Jinotega 128.1 E5
Jinzhou 98.1 I2
Ji-Paraná 138.1 D4
Jiujiang 98.1 H4
Jixi 96.1 O5
João Pessoa 138.1 G3
Jodhpur 98.1 D4
Jœuf 22.1 B3
Johannesburg 112.1 C4
Johanngeorgenstadt 22.1 H2
Johnstoninsel 118.1 N2
Johor Baharu 98.1 G6
Joinville; Stadt in Brasilien 140.1 D2
Joinville; Stadt in Frankreich 66.1 A1
Jöllenbeck (Bielefeld-) 4.1 G2
Jolo 98.1 I6
Jonessund 126.1 K2
Jongleikanal 110.1 G5
Jönköping 60.1 E3
Jordanien 100.1 B1, Einband hinten N4
Jos 110.1 D5
Joschkar-Ola 60.1 H3
Joseph-Bonaparte-Golf 118.1 G5
Josplateau 110.1 D4-D5
Jowhar 110.1 H5
Juan-de-Fuca-Straße 126.1 G5
Juan de Nova 112.1 E3
Juan-Fernández-Inseln 136.1 B8-C8
Juárez 128.1 C3
Juazeiro do Norte 138.1 G3
Juba 112.1 E1
Jüchen 6.1 C2
Judenburg 66.1 F2
Juist 20.1 B2
Juiz de Fora 138.1 F5
Juliaca 138.1 C4
Jülich 6.1 B3
Jülicher Börde 6.1 B3-C3
Julier 66.1 C2
Julische Alpen 66.1 E2-F2
Jullundur 98.1 D3
Juneau 126.1 F4
Jungbunzlau [Mladá Boleslav] 22.1 J2
Jungferninseln 128.1 G5, 137.1 D3
Jungfrau 66.1 B2
Jur 110.1 F5
Jura 64.1 I6-J6
Juruá 138.1 D3
Juruena 138.1 E4
Juschno-Sachalinsk 96.1 P5
Jussey 22.1 A5
Jüterbog 20.1 I4
Jütland 64.1 K2-K1

K

K2 98.1 D3
Kaaden 22.1 I2
Kaarst 4.1 C4
Kabalo 112.1 C2
Kabinda 112.1 C2
Kabul [Kābol] 98.1 C3, 94.1 H6
Kabwe 112.1 C3
Kadoma 112.1 C3
Kadugli 110.1 F4
Kaduna 110.1 D4
Kaédi 110.1 B4
Kafue 112.1 C3
Kagera 112.1 D2
Kagoshima 96.1 O6
Kahler Asten 6.1 F2
Kahramanmaraş 62.1 F2
Kaifeng 98.1 H3
Kai-Inseln 98.1 J7
Kainji-Stausee 110.1 D4
Kairo [al Qāhirah] 110.1 G2-G3, 109.1 G3-G4
Kairouan 110.1 E2
Kaisergebirge 22.1 H5
Kaiserslautern 22.1 C3
Kaiserstuhl 22.1 C4
Kaiserwald 22.1 H2
Kaiser-Wilhelm-Denkmal 4.1 G2
Kakinada 98.1 E5
Kalaallit Nunaat 122.1 B1-B3, 125.1 R2-S3
Kalaburagi 98.1 D5
Kalahari 112.1 C4
Kalahari-Gemsbok-Nationalpark 112.1 C4
Kalansho Sandwüste 110.1 F3
Kalat 98.1 C4
Kalawa, Calau / 20.1 I4
Kalay 98.1 F4
Kaldenkirchen (Nettetal-) 4.1 B4
Kalemie 112.1 C2
Kalgoorlie-Boulder 118.1 G7
Kalifornisches Längstal 128.1 A2-B3
Kalisch [Kalisz] 64.1 P4
Kalkar 4.1 B3
Kall 6.1 C3
Kalletal 4.1 G2
Kallies [Kalisz Pomorski] 20.1 K2
Kalmar 64.1 O1
Kalmit 22.1 D3
Kalteiche 6.1 F3
Kaluga 60.1 G3
Kalyan 98.1 D5
Kama 60.1 I2-I3
Kamaran 100.1 C3
Kama-Stausee 60.1 I3
Kama-Stausee, Unterer 60.1 I3
Kambodscha 98.1 G5, 94.1 L8
Kamen 6.1 E1
Kamensk-Uralski 60.1 J3
Kamenz / Kamjenc 22.1 J1
Kamerun 110.1 D5-E5, 109.1 D6-E6
Kamerunberg 110.1 D5
Kamina 112.1 C2
Kamjanske 60.1 G4
Kamjenc, Kamenz / 22.1 J1
Kamloops 126.1 G4
Kamp 22.1 K4
Kampala 112.1 D1, 109.1 G6
Kampen 20.1 A3
Kamp-Lintfort 4.1 C3-C4
Kamtschatka 96.1 Q4-R4
Kanada 126.1 G4-L4, 125.1 K4-N4
Kanadabecken Einband vorn B1-D1
Kanadisch-arktischer Archipel Einband vorn D2-G2
Kanadischer Schild 124.1 L3-O4
Kanalinseln 64.1 E5, 58.1 E4
Kananga 112.1 C2
Kanarische Inseln 56.1 D6
Kanarisches Becken Einband vorn J5-K5
Kanazawa 96.1 O6
Kanchipuram 98.1 D5
Kandahar 98.1 C3
Kandel 22.1 D4
Kandla 98.1 C4-D4
Kandy 98.1 E6
Kangding 98.1 F3-G3
Kangeaninseln 98.1 H7
Kangiqsujuaq 126.1 L3
Kangirsuk 126.1 L3
Känguru-Insel 118.1 H7
Kanin, Halbinsel 60.1 H2
Kankan 110.1 C4
Kano 110.1 D4
Kanpur 98.1 D4-E4
Kansas 128.1 C3-D3
Kansas City 128.1 D3
Kansk 96.1 K4
Kantabrisches Gebirge 64.1 C8-E8
Kanye 112.1 C4
Kaohsiung 98.1 I4
Kaokoveld 112.1 B3
Kaolack 110.1 B4
Kaouar 110.1 E4-E3
Kap Adare 122.2 B24
Kap Agulhas [Nadelkap] 112.1 B5
Kap Arkona 20.1 I1
Kap Barrow 126.1 D2
Kap Bathurst 126.1 G2
Kap Batterbee 122.2 C12
Kap Bauld 126.1 N4
Kapbecken Einband vorn M9
Kap Blanc 110.1 B3
Kap Bon 110.1 E2
Kap Branco 138.1 G3
Kap Breton 126.1 N5
Kap Byron 118.1 J6
Kap Ca Mau 98.1 G6
Kap Canaveral 128.1 E4-F4
Kap Catoche 128.1 E4
Kap Chidley 126.1 M3
Kap Cod 128.1 G2
Kap Colbeck 122.2 B27
Kap Conception 128.1 A3
Kap Correntes 112.1 D4
Kap Corse 64.1 K8
Kap d'Ambre 112.1 E3
Kap d'Antibes 66.1 B4
Kap Dart 122.2 B30
Kap Delgado 112.1 E3
Kap der Guten Hoffnung 112.1 B5
Kap Deschnew 96.1 T3-U3
Kap d'Urville 98.1 J7
Kapela 64.1 N7
Kapfenberg 66.1 F2
Kap Finisterre 62.1 A1-B1
Kap Flattery 128.1 A2
Kap Frio 112.1 B3
Kap Gallinas 138.1 C1
Kap Guardafui 110.1 I4
Kap Hague 64.1 F5
Kap Hatteras 128.1 F3
Kap Hoorn 140.1 B5
Kap İnce 62.1 F1
Kap Kamenjak 64.1 M7-N7
Kap Kanin 96.1 F3
Kap Komorin 98.1 D6
Kap Leeuwin 118.1 F7
Kaplitz [Kaplice] 22.1 J4
Kap Lopatka 96.1 Q4
Kap Lopez 112.1 A2
Kap Maria van Diemen 118.1 K7-L7
Kap Mendocino 128.1 A3-A2
Kap Morris Jesup 122.1 A
Kap Nawarin 96.1 S3-T3
Kap Negrais 98.1 F5
Kap Norvegia 122.2 B4-B5
Kap Oljutorski 96.1 S4
Kaposvár 64.1 O6
Kap Palmas 110.1 C5
Kap Pariñas 138.1 B3
Kap Passero 62.1 D2
Kappeln 20.1 E1
Kap Poinsett 122.2 C18
Kap Prince of Wales 126.1 B3-C3
Kap Race 126.1 N5
Kap Sable 126.1 M5
Kap Sainte Marie 112.1 E4
Kap San Diego 140.1 B5
Kap San Lucas 128.1 B4
Kap São Roque 138.1 G3
Kap São Vicente 62.1 B2
Kap Schelanija 96.1 H2-I2
Kapstadt 112.1 B5, 109.1 E10
Kap Tres Puntas 140.1 B4
Kap Tscheljuskin 96.1 L2-M2
Kapuas 98.1 H6-H7
Kapuskasing 126.1 K5
Kap Vals 98.1 J7
Kap Verde 110.1 B4
Kapverdische Inseln 108.1 A5
Kapverdisches Becken Einband vorn J6-K6
Kap Wilson 118.1 I7
Kap York 118.1 I5
Kap-York-Halbinsel 118.1 I5
Kara 110.1 D5
Karachi 98.1 C4
Karadsch 100.1 D1
Karaginski-Insel 96.1 R4
Karakorum; Gebirge 98.1 D3
Karakorum; Ruinenstätte 96.1 L5
Karamay 98.1 E2
Karasberge 112.1 B4
Karasee 96.1 H2-I2
Karastraße 96.1 G3-G2
Karawanken 66.1 E2-F2
Karbala 100.1 C1
Karelien 60.1 F2-G2
Karibastausee 112.1 C3
Karibisches Meer 128.1 E5-F5
Kariega 112.1 C5
Karima 110.1 G4
Karimatastraße 98.1 G7
Karisimbi 112.1 C2
Karlingen 22.1 B3
Karlobag 66.1 F3
Karlovac 66.1 F3
Karlsbad [Karlovy Vary] 22.1 H2
Karlshafen, Bad 20.1 E4
Karlshamn 64.1 N1
Karlskrona 64.1 N1
Karlsruhe 22.1 D3
Karlstadt 22.1 E3
Karlstein 22.1 J3
Karnak 110.1 G3
Karnische Alpen 66.1 E2
Kärnten 66.1 E2-F2
Karolinen Einband vorn V6-W6
Karolinenbecken Einband vorn V6
Karoo, Große 112.1 C5
Karoo, Kleine 112.1 C5
Karoo, Obere 112.1 C5
Karpaten 64.1 O5-R5
Karpaten, Kleine 64.1 O5
Karschi 96.1 H6
Karst 66.1 E3-F3
Karthago 110.1 E2
Karuri 112.1 D2
Karwendelgebirge 22.1 G5
Kasachensteppe 96.1 G5-H4
Kasachische Schwelle 96.1 H5-I5
Kasachstan 96.1 G5-I4, 94.1 G5-I4
Kasai; Fluss 112.1 C2
Kasai; Landschaft 112.1 C2
Kasama 112.1 D3
Kasan 60.1 H3
Kasbek 60.1 H4
Kaschan 100.1 D1
Kaschmir 98.1 D3
Kashi 98.1 D3
Kaskadenkette 128.1 A2
Kaspische Senke 60.1 H4-I4
Kaspisches Meer 56.1 J4-K5
Kassala 110.1 G4
Kassel; Regierungsbezirk 19.1 C3
Kassel; Stadt 22.1 E1
Kastilien-La Mancha 62.1 B2
Kastilien-León 64.1 C8-E9
Kastilisches Scheidegebirge 62.1 B1
Kasur 98.1 D3
Katalonien 62.1 C1
Katanga 112.1 C2
Katar 100.1 D2, 94.1 G7
Katarakt (1. bis 6.) 110.1 G3-G4
Katherine 98.1 J8
Kathiawar, Halbinsel 98.1 C4-D4
Kathmandu 98.1 E4, 94.1 J7
Katsina 110.1 D4
Kattarasenke 110.1 F3-F2
Kattegat 64.1 L1-M1
Kattowitz [Katowice] 64.1 P4
Katz 22.1 C2
Katzenbuckel 22.1 E3
Kauai 118.1 O1
Kaufbeuren 22.1 F5
Kaukasus 60.1 H4
Kaunas 64.1 R2
Kavieng 98.1 L7
Kayes 110.1 B4
Kayseri 96.1 E6
Kebnekaise 60.1 E2
Kecskemét 64.1 P6
Kėdainiai 64.1 R2
Keele Peak 126.1 F3-G3
Keetmanshoop 112.1 B4
Kefalonia 110.1 E2-F2
Kefermarkt 22.1 J4
Keflavík 60.1 A2
Kehl 22.1 C4
Keilberg 22.1 H2
Kelheim 22.1 G4
Kellerwald 22.1 D1-E2
Kelowna 126.1 H5
Kemerowo 96.1 J4
Kemijärvi 60.1 F2
Kempen 4.1 B4
Kempten 22.1 F5
Kenai 126.1 D3
Kendari 98.1 I7
Kenema 110.1 B5
Kenia 112.1 D1, 109.1 G6
Kénitra 110.1 C2
Kenora 126.1 J5
Kentau 96.1 H5
Kentucky 128.1 E3
Kerguelen Einband vorn Q10
Kergueleninsel 118.1 A8
Kerinci 98.1 G7
Kerken 4.1 B4
Kerkrade 22.1 B2
Kermadecinseln 118.1 L7-M7
Kerman 100.1 D1
Kermanschah 100.1 C1
Kerpen 6.1 C3
Kerspetalsperre 6.1 D2
Kertsch 60.1 G4
Kerulen 96.1 M5
Ketchikan 126.1 F4
Kettwig (Essen-) 4.1 C4
Kevelaer 4.1 B3
K'gari 118.1 J6
Khartum [al Khartūm] 110.1 G4, 109.1 G5
Khartum-Nord 110.1 G4
Khayelitsha 112.1 B5
Khon Kaen 98.1 G5
Khouribga 110.1 C2
Khulna 98.1 E4
Kibo 112.1 D2
Kidal 110.1 D4
Kiel 20.1 F1, 19.1 D1
Kielce 64.1 Q4
Kieler Bucht 20.1 F1
Kieler Förde 20.1 F1
Kierspe 6.1 E2
Kigali 112.1 C2-D2, 109.1 G7
Kigoma 112.1 C2
Kikuyu 112.1 D2
Kikwit 112.1 B2
Kilimandscharo 112.1 D2
Kilkenny 64.1 C3
Killarney 64.1 B3
Kimberley; Stadt in Südafrika 112.1 C4
Kimberley; Stadt in Kanada 126.1 H5
Kimberleyplateau 118.1 G5
Kimmirut 126.1 M3
Kinabalu 98.1 H6
Kindia 110.1 B5
Kindu 112.1 C2
Kinginsel 118.1 I7-I8
Kingston; Stadt auf Jamaika 128.1 F5, 125.1 O8
Kingston; Stadt in Kanada 128.1 F2
Kingston upon Hull 64.1 F3
Kingstown 128.1 G5
King-William-Insel 126.1 J3
Kinshasa 112.1 B2, 109.1 E7
Kintyre 64.1 D2
Kinyeti 110.1 G5
Kinzig; Fluss in Baden-Württemberg 22.1 D4
Kinzig; Fluss in Hessen 22.1 E2
Kipengereberge 112.1 D2
Kirchborchen (Borchen-) 4.1 G3
Kirchdorf a. d. Krems 22.1 J5
Kirchheim a. Neckar 22.1 E4
Kirchheimbolanden 22.1 C3-D3
Kirchhundem 6.1 F2
Kirchlengern 4.1 G2
Kirensk 96.1 L4
Kirgisistan 96.1 I5, 94.1 I5
Kiribati 118.1 M4-N4, Einband hinten W7-A7
Kirkenes 60.1 F2-G2
Kirkuk 100.1 C1
Kirn 22.1 C3
Kirow 60.1 H3
Kirowsk 60.1 G2
Kiruna 60.1 F2
Kisalföld 64.1 O6
Kisangani 112.1 C1
Kismaayo 112.1 E2
Kisseljowsk 96.1 J4
Kissingen, Bad 22.1 F2
Kisumu 112.1 D1-D2
Kitakyushu 96.1 O6
Kitimat 126.1 G4
Kitwe 112.1 C3
Kitzbühel 66.1 E2
Kitzbüheler Alpen 66.1 D2-E2
Kitzingen 22.1 F3
Kivu 112.1 C2
Kivusee 112.1 C2
Kırıkkale 96.1 E6
Kızılırmak 62.1 F1
Kladno 22.1 J2
Kladrau 22.1 H3-I3
Klagenfurt a. Wörthersee 66.1 F2
Klang 98.1 G6
Klarälven 60.1 E2
Klattau [Klatovy] 22.1 I3
Klausenburg 64.1 R6
Klein-Andaman 98.1 F5
Kleinasiatische Halbinsel 62.1 F1-F2
Kleine Antillen 128.1 G5
Kleine Karoo 112.1 C5
Kleine Karpaten 64.1 O5
Kleinen, Bad 20.1 G2
Kleinenberg (Lichtenau-) 4.1 G3
Kleiner Belt 64.1 K2
Kleiner Hinggan 96.1 N4-N5
Kleiner Sankt Bernhard 66.1 B3
Kleine Sunda-Inseln 98.1 H7-I7
Kleine Syrte 110.1 E2
Klerksdorp 112.1 C4
Kleve; Landkreis 4.1 B3
Kleve; Stadt 4.1 B3
Klingenthal 22.1 H2
Kljutschewskaja Sopka 96.1 R4
Klosterneuburg 66.1 G1
Klosterwappen 66.1 F2
Klötze 20.1 G3
Kluterthöhle 6.1 D2
Knin 66.1 G3
Knittelfeld 66.1 F2
Knossos 62.1 E2
Knoxküste 122.2 C17
Knoxville 128.1 E3
Knud-Rasmussen-Land 126.1 M2-O
Knüll 22.1 E2
Kobe 96.1 O6
Koblenz 22.1 C2
Kobryn 64.1 S3
Kočevje 66.1 F3
Kochelsee 22.1 G5
Kocher 22.1 E3
Kochi; Stadt in Indien 98.1 D6
Kochi; Stadt in Japan 96.1 O6
Kodiak; Insel 126.1 D4
Kodiak; Stadt 126.1 D4
Kodok 110.1 G5
Köflach 66.1 F2
Kohima 98.1 F4
Kohlfurt [Węgliniec] 22.1 K1
Kokand 96.1 I5
Kokenau 98.1 J7
Kokořín 22.1 J2
Kokosinsel 138.1 B2
Kokosinseln; Myanmar 98.1 F5
Kokosinseln; Australien 118.1 D5
Kökschetau 96.1 H4
Kola, Halbinsel 60.1 G2
Kolbatz 20.1 J2
Kolberg [Kołobrzeg] 20.1 K1
Kolding 64.1 K2
Kolgujewinsel 60.1 H2
Kolhapur 98.1 D5
Kolín 22.1 K2
Kolkata [Kalkutta] 98.1 E4
Köln 6.1 C3
Kölner Bucht 6.1 B2-C3
Kölner Dom 6.1 C3
Kolomna 60.1 G3
Kolonia 118.1 J3
Kolpaschewo 96.1 J4
Kolumbien 138.1 C2-D2, 137.1 C4-D4
Kolwezi 112.1 C3
Kolyma 96.1 Q3
Kolymagebirge 96.1 R3-Q3
Kommandeurinseln 96.1 R4-S4
Komoren; Inseln Einband vorn O7-P7
Komoren; Staat 112.1 E3, 109.1 H8
Komotau [Chomutov] 22.1 I2
Kompasberg 112.1 C5
Komsomolez 96.1 K1-M1
Komsomolsk 96.1 O4
Kongo 112.1 B2
Kongo, Republik 112.1 B1-B2, 109.1 E7-E6
Kongobecken 110.1 E5-F5
Kongur 98.1 D3
König-Christian-IX.-Land 126.1 P3
König-Christian-X.-Land 126.1 Q2-P2
König-Frederik-VI.-Land 126.1 O3
Königgrätz [Hradec Králové] 64.1 N4
Königin-Charlotte-Straße 126.1 G4
Königin-Elisabeth-Inseln 126.1 G2-K1
Königin-Marie-Land 122.2 C16
Königin-Maud-Land 122.2 B6-B10
Königsberg [Kaliningrad]; Stadt in der Russ. Föderation 64.1 Q2
Königsberg; Stadt in Polen 20.1 J3
Königsborn (Unna-) 6.1 E1
Königshofen, Bad 22.1 F2
Königssee 22.1 H5-I5
Königswinter 6.1 D3
Königs Wusterhausen 20.1 I3
Köniz 66.1 B2
Konschakowski Kamen 60.1 I3
Konstanz 22.1 E5
Konya 96.1 E6
Konz 22.1 B3
Kopeisk 60.1 J3
Kopenhagen [København] 64.1 M2, 58.1 G3
Koper 66.1 E3
Kopet-Dag 96.1 G6
Korallenbecken Einband vorn V7-W8
Korallensee 118.1 J5-K5
Koralpe 66.1 F2

Korana 66.1 F3
Koratplateau 98.1 G5
Korbach 22.1 D1
Körbecke (Möhnesee-) 6.1 F1-F2
Korčula 64.1 O8
Kordillere von Mérida 138.1 C2
Kordofan 110.1 F4-G4
Korea Einband vorn U4
Koreastraße 96.1 N6
Korfu 110.1 E2
Korhogo 110.1 C5
Korjakengebirge 96.1 S3-R3
Korla 98.1 E2
Körlin [Karlino] 20.1 K1
Körmend 66.1 G2
Kornat 66.1 F4
Kornelimünster (Aachen-) 6.1 B3
Koror 118.1 H3
Körös 64.1 Q6
Korschenbroich 6.1 C2
Korsika 56.1 F4
Korsør 64.1 L2
Körtlinghausen 6.1 F2
Košice [Kaschau] 64.1 Q5
Köslin [Koszalin] 64.1 O2
Kosovo 62.1 E1, 58.1 H4
Kosrae 118.1 K3
Kossouer Stausee 110.1 C5
Kosti 110.1 G4
Kostroma 60.1 H3
Kota 98.1 D4
Kota Baharu 98.1 G6
Kota Kinabalu 98.1 H6
Kotelny-Insel 96.1 O2
Köterberg 4.1 H3
Köthen 20.1 G4
Kotlas 60.1 H2
Kotzebue 126.1 C3
Kötzting, Bad 22.1 H3
Koudougou 110.1 C4
Koulikoro 110.1 C4
Kourou 138.1 E2
Kowel 64.1 S4
Kowrow 60.1 H3
Kozhikode 98.1 D5
Kragujevac 64.1 Q7
Kraichgau 22.1 D3-E3
Krakatau 98.1 G7
Krakau [Kraków] 64.1 P4-Q5
Krakow a. See 20.1 H2
Krakower See 20.1 H2
Kralupy 22.1 J2
Kranenburg 4.1 B3
Kranj 66.1 F2
Krapina 66.1 F2
Krasnodar 60.1 G4
Krasnojarsk 96.1 K4
Krefeld 4.1 C4
Kreiensen (Einbeck-) 20.1 E4
Krementschuk 60.1 G4
Krementschuker Stausee
60.1 G3-G4
Krems a. d. Donau 66.1 F1
Kremsmünster 22.1 J4
Kreta 62.1 E2
Kreuzau 6.1 B3
Kreuzberg 22.1 E2-F2
Kreuznach, Bad 22.1 C3
Kreuztal 6.1 E3
Kribi 110.1 D5-E5
Kriebstein 22.1 I1
Krim, Halbinsel 60.1 G4
Krimml 66.1 E2
Krishna 98.1 D5
Kristianstad 64.1 N1
Krk; Insel 64.1 N7
Krk; Stadt 66.1 F3
Krka 66.1 G4
Krkafälle 66.1 F4
Kroatien 64.1 N7-O7, 58.1 G4
Kronach 22.1 G2
Kronenburg 6.1 B4
Kronstadt [Braşov] 62.1 E1
Kropywnyzky 60.1 G4
Krško 66.1 F3
Krüger-Nationalpark 112.1 D4
Krugersdorp 112.1 C4
Krumau [Český Krumlov] 22.1 J4
Krumbach 22.1 F4
Krywy Rih 60.1 G4
Kuala Lumpur 98.1 G6, 94.1 L9
Kuala Terengganu 98.1 G6
Kuango 112.1 B2
Kuantan 98.1 G6
Kuba; Insel Einband vorn G5
Kuba; Staat 128.1 E4-F4,
125.1 N7-O7
Kuban 62.1 G1
Kubany 22.1 I3-I4
Kuching 98.1 H6
Kues, Bernkastel- 22.1 C3
Kufstein 66.1 E2
Kugluktuk 126.1 H3
Kühlungsborn 20.1 G1
Kuhrudgebirge 100.1 D1-D1
Kuibyschewer Stausee 60.1 H3-I3
Kuito 112.1 B3
Kullen 64.1 M1
Kulmbach 22.1 G2
Kulob 98.1 C3
Kumamoto 96.1 O6
Kumasi 110.1 C5
Kumba 110.1 D5
Kummerower See 20.1 H2-I2
Kunaschir 96.1 P5
Kundelunguberge 112.1 C3-C2
Kundus 98.1 C3
Kunlun Shan 98.1 E3-F3
Kunming 98.1 G4
Künzelsau 22.1 E3
Kuopio 60.1 F2
Kupa 66.1 G3
Kupang 98.1 I8
Kura 110.1 H1
Kurgan 96.1 H4
Kuria-Muria-Inseln 100.1 D3
Kurilen 96.1 P5-Q4
Kurilen-Kamtschatka-Graben
Einband vorn V4-W3
Kurisches Haff 64.1 Q2
Kurnool 98.1 D5
Kursk 60.1 G3
Kürten 6.1 D2
Kusel 22.1 C3
Kushiro 96.1 P5
Kuskokwim 126.1 C3-D3
Kuskokwim Mountains 126.1 D3
Kusnezki, Leninsk- 96.1 J4
Küstenkanal 20.1 C3-C2
Küstenkette 128.1 A3-A2
Küstrin [Kostrzyn nad Odrą] 20.1 J3
Kutaissi 62.1 G1
Kutná Hora 22.1 K3
Kutschenberg 20.1 I4
Kuujjuaq 126.1 M4
Kuujjuarapik 126.1 L4
Kuwait; Staat 100.1 C2, 94.1 F7
Kuwait [al Kuwayt]; Stadt 100.1 C2,
94.1 F7
Kvarner 66.1 F3
Kvarnerić 66.1 F3
Kvitinsel 96.1 D2-E1
Kwa 112.1 B2
Kwajalein 118.1 K3
Kwanza 112.1 B2-B3
KwaZulu-Natal 112.1 D4
Kwekwe 112.1 C3
Kwilu 112.1 B2
Kyffhäuser; Denkmal 22.1 G1
Kyffhäuser; Höhenzug 18.1 D3
Kyjiw [Kyïv] 60.1 G3, 58.1 I3
Kyjiwer Stausee 60.1 F3-G3
Kykladen 62.1 E2
Kyll 6.1 C4
Kyogasee 112.1 D1
Kyoto 96.1 O6
Kyritz 20.1 H3
Kysyl 96.1 K4
Kyushu 96.1 O6
Kyushu-Palau-Rücken
Einband vorn U5-U6

L

Laage 20.1 H2
Laasphe, Bad 6.1 F3
Laatzen 20.1 E3
Laayoune 110.1 B3, 109.1 B4
Labé 110.1 B4
Labes [Łobez] 20.1 K2
Labin 66.1 F3
Laboe 20.1 F1
Labrador 126.1 L4-M4
Labradorbecken Einband vorn I3-J3
Labrador City 126.1 M4
Labradorsee 126.1 N3-O4
Lábrea 138.1 D3
Lac d'Annecy 66.1 B3
Lac de la Forêt d'Orient 66.1 A1
Lac de Serre-Ponçon 66.1 B3
Lac de Vouglans 66.1 A2
Lac du Bourget 66.1 A3
La Ceiba 128.1 E5
La Chaux-de-Fonds 66.1 B2
La Ciotat 66.1 A4
La Coruña 62.1 B1
Ladbergen 4.1 E2
Ladogasee 60.1 G2
Lae 118.1 I4
Laer 4.1 D2
Lafayette 128.1 D3
Lagan 64.1 M1
Lage 4.1 G3
Laghouat 110.1 D2
Lago Maggiore 66.1 C2
La Gomera 110.1 B3
Lagos 110.1 D5
Lagow [Łagów] 20.1 K3
La Guaira 138.1 D1
Lahn 6.1 E4
Lahore 98.1 D3
Lahr 22.1 C4
Lainsitz 22.1 J4
Lake Charles 128.1 D3
Lake District 64.1 E2
Lake of the Woods 126.1 J5
Lakhnau 98.1 E4
Lakkadiven 98.1 D5
Lakkadivensee 98.1 D6
La Libertad 138.1 B3
Lalitpur 98.1 E4
L'Alpe d'Huez 66.1 B3
La Mancha, Kastilien- 62.1 B2
Lambaréné 112.1 B2
Lambertgletscher 122.2 B13-B14
Lampang 98.1 F5
Lampertheim 22.1 D3
Lancang Jiang (Mekong) 92.1 K6
Lancaster 64.1 E2
Lancastersund 126.1 K2
Landau a. d. Isar 22.1 H4
Landau i. d. Pfalz 22.1 D3
Landeck 66.1 D2
Landenge von Kra 98.1 F5-G6
Landenge von Tehuantepec
128.1 D5
Landes 64.1 F7
Land Hadeln 20.1 D2
Land Kehdingen 20.1 E2
Landsberg [Gorzów Wielkopolski]
20.1 K3
Landsberg a. Lech 22.1 F4
Landsberger Heide 20.1 J3-K3
Land's End 64.1 D4
Landshut 22.1 H4
Landskrona 64.1 M2
Landstuhl 22.1 C3
Land Wursten 20.1 D2
Langeland 20.1 F1
Langelandsbelt 20.1 F1-G1
Langen 22.1 D3
Langenberg; Berg 6.1 G2
Langenberg; Gemeinde 4.1 F3
Langenberg (Velbert-) 4.1 D4
Langenburg 22.1 E3-F3
Langenfeld 6.1 C2
Langensalza, Bad 22.1 F1
Langeoog 20.1 C2
Langerwehe 6.1 B3
Langich 22.1 A3
Langres 66.1 A2
Langschoß 6.1 B3
Languedoc 64.1 H8-I7
Lanín 140.1 A3
Lansing 128.1 E2
Lanzarote 110.1 B3
Lanzhou 98.1 G3
Laoag 98.1 I5
Lao Cai 98.1 G4
La Oroya 138.1 C4
Laos 98.1 G5, 94.1 L8
La Palma 110.1 B3
La Paz; Stadt in Bolivien 138.1 D4,
Einband hinten G8
La Paz; Stadt in Mexiko 128.1 B4
La Plata 140.1 C3
La-Plata-Tiefland 140.1 B2-C2
Lappland 60.1 F2
Laptewsee 96.1 M2-O2
Laptewstraße 96.1 P2-Q2
Laredo 128.1 D4
La Rioja 140.1 B2
Larisa 96.1 D6
Larkana 98.1 C4
Larne 64.1 D2
La Rochelle 64.1 F6
La Romana 128.1 G5
La Ronge 126.1 I4
Larsen-Schelfeis 122.2 C36
La Serena 140.1 A2
Las Heras 140.1 B4
Lashio 98.1 F4
Las Palmas 56.1 D6
La Spezia 66.1 C3
Lastovo 64.1 O8
Las Vegas 128.1 B3
Latakia 100.1 B1
Latur 98.1 D5
Lauban [Lubań] 22.1 K1
Lauchhammer 20.1 I4
Lauenburg 20.1 F2
Lauenstein 22.1 G2
Lauf a. d. Pegnitz 22.1 G3
Laufen 22.1 H5
Lauffen 22.1 E3
Lau-Inseln 118.1 M5
Laun [Louny] 22.1 I2
Launceston 118.1 I8
Laupheim 22.1 E4
Lausanne 66.1 B2
Lausche 22.1 J2
Lausitzer Gebirge 22.1 J2
Lausitzer Neiße 20.1 J4
Laut 98.1 H7
Lauta 22.1 J1
Lauterbach 22.1 E2
Lauterberg, Bad 20.1 F4
Lauwersmeer 20.1 B2
Lebach 22.1 B3
Lecce 62.1 D1
Lecco 66.1 C3
Lech; Fluss 18.1 D4
Lech; Stadt 66.1 D2
Lechfeld 22.1 F4
Lechtaler Alpen 66.1 D2
Le Cornate 66.1 D4
Le Creusot 64.1 I6
Leda 20.1 C2
Leeds 64.1 F3
Leer 20.1 C2
Leeuwarden 64.1 I3
Legaspi 98.1 I5
Legden 4.1 D2
Le Havre 64.1 G5
Lehnin 20.1 H3
Lehrte 20.1 E3
Leibnitz 66.1 F2
Leicester 64.1 F3
Leichlingen 6.1 D2-D2
Leiden 64.1 I3
Leine 20.1 E3
Leinster 64.1 B3-C3
Leipzig 22.1 H1
Leipziger Tieflandsbucht 22.1 H1
Leisnig 22.1 H1
Leitha 66.1 G2
Leitmeritz [Litoměřice] 22.1 J2
Le Mans 64.1 G5-G6
Lembata 98.1 I7
Lembeck (Dorsten-) 4.1 D3
Lemberg; Berg 22.1 D4
Lemberg [Lwiw]; Stadt 64.1 R5-S5
Lemgo 4.1 G2
Lena 96.1 N3
Lenabecken 96.1 M3-N3
Lengerich 4.1 E2
Lenggries 22.1 G5
Leninsk-Kusnezki 96.1 J4
Lenne 6.1 E2
Lennegebirge 6.1 E2-F2
Lennestadt 6.1 F2
Lens 64.1 H4
Lensk 96.1 M3
Lenzburg 22.1 D5
Leoben 66.1 F2
León; Stadt in Nicaragua 128.1 E5
León; Stadt in Spanien 64.1 D8
León; Stadt in Mexiko 128.1 C4
León, Kastilien- 64.1 C8-E9
Leonora 118.1 G6
Leopoldshöhe 4.1 G2
Leptis Magna 110.1 E2
Le Puy-en-Velay 64.1 H7
Les Baux-de-Provence 66.1 A4
Lesbos 62.1 E2
Les Diablerets 66.1 B2
Leshan 98.1 G4
Leslau [Włocławek] 64.1 P3
Lesotho 112.1 C4, 109.1 F9-G9
Lessinische Alpen 66.1 D3
Lethbridge 126.1 H5
Leticia 138.1 C3-D3
Letmathe (Iserlohn-) 6.1 E2
Letschin 20.1 J3
Lette (Coesfeld-) 4.1 D3
Lettland 60.1 F3, 58.1 H3
Leuchtenberg 22.1 H3
Leuchtenburg 22.1 G2
Leuscheid 6.1 D3-E3
Leutensdorf [Litvínov] 22.1 I2
Leutkirch 22.1 F5
Levanto 66.1 C3
Leverkusen 6.1 C2-D2
Lexington 128.1 E3
Leyte 98.1 I5
Lhasa 98.1 F4
Lianyungang 98.1 H3
Liao He 98.1 I2
Libanon 100.1 B1, 94.1 E6
Libau [Liepāja] 64.1 Q1
Liberia 110.1 B5-C5, 109.1 B6-C6
Liblar (Erftstadt-) 6.1 C3
Libreville 112.1 A1, 109.1 D6
Libyen 110.1 E3-F3, 109.1 E4-F4
Libysches Becken 110.1 E3-F3
Libysche Wüste 110.1 F3
Lichinga 112.1 D3
Lichingahochebene 112.1 D3
Lichtenau 4.1 G3
Lichtenfels 22.1 G2
Lichtenstein 22.1 E4
Lida 64.1 S3
Liebenwerda, Bad 20.1 I4
Liechtenstein 66.1 C2, 58.1 F4-G4
Liegnitz [Legnica] 64.1 O4
Lienen 4.1 E2
Lienz 66.1 E2
Liestal 22.1 C5
Liezen 66.1 F2
Ligurische Alpen 66.1 B3-C3
Ligurischer Apennin 66.1 C3
Ligurisches Meer 66.1 B4-C4
Lika 66.1 F3
Likasi 112.1 C3
Lille 64.1 H4
Lilongwe 112.1 D3, 109.1 G8
Lima 138.1 C4, 137.1 C6
Limburg 6.1 A2-B2
Limburg a. d. Lahn 22.1 D2
Limerick 64.1 B3
Limfjord 64.1 K1
Limmat 22.1 D5
Limoges 64.1 G7
Limón 128.1 E5-E6
Limpopo; Fluss 112.1 D4
Limpopo; Verwaltungseinheit
112.1 C4-D4
Lincoln 128.1 D2
Lindau 22.1 E5
Linden 138.1 E2
Lindenberg 22.1 E5
Linderhof 22.1 F5
Lindi 112.1 D2-D3
Lindlar 6.1 D2
Lingen (Ems) 20.1 C3
Lingga-Inseln 98.1 G7
Linie-Inseln 118.1 N3-O4
Linköping 60.1 E3
Linn 4.1 C4
Linnich 6.1 B3
Lintfort, Kamp- 4.1 C3-C4
Linyi 98.1 H3
Linz 66.1 F1
Liparische Inseln 62.1 D2
Lipezk 60.1 G3
Lippborg (Lippetal-) 4.1 F3
Lippe; Fluss 4.1 C3
Lippe; Landkreis 4.1 G3-H3
Lippehne [Lipiany] 20.1 J2-J3
Lippen [Lipno] 22.1 J4
Lippener Stausee 22.1 J4
Lipper Bergland 4.1 H2-H3
Lippetal 4.1 F3
Lippspringe, Bad 4.1 G3
Lippstadt 4.1 F3
L'Isle-d'Abeau 66.1 A3
Lissabon [Lisboa] 62.1 B2, 58.1 E5
List auf Sylt 20.1 D1
Listertalsperre 6.1 E2
Litauen 64.1 R2-S2, 58.1 H3
Little Rock 128.1 D3
Liuwaebene 112.1 C3
Liuzhou 98.1 G4
Liverpool 64.1 E3
Livingstone 112.1 C3
Livingstonefälle 112.1 B2
Livorno 66.1 D4
Ljachowinseln 96.1 P2
Ljubljana 66.1 F2, 58.1 G4
Llano Estacado 128.1 C3
Llanos 138.1 C2-D2
Llanos de Moxos 138.1 D4
Löbau 22.1 J1
Lobberich (Nettetal-) 4.1 B4
Lobenstein, Bad 22.1 G2
Lobito 112.1 B3
Lobomba 109.1 G9
Lobositz [Lovosice] 22.1 J2
Locarno 66.1 C2
Loccum 20.1 E3
Löcknitz 20.1 G2
Lodi 66.1 C3
Łódź 64.1 P4
Lofoten 60.1 E2
Logone 110.1 E5
Logroño 64.1 E8
Lohmar 6.1 D3
Lohme 20.1 I1
Löhne 4.1 G2
Lohr 22.1 E2-E3
Loiblpass 66.1 F2
Loire 64.1 F6
Loja 138.1 C3
Lolland 64.1 L2
Lomami 112.1 C2
Lombardei 66.1 C3-D3
Lombok 98.1 H7
Lomé 110.1 D5, 109.1 D6

Lommersdorf (Blankenheim-) 6.1 C4
Lomont 22.1 B5
London; Stadt im Vereinigten Königreich 64.1 F4-G4, 58.1 E3-F3
London; Stadt in Kanada 126.1 K5
Londonderry 64.1 C2
Londrina 138.1 E5
Long Beach 128.1 B3
Longinsel 128.1 F4
Longview 128.1 A2
Long Xuyen 98.1 G5
Longyearbyen 122.1 B32
Löningen 20.1 C3
Lons-le-Saunier 66.1 A2
Lord-Howe-Insel 118.1 J7
Loreley 22.1 C2
Loreto 66.1 E4
Lorient 64.1 E6
Lörrach 22.1 C5
Lorsch 22.1 D3
Los Alamos 128.1 C3
Los Angeles 128.1 B3
Los Ángeles (Chile) 140.1 A3
Lošinj 64.1 N7
Los Mochis 128.1 C4
Los Roques 138.1 D1
Lot 64.1 G7
Lothringen 64.1 I5-J5
Lötschbergtunnel 66.1 B2
Lotte 4.1 E2
Lough Corrib 64.1 B3
Lough Derg 64.1 B3
Lough Foyle 64.1 C2
Lough Mask 64.1 B3
Lough Neagh 64.1 C2
Lough Ree 64.1 B3
Louisiade-Archipel 118.1 J5
Louisiana 128.1 D3
Louisville 128.1 E3
Lourdes 64.1 F8
Louštín 22.1 I2
Lovere 66.1 D3
Löwenberg [Lwówek Śląski] 20.1 K4
Lower Lough Erne 64.1 C2
Loyauté-Inseln 118.1 K6
Lualaba 112.1 C2
Luanda 112.1 B2, 109.1 E7
Luang Prabang 98.1 G5
Luangwa 112.1 D3
Luanshya 112.1 C3
Luapula 112.1 C3
Lubango 112.1 B3
Lübbecke 4.1 G2
Lübben / Lubin 20.1 I4
Lübbenau / Lubnjow 20.1 I4
Lubbock 128.1 C3
Lübeck 20.1 F2
Lübecker Bucht 20.1 G1
Lubin, Lübben / 20.1 I4
Lublin 64.1 R4
Lubmin 20.1 I1
Lubnjow, Lübbenau / 20.1 I4
Lubumbashi 112.1 C3
Lübz 20.1 H2
Lucapa 112.1 C2
Lucca 66.1 D4
Lucena 98.1 I5
Lüchow 20.1 G3
Luckau 20.1 I4
Luckenwalde 20.1 I3
Lüdenscheid 6.1 E2
Lüderitz 112.1 B4
Ludhiana 98.1 D3
Lüdinghausen 4.1 D3
Ludwigsburg 22.1 E4
Ludwigsfelde 20.1 I3
Ludwigshafen a. Rhein 22.1 D3
Ludwigslust 20.1 G2
Luena 112.1 B3
Lufeng 98.1 H4
Luganer See 66.1 C3
Lugano 66.1 C2
Lügde 4.1 H3
Luhansk 60.1 G4
Luhe 20.1 F2
Lukuga 112.1 C2
Luleå 60.1 F2
Lund 64.1 M2
Lunda 112.1 B2-C2
Lundaschwelle 112.1 C3
Lüneburg 20.1 F2
Lüneburger Heide 20.1 E2-F3
Lünen 6.1 E1
Lunéville 22.1 B4
Luoyang 98.1 H3
Lure 22.1 B5
Lusaka 112.1 C3, 109.1 F8
Lusambo 112.1 C2
Luschnitz 22.1 J3
Lusen 22.1 I4
Lütetsburg 20.1 C2
Luton 64.1 F4
Lüttich [Liège] 22.1 A2
Lützow-Holm-Bucht 122.2 C10-C11
Luvua 112.1 C2
Luxemburg; Staat 19.1 A4-B4, 58.1 F4
Luxemburg [Lëtzebuerg, Luxembourg]; Stadt 22.1 B3, 58.1 F4
Luxeuil-les-Bains 22.1 B5
Luxor 110.1 G3
Luzern 66.1 C2
Luzhou 98.1 G4
Luziânia 138.1 F4
Luzk 60.1 F3
Luzon 98.1 H5-I5
Luzonstraße 98.1 I5
Lynn Lake 126.1 I4
Lyon 66.1 A3

M

Maas 4.1 A3
Maaseik 22.1 A1
Maastricht 22.1 A2
Macao [Aomen] 98.1 H4
Macapá 138.1 E2
Macdonnellkette 118.1 G6-H6
Maceió 138.1 G3
Macerata 66.1 E4
Machala 138.1 B3-C3
Machatschkala 60.1 H4
Machilipatnam 98.1 E5
Machu Picchu 138.1 C4
Mackay 118.1 I6
Mackenberg 4.1 F3
Mackenzie 126.1 G3
Mackenzie Mountains 126.1 F3-G3
Macon; Stadt in den USA 128.1 E3
Mâcon; Stadt in Frankreich 66.1 A2
Mâconnais 66.1 A2
Macquarie-Inseln 118.1 J9-K9
Macquarierücken Einband vorn W10-X10
Mac-Robertson-Land 122.2 B12-C13
Madagaskar; Insel Einband vorn O8-P8
Madagaskar; Staat 112.1 E4-F4, 109.1 H8
Madagaskarbecken Einband vorn P8-Q8
Madang 118.1 I4
Madeira; Fluss 138.1 D3
Madeira; Insel 56.1 D5
Mädelegabel 22.1 F5
Madison 128.1 E2
Madras [Chennai] 98.1 D5-E5
Madre de Dios 138.1 D4
Madrid 62.1 B1, 58.1 E4
Madura 98.1 H7
Madurai 98.1 D5-D6
Madüsee 20.1 J2-K2
Maebashi 96.1 O6
Mafia 112.1 D2-E2
Magadan 96.1 Q4
Magdalena 138.1 C1-C2
Magdaleneninseln 126.1 M5
Magdeburg 20.1 G3, 19.1 D2
Magellanstraße 140.1 A5
Maghreb 62.1 B2-C2
Magnetischer Pol (Arktis) 126.1 H1
Magnitogorsk 60.1 I3
Magwe 98.1 F4
Mahafalyplateau 112.1 E4
Mahajanga 112.1 E3
Mahalapye 112.1 C4
Mahikeng 112.1 C4
Mahiljou 60.1 G3
Mähren 64.1 O5
Maiduguri 110.1 E4
Maifeld 22.1 C2
Maikop 60.1 G4-H4
Mailand [Milano] 66.1 C3
Maimana 98.1 C3
Main 22.1 E3
Main, Weißer 22.1 G2
Mainau 22.1 E5
Mainburg 22.1 G4
Mai-Ndombe-See 112.1 B2-C2
Main-Donau-Kanal 22.1 G3
Maine 128.1 G2
Mainfranken 22.1 E3-F3
Mainz 22.1 D2-D3, 19.1 C3-C4
Maitri 122.2 B8-C8
Maja 96.1 O4
Majano 66.1 E2
Majuro 118.1 L3, Einband hinten W6
Makarovbecken Einband vorn W1-Y1
Makassar 98.1 H7
Makassarstraße 98.1 H7-H6
Makgadikgadi-Salzpfannen 112.1 C4
Makondeplateau 112.1 D3
Makran 100.1 D2-E2
Makurdi 110.1 D5
Malabo 112.1 A1, 109.1 D6
Málaga 62.1 B2
Malaita 118.1 K4
Malakal 110.1 G5
Malakka, Halbinsel 98.1 F6
Malakkastraße 98.1 F6-G6
Malang 98.1 H7
Malanje 112.1 B2
Malargüe 140.1 B3
Mälarsee 60.1 E3
Malaspinagletscher 126.1 E4
Malatya 62.1 F2
Malawi 112.1 D3, 109.1 G8
Malawisee [Njassa] 112.1 D3
Malaysia 98.1 G6-H6, 94.1 L9-M9
Malchin 20.1 H2
Malchiner See 20.1 H2
Malchow 20.1 H2
Maldeninsel 118.1 O4
Maldonado 140.1 C3
Male 98.1 D6, 94.1 I9
Malediven; Inseln Einband vorn Q6
Malediven; Staat 98.1 D6, 94.1 I9
Malegaon 98.1 D4
Malekula 118.1 K5
Mali 110.1 C4-D4, 109.1 C5-D5
Mali Lošinj 66.1 F3
Malindi 112.1 D2-E2
Malin Head 64.1 C2
Mallorca 62.1 C2
Malmedy 22.1 B2
Malmö 64.1 M2
Maloelap-Atoll 118.1 K3-L3
Malojapass 66.1 C2
Malpelo 138.1 B2
Malta 62.1 D2, 58.1 G5
Mamelodi 112.1 C4
Mamoré 138.1 D4
Man 110.1 C5
Man, Insel 64.1 D2, 58.1 E3
Manado 98.1 I6
Managua 128.1 E5, 125.1 N8
Manakara 112.1 E4
Manama [al Manāmah] 100.1 D2, 94.1 G7
Manaus 138.1 D3-E3
Manchester; Stadt im Vereinigten Königreich 64.1 E3
Manchester; Stadt in den USA 128.1 F2
Mandalay 98.1 F4
Mandaragebirge 110.1 E4-E5
Mandschurei 98.1 I2
Mandschurisches Becken 92.1 N5
Manga 110.1 E4
Mangaluru 98.1 D5
Mangfallgebirge 22.1 G5-H5
Manicoré 138.1 D3
Maniitsoq [Sukkertoppen] 126.1 N3
Manila 98.1 I5, 94.1 N8
Manisa 62.1 E2
Manitoba 126.1 I4-J4
Manitobasee 126.1 J4
Manizales 138.1 C2
Mannheim 22.1 D3
Manning 126.1 H4
Manono 112.1 C2
Manosque 66.1 A4
Manselinsel 126.1 K3
Mansfeld 20.1 G4
Manta 138.1 B3
Mantua [Mantova] 66.1 D3
Manytschniederung 60.1 H4
Manzanillo; Stadt in Mexiko 128.1 C5
Manzanillo; Stadt auf Kuba 128.1 F4
Manzhouli 96.1 M5
Maokegebirge 98.1 J7-K7
Maoming 98.1 H4
Mapimí-Wüste 128.1 C4
Maputo 112.1 D4, 109.1 G9
Maqteïr 110.1 B3
Marabá 138.1 F3
Maracaibo 138.1 C1
Maracaibosee 138.1 C2
Maracay 138.1 D1
Maradi 110.1 D4
Marahuaca 138.1 D2
Marais Poitevin 64.1 F6
Marajó 138.1 F3
Marambio 122.2 C1
Marañón 138.1 C3
Marburg 22.1 D2
March 64.1 O5
Mar Chiquita 140.1 B3
Mar del Plata 140.1 C3
Margarita 138.1 D1
Marghera (Venedig-) 66.1 E3
Marguareis 66.1 B3
Maria Laach 22.1 C2
Marianen Einband vorn V5-V6
Marianen, Nördliche Einband hinten U5-V5
Marianengraben Einband vorn V5-V6
Maria Taferl 22.1 K4
Mariazell 66.1 F2
Maribo 20.1 G1
Maribor 66.1 F2
Marie-Byrd-Land 122.2 B31-A29
Marienbad 22.1 H3
Marienberg 22.1 I2
Marienburg 64.1 P2-P3
Marienfeld (Harsewinkel-) 4.1 F3
Marienheide 6.1 E2
Marienmünster 4.1 H3
Marienthal 4.1 C3
Marijampolė 64.1 R2
Marília 138.1 E5-F5
Maringá 138.1 E5
Mariupol 60.1 G4
Mark 6.1 D2-E2
Marka 110.1 H5
Marken 66.1 E4
Markirch [Sainte-Marie-aux-Mines] 22.1 C4
Märkischer Kreis 6.1 E2
Markneukirchen 22.1 H2
Marksburg 22.1 C2
Marktheidenfeld 22.1 E3
Marktoberdorf 22.1 F5
Marktredwitz 22.1 H2-H3
Marl 4.1 D3
Marmagao 98.1 D5
Marmarameer 62.1 E1
Marmolada 66.1 D2
Marne; Fluss 64.1 H5
Marne; Stadt 20.1 E2
Marokau-Atoll 118.1 P5
Marokko 110.1 C2, 109.1 C3
Maros 64.1 Q6
Maroua 110.1 E4
Marquesasinseln 118.1 P4-Q5
Marquette 128.1 E2
Marrakesch 110.1 C2
Marsabit 112.1 D1
Marsa Matruh 110.1 F2
Marsberg 6.1 G2
Marseille 66.1 A4
Marshallinseln 118.1 K2, Einband hinten V6-W6
Marstal 20.1 F1
Martigny 66.1 B2
Martigues 66.1 A4
Martim Vaz 138.1 G5-H5
Martinique 128.1 G5-H5
Marungu 112.1 C2-D2
Mary 96.1 H6
Maryland 128.1 F3
Masar-e Sharif 98.1 C3
Masbate 98.1 I5
Masdsched Soleyman 100.1 C1
Maseru 112.1 C4, 109.1 F9
Masindi 112.1 D1
Masira-Insel 100.1 D2-E2
Maskarenen 112.1 F4-F3
Maskarenenbecken Einband vorn P7-P8
Maskat [Masqat] 100.1 D2, 94.1 G7
Masowien 64.1 P3-Q4
Massa 66.1 D3
Massachusetts 128.1 F2-G2
Massaisteppe 112.1 D2
Massa Marittima 66.1 D4
Massina 110.1 C4
Masuren 64.1 Q3-R3
Masyr 60.1 F3
Matabeleland 112.1 C3
Matadi 112.1 B2
Matagalpa 128.1 E5
Matamoros 128.1 D4
Matanzas 128.1 E4
Mataram 98.1 H7
Mato Grosso, Hochland von 138.1 E4
Mátra 64.1 P6-Q6
Matrah 100.1 D2
Matrei 66.1 E2
Matsuyama 96.1 O6
Matterhorn 66.1 B3
Maturín 138.1 D2
Maués 138.1 E3
Maui 118.1 O1
Maulbronn 22.1 D3-D4
Maun 112.1 C3-C4
Maures 66.1 B4
Mauretanien 110.1 B4-C4, 109.1 B4-C5
Mauritius; Insel 108.1 I9-J9
Mauritius; Staat 112.1 F3, 109.1 I8
Mauthausen 22.1 J4
Mawlamyine 98.1 F5
Mawson 122.2 C13
Maxixe 112.1 D4
Mayen 22.1 C2
Mayo 126.1 F3
Mayotte; Insel 112.1 E3
Mayotte; Verwaltungseinheit 109.1 H8
Mazatlán 128.1 C4
Mbabane 112.1 D4, 109.1 G9
Mbakaou-Stausee 110.1 E5
Mbala 112.1 D2
Mbandaka 112.1 B2
Mbarara 112.1 D2
Mbeya 112.1 D2
Mbombela 112.1 D4
Mbomou 112.1 C1
Mbuji-Mayi 112.1 C2
McAllen 128.1 D4
McClintock-Kanal 126.1 I2
McClure-Straße 126.1 G2-H2
McMurdo 122.2 B23
Mead-Stausee 128.1 B3
Mechernich 6.1 C3
Meckenheim 6.1 D3
Mecklenburger Bucht 20.1 G1
Mecklenburgische Schweiz 20.1 H2
Mecklenburgische Seenplatte 20.1 G2-I2
Mecklenburg-Vorpommern 20.1 H1-I2, 19.1 D2-E2
Mecsekgebirge 64.1 O6-P6
Medan 98.1 F6
Medebach 6.1 G2
Medellín 138.1 C2
Medford 128.1 A2
Medicine Hat 126.1 H4
Medina [Al-Madina] 100.1 B2
Meeralpen 66.1 B3
Meerane 22.1 H2
Meerbusch 4.1 C4
Meersburg 22.1 E5
Meerut 98.1 D4
Mégève 66.1 B3
Mehlis, Zella- 22.1 F2
Meiktila 98.1 F4
Meinerzhagen 6.1 E2
Meiningen 22.1 F2
Meißen 22.1 I1
Meißner, Hoher 22.1 E1
Mekele 110.1 G4
Mekka [Makkah] 100.1 B2
Meknès 110.1 C2
Mekong 98.1 G5
Mekongebene 98.1 G5
Melaka 98.1 G6
Melanesien 118.1 I4-L6
Melbourne 118.1 I7
Meldorf 20.1 E1
Melibocus 22.1 D3
Melilla; Stadt 56.1 E5
Melilla; Verwaltungseinheit 62.1 B2, 58.1 E5
Melitopol 60.1 G4
Melk 66.1 F1
Melle 20.1 D3
Mellrichstadt 22.1 F2
Mellum 20.1 D2
Mělník 22.1 J2
Melsungen 22.1 E1
Melun 64.1 H5
Melville-Halbinsel 126.1 K3
Melville-Insel; Australien 118.1 G5-H5
Melville-Insel; Kanada 126.1 H2
Melvillesund 126.1 H2-I2
Memel; Fluss 64.1 R2
Memel [Klaipėda]; Stadt 64.1 Q2
Memmingen 22.1 F4-F5
Memphis 128.1 D3-E3
Menabe 112.1 E4-E3
Menden 6.1 E2
Mendoza 140.1 B3
Menongue 112.1 B3
Menorca 62.1 C1
Mentawai-Inseln 98.1 F7
Menton 66.1 B4
Menzel Bourguiba 110.1 D2
Meppel 20.1 B3
Meppen 20.1 C3
Meran [Merano] 66.1 D2
Marapi 98.1 H7
Merauke 98.1 K7
Mercatorbecken Einband vorn X4-W5
Mergentheim, Bad 22.1 E3
Mergui 98.1 F5
Mergui-Archipel 98.1 F5
Mérida; Stadt in Mexiko 128.1 E4
Mérida; Stadt in Venezuela 138.1 C2

Merlsheim 4.1 H3
Merritt 126.1 G4
Merseburg 20.1 G4-H4
Mersin 96.1 E6
Meru 112.1 D2
Merzenich 6.1 C3
Merzig 22.1 B3
Mesa 128.1 B3
Meschede 6.1 F2
Meschhed 100.1 D1
Mesen; Fluss 60.1 H2
Mesen; Stadt 60.1 H2
Meseritz [Międzyrzecz] 20.1 K3
Mesopotamien 96.1 F6
Mespelbrunn 22.1 E3
Messina 62.1 D2
Mestlin 20.1 G2
Mestre (Venedig-) 66.1 E3
Meta 138.1 D2
Metelen 4.1 D2
Meteoritenkrater (Kanada) 126.1 L3
Meteoritenkrater (Russland) 96.1 L3
Meteoritenkrater (USA) 128.1 B3
Mettingen 4.1 E2
Mettmann; Landkreis 4.1 C4-D4
Mettmann; Stadt 4.1 C4
Metz 64.1 J5
Meurthe 22.1 B4
Mexicali 128.1 B3
Mexiko; Staat 128.1 C4-D5, 125.1 L7-M7
Mexiko; Stadt 128.1 D5, 125.1 M7-M8
Mexiko, Hochland von 128.1 C4
Meximieux 66.1 A3
Miami 128.1 E4
Mianyang 98.1 G3
Miass 60.1 J3
Michelsberg 6.1 C3
Michigan 128.1 E2
Michigansee 128.1 E2
Middlesbrough [Teesside] 64.1 F2
Midway-Inseln Einband hinten X5
Mies; Fluss 22.1 H3-I3
Mies; Stadt 22.1 H3
Miesbach 22.1 G5
Mikolajiw 60.1 G4
Mikronesien; Inseln 118.1 H3-L3
Mikronesien; Staat 118.1 I3-J3, Einband hinten V6
Milde 20.1 G3
Mildura 118.1 I7
Milet 62.1 E2
Milevsko 22.1 J3
Milford Haven 64.1 D4
Millstatt am See 66.1 E2
Miltenberg 22.1 E3
Milwaukee 128.1 E2
Minami-Torishima 98.1 L4
Minatitlán 128.1 D5
Mincio 66.1 D3
Mindanao 98.1 I6
Mindelheim 22.1 F4
Minden 4.1 G2
Mindener Dom 4.1 G2
Minden-Lübbecke 4.1 F2-G2
Mindoro 98.1 H5-I5
Minna 110.1 D5
Minneapolis 128.1 D2
Minnesota 128.1 D2
Minsk 60.1 F3, 58.1 H3
Mintosee 126.1 L4
Minussinsk 96.1 K4
Miquelon 126.1 N5
Mirecourt 22.1 B4
Miri 98.1 H6
Mirim, Guajará 138.1 D4
Mirimlagune 140.1 C3
Mirny; Forschungsstation 122.2 C16
Mirny; Stadt 96.1 M3
Misdroy 20.1 J2
Miskitoküste 128.1 E5
Miskolc 64.1 Q5
Misool 98.1 I7-J7
Misrata 110.1 E2
Mississauga 128.1 F2
Mississippi; Bundesstaat 128.1 E3
Mississippi; Fluss 128.1 D3
Missoula 128.1 B2
Missouri; Bundesstaat 128.1 D3
Missouri; Fluss 128.1 D2-D3
Mistassinisee 126.1 L4
Mitsiwa 110.1 G4
Mittelamerikanischer Graben Einband vorn F5-G6
Mittelatlantischer Rücken Einband vorn I3-L10
Mittelberg 22.1 F5
Mittellandkanal 4.1 E2
Mittelmeer 62.1 C2-F2
Mittelpolnisches Tiefland 64.1 N3-R3
Mittelrussische Platte 60.1 G3-G4
Mittelsibirisches Bergland 96.1 K3-M3
Mittenwald 22.1 G5
Mitterteich 22.1 H3
Mittlerer Atlas 110.1 C2
Mittweida 22.1 H2
Mitú 138.1 C2
Mitumbaberge 112.1 C2-D1
Mitumbakette 112.1 C3-C2
Miyazaki 96.1 O6
Mizen Head 64.1 B4
Mława 64.1 Q3
Mljet 64.1 O8
Moa 98.1 I7
Moanda 112.1 B2
Mobile 128.1 E3
Moco 112.1 B3
Mocuba 112.1 D3
Modena 66.1 D3
Moder 22.1 C4
Moers 4.1 C4
Mogadischu [Muqdisho] 110.1 H5, 109.1 H6
Mohe 96.1 N4
Möhne 4.1 F4
Möhnesee 6.1 F1-F2
Möhnetalsperre 4.1 F4
Mohrin 20.1 J3
Mojavewüste 128.1 B3
Moldau; Fluss 64.1 N5
Moldau; Staat 60.1 F4, 58.1 H4
Mollendo 138.1 C4
Mölln 20.1 F2
Molsheim 22.1 C4
Molukken 98.1 I7
Molukkensee 98.1 I7-I6
Momagebirge 96.1 P3
Mombasa 112.1 D2
Mombetsu 96.1 P5
Møn 64.1 M2
Monaco 66.1 B4, 58.1 F4
Mona-Passage 138.1 D1
Moncalieri 66.1 B3
Mönchengladbach 6.1 B2
Mönchgut 20.1 I1
Monclova 128.1 C4
Moncton 126.1 M5
Mondovi 66.1 B3
Mondsee 22.1 I5
Monfalcone 66.1 E3
Monferrato 66.1 B3-C3
Mongo 110.1 E4
Mongolei 96.1 K5-L5, 94.1 K5-L5
Mongolei, Innere 98.1 G2-H2
Mongolischer Altai 96.1 J5-K5
Mongolisches Becken 92.1 K5-M5
Mongu 112.1 C3
Monheim 6.1 C2
Monrovia 110.1 B5, 109.1 B6
Monschau 6.1 B3
Møns Klint 20.1 H1
Montabaur 22.1 C2
Montagne de Lure 66.1 A3
Montagne du Lubéron 66.1 A4
Montana; Bundesstaat 128.1 C2
Montaña; Landschaft 138.1 C3-C4
Montauban 64.1 G7
Mont Bagzane 110.1 D4
Montbard 66.1 A2
Montbéliard 64.1 J6
Mont Blanc 66.1 B3
Montceau-les-Mines 66.1 A2
Mont D'Iberville 126.1 M4
Monte Amiata 64.1 L8
Monte Argentera 66.1 B3
Monte Baldo 66.1 D3
Montecassino 62.1 D1
Monte Catria 66.1 E4
Monte Cimone 66.1 D3
Monte Cristallo 66.1 E2
Montego Bay 128.1 F5
Monte Grappa 66.1 D3
Montélimar 66.1 A3
Monte Maggiorasca 66.1 C3
Montenegro 64.1 P8, 58.1 G4
Monte Nerone 64.1 M8
Monte Oliveto Maggiore 66.1 D4
Monte Perdido 64.1 G8
Monte Pissis 140.1 B2
Montepulciano 66.1 D4
Montería 138.1 C2
Montero 138.1 D4
Monte Rosa 66.1 B3
Monterrey 128.1 C4
Montes Claros 138.1 F4
Monte Shipton 140.1 A5-B5
Monte Vettore 64.1 M8
Montevideo 140.1 C3, 137.1 E8
Monte Viso 66.1 B3
Mont Forel 126.1 P3
Montgomery 128.1 E3
Montigny-lès-Metz 22.1 B3
Mont Lozère 64.1 H7
Montluçon 64.1 H6
Mont Mézenc 64.1 I7
Montone 66.1 D3
Mont Pelat 66.1 B3
Mont Pelée 128.1 G5
Montpelier 128.1 F2
Montpellier 64.1 H8
Mont Pilat 66.1 A3
Montréal 126.1 L5
Montreux 66.1 B2
Mont-Saint-Michel 64.1 F5
Mont Salève 66.1 B2
Montschegorsk 60.1 G2
Monts d'Arrée 64.1 D5-E5
Monts du Beaujolais 66.1 A2
Montserrat 128.1 G5, 137.1 D3
Monts Otish 126.1 L4
Mont Ventoux 66.1 A3
Monument Valley 128.1 B3-C3
Monywa 98.1 F4
Monza 66.1 C3
Moody Point 122.2 C1
Moosburg 22.1 G4
Moose Jaw 126.1 I4
Moosonee 126.1 K4
Mopti 110.1 C4
Morava 64.1 Q7
Morelia 128.1 C5
Morez 66.1 B2
Morioka 96.1 P6
Moritzburg 22.1 I1
Morogoro 112.1 D2
Mörön 96.1 L5
Morondava 112.1 E4
Moroni [Mūrūni] 112.1 E3, 109.1 H8
Morotai 98.1 I6-J6
Mors 64.1 K1
Morsbach 6.1 E3
Morvan 64.1 H6-I6
Mosambik; Staat 112.1 D4, 109.1 G9
Mosambik; Stadt 112.1 E3
Mosambikbecken Einband vorn O9-O8
Mosbach 22.1 E3
Mosel 22.1 B3-C3
Moshi 112.1 D2
Moskau [Moskva] 60.1 G3, 58.1 I3
Moskwa 60.1 G3
Mossel Bay 112.1 C5
Mossoró 138.1 G3
Mostar 64.1 O8
Mosul [Al-Mawsil] 100.1 C1
Motovun 66.1 E3
Moulouya 110.1 C2
Moundou 110.1 E5
Mount Chamberlin 126.1 E3
Mount Choqa 110.1 G4
Mount Egmont 118.1 L7
Mount Elbert 128.1 C3
Mount Erebus 122.2 B23
Mount Everest 98.1 E4
Mount Fairweather 126.1 F4
Mount Hood 128.1 A2
Mount Hope 122.2 B36
Mount Isa 118.1 H6
Mount Katmai 126.1 D4
Mount Kenia 112.1 D1-D2
Mount Kirkpatrick 122.2 A23
Mount Kosciuszko 118.1 I7
Mount Logan 126.1 E3
Mount Meharry 118.1 F6
Mount Menzies 122.2 B13
Mount Minto 122.2 B23
Mount Mitchell 128.1 E3
Mount Nebo 124.1 K5
Mount Odin 126.1 M3
Mount Olympus 128.1 A2
Mount Rainier 128.1 A2
Mount Roosevelt 126.1 G4
Mount Saint Elias 126.1 E3
Mount Saint Helens 128.1 A2
Mount Sanford 126.1 E3
Mount Shasta 128.1 A2
Mount Sidley 122.2 B30
Mount Vinson 122.2 B34
Mount Waddington 126.1 G4
Mount Whitney 128.1 B3
Mourdisenke 110.1 F4
Moûtiers 66.1 B3
Moyeuvre-Grande 22.1 B3
Moynoq 96.1 G5
Moyobamba 138.1 C3
Mpanda 112.1 D2
Mpumalanga 112.1 C4-D4
Mthatha 112.1 C5
Mtwara 112.1 E3
Much 6.1 D3
Mücheln 20.1 G4
Muchingagebirge 112.1 D3
Mudanjiang 98.1 I2
Müden 20.1 F3
Mugello 66.1 D3-D4
Mühlacker 22.1 D4
Mühldorf a. Inn 22.1 H4
Mühlenbach 4.1 E2
Mühlhausen/Thüringen 22.1 F1
Mühlviertel 22.1 J4
Mukatschewe 64.1 R5
Mulata 110.1 H5
Mulde 20.1 H4
Mülhausen [Mulhouse] 22.1 C5
Mülheim 4.1 C4
Müllheim 22.1 C5
Multan 98.1 D3
Mumbai [Bombay] 98.1 D5
Münchberg 22.1 G2
München 22.1 G4, 19.1 D4
Mungbere 112.1 C1
Munioschwelle 110.1 D4-E4
Münsingen 22.1 E4
Munster; Landschaft 64.1 B3-C3
Munster; Stadt 20.1 F3
Münster 4.1 E3
Münstereifel, Bad 6.1 C3
Münsterer Dom 4.1 E3
Münster i. Elsass [Munster] 22.1 C4
Münsterland 4.1 C3-F3
Münstersche Aa 4.1 E3
Münzenberg 22.1 D2
Mur 64.1 N6
Murchisonfälle 112.1 D1
Murcia 62.1 B2
Murdochville 126.1 M5
Mureş 64.1 R7
Murg 22.1 D4
Müritz 20.1 H2
Müritz, Graal- 20.1 H1
Murmansk 60.1 G2
Murnau 22.1 G5
Murom 60.1 H3
Muroran 96.1 P5
Murray 118.1 I7
Murray-Darling-Becken 118.1 H7-I7
Murrhardt 22.1 E4
Murska Sobota 66.1 G2
Mururoa-Atoll 118.1 P6-Q6
Murzuqbecken 110.1 E3
Mürzzuschlag 66.1 F2
Musala 62.1 E1
Musgravekette 118.1 H6
Musina 112.1 C4-D4
Muskegon 128.1 E2
Musoma 112.1 D2
Mustaghanam 110.1 D2
Mut 110.1 F3
Mutare 112.1 D3
Mwali [Mohéli] 112.1 E3
Mwanza 112.1 D2
Mwene-Ditu 112.1 C2
Mwerusee 112.1 C2-D2
Myanmar 98.1 F4, 94.1 K7
Myitkyina 98.1 F4
Mykene 62.1 E2
Myllendonk 6.1 B2-C2
Mysuru 98.1 D5
Mzuzu 112.1 D3

N

Naab 22.1 G3
Nabereschnyje Tschelny 60.1 I3
Nacala 112.1 E3
Nachodka 96.1 O5
Nachrodt-Wiblingwerde 6.1 E2
Nadel 4.1 G3
Nadschafabad 100.1 D1
Nafusaschwelle 110.1 E2-E3
Nagano 96.1 O6
Nagappattinam 98.1 D5
Nagasaki 96.1 N6-O6
Nagold 22.1 D4
Nagoya 96.1 O6
Nagpur 98.1 D4
Naha 96.1 N7
Nahe 22.1 C3
Naila 22.1 G2
Nain 126.1 M4
Nairobi 112.1 D2, 109.1 G7
Najran 100.1 C3
Nakhon Ratchasima 98.1 G5
Nakhon Sawan 98.1 F5-G5
Nakhon Si Thammarat 98.1 F6-G6
Nakskov 64.1 L2
Nakuru 112.1 D2
Naltschik 60.1 H4
Namaland 112.1 B4
Namangan 96.1 I5
Namaqualand 112.1 B4-B5
Namcha Barwa 98.1 F4
Nam Dinh 98.1 G4
Namib 112.1 B3-B4
Namibe 112.1 B3
Namibia 112.1 B4, 109.1 E9
Nampo 96.1 N6
Nampula 112.1 D3
Namur 64.1 I4
Nanchang 98.1 H4
Nanchong 98.1 G3
Nancy 64.1 J5
Nanda Devi 98.1 D3
Nanded-Waghala 98.1 D5
Nanga Parbat 98.1 D3
Nanjing 98.1 H3
Nanning 98.1 G4
Nanortalik 126.1 O3
Nanping 98.1 H4
Nansenbecken Einband vorn N1-T1
Nan Shan 98.1 F3-G3
Nantes 64.1 F6
Nantong 98.1 I3
Nanyang 98.1 H3
Napo 138.1 C3
Narayanganj 98.1 F4
Narew 64.1 Q3
Narjan-Mar 60.1 I2
Narmada 98.1 D4
Narodnaja 60.1 J2
Narsaq [Nordprøven] 126.1 O3
Narva 60.1 F3
Narvik 60.1 E2
Nashik 98.1 D4-D5
Nashville 128.1 E3
Nassau 128.1 F4, 125.1 O7
Nassersee 110.1 G3
Natal 138.1 G3
Natchez 128.1 D3
Nationalpark am W 110.1 D4
Nationalpark Eifel 6.1 B3
Natuna-Inseln 98.1 G6
Nauen 20.1 H3
Naugard 20.1 K2
Nauheim, Bad 22.1 D2
Naujaat 126.1 K3
Naumburg 20.1 G4
Nauru 118.1 K4, Einband hinten V7-W7
Navarra 64.1 E8-F8
Nawoj 96.1 H5
Naypyidaw 98.1 F5, 94.1 K8
Ndalatando 112.1 B2
Ndélé 110.1 F5
N'Djamena 110.1 E4, 109.1 E5
Ndjolé 112.1 B2
Ndola 112.1 C3
Neandertal 4.1 C4
Neapel [Napoli] 62.1 D1
Neblina 138.1 D2
Nebo, Mount 124.1 K5
Nebraska 128.1 C2-D2
Neckar 22.1 D3
Necochea 140.1 C3
Nedschd 100.1 C2
Neffelbach 6.1 C3
Nefud 100.1 C2
Negombo 98.1 D6
Negros 98.1 I5-I6
Neheim (Arnsberg-) 6.1 E2
Neijiang 98.1 G4
Neiva 138.1 C2
Nellore 98.1 D5-E5
Nelson; Fluss 126.1 J4
Nelson; Stadt 118.1 L8
Néma 110.1 C4
Nemuro 96.1 P5
Nenjiang 96.1 N5
Nepal 98.1 E4, 94.1 J7
Nephin 64.1 B2
Neratovice 22.1 J2
Neresheim 22.1 F4
Neris 64.1 S2
Nerjungri 96.1 N4
Nertschinsk 96.1 M4
Nethe 4.1 H3
Netphen 6.1 F3
Nettersheim 6.1 C4
Nettetal 4.1 B4
Nettillingsee 126.1 L3-M3
Netze 64.1 O3
Netzebruch 20.1 K3
Netzeheide 20.1 K3
Neubrandenburg 20.1 I2
Neubritannien 118.1 I4-J4
Neuburg a. d. Donau 22.1 G4
Neuchâtel 66.1 B2
Neudamm [Dębno] 20.1 J3
Neue Hebriden 118.1 K5-L5
Neuenburger See 66.1 B2
Neuenkirchen 4.1 D2
Neuenrade 6.1 E2
Neuerburg 22.1 B2
Neufchâteau 66.1 A1
Neufundland 126.1 N4-N5

Neufundlandbecken
Einband vorn I4-J4
Neugersdorf, Ebersbach- 22.1 J1
Neuguinea Einband vorn V7
Neuguineagraben
Einband vorn U6-V7
Neuhaus; Schloss 4.1 G3
Neuhaus [Jindřichův Hradec]; Stadt 22.1 J3-K3
Neuhaus a. Rennweg 22.1 G2
Neuirland 118.1 J4
Neukaledonien; Insel 118.1 K6
Neukaledonien; Verwaltungseinheit 118.1 K5-K6, Einband hinten V8-W8
Neukirchen-Vluyn 4.1 C4
Neumark 20.1 J3-K3
Neumarkt i. d. Oberpfalz 22.1 G3
Neumayer III 122.2 B5
Neumünster 20.1 E1-F1
Neunkirchen 22.1 C3
Neunkirchen (Siegerland) 6.1 F3
Neunkirchen-Seelscheid 6.1 D3
Neunzig-Grad-Ost-Rücken
Einband vorn R9-S6
Neuquén 140.1 B3
Neuruppin 20.1 H3
Neusalz [Nowa Sól] 20.1 K4
Neuschottland 128.1 G2
Neuschwabenland 122.2 B6-B8
Neuschwanstein 22.1 F5
Neuseeland; Inseln
Einband vorn X9
Neuseeland; Staat 118.1 L8-M8, Einband hinten V9-W9
Neuseeländische Alpen 118.1 K8-L8
Neusibirien 96.1 P2-Q2
Neusibirische Inseln 96.1 O2-P2
Neusiedler See 64.1 O6
Neuss; Landkreis 6.1 C2
Neuss; Stadt 6.1 C2
Neustadt, Titisee- 22.1 D5
Neustadt (Dosse) 20.1 H3
Neustadt a. d. Aisch 22.1 F3
Neustadt a. d. Donau 22.1 G4
Neustadt a. d. Orla 22.1 G2
Neustadt a. d. Saale, Bad 22.1 F2
Neustadt a. d. Waldnaab 22.1 H3
Neustadt a. d. Weinstraße 22.1 D3
Neustadt a. Rübenberge 20.1 E3
Neustadt b. Coburg 22.1 G2
Neustadt-Glewe 20.1 G2
Neustadt i. Holstein 20.1 F1
Neustrelitz 20.1 I2
Neu-Ulm 22.1 E4-F4
Neuves-Maisons 22.1 B4
Neuwerk 20.1 D2
Neuwied 22.1 C2
Nevada 128.1 B3-B2
Nevado del Ruiz 138.1 C2
New Amsterdam 138.1 E2
Newark 128.1 F2
New Brunswick 126.1 M5
Newcastle; Stadt in Südafrika 112.1 C4-D4
Newcastle; Stadt in Australien 118.1 J7
Newcastle upon Tyne 64.1 F2
New Delhi 98.1 D4, 94.1 I7
Newfoundland and Labrador 126.1 M4-N5
New Hampshire 128.1 F2
New Haven 128.1 F2
Newhaven 64.1 G4
New Jersey 128.1 F3
Newman 118.1 F6
New Mexico 128.1 C3
New Orleans 128.1 D3-D4
Newport 64.1 E4
Newport News 128.1 F3
New York; Bundesstaat 128.1 F2
New York; Stadt 128.1 F2
Ngamisee 112.1 C4
Ngaoundéré 110.1 E5
Ngerulmud 118.1 H3, Einband hinten T6
Ng'iro 112.1 D1
Ngiva 112.1 B3
Ngorongoro-Nationalpark 112.1 D2
Nguigmi 110.1 E4
Nguru 110.1 E4
Nha Trang 98.1 G5
Niagara Falls 128.1 F2
Niamey 110.1 D4, 109.1 D5
Nias 98.1 F6
Nicaragua 128.1 E5, 125.1 N8
Nicaraguasee 128.1 E5
Nidda 22.1 E2
Nideck 22.1 C4
Nideggen 6.1 B3
Nieblum 20.1 D1
Niebüll 20.1 D1
Nied 22.1 B3
Niederbronn, Bad 22.1 C4
Niedere Tatra 64.1 P5-Q5
Niedere Tauern 66.1 E2-F2
Niederkassel 6.1 D3
Niederkrüchten 6.1 B2
Niederlande 64.1 I3-J4, 58.1 F3
Niederlausitz 20.1 I4-J4
Niederrheinisches Tiefland 4.1 B3-C4
Niedersachsen 20.1 C3-F3, 19.1 B2-D2
Niederzier 6.1 B3
Nieheim 4.1 H3
Nienburg; Stadt in Niedersachsen 20.1 E3
Nienburg; Stadt in Sachsen-Anhalt 4.1 H1
Niers 4.1 B3
Niesen 66.1 B2
Niesky 22.1 J1
Nieukerk (Kerken-) 4.1 B4
Niger; Fluss 110.1 D5
Niger; Staat 110.1 D4-E4, 109.1 D5-E5
Nigerbecken 110.1 D4
Nigeria 110.1 D5-E5, 109.1 D5-E5
Niigata 96.1 O6
Nikobaren 98.1 F6
Nikolajewsk-na-Amure 96.1 P4
Nikopol 60.1 G4
Nikosia 56.1 I5, 94.1 E6
Nikšić 64.1 P8
Nil 110.1 G3
Nil, Blauer 110.1 G4
Nil, Weißer 110.1 G4
Nimba 110.1 C5
Nîmes 64.1 I8
Nimwegen [Nijmegen] 20.1 A4
Ningbo 98.1 I4
Ninive 100.1 C1
Nipigonsee 126.1 J5-K5
Niš 64.1 Q8
Nischapur 100.1 D1
Nischneangarsk 96.1 L4
Nischneudinsk 96.1 K4
Nischnewartowsk 96.1 I3
Nischni Nowgorod 60.1 H3
Nischni Tagil 60.1 I3
Niterói 138.1 F5
Nitra 64.1 P5
Niue; Insel 118.1 N5
Niue; Staat 118.1 M5-N5, Einband hinten X8
Nizwa 100.1 D2
Nizza [Nice] 66.1 B4
Njazidja [Grande Comore] 112.1 E3
Njeru 112.1 D1
Nkongsamba 110.1 E5
Noatak 126.1 C3
Nogaltal 110.1 H5
Noirmoutier 64.1 E6
Nojabrsk 96.1 I3
Nome 126.1 C3
Nong Khai 98.1 G5
Noordoostpolder 20.1 A3
Nord 122.1 A35
Nordamerika 124.1, Einband vorn E3-H3
Nordamerikanisches Becken
Einband vorn H4-I5
Norddeich (Norden-) 20.1 C2
Norddeutsches Tiefland 18.1 B2-E2
Norden 20.1 C2
Nordenham 20.1 D2
Norderney 20.1 C2
Norderstedt 20.1 E2-F2
Nordfriesische Inseln 20.1 D1
Nordfriesland 20.1 D1-E1
Nordhausen 20.1 F4
Nordhelle 6.1 E2
Nordhorn 20.1 C3
Nordinsel 118.1 L7
Nordirland 64.1 C2
Nordkanal 64.1 C2-D2
Nordkap; Norwegen 60.1 F1
Nordkap; Neuseeland 118.1 L7
Nordkirchen; Gemeinde 4.1 E3
Nordkirchen; Schloss 20.1 C4
Nördliche Cookinseln 118.1 N5-O4
Nördliche Dwina 60.1 H2
Nördliche Marianen
Einband hinten U5-V5
Nördlingen 22.1 F4
Nordmazedonien 62.1 E1, 58.1 H4
Nordmeer, Europäisches 122.1 C33-B33
Nordostland 96.1 D1
Nord-Ostsee-Kanal 20.1 E1
Nordpol 122.1 A1
Nordrhein-Westfalen 19.1 B3-C3
Nordrussischer Landrücken 60.1 H3-I2
Nordscotiarücken
Einband vorn I10-J10
Nordsee 64.1 H2-J2
Nordsibirisches Tiefland 96.1 J2-M2
Nordstrand 20.1 D1
Nordwalde 4.1 D2
Nordwestaustralisches Becken
Einband vorn S8-T8
Nordwestkap 118.1 F6
Nordwestpassage 122.1 C8-C9
Nordwestpazifisches Becken
Einband vorn W4-V4
Norf (Neuss-) 6.1 C2
Norfolkinsel 118.1 K6-L6
Norfolkrücken Einband vorn X9-X8
Norilsk 96.1 J3
Normandie 64.1 F5-G5
Normanton 98.1 K8
Norman Wells 126.1 G3
Norrköping 60.1 E3
Norrland 60.1 E2
Northampton 64.1 F3
North Battleford 126.1 I4
North Carolina 128.1 E3-F3
North Dakota 128.1 C2-D2
North Downs 64.1 F4-G4
Northeim 20.1 E4-F4
Northern Cape 112.1 B4-C5
North Platte; Fluss 128.1 C2
North Platte; Stadt 128.1 C2
North Saskatchewan 126.1 H4-I4
North West 112.1 C4
Northwest-Territories 126.1 F3-H3
Nortonsund 126.1 C3
Nortorf 20.1 E1
Nörvenich 6.1 C3
Norwegen 60.1 D2-E2, 58.1 F2-G2
Norwich 64.1 G3
Nosy Be 112.1 E3
Nosy Boraha 112.1 F3
Nottaway 126.1 L4
Nottingham 64.1 F3
Nottuln 4.1 D3
Nouadhibou 110.1 B3
Nouakchott [Nawākshūt] 110.1 B4, 109.1 B5
Nouméa 118.1 K6
Nova Gorica 66.1 E3
Nova Iguaçu 138.1 F5
Novara 66.1 C3
Nova Scotia 126.1 M5
Novi Grad 66.1 G3
Novi Ligure 66.1 C3
Novi Sad 64.1 P7
Novo Hamburgo 140.1 C2
Novo mesto 66.1 F3
Nowaja Semlja 96.1 G2-H2
Nowgorod 60.1 G3
Nowokusnezk 96.1 J4
Nowolasarewskaja 122.2 B8-C9
Nowomoskowsk 60.1 G3
Noworossisk 60.1 G4
Nowosibirsk 96.1 J4
Nowotscherkassk 60.1 H4
Nowy Port 96.1 I3
Nowy Urengoi 96.1 I3
Nubaberge 110.1 F4-G4
Nubien 110.1 F4-G4
Nubische Wüste 110.1 G4-G3
Nueltinsee 126.1 I3-J3
Nueva Rosita 128.1 C4
Nuevitas 128.1 F4
Nuevo Laredo 128.1 D4
Nu Jiang (Saluën) 92.1 K6
Nuku'alofa 118.1 M6, Einband hinten X8
Nuku Hiva 118.1 P4-Q4
Nukunonu-Atoll 118.1 M4-N4
Nukus 96.1 G5
Nullarborebene 118.1 G7-H7
Nümbrecht 6.1 E3
Nunavik 126.1 L4-M4
Nunavut 126.1 H3-L3
Nunivak 126.1 C4
Nürburg 22.1 B2
Nürburgring 22.1 B2
Nürnberg 22.1 G3
Nürtingen 22.1 E4
Nusantara 98.1 H7
Nutscheid 6.1 D3-E3
Nuuk [Godthåb] 126.1 N3
Nyala 110.1 F4
Ny-Ålesund 122.1 B32
Nyiregyháza 64.1 Q5-Q6
Nykøbing 20.1 G1
Nymburk 22.1 K2
Nzérékoré 110.1 C5
Nzwani [Anjouan] 112.1 E3

O

Oahe-Stausee 128.1 C2
Oahu 118.1 O1
Oakland 128.1 A3
Oaxaca 128.1 D5
Ob 96.1 H3
Obbusen 96.1 I3
Oberammergau 22.1 G5
Oberbergischer Kreis 6.1 D2-E3
Obere Karoo 112.1 C5
Oberer See 128.1 D2-E2
Oberguineaschwelle 110.1 B4-D5
Oberhausen 4.1 C4
Oberhof 22.1 F2
Oberkochen 22.1 F4
Oberlausitz 22.1 I1-K1
Obernautalsperre 6.1 F3
Obernburg 22.1 E3
Oberndorf a. Neckar 22.1 D4
Obernilbecken 110.1 G4-F5
Oberpfälzer Wald 22.1 H3
Oberrheinisches Tiefland 22.1 C5-D3
Obersauersee 22.1 A3
Oberstdorf 22.1 F5
Oberstein, Idar- 22.1 C3
Oberviechtach 22.1 H3
Oberwiesenthal 22.1 H2
Obi 98.1 I7
Óbidos 138.1 E3
Obihiro 96.1 P5
Obiou 66.1 A3
Obra 20.1 K3
Obregón 128.1 C4
Obschtschy Syrt 60.1 I3
Obuasi 110.1 C5
Oceanside 128.1 B3
Ocha 96.1 P4
Ochotsk 96.1 P4
Ochotskisches Meer 96.1 P4-Q4
Ochsenfurt 22.1 F3
Ochtrup 4.1 D2
Oda 110.1 G3
Odense 60.1 E3
Odenthal 6.1 D2
Odenwald 22.1 D3-E3
Oder 18.1 F2
Oder (Harz) 20.1 F4
Oderbruch 20.1 J3
Oder-Havel-Kanal 20.1 I3
Oder-Spree-Kanal 20.1 J3
Odessa; Stadt in den USA 128.1 C3
Odessa; Stadt in der Ukraine 60.1 G4
Odilienberg 22.1 C4
Oebisfelde-Weferlingen 20.1 F3-G3
Oelde 4.1 F3
Oelsnitz i. Vogtland 22.1 H2
Oeno-Insel 118.1 R6
Oer-Erkenschwick 4.1 D3
Oerlinghausen 4.1 G3
Oettingen 22.1 F4
Oeventrop (Arnsberg-) 6.1 F2
Oeynhausen, Bad 4.1 G2
Offenbach 22.1 D2
Offenburg 22.1 C4
Ogaden 110.1 H5
Ogbomosho 110.1 D5
Ogden 128.1 B2
Oglio 66.1 D3
Ognon 22.1 B5
Ogowe 112.1 B2
Ogulin 66.1 F3
O'Higgins 122.2 c1
Ohio; Bundesstaat 128.1 E2
Ohio; Fluss 128.1 E3
Ohre 20.1 G3
Öhringen 22.1 E3
Oimjakon 96.1 P3
Oise 64.1 H5
Oita 96.1 O6
Ojos del Salado 140.1 B2
Oka 60.1 H3
Okavango 112.1 C3
Okavangobecken 112.1 C3
Okayama 96.1 O6
Okeechobeesee 128.1 E4
Okene 110.1 D5
Oker 20.1 F3
Oki-Inseln 96.1 O6
Okinawa-Insel 96.1 N7-O7
Oklahoma 128.1 D3
Oklahoma City 128.1 D3
Oktoberrevolution 96.1 L1-M2
Oku 110.1 E5
Öland 64.1 O1
Olbernhau 22.1 I2
Olbia 62.1 C1
Oldenburg 20.1 D2
Oldenburg i. Holstein 20.1 F1
Oldenzaal 20.1 B3
Oldesloe, Bad 20.1 F2
Oleftalsperre 6.1 B4
Olenjok; Fluss 96.1 M2-N2
Olenjok; Stadt 96.1 M3
Oléron 64.1 F7
Olfen 4.1 D3
Olib 66.1 F3
Olinda 138.1 G3
Oljokma 96.1 N3-N4
Oljokminsk 96.1 N3
Olmaliq 96.1 H5
Olmütz [Olomouc] 64.1 O5
Olpe; Landkreis 6.1 E2
Olpe; Stadt 6.1 E2
Olsberg 6.1 F2
Olten 66.1 B2
Olymp 62.1 E1
Olympia; Ruinenstätte 62.1 E2
Olympia; Stadt 128.1 A2
Omaha 128.1 D2
Oman 100.1 D2, 94.1 G8-G7
Omatako 112.1 B4
Ombrone 66.1 D4
Omdurman 110.1 G4
Omo 110.1 G5
Omolon 96.1 Q3
Omsk 96.1 I4
Ondangwa 112.1 B3
Öndörchaan 96.1 M5
Onega 60.1 G2
Onegasee 60.1 G2
Onitsha 110.1 D5
Ontario 126.1 J4-K4
Ontariosee 128.1 F2
Ontong-Java-Ebene
Einband vorn U6-V7
Opatija 66.1 F3
Oppeln [Opole] 64.1 O4-P4
Oppenheim 22.1 D3
Oppenwehe (Stemwede-) 4.1 G2
Oradea 64.1 Q6
Oral 96.1 G4
Oran 110.1 C2
Orange; Stadt in Australien 118.1 I7
Orange; Stadt in Frankreich 66.1 A3
Oranienburg 20.1 I3
Oranje 112.1 B4
Orb, Bad 22.1 E2
Orcadas 122.2 C2
Orchon 98.1 G2
Ordosplateau 98.1 G3-H3
Örebro 60.1 E3
Oregon 128.1 A2-B2
Orel 60.1 G3
Orenburg 60.1 I3
Orinoco 138.1 D2
Orinocosenke 136.1 D4
Orinocotiefland 138.1 C2-D2
Orke 6.1 G2
Orkney-Inseln 60.1 C3
Orlando 128.1 E4
Orlasenke 22.1 G2
Orléanais 64.1 G6-H6
Orléans 64.1 G6
Orlíker Talsperre 22.1 J3
Orne 22.1 A3
Orsk 60.1 I3
Ortasee 66.1 C3
Ortler 66.1 D2
Ortlergruppe 66.1 D2
Örtze 20.1 F3
Oruro 138.1 D4
Osaka 96.1 O6
Osch 96.1 I5
Oschatz 22.1 I1
Oschersleben 20.1 G3
Oshawa 126.1 L5
Oshkosh 128.1 E2
Oshogbo 110.1 D5
Osijek 64.1 P7
Öskemen 96.1 J4
Ösling 22.1 A2-B3
Oslo 60.1 E2-E3, 58.1 G2-G3
Osmaniye 62.1 F2
Osnabrück 20.1 D3
Osorno 140.1 A4
Ostalpen 64.1 L6-N7
Ostanatolien 62.1 F2-G2
Ostbevern 4.1 E2
Ostchinesisches Meer 98.1 I3-I4
Oste 20.1 E2
Ostende 64.1 H4
Osterburg 20.1 G3
Osterholz-Scharmbeck 20.1 D2
Osterinsel Einband vorn E8
Osterode am Harz 20.1 F4
Österreich 66.1 D2-F2, 58.1 G4
Östersund 60.1 E2
Osterwick (Rosendahl-) 4.1 D2
Osterwieck 20.1 F4
Osteuropäisches Flachland 60.1 G2-H3

Ostfriesische Inseln 20.1 B2-C2
Ostfriesland 20.1 C2
Ostghats 98.1 D5-E4
Ostiglia 66.1 D3
Ostkap 118.1 L7-M7
Ostkordillere 138.1 C2
Östlicher Großer Erg 110.1 D3-D2
Östliches Andenvorland
138.1 C3-D4
Östliche Sierra Madre 128.1 C4-D4
Ostoder 20.1 J2
Ostpatagonien 140.1 A5-B4
Ostpazifischer Rücken
Einband vorn E5-D10
Ostpreußen 64.1 P3-R2
Ostrau [Ostrava] 64.1 P5
Ostsajan 96.1 K4-L4
Ostsee 60.1 E3-F3
Ostsibirische See 96.1 P2-S2
Ostsibirisches Gebirgsland
92.1 O3-Q3
Ostsibirisches Tiefland 96.1 P2-Q3
Osumi-Inseln 96.1 O6-O7
Otaru 96.1 P5
Otočac 66.1 F3
Ötscher 66.1 F2
Ottawa; Fluss 126.1 L5
Ottawa; Stadt 126.1 L5, 125.1 O5
Otterndorf 20.1 D2
Ottobeuren 22.1 F5
Ötztaler Alpen 66.1 D2
Ouachitas 128.1 D3
Ouagadougou 110.1 C4, 109.1 C5
Ouargla 110.1 D2
Oudalan 110.1 C4
Ouessant 64.1 D5
Ouesso 112.1 B1
Ouham 110.1 E5
Oujda 110.1 C2
Oulu 60.1 F2
Oulusee 60.1 F2
Ovamboland 112.1 B3
Overath 6.1 D3
Overijssel 20.1 B3
Overland Park 128.1 D3
Oviedo 64.1 D8
Owando 112.1 B2
Owen-Stanley-Gebirge 118.1 I4-I5
Owerri 110.1 D5
Oxford 64.1 F4
Oyo 110.1 D5
Oyonnax 66.1 A2
Ozarkplateau 128.1 D3

P

Paamiut [Frederikshåb]
126.1 N3-O3
Paar 22.1 G4
Pachuca 128.1 D4
Packsattel 66.1 F2
Padang 98.1 G7
Paderborn; Landkreis 4.1 G3
Paderborn; Stadt 4.1 G3
Padua [Padova] 66.1 D3
Paducah 128.1 E3
Pag; Insel 64.1 N7
Pag; Stadt 66.1 F3
Pagan 98.1 K5
Pagny 22.1 A4-B4
Pago Pago 118.1 M5
Paine Grande 140.1 A5
Paita 138.1 B3
Pakistan 98.1 C4, 94.1 H7-I7
Pakokku 98.1 F4
Pakse 98.1 G5
Palana 96.1 Q4-R4
Palanga 64.1 Q2
Palangka Raya 98.1 H7
Palau 118.1 H3,
Einband hinten T6-U6
Palau-Inseln 118.1 H3
Palawan 98.1 H5
Palembang 98.1 G7
Palenberg, Übach- 6.1 B3
Palencia 64.1 D8
Palenque 128.1 D5
Palermo 62.1 D2
Palikir 118.1 J3, Einband hinten V6
Palma 62.1 C1
Palmas 138.1 F4
Palm Bay 128.1 E4
Palmer; Forschungsstation
122.2 C36
Palmer; Stadt 126.1 E3
Palmerarchipel 122.2 C36
Palmerland 122.2 B36-C36
Palmerstonatoll 118.1 N5
Palmira 138.1 C2
Palmyra 100.1 B1
Palmyra-Insel 118.1 N3-O3
Palopo 98.1 H7-I7
Palu 98.1 H7
Pamir 96.1 I6
Pampa 140.1 B3
Pamplona 64.1 F8
Panaji 98.1 D5
Panama; Staat 128.1 E6-F6,
125.1 N9-O9
Panama [Panamá]; Stadt 128.1 F6,
125.1 O9
Panamakanal 128.1 E5-F6
Panaro 66.1 D3
Panay 98.1 I5
Pančićev Vrh 64.1 Q8
Panevėžys 64.1 S2
Pangkal Pinang 98.1 G7
Pangniqtuuq 126.1 M3
Panjin 98.1 I2
Pantanal 138.1 E4
Pantelleria 62.1 D2
Panzhihua 98.1 G4
Papeete 118.1 P5
Papenburg 20.1 C2
Papua-Neuguinea 118.1 I4-J5,
Einband hinten U7-V7
Paracel-Inseln 98.1 G5-H5
Paradies 20.1 K3
Paraguay; Fluss 140.1 C2
Paraguay; Staat 140.1 B2-C2,
Einband hinten G8-H8
Parakou 110.1 D5
Paramaribo 138.1 E2, 137.1 E4
Paramonga 138.1 C4
Paramuschir 96.1 Q4-Q5
Paraná; Fluss 140.1 C3
Paraná; Stadt 140.1 B3
Paraná, Ji- 138.1 D4
Paranaguá 138.1 F5
Parauapebas 138.1 F3
Parchim 20.1 G2
Pardubice 64.1 N4-N5
Parepare 98.1 H7
Paris 64.1 H5, 58.1 F4
Pariser Becken 64.1 G5-H5
Parma 66.1 D3
Parnaíba; Fluss 138.1 F3
Parnaíba; Stadt 138.1 F3
Parry-Inseln 126.1 H2-I2
Partenkirchen, Garmisch- 22.1 G5
Partisansk 96.1 O5
Pasadena 128.1 D4
Pasewalk 20.1 I2-J2
Pašman 66.1 F4
Passau 22.1 I4
Passo Fundo 140.1 C2
Pass Thurn 66.1 E2
Pass von Reinosa 64.1 D8
Pasto 138.1 C2
Pathein 98.1 F5
Patna 98.1 E4
Patos de Minas 138.1 F4
Patoslagune 140.1 C3-D3
Patras [Patrai] 62.1 E2
Pattani 98.1 G6
Pattaya 98.1 G5
Pau 64.1 F8
Paucarpata 138.1 C4
Paulatuk 126.1 G3
Paulo-Afonso-Fälle 138.1 G3
Pavia 66.1 C3
Pawlodar 96.1 I4
Paysandú 140.1 C3
Paz de Río 138.1 C2
Pazifisch-Antarktischer Rücken
Einband vorn X11-Z10
Pazifischer Ozean
Einband vorn U5-W6
Pazin 66.1 E3
Peace River; Fluss 126.1 H4
Peace River; Stadt 126.1 H4
Pearyland 122.1 A1-A2
Peckelsheim (Willebadessen-)
4.1 H3
Pečky 22.1 K2
Pecos 128.1 C3
Pécs 64.1 P6
Peene 20.1 I2
Peenemünde 20.1 I1
Pegnitz; Fluss 22.1 G3
Pegnitz; Stadt 22.1 G3
Peine 20.1 F3
Peipussee 60.1 F3
Peitz / Picnjo 20.1 J4
Pekanbaru 98.1 G6
Peking [Beijing] 98.1 H2-H3,
94.1 M5-M6
Peleng 98.1 I7
Pelhřimov 22.1 K3
Pelješac 64.1 O8
Pellworm 20.1 D1
Peloponnes 62.1 E2
Pelotas 140.1 C3
Pelvouxgruppe 66.1 B3
Pematangsiantar 98.1 F6
Pemba; Insel 112.1 D2-E2
Pemba; Stadt 112.1 E3
Peña Ubiña 64.1 D8
Pennar 98.1 D5
Pennines 60.1 C3
Pennsylvania 128.1 F2
Pensa 60.1 H3
Pensacola 128.1 E3
Penzance 64.1 D4
Peoria 128.1 E2
Pereira 138.1 C2
Perg 22.1 J4
Pergamon 62.1 E2
Péribonka 126.1 L5
Perimetral Norte 138.1 D2-E2
Perleberg 20.1 G2
Perm 60.1 I3
Perpignan 64.1 H8
Persante 20.1 K1
Persepolis 100.1 D1-D2
Persischer Golf 100.1 C2-D2
Perth 118.1 F7
Perthbecken Einband vorn S8-T8
Peru 138.1 B3-C4, 137.1 C6
Perubecken Einband vorn F8-G8
Perugia 66.1 E4
Perugraben Einband vorn G7
Perwouralsk 60.1 I3-J3
Pesaro 66.1 E4
Peshawar 98.1 D3
Peterborough 64.1 F3
Peter-I.-Insel 122.2 C33
Petersberg; Kloster 20.1 G4-H4
Petersberg; Sehenswürdigkeit
6.1 D3
Petershagen 4.1 G2
Petra 100.1 B1
Petrolina 138.1 F3
Petropawl 96.1 H4
Petropawlowsk-Kamtschatski
96.1 Q4
Petrosawodsk 60.1 G2
Petschenga 60.1 G2
Petschora; Fluss 60.1 I2
Petschora; Stadt 60.1 I2
Pewek 96.1 S3
Pfaffenhofen a. d. Ilm 22.1 G4
Pfahl 22.1 H3
Pfälzerwald 22.1 C3-D3
Pfalzgrafenstein 22.1 C2
Pfänder 18.1 C5
Pfarrkirchen 22.1 H4
Pforzheim 22.1 D4
Pfraumberg 22.1 H3
Pfronten 22.1 F5
Pfullendorf 22.1 E5
Phan Rang-Thap Cham 98.1 G5
Phan Thiet 98.1 G5
Philadelphia 128.1 F2-F3
Philippinen; Inseln
Einband vorn U5-U6
Philippinen; Staat 98.1 I5, 94.1 N8
Philippinenbecken
Einband vorn U5-U6
Philippinengraben Einband vorn U6
Philippsburg 22.1 D3
Phitsanulok 98.1 G5
Phnom Penh [Phnum Pénh] 98.1 G5,
94.1 L8
Phoenix 128.1 B3
Phönixinseln 118.1 M4-N4
Phonsavan 98.1 G5
Phuket 98.1 F6
Piacenza 66.1 C3
Piave 66.1 E3
Pic du Midi d'Ossau 64.1 F8
Picnjo, Peitz / 20.1 J4
Pico 58.1 C5
Pico Bolívar 138.1 C2
Pico da Bandeira 138.1 F5
Pico de Aneto 64.1 G8
Pico de Itambé 138.1 F4
Pico del Teide 56.1 D6
Pico de Orizaba 124.1 M8
Picos 138.1 F3
Piedras Negras 128.1 C4
Piekberg 18.1 E1
Pielinen 60.1 F2
Piemont 66.1 B3-C3
Pierre 128.1 C2
Pietermaritzburg 112.1 D4
Pik Samani 96.1 I6
Pilcomayo 140.1 B2
Pilica 64.1 Q4
Pilsen [Plzeň] 22.1 I3
Pilsting 22.1 H4
Pinar del Río 128.1 E4
Pinatubo 98.1 I5
Pindos 62.1 E1-E2
Pinerolo 66.1 B3
Ping 98.1 F5-G5
Pingxiang 98.1 G4
Pinneberg 20.1 E2
Pinsk 60.1 F3
Piracicaba 138.1 F5
Piran 66.1 E3
Pirapora 138.1 F4
Pirmasens 22.1 C3
Pirna 22.1 I2
Pisa 66.1 D4
Pisco 138.1 C4
Písek 22.1 J3
Pistoia 66.1 D4
Pitcairn 118.1 R6, Einband hinten C8
Pitcairninsel 118.1 R6
Pitești 62.1 E1
Piton des Neiges 112.1 F4
Pittsburgh 128.1 E2-F2
Pityusen 62.1 C2
Piura 138.1 B3
Piz Bernina 66.1 C2
Piz Linard 66.1 D2
Pjatigorsk 60.1 H4
Pjöngjang [P'yŏngyang] 96.1 N6,
94.1 N6
Plane 20.1 H3
Plateau de Langres 64.1 I6
Plateau von Djado 110.1 E3
Plateau von Erdi 110.1 F4
Plateau von Tademaït 110.1 D3
Platte 128.1 D2
Plattensee [Balaton] 64.1 O6-P6
Plattling 22.1 H4
Plau a. See 20.1 H2
Plauen 22.1 H2
Plauer See 20.1 H2
Pleiku 98.1 G5
Plettenberg 6.1 E2
Plitvicer Seen 66.1 F3
Płock 64.1 P3
Plöckenpass 66.1 E2
Plöckenstein 22.1 I4
Ploiești 62.1 E1
Plomb du Cantal 64.1 H7
Plön 20.1 F1
Plöne 20.1 J2
Plöner See, Großer 20.1 F1
Plönesee 20.1 J2-K2
Plovdiv 62.1 E1
Plymouth 64.1 D4
Po 66.1 D3
Pobeda 96.1 P3
Poděbrady 22.1 K2
Podgorica 64.1 P8, 58.1 G4
Podolsk 60.1 G3
Poebene 66.1 C3-D3
Poel 20.1 G1
Pohnpei 118.1 J3
Point Barrow 122.1 B13
Pointe du Raz 64.1 D6-D5
Pointe-Noire 112.1 B2
Poitiers 64.1 G6
Pokharā 98.1 E4
Polazk 60.1 F3
Pol-e Chomri 98.1 C3
Polen 64.1 O3-Q3, 58.1 G3-H3
Pölitz 20.1 J2
Polokwane 112.1 C4
Poltawa 60.1 G4
Polynesien 118.1 L4-P5
Pomarance 66.1 D4
Pommern 20.1 I2-K2
Pommersche Bucht 20.1 J1
Pompeji 62.1 D1
Pompey 22.1 B4
Pomposa 66.1 E3
Ponca City 128.1 D3
Ponce 128.1 G5
Pond Inlet [Mittimatalik] 126.1 L2
Ponta Delgada 56.1 C5
Ponta Grossa 138.1 E5
Pont-à-Mousson 22.1 B4
Ponta Porã 138.1 E5
Pontarlier 66.1 B2
Pont du Gard 66.1 A4
Pontedera 66.1 D4
Pontianak 98.1 G6-G7
Pontisches Gebirge 96.1 E5
Pontremoli 66.1 C3
Poopósee 138.1 D4
Popayán 138.1 C2
Popocatépetl 128.1 D5
Poppberg 22.1 G3
Poprad 64.1 Q5
Porbandar 98.1 C4
Porcupine 126.1 E3
Pordenone 66.1 E3
Poreč 66.1 E3
Porlamar 138.1 D1
Porrentruy 22.1 C5
Port Alberni 126.1 G5
Port Augusta 118.1 H7
Port-au-Prince 128.1 F5, 125.1 O8
Port aux Basques 126.1 N5
Porta Westfalica; Flussdurchbruch
20.1 D3
Porta Westfalica; Stadt 4.1 G2
Port Blair 98.1 F5
Port-Cartier 126.1 M4
Port-Gentil 112.1 A2
Port Harcourt 110.1 D5
Port Hedland 118.1 F6
Portland; Stadt in Oregon, USA
128.1 A2
Portland; Stadt in Maine, USA
128.1 F2
Port Louis 108.1 I9, 109.1 I8-I9
Port Moresby 118.1 I4,
Einband hinten U7
Port Nolloth 112.1 B4
Porto 62.1 B1
Porto Alegre 140.1 C3
Portofino 66.1 C3
Port-of-Spain 138.1 D1, 137.1 D3
Porto Novo 110.1 D5, 109.1 D6
Porto-Primavera-Stausee 138.1 E5
Porto Torres 62.1 C1
Porto Velho 138.1 D3
Portoviejo 138.1 B3
Port Pirie 118.1 H7
Port Said 110.1 G2
Portsmouth 64.1 F4
Port Sudan [Bur Sudan] 110.1 G4
Portugal 62.1 A2-B1, 58.1 E5-E4
Port Vila 118.1 K5,
Einband hinten W8
Porz (Köln-) 6.1 D3
Posadas 140.1 C2
Posen [Poznań] 64.1 O3
Poso 98.1 I7
Pößneck 22.1 G2
Postojna 66.1 F3
Potosí 138.1 D4
Potsdam 20.1 I3, 19.1 E2
Powell River 126.1 G5
Powell-Stausee 128.1 B3-C3
Poza Rica de Hidalgo 128.1 D4
Prachatitz [Prachatice] 22.1 I3-J3
Prag [Praha] 22.1 J2, 58.1 G3
Praha (Berg) 22.1 I3
Praia 108.1 A5, 109.1 A5
Prato 66.1 D4
Pratomagno 66.1 D4
Prayagraj 98.1 E4
Preetz 20.1 F1
Pregel 64.1 Q2-R2
Premnitz 20.1 H3
Prenzlau 20.1 I2
Prerow 20.1 H1
Presidente Prudente 138.1 E5
Prešov 64.1 Q5
Prestitz [Přeštice] 22.1 I3
Pretoria 112.1 C4, 109.1 F9
Preußisch Oldendorf 4.1 F2
Preußisch Ströhen (Rahden-) 4.1 G1
Preußisch Velmerstot 4.1 G3
Pribilofinseln 126.1 B4-C4
Příbram 22.1 I3-J3
Prignitz 20.1 G2-H2
Prince Albert 126.1 I4
Prince-Albert-Halbinsel 126.1 H2
Prince-Charles-Insel 126.1 L3
Prince Eduard Island 126.1 M5
Prince George 126.1 G4
Prince-of-Wales-Insel 126.1 I2-J2
Prince-Patrick-Insel 126.1 G2-H2
Prince Rupert 126.1 F4
Prince-William-Sund 126.1 E4-E3
Príncipe 112.1 A1
Prinz-Eduard-Insel 128.1 G2
Prinz-Eduard-Inseln
Einband vorn O10
Prinzessin-Astrid-Küste 122.2 B7-B8
Prinzessin-Martha-Küste
122.2 B5-B7
Prinzessin-Ragnhild-Küste
122.2 B9-B10
Priobje 60.1 J2
Pristina [Prishtinë, Priština] 64.1 Q8,
58.1 H4
Pritzwalk 20.1 H2
Privas 66.1 A3
Probstzella 22.1 G2
Progress 122.2 C14
Prokopjewsk 96.1 J4
Provençalische Alpen 66.1 B3-B4
Provence 66.1 A4-B4
Providence; Insel 112.1 F2
Providence; Stadt 128.1 F2
Providencia 138.1 B1-C1
Provo 128.1 B2
Prüm 22.1 B2
Prunn 22.1 G4
Pruth 60.1 F4

Prypjat 60.1 F3
Prypjatniederung 60.1 F3-G3
Przemyśl 64.1 R5
Pskow [Pleskau] 60.1 F3
Ptuj 66.1 F2
Pucallpa 138.1 C3
Puducherry 98.1 D5
Puebla 128.1 D5
Pueblo 128.1 C3
Puente Alto 140.1 A3
Puerto Aisén 140.1 A4
Puerto Ayacucho 138.1 D2
Puerto Baquerizo Moreno 138.1 B3
Puerto Barrios 128.1 E5
Puerto Cabello 138.1 D1
Puerto Cabezas 128.1 E5
Puerto Cortés 128.1 E5
Puerto Deseado 140.1 B4
Puerto Madryn 140.1 B4
Puerto Maldonado 138.1 D4
Puerto Montt 140.1 A4
Puerto Natales 140.1 A5
Puerto Plata 128.1 F5
Puerto Princesa 98.1 H6
Puerto Rico 128.1 G5, 137.1 D3
Puerto-Rico-Graben Einband vorn H5-I5
Puerto Santa Cruz 140.1 B4-B5
Pula 64.1 M7
Pulheim 6.1 C2-C3
Puncak Jaya 98.1 J7
Pune 98.1 D5
Punjab 98.1 D3-D4
Puno 138.1 C4
Punta Alta 140.1 B3
Punta Arenas 140.1 A5
Puntarenas 128.1 E5-E6
Punto Fijo 138.1 C1
Pur 96.1 I3
Pürglitz 22.1 I2
Purus 138.1 D3
Pustertal 66.1 D2-E2
Putbus 20.1 I1
Putian 98.1 H4
Putoranagebirge 96.1 K3
Putrajaya 94.1 L9
Puttgarden (Fehmarn-) 20.1 G1
Putumayo 138.1 C3
Puy de Dôme 64.1 H7
Puy de Sancy 64.1 H7
Pyay 98.1 F5
Pyrenäen 64.1 F8-H8
Pyritz [Pyrzyce] 20.1 J2
Pyrmont, Bad 20.1 E4

Q

Qaanaaq; Forschungsstation 122.1 B4
Qaanaaq [Thule]; Stadt 126.1 M2
Qaidambecken 98.1 F3
Qaqortoq [Julianehåb] 126.1 O3
Qaraghandy 96.1 I4-I5
Qardho 110.1 H5
Qarqaraly 96.1 I5
Qasigiánguit [Christianshåb] 126.1 N3
Qazwin 100.1 C1-D1
Qena 110.1 G3
Qeqertarsuaq [Godhavn] 126.1 N3
Qingdao 98.1 I3
Qinghai Hu 98.1 F3-G3
Qingyuan 98.1 H4
Qinhuangdao 98.1 H2-H3
Qin Ling 98.1 G3-H3
Qiqihar 92.1 N5
Qom 100.1 D1
Qongirot 96.1 G5
Qostanai 96.1 H4
Quadrath-Ichendorf 6.1 C3
Quakenbrück 20.1 C3
Quanzhou 98.1 H4
Quebec; Provinz 126.1 L4-M4
Quebec; Stadt 126.1 L5
Quedlinburg 20.1 G4
Queen-Elizabeth-Land 122.2 A35-A2
Queenstown 112.1 C5
Queis 22.1 K1
Quelimane 112.1 D3
Querétaro 128.1 C4
Querfurt 20.1 G4
Quetta 98.1 C3
Quevedo 138.1 C3
Quezaltenango 128.1 D5
Quezon City 98.1 I5
Quibdó 138.1 C2
Quimper 64.1 D5-D6
Qui Nhon 98.1 G5
Quito 138.1 C3, 137.1 C5
Qysylorda 96.1 H5

R

Raab 66.1 F2-G2
Raalte 20.1 B3
Rab; Insel 66.1 F3
Rab; Stadt 66.1 F3
Rabat [ar-Ribāt] 110.1 C2, 109.1 C3
Rabaul 118.1 J4
Rabenstein (Fläming) 20.1 H3
Rabenstein (Oberfranken) 22.1 G3
Rabí 22.1 I3
Racine 128.1 E2
Radbusa 22.1 H3
Radeberg 22.1 I1
Radebeul 22.1 I1
Radevormwald 6.1 D2
Radioteleskop Effelsberg 6.1 C3
Radkersburg, Bad 66.1 F2
Radolfzell a. Bodensee 22.1 D5
Radom 64.1 Q4
Radstadt 22.1 I5
Raesfeld 4.1 C3
Raevskigruppe 118.1 P5
Rafaela 140.1 B3
Rahden 4.1 G2
Rain (Lech) 22.1 F4
Raipur 98.1 E4
Rajamahendravaram 98.1 E5
Rajkot 98.1 D4
Rajshahi 98.1 E4
Rakovník 22.1 I2
Raleigh 128.1 F3
Ralikgruppe 118.1 K3
Rambervillers 22.1 B4
Rambouillet 64.1 G5
Ramsdorf (Velen-) 4.1 C3
Ramsgate 64.1 G4
Rancagua 140.1 A3
Ranchi 98.1 E4
Randers 64.1 L1
Randow 20.1 J2
Rangiroa-Atoll 118.1 P5
Rangpur 98.1 E4
Rangun [Yangon] 98.1 F5
Rankin Inlet [Kangiqliniq] 126.1 J3
Rapa-Insel 118.1 P6
Rapallo 66.1 C3
Rapid City 128.1 C2
Rappbodetalsperre 20.1 F4
Rarotonga 118.1 N6-O6
Ras al-Chaima 100.1 D2
Ras al-Hadd 100.1 E2
Rascht 100.1 C1
Ras Daschän 110.1 G4
Ras Fartak 100.1 D3
Ras Laffan 110.1 I2
Ras Madraka 100.1 D3
Ras Mohammed 100.1 B2
Rastatt 22.1 D4
Ras Xaafuun 110.1 I4
Ratakgruppe 118.1 K2-L3
Rath 6.1 C3
Rathenow 20.1 H3
Rätikon 66.1 C2
Ratingen 4.1 C4
Rätische Alpen 66.1 C2-D2
Ratzeburg 20.1 F2
Ratzeburger See 20.1 F2-G2
Raudnitz [Roudnice nad Labem] 22.1 J2
Rauher Kulm 22.1 G3
Rauxel, Castrop- 4.1 D3
Ravenna 66.1 E3
Ravensberger Land 4.1 G2
Ravensburg 22.1 E5
Rawalpindi 98.1 D3
Rawson 140.1 B4
Reading 64.1 F4
Recife 138.1 G3
Recke 4.1 E2
Recklinghausen; Landkreis 4.1 D3
Recklinghausen; Stadt 4.1 D3
Recknitz 20.1 H1
Red Deer 126.1 H4
Red Lake 126.1 J4
Rednitz 22.1 G3
Red River 128.1 D3
Rees 4.1 B3
Rega 20.1 K2
Regen; Fluss 22.1 H3
Regen; Stadt 22.1 I4
Regensburg 22.1 H3-H4
Reggane 110.1 C3-D3
Reggio di Calabria 62.1 D2
Reggio nell'Emilia 66.1 D3
Regina 126.1 I4
Registan 100.1 E1
Regnitz 22.1 F3
Rehau 22.1 H2
Rehoboth 112.1 B4
Reichenau; Insel 22.1 D5-E5
Reichenau; Stadt 22.1 J2
Reichenbach i. Vogtland 22.1 H2
Reichenberg [Liberec]; Stadt 18.1 F3, 22.1 K2
Reichenhall, Bad 22.1 H5
Reichenstein 22.1 I3
Reichenweier 22.1 C4
Reichshof 6.1 E3
Reichstett 22.1 C4
Reichswald (Kleve) 4.1 B3
Reims 64.1 I5
Reinhardswald 20.1 E4
Reit i. Winkl 22.1 H5
Reken 4.1 D3
Remagen 22.1 C2
Remiremont 22.1 B4-B5
Rems 22.1 E4
Remscheid 6.1 D2
Rendsburg 20.1 E1
Rennes 64.1 F5
Reno; Fluss 66.1 E3
Reno; Stadt 128.1 B3
Rentiersee 126.1 I4
Reppen 20.1 J3
Republik Kongo 112.1 B1-B2, 109.1 E7-E6
Republik Korea 96.1 N6-O6, 94.1 N6-O6
Rerik 20.1 G1
Reschenpass 66.1 D2
Resistencia 140.1 C2
Reşiţa 64.1 Q7
Resolute [Qausuittuq] 126.1 J2
Resolutioninsel 126.1 M3
Réunion 112.1 F4
Reuss 66.1 C2
Reutlingen 22.1 E4
Revillagigedo-Inseln 128.1 B5-C5
Reykjanesrücken Einband vorn J3-K2
Reykjavik 60.1 A2, 58.1 C2
Reynosa 128.1 D4
Rhauderfehn 20.1 C2
Rheda-Wiedenbrück 4.1 F3
Rhede 4.1 C3
Rheden 20.1 B3
Rhein 64.1 J4
Rheinbach 6.1 C3
Rheinberg 4.1 C3
Rheine 4.1 D2
Rhein-Erft-Kreis 6.1 C3
Rheinfall 66.1 C2
Rheinhausen (Duisburg-) 4.1 C4
Rhein-Herne-Kanal 4.1 C4-D3
Rheinisch-Bergischer Kreis 6.1 D2-D3
Rheinland-Pfalz 22.1 B2-D3, 19.1 B3-B4
Rhein-Marne-Kanal 22.1 B4
Rhein-Rhône-Kanal 22.1 B5-C5
Rheinsberg 20.1 H2
Rheinseitenkanal 22.1 C5
Rhein-Sieg-Kreis 6.1 C3-D3
Rheinstein 22.1 C3
Rheinwaldhorn 66.1 C2
Rheurdt 4.1 B4
Rhin 20.1 H2
Rhin-Kanal 20.1 H3
Rhinluch 20.1 H3
Rhode Island 128.1 F2-G2
Rhodopen 56.1 H4
Rhodos 62.1 E2
Rhön 22.1 E2-F2
Rhondda 64.1 E4
Rhône 66.1 A3
Rhume 20.1 F4
Riad [ar-Riyād] 100.1 C2, 94.1 F7
Riau-Inseln 98.1 G6
Ribeirão Preto 138.1 F5
Riberalta 138.1 D4
Ribnitz-Damgarten 20.1 H1
Riccione 66.1 E3-E4
Richards Bay 112.1 D4
Richmond 128.1 F3
Ridder 96.1 J4
Ried i. Innkreis 22.1 I4
Riedlingen 22.1 E4
Ries 22.1 F4
Riesa 22.1 I1
Rietberg 4.1 F3
Riga 60.1 F3, 58.1 H3
Rigi 66.1 C2
Riiser-Larsen-Halbinsel 122.2 C10
Rijeka 64.1 N7
Rimini 66.1 E3
Rincón del Bonete-Stausee 140.1 C3
Rinteln 20.1 E3
Riobamba 138.1 C3
Rio Branco; Fluss 138.1 D3-D2
Rio Branco; Stadt 138.1 D3
Rio-Branco-Senke 138.1 D2-E2
Rio Bravo del Norte 128.1 C4
Río Cuarto 140.1 B3
Rio de Janeiro 138.1 F5
Río de la Plata 140.1 C3
Río Gallegos 140.1 B5
Rio Grande; Fluss zum Golf von Mexiko 128.1 D4
Rio Grande; Fluss zum Paraná, Brasilien 138.1 E4-F4
Rio Grande; Fluss zum Amazonas, Bolivien 138.1 D4
Rio Grande; Stadt in Brasilien 140.1 C3
Río Grande; Stadt in Argentinien 140.1 B5
Rio Negro; Fluss zum Amazonas, Brasilien 138.1 D3
Río Negro; Fluss zum San-Matías-Golf, Argentinien 140.1 B3-B4
Rio Verde 138.1 E4
Riß 22.1 E4
Riva del Garda 66.1 D3
Rive-de-Gier 66.1 A3
Rivera 140.1 C3
Riverside 128.1 B3
Riviera 64.1 K7-K8
Riviera di Levante 66.1 C3
Riviera di Ponente 66.1 B4-C3
Riwne 60.1 F3
Rizhao 98.1 H3
Rjasan 60.1 G3
Roanne 64.1 I6
Roanoke; Fluss 128.1 F3
Roanoke; Stadt 128.1 E3-F3
Röbel 20.1 H2
Rocas 138.1 G3
Rochester 128.1 F2
Rochlitz 22.1 H1
Rockall 60.1 B3
Rockhampton 118.1 J6
Rock of Cashel 64.1 C3
Rock Springs 128.1 C2
Rocky Mountains 124.1 J3-L6, 128.1 B1-C3
Rødbyhavn 64.1 L2
Rödinghausen 4.1 F2
Rodrigues 108.1 J8
Roer 22.1 B1
Roermond 22.1 A1-B1
Roetgen 6.1 B3
Rogaška Slatina 66.1 F2
Rohr 22.1 G4
Rohrbach 22.1 I4
Rokycany 22.1 I3
Rom [Roma] 62.1 D1, 58.1 G4
Roma 118.1 I6
Romang 98.1 I7
Romanshorn 66.1 C2
Romans-sur-Isère 66.1 A3
Römisches Amphitheater Xanten 4.1 B3
Rommerskirchen 6.1 C2
Ronchamp 22.1 B5
Rondonópolis 138.1 E4
Rønne 64.1 N2
Rooseveltinsel 122.2 B26-B25
Roraima 138.1 D2
Rosario 140.1 B3
Rosbach (Windeck-) 6.1 E3
Roseau 128.1 G5
Rosenberg 22.1 G2
Rosenberg, Sulzbach- 22.1 G3
Rosenberg-Weiher 22.1 J3-K3
Rosendahl 4.1 D2
Rosenheim 22.1 H5
Rosetta 110.1 G2
Rosignano Marittimo 66.1 D4
Roskilde 64.1 M2
Rösrath 6.1 D3
Rosslare 64.1 C3
Roßlau, Dessau- 20.1 H4
Rossmeer 122.2 B26-B24
Rosso 110.1 B4
Ross-Schelfeis 122.2 A26-A24
Rostock 20.1 H1
Rostow 60.1 G4
Roswell 128.1 C3
Rota 98.1 K5
Rotenburg (Wümme) 20.1 E2
Rotenburg a. d. Fulda 22.1 E1-E2
Roter Main 22.1 G2-G3
Rotes Becken 98.1 G3-G4
Rotes Kliff 20.1 D1
Rotes Meer 110.1 G3-H4
Rothaargebirge 6.1 F3-G2
Rothbach 6.1 C3
Rothenburg o. d. Tauber 22.1 F3
Rothera 122.2 C36
Roti 98.1 I8
Rott 22.1 H5
Rottenburg; Stadt in Baden-Württemberg 22.1 D4
Rottenburg; Stadt in Bayern 22.1 H4
Rotterdam 64.1 I4
Rottweil 22.1 D4
Rotuma 118.1 L5
Roubaix 64.1 H4
Rouen 64.1 G5
Rourkela 98.1 E4
Roussillon; Landschaft 64.1 H8
Roussillon; Stadt 66.1 A3
Rouyn-Noranda 126.1 L5
Rovaniemi 60.1 F2
Rovereto 66.1 D3
Rovigo 66.1 D3
Rovinj 66.1 E3
Rovuma 112.1 D3
Roxas 98.1 I5
Roxel (Münster-) 4.1 E3
Ruacanafälle 112.1 B3
Ruaha-Nationalpark 112.1 D2
Ruanda 112.1 C2-D2, 109.1 F7-G7
Rubehoberge 112.1 D2
Rubzowsk 96.1 J4
Rudelsburg 20.1 G4
Ruden 20.1 I1
Rüdersdorf 20.1 I3
Rüdesheim a. Rhein 22.1 C3
Rudkøbing 20.1 F1
Rudny 56.1 L3
Rudolstadt 22.1 G2
Rufiji 112.1 D2
Rügen 20.1 I1
Ruhla 22.1 F2
Ruhner Berge 20.1 G2-H2
Ruhr 6.1 C2
Ruhrort (Duisburg-) 4.1 C4
Ruki 112.1 B1-B2
Rukwasee 112.1 D2
Rumänien 62.1 E1, 58.1 H4
Rungwe 112.1 D2
Ruppichteroth 6.1 D3
Ruppiner Kanal 20.1 H3-I3
Rur 6.1 B2
Rurtalsperre 6.1 B3
Rüschhaus 4.1 E3
Ruse 62.1 E1
Rüsselsheim 22.1 D2-D3
Russische Föderation 96.1 H3-M3, 58.1 I2-L3
Rustenburg 112.1 C4
Rüthen 6.1 F2
Ruwenzori 112.1 C1-D1
Rybinsk 60.1 G3
Rybinsker Stausee 60.1 G3
Rybnik 64.1 P4
Ryukyugraben Einband vorn U5
Ryukyu-Inseln 96.1 N7
Rzeszów 64.1 Q4-R4

S

Saalach 22.1 H5
Saalburg 22.1 D2
Saale 18.1 D3
Saalfeld 22.1 G2
Saalfelden a. Steinernen Meer 22.1 H5
Saar 22.1 B3
Saaralben [Sarralbe] 22.1 C3-C4
Saarbrücken 22.1 B3-C3, 19.1 B4
Saarburg; Stadt in Rheinland-Pfalz 22.1 B3
Saarburg; Stadt in Frankreich 22.1 C4
Saaremaa 60.1 F3
Saargemünd [Sarreguemines] 22.1 C3
Saar-Kohlen-Kanal 22.1 B4-C4
Saarland 22.1 B3-C3, 19.1 B4
Saarlouis 22.1 B3
Saarunion 22.1 C4
Saas-Fee 66.1 B2
Saaz [Žatec] 22.1 I2
Saba 100.1 C3
Sababurg 20.1 E4
Sabha 110.1 E3
Sable-Insel 126.1 N5
Sabrinaküste 122.2 C18-C19
Sabsevar 100.1 D1
Sachalin 96.1 P4
Sachalinsk, Juschno- 96.1 P5
Sachsen 19.1 E3
Sachsen-Anhalt 20.1 G3, 19.1 D2-E3
Säckingen, Bad 22.1 C5
Sacramento; Fluss 128.1 A2-A3
Sacramento; Stadt 128.1 A3
Sa'dah 100.1 C3
Sado 96.1 O6
Saerbeck 4.1 E2
Safi 110.1 C2
Sagan [Żagań] 20.1 K4
Sagar 98.1 D4
Saguenay 126.1 L5
Sahara 110.1 B3-F3

Saharaatlas 110.1 C2-D2
Sahel 110.1 B4-F4
Saïda 110.1 D2
Saidpur 98.1 E4
Saimaasee 60.1 F2
Sainschand 96.1 L5-M5
Saint-Brieuc 64.1 E5
Saint-Claude 66.1 A2
Saint David's Head 64.1 D4
Saint-Denis; Stadt in Réunion 112.1 F4
Saint-Denis; Stadt in Frankreich 64.1 H5
Saint-Dié-des-Vosges 22.1 B4
Saint-Étienne 64.1 I7
Saint George's 128.1 G5
Saint Hélier 64.1 E5
Saint-Hippolyte 22.1 B5
Saint Jean-de-Maurienne 66.1 B3
Saint John 126.1 M5
Saint John's; Stadt in Kanada 126.1 N5
Saint John's; Stadt auf Antigua u. Barbuda 128.1 G5
Saint Joseph 128.1 D3
Saint Kitts und Nevis 128.1 G5, 137.1 D3
Saint Louis 128.1 D3
Saint-Louis 110.1 B4
Saint Lucia 128.1 G5-H5, 137.1 D3-E3
Saint-Martin 128.1 G5, 137.1 D3-E3
Saint-Barthélemy 128.1 G5, 137.1 D3-E3
Saint-Michel 22.1 C4
Saint-Nazaire 64.1 E6
Saintois 22.1 A4-B4
Saint Paul 128.1 D2
Saint-Paul-Insel Einband vorn Q9-R9
Saint Petersburg 128.1 E4
Saint-Pierre; Insel der Seychellen 112.1 E2-F2
Saint-Pierre; Insel von Saint-Pierre und Miquelon 126.1 N5
Saint-Pierre, Havre- 126.1 M4
Saint-Pierre und Miquelon 126.1 N5, 125.1 Q5
Saint-Quentin 64.1 H5
Saint Tropez 66.1 B4
Saint Vincent und die Grenadinen 128.1 G5-H5, 137.1 D3
Saipan; Insel 98.1 K5
Saipan; Stadt 98.1 K5
Saissansee 96.1 J5
Saitama 92.1 O6-P6
Sajama 138.1 D4
Sajan 92.1 K4-L4
Sakaka 100.1 C2
Sakakawea-Stausee 128.1 C2
Sakamensk 96.1 L4
Sakishima-Inseln 98.1 I4
Salado 140.1 B2
Salala 100.1 D3
Salamanca; Stadt in Spanien 62.1 B1
Salamanca; Stadt in Mexiko 128.1 C4
Salar de Atacama 140.1 B2
Salar de Uyuni 138.1 D5
Salawat 60.1 I3
Sala y Gómez Einband hinten E8
Saldanha 112.1 B5
Salé 110.1 C2
Salechard 96.1 H3
Salem; Stadt in den USA 128.1 A2
Salem; Stadt in Indien 98.1 D5
Salerno 62.1 D1
Salina Cruz 128.1 D5
Salinas 128.1 A3
Salinas Grandes 140.1 B2-B3
Salluit 126.1 L3
Sallum 110.1 F2
Salomonen 118.1 K4, Einband hinten V7
Salomoninseln 118.1 J4-K5
Saloniki 62.1 E1
Salsomaggiore Terme 66.1 C3
Salta 140.1 B2
Saltillo 128.1 C4
Salt Lake City 128.1 B2
Salto 140.1 C3
Salto Ángel 138.1 D2
Saltonsee 128.1 B3
Saluën 98.1 F5-F4
Saluzzo 66.1 B3
Salvador 138.1 G4
Salza (Enns) 22.1 J5
Salzach 66.1 E2
Salzburg 66.1 E2
Salzburger Alpen 66.1 E2
Salzdetfurth, Bad 20.1 F3
Salzgitter 20.1 F3
Salzkammergut 66.1 E2
Salzkotten 4.1 G3
Salzschlirf, Bad 22.1 E2
Salzuflen, Bad 4.1 G2
Salzungen, Bad 22.1 F2
Salzwedel 20.1 G3
Samar 98.1 I5
Samara 60.1 I3
Samarinda 98.1 H7
Samarkand 96.1 H6
Sambesi 112.1 D3
Sambia 112.1 C3-D3, 109.1 F8
Samoa 118.1 M5, Einband hinten X7
Samoa-Inseln 118.1 M5-N5
Samoilow 122.1 B21
Samsø 64.1 L2
Samsun 96.1 E5
San; Fluss 64.1 R4
San; Stadt 110.1 C4
Sanaa [San'ā'] 100.1 C3, 94.1 F8
Sanae IV 122.2 C6
Sanaga 110.1 E5
San Ambrosio 136.1 C7
Sanandaj 100.1 C1
San Andrés 138.1 B1
San Angelo 128.1 C3
San Antonio; Stadt in den USA 128.1 D4
San Antonio; Stadt in Chile 140.1 A3
San Antonio Oeste 140.1 B4
San Benedetto del Tronto 66.1 E4
San Bernardino; Pass 66.1 C2
San Bernardino; Stadt 128.1 B3
San Carlos de Bariloche 140.1 A4
San Cristobal; Insel im Salomon-Archipel 118.1 K5
San Cristóbal; Insel im Galápagos-Archipel 138.1 B3
San Cristóbal; Stadt 138.1 C2
Sandakan 98.1 H6
Sande 20.1 C2-D2
San Diego 128.1 B3
San Felipe 128.1 B3
San Félix 136.1 B7
San Fernando 98.1 I5
San Fernando de Apure 138.1 D2
San Francisco 128.1 A3
Sangar 96.1 N3
Sangerhausen 20.1 G4
Sangha 112.1 B1
Sangihe-Inseln 98.1 I6
San Gimignano 66.1 D4
Sangli 98.1 D5
San Ignacio 138.1 D4
San-Jorge-Golf 140.1 B4
San José; Stadt in Costa Rica 128.1 E5-E6, 125.1 N8-N9
San José; Stadt in den USA 128.1 A3
San José; Stadt in Guatemala 128.1 D5
San José de Jáchal 140.1 B3
San Juan; Fluss 128.1 C3
San Juan; Stadt in Argentinien 140.1 B3
San Juan; Stadt in Puerto Rico 128.1 G5
San Juan Mountains 128.1 C3
San Justo 140.1 C3
Sankt Andrä 66.1 F2
Sankt Augustin 6.1 D3
Sankt Avold 22.1 B3
Sankt Bernhard, Kleiner 66.1 B3
Sankt Blasien 22.1 D5
Sankt Florian 66.1 F1
Sankt Gallen 66.1 C2
Sankt-Georgs-Kanal 64.1 C3-D4
Sankt Goar 22.1 C2
Sankt Gotthard 66.1 C2
Sankt Helena; Insel Einband vorn L8
Sankt Helena; Verwaltungseinheit 108.1 C8, Einband hinten K8
Sankt Ingbert 22.1 C3
Sankt Johann i. Tirol 22.1 I5
Sankt-Lorenz-Golf 126.1 M5
Sankt-Lorenz-Insel 126.1 B3
Sankt-Lorenz-Strom 126.1 M5
Sankt-Matthäus-Insel 126.1 B3
Sankt Moritz 66.1 C2
Sankt Peter-Ording 20.1 D1
Sankt Petersburg 60.1 G2-G3
Sankt Pölten 66.1 F1
Sankt Ulrich [Ortisei] 66.1 D2
Sankt Veit a. d. Glan 66.1 F2
Sankt Vith 22.1 B2
Sankt Wendel 22.1 C3
Sankuru 112.1 C2
San Leo 66.1 E4
Şanlıurfa 62.1 F2
San Lorenzo; Stadt in Argentinien 140.1 B3
San Lorenzo; Stadt in Ecuador 138.1 C2
San Lorenzo; Stadt in Paraguay 140.1 C2
San Luis 140.1 B3
San Luis Potosí 128.1 C4
San Marino; Staat 66.1 E4, 58.1 G4
San Marino; Stadt 66.1 E4, 58.1 G4
San Martin 122.2 C36
San-Matías-Golf 140.1 B4
San Miguel 128.1 E5
San Miguel de Tucumán 140.1 B2
San Miguelito 128.1 F6
San Nicolás de los Arroyos 140.1 B3
San Pedro Sula 128.1 E5
San Rafael 140.1 B3
Sanremo 66.1 B4
San Salvador; Insel 128.1 F4
San Salvador; Stadt 128.1 E5, 125.1 N8
San Salvador de Jujuy 140.1 B2
Sansibar; Insel 109.1 G7-H7
Sansibar; Stadt 112.1 D2
Sanssouci 20.1 I3
Santa Ana; Stadt in El Salvador 128.1 E5
Santa Ana; Stadt in den USA 128.1 B3
Santa Barbara 128.1 B3
Santa Clara 128.1 E4-F4
Santa Cruz; Insel 138.1 A3-B3
Santa Cruz; Stadt 138.1 D4
Santa Cruz do Sul 140.1 C2
Santa-Cruz-Inseln 118.1 K5
Santa Fe; Stadt in den USA 128.1 C3
Santa Fé; Stadt in Argentinien 140.1 B3
Santa Inés 140.1 A5
Santa Isabel 118.1 J4-K4
Santa Maria 140.1 C2
Santa Marta 138.1 C1
Santana 138.1 E3
Santana do Livramento 140.1 C3
Santander 64.1 E8
Santarém 138.1 E3
Santa Rosa; Stadt in Argentinien 140.1 B3
Santa Rosa; Stadt in Brasilien 140.1 C2
Santa Rosa; Stadt in den USA 128.1 A3
Santa Rosalía 128.1 B4
Santiago 128.1 F5
Santiago de Chile 140.1 A3, 137.1 C8
Santiago de Compostella 62.1 B1
Santiago de Cuba 128.1 F4
Santiago del Estero 140.1 B2
Säntis 66.1 C2
Santo Domingo 128.1 F5-G5, 125.1 P8
Santo Domingo de los Colorados 138.1 C3
Santos 138.1 F5
San Valentín 140.1 A4
Sanya 98.1 G5
São Bernardo do Campo 138.1 F5
São Carlos 138.1 F5
São Francisco 138.1 F4
São-Francisco-Becken 138.1 F4
São Gonçalo 138.1 F5
São José do Rio Preto 138.1 F5
São Luis 138.1 F3
São Manuel 138.1 E3
São Miguel 56.1 C5
Saône 64.1 I6
São Paulo 138.1 F5
São Paulo de Olivença 138.1 D3
São Tomé; Insel 112.1 A1
São Tomé; Stadt 112.1 A1, 109.1 D6
São Tomé und Príncipe 112.1 A1, 109.1 D6
Sapelé 110.1 D5
Sapitwa 112.1 D3
Saporishshja 60.1 G4
Sappemeer, Hoogezand- 20.1 B2
Sapporo 96.1 P5
Sarajewo [Sarajevo] 64.1 P8, 58.1 G4
Saransk 60.1 H3
Saratow 60.1 H3
Saratower Stausee 60.1 H3
Sardinien 62.1 C2
Sargassosee 128.1 F4-G4
Sarh 110.1 E5
Sari 100.1 D1
Sarmiento 140.1 B4
Sarntaler Alpen 66.1 D2
Sarstedt 20.1 E3
Saskatchewan; Fluss 124.1 L4
Saskatchewan; Verwaltungseinheit 126.1 I4
Saskatoon 126.1 I4
Sassandra 110.1 C5
Sassari 62.1 C1
Sassenberg 4.1 F3
Sassendorf, Bad 6.1 F1
Sassnitz 20.1 I1
Satawan-Atoll 118.1 J3
Satpuragebirge 98.1 D4
Satsunaninseln 96.1 N7
Satu Mare 64.1 R6
Saualpe 66.1 F2
Sauðárkrókur 60.1 B2
Saudi-Arabien 100.1 B2-D2, Einband hinten N5-O5
Sauer 22.1 B3
Sauerland 6.1 E2-F2
Saulgau, Bad 22.1 E4
Sault Sainte Marie 126.1 K5
Saumlaki 98.1 J7
Saurimo 112.1 C2
Savannah; Fluss 128.1 E3
Savannah; Stadt 128.1 E3
Savannakhet 98.1 G5
Save; Fluss in Südosteuropa 64.1 N6
Save; Fluss im südlichen Afrika 112.1 D4
Saveh 100.1 C1-D1
Savona 66.1 C3
Savoyen 66.1 A3-B2
Savoyer Alpen 66.1 B3-B2
Sawakin 110.1 G4
Sawu-Inseln 98.1 I8
Sayhut 100.1 D3
Saylac 110.1 H4
Sayun 100.1 C3
Sazawa; Fluss 22.1 J3
Sazawa; Kloster 22.1 J3
Scafell Pike 64.1 E2
Schaalsee 20.1 F2-G2
Schachty 60.1 H4
Schaerbeek 64.1 I4
Schaffhausen 66.1 C2
Schalksmühle 6.1 E2
Schalqar 96.1 G5
Schandau, Bad 22.1 J2
Schantarinseln 96.1 O4-P4
Schärding 66.1 E1
Scharhörn 20.1 D2
Scharmbeck, Osterholz- 20.1 D2
Scharmützelsee 20.1 J3
Schaulen [Šiauliai] 64.1 R2
Schaumburger Wald 4.1 H2
Schefferville 126.1 M4
Scheibbs 22.1 K4
Schelde 64.1 H4
Schelesnogorsk-Ilimski 96.1 L4
Schelichowgolf 96.1 Q3-Q4
Schengen 22.1 B3
Scherfeld (Warburg-) 4.1 H3
Schermbeck 4.1 C3
Schesqasghan 96.1 H5
Schewa 110.1 G5
Schieder-Schwalenberg 4.1 H3
Schiermonnikoog 20.1 A2-B2
Schilka 96.1 M4
Schio 66.1 D3
Schiras 100.1 D2
Schirmeck 22.1 C4
Schivelbein [Świdwin] 20.1 K2
Schlackenwerth [Ostrov] 22.1 H2
Schladming 22.1 I5
Schlangen 4.1 G3
Schlei 20.1 E1
Schleiden 6.1 B3
Schleiz 22.1 G2
Schlesien 64.1 N4-P4
Schleswig 20.1 E1
Schleswig-Holstein 20.1 E1-F2, 19.1 C1-D1
Schlettstadt 22.1 C4
Schlitz 22.1 E2
Schloß Holte-Stukenbrock 4.1 G3
Schluchsee 22.1 D5
Schlüchtern 22.1 E2
Schmalkalden 22.1 F2
Schmallenberg 6.1 F2
Schmidtheim (Dahlem-) 6.1 C4
Schnackenburg 20.1 G2
Schneeberg; Berg 22.1 G2
Schneeberg; Stadt 22.1 H2
Schneekoppe 64.1 N4
Schneifel 22.1 B2
Schneverdingen 20.1 E2
Schönberg (Mecklenburg) 20.1 F2
Schönbrunn 66.1 G1
Schönebeck 20.1 G3
Schonen 64.1 M2
Schongau 22.1 F5
Schöningen 20.1 F3
Schöninger 22.1 J4
Schöntal 22.1 E3
Schoonebeek 20.1 B3
Schopfheim 22.1 C5
Schöppingen 4.1 D2
Schorfheide 20.1 I3
Schorndorf 22.1 E4
Schottland 64.1 D2-E1
Schotts, Hochebene der 110.1 C2-D2
Schramberg 22.1 D4
Schrobenhausen 22.1 G4
Schtschara 64.1 S3
Schubra al-Chaima 110.1 G2
Schussen 22.1 E5
Schüttenhofen 22.1 I3
Schüttorf 20.1 C3
Schwaan 20.1 H2
Schwabach 22.1 G3
Schwäbische Alb 22.1 D5-F4
Schwäbischer Wald 18.1 C4
Schwäbisch Gmünd 22.1 E4
Schwäbisch Hall 22.1 E3
Schwabmünchen 22.1 F4
Schwalbach, Bad 22.1 D2
Schwalenberg, Schieder- 4.1 H3
Schwalenberg (Schieder-Schwalenberg-) 4.1 H3
Schwalm; Fluss in Hessen 22.1 E2
Schwalm; Fluss in Europa 6.1 B2
Schwalm; Landschaft 22.1 E2
Schwalmstadt 22.1 E2
Schwalmtal (Niederrhein) 4.1 B4
Schwandorf 22.1 H3
Schwansen 20.1 E1
Schwartau, Bad 20.1 F2
Schwarze Elster 20.1 I4
Schwarzenberg 22.1 H2
Schwarzenraben 4.1 F3
Schwarzer Volta 110.1 C4-C5
Schwarzes Meer 62.1 F1
Schwarzkopf 22.1 H3
Schwarzwald 22.1 C5-D4
Schwaz 22.1 G5
Schweden 60.1 E2, 58.1 G2
Schwedt 20.1 J2
Schweinfurt 22.1 F2
Schweiz 66.1 B2-C2, 58.1 F4
Schweizer Jura 66.1 B2
Schwelm 6.1 D2
Schwerin; Stadt in Mecklenburg-Vorpommern 20.1 G2, 19.1 D2
Schwerin [Skwierzyna]; Stadt in Polen 20.1 K3
Schweriner See 20.1 G2
Schwerte 6.1 E2
Schwetzingen 22.1 D3
Schwiebus 20.1 K3
Schwielochsee 20.1 I3-J3
Schwyz 66.1 C2
Schymkent 96.1 H5
Scilly-Inseln 64.1 C5
Scott 122.2 B23
Scottinsel Einband hinten W11-X11
Scranton 128.1 F2
Seattle 128.1 A2
Sebnitz 22.1 J2
Secchia 66.1 D3
Sechura 138.1 B3
Seckau 22.1 J5
Sedan 64.1 I5
Seefeld 22.1 G5
Seeland 60.1 E3
Seelow 20.1 J3
Seelscheid, Neunkirchen- 6.1 D3
Seelscheid (Neunkirchen-Seelscheid-) 6.1 D2
Seeon 22.1 H5
Seesen 20.1 F4
Seetaler Alpen 66.1 F2
Seevetal 20.1 E2-F2
Sefid-Kuh 98.1 C3
Segeberg, Bad 20.1 F2
Segescha 60.1 G2
Ségou 110.1 C4
Seille 22.1 B4-B3
Seine 64.1 G5
Seja; Fluss 96.1 N4
Seja; Stadt 96.1 N4
Sekondi-Takoradi 110.1 C5
Selayarinseln 98.1 I7
Selb 22.1 H2
Selebi Phikwe 112.1 C4
Selenga 96.1 L5
Selenter See 20.1 F1
Selfkant; Gemeinde 6.1 A2
Selfkant; Landschaft 6.1 A2-B2
Selfoss 60.1 A2
Sellin 20.1 I1
Selm 4.1 D3
Selvagensinseln 110.1 B2
Semarang 98.1 H7
Semei 96.1 J4
Semeru 98.1 H7
Semil [Semily] 22.1 K2
Semmering 66.1 F2
Sendai 96.1 P6
Senden; Gemeinde 4.1 D3

Senden; Stadt 22.1 F4
Sendenhorst 4.1 E3
Senegal; Fluss 110.1 B4
Senegal; Staat 110.1 B4, 109.1 B5
Senftenberg / Zły Komorow 20.1 I4-J4
Sengsengebirge 22.1 J5
Senigallia 66.1 E4
Senj 66.1 F3
Senkaku-Inseln 96.1 N7
Sennar 110.1 G4
Senne 4.1 F3-G3
Sennestadt (Bielefeld-) 4.1 G3
Seoul [Sŏul] 96.1 N6, 94.1 N6
Sept-Îles 126.1 M4
Seram 98.1 I7-J7
Seramsee 98.1 I7-J7
Serang 98.1 G7
Serbien 64.1 Q7-Q7, 58.1 G4-H4
Serbisches Erzgebirge 64.1 Q7-R8
Serekunda 110.1 B4
Serengeti-Nationalpark 112.1 D2
Serfaus 66.1 D2
Sergijew-Posad 60.1 G3
Serhetabat 96.1 H6
Serio 66.1 C3
Serir Kalansho 110.1 F3
Serir Tibesti 110.1 E3
Sermilik 122.1 C1
Serow 60.1 J3
Serowe 112.1 C4
Serpuchow 60.1 G3
Serra 138.1 F4-F5
Serra da Mantiqueira 138.1 F5
Serra de Maracaju 138.1 E4-E5
Serra do Cachimbo 138.1 E3
Serra do Caiapó 138.1 E4
Serra do Chilengue 112.1 B3
Serra do Espinhaço 138.1 F4
Serra do Navio 138.1 E2
Serra dos Gradaús 138.1 E4-E3
Serra dos Parecis 138.1 D4-E4
Serra Dourada 138.1 E4-F4
Serra Geral 140.1 C2-D2
Serra Geral de Goiás 138.1 F4
Serra Grande 138.1 F3
Serra Pouso Alto 138.1 F4
Serra Tumucumaque 138.1 E2
Serres 66.1 A3
Sesia 66.1 C3
Sestriere 66.1 B3
Sète 64.1 H8
Sétif 110.1 D2
Severn; Fluss im Vereinigten Königreich 64.1 E3
Severn; Fluss in Kanada 126.1 J4
Sevilla 62.1 B2
Seward 126.1 E3
Seward-Halbinsel 126.1 C3
Sewastopol 60.1 G4
Sewernaja Semlja 96.1 I2-K2
Sewerodwinsk 60.1 G2
Seychellen; Inseln Einband vorn P7-Q7
Seychellen; Staat 112.1 F2, 109.1 I7
Sezimovo Ústí 22.1 J3
Sfax 110.1 E2
Shabelle 112.1 E1
Shackleton-Schelfeis 122.2 C16-C17
Shahjahanpur 98.1 D4-E4
Shandong, Halbinsel 98.1 H3-I3
Shanghai 98.1 I3
Shannon 64.1 A3-B3
Shantou 98.1 H4
Shaoguan 98.1 H4
Shaoyang 98.1 H4
Shebshigebirge 110.1 E5
Sheffield 64.1 F3
Shelichofstraße 126.1 D4
Shenyang 98.1 I2
Shenzhen 98.1 H4
Sherbrooke 126.1 L5
Sheridan 128.1 C2
Shetlandinseln 60.1 C2
Shihezi 98.1 E2
Shijiazhuang 98.1 H3
Shikoku 96.1 O6
Shillong 98.1 F4
Shimla 98.1 D3
Shiquanhe 98.1 E3-F3
Shire 112.1 D3
Shivamogga 98.1 D5
Shiyan 98.1 H3
Shreveport 128.1 D3
Shuangyashan 96.1 O5
Shytomyr 60.1 F3
Sialkot 98.1 D3
Šibenik 66.1 F4
Siberut 98.1 F7
Sibu 98.1 H6
Sichote-Alin 96.1 O5
Sidi Bel Abbès 110.1 C2
Sidi Ifni 110.1 B3
Sidon 100.1 B1
Siebenbürgen 62.1 E1
Sieg 6.1 D3
Siegburg 6.1 D3
Siegen 6.1 F3
Siegen-Wittgenstein 6.1 F2-F3
Siegerland 6.1 F3
Siem Reap 98.1 G5
Siena 66.1 D4
Sierra de la Demanda 64.1 E8-E9
Sierra Leone 110.1 B5, 109.1 B6
Sierra Madre, Östliche 128.1 C4-D4
Sierra Madre, Westliche 128.1 C4
Sierra Morena 62.1 B2
Sierra Nevada; Gebirge in Spanien 62.1 B2
Sierra Nevada; Gebirge in den USA 128.1 A2-B3
Sierras de Córdoba 140.1 B3
Sierre 66.1 B2
Sigmaringen 22.1 E4
Signalberg 22.1 H3
Signal de Vaudemont 22.1 B4
Sihanoukville 98.1 G5
Sikasso 110.1 C4
Siliguri 98.1 E4
Silowanaebene 112.1 C3
Silvacane 66.1 A4
Silvrettagruppe 66.1 C2-D2
Sima 96.1 L4
Simbabwe 112.1 C3-D3, 109.1 F8-G8
Simbach a. Inn 22.1 I4
Simeulue 98.1 F6
Simferopol 60.1 G4
Simmerath 6.1 B3
Simmern 22.1 C3
Simplon 66.1 C2
Simrishamn 64.1 N3
Sinai, Halbinsel 100.1 B2
Sincelejo 138.1 C2
Sindelfingen 22.1 D4-E4
Sindfeld 4.1 G3
Sineuiju 96.1 N5-N6
Singapur [Singapore] 98.1 G6, 94.1 L9
Singen 22.1 D5
Sinn 22.1 E2
Sinsheim 22.1 D3
Sint Maarten 128.1 G5, 137.1 D3-E3
Sion 66.1 B2
Sioux City 128.1 D2
Sioux Falls 128.1 D2
Siping 98.1 I2
Sirte 110.1 E2
Sisak 66.1 G3
Sisimiut [Holsteinsborg] 126.1 N3
Sisteron 66.1 A3
Sitka 126.1 F4
Sittwe 98.1 F4
Sivas 96.1 E6
Siwa 110.1 F3
Sizilien 62.1 D2
Skagerrak 60.1 D3
Skagway 126.1 F4
Skandinavische Halbinsel 60.1 D2-E2
Skandinavisches Gebirge 60.1 D3-E1
Skelettküste 112.1 B3-B4
Skikda 110.1 D2
Sklavenküste 110.1 D5
Skopje 62.1 E1, 58.1 H4
Skoworodino 96.1 N4
Slaný 22.1 J2
Slaper Talsperre 22.1 J3
Slatoust 60.1 I3
Slave River 126.1 H3-H4
Slavonski Brod 64.1 O7-P7
Slawonien 64.1 O7-P7
Slea Head 64.1 A3
Sligo 64.1 B2
Sljudjanka 96.1 L4
Slochteren 20.1 B2
Slowakei 64.1 P5, 58.1 G4-H4
Slowakisches Erzgebirge 64.1 P5-Q5
Slowenien 66.1 E2-F2, 58.1 G4
Słubice 20.1 J3
Småland 64.1 M1-N1
Smallwood-Stausee 126.1 M4
Smithsund 126.1 L2
Smolensk 60.1 G3
Snake 128.1 B2
Snaresinseln 118.1 K8-L8
Sneek 20.1 A2
Snežnik 66.1 F3
Snowdon 64.1 D3
Sobat 110.1 G5
Soběslav 22.1 J3
Sobradinhoer Stausee 138.1 F3
Sobral 138.1 F3
Soča 66.1 E2
Sochaux 22.1 B5
Sochumi 62.1 G1
Soest; Landkreis 4.1 F3
Soest; Stadt 4.1 F3
Soeste 20.1 C2-C3
Soester Börde 4.1 E3-F3
Sofia [Sofija] 62.1 E1, 58.1 H4
Sofifi 98.1 I6
Sohag 110.1 G3
Sokodé 110.1 D5
Sokoto 110.1 D4
Sokotra 100.1 D3
Solapur 98.1 D5
Soldin [Myślibórz] 20.1 J3
Solikamsk 60.1 I3
Sol-Ilezk 60.1 I3
Solingen 6.1 D2
Solling 20.1 E4
Solnhofen 22.1 F4
Sologne 64.1 G6-H6
Solothurn 66.1 B2
Soltau 20.1 E3
Solway Firth 64.1 D2-E2
Somalia 110.1 H5, 109.1 H6
Somali-Halbinsel 108.1 H6-I5
Somersetinsel 126.1 J2
Someş 64.1 R6
Somme 64.1 H5
Sömmerda 22.1 G1
Sommerfeld [Lubsko] 20.1 J4
Sonderburg 20.1 E1
Sondershausen 22.1 F1
Sondrio 66.1 C2
Songea 112.1 D3
Songhua Jiang 96.1 N5
Songkhla 98.1 G6
Sonneberg 22.1 G2
Sonorawüste 128.1 B3
Sonsbeck 4.1 B3
Sonthofen 22.1 F5
Sopron 64.1 O6
Sorau [Żary] 20.1 K4
Sorocaba 138.1 F5
Sorol-Atoll 98.1 K6
Sorong 98.1 J7
Sorpe 6.1 E2
Sorpetalsperre 6.1 E2-F2
Sør Rondane 122.2 B9
Sörup 20.1 E1
Sosnowitz [Sosnowice] 64.1 P4
Sotschi 60.1 G4
Soubré 110.1 C5
Soufrière 138.1 D1
Sousse 110.1 E2
Southampton 64.1 F4
Southamptoninsel 126.1 K3
South Carolina 128.1 E3-F3
South Dakota 128.1 C2-D2
South Downs 64.1 F4-G4
Southend-on-Sea 64.1 G4
Southern Uplands 64.1 D2-E2
South Platte 128.1 C2
South Saskatchewan 126.1 H4-I4
South Tarawa 118.1 L3, Einband hinten W6
Sowjetskaja Gawan 96.1 P5
Soyapango 128.1 E5
Soyo 112.1 B2
Spa 22.1 A2
Spaichingen 22.1 D4
Spanien 64.1 C8-E8, 58.1 E5-E4
Spanish Town 128.1 F5
Sparta 62.1 E2
Speinshart 22.1 G3-H3
Spencergolf 118.1 H7
Spenge 4.1 F2
Spessart 22.1 E3-E2
Speyer 22.1 D3
Spiekeroog 20.1 C2
Spindlermühle 20.1 K5
Spirdingsee 64.1 Q3-R3
Spittal a. d. Drau 66.1 E2
Spitzbergen 122.1 A32-A31
Spitze Warte 6.1 F1
Split 64.1 O8
Splügen 66.1 C2
Spokane 128.1 B2
Spratly-Inseln 98.1 H6
Spree 20.1 J3
Spreewald 20.1 I3-J4
Spremberg / Grodk 20.1 J4
Springbok 112.1 B4
Springe 20.1 E3
Springfield; Stadt in Massachusetts, USA 128.1 F2
Springfield; Stadt in Missouri, USA 128.1 F2
Sprockhövel 6.1 D2
Sprottau [Szprotawa] 20.1 K4
Sri Jayewardenepura 98.1 D6-E6, 94.1 I9-J9
Sri Lanka; Insel 98.1 E6
Sri Lanka; Staat 98.1 E6, 94.1 J9
Srinagar 98.1 D3
Stade 20.1 E2
Stadskanaal 20.1 B2
Stadtallendorf 22.1 E2
Städteregion Aachen 6.1 B3
Stadthagen 20.1 E3
Stadtlohn 4.1 C3
Staffelsee 22.1 G5
Staffelstein, Bad 22.1 F2-G2
Stams 22.1 F5
Stanley 140.1 C5
Stanowoibergland 96.1 M4
Stanowoigebirge 96.1 N4-O4
Stapel 4.1 D2-D3
Stará Boleslav, Brandýs- 22.1 J2
Stara Zagora 62.1 E1
Starbuckinsel 118.1 O4
Stargard 20.1 K2
Starnberg 22.1 G4-G5
Starnberger See 22.1 G5
Stary-Oskol 60.1 G3
Staßfurt 20.1 G4
Stausee von Gorki 60.1 H3
Stausee von Tscheboksary 60.1 H3
Stavanger 60.1 D3
Stawropol 60.1 H4
Steben, Bad 22.1 G2
Steenwijk 20.1 B3
Steep Point 118.1 F6
Stefaniesee [Chew Bahir] 110.1 G5
Stege 20.1 H1
Steiermark 66.1 F2
Steigerwald 22.1 F3
Stein a. Rhein 22.1 D5
Steiner Alpen 66.1 F2
Steinfurt; Landkreis 4.1 D2-E2
Steinfurt; Stadt 4.1 D2
Steinfurter Aa 4.1 D2
Steinhagen 4.1 F2
Steinhausen 22.1 E4
Steinheim 4.1 H3
Steinhuder Meer 20.1 E3
Steinige Tunguska 96.1 K3-K4
Steinwald 22.1 H3
Stemmer Berge 4.1 F2
Stemwede 4.1 F2
Stendal 20.1 G3
Stepenitz 20.1 H2
Sterlitamak 60.1 I3
Sternberg 20.1 G2
Sternstein 22.1 J4
Stettin [Szczecin] 20.1 J2
Stettiner Haff 20.1 J2
Stever 4.1 D3
Stewartinsel 118.1 K8-L8
Steyr; Fluss 22.1 J4-J5
Steyr; Stadt 66.1 F1
Stilfser Joch 66.1 D2
Stockach 22.1 E5
Stockerau 66.1 G1
Stockholm 60.1 E3, 58.1 G3
Stockport 64.1 E3
Stockton 128.1 A3
Stoke-on-Trent 64.1 E3
Stolberg (Rheinland) 6.1 B3
Stollberg 22.1 H2
Stolp [Słupsk] 64.1 O2
Stonehenge 64.1 F4
Stör 20.1 E2
Störkanal 20.1 G2
Stormarn 20.1 E2-F2
Straelen 4.1 B4
Strakonitz [Strakonice] 22.1 I3
Stralsund 20.1 I1
Stranraer 64.1 D2
Strasburg 20.1 I2
Straßburg [Strasbourg] 64.1 J5
Straße von Dover 64.1 G4
Straße von Gibraltar 62.1 B2
Straße von Hormus 100.1 D2
Straße von Mosambik 112.1 E3
Straße von Yucatán 128.1 E4
Stratford 64.1 F3
Straubing 22.1 H4
Strausberg 20.1 I3
Strynø 20.1 F1
Stubaier Alpen 66.1 D2
Stubbekøbing 20.1 H1
Stubbenkammer 20.1 I1
Studenica 64.1 Q8
Stuifen 22.1 E4
Stura 66.1 B3
Stuttgart 22.1 E4, 19.1 C4
Subotica 64.1 P6
Suchona 60.1 H2
Sucre 138.1 D4, 137.1 D6
Südafrika 112.1 B4-C5, 109.1 F10
Südamerika 136.1, Einband vorn H7-J7
Sudan; Landschaft 110.1 C4-F4
Sudan; Staat 110.1 F4-G4, 109.1 F5-G5
Südaustralisches Becken Einband vorn U9
Sudbury 126.1 K5
Südchinesisches Bergland 98.1 H4
Südchinesisches Meer 98.1 G6-H5
Sudd 110.1 F5-G5
Sude 20.1 G2
Süderoog 20.1 D1
Sudeten 64.1 N4-O4
Südgeorgien 140.1 E5
Südinsel 118.1 L8
Südkarpaten 62.1 E1
Südliche Cookinseln 118.1 N5-O6
Südliche Sierra Madre 128.1 C5-D5
Südlohn 4.1 C3
Südorkney-Inseln 122.2 C2
Südostindischer Rücken Einband vorn Q8-V10
Südostkap 118.1 I8
Südpol 122.2 A1
Südsandwichgraben Einband vorn K10-K11
Südsandwichinseln Einband vorn J10-K10
Südscotiarücken Einband vorn I11-J11
Südshetlandinseln 122.2 D36-C1
Südsudan 110.1 F5-G5, 109.1 F6-G6
Südtirol 66.1 D2
Südwestindischer Rücken Einband vorn M10-Q8
Südwestpazifisches Becken Einband vorn D9-C10
Suez 110.1 G3
Suezkanal 110.1 G2
Suhar 100.1 D2
Suhl 22.1 F2
Suifenhe 96.1 O5
Suihua 96.1 N5
Sukabumi 98.1 G7
Sukkur 98.1 C4
Sula-Inseln 98.1 I7
Sulawesi [Celebes] 98.1 H7-I7
Suleimangebirge 98.1 C4-C3
Sulingen 20.1 D3
Sullana 138.1 B3
Sulu-Archipel 98.1 I6
Sulusee 98.1 H6-I6
Sülz 6.1 D2
Sulzbach 22.1 C3
Sulzbach-Rosenberg 22.1 G3
Sumatra 98.1 F6-G7
Sumba 98.1 I8
Sumbawa 98.1 H7
Sumbe 112.1 B3
Sumgait 96.1 F5
Sumy 60.1 G3
Sundagraben Einband vorn S6-T7
Sunda-Inseln, Große 98.1 G6-H7
Sunda-Inseln, Kleine 98.1 H7-I7
Sunderland 64.1 F2
Sundern 6.1 F2
Sundgau 22.1 C5
Sundsvall 60.1 E2
Süntel 20.1 E3
Superior 128.1 D2
Sur 100.1 D2
Surabaya 98.1 H7
Surakarta 98.1 H7
Surat 98.1 D4
Surat Thani 98.1 F6
Surgut 60.1 K2
Suriname 138.1 E2, 137.1 E4
Surud Ad 110.1 H4
Susa 66.1 B3
Sussuman 96.1 P3
Suva 118.1 L5, Einband hinten W8
Suvorovinseln 118.1 N5
Suweon 96.1 N6
Suzhou 98.1 I3
Svealand 60.1 E3-E2
Sverdrupinseln 126.1 I2-K2
Swakopmund 112.1 B4
Swansea 64.1 E4
Swartberge 112.1 C5
Swindon 64.1 F4
Swinemünde [Swinoujście] 20.1 J2
Swistbach 6.1 C3
Swisttal 6.1 C3
Swobodny 96.1 N4
Sydney; Stadt in Australien 118.1 J7
Sydney; Stadt in Kanada 126.1 M5
Syke 20.1 D3
Syktywkar 60.1 I2
Sylhet 98.1 F4
Sylt; Gemeinde 20.1 D1
Sylt; Insel 20.1 D1
Sylvensteinsee 22.1 G5
Syowa 122.2 C10-C11
Syrakus [Siracusa] 62.1 D2

Syr-Darja 96.1 H5
Syrien 100.1 B1, 94.1 E6
Syrische Wüste 100.1 B1-C1
Syrjanka 96.1 Q3
Syrte, Große 110.1 E2
Syrte, Kleine 110.1 E2
Sysran 60.1 H3
Szeged 64.1 P6-Q6
Székesfehérvár 64.1 P6
Szolnok 64.1 Q6
Szombathely 64.1 O6

T

Tabatinga 138.1 D3
Taberg 64.1 N1
Tábor 22.1 J3
Tabora 112.1 D2
Täbris 96.1 F6
Tabuk 100.1 B2
Tachau 22.1 H3
Tacloban 98.1 I5
Tacna 138.1 C4
Tacoma 128.1 A2
Tademaït, Plateau von 110.1 D3
Tadschikistan 96.1 H6-I6, 94.1 H6-I6
Tafelfichte 22.1 K2
Taganrog 60.1 G4
Tagant-Plateau 110.1 B4
Tagliamento 66.1 E3-E2
Tahat 110.1 D3
Tahiti 118.1 P5
Tahoua 110.1 D4
Taihang Shan 98.1 H3
Taimyr, Halbinsel 96.1 K2-L2
Taimyrsee 96.1 K2-L2
Tainan 98.1 I4
Taipeh 98.1 I4, 94.1 N7
Taiping 98.1 G6
Taischet 96.1 K4
Taitao 140.1 A4
Taitschung 98.1 I4
Taitung 98.1 I4
Taiwan 98.1 I4
Taiwanstraße 98.1 H4-I4
Taiyuan 98.1 H3
Taizhou 98.1 H3-I3
Taizz 100.1 C3
Tajo 58.1 E4-E5
Tajumulco 136.1 A3
Tak 98.1 F5
Taklamakan, Wüste 98.1 D3-E3
Talara 138.1 B3
Talaudinseln 98.1 I6
Talca 140.1 A3
Talcahuano 140.1 A3
Tal des Todes [Death Valley] 128.1 B3
Taldyqorghan 96.1 I5
Tallahassee 128.1 E3
Tallinn 60.1 F3, 58.1 H3
Tamale 110.1 C5
Tamanrasset 110.1 D3
Tambow 60.1 H3
Tampa 128.1 E4
Tampere 60.1 F2
Tampico 128.1 D4
Tamsweg 66.1 E2
Tana 112.1 D2
Tanahmerah 98.1 K7
Tanana 126.1 E3
Tanaro 66.1 C3
Tanasee 110.1 G4
Tancheon 98.1 I2
Tandil 140.1 C3
Tanezrouft 110.1 C3-D3
Tanga 112.1 D2
Tanganjikasee 112.1 C2-D2
Tanger 110.1 C2
Tangerhütte 20.1 G3
Tangermünde 20.1 G3
Tanggula Shan 98.1 E3-F3
Tangshan 98.1 H3
Tanimbarinseln 98.1 J7
Tanjung Pinang 98.1 G6
Tannugebirge 96.1 K4
Tansam 112.1 D2
Tansania 112.1 D2, 109.1 G7
Tanta 62.1 F2
Tanzplan 22.1 J2
Taolanaro 112.1 E4
Taoyuan 98.1 I4
Tapajós 138.1 E3
Tarakan 98.1 H6
Tarapoto 138.1 B3
Tarare 66.1 A3
Taras 96.1 I5
Tarasp 66.1 D2
Tarbagatai 96.1 J5
Tarent 62.1 D1
Tarija 138.1 D5
Tarim 100.1 C3
Tarimbecken 98.1 D3-E2
Tarim He 98.1 E2
Tarlac 98.1 I5
Tarn 64.1 H8
Tarnów 64.1 Q4-Q5
Taro 66.1 C3
Tarvisio 66.1 E2
Taschkent [Toshkent] 96.1 H5, 94.1 H5
Taschtagol 96.1 J4
Tasiilaq 126.1 P3
Tåsinge 20.1 F1
Tasmanbecken Einband vorn W10-W9
Tasmanien 118.1 I8
Tasmansee 118.1 J7-L7
Tassili des Ahaggar 110.1 D3
Tassili n'Ajjer 110.1 D3
Tatabánya 64.1 P6
Tatra, Hohe 64.1 P5-Q5
Tatra, Niedere 64.1 P5-Q5
Tauber 22.1 E3
Tauberbischofsheim 22.1 E3
Tauberland 22.1 E3-F3
Tauern, Hohe 66.1 E2
Tauern, Niedere 66.1 E2-F2
Tauerntunnel 66.1 E2
Taufkirchen (Vils) 22.1 H4
Taufstein 22.1 E2
Taunggyi 98.1 F4
Taungoo 98.1 F5
Taunus 22.1 C2-D2
Taurus 96.1 D6-E6
Taus 22.1 H3
Tawau 98.1 H6
Tawda 60.1 J3
Tébessa 110.1 D2
Teck 22.1 E4
Tecklenburg 4.1 E2
Tefé 138.1 D3
Tegernsee; See 22.1 G5
Tegernsee; Stadt 22.1 G5
Tegucigalpa 128.1 E5, 125.1 N8
Teheran [Tehrān] 100.1 D1, 94.1 G6
Tehuacán 128.1 D5
Teixeira de Freitas 138.1 G4
Tejen 96.1 H6
Tejo 56.1 E5
Tejo (Tajo) 62.1 B2
Tel Aviv-Jaffa 100.1 B1
Teleno 64.1 C8
Telfs 22.1 G5
Telgte 4.1 E3
Tellatlas 110.1 C2-D2
Telšiai 64.1 R2
Teltow 20.1 I3
Tema 110.1 D5
Temirtau 96.1 I4-I5
Templin 20.1 I2
Temuco 140.1 A3
Tendapass 66.1 B3
Ténéré 110.1 E3-E4
Teneriffa 56.1 D6
Tengzhou 98.1 H3
Tennengebirge 22.1 I5
Tennessee; Bundesstaat 128.1 E3
Tennessee; Fluss 128.1 E3
Teófilo Otoni 138.1 F4
Teotihuacán 128.1 D4
Tepic 128.1 C4
Tepl 22.1 H3
Tepler Hochland 22.1 H3-I2
Teplitz [Teplice] 22.1 I2
Terceira 58.1 C5
Teresina 138.1 F3
Ternopil 60.1 F4
Terre Haute 128.1 E3
Tessin 66.1 C2
Tessiner Alpen 66.1 C2
Tete 112.1 D3
Teterow 20.1 H2
Tetouan 110.1 C2
Tetschen [Děčín] 22.1 J2
Tettnang 22.1 E5
Teufelshöhle 22.1 G3
Teufelsinsel 138.1 E2
Teufelsmoor 20.1 D2-E2
Teutoburger Wald 4.1 E2-G3
Texas 128.1 C3-D3
Tezpur 98.1 F4
Thabana Ntlenyana 112.1 C4-D4
Thabazimbi 112.1 C4
Thailand 98.1 G5, 94.1 K8-L8
Thai Nguyen 98.1 G4
Thale 20.1 G4
Thanh Hoa 98.1 G5
Thann 22.1 C5
Thaya 64.1 O5
Theben 110.1 G3
The Fens 64.1 F3-G3
Theiß 64.1 Q7
Thelon 126.1 I3
Themse 64.1 F4
The Pas 126.1 I4
Theresienstadt [Terezín] 22.1 J2
The Wash 64.1 G3
Thienhausen 4.1 H3
Thiès 110.1 B4
Thimphu 98.1 E4, 94.1 J7
Thiruvananthapuram 98.1 D6
Thompson 126.1 J4
Thonon-les-Bains 66.1 B2
Thoothukudi 98.1 D6
Thorn [Toruń] 64.1 P3
Thule (US-Stützpunkt) 126.1 M2
Thun 66.1 B2
Thunder Bay 126.1 K5
Thuner See 66.1 B2
Thur 66.1 C2
Thüringen 19.1 D3
Thüringer Becken 22.1 F1-G1
Thüringer Wald 22.1 F2-G2
Thurstoninsel 122.2 C33-B33
Tiahuanaco 138.1 D4
Tianjin 98.1 H3
Tian Shan 98.1 D2-E2
Tiber 66.1 E4
Tibesti 110.1 E3
Tibet 98.1 E3-F3
Tibet, Hochland von 92.1 J6
Ticino 66.1 C3
Tiefland, Ostsibirisches 96.1 P2-Q3
Tiefland von Turan 96.1 G5-H5
Tieling 98.1 I2
Tiflis [Thbilisi] 62.1 G1, 94.1 F5
Tigray 110.1 G4-H4
Tigris 100.1 C1
Tihama 100.1 B2-C3
Tijuana 128.1 B3
Tikal 128.1 E5
Tiksi 96.1 N2
Tilburg 64.1 I4
Tilemsischwelle 110.1 C4-D4
Tilemsi-Tal 110.1 C4-D4
Tilsit [Sowjetsk] 64.1 Q2
Timanrücken 60.1 H2-I2
Timbuktu [Tombouctou] 110.1 C4
Timimoun 110.1 D3
Timiş 64.1 R7
Timişoara 64.1 Q7
Timmendorfer Strand 20.1 F2
Timmins 126.1 K5
Timor 98.1 I7-I8
Timorgraben Einband vorn U7
Timor-Leste 98.1 I7-I8, 94.1 N10-N11
Timorsee 118.1 G5
Tindouf 110.1 C3, 109.1 C4
Tinghert, Hamada von 110.1 D3-E3
Tinghir 110.1 C2
Tin-Toumma 110.1 E4
Tirana [Tiranë] 62.1 D1, 58.1 G4
Tiraspol 60.1 F4
Tirol 66.1 D2-E2
Tirschenreuth 22.1 H3
Tiruchchirappalli 98.1 D5
Tirunelveli 98.1 D6
Tiruppur 98.1 D5
Tisisatfälle 110.1 G4
Titicacasee 138.1 D4
Titisee-Neustadt 22.1 D5
Titz 6.1 B2
Tjumen 60.1 J3
Toamasina 112.1 E3
Tobago 128.1 G5-H5
Tobasee 98.1 F6-G6
Toblach [Dobbiaco] 66.1 E2
Tobol 60.1 J3
Tobolsk 60.1 J3
Tobruk 110.1 F2
Tocantins 138.1 F3
Tocopilla 140.1 A2
Tödi 66.1 C2
Todtnau 22.1 C5
Toggenburg 22.1 E5
Töging 22.1 H4
Togo 110.1 D5, 109.1 D6
Tokar 110.1 G4
Tokelau 118.1 M4, Einband hinten X7
Tokyo [Tōkyō] 96.1 O6-P6, 94.1 O6
Toledo 128.1 E2
Toliara 112.1 E4
Toljatti 60.1 H3
Tollense 20.1 I2
Tollensesee 20.1 I2
Tolmezzo 66.1 E2
Toluca 128.1 D5
Tölz, Bad 22.1 G5
Tommot 96.1 N4
Tomsk 96.1 J4
Tonalá 128.1 D5
Tonalepass 66.1 D2
Tondern 20.1 D1
Tonga 118.1 M5, Einband hinten X8
Tonga-Inseln 118.1 M6-M5
Tongareva-Inseln 118.1 O4
Tongatapu 118.1 M6
Tongchuan 98.1 G3
Tonghua 98.1 I2
Tongliao 98.1 I2
Tönisvorst 4.1 B4
Tonking 98.1 G5-G4
Tonle Sap 98.1 G5
Tönning 20.1 D1
Toolik 122.1 C13
Toowoomba 118.1 J6
Topeka 128.1 D3
Topsee 60.1 G2
Torgau 20.1 H4-I4
Torgelow 20.1 I2-J2
Torneälv 60.1 F2
Toronto 126.1 L5
Torquay 64.1 E4
Torre de Cerredo 64.1 D8
Torreón 128.1 C4
Torresstraße 118.1 H4-I4
Tortona 66.1 C3
Toscana 64.1 L8
Toskana 66.1 D4
Toskanischer Apennin 66.1 D3-E4
Totes Gebirge 66.1 E2-F2
Totes Meer 100.1 B1
Touba 110.1 B4
Toubkal 110.1 C2
Touggourt 110.1 D2
Toul 22.1 A4
Toulon 66.1 A4
Toulouse 64.1 G8
Tournus 66.1 A2
Tours 64.1 G6
Townsville 118.1 I5
Traben-Trarbach 22.1 C3
Trabzon 96.1 E5
Trail 126.1 H5
Tralee 64.1 B3
Trans-Afrika-Straße 110.1 E5
Transamazônica 138.1 E3
Transantarktisches Gebirge 122.2 A34-B22
Trans Canada Highway 126.1 I4-I5
Transhimalaya 98.1 D3-E3
Trans-Ostafrika-Straße 112.1 C3-C4
Trans-Sahara-Straße 110.1 D3
Trarbach, Traben- 22.1 C3
Trarza 110.1 B4
Trasimenischer See 66.1 E4
Tratzberg 22.1 G5
Traun; Fluss 66.1 E1-F1
Traun; Stadt 66.1 F1
Traunreut 22.1 H5
Traunsee 66.1 E2
Traunstein 22.1 H5
Trave 20.1 F2
Travemünde (Lübeck-) 20.1 F2
Trbovlje 66.1 F2
Trebbia 66.1 C3
Trebel 20.1 H2
Treene 20.1 E1
Trelew 140.1 B4
Trelleborg 64.1 M2
Trent 64.1 F3
Trenton 128.1 F2
Treptow [Trzebiatów] 20.1 K1
Três Lagoas 138.1 E5
Tres-Marias-Inseln 128.1 C4
Três-Marias-Stausee 138.1 F4
Treuchtlingen 22.1 F4
Treuenbrietzen 20.1 H3
Treviso 66.1 E3
Triberg i. Schwarzwald 22.1 D4
Tricastin 66.1 A3
Triebes, Zeulenroda- 22.1 G2
Trient [Trento] 66.1 D2
Trier 22.1 B3
Triest [Trieste] 66.1 E3
Trifels 22.1 C3-D3
Triglav 66.1 E2
Trimburg 22.1 E2-F2
Trincomalee 98.1 E6
Trinidad; Insel 138.1 D1-E1
Trinidad; Stadt 138.1 D4
Trinidade 138.1 G5-H5
Trinidad und Tobago 138.1 D1-E1, 137.1 D3-E3
Trinity-Inseln 126.1 D4
Tripoli 100.1 B1
Tripolis [Tarābulus] 110.1 E2, 109.1 E3
Tripolitanien 110.1 E2
Trischen 20.1 D1
Tristan da Cunha; Insel Einband vorn L9
Tristan da Cunha; Verwaltungseinheit Einband hinten J9-K9
Trogir 66.1 G4
Troisdorf 6.1 D3
Trois-Rivières 126.1 L5
Troja 96.1 D6
Troll 122.2 B7
Trombetas 138.1 E2-E3
Tromelininsel 112.1 F3
Tromsø 60.1 E2
Trondheim 60.1 E2
Trosky 22.1 K2
Trossingen 22.1 D4
Trostberg 22.1 H4
Troyes 64.1 I5
Trujillo 138.1 C3
Tsaratanana 112.1 E3
Tsavo-Nationalpark 112.1 D2
Tschad; See 110.1 E4
Tschad; Staat 110.1 E4-F4, 109.1 E5-F5
Tschadbecken 110.1 E4
Tschagosinseln Einband hinten P7
Tscheboksary 60.1 H3
Tschechien 64.1 M5-O5, 58.1 G4
Tscheljabinsk 60.1 J3
Tschenstochau [Częstochowa] 64.1 P4
Tscheremchowo 96.1 L4
Tscherepowez 60.1 G3
Tscherkassy 60.1 G4
Tscherkessk 96.1 F5
Tschernihiw 60.1 G3
Tschernischewski 96.1 M3
Tscherniwzi 60.1 F4
Tscherski 122.1 C17
Tscherskigebirge 96.1 O3-P3
Tschita 96.1 M4
Tschoibalsan 96.1 M5
Tschuktschenhalbinsel 96.1 T3
Tschuktschensee 126.1 B2-C3
Tschumikan 96.1 O4
Tschuna 96.1 K4
Tsetserleg 96.1 L5
Tshikapa 112.1 C2
Tshuapa 112.1 C2
Tsodilo Hills 112.1 C3
Tsumeb 112.1 B3
Tuamotu-Archipel 118.1 P5-Q6
Tuapse 60.1 G4
Tubarão 140.1 D2
Tübingen 22.1 E4
Tubuai 118.1 P6
Tucson 128.1 B3
Tucupita 138.1 D2
Tucuruí 138.1 F3
Tucuruí-Stausee 138.1 F3
Tüddern (Selfkant-) 6.1 A2
Tuguegarao 98.1 I5
Tukangbesi-Inseln 98.1 I7
Tuktoyaktuk 126.1 F3
Tula 60.1 G3
Tulita 126.1 G3
Tulsa 128.1 D3
Tulun 96.1 L4
Tulu Welel 110.1 G5
Tumaco 138.1 C2
Tumbasee 112.1 B2
Tumbes 138.1 B3
Tunesien 110.1 D2, 109.1 D3-E3
Tunguska, Steinige 96.1 K3-K4
Tunguska, Untere 96.1 K3
Tunis [Tūnis] 110.1 E2
Tunis 109.1 E3
Tunja 138.1 C2
Tupiza 138.1 D5
Tupungato 140.1 B3
Tura 96.1 L3
Turin [Torino] 66.1 B3
Turkanasee 112.1 D1
Türkei 96.1 E6-E5, 94.1 E6-E5
Türkistan 96.1 H5
Türkmenabat 96.1 H6
Türkmenbaşy 96.1 G5-G6
Turkmenistan 96.1 G6-H5, 94.1 G5-H6
Turksinseln 128.1 G4
Turks- und Caicosinseln 128.1 F4-G4, 125.1 O7-P7
Turku [Åbo] 60.1 F2
Turmberg 64.1 P2
Turnau [Turnov] 22.1 K2
Turpan 98.1 E2
Turpansenke 98.1 E2-F2
Turuchansk 96.1 J3
Tuscaloosa 128.1 E3
Tuttlingen 22.1 D5
Tuvalu 118.1 L4, Einband hinten W7-X7
Tuxtla Gutiérrez 128.1 D5
Tuzla 64.1 P7
Tuzsee 62.1 F2
Twente 20.1 B3
Twentekanal 20.1 B3
Twer 96.1 E4

Twin Falls 128.1 B2
Twiste 4.1 H4
Two Harbors 128.1 D2
Tynda 96.1 N4
Tyrrhenisches Meer 62.1 D1-D2

U

Übach-Palenberg 6.1 B3
Ubangi 112.1 B1
Ubari 110.1 E3
Uberaba 138.1 F4
Uberlândia 138.1 F4
Überlingen 22.1 E5
Ubon Ratchathani 98.1 G5
Ubundu 112.1 C2
Ucayali 138.1 C3
Uchta 60.1 I2
Uchte 20.1 G3
Ucker 20.1 I2
Uckerath (Hennef-) 6.1 D3
Uckermark 20.1 I2-J2
Udaipur 98.1 D4
Udatschny 96.1 M3
Udine 66.1 E2
Udon Thani 98.1 G5
Ueckermünde 20.1 J2
Ueckermünder Heide 20.1 J2
Uedem 4.1 B3
Uelle 112.1 C1
Uelzen 20.1 F3
Uelzener Becken 20.1 F2-F3
Uetersen 20.1 E2
Ufa 60.1 I3
Ufipa-Plateau 112.1 D2
Uganda 112.1 D1, 109.1 G6
Uglegorsk 96.1 P5
Úhlava 22.1 I3
Uige 112.1 B2
Ukraine 60.1 F4-G4, 58.1 H4-I4
Ulaangom 96.1 K5
Ulan-Bator [Ulaanbaatar] 96.1 L5, 94.1 L5
Ulanqap 98.1 H2
Ulan-Ude 96.1 L4
Uliastai 96.1 K5
Ulithi-Atoll 118.1 H2-I2
Uljanowsk 60.1 H3
Ulm 22.1 E4
Ulsan 96.1 N6
Ulster 64.1 C2
Ulug Muztag 98.1 E3
Uluguruberge 112.1 D2
Uluru 118.1 H6
Umag 66.1 E3
Umbrien 66.1 E4
Umbrischer Apennin 66.1 E4
Umeå 60.1 F2
Umm Qasr 110.1 H2
Una 64.1 O7
Unaiza 100.1 C2
Unalaska; Insel 126.1 C4
Unalaska; Stadt 126.1 C4
Undeloh 20.1 E2
Ungarische Tiefebene 64.1 P6-Q6
Ungarn 64.1 O6-Q6, 58.1 G4-H4
Ungava Bay 126.1 M4
Ungava-Halbinsel 126.1 L3
Unije 66.1 F3
Unimak 126.1 C4
Unna; Landkreis 4.1 E3
Unna; Stadt 6.1 E1
Unstrut 22.1 G1
Unterer Kama-Stausee 60.1 I3
Untere Tunguska 96.1 K3
Upernavik 126.1 N2
Upington 112.1 C4
Upland 6.1 G2
Uppsala 60.1 E2-E3
Ur; Fluss 22.1 B2
Ur; Ruinenstätte 100.1 C1
Urach, Bad 22.1 E4
Ural 60.1 I4
Uralgebirge 60.1 I2-I3
Urbino 66.1 E4
Urengoi 96.1 I3
Urft 6.1 C3
Urfttalsperre 6.1 B3-C3
Urganch 96.1 H5
Urk 20.1 A3
Urmia 100.1 C1
Urmiasee 100.1 C1
Uruapan 128.1 C5
Uruguaiana 140.1 C2-C3
Uruguay; Fluss 140.1 C3
Uruguay; Staat 140.1 C3, 137.1 E8
Ürümqi 98.1 E2
Urup 96.1 Q5
Usbekistan 96.1 H5, 94.1 H5
Usedom 20.1 I1-J2
Ushhorod 64.1 R5
Ushuaia 140.1 B5
Uslar 20.1 E4
Ussa 96.1 G3
Ussuriisk 96.1 O5
Uster 66.1 C2
Ust-Ilimsk 96.1 L4
Ust-Ischim 96.1 I4
Ust-Kamtschatsk 96.1 R4
Ust-Kut 96.1 L4
Ust-Nera 96.1 P3
Ust-Urt-Plateau 96.1 G5
Utah 128.1 B3
Utqiaġvik 126.1 D2
Utrecht 64.1 I3
Utsunomiya 96.1 O6-P6
Uummannaq 126.1 N2
Uummannaqfjord 126.1 N2
Uummannarsuaq [Kap Farvel] 126.1 O4
Uvira 112.1 C2
Uws Nuur 96.1 K4-K5
Uxmal 128.1 E4
Uyo 110.1 D5

V

Vaal 112.1 C4
Vaasa 60.1 F2
Vadodara 98.1 D4
Vaduz 66.1 C2, 58.1 F4
Vaganski vrh 66.1 F3
Vaison-la-Romaine 66.1 A3
Val de Briey 22.1 A3
Valdés-Halbinsel 140.1 B4
Valdez 126.1 E3
Val-d'Isère 66.1 B3
Valdivia 140.1 A3
Valence 66.1 A3
Valencia; Stadt in Spanien 62.1 B2
Valencia; Stadt in Venezuela 138.1 D1
Valenciennes 64.1 H4
Valera 138.1 C2
Valladolid 64.1 D9
Valledupar 138.1 C1
Valletta 62.1 D2, 58.1 G5
Valli di Comacchio 66.1 D3-E3
Valparaíso 140.1 A3
Valserhône 66.1 A2
Val Sugana 66.1 D2
Van 96.1 F6
Vancouver; Stadt in Kanada 126.1 G5
Vancouver; Stadt in den USA 126.1 G5
Vancouverinsel 126.1 G5
Vänersee 60.1 E3
Van Harinxma-Kanal 20.1 A2
Vanoise 66.1 B3
Vansee 62.1 G2
Vanua Levu 118.1 M5
Vanuatu 118.1 K5, Einband hinten V7-W7
Var 66.1 B4
Varanasi 98.1 E4
Varaždin 66.1 G2
Varel 20.1 D2
Varenholz 4.1 G2
Varese 66.1 C3
Varginha 138.1 F5
Varlar 4.1 D3
Varna 62.1 E1
Várzea Grande 138.1 E4
Västerås 60.1 E3
Vatikanstadt 62.1 D1, 58.1 G4
Vättersee 60.1 E3
Vechta 20.1 D3
Vechte 20.1 B3
Veendam 20.1 B2
Veitshöchheim 22.1 E3-F3
Vejle 64.1 K2
Velbert 4.1 D4
Velebit 64.1 N7
Velen 4.1 C3
Velenje 66.1 F2
Vellore 98.1 D5
Veltlin 66.1 C2
Veluwe 20.1 A3
Vence 66.1 B4
Venedig [Venezia] 66.1 E3
Venetien 66.1 D3-E3
Venezianer Alpen 66.1 E2
Venezuela 138.1 D2, 137.1 D4
Venlo 22.1 B1
Venn, Hohes 6.1 B3
Venray 20.1 A4
Venta 64.1 R1
Ventimiglia 66.1 B4
Ventspils 60.1 F3
Veracruz 128.1 D5
Verbania 66.1 C3
Vercelli 66.1 C3
Vercors 66.1 A3
Verden 20.1 E3
Verdon 66.1 B4
Vereeniging 112.1 C4
Vereinigte Arabische Emirate 100.1 D2, 94.1 G7
Vereinigtes Königreich 60.1 C3-D3, 58.1 E3-F3
Vereinigte Staaten 128.1 C2-E3, 125.1 L5-N6
Verl 4.1 G3
Vermont 128.1 F2
Vernadsky 122.2 C36
Verona 66.1 D3
Versailles 64.1 H5
Versetalsperre 6.1 E2
Versmold 4.1 F2
Verviers 22.1 A2
Veseli 22.1 J3
Vesoul 66.1 B2
Vesuv 62.1 D1
Vetschau / Wětošow 20.1 J4
Vettweiß 6.1 C3
Vevey 66.1 B2
Via Mala 66.1 C2
Vianden 22.1 B3
Viareggio 66.1 D4
Viborg 64.1 K1
Vicentiner Alpen 66.1 D3
Vicenza 66.1 D3
Vichy 64.1 H6
Victoria; Stadt in Kanada 126.1 G5
Victoria; Stadt in Mexiko 128.1 D4
Victoria; Stadt auf den Seychellen 108.1 I7, 109.1 I7
Victoriafälle 112.1 C3
Victoria-Insel 126.1 H2-I2
Victorialand 122.2 B22-B23
Victoriasee 112.1 D2
Victoriastraße 126.1 I3-J3
Viechtach 22.1 H3
Viedma 140.1 B4
Viedmasee 140.1 A4
Vienne 66.1 A3
Vientiane [Viangchan] 98.1 G5, 94.1 L8
Viersen; Landkreis 6.1 B2
Viersen; Stadt 4.1 B4
Vierwaldstätter See 66.1 C2
Vierzehnheiligen 22.1 G2
Vietnam 98.1 G5-H5, 94.1 L8-M8
Vigevano 66.1 C3
Vigo 62.1 B1
Vijayawada 98.1 E5
Villach 66.1 E2
Villa Dolores 140.1 B3
Villahermosa 128.1 D5
Villa Mercedes 140.1 B3
Villa Nueva 128.1 D5
Villarrica 140.1 C2
Villavicencio 138.1 C2
Ville 6.1 C3
Villefranche-sur-Saône 66.1 A3
Villerupt 22.1 A3
Villeurbanne 66.1 A3
Villingen-Schwenningen 22.1 D4
Vilnius 64.1 S2, 58.1 H3
Vils; Fluss zur Naab 22.1 G3
Vils; Fluss zur Donau 22.1 H4
Vilsbiburg 22.1 H4
Vilshofen 22.1 I4
Viña del Mar 140.1 A3
Vindhyagebirge 98.1 D4
Vinh 98.1 G5
Virginia 128.1 F3
Virginia Beach 128.1 F3
Virunga-Nationalpark 112.1 C2
Vis 64.1 O8
Vischering 4.1 D3
Vishakhapatnam 98.1 E5
Visrivier 112.1 B4
Viti Levu 118.1 L5
Vitória 138.1 F5
Vitória da Conquista 138.1 F4
Vitoria-Gasteiz 64.1 E8
Vittel 22.1 A4
Vittorio Veneto 66.1 E3
Vlašić 64.1 O7
Vlašim 22.1 J3
Vlotho 4.1 G2
Vluyn, Neukirchen- 4.1 C4
Vöcklabruck 66.1 E1
Vodňany 22.1 J3
Vodochody 22.1 J2
Voerde 4.1 C3
Vogelfluglinie 20.1 G1
Vogelkopfhalbinsel 98.1 J7
Vogelsberg 22.1 E2
Vogesen 64.1 J5
Vogtland 22.1 G2-H2
Vohburg 22.1 G4
Vöhl 6.1 G2
Vöhringen 22.1 F4
Voiron 66.1 A3
Vojak 66.1 F3
Vojvodina 64.1 P7-Q7
Volkach 22.1 F3
Völkermarkt 66.1 F2
Völklingen 22.1 B3
Volkmarsen 6.1 H2
Volme 6.1 E2
Volta, Weißer 110.1 C4
Volta-Stausee 110.1 C5
Volterra 66.1 D4
Vorarlberg 66.1 C2-D2
Vörden (Marienmünster-) 4.1 H3
Vorderrhein 66.1 C2
Vornholz 4.1 F3
Votice 22.1 J3
Vreden 4.1 C2
Vryburg 112.1 C4
Vulkaninseln 98.1 K4
Vung Tau 98.1 G5

W

Waag 64.1 O5
Waal 18.1 A3
Wabash 128.1 E2
Wachau 66.1 F1
Wachtberg 6.1 D3
Wachtendonk 4.1 B4
Waco 128.1 D3
Wadai 110.1 E4-F4
Wadersloh 4.1 F3
Wadi ad-Dawasir 100.1 C2
Wadi al-Masilah 100.1 C3-D3
Wadi al-Milk 110.1 F4-G4
Wadi Azaouak 110.1 D4
Wadi Draa 110.1 C3
Wadi Hadramaut 100.1 C3
Wadi Halfa 110.1 G3
Wadi Howar 110.1 F4
Wadi Igharghar 110.1 D3
Wadi Saoura 110.1 C3
Wadi Sirhan 100.1 B1
Wadi Tafassasset 110.1 D3
Wad Madani 110.1 G4
Wagrien 20.1 F1
Wahnbachtalsperre 6.1 D3
Waiblingen 22.1 E4
Waidhofen a. d. Ybbs 66.1 F2
Waigatschinsel 96.1 G2-H2
Waigeo 98.1 J6-J7
Wake-Insel 118.1 K2
Wakkanai 96.1 P5
Walachei 62.1 E1
Walchensee 22.1 G5
Waldaihöhe 60.1 G3
Waldbröl 6.1 E3
Waldbrunn 6.1 F3
Waldburg 22.1 E5
Waldeck; Landschaft 6.1 G2-H2
Waldeck; Stadt 22.1 E1
Waldenburg [Wałbrzych] 64.1 O4
Waldfeucht 6.1 A2
Waldkirch 22.1 C4
Waldkirchen 22.1 I4
Waldkraiburg 22.1 H4
Waldnaab 22.1 H3
Waldniel (Schwalmtal-) 4.1 B4
Waldsee, Bad 22.1 E5
Waldshut-Tiengen 22.1 D5
Wales 64.1 E3
Walvisrücken Einband vorn M9-M8
Walgreenküste 122.2 B32
Walhalla 22.1 H3
Walla Walla 128.1 B2
Walldürn 22.1 E3
Walliser Alpen 66.1 B3-B2
Wallisinsel 118.1 M5
Wallis und Futuna 118.1 L5-M5, Einband hinten W7-X7
Walsall 64.1 E3-F3
Walsrode 20.1 E3
Waltershausen 22.1 F2
Waltrop 4.1 D3
Walvis Bay 112.1 B4
Wamena 98.1 J7
Wanadsor 96.1 F5
Wanawara 96.1 L3
Wangen 22.1 E5
Wangerooge 20.1 C2-D2
Wanzhou 98.1 G3
Wanzleben-Börde 20.1 G3
Warangal 98.1 D5
Warburg 4.1 H4
Warburger Börde 4.1 H3
Waren 20.1 H2
Warendorf; Landkreis 4.1 E3
Warendorf; Stadt 4.1 E3
Warnemünde (Rostock-) 20.1 H1
Warnow 20.1 H2
Warnsdorf 22.1 J2
Warri 110.1 D5
Warschau [Warszawa] 64.1 Q3, 58.1 H3
Warstein 6.1 F2
Wartburg 22.1 F2
Warthe 64.1 N3
Warthebruch 20.1 J3-K3
Wasatchkette 128.1 B3-C2
Washington 128.1 A2-B2
Washington, D.C. 128.1 F3, 125.1 O6
Washingtoninsel 118.1 N3-O3
Waskaganish 126.1 L4
Wassenberg 6.1 B2
Wasserburg 22.1 H4
Wasserkuppe 22.1 E2
Wasserstraßenkreuz Minden 4.1 G2
Waterford 64.1 C3
Waterloo; Stadt in den USA 128.1 D2
Waterloo; Stadt in Belgien 64.1 I4
Watson Lake 126.1 G3
Wattens 22.1 G5
Wattwil 22.1 E5
Watzmann 22.1 H5
Wau 110.1 F5
Waukawysk 64.1 S3
Wawa 126.1 K5
Waza-Nationalpark 110.1 E4
Weddellbecken Einband vorn L11-P11
Weddellmeer 122.2 C1-B3
Wedel 20.1 E2
Wedemark 20.1 E3
Weert 22.1 A1
Weeze 4.1 B3
Weferlingen, Oebisfelde- 20.1 F3-G3
Wegberg 6.1 B2
Wegscheid 22.1 I4
Wehebachtalsperre 6.1 B3
Weichsel [Wisła] 64.1 P3
Weidelsburg 6.1 H2
Weiden i. d. OPf. 22.1 H3
Weifang 98.1 H3
Weihai 98.1 I3
Weikersheim 22.1 E3
Weilburg 22.1 D2
Weiler [Villé] 22.1 C4
Weilerswist 6.1 C3
Weilheim 22.1 G5
Weimar 22.1 G2
Weimar (Ahnatal-) 6.1 H2
Weingarten (Württemberg) 22.1 E5
Weinheim 22.1 D3
Weinsberger Wald 22.1 J4-K4
Weiße Elster 22.1 H1
Weißenburg; Stadt in Frankreich 22.1 C3
Weißenburg; Stadt in Bayern 22.1 F3
Weißenfels 20.1 G4
Weißenstein 22.1 F3
Weißer Main 22.1 G2
Weißer Nil 110.1 G4
Weißer Stein 6.1 B4
Weißer Volta 110.1 C4
Weißes Meer 60.1 G2
Weißes Venn 4.1 D3
Weißwasser / Běła Woda 20.1 J4
Weiz 66.1 F2
Welkom 112.1 C4
Wellesley-Inseln 98.1 J8-K8
Wellington 118.1 L8, Einband hinten W9
Wellingtoninsel 140.1 A4
Wels 66.1 E1-F1
Weltenburg 22.1 G4-H4
Welver 6.1 E1
Wemberesteppe 112.1 D2
Wendelstein 22.1 H5
Wenden 6.1 E3
Wendland 20.1 G3
Wendlinghausen 4.1 H2
Wenne 6.1 F2
Weno 98.1 L6
Wenshan 98.1 G4
Wenzhou 98.1 I4
Weonsan 96.1 N6
Werchojansk 96.1 O3
Werchojansker Gebirge 96.1 N3-P3
Werdau 22.1 H2
Werder 20.1 H3
Werdohl 6.1 E2
Werl 6.1 E1
Wermelskirchen 6.1 D2
Werne 4.1 E3
Wernigerode 20.1 F4
Werra 22.1 F1
Werre 4.1 G2
Werse 4.1 E3
Wertach 22.1 F5

Wertheim 22.1 E3
Werther 4.1 F2
Wertingen 22.1 F4
Wesel; Landkreis 4.1 C3
Wesel; Stadt 4.1 C3
Wesel-Datteln-Kanal 4.1 C3
Weser 4.1 H1
Weserbergland 18.1 C2-C3
Wesergebirge 4.1 G2-H2
Wesseling 6.1 C3
Wesselinseln 98.1 J8
Westalpen 64.1 I6-K7
Westanatolien 62.1 E2-F2
Westaustralisches Tafelland 118.1 F7-H6
Westerberg 4.1 D3
Westerkappeln 4.1 E2
Western Cape 112.1 B5-C5
Westerstede 20.1 C2
Westerwald 22.1 C2-D2
Westerwald, Hoher 6.1 F3
Westerwinkel 4.1 E3
Westeuropäisches Becken Einband vorn K3
Westfälische Bucht 20.1 C4-D4
Westfriesische Inseln 64.1 I3
Westghats 98.1 D5
Westkap 118.1 K8
Westkirchen (Ennigerloh-) 4.1 F3
Westkordillere 138.1 C2
Westlicher Großer Erg 110.1 C3-D2
Westliche Sierra Madre 128.1 C4
Westoder 20.1 J2
West Palm Beach 128.1 E4
Westpatagonien 140.1 A5-A4
Westsahara 110.1 B3, 109.1 B4
Westsaharisches Becken 110.1 C3-C4
Westsajan 96.1 J4-K4
West-Schelfeis 122.2 C15
Westscotiabecken Einband vorn I10-J10
Westsibirisches Tiefland 96.1 H3-J4
Westspitzbergen 96.1 B2-C2
West Virginia 128.1 E3-F3
Wetar 98.1 I7
Wětošow, Vetschau / 20.1 J4
Wettenberg 6.1 G3
Wetter (Hessen) 6.1 G3
Wetter (Ruhr) 6.1 D2
Wettringen 4.1 D2
Wetzlar 22.1 D2
Wewelsburg 4.1 G3
Wexford 64.1 C3
Weyburn 126.1 I5
Weyhe 20.1 D3
Weymouth 64.1 E4
Wheeling 128.1 E2
Whitehorse 126.1 F3
Whyalla 118.1 H7
Wiblingwerde, Nachrodt- 6.1 E2
Wiblingwerde (Nachrodt-Wiblingwerde-) 6.1 E2
Wiborg 60.1 F2
Wichita 128.1 D3
Wichita Falls 128.1 D3
Wickede 6.1 E1-E2
Wicklow Mountains 64.1 C3
Wiedau 20.1 D1
Wiedenbrück, Rheda- 4.1 F3
Wiehengebirge 4.1 F2-G2
Wiehl 6.1 E3
Wiehler Tropfsteinhöhle 6.1 E3
Wiehltalsperre 6.1 E3
Wien 66.1 G1, 58.1 G4
Wiener Neustadt 66.1 G2
Wienerwald 66.1 F1-G1
Wienhausen 20.1 F3
Wiepersdorf 20.1 I4
Wies 22.1 F5
Wiesbaden 22.1 D2, 19.1 C3
Wiese 22.1 C5
Wiesloch 22.1 D3
Wiesmoor 20.1 C2
Wight 64.1 F4
Wil 22.1 E5
Wilczek-Land 96.1 G2-H1
Wildau 20.1 I3
Wildbad, Bad 22.1 D4
Wildenburg 22.1 E3
Wildeshausen 20.1 D3
Wildspitze 66.1 D2
Wildungen, Bad 22.1 E1
Wilhelmshaven 20.1 D2
Wilhelmshöhe 22.1 E1
Wilhelmsthal 6.1 H2
Wiljui 96.1 M3
Wilkesland 122.2 C20-C17
Wilkizkistraße 96.1 K2-L2
Willebadessen 4.1 H3
Willemstad 138.1 D1
Willich 4.1 C4
Willingen 6.1 G2
Wilmington 128.1 F3
Wilnsdorf 6.1 F3
Wilseder Berg 20.1 E2
Wilsnack, Bad 20.1 G3
Wiltz 22.1 A3
Wimpfen, Bad 22.1 E3
Windberg 20.1 C3
Windeck 6.1 E3
Windheim (Petershagen-) 4.1 H2
Windhuk [Windhoek] 112.1 B4, 109.1 E9
Windleite 22.1 F1
Windsheim, Bad 22.1 F3
Windsor; Schloss 64.1 F4
Windsor; Stadt 126.1 K5
Wingst 20.1 D2-E2
Winnipeg 126.1 J4-J5
Winnipegosissee 126.1 I4
Winnipegsee 126.1 J4
Winnyzja 60.1 F4
Winschoten 20.1 C2
Winsen (Luhe) 20.1 F2
Winterberg; Stadt in Nordrhein-Westfalen 6.1 G2
Winterberg; Stadt in Tschechien 22.1 I3
Winterswijk 20.1 B4
Winterthur 66.1 C2
Wipper; Fluss in Sachsen-Anhalt 20.1 G4
Wipper; Fluss in Thüringen 22.1 F1
Wipperfürth 6.1 D2
Wische 20.1 G3
Wisconsin 128.1 D2-E2
Wismar 20.1 G2
Wißmar (Wettenberg-) 6.1 G3
Witim 96.1 M4
Witimplateau 96.1 M4
Witten 6.1 D2
Wittenberg 20.1 H4
Wittenberge 20.1 G2-G3
Wittenburg 20.1 G2
Wittensee 20.1 E1
Wittgenstein 6.1 F3
Wittgensteiner Land 6.1 F3-G3
Wittingau [Třeboň] 22.1 J3
Wittingen 20.1 F3
Wittlich 22.1 B3
Wittlicher Senke 22.1 B3
Wittmund 20.1 C2
Wittow 20.1 I1
Wittstock 20.1 H2
Witzenhausen 22.1 E1
Wizebsk 60.1 G3
Wjatka 60.1 H3
Wladikawkas 60.1 H4
Wladimir 60.1 H3
Wladiwostok 96.1 O5
Wohlen 22.1 D5
Wohra 6.1 G3
Wojerecy, Hoyerswerda / 22.1 J1
Wolbeck (Münster-) 4.1 E3
Woleai-Atoll 118.1 I3
Wolfach 22.1 D4
Wolfen, Bitterfeld- 20.1 H4
Wolfenbüttel 20.1 F3
Wolfgangsee 22.1 I5
Wolfhagen 22.1 E1
Wolfratshausen 22.1 G5
Wolfsberg 66.1 F2
Wolfsburg 20.1 F3
Wolga 60.1 H4
Wolgaplatte 60.1 H3
Wolgast 20.1 I1
Wolgodonsk 60.1 H4
Wolgograd 60.1 H4
Wolgograder Stausee 60.1 H4
Wolhynien 60.1 F3
Wolhynisch-Podolische Platte 60.1 F3-G4
Wollastonsee 126.1 I4
Wollin 20.1 J2
Wollongong 118.1 J7
Wolmirstedt 20.1 G3
Wologda 60.1 G3-H3
Wolschski 60.1 H4
Wolverhampton 64.1 E3
Wondrebsenke 22.1 H3-H2
Worcester 128.1 F2
Wörgl 22.1 H5
Wörishofen, Bad 22.1 F4-F5
Workuta 96.1 H3
Wörlitz 20.1 H4
Worms 22.1 D3
Woronesch 60.1 G3
Worpswede 20.1 D2
Wörth a. Rhein 22.1 D3
Wörthersee 66.1 F2
Wostok 122.2 B17
Wostokinsel 118.1 O5
Wotkinsker Stausee 60.1 I3
Wottawa 22.1 I3
Wounded Knee 128.1 C2
Wrangel 122.1 B15
Wrangelinsel 96.1 S2
Wrangell 126.1 F4
Wrestedt 20.1 F3
Wriezen 20.1 J3
Wuhai 98.1 G3
Wuhan 98.1 H3
Wuhu 98.1 H3
Wu Jiang 98.1 G4
Wülfrath 4.1 D4
Wümme 20.1 E2
Wünnenberg, Bad 4.1 G3
Wunsiedel 22.1 G2-H2
Wunstorf 20.1 E3
Wupper 6.1 D2
Wuppertal 4.1 D4
Wuppertalsperre 6.1 D2
Würgassen (Beverungen-) 4.1 H3
Wurm 6.1 B2
Wurmberg 20.1 F4
Würselen 6.1 B3
Würzburg 22.1 E3
Wurzen 22.1 H1
Wüste Lut 100.1 D1
Wüste Taklamakan 98.1 D3-E3
Wustrow 20.1 G1
Wustrow (Fischland) 20.1 H1
Wutach 22.1 D5
Wuwei 98.1 G3
Wuxi 98.1 I3
Wyk 20.1 D1
Wyoming 128.1 C2
Wytschegda 60.1 I2

X

Xaafuun 110.1 I4
Xai-Xai 112.1 D4
Xanten 4.1 B3
Xiamen 98.1 H4
Xi'an 98.1 G3
Xiangtan 98.1 H4
Xiangyang 98.1 H3
Xigazê 98.1 E4
Xi Jiang 98.1 G4
Xingtai 98.1 H3
Xingu 138.1 E3
Xining 98.1 G3
Xinxiang 98.1 H3
Xinyang 98.1 H3
Xuzhou 98.1 H3

Y

Yacimientos Río Turbio 140.1 A5
Yacuiba 138.1 D5
Yakeshi 96.1 N5
Yakutat 126.1 F4
Yalu Jiang 96.1 N5
Yamagata 96.1 O6-P6
Yambio 112.1 C1
Yamoussoukro 110.1 C5, 109.1 C6
Yanbu al Bahr 100.1 B2
Yancheng 98.1 I3
Yangquan 98.1 H3
Yanji 98.1 I2
Yantai 98.1 I3
Yapen 98.1 J7
Yapgraben Einband vorn V6
Yapinseln 118.1 H3
Yaqui 128.1 C4
Yaren 118.1 K4, Einband hinten W7
Yarlung Zangbo Jiang 98.1 E4-F4
Yarmouth 126.1 M5
Yazd 100.1 D1
Ybbs; Fluss 66.1 F1
Ybbs; Stadt 22.1 K4
Yellowknife 126.1 H3
Yellowstone 128.1 C2
Yellowstone-Nationalpark 128.1 B2-C2
Yibin 98.1 G4
Yichang 98.1 H3
Yichun 96.1 N5
Yinchuan 98.1 G3
Yining 98.1 E2
Yitulihe 96.1 N4
Yiwu 98.1 H4-I4
Yogyakarta 98.1 H7
Yokohama 96.1 O6
Yola 110.1 E5
Yonne 64.1 H6
Yopal 138.1 C2
York 64.1 F3
Yorkton 126.1 I4
Yosemite-Nationalpark 128.1 B3
Yos Sudarso 98.1 J7
You Jiang 98.1 G4-H4
Yssykköl 96.1 I5
Ystad 64.1 M2
Yucatán, Halbinsel 128.1 E4-E5
Yueyang 98.1 H4
Yukon; Fluss 126.1 D3
Yukon; Provinz 126.1 F3
Yukonplateau 126.1 F3
Yulin 98.1 H4
Yuma 128.1 B3
Yumen 98.1 F3
Yungas 138.1 D4
Yunnan 98.1 F4-G4
Yupanquibecken Einband vorn E8-F8
Yverdon-les-Bains 66.1 B2

Z

Zabern 22.1 C4
Zaberner Senke 22.1 C4
Zabol 100.1 E1
Zacatecas 128.1 C4
Zackenberg 122.1 B36
Zadar 64.1 N7
Zagazig 62.1 F2
Zagreb 64.1 N7-O7, 58.1 G4
Zagrosgebirge 100.1 C1-D2
Zahedan 100.1 E2
Zahlah 62.1 F2
Zakopane 64.1 P5-Q5
Zamboanga 98.1 I6
Zamora 64.1 D9
Zandschan 100.1 C1
Zaozhuang 98.1 H3
Zapala 140.1 A3
Zapopan 128.1 C4
Zaragoza 62.1 B1
Zard Kuh 100.1 C1
Zaria 110.1 D4
Zauche 20.1 H3
Zeche Zollverein 4.1 D4
Zehdenick 20.1 I3
Zehn-Grad-Straße 98.1 F6
Zeitz 20.1 H4
Zelenograd 60.1 G3
Zell (Mosel) 22.1 C2
Zell a. See 66.1 E2
Zella-Mehlis 22.1 F2
Zellerfeld, Clausthal- 20.1 F4
Zenica 64.1 O7
Zentralafrikanische Republik 110.1 E5-F5, 109.1 E6-F6
Zentralafrikanische Schwelle 108.1 F6-G8
Zentrales Tiefland 124.1 M6-N5
Zentralindischer Rücken Einband vorn Q7-Q8
Zentralindisches Becken Einband vorn Q7-R8
Zentralkordillere 138.1 C2
Zentralmassiv 64.1 H7
Zerbst 20.1 H4
Zermatt 66.1 B2
Zeulenroda-Triebes 22.1 G2
Zeven 20.1 E2
Zhangjiakou 98.1 H2
Zhangye 98.1 G3
Zhangzhou 98.1 H4
Zhanjiang 98.1 G4-H4
Zhengzhou 98.1 H3
Zhongshan; Forschungsstation 122.2 C14
Zhongshan; Stadt 98.1 H4
Zhuzhou 98.1 H4
Zibo 98.1 H3
Ziegenhelle 6.1 G2
Ziegenort 20.1 J2
Zielenzig [Sulęcin] 20.1 K3
Zierenberg 6.1 H2
Ziguinchor 110.1 B4
Žilina 64.1 P5
Ziller 22.1 G5
Zillertaler Alpen 66.1 D2-E2
Zimljansker Stausee 60.1 H4
Zinder 110.1 D4
Zingsheim (Nettersheim-) 6.1 C3
Zingst; Gemeinde 20.1 H1
Zingst; Halbinsel 20.1 H1
Zinna 20.1 I3
Zinnowitz 20.1 I1
Zittau 22.1 J2
Zitterwald 6.1 B4-C4
Zlín 64.1 O5
Zły Komorow, Senftenberg / 20.1 I4-J4
Zomba 112.1 D3
Zonguldak 96.1 E5
Zons 6.1 C2
Zossen 20.1 I3
Zrenjanin 64.1 Q7
Zruč 22.1 K3
Zschopau; Fluss 22.1 I1-I2
Zschopau; Stadt 22.1 I2
Zuckerhütl 66.1 D2
Zug 66.1 C2
Zugspitze 22.1 F5-G5
Züllichau [Sulechów] 20.1 K3
Zülpich 6.1 C3
Zülpicher Börde 6.1 C3
Zunyi 98.1 G4
Zürich 66.1 C2
Zürichsee 66.1 C2
Zutphen 20.1 B3
Zweibrücken 22.1 C3
Zwettl 22.1 K4
Zwickau 22.1 H2
Zwickauer Mulde 22.1 H2
Zwiefalten 22.1 E4
Zwiesel 22.1 I3
Zwischenahn, Bad 20.1 D2
Zwolle 20.1 B3
Zypern 56.1 I5, 94.1 E6

- Die Buchstaben vor den Kartenbezeichnungen verweisen auf die jeweilige Region im Atlas:

EV= Einband vorn
AE= Atlaseinführung
NW= Nordrhein-Westfalen
DE= Deutschland
EU= Europa
AS= Asien
AF= Afrika
AP= Australien / Polargebiete
NA= Nordamerika
SA= Südamerika
W= Welt
AH= Anhang
EH= Einband hinten

- Die Zahl vor dem Punkt verweist auf die Atlasseite
- Die Ziffer nach dem Punkt gibt die Kartennummer auf der Atlasseite an

0–9

1,5-Grad-Ziel
W Übersicht 159.2

A

Abholzung
AS Borneo 103.4
SA Marabá 144.2
W Übersicht 171.1
Ablagerung
DE Übersicht 26.1
EU Grafik 69.3
Grafik 69.5
Ablagerungsgestein
DE Übersicht 24.1
EU Grafik 69.3
Ätna 69.6
W Grafik 150.3
Absolutismus
DE Übersicht 44.2
Modell 44.3
Karlsruhe 45.6
Abtauchen (Subduktion)
AS Japan 93.2
NA Kalifornien 131.2
W Grafik 150.2
Übersicht 150.4
Abtragung
EU Grafik 63.3
Grafik 69.3
Abwanderung
DE Übersicht 49.5
EU Übersicht 85.4
SA Brasilien 145.1
W Übersicht 179.5
Ackerbau
NW Übersicht 10.1
DE Übersicht 34.1
EU Ätna 69.7
Übersicht 78.1
AS Indien 105.3
W Übersicht 164.2
Äquator
AE Grafik IX.1
African Union (AU)
W Übersicht 177.1
Agrarprodukte
NW Übersicht 10.1
DE Übersicht 34.1
EU Übersicht 78.1
AS Übersicht 104.1
AF Übersicht 116.1
AP Übersicht 121.1
NA Übersicht 132.1
Kalifornien 132.2
SA Übersicht 142.1
W Übersicht 165.3
Agrarsysteme
EU Übersicht 73.5
AS China 105.2
Agrobusiness
EU Südholland 80.2
NA USA 132.3
Alpenvorland
DE Übersicht 26.1
Fotos 27.2
Alphabetisierung
W Übersicht 178.2
Alpidische Faltung
EU Alpen 68.2
Grafik 69.3
Altersaufbau
DE Grafik 48.2
EU Übersicht 84.1
Altersstruktur
DE Übersicht 49.6
W Grafik 175.5
Altstadt
NW Düsseldorf 12.3
DE Trier 45.4
Esslingen 45.5
Anbaugrenze
EU Übersicht 73.5
AS Indien 105.3
W Übersicht 164.2
Übersicht 165.3
Angerdorf
DE Modell 43.2
Aquakultur
EU Island 69.4
Nordostatlantik 80.1
W Übersicht 162.2
Arabische Liga
W Übersicht 177.1
Arbeitsmigration
DE Übersicht 49.5
EU Übersicht 85.4
W Übersicht 179.5
Arbeitsplätze
DE Baunatal 40.2
Übersicht 40.3
Großraum Berlin 46.1
NA USA 132.3
Aride Räume
AS Aralsee 103.2
Indien 105.3
AF Nil 115.3
AP Übersicht 120.2
W Übersicht 154.1
Grafik 155.3
Übersicht 164.2
ASEAN-Staaten
W Übersicht 177.1
Asthenosphäre
W Grafik 150.1
Grafik 150.3
Atmosphäre
W Grafik 158.3
Grafik 158.4
Auenwald
DE Rheinaue 29.2
Rheinhausen 2024 29.3
Leipzig 47.3
Ausgleichsküste
DE Nord- und Ostsee 28.1

B

Badetourismus
DE Übersicht 52.1
EU Übersicht 88.1
Benidorm 89.4
Bahnverkehr
NW Übersicht 14.1
DE Übersicht 50.1
EU Übersicht 86.1
Alpen 87.4
Ballungsraum
DE Großraum Berlin 46.1
EU Übersicht 84.1
London / Paris 84.2
AS Singapur 101.3
Shenzhen 107.2
Bengaluru 107.3
AF Kairo 115.4
NA USA 134.3
USA 135.1
Atlanta 135.3
SA São Paulo 145.2
Rio de Janeiro 145.3
W Übersicht 174.1
Übersicht 176.1
Bebauungsstruktur
DE Berlin Zentrum 46.2
EU Benidorm 89.4
SA Rio de Janeiro 145.5
Beitrittskandidat (EU)
EU Übersicht 91.1
Bergbau
NW Übersicht 11.1
DE Übersicht 37.1
Leipziger Neuseenland 41.5
SA Amazonien 144.1
Marabá 144.2
W Übersicht 170.1
Berliner Mauer
DE Berlin Zentrum 46.2
Bevölkerung
DE Grafik 48.3
Übersicht 49.4
Übersicht 49.5
Übersicht 49.6
EU Übersicht 85.3
Übersicht 85.4
AS China / Indien 101.1
China / Indien 101.2
NA USA 134.2
USA 134.3
W Übersicht 166.1
Übersicht 174.1
Übersicht 174.2
Übersicht 175.3
Grafik 175.4
Grafik 175.5
Übersicht 176.1
Bevölkerungsabnahme
DE Übersicht 49.4
EU Übersicht 85.3
W Grafik 175.4
Bevölkerungsdichte
DE Übersicht 48.1
EU Übersicht 84.1
W Übersicht 174.1
Bevölkerungsentwicklung
DE Grafik 48.2
Übersicht 49.4
EU Übersicht 85.3
AS China / Indien 101.1
AF Kairo 115.4
NA USA 134.3
W Übersicht 174.2
Übersicht 175.3
Grafik 175.4
Bevölkerungspyramide
DE Grafik 48.2
EU Übersicht 84.1
W Grafik 175.5
Bevölkerungsstruktur
DE Grafik 48.2
Bevölkerungsverteilung
DE Übersicht 48.1
EU Übersicht 84.1
NA USA 134.2
W Übersicht 174.1
Bevölkerungswachstum
DE Übersicht 49.4
EU Übersicht 85.3
AS China 105.2
Indien 105.3
W Grafik 175.4
Bewässerung
NA Kalifornien 132.2
Bewässerungslandwirtschaft
AS Aralsee 103.2
China 105.2
Indien 105.3
AF Grafik 115.1
Ouargla 115.2
Kairo 115.4
NA Kalifornien 132.2
Bewölkung
EU Foto 77.1
W Grafik 158.2
Bildung
W Übersicht 178.2
Übersicht 179.4
Binnenmarkt
EU Übersicht 91.2
Binnenmigration
DE Übersicht 49.5
EU Übersicht 85.4
W Übersicht 179.5
Binnenschifffahrt
NW Übersicht 14.1
DE Übersicht 50.1
Binnenstaat
EU Übersicht 58.1
AS Übersicht 94.1
AF Übersicht 109.1
SA Übersicht 137.1
W Übersicht EH
Biobauernhof
DE Biohof 36.3
Biomasse
DE Grafik 41.7
W Übersicht 171.1
Biosphärenreservat
DE Übersicht 53.1
Biotop
DE Biohof 36.3
Freiburg-Vauban 47.1
Leipzig 47.3
Blizzard
NA Nordamerika 131.1
Blockbild
AE Grafik XI.1
Boddenküste
DE Nord- und Ostsee 28.1
Bodenbelastung
W Übersicht 171.1
Bodendegradation
AS Aralsee 103.2
W Übersicht 171.1
Bodenerosion
AS Aralsee 103.2
NA Grand Canyon 129.2
Nordamerika 131.1
SA Amazonien 144.1
Marabá 144.2
Bodengüte
DE Übersicht 35.4
Bodenqualität
NW Übersicht 10.1
DE Übersicht 35.4
Bodenschätze
DE Übersicht 38.1
EU Übersicht 81.1
AS Übersicht 106.1
AF Übersicht 117.1
AP Übersicht 121.2
Arktis 123.1
Antarktis 123.2
NA Übersicht 133.1
SA Übersicht 143.1
W Übersicht 163.3
Übersicht 170.1
Bodentypen
EU Übersicht 79.3
W Übersicht 164.1
Bodenversalzung
AS Aralsee 103.2
AF Ouargla 115.2
Bodenzerstörung
SA Amazonien 144.1
Marabá 144.2
Börde
DE Übersicht 34.1
Brandrodung
AS Borneo 103.4
SA Amazonien 144.1
Braunkohle
NW Hambach 12.2
DE Leipziger Neuseenland 41.5
Breitenkreis
AE Grafik X.1
BRICS+
W Übersicht 177.1
Bruchzone
EU Übersicht 68.1
W Übersicht 151.5
Brunnenoase
AF Grafik 115.1
Bruttoinlandsprodukt (BIP)
EU Übersicht 82.1
W Übersicht 168.1
Buddhismus
W Übersicht 177.2
Bündnissysteme
W Übersicht 177.1
Bundesländer (Länder)
DE Übersicht 19.1
Bundesland
NW Übersicht 3.1
Bundesrepublik Deutschland
DE Übersicht 19.1
Buschfeuer
EU Übersicht 75.1
AP Übersicht 120.2

C

Caldera
EU Grafik 69.5
NA Yellowstone-Nationalpark 131.3
Christentum
W Übersicht 177.2
City
NW Düsseldorf 12.3
DE Trier 45.4
Esslingen 45.5
Karlsruhe 45.6
Berlin Zentrum 46.2
Flensburg 47.2
EU London / Paris 84.2
Paris 90.1
AS Singapur 101.3
NA Manhattan 135.4
SA Rio de Janeiro 145.3
Containerhafen
DE Hafen Hamburg 51.2
EU Hafen Rotterdam 87.2
AS Singapur 101.3
W Übersicht 172.2

D

Daseinsgrundfunktionen
DE Freiburg-Vauban 47.1
Datenverkehr
W Übersicht 173.4
Datumsgrenze
W Übersicht 149.4
Dauerfrostboden
W Übersicht 164.1
Deckengebirge
EU Alpen 68.2
Grafik 69.3
W Übersicht 151.5
Deich
DE Nordfriesland 28.3
Rheinhausen 2024 29.3
Leipzig 47.3
Hafen Hamburg 51.2
AS Ostchina 95.2
Demografische Entwicklung
DE Grafik 48.3
W Übersicht 175.3
Desertifikation
AS Aralsee 103.2
Nordchina 103.3
Indien 105.3
W Übersicht 159.1
Übersicht 171.1
Diagrammtypen
AE Grafik XIV.1
Dienstleistung
NW Übersicht 11.1
Hafen Duisburg 12.1
DE Übersicht 37.1
Ruhrgebiet 40.1
Übersicht 40.3
EU Übersicht 81.1
AS Singapur 101.3
Übersicht 106.1
AF Übersicht 117.1
AP Übersicht 121.2
NA Übersicht 133.1
Silicon Valley 133.2
Atlanta 135.3
SA Übersicht 143.1
W Übersicht 176.2
Differenzierung
AE Grafik XIV.2
Disparitäten
DE Übersicht 42.1
EU Übersicht 82.1
AS China / Indien 101.1
China / Indien 101.2
SA Brasilien 145.1
Rio de Janeiro 145.3
Doline
EU Grafik 63.3
Südwestslowenien 63.4
Dorfentwicklung
DE Fotos 43.1
Rasdorf 43.3
Buldern 43.4
Dorfformen
DE Fotos 43.1
Modell 43.2
Dürre
DE Übersicht 33.5
AS Indien 105.3
AP Übersicht 120.2
NA Nordamerika 131.1
W Übersicht 159.1
Übersicht 160.2
Durchschnittsalter
DE Übersicht 49.6
W Übersicht 174.2

E

Einkommen
DE Übersicht 49.7
SA Brasilien 145.1
W Übersicht 178.3
Einstrahlungswinkel
W Grafik 155.4
Eiszeit
DE Grafik 25.2
EU Übersicht 70.1
Ekliptik
W Grafik 148.2
Emissionen
W Übersicht 159.2
Endmoränen
DE Grafik 25.2
Endogene Prozesse
EU Grafik 69.3
Grafik 69.5
AS Japan 93.2
AF Ostafrika 113.3
W Übersicht 150.4
Fotos 161.3
Grafik 161.4
Energiegewinnung
DE Übersicht 38.1
Übersicht 39.2
Grafik 41.6
Grafik 41.7
EU Island 69.4
Übersicht 83.4
Energierohstoffe
DE Übersicht 38.1
EU Übersicht 81.1
AS Übersicht 106.1
AF Übersicht 117.1
AP Übersicht 121.2
NA Übersicht 133.1
SA Übersicht 143.1
W Übersicht 170.1
Übersicht 170.2
Energieträger
DE Grafik 41.6
Grafik 41.7
EU Übersicht 82.2
Energieverbrauch
EU Übersicht 82.3
Energieversorgung
DE Ruhrgebiet 40.1
Freiburg-Vauban 47.1
EU Übersicht 83.4
Energiewirtschaft
DE Übersicht 38.1
Übersicht 39.2
EU Übersicht 83.4
Entlastungsstadt
EU London / Paris 84.2
AF Kairo 115.4
Entwicklungsstand
W Übersicht 179.4
Entwicklungszusammenarbeit
W Übersicht 179.4
Epizentrum
NA Kalifornien 131.2
Yellowstone-Nationalpark 131.3
Erdachse
W Grafik 148.3
Erdaltertum
DE Übersicht 24.1
Erdbahn (Jahreszeiten)
W Grafik 148.2
Erdbeben
DE Übersicht 25.1
EU Übersicht 68.1
AS Japan 93.2
AF Ostafrika 113.3
NA Nordamerika 131.1
Kalifornien 131.2
Yellowstone-Nationalpark 131.3
W Übersicht 160.1
Fotos 161.3
Grafik 161.4
Erde
W Grafik 148.1
Erderwärmung
NW Übersicht 9.4
DE Grafik 32.3
EU Übersicht 76.2
Erdgeschichte
DE Übersicht 24.1
W Übersicht 151.5
Modell 151.6
Erdkern
W Grafik 150.1
Erdkruste
W Grafik 150.1
Grafik 150.3
Übersicht 151.5
Erdmantel
W Grafik 150.1
Grafik 150.3
Erdmittelalter
DE Übersicht 24.1
Erdneuzeit
DE Übersicht 24.1
Erdöl, Erdgas
DE Übersicht 38.1
AP Arktis 123.1
Antarktis 123.2
NA Alberta 133.3
W Übersicht 163.3
Übersicht 170.1
Übersicht 170.2
Erdrotation
W Grafik 148.2
Grafik 148.3
Erdzeitalter
DE Übersicht 24.1
Erholungsräume
DE Leipzig 47.3
Übersicht 52.1
EU Übersicht 88.1
Zillertal 89.2
Benidorm 89.4
Ernährung
W Übersicht 162.2
Übersicht 166.1
Übersicht 166.2
Erneuerbare Energien
DE Nord- und Ostsee 41.4
Grafik 41.6
Grafik 41.7
EU Island 69.4
Übersicht 82.2
Übersicht 83.4
Erosion
NA Grand Canyon 129.2
W Übersicht 171.1
Erschließung
NA USA 134.1
SA Amazonien 144.1
Erschließungsmethoden
AE Grafik XIII.1
Erstarrungsgesteine
DE Übersicht 24.1
Erzlagerstätten
SA Amazonien 144.1
W Übersicht 163.3
EU-Erweiterung
EU Übersicht 91.1
Europäische Gemeinschaft
EU Übersicht 91.1
Europäische Union (EU)
EU Übersicht 91.1
W Übersicht 177.1
Europäische Währungsunion
EU Übersicht 91.2
Eurozone
EU Übersicht 91.2
Exogene Prozesse
DE Nordfriesland 28.3
EU Grafik 63.3
Südwestslowenien 63.4
NA Grand Canyon 129.2
Exosphäre
W Grafik 158.3
Export
W Übersicht 169.3
Übersicht 170.2

F

Fairtrade
W Übersicht 169.4
Faltengebirge
EU Übersicht 68.1
Alpen 68.2

Favela
SA São Paulo 145.2
Rio de Janeiro 145.3
Foto 145.4
Feedlot
NA USA 132.3
Ferntourismus
W Übersicht 173.3
Festlandskern (Kraton)
W Übersicht 151.5
Fischfang
EU Nordostatlantik 80.1
W Übersicht 162.2
Übersicht 164.2
Fischzucht
EU Nordostatlantik 80.1
W Übersicht 162.2
Fluchtmigration
EU Übersicht 85.4
W Übersicht 179.5
Flüssiggasterminal
DE Übersicht 38.1
Flughafen
NW Übersicht 14.1
DE Flughafen Frankfurt 51.3
EU Übersicht 86.1
W Übersicht 172.1
Flugverkehr
DE Übersicht 50.1
EU Übersicht 86.1
W Übersicht 172.1
Übersicht 173.3
Flusslandschaft
DE Rheinhausen 2024 29.3
EU Südwestslowenien 63.4
AS Aralsee 103.2
Bangladesch 95.3
NA Grand Canyon 129.2
Flussoase
AS Aralsee 103.2
AF Grafik 115.1
Nil 115.3
Kairo 115.4
Flut
DE Ahrtal 31.6
AS Bangladesch 95.3
Fördenküste
DE Nord- und Ostsee 28.1
Forschungsstation
AP Arktis 122.1
Antarktis 122.2
Forstwirtschaft
SA Mil Madeiras 144.3
W Übersicht 164.2
Übersicht 165.3
Fossile Energieträger
DE Grafik 41.6
EU Übersicht 82.2
Fotovoltaik
DE Übersicht 39.2
Grafik 41.7
Freiburg-Vauban 47.1
EU Übersicht 83.4
Frachtverkehr
W Übersicht 172.1
Übersicht 172.2
Freilandhaltung
DE Biohof 36.3
Freilandkultur
DE Reichenau 36.1
Biohof 36.3
Freizeitpark
NW Oberhausen 13.1
Übersicht 15.1
DE Übersicht 52.1
EU Übersicht 88.1
Fremdlingsfluss
AF Nil 115.3
Futteranbau
NA USA 132.3

G

Gartenbau
DE Reichenau 36.1
EU Südholland 80.2
Gated Community
SA Rio de Janeiro 145.5
Gebirgsbildung
EU Grafik 69.3
W Grafik 150.2
Übersicht 151.5
Gebirgsklima
EU Grafik 73.4
W Grafik 153.4
Gebirgspass
EU Alpen 87.4
Gebirgstourismus
DE Übersicht 52.1
EU Übersicht 88.1
Zillertal 89.2
Nationalparke 90.3
AS Mount Everest 100.2
Geburtenrate
DE Grafik 48.3
W Übersicht 175.3
Geest
DE Norddeutschland 25.3
Übersicht 26.1
Fotos 27.2
Nordfriesland 28.3
Gemäßigte Zone
EU Übersicht 72.1
W Übersicht 152.2
Übersicht 154.1
Übersicht 154.2
Grafik 155.3
Grafik 155.4
Gemeinschaft Unabhängiger Staaten (GUS)
W Übersicht 177.1
Gender Pay Gap
DE Übersicht 49.7
W Übersicht 178.3
Generalisierung
AE Grafik VIII.2
Geographische Länge und Breite
AE Grafik IX.1
Georisiken
AS Japan 93.2
W Übersicht 160.1
Fotos 161.3
Grafik 161.4
Geotektonik
W Übersicht 150.4
Übersicht 151.5
Modell 151.6
Übersicht 160.1
Geothermie (Erdwärme)
EU Island 69.4
Übersicht 83.4
NA Yellowstone-Nationalpark 129.3
Geschlechter-Ungleichheit
DE Übersicht 49.7
W Übersicht 178.3
Gestein
EU Grafik 69.3
NA Yellowstone-Nationalpark 131.3
Gesundheit
W Übersicht 178.1
Gewächshauskulturen
DE Reichenau 36.1
EU Südholland 80.2
Geysir
EU Island 69.4
NA Yellowstone-Nationalpark 129.3
Gezeitenkraftwerk
EU Übersicht 83.4
Glazialer Formenschatz
DE Übersicht 26.1
EU Aletschgletscher 62.2
Gleichstellung
W Übersicht 178.3
Gletscherschwund
EU Aletschgletscher 62.2
Übersicht 76.1
AS Mount Everest 100.2
AF Kilimandscharo 113.2
W Übersicht 159.1
Gletscherzunge
EU Aletschgletscher 62.2
Global City
AS Singapur 101.3
NA Manhattan 135.4
W Übersicht 176.2
Globalisierung
W Übersicht 165.4
Übersicht 169.3
Übersicht 170.2
Übersicht 172.1
Übersicht 172.2
Übersicht 173.3
Übersicht 176.2
Übersicht 177.1
Übersicht 179.5
Globus
AE Grafik IX.1
Golfstrom
W Übersicht 154.1
Übersicht 162.1
Gondwana
W Modell 151.6
Grabenbruch
AF Ostafrika 113.3
W Übersicht 151.5
Gradnetz
AE Grafik IX.2
Großlandschaften
NW Übersicht 8.1
DE Übersicht 26.1
Gründungsstaaten der USA
NA USA 134.1
Grüne Mauer
AS Nordchina 103.3
Grünes Band
EU Übersicht 90.2
Nationalparke 90.3
Grünlandwirtschaft
NW Übersicht 10.1
Grundmoräne
DE Grafik 25.2
Grundwasseroase
AF Grafik 115.1
Ouargla 115.2
Güterumschlag
DE Hafen Hamburg 51.2
Flughafen Frankfurt 51.3
EU Hafen Rotterdam 87.2
Güterverkehr
DE Übersicht 50.1
Hafen Hamburg 51.2
EU Hafen Rotterdam 87.2
Alpen 87.4
Gunstfaktoren
DE Übersicht 35.5
W Übersicht 164.2
Übersicht 165.3

H

Hafen
NW Hafen Duisburg 12.1
Übersicht 14.1
DE Dillingen 45.7
Hafen Hamburg 51.2
EU Hafen Rotterdam 87.2
AS Singapur 101.3
Hafenentwicklung
EU Hafen Rotterdam 87.2
Halbwüste
AP Übersicht 120.1
W Übersicht 152.1
Handel
W Übersicht 169.3
Übersicht 169.4
Übersicht 170.2
Übersicht 172.2
Handelsbilanz
W Übersicht 169.3
Handelsströme
W Übersicht 169.3
Übersicht 170.2
Übersicht 172.2
Haufendorf
DE Modell 43.2
Hauptgründungsphase
DE Übersicht 44.2
Modell 44.3
Esslingen 45.5
Hightech-Standort
AS Bengaluru 107.3
NA Silicon Valley 133.2
Himmelskörper
W Grafik 148.1
Himmelsrichtungen
AE Grafik IX.1
Hinduismus
W Übersicht 177.2
Hitzeperiode
EU Übersicht 76.2
Südeuropa 77.5
Hochdruckgebiet
EU Modell 77.4
W Grafik 158.2
Hochgebirge
EU Alpen 87.4
AS Mount Everest 100.2
Hochgebirgsklima
W Grafik 153.4
Hochseefischerei
EU Nordostatlantik 80.1
W Übersicht 162.2
Hochwasser
DE Übersicht 31.4
Fotos 31.5
Ahrtal 31.6
AP Übersicht 120.2
Hochwasserschutz
DE Rheinhausen 2024 29.3
Hafen Hamburg 51.2
AS Ostchina 95.2
Höhenlinie
AE Grafik XI.1
Höhenprofil
NW Übersicht 2.1
Höhenschichtenkarte
AE Grafik XI.1
Höhenstufen
EU Grafik 73.4
Übersicht 73.5
AF Kilimandscharo 113.2
W Grafik 153.4
Holzwirtschaft
SA Mil Madeiras 144.3
W Übersicht 171.1
Horizontalverschiebung
W Grafik 150.2
Übersicht 150.4
Hotspot
W Übersicht 160.1
Human Development Index (HDI)
W Übersicht 179.4
Humide Räume
W Grafik 155.3
Hunger
W Übersicht 166.1
Übersicht 166.2
Hurrikan
NA Nordamerika 131.1
W Übersicht 160.2
Grafik 161.6

I

Import
W Übersicht 169.3
Übersicht 170.2
Indigene Bevölkerung
NA USA 134.2
SA Marabá 144.2
Industrialisierung
DE Übersicht 44.2
Modell 44.3
Dillingen 45.7
Industrie
NW Übersicht 11.1
Hafen Duisburg 12.1
Oberhausen 13.1
DE Übersicht 37.1
Ruhrgebiet 40.1
Baunatal 40.2
Leipziger Neuseenland 41.5
EU Übersicht 81.1
AS Aralsee 103.2
Übersicht 106.1
AF Übersicht 117.1
AP Übersicht 121.1
Übersicht 121.2
NA Übersicht 133.1
SA Übersicht 143.1
Industrieansiedlung
DE Baunatal 40.2
AS Singapur 101.3
Inlandeis
DE Grafik 25.2
AP Arktis 122.1
Antarktis 122.2
Innenstadt
NW Düsseldorf 12.3
DE Trier 45.4
Esslingen 45.5
Karlsruhe 45.6
Berlin Zentrum 46.2
EU Paris 90.1
Innertropische Konvergenzzone (ITC)
W Übersicht 156.1
Übersicht 156.2
Interessengebiete
AP Arktis 123.1
Antarktis 123.2
Islam
W Übersicht 177.2
Isobare
EU Modell 77.2
Modell 77.4
W Übersicht 158.1
Isotherme
W Übersicht 157.4
Übersicht 157.5
Übersicht 157.6

J

Jahresniederschläge
NW Übersicht 8.2
DE Übersicht 30.1
AF Nil 115.3
W Übersicht 156.3
Jahrestemperaturen
NW Übersicht 9.3
Übersicht 9.4
DE Übersicht 30.2
W Grafik 155.4
Übersicht 157.6
Jahreszeit
W Grafik 148.2
Jahreszeitenklima
EU Übersicht 74.1
Übersicht 74.2
Übersicht 75.3
Übersicht 75.4
W Übersicht 156.1
Übersicht 156.2
Übersicht 157.4
Übersicht 157.5
Judentum
W Übersicht 177.2
Jungmoränenland
DE Übersicht 26.1
Fotos 27.2

K

Kältegrenze
EU Übersicht 78.1
AS Übersicht 104.1
AF Übersicht 116.1
AP Übersicht 121.1
W Übersicht 164.2
Kalkstein
NA Grand Canyon 129.2
Kalte Zone
EU Übersicht 72.1
W Übersicht 152.2
Übersicht 154.1
Grafik 155.3
Grafik 155.4
Karst
EU Grafik 63.3
Südwestslowenien 63.4
Karte
AE Grafik VIII.1
Grafik VIII.2
Grafik X.2
Kartentypen
AE Grafik X.2
Kartenzeichen
AE Grafik XII.1
Grafik XII.2
Kaufkraft
DE Übersicht 49.7
EU Übersicht 82.1
Kernenergie
EU Übersicht 82.2
Kernkraftwerk
EU Übersicht 83.4
Kliffküste
DE Nord- und Ostsee 28.1
Klimadiagramm
Grafik 8.2
Grafik 9.3
NW Übersicht 8.2
Übersicht 9.3
DE Grafik 30.3
EU Grafik 72.2
W Grafik 155.3
Klimastation
Grafik 8.2
Grafik 9.3
NW Übersicht 8.2
Übersicht 9.3
DE Grafik 30.3
EU Grafik 72.2
W Grafik 155.3
Klimawandel
NW Übersicht 9.4
DE Übersicht 32.1
Übersicht 32.2
Grafik 32.3
Nord- und Ostsee 33.4
Übersicht 33.5
Übersicht 33.6
EU Aletschgletscher 62.2
Übersicht 76.1
Übersicht 76.2
AP Südpazifik 120.3
Arktis 122.1
Antarktis 122.2
W Übersicht 159.1
Übersicht 159.2
Übersicht 167.1
Klimazone
EU Übersicht 72.1
W Übersicht 154.1
Übersicht 154.2
Kohle
W Übersicht 170.1
Übersicht 170.2
Kohlenlagerstätten
DE Übersicht 38.1
Kohlenstoffdioxid (CO_2)
W Übersicht 159.2
Kollisionszone
W Grafik 150.2
Übersicht 150.4
Kontinent
W Übersicht 149.5
Kontinentaldrift
AF Ostafrika 113.3
W Modell 151.6
Kontinentale Kruste
W Grafik 150.2
Übersicht 151.5
Kontinentales Klima
EU Übersicht 72.1
W Übersicht 154.2
Kontinentalschelf
W Übersicht 151.5
Kontinentalverschiebung
W Übersicht 150.4
Konvektionsstrom
W Grafik 150.3
Koordinaten
AE Grafik IX.2
Koordinierte Weltzeit (UTC)
W Übersicht 149.4
Korallenriff
W Übersicht 159.1
Kraftwerk
NW Oberhausen 13.1
DE Übersicht 38.1
Leipziger Neuseenland 41.5
EU Übersicht 83.4
Kreisdiagramm
AE Grafik XIV.1
Kreuzfahrten
DE Hafen Hamburg 51.2
EU Übersicht 88.1
W Übersicht 173.3
Kristalline Gesteine
DE Übersicht 24.1
Grafik 29.1
Küstenlandschaft
DE Norddeutschland 25.3
Nord- und Ostsee 28.1
Nordfriesland 28.3
Küstenschutz
DE Nordfriesland 28.3
Nord- und Ostsee 33.4
Küstentourismus
DE Übersicht 52.1
EU Übersicht 88.1
Fotos 89.3
Benidorm 89.4
Küstenveränderung
DE Nordfriesland 28.2
EU Übersicht 70.1
AS Singapur 101.3
Kulturangebot
NW Übersicht 15.1
EU Paris 90.1
NA Manhattan 135.4
Kulturland
DE Übersicht 34.1
EU Übersicht 78.1
AS Nordchina 103.3
Übersicht 104.1
China 105.2
Indien 105.3
AF Übersicht 116.1
AP Übersicht 121.1
NA Übersicht 132.1
Kalifornien 132.2
SA Übersicht 142.1
W Übersicht 164.2
Kulturlandschaft
AF Kilimandscharo 113.2
W Übersicht 152.1
Kurort
NW Übersicht 15.1
DE Übersicht 52.1

L

Ländlicher Raum
DE Übersicht 42.1
Fotos 43.1
Rasdorf 43.3
Buldern 43.4
Längenkreis
AE Grafik IX.1
Lagerstätten
AP Arktis 123.1
Antarktis 123.2
W Übersicht 163.3
Übersicht 170.1
Landgewinnung
EU Fehmarnbelt 87.3
AS Singapur 101.3
Landgrabbing (Landnahme)
W Übersicht 165.4
Landklima
W Übersicht 154.1
Übersicht 156.1
Übersicht 156.2
Übersicht 156.3
Übersicht 157.4
Übersicht 157.5
Übersicht 157.6
Landkreis
NW Übersicht 3.1
DE Übersicht 49.4
Übersicht 49.5
Übersicht 49.6
Übersicht 49.7
Landschaftsschutzgebiet
DE Übersicht 53.1
Landschaftswandel
DE Rheinhausen 2024 29.3
Baunatal 40.2
AS Aralsee 103.2
Landverlust
DE Nordfriesland 28.2
Laurasia
W Modell 151.6
Lebenserwartung
W Übersicht 175.3
Übersicht 179.4
Lebensstandard
SA Brasilien 145.1
W Übersicht 179.4
Legende
AE Grafik XII.1
Grafik XII.2
Lithosphäre
W Grafik 150.1
Grafik 150.3
Löss
DE Norddeutschland 25.3
Übersicht 34.1
EU Übersicht 70.1
Lokale Windsysteme
EU Übersicht 75.3
Übersicht 75.4
Luftbild
AE Grafik VIII.1
Grafik VIII.2

Luftdruck
W Übersicht 154.2
Übersicht 158.1
Luftfrachtverkehr
DE Flughafen Frankfurt 51.3
W Übersicht 172.1

M

Mäander
DE Rheinaue 29.2
Rheinhausen 2024 29.3
Magmakammer
EU Grafik 69.5
Mangelernährung
W Übersicht 166.1
Mangroven
W Übersicht 152.1
Marsch
DE Norddeutschland 25.3
Übersicht 26.1
Fotos 27.2
Nordfriesland 28.3
Massentierhaltung
DE Fotos 35.2
NA USA 132.3
Massentourismus
EU Fotos 89.3
Benidorm 89.4
Paris 90.1
Maßstab
AE Grafik VIII.1
Grafik VIII.2
Grafik XIII.2
Maßstabsleiste
AE Grafik XIII.2
Maßstabszahl
AE Grafik VIII.2
Grafik XIII.2
Meeresbelastung
W Übersicht 163.4
Meeressediment-Hebungsküste
DE Nord- und Ostsee 28.1
Meeresspiegelanstieg
DE Nord- und Ostsee 33.4
AS Bangladesch 95.3
AP Südpazifik 120.3
W Übersicht 159.1
Meeresströmung
W Übersicht 154.1
Übersicht 162.1
Meeresvereisung
EU Übersicht 70.1
AP Arktis 122.1
Antarktis 122.2
Megastadt
AF Kairo 115.4
W Übersicht 174.1
Übersicht 176.1
Meridian
AE Grafik IX.1
Mesosphäre
W Grafik 158.3
Grafik 158.4
Metamorphose
EU Grafik 69.3
Meteotsunami
AS Ostchina 95.2
AP Übersicht 120.2
W Übersicht 160.2
Metropole
EU Paris 90.1
AS Singapur 101.3
Metropolisierung
W Übersicht 176.1
Migration
DE Übersicht 49.5
EU Übersicht 85.4
NA USA 134.1
W Übersicht 179.5
Mineralische Rohstoffe
EU Übersicht 81.1
AS Übersicht 106.1
AF Übersicht 117.1
AP Übersicht 121.2
Arktis 123.1
NA Übersicht 133.1
SA Übersicht 143.1
W Übersicht 170.1
Mittelalterliche Stadt
DE Übersicht 44.2
Modell 44.3
Esslingen 45.5
Mittelgebirge
NW Übersicht 8.1
DE Übersicht 26.1
Fotos 27.2
Mittelmeerklima
EU Übersicht 72.1
Fotos 73.3
Mobilität
NW Übersicht 14.1
DE Freiburg-Vauban 47.1
Übersicht 50.1
Monsun
AS Bangladesch 95.3
W Übersicht 158.1
Übersicht 160.2
Moräne
EU Aletschgletscher 62.2
Moränenküste
DE Nord- und Ostsee 28.1

N

Nachhaltigkeit
AE Grafik X.1
DE Freiburg-Vauban 47.1
Flensburg 47.2
Übersicht 53.1
EU Übersicht 90.2
SA Mil Madeiras 144.3
W Übersicht 169.4
Übersicht 171.1
Nadelwaldzone
W Übersicht 164.2
Naherholung
NW Ruhrgebiet 13.2
Übersicht 15.1
DE Großraum Berlin 46.1
Leipzig 47.3
Übersicht 52.1
Übersicht 53.1
EU London / Paris 84.2
AS Singapur 101.3
Nahverkehr
AS Shenzhen 107.2
Bengaluru 107.3
Namenregister
AE Grafik IX.2
Nationalpark
NW Übersicht 15.1
DE Wattenmeer 28.4
Nord- und Ostsee 41.4
Übersicht 53.1
EU Nationalparke 90.3
AS Mount Everest 100.2
AF Kilimandscharo 113.2
NA Yellowstone-Nationalpark 129.3
Yellowstone-Nationalpark 131.3
Alberta 133.3
NATO
W Übersicht 177.1
Natürliche Vegetation
EU Übersicht 70.2
W Übersicht 152.2
Naturgefahren
DE Übersicht 25.1
EU Island 69.4
Ätna 69.6
Ätna 69.7
AS Fotos 93.3
Merapi 93.4
AP Übersicht 120.2
Südpazifik 120.3
NA Nordamerika 131.1
Kalifornien 131.2
Yellowstone-Nationalpark 131.3
W Übersicht 160.1
Übersicht 160.2
Grafik 161.4
Übersicht 161.7
Naturkatastrophen
DE Fotos 31.5
Grafik 31.7
EU Ätna 69.6
AS Japan 93.2
AP Übersicht 120.2
NA Kalifornien 131.2
W Übersicht 160.1
Übersicht 161.7
Naturlandschaft
EU Übersicht 90.2
AS Mount Everest 100.2
AF Kilimandscharo 113.2
NA Yellowstone-Nationalpark 129.3
Alberta 133.3
SA Amazonien 144.1
W Übersicht 171.1
Naturpark
NW Übersicht 15.1
DE Übersicht 53.1
EU Ätna 69.7
Naturschutz
NW Übersicht 15.1
EU Nationalparke 90.3
Naturschutzgebiet
DE Rheinaue 29.2
Rheinhausen 2024 29.3
Biohof 36.3
Nord- und Ostsee 41.4
Leipzig 47.3
Übersicht 53.1
EU Fehmarnbelt 87.3
AS Borneo 103.4
NA Yellowstone-Nationalpark 129.3
Naturtourismus
NW Übersicht 15.1
DE Wattenmeer 28.4
EU Übersicht 88.1
Übersicht 90.2
Nationalparke 90.3
AS Mount Everest 100.2
AF Kilimandscharo 113.2
NA Grand Canyon 129.2
Yellowstone-Nationalpark 129.3
Neulandgewinnung
AS Singapur 101.3
Niederschlag
NW Übersicht 8.2
EU Übersicht 74.1
Übersicht 74.2
AF Nil 115.3
W Übersicht 156.1
Übersicht 156.2
Übersicht 156.3
Norddeutsches Tiefland
NW Übersicht 8.1
DE Übersicht 26.1
Fotos 27.2
Nordhalbkugel
AE Grafik IX.1
Nordpol
AE Grafik IX.1
AP Arktis 122.1
Arktis 123.1
Nullmeridian
AE Grafik IX.1
Nutzholz
W Übersicht 165.3
Nutzpflanzen
NW Übersicht 10.1
EU Übersicht 78.1
AS Übersicht 104.1
AF Übersicht 116.1
AP Übersicht 121.1
NA Übersicht 132.1
SA Übersicht 142.1
W Übersicht 165.3
Nutzungsgrenze
EU Übersicht 73.5
W Übersicht 164.2
Übersicht 165.3
Nutzungskonflikt
AS Aralsee 103.2
AF Kilimandscharo 113.2
NA Alberta 133.3
SA Amazonien 144.1
Marabá 144.2
W Übersicht 163.3
Übersicht 163.4

O

Oasen
AF Grafik 115.1
Ouargla 115.2
Oberzentrum
DE Übersicht 42.1
EU London / Paris 84.2
Obstanbau
EU Ätna 69.7
OECD
W Übersicht 168.2
Übersicht 179.4
Ökologische Landwirtschaft
DE Übersicht 36.2
Biohof 36.3
EU Übersicht 80.3
Ökologischer Fußabdruck
W Übersicht 171.2
Ökosystem
DE Wattenmeer 28.4
EU Nationalparke 90.3
AS Aralsee 103.2
Nordchina 103.3
Borneo 103.4
AF Kilimandscharo 113.2
SA Amazonien 144.1
Marabá 144.2
Mil Madeiras 144.3
W Übersicht 162.2
Übersicht 163.4
Übersicht 171.1
Übersicht 171.2
Ölsande
NA Alberta 133.3
Offshore-Förderung
EU Übersicht 81.1
AS Übersicht 106.1
AP Arktis 123.1
Ogallala-Aquifer
NA USA 132.3
Orientierungshilfen
AE Grafik X.1
Orkan
EU Foto 77.1
Modell 77.2
OSZE
W Übersicht 177.1
Ozean
W Übersicht 149.5
Ozeanische Kruste
W Grafik 150.2
Ozeanische Zirkulation
W Übersicht 154.1
Ozeanischer Rücken
W Übersicht 151.5
Ozeanisches Klima
EU Übersicht 72.1
Ozonschicht
W Grafik 158.4

P

Pangäa
W Modell 151.6
Passat
W Übersicht 158.1
Passatklima
W Übersicht 154.2
Pendler
DE Übersicht 42.1
Großraum Berlin 46.1
Flensburg 47.2
Permafrost
EU Übersicht 76.1
W Übersicht 159.1
Übersicht 164.1
Personenverkehr
DE Übersicht 50.1
Hafen Hamburg 51.2
Flughafen Frankfurt 51.3
W Übersicht 172.1
Physische Karte
AE Grafik X.2
Grafik XI.1
NW Übersicht 2.1
Pipeline
NW Übersicht 11.1
AS Übersicht 106.1
Planeten
W Grafik 148.1
Planstadt
DE Modell 44.3
AF Kairo 115.4
Plattentektonik
EU Übersicht 68.1
AS Japan 93.2
AF Ostafrika 113.3
NA Nordamerika 131.1
Kalifornien 131.2
W Grafik 150.2
Grafik 150.3
Übersicht 150.4
Übersicht 151.5
Modell 151.6
Pazifik 151.7
Übersicht 160.1
Polare Zone
W Übersicht 154.2
Polarkreis
W Grafik 148.3
Polartag / -nacht
W Grafik 148.2
Polder
DE Rheinhausen 2024 29.3
Hafen Hamburg 51.2
Politische Gliederung
NW Übersicht 3.1
DE Übersicht 19.1
EU Übersicht 58.1
AS Übersicht 94.1
AF Übersicht 109.1
NA Übersicht 125.1
SA Übersicht 137.1
W Übersicht EH
Polje
EU Grafik 63.3
Südwestslowenien 63.4

R

Raubbau
AS Borneo 103.4
SA Amazonien 144.1
Raumerschließung
NA USA 134.1
SA Amazonien 144.1
Raumordnung
DE Großraum Berlin 46.1
Regenwaldzerstörung
SA Amazonien 144.1
Marabá 144.2
Reichstag
DE Berlin Zentrum 46.2
Rekultivierung
NW Hambach 12.2
Oberhausen 13.1
Ruhrgebiet 13.2
DE Leipziger Neuseenland 41.5
Religionen
W Übersicht 177.2
Renaturierung
EU Übersicht 90.2
Residenzstadt
DE Übersicht 44.2
Modell 44.3
Karlsruhe 45.6
Ressourcen
NA Alberta 133.3
SA Amazonien 144.1
Marabá 144.2
W Übersicht 162.2
Übersicht 165.4
Übersicht 167.2
Übersicht 171.1
Übersicht 171.2
Rheinbegradigung
DE Rheinaue 29.2
Risikogebiete
AS Japan 93.2
Merapi 93.4
W Übersicht 160.1
Übersicht 160.2
Übersicht 161.7
Rodung
SA Marabá 144.2
W Übersicht 171.1
Römerzeit
DE Übersicht 44.2
Modell 44.3
Trier 45.4
Rohstoffe
W Übersicht 163.3
Übersicht 165.3
Übersicht 170.1
Rohstoffgewinnung
DE Ruhrgebiet 40.1
SA Amazonien 144.1
W Übersicht 170.1
Runddorf
DE Modell 43.2

S

Saalekaltzeit
DE Norddeutschland 25.3
Säuglingssterblichkeit
W Übersicht 178.1
Säulendiagramm
AE Grafik XIV.1
Salzlagerstätten
DE Übersicht 24.1
Salzwiese
DE Nordfriesland 28.3
Sander
DE Norddeutschland 25.3
Sandwüste
AS Nordchina 103.3
Sanfter Tourismus
EU Übersicht 90.2
Nationalparke 90.3
Sanierung [Bergbau]
DE Leipziger Neuseenland 41.5
Satellitenbild
AE Grafik VIII.2
EU Foto 77.1
W Foto 146.1
Savanne
AF Übersicht 114.1
W Übersicht 152.1
Fotos 153.5
Schärenküste
DE Nord- und Ostsee 28.1
Schalenbau der Erde
W Grafik 150.1
Schelf
EU Übersicht 68.1
W Übersicht 151.5
Schelfeis
AP Antarktis 122.2
W Übersicht 159.1
Schengen-Raum
EU Übersicht 91.2
Schengener Abkommen
EU Übersicht 91.2
Schichtvulkan
EU Grafik 69.5
Ätna 69.6
Ätna 69.7
Schiffsverkehr
DE Nord- und Ostsee 41.4
W Übersicht 173.3
Schildvulkan
EU Grafik 69.5
Schutzmaßnahmen
AS Fotos 93.3
Merapi 93.4
W Grafik 161.4
Schutzzone
DE Wattenmeer 28.4
SA Mil Madeiras 144.3
Schwächezone
AS Japan 93.2
Schwierigkeit
AE Grafik XIV.2
Sedimentgestein (Sedimente)
DE Übersicht 24.1
Grafik 29.1
EU Grafik 69.3
NA Grand Canyon 129.2
W Grafik 150.3
Übersicht 151.5
Seebeben
AS Japan 93.2
Fotos 93.3
W Übersicht 160.1
Seehafen
DE Hafen Hamburg 51.2
EU Übersicht 86.1
Hafen Rotterdam 87.2
AS Shenzhen 107.2
W Übersicht 172.2
Segregation
SA Rio de Janeiro 145.3
Siedlungstyp
DE Übersicht 44.2
Modell 44.3
Trier 45.4
Esslingen 45.5
Karlsruhe 45.6
Dillingen 45.7
Signatur
AE Grafik XI.1
Grafik XII.1
Solarenergie
DE Übersicht 39.2
Freiburg-Vauban 47.1
EU Übersicht 83.4
Sommeranfang
W Grafik 148.2
Sommertourismus
NW Übersicht 15.1
DE Übersicht 52.1
EU Alpen 87.4
Übersicht 88.1
Zillertal 89.2
Benidorm 89.4
Sonderkultur
NW Übersicht 10.1
DE Übersicht 34.1
EU Ätna 69.7
NA Übersicht 132.1
Kalifornien 132.2
Sonneneinstrahlung
W Grafik 155.4
Sonnenstand
W Grafik 148.2
Sonnensystem
W Grafik 148.1
Sozialstruktur
AS Singapur 101.3
NA Atlanta 135.3
SA Rio de Janeiro 145.5
Sprache
EU Übersicht 85.5
Staaten
DE Übersicht 19.1
EU Übersicht 58.1
AS Übersicht 94.1
AF Übersicht 109.1
NA Übersicht 125.1
SA Übersicht 137.1
W Statistik 180
Übersicht EH
Stadt-Umland-Beziehungen
DE Großraum Berlin 46.1
EU London / Paris 84.2
Stadtbevölkerung
W Übersicht 176.1
Stadtentstehung
DE Übersicht 44.2
Stadtentwicklung
DE Trier 45.4
Esslingen 45.5
Karlsruhe 45.6
Dillingen 45.7
AF Kairo 115.4
NA Detroit 135.2
Atlanta 135.3
SA São Paulo 145.2
Stadterneuerung
NA Detroit 135.2
Stadtgliederung
NW Düsseldorf 12.3
EU London / Paris 84.2
AS Singapur 101.3
AF Kairo 115.4
NA Detroit 135.2
Manhattan 135.4
SA São Paulo 145.2
Stadtgründung
DE Übersicht 44.2
Trier 45.4
Esslingen 45.5
Karlsruhe 45.6
Dillingen 45.7
Stadtkreis
DE Übersicht 49.4
Übersicht 49.5
Übersicht 49.6
Übersicht 49.7
Stadtplanung
DE Freiburg-Vauban 47.1
AF Kairo 115.4
NA Detroit 135.2
Stadtsanierung
NA Detroit 135.2
Stadtstaat
AS Singapur 101.3
Stadtumland
DE Übersicht 42.1
Großraum Berlin 46.1
Stadtviertel
NW Düsseldorf 12.3
DE Fotos 44.1
Freiburg-Vauban 47.1
Städtetourismus
NW Übersicht 15.1
DE Übersicht 52.1
EU Übersicht 88.1
Paris 90.1
AS Singapur 101.3
NA Manhattan 135.4

Städtewachstum
AS China / Indien 101.2
W Übersicht 176.1
Starkregen
DE Fotos 31.5
EU Modell 77.3
Steppe
AS Übersicht 102.1
Aralsee 103.2
Nordchina 103.3
W Übersicht 152.1
Fotos 153.5
Sterberate
DE Grafik 48.3
W Übersicht 175.3
Straßendorf
DE Modell 43.2
Straßenverkehr
NW Übersicht 14.1
DE Übersicht 50.1
EU Übersicht 86.1
Alpen 87.4
Stratosphäre
W Grafik 158.3
Grafik 158.4
Streusiedlung
DE Modell 43.2
Stromerzeugung
DE Grafik 41.6
Grafik 41.7
EU Übersicht 82.2
Strukturwandel
NW Oberhausen 13.1
Ruhrgebiet 13.2
DE Ruhrgebiet 40.1
Rasdorf 43.3
NA Silicon Valley 133.2
Stürme
DE Übersicht 31.4
NA Nordamerika 131.1
W Übersicht 160.2
Stufenland
DE Übersicht 26.1
Fotos 27.2
Sturmflut
DE Übersicht 31.4
AS Ostchina 95.2
AP Übersicht 120.2
Subpolare Zone
W Übersicht 154.2
Grafik 155.4
Subtropische Zone
EU Übersicht 72.1
W Übersicht 152.2
Übersicht 154.1
Übersicht 154.2
Grafik 155.3
Südhalbkugel
AE Grafik IX.1
Südpol
AE Grafik IX.1
AP Antarktis 122.2
Antarktis 123.2

T

Tagebau
NW Hambach 12.2
DE Leipziger Neuseenland 41.5
NA Alberta 133.3
Tageslängen
W Grafik 148.3
Tageszeit
W Grafik 148.3
Übersicht 149.4
Taifun
AS Ostchina 95.2
W Übersicht 160.2
Grafik 161.6
Tektonik
EU Aletschgletscher 62.2
Übersicht 68.1
Alpen 68.2
Grafik 69.3
Alpen 87.4
AS Japan 93.2
AF Ostafrika 113.3
NA Kalifornien 131.2
Yellowstone-Nationalpark 131.3
W Grafik 150.1
Grafik 150.3
Übersicht 150.4
Übersicht 151.5
Übersicht 151.6
Modell 151.7
Pazifik 151.7
Temperatur
NW Übersicht 9.3
Übersicht 9.4
DE Grafik 32.3
W Übersicht 157.4
Übersicht 157.5
Übersicht 157.6
Temperaturanomalie
DE Grafik 32.3
EU Südeuropa 77.5
Temperaturzunahme
DE Übersicht 33.6
EU Übersicht 76.2
Thematische Karte
AE Grafik X.2
Thermosphäre
W Grafik 158.3
Grafik 158.4
Tiefdruckgebiet
EU Modell 77.2
Modell 77.3
W Grafik 158.2
Tiefseebecken
AH Übersicht EV
Tiefseegraben
AH Übersicht EV
Tornado
DE Übersicht 31.4
Fotos 31.5
NA Nordamerika 131.1
W Übersicht 160.2
Grafik 161.5
Tourismus
NW Ruhrgebiet 13.2
Übersicht 15.1
DE Wattenmeer 28.4
Ruhrgebiet 40.1
Übersicht 52.1
EU Alpen 87.4
Übersicht 88.1
Zillertal 89.2
Benidorm 89.4
Paris 90.1
Nationalparke 90.3
AS Mount Everest 100.2
AF Kilimandscharo 113.2
NA Grand Canyon 129.2
Yellowstone-Nationalpark 129.3
Manhattan 135.4
W Übersicht 173.3
Transitverkehr
EU Alpen 87.4
Treibhausgas
W Übersicht 159.2
Trinkwasser
W Übersicht 167.1
Übersicht 167.2
Trockenfeldbau
AS China 105.2
NA Kalifornien 132.2
Trockengrenze
AS Indien 105.3
W Übersicht 164.2
Übersicht 165.3
Trockenheit
DE Übersicht 33.5
EU Übersicht 74.2
AS Nordchina 103.3
W Übersicht 159.1
Trockenräume
AS Aralsee 103.2
Indien 105.3
AF Ouargla 115.2
W Übersicht 165.3
Trockenzeit
AP Übersicht 120.2
Tropische Wirbelstürme
AS Ostchina 95.2
Bangladesch 95.3
AP Übersicht 120.2
NA Nordamerika 131.1
W Übersicht 160.2
Grafik 161.6
Tropische Zone
W Übersicht 152.2
Übersicht 154.1
Grafik 155.3
Grafik 155.4
Tropischer Regenwald
AS Borneo 103.4
AF Kilimandscharo 113.2
Übersicht 114.1
SA Übersicht 141.1
Amazonien 144.1
Marabá 144.2
Mil Madeiras 144.3
W Übersicht 152.1
Fotos 153.5
Troposphäre
W Grafik 158.3
Grafik 158.4
Tsunami
AS Japan 93.2
Fotos 93.3
NA Nordamerika 131.1
W Übersicht 160.1
Fotos 161.3
Tundra
W Übersicht 152.1

U

Überbevölkerung
W Übersicht 174.2
Grafik 175.4
Grafik 175.5
Überfischung
EU Nordostatlantik 80.1
W Übersicht 162.2
Übersicht 163.4
Übergangsklima
EU Übersicht 72.1
Fotos 73.3
W Übersicht 154.2
Übernutzung
AS Aralsee 103.2
Borneo 103.4
AF Kilimandscharo 113.2
SA Marabá 144.2
W Übersicht 171.1
Übersicht 171.2
Überschiebung
EU Grafik 69.3
Überschwemmung
DE Nord- und Ostsee 33.4
AS Indien 105.3
Ostchina 95.2
AP Übersicht 120.2
NA Nordamerika 131.1
W Übersicht 160.2
Überschwemmungsgefahr
DE Nord- und Ostsee 33.4
Leipzig 47.3
AS Ostchina 95.2
AP Übersicht 120.2
NA Nordamerika 131.1
Umlaufbahn um die Sonne
W Grafik 148.1
Umsiedlung
NW Hambach 12.2
AS Merapi 93.4
Umwandlungsgestein
DE Übersicht 24.1
Umweltbelastung
DE Leipziger Neuseenland 41.5
AS Aralsee 103.2
AF Kilimandscharo 113.2
NA Alberta 133.3
SA Amazonien 144.1
Marabá 144.2
W Übersicht 162.2
Übersicht 163.4
Übersicht 171.1
Übersicht 171.2
Umweltschutz
DE Übersicht 53.1
UNESCO-Welterbe
NW Übersicht 15.1
DE Übersicht 52.1
Ungunstfaktoren
DE Übersicht 35.5
W Übersicht 164.2
Übersicht 165.3
Unternehmen
DE Übersicht 40.3
AS Shenzhen 107.2
Bengaluru 107.3
NA Silicon Valley 133.2
Urbanisierung
EU London / Paris 84.2
Urstromtal
DE Grafik 25.2
Norddeutschland 25.3

V

Vegetationsformen
W Grafik 153.3
Vegetationsprofile
W Übersicht 154.1
Vegetationsstufen
EU Grafik 73.4
AF Kilimandscharo 113.2
Vegetationszerstörung
AS Borneo 103.4
NA Alberta 133.3
SA Amazonien 144.1
Marabá 144.2
W Übersicht 171.1
Vegetationszonen
EU Übersicht 70.2
W Übersicht 152.1
Übersicht 152.2
Grafik 153.3
Fotos 153.5
Verdichtungsraum
DE Übersicht 48.1
AF Kairo 115.4
NA USA 135.1
Vereisung
AP Arktis 122.1
Antarktis 122.2
Vergletscherung
EU Aletschgletscher 62.2
Übersicht 70.1
Übersicht 70.2
Alpen 87.4
AS Mount Everest 100.2
AF Kilimandscharo 113.2
AP Arktis 122.1
Antarktis 122.2
W Übersicht 159.1
Verkarstung
EU Grafik 63.3
Südwestslowenien 63.4
Verkehrsbelastung
DE Flensburg 47.2
Verkehrsberuhigung
DE Freiburg-Vauban 47.1
Flensburg 47.2
Verkehrsdrehscheibe
DE Hafen Hamburg 51.2
Flughafen Frankfurt 51.3
EU Hafen Rotterdam 87.2
Verkehrsplanung
DE Flensburg 47.2
Verkehrsprojekte
EU Fehmarnbelt 87.3
Alpen 87.4
Verkehrswege
NW Übersicht 14.1
EU Übersicht 86.1
Fehmarnbelt 87.3
Alpen 87.4
Versalzung
AS Aralsee 103.2
AF Ouargla 115.2
Verstädterung
AS China / Indien 101.2
NA USA 135.1
Atlanta 135.3
W Übersicht 176.1
Verwerfung
DE Übersicht 24.1
Übersicht 25.1
NA Kalifornien 131.2
W Grafik 150.2
Fotos 161.3
Verwundbarkeit
W Übersicht 161.7
Viehwirtschaft
NW Übersicht 10.1
DE Fotos 35.2
Übersicht 35.3
EU Übersicht 79.2
AS Übersicht 104.1
China 105.2
AF Übersicht 116.1
NA Übersicht 132.1
USA 132.3
SA Übersicht 142.1
Amazonien 144.1
Virtueller Globus
AE Grafik XV.1
Vulkangestein
DE Grafik 29.1
EU Ätna 69.6
NA Yellowstone-Nationalpark 131.3
W Übersicht 151.5
Vulkanismus
DE Übersicht 25.1
EU Übersicht 68.1
Island 69.4
Grafik 69.5
Ätna 69.6
AS Japan 93.2
Merapi 93.4
AF Ostafrika 113.3
NA Nordamerika 131.1
Yellowstone-Nationalpark 131.3
W Pazifik 151.7
Übersicht 160.1
Fotos 161.3
Vulnerabilität
W Übersicht 161.7

W

Wadi
AS Westasien 100.1
AF Nordafrika 110.1
Ouargla 115.2
Währungsunion
EU Übersicht 91.2
Wärmekraftwerk
DE Übersicht 38.1
EU Übersicht 83.4
Wärmezonen
W Grafik 155.4
Waldbrände
EU Übersicht 76.1
NA Nordamerika 131.1
W Übersicht 159.1
Waldhufendorf
DE Modell 43.2
Waldklima
EU Übersicht 72.1
Fotos 73.3
Wanderungssaldo
DE Grafik 48.3
Warenströme
W Übersicht 169.3
Wasserkraft
DE Übersicht 38.1
Grafik 41.7
Wasserkraftwerk
DE Übersicht 38.1
EU Übersicht 83.4
Wassermangel
W Übersicht 167.1
Wasserstraße
NW Übersicht 14.1
DE Dillingen 45.7
Großraum Berlin 46.1
Wasserverbrauch
W Übersicht 167.1
Wasserversorgung
AF Grafik 115.1
Ouargla 115.2
Nil 115.3
W Übersicht 167.2
Watt
DE Norddeutschland 25.3
Übersicht 26.1
Fotos 27.2
Nordfriesland 28.3
Wattenküste
DE Nord- und Ostsee 28.1
Nordfriesland 28.2
Nordfriesland 28.3
Wattenmeer
DE Nordfriesland 28.3
Wattenmeer 28.4
Weichselkaltzeit
DE Norddeutschland 25.3
EU Übersicht 70.1
Weidewirtschaft
EU Übersicht 73.5
AS China 105.2
Weinbau
DE Reichenau 36.1
EU Ätna 69.7
Weltbevölkerung
W Grafik 175.4
Grafik 175.5
Welthandel
W Übersicht 168.2
Übersicht 169.3
Übersicht 169.4
Übersicht 170.2
Übersicht 172.2
Weltmeere
W Übersicht 149.5
Weltstadt
EU Paris 90.1
AS Singapur 101.3
AF Kairo 115.4
NA Manhattan 135.4
SA São Paulo 145.2
Rio de Janeiro 145.3
W Übersicht 173.3
Übersicht 176.2
Wendekreis
W Grafik 148.2
Westwind
W Übersicht 158.1
Wetterlagen
EU Foto 77.1
Modell 77.3
Modell 77.4
Südeuropa 77.5
Wildnis
EU Übersicht 90.2
Nationalparke 90.3
Windenergie
DE Übersicht 39.2
Nord- und Ostsee 41.4
Grafik 41.7
Windrose
AE Grafik IX.1
Windsysteme
EU Übersicht 75.3
Übersicht 75.4
W Übersicht 158.1
Winterregen
EU Übersicht 74.1
Wintertourismus
NW Übersicht 15.1
DE Übersicht 52.1
EU Alpen 87.4
Übersicht 88.1
Zillertal 89.2
Wirbelstürme
NA Nordamerika 131.1
W Übersicht 160.2
Grafik 161.5
Grafik 161.6
Wirtschaftsbündnisse
W Übersicht 168.2
Wirtschaftskraft
EU Übersicht 82.1
W Übersicht 168.1
Wirtschaftsraum
NW Hafen Duisburg 12.1
DE Ruhrgebiet 40.1
EU Alpen 87.4
AS Shenzhen 107.2
Bengaluru 107.3
AP Übersicht 121.2
Wirtschaftssektor
EU Übersicht 82.1
W Übersicht 168.1
Wirtschaftszentren
DE Übersicht 37.1
EU Übersicht 81.1
Übersicht 86.1
AS Übersicht 106.1
Shenzhen 107.2
Bengaluru 107.3
AF Übersicht 117.1
AP Übersicht 121.2
NA Übersicht 133.1
Silicon Valley 133.2
SA Übersicht 143.1
Wohlstand
DE Übersicht 49.7
EU Übersicht 82.1
W Übersicht 179.4
Würmkaltzeit
EU Übersicht 70.1
Wüste
AS Übersicht 102.1
Aralsee 103.2
Nordchina 103.3
AF Übersicht 114.1
Ouargla 115.2
AP Übersicht 120.1
W Übersicht 152.1
Fotos 153.5
Wüstenbildung
EU Übersicht 76.1
AS Aralsee 103.2
Nordchina 103.3
Indien 105.3
W Übersicht 159.1
Übersicht 171.1

Z

Zeitzone
W Übersicht 149.4
Zentraler Ort
DE Großraum Berlin 46.1
Zersiedlung
DE Buldern 43.4
AF Kairo 115.4
NA Atlanta 135.3
Zuwanderung
DE Übersicht 49.5
EU Übersicht 85.4
SA Brasilien 145.1
W Übersicht 179.5
Zyklon
AS Bangladesch 95.3
W Übersicht 160.2
Grafik 161.6
Zyklone (Tiefdruckgebiete)
EU Foto 77.1
Modell 77.2
W Übersicht 158.1

Abbildungsverzeichnis

Cover stock.adobe.com, Dublin (matis75);
II.lo Schwarwel, Leipzig;
VI.ro Schwarwel, Leipzig;
VII.rm Schwarwel, Leipzig;
VIII.1 olm Geoportal Berlin /EPSG:25833, unter Datenlizenz https://www.govdata.de/dl-de/by-2-0;
VIII.1 or Geoportal Berlin /EPSG:25833, unter Datenlizenz https://www.govdata.de/dl-de/by-2-0;
VIII.1 ul ShutterStock.com RF, New York (LStockStudio);
VIII.2 or Geoportal Berlin /EPSG:25833, unter Datenlizenz https://www.govdata.de/dl-de/by-2-0;
VIII.2 ur Europäische Union, enthält veränderte Copernicus Sentinel-Daten 2024;
X.1 om Ministerium für Energiewende, Landwirtschaft, Umwelt und ländliche Räume des Landes Schleswig-Holstein (MELUR SH): Generalplan Küstenschutz des Landes Schleswig-Holstein (2013); Landesamt für Vermessung und Geoinformation Schleswig-Holstein (LVermGeo SH): DigitalerAtlasNord (2024);
X.2 r Gesellschaft für Informationsverarbeitung mbH (IHK): IHK SELErom; Bundesagentur für Arbeit: Sozialversicherungspflichtig Beschäftigte nach Wirtschaftsabschnitten der WZ 2008 ...;
XI.1 ol Picture-Alliance, Frankfurt/M. (imagebroker.net / Hans Blossey);
XI.1 om Mauritius Images, Mittenwald (ClickAlps);
XI.1 oml ShutterStock.com RF, New York (TravelSH);
XI.1 omr iStockphoto, Calgary, Alberta (LUke1138);
XI.1 or stock.adobe.com, Dublin (Stefano Gasparotto);
XI.1 ul iStockphoto, Calgary, Alberta (HarriesAD);
XI.1 uml stock.adobe.com, Dublin (snapshotfreddy);
XI.1 umr akg-images, Berlin (Alfons Rath);
XI.1 ur Getty Images, München (Blom UK);
XII.1 Tourismusverband Mayrhofen-Hippach (2024); Land Tirol: Tiroler Rauminformationssystem tiris (2024);
XIV.1 ol International Monetary Fund: World Economic Outlook Database (2023); Eurostat: Population on 1 January by age, sex and NUTS 2 region (2022);
XIV.1 or Europäische Kommission - Statistisches Amt (Eurostat): Data Browser (2024); United Nations Department of Economic and Social Affairs - Population Dynamics (UNDESA): World Population Prospects: The 2024 Revision (2024);
XV.1 l Ciro Del Negro u.a.: Volcano-tectonic map of Etna (2013); Bundesanstalt für Geowissenschaften und Rohstoffe (BGR): International Geological Map of Europe 1 : 5.000.000 and Adjacent Areas (IGME5000) (2021);
XV.3 r Norman, David, Meerbusch;
16.ol Allgemeiner Deutscher Fahrrad-Club e. V. (ADFC): ADFC-Fahrradklima-Test (2022);
16.omr Schwarwel, Leipzig;
16.ul Schwarwel, Leipzig;
16.ur Statistisches Bundesamt (Destatis): Alle politisch selbständigen Gemeinden mit ausgewählten Merkmalen (2024);
17.ml Schwarwel, Leipzig;
17.mr Zentralverband Zoologischer Fachbetriebe e.V. (ZZF): Aktuelle Daten zum Heimtiermarkt (2023);
17.or Schwarwel, Leipzig;
17.ul Bundesnetzagentur (BNetzA): Mobilfunk-Monitoring (2024);
17.ur Schwarwel, Leipzig;
24.1 Voges et al. (1993): Geologische Karte der Bundesrepublik Deutschland 1 : 1 000 000. Grundkarte. BGR (Hannover). © BGR Hannover; International Commission on Stratigraphy (ICS): The ICS International Chronostratigraphic Chart (2024);
25.1 Gottfried Hofbauer: Vulkane in Deutschland. wbg (Wissenschaftliche Buchgesellschaft), Darmstadt 2021, S. 12; Hans-Ulrich Schmincke: Als in Deutschland die Berge noch Feuer spien. In: Leibniz-Institut für Länderkunde (IfL) (Hrsg.): Nationalatlas Bundesrepublik Deutschland. Relief, Boden und Wasser (2003); Günter Leydecker: Erdbebenkatalog für Deutschland mit Randgebieten für die Jahre 800 bis 2008 (2011);
25.2 Schaar, Wolfgang, Grafing;
27.2 1 stock.adobe.com, Dublin (Foustontene);
27.2 2 stock.adobe.com, Dublin (Paul Maurice);
27.2 3 stock.adobe.com, Dublin (contadora1999);
27.2 4 Alamy stock photo, Abingdon (Katja Kreder);
27.2 5 ullstein bild, Berlin (imageBROKER / Daniel Schoenen);
27.2 6 ullstein bild, Berlin (Westend61 / Markus Keller);
27.2 7 stock.adobe.com, Dublin (motivthueringen8);
27.2 8 Okapia, Frankfurt (Hans Lutz);
27.2 9 stock.adobe.com, Dublin (Exclusive);
27.2 10 Mauritius Images, Mittenwald (Bruno Kickner);
27.2 11 ullstein bild, Berlin (imageBROKER / Foto Beck);
27.2 12 stock.adobe.com, Dublin (ARochau);
28.1 Jürgen Newig & Hans Theede: Die Ostsee: Natur- und Kulturraum (1985);
28.2 Joan Blaeu & Johannes Mejer: FRISIA BOREALIS (1662);
28.3 Ministerium für Energiewende, Landwirtschaft, Umwelt und ländliche Räume des Landes Schleswig-Holstein (MELUR SH): Generalplan Küstenschutz des Landes Schleswig-Holstein (2013); Landesamt für Vermessung und Geoinformation Schleswig-Holstein (LVermGeo SH): DigitalerAtlasNord (2024);
28.4 Statistisches Bundesamt (Destatis): Regionaldatenbank Deutschland (2024); Johann Heinrich von Thünen-Institut, Bundesforschungsinstitut für Ländliche Räume, Wald und Fischerei: Steckbrief zur Meeresfischerei in Deutschland (2022); Nationalparkverwaltung Schleswig-Holsteinisches Wattenmeer, Nationalparkverwaltung Hamburgisches Wattenmeer, Nationalparkverwaltung Niedersächsisches Wattenmeer: Nationalpark Wattenmeer. Unter: https://www.nationalpark-wattenmeer.de/sh/ (2024);
29.1 Schaar, Wolfgang, Grafing;
29.2 Quelle: Helmut Volk: Die Rheinauen. Eine Karlsruher Landschaft als Naturerbe. G. Braun Telefonbuchverlage GmbH & Co. KG, Karlsruhe 2014, S. 32 und S. 42 (aktualisiert);
29.3 Militairisch Topographisches Bureau: Topographische Karte über das Grossherzogthum Baden (1838); Struktur- und Genehmigungsdirektion Süd des Landes Rheinland-Pfalz (SGD): Hochwasserschutz. Hochwasserrückhaltung (2024); Regierungspräsidien Baden-Württemberg: Integriertes Rheinprogramm (IRP). Rückhalteräume (RK I) (2024);
30.1 Deutscher Wetterdienst (DWD);
30.2 Deutscher Wetterdienst (DWD);
30.3 Deutscher Wetterdienst (DWD);
31.4 Hubert Job: Naturkatastrophen: Leben wir in Deutschland gefährlich? (2011); Thomas Sävert: Tornadoliste Deutschland (2022);
31.6 Norges miljø- og biovitenskapelige universitet (NMBU): Post-disaster landscape design approaches (2022); European Comission - COPERNICUS Emergency Management Service - Mapping: EMSR517: Flood in Western Germany (2021); Wasserwirtschaftsverwaltung Rheinland-Pfalz - Struktur- und Genehmigungsdirektion Nord: Überschwemmungsgebiet der Ahr (2021);
31.7 Gesamtverband der Deutschen Versicherungswirtschaft (GDV): Die 10 heftigsten Naturkatastrophen in Deutschland (2023);
31.5 mo ShutterStock.com RF, New York (Camilo Concha);
31.5 mu Mauritius Images, Mittenwald (Wilfried Wirth / Alamy);
31.5 o Picture-Alliance, Frankfurt/M. (dpa/Jens Büttner);
31.5 u stock.adobe.com, Dublin (Christian);
32.1 adelphi / PRC / EURAC (2015): Vulnerabilität Deutschlands gegenüber dem Klimawandel. Umweltbundesamt. Climate Change 4/2015, Dessau-Roßlau, S. 668;
32.2 Deutscher Wetterdienst (DWD); Potsdam-Institut für Klimafolgenforschung (PIK);
32.3 Deutscher Wetterdienst (DWD);
33.4 Caroline Schuldt, Jochen Schiewe, Johannes Kröger: Sea-Level Rise in Northern Germany: A GIS-Based Simulation and Visualization. In: Deutsche Gesellschaft für Kartographie (DGfK) (Hrsg.): KN - Journal of Cartographic and Geographic Information (2020). Unter: https://sealevelrise.hcu-hamburg.de/#/map;
33.5 Helmholtz-Zentrum für Umweltforschung (UFZ): Dürremonitor Deutschland (2024);
33.6 Deutscher Wetterdienst (DWD) und Extremwetterkongress Hamburg (Hrsg.): Was wir 2023 über das Extremwetter in Deutschland wissen (2023);
34.1 Gocht A, Röder N (2014) Using a Bayesian estimator to combine information from a cluster analysis and remote sensing data to estimate high-resolution data for agricultural production in Germany. Int J Geogr Inform Sci 28(9):1744-1764, doi:10.1080/13658816.2014.897348 [Methodik]; THÜNEN AGRARATLAS (2022): Landwirtschaftliche Nutzung Version 2022. Daten: Stat. Ämter der Länder, Kreisdaten der Landwirtschaftszählung 2020 (eigene Berechnungen); FDZ der Stat. Ämter des Bundes und der Länder, Landwirtschaftszählung 2010/2020 (10.21242/41141.2010.00.00.1.1.0; 10.21242/41141.2020.00.00.1.1.0) und AFiD-Panel Agrarstruktur 1999, 2003, 2007, 2016 (10.21242/41121.2007.00.01.1.1.0; 10.21242/41121.2020.00.01.1.1.0) (eigenen Berechnung: Kreisdaten 1999-2020. Clusterschätzer); © GeoBasis-DE/BKG (2020) [Daten];
35.3 Statistische Ämter des Bundes und der Länder: Regionaldatenbank Deutschland. Agrarstrukturerhebung / Landwirtschaftszählung 2020 (2024);
35.4 Herbert Liedtke: Bodengüte der landwirtschaftlichen Nutzflächen. In: Leibniz-Institut für Länderkunde (IfL) (Hrsg.): Nationalatlas Bundesrepublik Deutschland. Relief, Boden und Wasser (2003);
35.5 Deutscher Wetterdienst (DWD); Bundesministerium für Ernährung und Landwirtschaft (BMEL): GAP-Strategieplan: Anhang II - Ausgangslage der Landwirtschaft und des ländlichen Raums in Deutschland (2022);
35.2 l iStockphoto, Calgary, Alberta (matteodestefano);
35.2 m stock.adobe.com, Dublin (chayakorn);
35.2 r Picture-Alliance, Frankfurt/M. (APA/picturedesk.com/Stoegmueller Katharina);
36.2 Statistische Ämter des Bundes und der Länder: Regionaldatenbank Deutschland. Agrarstrukturerhebung / Landwirtschaftszählung 2020 (2024);
36.3 Der Lämmerhof: Karte KOLK-Blühstreifen-Projekt (2010);
37.1 Gesellschaft für Informationsverarbeitung mbH (IHK): IHK SELErom; Bundesagentur für Arbeit: Sozialversicherungspflichtig Beschäftigte nach Wirtschaftsabschnitten der WZ 2008 ...;
41.5 Lausitzer und Mitteldeutsche Bergbau-Verwaltungsgesellschft (LMBV): Flutungsstand Südraum Leipzig (2021);
41.6 Jäckel, Diana, Erfurt;
41.7 Bundesministerium für Wirtschaft und Klimaschutz: Erneuerbare Energien in Zahlen (2022);
42.1 Bundesinstitut für Bau-, Stadt- und Raumforschung: Großstadtregionen (2019). In: Bundesinstitut für Bau-, Stadt- und Raumforschung: Laufende Stadtbeobachtung - Raumabgrenzungen, (dl-de/by-2-0; Lizenztext: www.govdata.de/dl-de/by-2-0; Lizenz-URI: http://www.dcat-ap.de/def/licenses/dl-by-de/2.0); Bundesinstitut für Bau-, Stadt- und Raumforschung im Bundesamt für Bauwesen und Raumordnung: Zentrale Orte und Raumtyp nach Lage (2021);
43.3 Dieter Hennicken, u.a.: Integriertes kommunales Entwicklungskonzept für Rasdorf, Rasdorf/Kassel 2022;
43.4 Landesvermessungsamt Nordrhein-Westfalen: TK 25, 4110 Senden (2021);
43.1 l Mauritius Images, Mittenwald (Kuttig - RF - Travel / Alamy);
43.1 r Getty Images, München (Westend61);
44.2 Bundesinstitut für Bau-, Stadt- und Raumforschung (BBSR): Raumtypen 2010 (2011); Herbert Popp: Gründungsphasen und Größe heutiger Städte (Stadtrechtsgemeinden). In: Leibniz-Institut für Länderkunde (IfL) (Hrsg.): Nationalatlas Bundesrepublik Deutschland. Dörfer und Städte (2002);
44.3 Eberhard Kroß: Städtebauepochen im Geographieunterricht. In: Unterrichtsmodelle zur Stadtgeographie. Der Erdkundeunterricht (1975);
44.1 l Getty Images Plus, München (iStock/saiko3p);
44.1 m IMAGO, Berlin (Peter Sandbiller);

4.1 r Mauritius Images, Mittenwald (Daniel Reiter);
5.5 Landesamt für Geoinformation und Landentwicklung aden-Württemberg (LGL): Württembergische andesvermessung (1818-1840) - Historische Flurkarten :2500 (2021); Wolf Deiseroth: Ortskernatlas Baden-Vürttemberg (1989); Landesamt für Geoinformation und andentwicklung Baden-Württemberg: Geoportal Baden-Vürttemberg (2024);
5.6 Eugen Huhn: Plan von Carlsruhe 1843 (1844); andesamt für Geoinformation und Landentwicklung aden-Württemberg: Geoportal Baden-Württemberg 2024);
5.7 Stadt Dillingen: Flächennutzungsplan (2012);
6.1 Verbundregion Berlin-Brandenburg (VBB): VBB-endlerblatt (2019);
6.2 Berliner Senatsverwaltung für Stadtentwicklung, Bauen und Wohnen: Digitale Topographische Karte : 25 000 (2021); Die Bundesregierung: Liste der Bundesministerien (2022);
7.1 Stadt Freiburg im Breisgau: Quartier Vauban (2020); Stadt Freiburg im Breisgau - Amt für Projektentwicklung und Stadterneuerung: Quartier Vauban - Von der Kaserne zum Stadtteil (2014);
7.2 SHP Ingenieure: Masterplan Mobilität 2030 Flensburg. Endbericht. In: Stadt Flensburg, Oktober 2018; Aktivbus Flensburg: Liniennetzplan 2023/24 (2024); Landesamt für Vermessung und Geoinformation Schleswig-Holstein - Lenkungsgremium Geodateninfrastruktur (LVermGeo SH) (2021);
48.1 Statistisches Bundesamt (Destatis): Verdichtungsräume nach Fläche, Bevölkerung und Bevölkerungsdichte am 31.12.2022 (2023); School of Geography and Environmental Science (University of Southampton), u.a.: WorldPop Hub (2020);
48.2 Statistisches Bundesamt (Destatis): Altersaufbau der Bevölkerung Deutschlands (2023);
48.3 Statistisches Bundesamt (Destatis): GENESIS-Online Datenbank;
49.4 Statistisches Bundesamt (Destatis): Regionaldatenbank Deutschland (2023); Statistisches Bundesamt (Destatis): Statistischer Bericht (2023);
49.5 Statistisches Bundesamt (Destatis): GENESIS-Online Datenbank;
49.6 Statistisches Bundesamt (Destatis): Statistischer Bericht (2023); Statistische Ämter des Bundes und der Länder: Regionalatlas Deutschland;
49.7 Statistische Ämter des Bundes und der Länder: Regionalatlas Deutschland; Statistik der Bundesagentur für Arbeit: Berichte - Blickpunkt Arbeitsmarkt – Analyse zur Entgeltstatistik 2022, Nürnberg, Oktober 2023 ; Statistisches Bundesamt (Destatis): Gender Gap Arbeitsmarkt und seine Bestandteile nach Bundesländern (2023);
51.3 Thomas Römer: Lageplan mit geplanten und in Bau befindlichen Erweiterungen (2016);
52.1 Statistisches Bundesamt (Destatis): GENESIS-Online Datenbank; Deutsche UNESCO-Kommission e.V.: Welterbe in Deutschland (2024); Deutsche Zentrale für Tourismus e.V. (DZT): Deutschlandkarte (2024);
53.1 Bundesamt für Naturschutz (BfN): Schutzgebiete in Deutschland. Unter: https://geodienste.bfn.de/schutzgebiete?lang=de;
54.or Schwarwel, Leipzig;
54.uml Schwarwel, Leipzig;
55.ml Schwarwel, Leipzig;
55.mr John F. Helliwell, u.a.: World Happiness Report (2024);
55.ol Association of Chocolate, Biscuits and Confectionery Industries of Europe (CAOBISCO): Statistical bulletin (2024);
55.or Schwarwel, Leipzig;
55.ul Meltwater, We Are Social (Hrsg.): Digital 2024 - Global Overview Report. The essential Guide to the World's connected Behaviours (2024); GWI: The ultimate social media trends report (2023);
55.ur Schwarwel, Leipzig;
58.1 Auswärtiges Amt: Länderverzeichnis; Ständiger Ausschuss für geographische Namen (StAGN): Ausgewählte Exonyme der deutschen Sprache, 2. Ausgabe (2002); Ständiger Ausschuss für geographische Namen (StAGN): Liste der Staatennamen, 13. Ausgabe (2014);
62.2 Bundesamt für Landestopografie (swisstopo): geo.admin.ch - das Geoportal des Bundes (2024);
63.3 Schaar, Wolfgang, Grafing;
63.4 Geodetski institut Slovenije: Geopedia.si Lite (2024); Jana Breznik, u.a.: Water Dynamics Analysis in Karst Flood Areas Using Sentinel-1 Time Series (2023);
68.1 Bundesanstalt für Geowissenschaften und Rohstoffe (BGR): International Geological Map of Europe 1 : 5.000.000 and Adjacent Areas (IGME5000) (2021); European Facilities for Earthquake Hazard and Risk (EFEHR): Earthquake Hazard & Risk across Europe (2024); USGS National Earthquake Information Center (NEIC): Earthquake Hazards Program (2024);
68.2 Commission for the Geological Map of the World (CGMW): Tectonic framework of the Alps (2012);
69.3 Schaar, Wolfgang, Grafing;
69.4 Orkustofnun - National Energy Authority of Iceland: Geothermal - The Resource (2021); International Energy Agency Geothermal (IEA): Iceland Country Report (2020);
69.5 Schaar, Wolfgang, Grafing;
69.6 Ciro Del Negro u.a.: Volcano-tectonic map of Etna (2013); Bundesanstalt für Geowissenschaften und Rohstoffe (BGR): International Geological Map of Europe 1 : 5.000.000 and Adjacent Areas (IGME5000) (2021);
69.7 UNESCO Monte Etna: Mappa interattiva (2021); European Environment Agency (EEA): Copernicus land portal (2018);
70.1 Burkhard Frenzel: Grundzüge der Pleistozänen Vegetationsgeschichte Nord-Eurasiens (1968);
71.3 Frank Baldus: Vegetationszonen und nicht zonale Pflanzenformationen; National Aeronautics and Space Administration (NASA): MODIS (Moderate-resolution Imaging Spectroradiometer);
72.1 Carl Troll, Karlheinz Paffen: Karte der Jahreszeitenklimate der Erde. In: Erdkunde - Archiv für wissenschaftliche Geographie (1964);
72.2 Deutscher Wetterdienst (DWD); World Meteorological Organization (WMO);
73.5 Jürgen Schultz: Die Ökozonen der Erde. 4. Auflage (2008);
73.3 1 stock.adobe.com, Dublin (korkeakoski);
73.3 2 IMAGO, Berlin (blickwinkel/A. Held);
73.3 3 stock.adobe.com, Dublin (alex.pin);
73.4 l ullstein bild, Berlin (Westend61 / Wolfgang Weinhäupl);
74.1 Europäische Kommission - European Centre for Medium-Range Weather Forecasts (ECMWF): Copernicus Climate Change Service;
74.2 Europäische Kommission - European Centre for Medium-Range Weather Forecasts (ECMWF): Copernicus Climate Change Service;
75.3 Europäische Kommission - European Centre for Medium-Range Weather Forecasts (ECMWF): Copernicus Climate Change Service;
75.4 Europäische Kommission - European Centre for Medium-Range Weather Forecasts (ECMWF): Copernicus Climate Change Service;
76.1 ZOÏ Environment Network: Maps. In: IOM Migration, Environment and Climate Change (MECC) Division: Environmental Migration Portal, 2015;
76.2 Erich Markus Fischer, Christoph Schär: Consistent geographical patterns of changes in high-impact European heatwaves. In: Nature Geoscience (Hrsg.): Volume 3 Issue 6, June 2010;
77.1 Image Professionals, München (University Of Dundee);
77.5 National Oceanic and Atmospheric Administration - National Weather Service (NOAA NWS): Climate Prediction Center (2022);
78.1 Chad Monfreda, Navin Ramankutty, Jonathan A. Foley: Harvested Area and Yield for 175 Crops (2008); Food and Agriculture Organization of the United Nations (FAO);
79.2 Food and Agriculture Organization of the United Nations (FAO);
80.1 Food and Agriculture Organization of the United Nations (FAO); Europäische Kommission (EK): Europäischer Meeresatlas. Unter: https://ec.europa.eu/maritimeaffairs/atlas/maritime_atlas/#lang=DE (2021);
80.3 Europäische Kommission - Statistisches Amt (Eurostat); Food and Agriculture Organization of the United Nations - Statistics Division (FAOSTAT);
82.1 International Monetary Fund: World Economic Outlook Database (2023); Eurostat: Population on 1 January by age, sex and NUTS 2 region (2022);
82.2 UN Statistics Division: Energy Statistics (2021); Statistisches Bundesamt (DESTATIS): Bruttostromerzeugung 2021 (2021);
82.3 UN Statistics Division: Energy Statistics (2021);
84.1 School of Geography and Environmental Science (University of Southampton), u.a.: WorldPop Hub (2020);
84.1 r United Nations Department of Economic and Social Affairs - Population Dynamics (UNDESA): World Population Prospects: The 2024 Revision (2024);
85.3 Europäische Kommission - Statistisches Amt (Eurostat): Data Browser (2024); United Nations Department of Economic and Social Affairs - Population Dynamics (UNDESA): World Population Prospects: The 2024 Revision (2024);
85.4 United Nations High Commissioner for Refugees (UNHCR): Refugee Data Finder (2024); Internal Displacement Monitoring Centre (IDMC): IDMC Data Portal (2024); International Labour Organization (ILO): ILOSTAT (2024);
85.5 Willi Stegner: Karte Europa - Völker (2006); David M. Eberhard, Gary F. Simons, Charles D. Fennig (Hrsg.). 2024. Ethnologue: Languages of the World. 27th edition. Dallas, Texas: SIL International. http://www.ethnologue.com.;
86.1 Eurostat: Gross domestic product (GDP) at current market prices by metropolitan regions (2022); Eurostat: Air passenger transport 2020 (2020);
87.2 Uitgeverij Logisitiek: www.rotterdamtransPORT.com (2021); Jarit G. De Gijt, u.a.: Development of container handling in the Port of Rotterdam (2024);
87.4 Autonome Provinz Bozen/Südtirol - Landesinstitut für Statistik (ASTAT): Mobilität und Tourismus (2023); Bundesamt für Verkehr (BAV): Berichte und Studien (2021); Bundesamt für Verkehr (BAV): Die Neue Eisenbahn-Alpentransversale (NEAT) (2021);
88.1 Foundation for Environmental Education: Blue Flag (2021); Europäische Kommission - Statistisches Amt (Eurostat): Tourism statistics (2020);
89.2 Tourismusverband Mayrhofen-Hippach (2024); Land Tirol: Tiroler Rauminformationssystem tiris (2024);
89.3 Andrés Martínez-Medina: El nacimiento de la metrópoli turística o el discurso planeado (2011); Ayuntamiento de Benidorm - Concejalía de Turismo: Visit Benidorm (2023);
89.3 o ullstein bild, Berlin (Seefeldt);
89.3 u ShutterStock.com RF, New York (Olaf Speier);
90.2 European Environment Agency (EEA): Wilderness Quality Index (2012); European Green Belt Association e.V.: European Green Belt Initiative (2020); Föderation EUROPARC e.V.: Network of EUROPARC Sustainable Destinations (2024);
90.3 European Green Belt Association e.V.: European Green Belt Initiative (2020); Nationalparkverwaltung Šumava: Geoportal NP Šumava (2024);
91.1 Europäische Kommission - Generaldirektion Kommunikation (COMM): Europa.eu;
91.2 Europäische Kommission - Generaldirektion Kommunikation (COMM): Europa.eu; Europäische Kommission - Statistisches Amt (Eurostat);
93.2 USGS Earthquake Science Center: Tectonic Plates of the Earth (2024);
93.4 Yosi S. Mutiarni, Hitoshi Nakamura, Yasmin Bhattacharya: The Resilient Community: Strengthening People-Centered Disaster Risk Reduction in the Merapi Volcano Community, Java, Indonesia (2022); Zentrum für Vulkanologie und geologische Katastrophenvorsorge: Karte der katastrophengefährdeten Gebiete des Mount Merapi (2018);

93.3 l Getty Images, München (Carl Court);
93.3 r Getty Images Plus, München (Moment/Gregory Adams);
94.1 Auswärtiges Amt: Länderverzeichnis; Ständiger Ausschuss für geographische Namen (StAGN);
95.3 Ministry of Environment and Forests, Government of the People's Republic of Bangladesh (MoEF): Bangladesh Climate Change Strategy and Action Plan (2009);
100.2 Owen King, u.a.: Six Decades of Glacier Mass Changes around Mt. Everest Are Revealed by Historical and Contemporary Images (2020);
101.1 United Nations Department of Economic and Social Affairs - Population Dynamics (UNDESA): World Population Prospects: The 2024 Revision (2024); Office of the Registrar General and Census Commissioner: Census India 2021 (2024);
101.2 National Bureau of Statistics of China (NBS): China Statstical Yearbook 2023 (2024); National Institute of Urban Affair (NIUA): India's Urban Story (2024);
101.3 Urban Redevelopment Authority Singapur: Master Plan (2019); CapitaLand Group: Singapore Science Park (2024); Singapore Land Transport Authority: Rail Network (2022);
102.1 Frank Baldus: Vegetationszonen und nicht zonale Pflanzenformationen; National Aeronautics and Space Administration (NASA): MODIS (Moderate-resolution Imaging Spectroradiometer);
103.2 René Létolle: Der Aralsee (1996); National Aeronautics and Space Administration (NASA): Worldview (2024);
103.3 Xunming Wang u.a.: Has the Three Norths Forest Shelterbelt Program solved the desertification and dust storm problems in arid and semiarid China. In: ScienceDirect (Hrsg.): Journal of Arid Environments 2010; Bingwen Qiu u.a.: Assessing the Three-North Shelter Forest Program in China by a novel framework for characterizing vegetation changes. In: ScienceDirect (Hrsg.): ISPRS Journal of Photogrammetry and Remote Sensing 2017; Lizhuang Liang u.a.: NDVI-derived forest area change and its driving factors in China (2018);
104.1 Chad Monfreda, Navin Ramankutty, Jonathan A. Foley: Harvested Area and Yield for 175 Crops (2008); Food and Agriculture Organization of the United Nations (FAO);
107.2 Value Today: World Top 1,000 Companies as of January 2024 (2024);
109.1 Auswärtiges Amt: Länderverzeichnis; Ständiger Ausschuss für geographische Namen (StAGN);
113.3 Edward Venzke, u.a.: Volcanoes of the World (2021); Domenico Giardini, u.a.: The GSHAP Global Seismic Hazard Map (2003); Vladimir Litvinenko, Aleksandr Kozlov, Valentin Stepanov: Hydrocarbon potential of the Ural–African transcontinental oil and gas belt (2017);
114.1 Frank Baldus: Vegetationszonen und nicht zonale Pflanzenformationen; National Aeronautics and Space Administration (NASA): MODIS (Moderate-resolution Imaging Spectroradiometer);
115.1 Schaar, Wolfgang, Grafing;
116.1 Chad Monfreda, Navin Ramankutty, Jonathan A. Foley: Harvested Area and Yield for 175 Crops (2008); Food and Agriculture Organization of the United Nations (FAO);
120.1 Frank Baldus: Vegetationszonen und nicht zonale Pflanzenformationen; National Aeronautics and Space Administration (NASA): MODIS (Moderate-resolution Imaging Spectroradiometer);
120.3 EU Copernicus Marine Service, CNES, LEGOS, CLS: Mean Sea Level Rise (2020);
121.1 Chad Monfreda, Navin Ramankutty, Jonathan A. Foley: Harvested Area and Yield for 175 Crops (2008); Food and Agriculture Organization of the United Nations (FAO);
123.2 Australian Antarctic Division (AAD): Australian Antarctic Data Centre (AADC) (2024); British Antarctic Survey (BAS): Antarctic Digital Database (2024); Pavel G. Talalay, Nan Zhang: Antarctic mineral resources (2022);
125.1 Auswärtiges Amt: Länderverzeichnis; Ständiger Ausschuss für geographische Namen (StAGN);
129.2 National Park Service (NPS) - National Park Arizona: Grand Canyon (2021); Bradford Washburn, u.a.: Grand Canyon Map (1972);
129.3 National Park Service (NPS): National Park Service Visitor Use Statistics (NPS Stats) (2024); National Park Service (NPS): National Park Service Maps (2024);
129.2 u Arthur N. Strahler, Alan H. Strahler: Schematic diagrams - Stages of Canyon Development (1973); United States Geological Survey (USGS); National Park Service (NPS) - National Park Arizona: Grand Canyon (2024);
130.1 Frank Baldus: Vegetationszonen und nicht zonale Pflanzenformationen; National Aeronautics and Space Administration (NASA): MODIS (Moderate-resolution Imaging Spectroradiometer);
131.2 Edward H. Field, Working Group on California Earthquake Probabilities: UCERF3 - A New Earthquake Forecast for California's Complex Fault System (2015); United States Geological Survey (USGS): Earthquake Hazards Program (2024);
131.3 United States Geological Survey (USGS): Earthquake Hazards Program (2024); Yellowstone Volcano Observatory: A history of Yellowstone earthquakes (2018);
132.1 Chad Monfreda, Navin Ramankutty, Jonathan A. Foley: Harvested Area and Yield for 175 Crops (2008); Food and Agriculture Organization of the United Nations (FAO);
133.3 Frances J. Hein, u.a.: Athabasca Oil Sands Area (2006); Advanced Energy Technologies: Canadas Oil Sands Basins and Extraction Activity (2019);
134.1 National Geographic Society (NGS): Trails West (2020); United States Department of Transportation – Federal Highway Administration (FHA): Public Roads - November/December 2006 (2022);
134.2 United States Census Bureau: Census Mapping Files (2023); United States Census Bureau: Explore Census Data (2023);
134.3 United States Census Bureau: State Population Totals and Components of Change (2023);
135.1 United States Census Bureau: Explore Census Data (2024);
137.1 Auswärtiges Amt: Länderverzeichnis; Ständiger Ausschuss für geographische Namen (StAGN);
141.1 Frank Baldus: Vegetationszonen und nicht zonale Pflanzenformationen; National Aeronautics and Space Administration (NASA): MODIS (Moderate-resolution Imaging Spectroradiometer);
142.1 Chad Monfreda, Navin Ramankutty, Jonathan A. Foley: Harvested Area and Yield for 175 Crops (2008); Food and Agriculture Organization of the United Nations (FAO);
144.1 Rachel Bernstein, u.a.: Mineral Facilities of Latin America and Canada (2006); Deutsch-Brasilianische Industrie- und Handelskammer: Bergbaustudie Brasilien - 2020 (2020);
144.3 Mil Madeiras Preciosas Ltda.: Resumo Público (2020);
145.1 Instituto Brasileiro de Geografia e Estatística (IBGE): Panorama - População (2022); Instituto Brasileiro de Geografia e Estatística (IBGE): Censo Demográfico 2022 (2024);
145.2 Prefeitura de São Paulo: Mapa Digital da Cidade de São Paulo (2024); Secretaria Municipal de Urbanismo e Licenciamento (SMUL): Plano Diretor Estratégico do Município de São Paulo (2023); Andrea Ferraz Young: From federal transfers and local investments to a potential convergence of COVID-19 and climate change (2022);
145.3 Estudos da Universidade Federal Fluminense: Mapa dos grupos armados do Rio de Janeiro (2022); Administração Municipal do Rio de Janeiro: Sistema Municipal de Informações Urbanas (SIURB) (2024); Prefeitura da Cidade do Rio de Janeiro: Data.Rio (2024);
145.4 stock.adobe.com, Dublin (Haithem);
145.5 Martin Coy, Martin Pöhler: Condominios fechados und die Fragmentierung der brasilianischen Stadt (2002);
146.o NASA, Washington , D.C. (Reto Stöckli, NASA Earth Observatory);
146.ul NASA, Washington , D.C. (Astronaut Photography);
146.uml https://creativecommons.org/licenses/by-sa/3.0/igo/ (contains modified Copernicus Sentinel data (2023), processed by ESA), Mountain View; CC BY-SA 3.0 IGO Lizenzbestimmungen: https://creativecommons.org/licenses/by-sa/3.0/igo/, siehe *3;
146.umr © ESA, Paris Cedex 15 (JAXA/ESA);
146.ur © ESA, Paris Cedex 15 (Airbus DS (2023), processed by ESA);
147.ul NASA, Washington , D.C. (NASA Earth Observatory image by Joshua Stevens, using MODIS data from LANCE EOSDIS Rapid Response);
147.uml https://creativecommons.org/licenses/by-sa/3.0/igo/, Mountain View (ESA); CC BY-SA 3.0 IGO Lizenzbestimmungen: https://creativecommons.org/licenses/by-sa/3.0/igo/legalcode, siehe *3;
147.umr https://creativecommons.org/licenses/by-sa/3.0/ig/(contains modified Copernicus Sentinel data (2019), processed by ESA), Mountain View; CC-BY-SA-4.0 IGO Lizenzbestimmungen: https://creativecommons.org/licenses/by-sa/3.0/igo/, siehe *3;
147.ur https://creativecommons.org/licenses/by-sa/3.0/igo/ (contains modified Copernicus Sentinel data (2020), processed by ESA), Mountain View; CC BY-SA 3.0 IGO Lizenzbestimmungen: https://creativecommons.org/licenses/by-sa/3.0/igo/, siehe *3;
150.2 Schaar, Wolfgang, Grafing;
150.3 Schaar, Wolfgang, Grafing;
150.4 United States Geological Survey (USGS);
151.5 United States Geological Survey (USGS);
151.6 W. Jacquelyne Kious, Robert I. Tilling: Historical perspective (1996); Christopher R. Scotese: Atlas of Earth History (2001);
151.7 Edward Venzke, u.a.: Volcanoes of the World (2021); Maria Seton, u.a.: A global dataset of present-day oceanic crustal age and seafloor spreading parameters (2020);
152.2 Frank Baldus: Vegetationszonen und nicht zonale Pflanzenformationen;
153.3 Frank Baldus: Vegetationszonen und nicht zonale Pflanzenformationen;
153.5 1 iStockphoto, Calgary, Alberta (Maxime Vige);
153.5 2 Picture-Alliance, Frankfurt/M. (dpa / Stephen Krasemann);
153.5 3 IMAGO, Berlin (All Canada Photos);
153.5 4 ShutterStock.com RF, New York (Matteo Festi);
153.5 5 stock.adobe.com, Dublin (Hunta);
153.5 6 iStockphoto, Calgary, Alberta (Adam Smigielski);
153.5 7 stock.adobe.com, Dublin (jarek106);
153.5 8 iStockphoto, Calgary, Alberta (SPrada);
154.1 Carl Troll, Karlheinz Paffen: Karte der Jahreszeitenklimate der Erde. In: Erdkunde - Archiv für wissenschaftliche Geographie (1964);
154.2 Ernst Neef: Erläuterungen zur Wandkarte "Die Erde, Klimazonen" (1954);
155.3 Deutscher Wetterdienst (DWD); World Meteorological Organization (WMO);
156.1 Europäische Kommission - European Centre for Medium-Range Weather Forecasts (ECMWF): Copernicus Climate Change Service;
156.2 Europäische Kommission - European Centre for Medium-Range Weather Forecasts (ECMWF): Copernicus Climate Change Service;
156.3 Europäische Kommission - European Centre for Medium-Range Weather Forecasts (ECMWF): Copernicus Climate Change Service;
157.4 Europäische Kommission - European Centre for Medium-Range Weather Forecasts (ECMWF): Copernicus Climate Change Service;
157.5 Europäische Kommission - European Centre for Medium-Range Weather Forecasts (ECMWF): Copernicus Climate Change Service;
157.6 Europäische Kommission - European Centre for Medium-Range Weather Forecasts (ECMWF): Copernicus Climate Change Service;
159.2 European Commission: Joint Research Centre, Monica Crippa, Diego Guizzardi, Federico Pagani, u.a.: GHG emissions of all world countries (2024); Federal Government of Germany, Climate Emergency Collaboration Group, ClimateWorks Foundation, u.a.: Climate Action Tracker (2024);

0.1 Munich Re: NATHAN (2011); United States Geological Survey (USGS): Earthquake Hazards Program (2024); Global Volcanism Program (2024). Volcanoes of the World (v. 5.2.3; 20.09.2024). Distributed by Smithsonian Institution, compiled by Edward Venzke. https://doi.org/10.5479/si.GVP.VOTW5-2024.5.2;
60.2 Munich Re: NATHAN (2011); Munich Re: NatCat Service (2021);
61.4 Schaar, Wolfgang, Grafing;
61.5 Schaar, Wolfgang, Grafing;
61.6 Schaar, Wolfgang, Grafing;
61.7 Bündnis Entwicklung Hilft und Ruhr-Universität Bochum – Institut für Friedenssicherungsrecht und Humanitäres Völkerrecht (IFHV): Der WeltRisikoBericht. Aktuelle Grafiken und Abbildungen 2023, Berlin 2024. Datenquelle: IFHV basierend auf PREVIEW Global Risk Data Platform, Oak Ridge National Laboratory LandScan, CReSIS, CIESIN, NatCatSERVICE und globalen Datenbanken; ausführliche Beschreibung unter www.WeltRisikoBericht.de (CC-BY-4.0), u.a.;
61.3 ol Mauritius Images, Mittenwald (Minden Pictures);
61.3 or ShutterStock.com RF, New York (Cyrick);
61.3 ul Getty Images Plus, München (E+/koto_feja);
61.3 ur Getty Images Plus, München (Moment/thianchai sitthikongsak);
62.1 Stefan Rahmsdorf: Thermohaline Ocean Circulation (2006);
62.2 Food and Agriculture Organization of the United Nations (FAO): The State of World Fisheries and Aquaculture 2022 (2022); Food and Agriculture Organization of the United Nations (FAO): The State of World Fisheries and Aquaculture 2022 (2022); The Protected Planet Initiative: Marine Protected Areas (2022);
63.4 Advameg Inc., Illinois: Water Encyclopedia (2024); Andy Stock, u.a.: Uncertainty analysis and robust areas of high and low modeled human impact on the global oceans. In: Society for Conservation Biology (Hrsg.): Conservation Biology 2018, Volume 32, Issue 6;
164.1 Jerry Brown, u.a.: Circum-Arctic map of permafrost and ground-ice conditions (1997); Jürgen Schultz: Die Ökozonen der Erde. 4. Auflage (2008);
165.3 Food and Agriculture Organization of the United Nations - Statistics Division (FAOSTAT);
165.4 Land Matrix Consortium: Concluded Deals (2024);
165.4 ur Land Matrix Consortium: Concluded Deals (2024);
166.1 United Nations (UN): Statistical Yearbook 2002-2004, Forty-Ninth Issue (2004); United Nations Population Division: World Population Prospects 2022 (2022);
166.2 Welthungerhilfe: Welthunger-Index (2023);
167.1 David Molden (Hrsg.): Areas of physical and economic water scarcity. In: International Water Management Institute IWMI (Hrsg.): Water for Food - Water for Life, London/Colombo 2007, Map 2; Food and Agricultural Organization (FAO): Aquastat (2022);
167.2 Food and Agricultural Organization (FAO): Aquastat (2022);
168.1 The World Bank Group: DataBank (2024);
169.3 World Bank Group: Data Bank (2024); UN trade & development (UNCTAD): Merchandise trade matrix, annual (2023);
169.4 Fairtrade International (2024);
169.4 ur Fairtrade International (2024);
170.1 British Geological Survey: Minerals UK (2019); Global Change Data Lab: Total natural resources rents (% of GDP) (2019);
170.2 United Nations Statistic Division: Energy Statistics (2021); Bundesnetzagentur: Aktuelle Lage der Gasversorgung in Deutschland (2023);
171.2 Global Footprint Network (2022);
172.2 World Trade Organization: WTO STATS (2022);
173.3 United Nations World Tourism Organization (UNWTO): Tourism Statistics Database (2024); The World Bank Group: DataBank (2024);
173.4 TeleGeography: Submarine Cable Map (2022); Data Center Map: Cloud Servers (2024);
174.1 School of Geography and Environmental Science (University of Southampton), u.a.: WorldPop Hub (2020);
174.2 United Nations Department of Economic and Social Affairs - Population Dynamics (UNDESA): World Population Prospects: The 2024 Revision (2024);
175.3 United Nations Department of Economic and Social Affairs - Population Dynamics (UNDESA): World Population Prospects: The 2024 Revision (2024);
175.4 United Nations Department of Economic and Social Affairs - Population Dynamics (UNDESA): World Population Prospects: The 2024 Revision (2024);
175.5 United Nations Department of Economic and Social Affairs - Population Dynamics (UNDESA): World Population Prospects: The 2024 Revision (2024);
176.1 United Nations Department of Economic and Social Affairs - Population Dynamics (UNDESA): World Urbanization Prospects 2018 (2019);
176.2 Globalization and World Cities Research Network (GaWC): The World According to GaWC 2020. In: Geography Department at Loughborough University; Times Higher Education (THE): World University Rankings 2023 (2024); Springer Nature: nature index (2024);
177.2 Pew Research Center: Religious Composition by Country 2020 (2024);
177.2 ur Pew Research Center: Religious Composition by Country 2020 (2024);
178.1 World Health Organization (WHO): World Health Statistics (2023);
178.2 United Nations Department of Economic and Social Affairs - Population Dynamics (UNDESA): World Population Prospects: The 2024 Revision (2024); UNESCO Institute for Statistics (UIS): UIS.Stat - Education (2022);
178.3 United Nations Development Programme (UNDP): Gender Inequality Index (GII) (2023); Organisation for Economic Co-operation and Development (OECD): Gender wage gap (2022); World Economic Forum (WEF): Global Gender Gap Report (2023);
179.4 United Nations Development Programme (UNDP): Human Development Report (2023); Organisation for Economic Co-operation and Development (OECD);
179.5 United Nations High Commissioner for Refugees (UNHCR): Refugee Data Finder (2024); Internal Displacement Monitoring Centre (IDMC): IDMC Data Portal (2024); International Labour Organization (ILO): ILOSTAT (2024);
Einband hinten Auswärtiges Amt: Länderverzeichnis; Ständiger Ausschuss für geographische Namen (StAGN);

Abbildungsverzeichnis Nordrhein-Westfalen

1.ol Mauritius Images, Mittenwald (blickwinkel / Alamy);
1.oml stock.adobe.com, Dublin (barbara buderath);
1.omr Alamy stock photo, Abingdon (Hans Blossey);
1.or IMAGO, Berlin (stock&people);
1.ul stock.adobe.com, Dublin (uslatar);
1.uml stock.adobe.com, Dublin (rechnerkunst.de);
1.umr stock.adobe.com, Dublin (mitifoto);
1.ur Picture-Alliance, Frankfurt/M. (ZB/euroluftbild.de/Hans Blossey);
2.1 Quelle: Statistisches Bundesamt (Destatis): Gemeindeverzeichnis-Informationssystem GV-ISys (2022); Statistisches Bundesamt (Destatis);
3.1 Quelle: Land Nordrhein-Westfalen: Verwaltungskarte Nordrhein-Westfalen 1:250 000 (2020), bearbeitet; Datenlizenz Deutschland dl-de/by-2-0 unter unter www.govdata.de/dl-de/by-2-0;
3.1 l Keystone, Hamburg (Dominique Ecken);
3.1 m ullstein bild, Berlin (ddp);
3.1 r Alamy stock photo, Abingdon (Wilfried Wirth);
3.1 ur Ministerium des Innern des Landes Nordrhein-Westfalen, Düsseldorf;
4.1 l IMAGO, Berlin (Werner Otto);
4.1 r ShutterStock.com RF, New York (maleevsw);
6.1 Picture-Alliance, Frankfurt/M. (dpa / euroluftbild. de);
7.1 mr ullstein bild, Berlin (imageBROKER / Thomas Robbin);
7.1 or stock.adobe.com, Dublin (ErnstPieber);
7.1 ul IMAGO, Berlin (Jochen Tack);
7.1 ur Alamy stock photo, Abingdon (Hans Blossey);
8.2 Quelle: Deutscher Wetterdienst (DWD);
8.2 r Deutscher Wetterdienst (DWD);
9.3 r Deutscher Wetterdienst (DWD);
9.4 Quelle: Potsdam-Institut für Klimafolgenforschung (PIK);
10.1 Gocht A, Röder N (2014) Using a Bayesian estimator to combine information from a cluster analysis and remote sensing data to estimate high-resolution data for agricultural production in Germany. Int J Geogr Inform Sci 28(9): 1744-1764, doi:10.1080/13658816.2014.897348 [Methodik]; THÜNEN AGRARATLAS (2022): Landwirtschaftliche Nutzung Version 2022. Daten: Stat. Ämter der Länder, Kreisdaten der Landwirtschaftszählung 2020 (eigene Berechnungen); FDZ der Stat. Ämter des Bundes und der Länder, Landwirtschaftszählung 2010/2020 (10.21242/41141.2010.00.00.1.1.0; 10.21242/41141.2020.00.00.1.1.0) und AFiD-Panel Agrarstruktur 1999, 2003, 2007, 2016 (10.21242/41121.2007.00.0 1.1.1.0; 10.21242/41121.2020.00.01.1.1.0) (eigenen Berechnung: Kreisdaten 1999-2020. Clusterschätzer); © GeoBasis-DE/BKG (2020) [Daten];
10.1 l IMAGO, Berlin (imagebroker);
10.1 m laif, Köln (Daniel Pilar);
10.1 r ullstein bild, Berlin (CARO / Rupert Oberhäuser);
11.1 Quelle: Statistik der Bundesagentur für Arbeit. Auftragsnummer 359803: Sozialversicherungspflichtig Beschäftigte am Arbeitsort ... (2023); Landesamt für Natur, Umwelt und Verbraucherschutz Nordrhein-Westfalen (LANUV): Energieatlas NRW (2024);
11.1 l ullstein bild, Berlin (CARO / Rupert Oberhäuser);
11.1 m IMAGO, Berlin (Hans Blossey);
11.1 r Alamy stock photo, Abingdon (Hans Blossey);
12.2 RWE Power AG: Die Verlegung der Hambachbahn (2010);
13.1 Uwe Niggemeier: Hüttenwerk Oberhausen AG, 1965. Unter: https://www.scribblemaps.com/maps/view/Hüttenwerk_Oberhausen_AG/w3lyeACfTq;
14.1 l IMAGO, Berlin (Brockes);
14.1 m IMAGO, Berlin (Hans Blossey);
14.1 r IMAGO, Berlin (blickwinkel);
15.1 l IMAGO, Berlin (Eibner);
15.1 m iStockphoto, Calgary, Alberta (lilly3);
15.1 r IMAGO, Berlin (imagebroker);

Die gewünschten digitalen Zusatzmaterialien sind über das Scannen des QR-Codes auf der Seite oder durch Eingabe der Seitenzahl in der Online-Materialsammlung Medien zum Atlas zugänglich.

Seite	Medien-Nr.	Medienart	Thema
XV	I0	eTraining	Interaktiver Atlasführerschein

Atlaseinführung

Seite	Medien-Nr.	Medienart	Thema
VIII	V1	Erklärvideo	Vom Luftbild zur Karte
VIII	V2	Tutorial	Kartenmaßstab und Generalisierung
IX	V3	Erklärvideo	Das Gradnetz
IX	V4	Tutorial	Kartensuche im Atlas
IX	D2	Checkliste	Karten im Atlas finden
X	V5	Tutorial	Orientierungshilfen im Atlas
XI	V6	Erklärvideo	Vom Berg zur Höhenschichtenkarte
XI	D3	Checkliste	Physische Karten verstehen
XII	V7	Tutorial	Karteninterpretation
XII	D4	Checkliste	Karten sicher interpretieren
XIII	V8	Tutorial	Methoden der Kartenarbeit
XIII	D5	Checkliste	Methoden zur Kartenerschließung
XIII	V9	Erklärvideo	Entfernungen berechnen
XIV	V10	Tutorial	Diagramme in Karten verstehen
XIV	V11	Tutorial	Mit Arbeitshilfen arbeiten
XV	V12	Tutorial	Mit Kartenoverlays arbeiten
XV	D6	Checkliste	Kartenoverlays sinnvoll nutzen
XV	V13	Tutorial	Karten in Ebenen nutzen
XV	I0	eTraining	Interaktiver Atlasführerschein

Nordrhein-Westfalen

Seite	Medien-Nr.	Medienart	Thema
1	D10	Arbeitsblatt	Rekorde Nordrhein-Westfalen
2	I5	Karte in Ebenen	Physische Karte Nordrhein-Westfalen
2	I6	Simulation	Physische Karten lesen
2	D11	Checkliste	Physische Karten verstehen
3	D15	Stumme Karte	Nordrhein-Westfalen
3	D16	Checkliste	Politische Karten verstehen
4	V14	Erklärvideo	Höhenstufen
4	D17	Checkliste	Physische Karten verstehen
9	V15	Erklärvideo	Die Wetterstation
10	D18	Checkliste	Landwirtschaftskarten verstehen
11	V16	Erklärvideo	Standortfaktoren – auf der Suche nach dem besten Standort
11	D20	Checkliste	Wirtschaftskarten verstehen
12	W3	Overlay	Düsseldorf

Deutschland

Seite	Medien-Nr.	Medienart	Thema
17	D22	Arbeitsblatt	Eine eigene Karte zeichnen
17	D23	Arbeitsblatt	Atlas-Quiz Deutschland
17	D24	Stumme Karte	Deutschland
18	I7	Karte in Ebenen	Physische Karte Deutschland
18	D25	Checkliste	Physische Karten verstehen
19	D26	Stumme Karte	Deutschland
19	D27	Checkliste	Politische Karten verstehen
20	I8	Simulation	Physische Karten lesen
20	V18	Erklärvideo	Höhenstufen
20	D28	Checkliste	Physische Karten verstehen
24	D29	Arbeitsblatt	Kartenanalyse Geologie
25	D30	Grafik	Erdbebenentstehung
25	I9	Simulation	Die glaziale Serie im Alpenvorland
26	I10	Differenzierte Karte	Naturräume
26	D31	Arbeitsblatt	Naturräume erforschen
28	I11	Zeitschnitt-karte	Landverluste in Nordfriesland
28	I12	Simulation	Kliffküste und Ausgleichsküste
28	D32	Grafik	Entwicklung des Deichbaus
29	I13	Zeitschnitt-karte	Rheinaue bei Karlsruhe
29	I14	Zeitschnitt-karte	Landschaftswandel am Oberrhein
29	W8	Overlay	Landschaftswandel am Oberrhein
30	V19	Erklärvideo	Die Wetterstation
31	W9	Overlay	Flutkatastrophe im Ahrtal
31	D33	Arbeitsblatt	Wettergefahren
32	V20	Erklärvideo	Der Klimawandel. Teil 1 – Die Auswirkungen des Klimawandels
33	I15	Zeitschnitt-karte	Dürre
33	I16	Zeitschnitt-karte	Temperaturanstieg
34	I17	Differenzierte Karte	Landwirtschaft
34	D34	Checkliste	Landwirtschaftskarten verstehen
35	D35	Arbeitsblatt	Standortfaktoren der Landwirtschaft
36	W10	Overlay	Gemüseanbau auf der Insel Reichenau
36	D36	Arbeitsblatt	Ökologische Landwirtschaft und Tierhaltung
37	I18	Karte in Ebenen	Wirtschaft
37	V21	Erklärvideo	Standortfaktoren – auf der Suche nach dem besten Standort
37	D37	Checkliste	Wirtschaftskarten verstehen
38	D38	Arbeitsblatt	Energiegewinnung
39	I19	Karte in Ebenen	Erneuerbare Energie
39	D39	Fotos	Erneuerbare Energie
40	I20	Zeitschnitt-karte	Ruhrgebiet 1965 – 2024
41	I21	Zeitschnitt-karte	Bergbausanierung in Leipzig
41	W11	Overlay	Bergbausanierung in Leipzig
42	I22	Differenzierte Karte	Städtische und ländliche Gebiete
42	D40	Fotos	Städtische und ländliche Gebiete

43	D 41	Arbeitsblatt	Stadt und Dorf im Vergleich
44	V 22	Erklärvideo	Strukturwandel – die wechselvolle Geschichte einer Stadt
45	W 12	Overlay	Stadtgründung in der Neuzeit
45	W 13	Overlay	Stadtgründung im Zeitalter der Industrialisierung
46	W 14	Overlay	Innere Stadt von Berlin
47	D 42	Fotos	Stadtteil Vauban in Freiburg
48	D 43	Checkliste	Bevölkerungsstrukturdiagramme lesen
49	I 23	Karte in Ebenen	Bevölkerungsstrukur und Migration
49	I 24	Karte in Ebenen	Altersstruktur
50	I 25	Differenzierte Karte	Verkehr
51	W 15	Overlay	Seehafen Hamburg
51	W 16	Overlay	Flughafen Frankfurt am Main
52	I 26	Differenzierte Karte	Tourismus
52	D 44	Arbeitsblatt	Tourismus

Europa

Seite	Medien-Nr.	Medienart	Thema
55	D 45	Arbeitsblatt	Europa im Überblick
55	D 46	Stumme Karte	Europa
56	I 27	Karte in Ebenen	Physische Karte Europa
56	D 47	Checkliste	Physische Karten verstehen
58	D 48	Stumme Karte	Europa
58	D 49	Checkliste	Politische Karten verstehen
62	I 28	Zeitschnitt-karte	Gletscherschwund in den Schweizer Alpen
62	W 17	Overlay	Gletscherschwund in den Schweizer Alpen
62	D 50	Fotos	Gletscherschwund in den Schweizer Alpen
63	V 23	Erklärvideo	Entstehung eines Gletschers
63	D 51	Arbeitsblatt	Karstformen
68	I 29	Differenzierte Karte	Tektonik
68	V 24	Erklärvideo	Plattentektonik
69	D 52	Grafik	Geothermie auf Island
69	D 53	Fotos	Geothermie auf Island
69	W 32	Overlay	Vulkanismus am Ätna
69	I 30	Simulation	Entstehung eines Schichtvulkans
69	V 25	Erklärvideo	Der Schichtvulkan
72	V 26	Erklärvideo	Wie erstelle ich ein Klimadiagramm?
72	D 54	Arbeitsblatt	Auswertung eines Klimadiagramms
73	V 27	Erklärvideo	Höhenstufen
74	I 31	Zeitschnitt-karte	Niederschläge
74	V 28	Erklärvideo	Die Wetterstation
75	I 32	Zeitschnitt-karte	Temperaturen
76	I 33	Zeitschnitt-karte	Zunahme extremer Hitze
76	V 29	Erklärvideo	Der Klimawandel
77	D 55	Arbeitsblatt	Hitzewellen als Folge des Klimawandels
78	I 34	Karte in Ebenen	Landwirtschaft
78	D 56	Checkliste	Landwirtschaftskarten verstehen

80	D 57	Fotos	Fischwirtschaft im Nordostatlantik
80	W 18	Overlay	Gewächshauskulturen in Südholland
81	I 35	Karte in Ebenen	Wirtschaft
81	D 58	Checkliste	Wirtschaftskarten verstehen
82	D 59	Arbeitsblatt	Stromproduktion und Stromverbrauch
83	I 36	Karte in Ebenen	Stromversorgung
85	I 37	Karte in Ebenen	Migration
86	I 38	Differenzierte Karte	Verkehrsverbindungen
87	W 19	Overlay	Seehafen Rotterdam
87	D 60	Fotos	Verkehr und Tourismus in den Alpen
88	I 39	Differenzierte Karte	Tourismus
88	D 61	Arbeitsblatt	Europareise
89	D 62	Fotos	Tourismus in den Alpen
89	I 40	Zeitschnitt-karte	Tourismus am Mittelmeer
89	D 63	Arbeitsblatt	Tourismus in den Alpen
90	W 20	Overlay	Stadttourismus in Paris

Asien

Seite	Medien-Nr.	Medienart	Thema
92	I 41	Karte in Ebenen	Physische Karte Asien
93	I 42	Simulation	Die Entstehung eines Tsunamis
93	D 64	Grafik	Die Entstehung eines Tsunamis
93	D 65	Fotos	Schutzmaßnahmen am Merapi in Indonesien
94	D 66	Stumme Karte	Asien
100	W 21	Overlay	Mount Everest im Himalaya
100	D 67	Fotos	Mount Everest im Himalaya
101	W 22	Overlay	Global City Singapur
103	W 23	Overlay	Aralsee in Zentralasien
103	D 68	Fotos	Regenwald auf Borneo
104	I 43	Karte in Ebenen	Landwirtschaft
106	I 44	Karte in Ebenen	Wirtschaft

Afrika

Seite	Medien-Nr.	Medienart	Thema
108	I 45	Karte in Ebenen	Physische Karte Afrika
109	D 69	Stumme Karte	Afrika
113	W 24	Overlay	Höhenstufen am Kilimandscharo
115	W 25	Overlay	Oase Ouargla
115	W 26	Overlay	Großraum Kairo
116	I 46	Karte in Ebenen	Landwirtschaft

Australien und Ozeanien, Polargebiete

Seite	Medien-Nr.	Medienart	Thema
118	I47	Karte in Ebenen	Physische Karte Australien und Ozeanien
118	D70	Stumme Karte	Australien und Ozeanien
120	D71	Arbeitsblatt	Meeresspiegelanstieg
122	D72	Fotos	Antarktis
122	D73	Arbeitsblatt	Arktis und Antarktis
123	D74	Arbeitsblatt	Nutzungskonflikte in der Arktis

Nordamerika

Seite	Medien-Nr.	Medienart	Thema
124	I48	Karte in Ebenen	Physiche Übersicht Nordamerika
125	D75	Stumme Karte	Nordamerika
129	W27	Overlay	Grand Canyon
129	D76	Fotos	Grand Canyon
131	D77	Fotos	Supervulkan Yellowstone
131	D78	Arbeitsblatt	Naturgefahren
132	D79	Fotos	Rindfleischproduktion in den USA
135	W28	Overlay	Schrumpfende Stadt Detroit
135	W29	Overlay	Manhatten

Süd- und Mittelamerika

Seite	Medien-Nr.	Medienart	Thema
136	I49	Karte in Ebenen	Physische Karte Südamerika
137	D80	Stumme Karte	Süd- und Mittelamerika
144	W30	Overlay	Waldrodungen bei Marabá in Brasilien
144	D81	Arbeitsblatt	Wirtschaft und Naturschutz am Amazonas
145	W31	Overlay	Stadt- und Sozialstruktur in Rio de Janeiro
145	D82	Fotos	Nova Ipanema

Welt

Seite	Medien-Nr.	Medienart	Thema
0	D1	Checkliste	Einband vorn: Physische Karten verstehen
0	I1	Karte in Ebenen	Einband vorn: Physische Karte Welt
XX	D113	Stumme Karte	Einband hinten: Welt
147	D83	Arbeitsblatt	Satellitenbild Welt
148	I50	Simulation	Die Planeten im Sonnensystem
148	I51	Simulation	Die Entstehung der Jahreszeiten
148	V30	Erklärvideo	Die Entstehung von Tag und Nacht
150	I52	Simulation	Der Schalenbau der Erde
150	V31	Erklärvideo	Plattentektonik
151	I53	Simulation	Pangäa-Puzzle
152	D84	Arbeitsblatt	Vegetationszonen
154	I54	Differenzierte Karte	Klimazonen nach Troll/Paffen
154	D85	Arbeitsblatt	Die Klimazonen der Erde (nach Troll/Paffen)
155	D86	Arbeitsblatt	Auswertung eines Klimadiagramms
156	I55	Zeitschnitt-karte	Niederschläge
157	I56	Zeitschnitt-karte	Temperaturen
158	V32	Erklärvideo	Die Schichten der Erdatmosphäre
158	D87	Arbeitsblatt	Aufbau der Atmosphäre
159	V33	Erklärvideo	Der Klimawandel. Teil 1 – Die Auswirkungen des Klimawandels
159	V34	Erklärvideo	Der Klimawandel. Teil 2 – Ursachen des Klimawandels
159	V35	Erklärvideo	Der Klimawandel. Teil 3 – Handlungs-strategien
160	I57	Differenzierte Karte	Vulkanismus und Erdbeben
160	D88	Arbeitsblatt	Naturgefahren
162	I58	Simulation	Die Vermessung des Meeresbodens
162	D89	Arbeitsblatt	Ökosystem Meer
166	I59	Karte in Ebenen	Nahrungsbedarf
167	I60	Karte in Ebenen	Wasserknappheit und Wasserverbrauch
167	D90	Arbeitsblatt	Wasserversorgung
168	I61	Karte in Ebenen	Wirtschaftsbündnisse
169	V36	Erklärvideo	Die Globalisierung am Beispiel des interna-tionalen Handels (Teil 1 Begriffserklärung)
169	V37	Erklärvideo	Die Globalisierung am Beispiel des internati-onalen Handels (Teil 2 Globaler Handel)
169	V38	Erklärvideo	Die Globalisierung am Beispiel des interna-tionalen Handels (Teil 3 Global Players)
169	D91	Arbeitsblatt	Welthandel
170	I62	Karte in Ebenen	Förderung von Rohstoffen
171	D92	Arbeitsblatt	Ökologischer Fußabdruck
174	I63	Karte in Ebenen	Bevölkerungsentwicklung
175	I64	Simulation	Vergleich der Bevölkerungsentwicklung
178	D93	Arbeitsblatt	Chancengleichheit
179	I65	Karte in Ebenen	Migration
179	D94	Arbeitsblatt	Migration

Generallegende

Orte

Städte

- über 10 000 000 Einwohner
- 5 000 000 – 10 000 000 Einwohner
- 1 000 000 – 5 000 000 Einwohner
- 500 000 – 1 000 000 Einwohner
- 100 000 – 500 000 Einwohner
- unter 100 000 Einwohner

Ballungsräume

- über 10 000 000 Einwohner
- 5 000 000 – 10 000 000 Einwohner
- 1 000 000 – 5 000 000 Einwohner
- 500 000 – 1 000 000 Einwohner
- 100 000 – 500 000 Einwohner

dicht bebaute Siedlungsfläche
Ortsteil

Sehenswürdigkeiten

- Burg, Schloss
- Burgruine, Schlossruine
- Kirche, Kloster
- Kirchenruine, Klosterruine
- Ruinenstätte
- Denkmal
- Höhle
- sonstige Sehenswürdigkeit
- Nationalpark

Verkehrswege

- Bahn, Hauptstrecke
- Bahn, Nebenstrecke
- Autobahn; Autobahn im Bau
- Hauptverkehrsstraße
- Pass
- Tunnel
- Flughafen
- Fährverbindung
- schiffbarer Fluss (über 600 t Tragfähigkeit)
- wichtiger schiffbarer Kanal (über 600 t Tragfähigkeit)
- Schifffahrtskanal
- Staustufe, Schleuse

Küsten | Binnengewässer | Feuchtgebiete

- Korallenriff
- Sandbank
- Watt
- Küstendüne
- Fluss
- Wasserfall, Stromschnelle
- periodisch Wasser führender Fluss
- trockenes Flussbett (Wadi)
- Kanal zur Bewässerung oder Entwässerung
- Stausee mit Staudamm
- 874 Seehöhe über dem Meeresspiegel (in m)
- 320 Meerestiefe, Seetiefe (in m)
- periodischer See

Grenzen | Verwaltung

- Staatsgrenze
- umstrittene Grenze, Waffenstillstandslinie, Demarkationslinie
- Grenze eines Bundesstaates, Verwaltungsgrenze

TOGO	Staat
Lomé	Hauptstadt ist unterstrichen
Färöer	abhängiges Gebiet mit Selbstverwaltung
Alaska	Bundesstaat bzw. Verwaltungsgebiet
Juneau	Hauptstadt ist gerissen unterstrichen

Landhöhen | Meerestiefen

Höhenschichten

- über 5000 m
- 2000 – 5000 m
- 1000 – 2000 m
- 500 – 1000 m
- 200 – 500 m
- 100 – 200 m
- 0 – 100 m
- unter 0 m

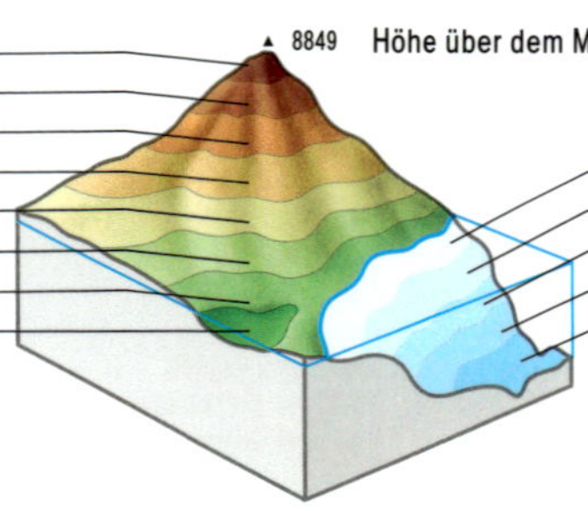

Höhe über dem Meeresspiegel (in m)

Tiefenschichten

- 0 – 200 m
- 200 – 1000 m
- 1000 – 2000 m
- 2000 – 5000 m
- unter 5000 m

Inlandeis, Gletscher

Hinweise

Personenbezeichnungen im Atlas beziehen sich immer auf alle Geschlechter (m, w, d), auch wenn aus Platzgründen das generische Maskulinum verwendet wird.

Sollten in einer Karte abgekürzte Staatennamen nicht erklärt sein, lassen sich diese über die politische Karte „Staaten“ am Anfang des jeweiligen Kontinent-Kapitels erschließen.

Um den Umgang mit Währungszeichen zu schulen, wurde für den US-Dollar (Währungscode: USD) einheitlich die Bezeichnung US-$ gewählt.